秦汉社会控制思想史

The History of Social Control Thought in Qin and Han Dynasties

李禹阶　主编
赵昆生　廖小波　副主编

中国社会科学出版社

图书在版编目(CIP)数据

秦汉社会控制思想史/李禹阶主编.—北京：中国社会科学出版社，2017.8
ISBN 978-7-5203-0351-4

Ⅰ.①秦… Ⅱ.①李… Ⅲ.①思想史—研究—中国—秦汉时代 Ⅳ.①B232.5

中国版本图书馆CIP数据核字(2017)第099941号

出 版 人 赵剑英
责任编辑 李炳青
责任校对 赵雪姣
责任印制 李寡寡

出 版 中国社会科学出版社
社 址 北京鼓楼西大街甲158号
邮 编 100720
网 址 http://www.csspw.cn
发 行 部 010-84083685
门 市 部 010-84029450
经 销 新华书店及其他书店

印 刷 北京君升印刷有限公司
装 订 廊坊市广阳区广增装订厂
版 次 2017年8月第1版
印 次 2017年8月第1次印刷

开 本 710×1000 1/16
印 张 35
插 页 2
字 数 627千字
定 价 139.00元

国家社科基金后期资助项目

出版说明

后期资助项目是国家社科基金设立的一类重要项目，旨在鼓励广大社科研究者潜心治学，支持基础研究多出优秀成果。它是经过严格评审，从接近完成的科研成果中遴选立项的。为扩大后期资助项目的影响，更好地推动学术发展，促进成果转化，全国哲学社会科学规划办公室按照“统一设计、统一标识、统一版式、形成系列”的总体要求，组织出版国家社科基金后期资助项目成果。

全国哲学社会科学规划办公室

序

秦汉时期是中国帝制时代政治格局初步形成的重要的历史阶段。当时的社会结构和行政方式有显著的历史特点。执政者对于社会控制形式的积极探索，也取得了具有历史价值的经验。秦汉政治史、社会史以及思想史的研究历来受到重视，很多学术论著分别从不同角度提出看法。李禹阶教授主持的国家社会科学基金后期资助项目“秦汉社会调控思想史”的最终成果《秦汉社会控制思想史》新近面世。这是一部以全新的视角说明秦汉国家与社会治理问题的论著。全书的主旨及主要创新点，李禹阶教授撰写的前言和绪论部分都已经有所陈说，读者由此可以大致了解。

考察秦汉时期社会控制的设计思想以及行政方式，进而更全面地认识秦汉社会史、制度史和文化史，意义确实十分重要。对于整个中国古代社会的理解，也可以通过这一考察获得深化的条件。这一视角的古史研究可能为现今政治进步提供某种借鉴的道理，也是不需要多作说明的。

秦政治史对于中国此后两千年的历史演进有重要作用。秦始皇二十六年（前221）实现统一，于是第一次面对控制“地东至海暨朝鲜，西至临洮、羌中，南至北向户，北据河为塞，并阴山至辽东”（《史记》卷六《秦始皇本纪》）的空前辽阔的“天下”的难题。对秦政影响最为深刻的法家思想的集大成者《韩非子》一书“天下”一语出现最为频繁。其中“制天下”出现2次（《功名》《人主》），“治天下”出现8次（《外储说左上》《外储说右上》《难一》《难势》《问田》《八经》），“一匡天下”出现5次（《十过》《奸劫弑臣》《外储说右下》《难二》）。此外，又有“强匡天下”（《南面》），“为天下主”（《说林上》《外储说右上》），“令行禁止于天下”（《制分》）等，都涉及国家管理与社会控制的行政主题。秦王朝何以短促而亡？贾谊《过秦论》已经有所分析：“秦离战国而王天下，其道不易，其政不改，是其所以取之守之者无异也。”“仁义不施，而攻守之势异也。”（《史记》卷六《秦始皇本纪》）《秦汉社会控制思想史》的作者认为：“秦代国家意识形态与社会控制思想内在功能性的缺失，所引起的秦代国家政治信仰与价值系统的崩坏，是秦代国家政府权能失效及社会控制失败的基本原因。”这样的判断，提示了“社会控制思想内在功能性”与“国家政府权能”的关系，是有学术新意的。

西汉晚期，再一次发生严重的社会危机。当时有见识的政论家对于社会控制问题予以特别关注。《秦汉社会控制思想史》的作者就刘向社会控制思想的讨论，很有启示意义。刘向关于“君德”的意见，成为论者分析的对象。这是在特定的政治文化背景下提出的社会控制思想，儒学政治理念的色彩愈益浓重。刘向还说：“圣王先德教，而后刑罚。”“政有三品，王者之政化之，霸者之政威之，强者之政胁之。夫此三者各有所施，而化之为贵矣。”“化”“威”“胁”三种方式彼此结合，但首要的是“德”“化”。所以说“王者尚其德而稀其刑，霸者刑德并凑，强国先其刑而后德”（《说苑·政理》）。《秦汉社会控制思想史》写道：“刘向还以历史上的灾异天变为例，说明其反对外戚，维护王权的立场。”然而人们看到，王莽也是高举儒学的旗帜，以“德教”为宣传口号，试图成功实现历史大变局中的社会控制的。新莽的灭亡，也可以看作不合社会实际的“德教”的失败。班固于是以历史家的语言宣判：“咨尔贼臣，篡汉滔天，行骄夏癸，虐烈商辛。伪稽黄、虞，缪称典文，众怨神怒，恶复诛臻。百王之极，究其奸昏。”（《汉书》卷一〇〇下《叙传下》）儒学社会控制学说经常标榜的“黄、虞”“典文”，竟然被指为“贼臣”作乱的花招手段。

东汉政治乱局又一次检测正统社会控制思想的效用。“党锢之祸”中，宦官势力对“党人”的诬告，有“共为部党，诽讪朝廷，疑乱风俗”的说法。对所谓“诽讪”“疑乱”的严酷迫害，宣告有关社会控制方式的自由辩议已经成为不可能。最终流民和农民暴动频繁爆发。正如《秦汉社会控制思想史》的作者所说，“这些起义，对东汉统治构成了极大的威胁。烽火相连的农民起义不仅在政治上震撼了汉代国家统治的基础，而且也标志着东汉王朝意识形态上的危机和社会失控”。

通过秦汉及其前后的历史来考察社会控制思想的得失以及社会控制实践的成败，是可以获得重要发现的。我们曾经注意到，社会失控往往直接导致王朝的覆亡。王朝的更替，就对于原有政权而言，大略有三种模式：一、造反；二、篡夺；三、侵灭。

“造反”这一词语的最早出现，可以追溯到汉代。《汉书》卷五九《张汤传》记载了这位著名酷吏也是社会控制能臣张汤处理淮南王、衡山王以及江都王反叛之案时的情形：“及治淮南、衡山、江都反狱，皆穷根本。严助、伍被，上欲释之，汤争曰：‘伍被本造反谋，而助亲幸出入禁阏腹心之臣，乃交私诸侯，如此弗诛，后不可治。’上可论之。”所谓“本造反谋”，宋人倪思《班马异同》卷三〇说：“伍被本画造反谋。”清代学者何焯《义门读书记》卷一四《史记·淮南衡山列传》写道：“‘伍被自诣吏因告与淮南王谋反。’钝吟云：‘伍被与王造反谋寔也。’”与“本造反谋”“本画造反谋”类似的说法，又见于《三国志》卷四《魏书·陈留王奂传》：“诏曰：‘前逆臣锺会构造反乱，聚集征行将士，劫以兵威，始吐奸谋，发言桀逆，逼胁众人，皆使下议，仓卒之际，莫不惊慑。’”如果有人认为，所谓“本造反谋”“本画造反谋”“构造反乱”未必就是人们通常说的“造反”，那么，我们还可以指出，同样见于《三国志》的有关张既事迹的记录，明确说到了“造反”。《三国志》卷一五《魏书·张既传》记载：“西平曲光等杀其郡守，诸将欲击之，既曰：‘唯光等造反，郡人未必悉同。若便以军临之，吏民羌胡必谓国家不别是非，更使皆相持着，此为虎傅翼也。’”曲光“造反”的情节，是“杀其郡守”。这里张既所谓“造反”，与现今人们所说的“造反”语义是大体一致的。这也许是我们今天可以看到的“造反”一语出现的最早的历史记录。也就是说，至少在东汉时期，以“造反”指代以暴力形式反抗政府控制之武装行为的语言表现形式已经出现，并且作为政治评判用语开始应用于社会政治生活之中。考察其语源，也许应当注意“造反”与所谓“本造反谋”“本画造反谋”“构造反乱”的内在逻辑关系。

中国古时的改朝换代，大多经历铁血历程。但是也并非每一次都是千百万人头落地。也有通过和平方式完成执政权力转换的情形。这种方式，当事的新王朝的开国者往往取用远古圣王传说中的“禅让”来予以美化。当事者自谓“禅让”，后世政论家的批评，则往往指斥为“篡夺”。《前汉纪》卷三〇《孝平皇帝纪》引录《本传》曰：“王莽始起外戚，折节力行，以要名誉，宗族称孝，朋友归仁。及其居位辅政，成、哀之际，勤劳国家，直道而行，动见称述。岂所谓‘在家必闻，在国必闻’，‘色取仁而行违’者？莽既不仁，而有邪佞之才，又乘四父历世之权，遭汉中微，国统三绝，而太后寿考为之宗主，故得肆其奸慝，而成篡夺之祸。推此言之，亦有天时，非人力也。及其窃位南面，处非所据，颠覆之势险于桀、纣，而莽晏然自谓唐、虞复出。乃始恣睢，奋其威焰，滔天虐民，穷凶极恶，毒被诸夏，乱延蛮貊，未足逞其欲焉。故海内嚣然丧其乐生之心，内外怨恨，远近俱发，城池不守，支体分裂，遂令天下城邑为墟，丘垄发掘，害遍生灵，延及朽骨。书传所载乱臣贼子无道之人，考其祸败，未有如莽之甚也。”这里说到了“篡夺”和“窃位”。“篡夺”，今本《汉书》

卷九九下《王莽传下》作“篡盗”。关于王莽“篡夺”的较早的史籍记录，又有《后汉书》卷一一《刘玄传》所见方望谓弓林语：“前定安公婴，平帝之嗣，虽王莽篡夺，而尝为汉主。今皆云刘氏真人，当更受命，欲共定大功，何如?”《后汉书》卷一三《隗嚣传》记载隗嚣起事，移檄告军国，也写道：“故新都侯王莽，慢侮天地，悖道逆理。鸩杀孝平皇帝，篡夺其位。矫托天命，伪作符书，欺惑众庶，震怒上帝。反戾饰文，以为祥瑞。戏弄神祇，歌颂祸殃。楚、越之竹，不足以书其恶。”所谓“篡夺其位”，即合说“篡夺”和“窃位”。对国家最高权力的“篡夺”，也被称为“窃国”。《庄子·胠箧》说：“彼窃钩者诛，窃国者为诸侯。”《史记》卷一二四《游侠列传》中也有“窃钩者诛，窃国者侯”的话。后来人们往往把这种对国家执政权力的篡夺称为“窃国”。这种篡夺中最典型的史例，即“王莽窃国”[（清）胡渭:《禹贡锥指》卷六]，“王莽、曹操之窃国”[（明）高拱:《本语》卷六]。传统政治理念对这种以非正常方式实现权力转移的情形，往往持鲜明的否定态度。这也许与这种特殊的政治史现象极端鲜明地暴露了当权者执政方式的无能与社会控制的失败有关。以所谓“篡夺”方式开国的典型，有王莽、曹魏集团和司马氏集团等成功建立新王朝的情形。

第三种因社会控制失败导致亡国的情形，即“侵灭”。人们在评述春秋战国时期的军事、政治与外交形势时，已经使用“侵灭”的说法。《春秋公羊传·僖公四年》：“楚有王者则后服，无王者则先叛。夷狄也，而亟病中国。”何休解释说：“数侵灭中国。”唐人徐彦疏：“注解云：即庄二十八年秋荆伐郑者，是其‘数侵’‘中国’之文。其‘数’‘灭中国’者，即灭邓、谷之属是也。而《经》不书者，后治夷狄故也。”当时的荆楚被视作“夷狄”之国，对“中国”的兼并，被称作“侵”“灭”。所谓“侵灭”，主要是指少数民族或文明进程较落后的政治实体、军事实体，即被中原正统史家称作“夷狄”的势力，以入侵征服的手段取代“中国”原有政权，建立新的王朝的政治史过程。(王子今:《中国历代王朝开国检讨》，泰山出版社2009年版，第67—119页)

秦社会控制的失败，新莽社会控制的失败，导致了“造反”。西汉社会控制的失败，曹魏社会控制的失败，导致了“篡夺”。东汉社会控制的失败，先导致了黄巾军的“造反”，后导致了曹操的“篡夺”。至于“侵灭”，则发生在西晋之后的历史进程中。

对历史上社会控制败局的这种总结，后来看到，其实早已有古人发表了相近的意见。宋代学者叶适《习学记言序目》卷一九《史记一·本纪》

“项羽本纪”条写道：“空诸侯之国而得天下者，秦也；驱天下之人而亡天下者，亦秦也。秦自以灭六国无与敌，及其败也，虽名诸侯复立，其实黔首化为盗贼，亡之如拾遗。自是以后，未有不以群盗亡者，次则夷狄，次则卒伍，皆古所无有也。然则后之有天下者，谨备三者而已。”（中华书局1977年版，第266页）这确是极其高明的兴亡史、社会控制史的总结。秦迅速崛起，灭六国得天下，然而其兴也勃焉，其亡也忽焉。社会控制的全面失败，竟然亡于“群盗”，即所谓“黔首化为盗贼，亡之如拾遗”。亡于“群盗”，就是上文所说亡于“造反”。亡于“卒伍”就是亡于“篡夺”。亡于“夷狄”就是亡于“侵灭”。叶适说“后之有天下者，谨备三者而已”，就是说，社会控制走向崩溃，大致都走这样三条路径。执政者即“后之有天下者”，必须“谨备三者”。

以上我们说到了秦汉时期有关社会控制实践的若干负面教训。其正面的经验，特别是经过政治思想家、政论家以及行政实践者提炼升华了的有关社会控制的种种积极的理念、明智的设计和有效的建议，读者通过阅读李禹阶教授主持编写的这部《秦汉社会控制思想史》，可以有所领略。《秦汉社会控制思想史》是一部史论兼备的关于秦汉社会控制与整合思想的力作。其史料充备，逻辑明晰，论证严谨，辩说得当，又借鉴现代西方社会学理论、政治学理论，有所申析阐究，提出不少新的发明创见，确实值得认真品读。

王子今
2016年10月10日
于北京大有北里

目　　录

前　言

在中国古代几千年历史中，国家、天下、社会之“治”是各阶级、阶层都关心的重大问题。在春秋战国时期“百家争鸣”中，无论是儒家孔、孟、荀所提倡的宗法血缘的“亲亲、尊尊”，抑或其主张的“仁政”“德治”；无论是墨家强调的“兼爱”“非攻”，法家商鞅、韩非之流所提出的“明法”“壹法”“任法去私”，还是道家老子主张的“道法自然”“无为而无不为”等，无一不是将消弭战争，达到邦国、天下的“大治”作为其思想学说之主旨，为学之纲要。自秦汉以后，儒学作为中国帝制时代占主导地位的统治思想与国家主体意识形态，更是将《大学》“修身、齐家、治国、平天下”作为其学说之大旨，士人生命价值实现之归途。因此，在古代中国，“为治”是各家各派思想学说中最为重要的中心命题之一，是中国古代哲学、政治、经济、社会、文化、艺术、法律、伦理所围绕探讨的理论主线。这样，与西方政治、社会学说相比较，不论是中国历代统治者，还是各种思想学说的代言人，无一不注重国家、社会的为“治”之道，无一不将天下、国家的“大治”作为其思想的出发点与终点。于是，以天下、国家之“治”为主线，法律被政治化，而政治亦被法律化；道德被政治化，而政治亦道德化；哲学，尤其是中国古代哲学中的宇宙论、本体论、天道观、认识论等均被政治化，而政治亦被哲学化、宗教化、神秘化，“神道设教”成为帝制国家专制政治的本体论证；而历史学也成了为政治服务的婢女，文学、艺术则充当了当权者的侍从。在中国历史上有着重大影响的六经，即是以“治道”为核心的统治阶级思想学说，是古代中国政治与国家意识形态的集中表现。孔子曰：“兴于诗，立于礼，成于乐!”“（诗）可以观，可以群，可以怨。近之事父，远之事君”，就是这种以政治为主线，融合道德、艺术、礼仪实践活动的概括。从经学内涵看，《礼记·经解》解义曰：“其为人也，温柔敦厚，《诗》教也；疏通致远，《书》教也；广博易良，《乐》教也；洁静精微，《易》教也；恭俭庄敬，《礼》教也；属辞比事，《春秋》教也。”这些都充分表达了中国古代以“治道”为主线的宗法伦理及政治教化之内容。在儒学家，尤其是宋明理学家看来，人的生命价值，即对专制国家政治价值观的体现与实践。《朱子语类》卷六一载朱子语曰：“人之所以得名，以其仁也。……言人而不言仁，则人不过是一块血肉耳。”为了达到天下、国家的大治，统治者及其思想学说片面强调用“类”的整体意志代替个体人格的发展，从而主张“身、家、邦、国”的宗法人际等级秩序，构成古代中国意识形态“修、齐、治、平”的主要内容。

在中国历史上影响巨大的“三纲五常”“三纲六纪”（“六纪者，谓诸父、兄弟、族人、诸舅、师长、朋友也。”），则是这种将政治道德化、宗法化的主要纲目构架，是将宗法伦理纳入国家治乱纲目中的“治道”纲要。这种纲目构架，可以归结为中国几千年历史上颇具特色的宗法社会特征：一、它以排除一神论宗教倾向的祖先崇拜为核心，形成一整套宗法别子制度及相应礼义，来加强宗族血缘联系，确定族内嫡庶等级贵贱，“尊祖故敬宗，敬宗所以尊祖祢也”，使宗族成为中国古代社会稳定的基层组织。二、它以宗法血缘亲子伦常为起点，向广大社会领域展开。将宗法的父子、夫妇、兄弟伦常直接应用到国家政治等级和宗法社会人际的上下尊卑关系中，具有血缘亲尊与社会规范交融的品格。三、将政治伦理的道德教化作为国家政教的主要方面，提倡“圣王作民君师”等伦理教化内容。道德典范即政治型范（如汉之“孝”“廉”），君长即师亲，有将道德教化与政治宣教同一的特点。四、将个体人格的完善（圣化）与社会“治道”的核心价值观结合。不是追求自我对社会的超越，而是要求在宗法整体的伦理实践中体现自我。将人的存在与生命价值作为实现、完善帝制国家专制政治的“类”的凝合与等分的手段，倡导内省意向的德（道德）福（幸福）统一论。五、由此规定出一套礼仪制度，约定俗成为民间风俗习惯，作为正统意识的补充与无形的道德立法。这种道德立法通常能使宗法伦理打上理性与永恒的印迹，易于固化为人们心理的自觉，以“礼”为“法”，以“礼”为“则”。脱离这种礼仪规定凸显个体的观念行为，都被视为离经叛道。所以，在古代中国，一切均以“治道”为中心，一切均被打上了政治的烙印。

正因如此，我们在考察古代中国的国家与社会、政治、文化问题时，就需要注意其特殊的历史和国情。目前在历史学乃至文学史、法律史、经济史、社会史、伦理学史、民俗史的研究上，都不同程度地注意到这个问题，同时对于中国古代诸如此类的问题也以此为主线作出了很好的回答。但是，从社会调控，即社会控制与社会整合的视角去观察、探索、研究中国古代的政治与社会、文化问题，却还是比较少见的。

社会控制、整合是社会学中的重要范畴，也是一个涉及面较广、具有交叉特征的学科领域。从定义上看，社会控制指特定的社会组织利用社会力量、社会规范对其成员的社会行为实施社会约束的过程。它为社会成员提供合乎社会目标的社会价值观念和社会行为模式，调适人际关系，制约和指导社会成员的社会行为。它通常通过外在的社会力量与内在的社会规范来达到这一目的，任何国家及其统治阶级都以维护社会的运作与秩序为目标，由此形成“社会控制”。由于“社会控制”着眼于社会约束、就范的意义，因此它和社会中的阶级、阶层，以及社会的人在国家的地位、作用、权利、义务等有着重要的关联。简单地说，社会控制理论从社会学的角度，明确了在一个国家内部各社会阶级、社会阶层、社会群体或社会集团的社会地位、社会权利和义务。同时，这些问题又与历史学、政治学、法学、经济学等有着千丝万缕的联系。所以，当我们采用这么一个视角来看待中国历史上的政治、经济、法律、文化问题时，往往有着新的收获。

本书是从社会控制、整合的角度来探索、研究秦汉政治、社会与国家治理的诸问题。通过这种不同的视角，试图对秦汉历史，尤其是政治史、思想史、社会史等方面有着一些新的认识，阐发在通常的政治学、社会学中所没有注意到的历史本质与现象。例如，关于汉代初年的统治思想问题，本书从汉初国家意识形态、政治思想、治世之术，即“治道”与“治术”的分辨中，明确提出了从刘邦建立汉代封建王朝开始，以陆贾为代表的新儒家学说如何成为汉王朝占主流的政治思想之“道”，而黄老之学作为汉初恢复经济、稳定社会的阶段性治世之术，将“道”与“术”加以分辨。这样就能够更加客观地说明汉初政治思想与国家意识形态、礼仪构成，说明汉初社会上层思想斗争的实际情况。再如，对于西汉中期及其后汉代国家的治国理念与社会调控思想的发展、变化的探讨，特别是对于汉代国家经济控制思想即“重农抑商”“盐铁官营”的社会控制作用问题，以及在这些命题中所反映的汉代政府对待社会经济诸种控制政策、手段的垄断与专制意义。正是这种经济上的国家干预主义，即政府强力干预社会经济发展，对于社会主要经济资源即“盐铁”的“官营”性垄断，以官营工商业来抑制民间工商业，以“重农抑商”“重本抑末”的经济控制政策来约束民众的人身与生产自由，最终目的则是以牺牲社会经济发展速度，来防止盲目发展的民间工商业腐蚀及破坏以皇权为代表的，集君权、神权、宗主权三位一体的封建国家官僚体制及其基础，由此维持小生产自然经济的宗法性村社和小生产自然经济轨道，来达到有效的社会控制与整合。

本书还从政治学、社会学及思想史的角度，探讨了西汉中期以后即昭、宣、元、成时期帝制国家政治思想与儒家学说的变化。尽管这些变化有时十分微妙，但是它确切地反映了儒家思想与汉代国家政治在互动中的辩证发展。同时，对于秦汉时期帝制国家与社会的裂变，本书也加以较为详尽的分析、探讨。例如，东汉末期国家沦落与社会裂变，是学术界注意探讨的一个重要问题。本书则从东汉末期的思想沉沦与统治阶级内部的阶层衍变，提出了东汉王朝分崩离析的主要原因，即其时帝制国家思想控制的失效及由此引起的政府权能的沦落。事实上，在中国几千年帝制社会中，由于政府政治、经济资源的短缺、匮乏，国家的力量——尤其是其政治、军事直接能够向州郡延伸的力量，主要局限在县一级政府组织中。而县以下的民间基层社会，则往往需要依靠宗法血缘传统与宗族村社的乡规民约，包括其中豪族的力量，为社会成员提供合乎社会目标的社会价值观念和社会行为模式、礼仪来维持基层社会的运作秩序。这种情况决定了中国古代社会中，思想控制的力量（即包括各种社会规范、习俗、道德、宗教等代表人们价值观的力量），即《礼记·大学》所强调的“正心诚意，修身齐家”的内容，往往对社会治理起着非常重要的作用。中国古代国家正是通过这种表面上超越阶级、阶层划分的共同遵守的行为规范，来维护社会的良性运行和协调发展，约束各阶级或者阶层之间的利益竞争，调整各阶级、阶层之间的利益关系，由此避免各个阶级、阶层的大规模对抗性冲突，达到社会整体的相对稳定。所以，通过从以社会道德的善恶评价为中心的行为规范与舆论，来对人们的思想、行为的是非、善恶、正义和非正义、正当和不正当进行评价，由此提高人们追求社会道德伦理的主动性、积极性，提升人们对帝制国家的政治信念，使人们在思想上、心理上认同于这种政治、道德及其核心价值观，由此起到对人们思想、行为的控制作用。这是几千年来中国专制国家进行社会调控的重要手段。正因此在中国，意识形态与思想控制的力量是一种最强烈的力量。我们常常说宋儒空谈“心”“性”，流于空疏。但正是这种注重“心”“性”的“空疏”教化及实践，却培育出大批主动、积极追求封建伦理道德，以封建伦理道德为核心价值的殉国、殉道、殉礼、殉义的士人及烈女、贞女，并维护了宋以后帝制国家数百年的思想统治。

东汉中后期思想沦落与政府权能失效，正是经历了这么一个从思想沉沦到社会调控失效的过程。在这个过程中，“道统”与“政统”呈现分野，出现了“论无定检”“处士横议”的局面；儒家士人从清议到清谈，形成新的儒道合一的玄学价值观；儒家士人圣贤理想人物内涵的设定也呈现新的格局；同时，当政阶层恣意排挤诛杀通过正道仕进的官僚士大夫，官吏选拔秩序被打乱——察举、辟召的正常途径遭到破坏，使官僚士大夫阶层呈现出分化、衍变的状态；而政局动荡，权势集团与清流官僚、士人的对立，使官僚集团中许多人，在个人与社会的价值观出现了异化与新的整合；官员中政治价值观的分崩离析，士大夫忠君思想的淡化，逐鹿思想的流行，皇权效忠观念的沦丧，以至于缺乏忠君思想和儒家纲常的社会价值观约束的官僚、将领及地方豪强借着黄巾起义之机，扩大势力，拥兵自重，加速了东汉社会的裂变与政权的瓦解。它说明，在中国古代社会，有效的思想控制是天下、国家赖以“大治”的基石，是在天下“治”“平”时期比枪杆子更加重要的政治、思想资源。而儒家思想则是这种资源最重要的组成部分。

本书即是我和我的同人、学生，对于秦汉社会调控思想历史演变的一些构想与探索。本书系李禹阶主持的国家社科基金后期资助项目“秦汉社会调控思想史”的最终成果。从社会调控，即社会控制、整合思想的角度来探索、分析、研究秦汉政治与社会，对于我们来说，尚有许多新的值得探讨、研究的问题。该书的撰写大致经历了五个春秋。最初，由李禹阶提出本书指导思想，并由李禹阶、赵昆生、廖小波策划此书写作大纲及具体撰写工作。书的初稿完成后，由李禹阶、赵昆生、廖小波分别对于书稿的西汉、东汉部分予以审阅。最后由李禹阶对全书进行统稿、定稿。为了将这项研究做得更加深入、完善，同时也为了使体例更加统一，李禹阶在全书的统稿、定稿中，对书中部分章节作了较大修改和补充，并且对书稿各个部分进行了多次修订、完善。

书稿撰写的分工如下：

绪论：李禹阶

第一章：李禹阶

第二章：第一节　李禹阶

　　　　第二节　李禹阶　赵昆生

　　　　第三节　赵昆生

第三章：李禹阶　陈　倩

第四章：李禹阶　陈　倩

第五章：廖小波

第六章：李禹阶　陈美丽

第七章：李禹阶　张小宁

第八章：刘　力

第九章：李禹阶　朱徐成

第十章：李禹阶　袁佳红

第十一章：李禹阶　袁佳红

第十二章：廖小波　汪　荣

第十三章：赵昆生　汪　荣

第十四章：秦学颀　谭清宣

第十五章：廖小波

第十六章：张婷婷

第十七章：赵昆生　张　娟

第十八章：赵昆生　陈晓倩

第十九章：于　斌

本书的撰写工作得到国家社科规划办、重庆师范大学科研处、历史与社会学院的领导和同志们的大力支持。廖小波同志为本书的文献注释、校对等做了很多工作。邹登顺、罗玲副教授以及研究生陈安容、王艳楠等亦为本书的文献查阅、注释、打印事宜付出许多努力。中国人民大学王子今教授、孙家洲教授等为本书的撰写提出了很好的建议和意见，使本书质量得以进一步提高。中国社会科学出版社李炳青同志，是一个十分严谨、负责的编辑，过去我们曾经有过很好的合作。这次她又为本书的编辑、校对、出版等付出了辛勤的劳动。在她认真、细心地修改中，本书一些问题得以纠正。在此，谨向关心、帮助、支持我们的同志、朋友，致以衷心的感谢。

由于我们水平有限，在本书写作过程中，难免有不够成熟或者错漏之处，恳请学术界同人和读者不吝赐教，使得本书能够更加完善、成熟。

李禹阶

2016 年 5 月

绪论　社会控制、整合及国家意识形态

在秦代政治历史的研究中，秦帝国二世而亡的教训在中国历史上提出了一个令人困惑却又无法回避的难题：秦国以摧枯拉朽之势，横扫齐、楚、魏、燕、赵、韩，统一六国。但是为什么在全国统一之后的短短十六年，社稷覆灭，“二世而亡”？一直以来，学术界对于这个问题有着很多探讨，也提出了诸多颇有价值的见解。但是，对于秦代法家治国思想在全国统一后所导致的政府权能迅速失效的深层问题，却还少见有深度的认识。我们认为，秦代国家意识形态与社会控制思想内在功能性的缺失，所引起的秦代国家政治信仰与价值系统的崩坏，是秦代国家政府权能失效及社会控制失败的基本原因。

本书即是以秦汉时期的国家治理与社会调控思想为研究对象，对于秦汉时代的国家、社会进行探讨、研究。本书中的社会调控思想，主要包括秦汉时期的社会控制、整合，以及其时的国家治理思想，同时也包括这些思想的源起、发展、演变的过程。

社会控制指特定社会组织利用社会力量、社会规范对其成员的社会行为实施社会约束的过程。它为社会成员提供合乎社会目标的社会价值观念和社会行为模式，调适人际关系，制约和指导社会成员的社会行为，它通常通过外在的社会力量与内在的社会规范来达到这一目的。社会控制中的外在社会力量，是指依靠国家的法律、制度、警察、军队等惩戒、赏罚的力量，促使其成员遵守社会的约束、规范；内在的社会规范则指社会通常存在的习俗、舆论、法律、信仰、社会暗示、宗教、个人理想、礼仪、艺术乃至社会评价等，社会通过这些规范，促使各社会成员自觉地遵守社会秩序，约束和检点自己的行为，并通过教化等各种社会手段，使社会成员将社会规范内化，由此主动地去遵行社会规范与社会行为准则。外在控制与内在控制的界限是相对的，两者相互渗透和转化。正是通过这种控制，使社会运行的各个系统之间功能耦合、结构协调、相互配套，达到和谐，促进社会的良性运行和协调发展。

社会控制理论与传统的国家理论，或者说在政治、经济、文化理论的层面上，有着密切的关系。由于社会控制着眼于社会约束、就范的意义，因此它和社会中的阶级、阶层，以及社会的人在国家的地位、作用、权利、义务等有着重要的关联。简单地说，社会控制理论从社会学的角度，明确了在一个国家内部各社会阶级、社会阶层、社会群体或社会集团的社会地位、社会权利和义务。在阶级社会里，这种社会地位、权利和义务则主要表现为统治阶级和被统治阶级的阶级地位、权利和义务，并且通过超越这种阶级、阶层划分的一种共同遵守的行为规范，来维护整个社会稳定、社会的良性运行和协调发展，来约束各阶级或阶层之间的利益竞争，调整各阶级、阶层之间的利益关系，由此避免各个阶级、阶层的大规模对抗性冲突，达到整个社会的相对安宁、和谐。中国封建时代儒家所提倡的“礼制”，主张“君君、臣臣、父父、子子”，实际上就是在中国古代社会中，人们根据其宗族血缘亲疏上下和社会政治等级，而在政治、经济、文化和社会生活方面应该拥有的权利与应该履行的义务。

社会控制思想，则是指历史上各个时代思想家、政治家、社会学家们关于社会控制的基本理论，是这些思想家、政治家、社会学家们对于社会控制规范、作用、功能以及社会控制的类型、实施效果的理论概括或者说对其的抽象认识，也包括对于各种有关社会运行与秩序、规范相关的政治、经济、文化等其他领域相互关系的认识。在一个社会中，占主导地位的社会控制思想往往是统治阶级的社会控制思想，也包括与之相关的统治阶级的政治、经济、文化等思想。这些思想又随着时代的变化而不断变化，因此，社会控制思想具有阶级性、历史性、实践性、交互性等特点。

自 19 世纪末期以来，欧美社会学界就开始关注社会控制研究，并且逐渐奠定了社会控制理论的基本知识体系。最早提出社会控制思想的是美国社会学家 E. A. 罗斯。他于 1896 年在《美国社会学杂志》上发表的一篇文章中首次明确提出这一思想。1901 年，他又以《社会控制》为名结集出版其一系列研究论文。罗斯在其《社会控制》一书中，首次从社会学意义上使用社会控制一词，并对其理论作了较为系统的阐释。罗斯认为，社会控制是指社会对人的动物本性的控制，限制人们发生不利于社会的行为。他认为，在人的天性中存在包括正义感、同情心、互助性等一种“自然秩序”成分，人性的成分使处于自然秩序状态的社会，人人基于本有的同情心、互助性和正义感，自行调节个人的行为，避免出现因人与人之间的无休止的利益争夺，以及由于这些利益争夺而引起的社会混乱。但是，随着美国 19 世纪末 20 世纪初大规模的城市化，大多数人们不得不生活在现代工业化、信息化的社会环境中，各种社会问题大量出现。所以，罗斯认为必须用一种新的机制来维持社会秩序，即通过社会控制来对社会中的个人或集团行为进行约束。所以他又指出："如果社会戒除所有对其成员的控制，一种自然秩序便会出现。但是，这样的秩序同人工秩序比较，粗糙而不完善，而容忍这种自然秩序，其惩罚必定招致非常'惨重、明显的普遍灾难。"[①] 他考察了社会控制的动力中心，并指出社会控制不同于阶级控制，"抑制冲动不仅要从社会总体，而且要从某些极有声望、极有影响的中心释放出来，此类控制依然是社会控制；但是，如果该抑制主要中心是以损害其他团体而生存的阶级，那么我们就不再有真正意义上的社会控制，而只有阶级控制了"[②]。而在这种社会控制中，习俗、舆论、法律、信仰、社会暗示、宗教、个人理想、礼仪、艺术乃至社会评价，等等，都是社会控制的手段，是达到社会和谐与稳定的必要措施。

20 世纪中期，西方学者们开始将社会控制理论用于法学研究领域。20 世纪 40 年代，美国学者庞德将其出版的《通过法律的社会控制》《法律的任务》两部著作合订为《通过法律的社会控制、法律的任务》一书。庞德研究了法律与社会控制的关系，认为法律在当代的社会控制中应该具有主导作用。他认为，在近代，由于世界的变化，法律代替习俗、舆论、信仰、社会暗示、宗教等成了社会控制的主要手段。法律就是"一种制度，它是依照一批在司法和行政过程中使用的权威性律令来实施的高度专门形式的社会控制"[③]。因此他提出，法律"由司法过程（今天还要加上行政过程）按照一种权威性技术所发展和适用的各种法令来确定在什么限度内承认与实现那些利益；以及努力保障在确定限度内被承认的利益"[④]。庞德通过对人类社会的利益分类，将社会群体的利益界限加以确认，并予以了法律的解释。庞德的研究，对于人们认识法律与社会控制的关系有着重要意义。

第二次世界大战后，随着科学技术的发展，科技对人们现实社会发生着越来越重要的影响，引进科学技术进入社会控制领域，是一大趋势。1950 年，美国学者维纳（N. Wiener）出版了《人有人的用处：控制论与

---

① 〔美〕爱德华·罗斯：《社会控制》，秦志勇、毛永政译，华夏出版社 1989 年版，第 44 页。

② 同上书，第 289 页。

③ 同上书，第 22 页。

④ 〔美〕爱德华·罗斯：《通过法律的社会控制、法律的任务》，沈宗灵、董世忠译，商务印书馆 1984 年版，第 35 页。

社会》一书，该书专门探讨了社会控制问题。他认为，由于通信技术在当代社会中的迅速发展，它对于社会的控制也起着重要作用。法律可以定义为对通信和对作为一种通信工具的语言在道德上的控制。此后，控制论分析和理解社会成为一些学者研究的对象。例如20世纪70年代，荷兰学者汉肯的《控制论与社会》一书从个体行为的微观角度规定了社会控制。1978年，在荷兰阿姆斯特丹召开了第四届国际控制论和系统论会议，其中多篇论文被编成《社会控制论》出版。这些学者主张用控制论分析和界定社会控制，重视社会控制手段的作用，这标志着社会控制理论研究发展到了一个新的水平。

在社会控制理论的不断发展中，一般认为，一个特定时代的社会控制思想具有许多特征。如果归纳起来，可以总结为以下几个特点：

一是群体性。在阶级社会中，占主导地位的社会控制思想虽然往往是统治阶级的思想，以及与之相关的政治、经济、法律、文化等思想。但是，由于社会控制的目的是避免各个阶级、阶层的大规模对抗性冲突，达到整个社会的相对安宁、和谐，因此它也必须是得到社会各个阶级、阶层、社会群体认同的，具有共识的社会规范与准则。在具体的实施中，它将对于社会整体的，包括各个阶级、阶层以及社会群体、团体的思想及行为的约束及规范，用特定的习俗、道德、宗教、社会舆论和群体意识，也包括政权权力和法律等手段来实现，集中体现为特定历史阶段中整个社会的意志。不管它有什么具体内容和采取什么具体手段，但它总是以某种社会名义，代表社会组织施行对整个社会的控制。

二是超越性。一个特定时代的社会控制是对社会大众思想、行为的约束。由于它“抑制冲动不仅要从社会总体，而且要从某些极有声望、极有影响的中心释放出来，此类控制依然是社会控制”①。因此，不论什么时候，它都要服务于社会的总体利益和最高意志，由此具有超越阶级、阶层，超越个人的权威力量（尽管有时这种超越是表面上的），并且有力地控制社会和个人的目的。从某种角度说，这也符合作为既得利益群体的统治阶级的整体需求。因此，社会控制不是阶级控制。如果该抑制主要中心是以损害其他团体而生存的阶级，那么就不再是真正意义上的社会控制，而只有阶级控制，那么社会控制就失去了它的效能。

三是互动性。社会控制只有通过社会实体才能起作用。这些实体包括社会组织、社会个人和传递社会规范内容的信息媒介等。社会控制的一个

① 寇祥强：《社会控制理论的主要形态》，《大连理工学报》2009年第1期。

重要机制就是在这些社会系统的相互作用中实施它的效能，并且通过社会行为之间的相互影响而起作用。

四是交叉性。社会控制具有交叉性特征。在实际的社会控制中，控制主体多方面地将各种信息发射出去，而作为中间环节的多种信息传递媒介，又把各种社会精神因素和众多的社会个体相互联系起来，从而使社会控制成为一个多向交叉和多层联结的复杂过程。

在社会控制中，各种社会规范，包括习俗、道德、宗教等代表人们价值观的建设力量起着重要的作用。例如，就道德而言，道德是以善恶评价为中心的行为规范的总和，它对人的思想和行为的是非、善恶、正义和非正义、正当和不正当进行评价。道德靠人们的内心信念、社会舆论来使人们在思想上、心理上感受到压力，同时也对违反道德的行为具有控制作用。再如，作为社会规范的宗教，主要表现为教义、教规和宗教仪式等。宗教通过教育和制裁两种手段来约束和控制其信徒的活动。在政教合一的情况下，宗教发挥着极强的控制作用。此外，社会舆论和群体意识在社会控制中起着极其重要的作用。社会舆论是一种公意，是大多数人的意见，因此，它会对少数人的、与众人意见不同的言行产生环境压力，对少数人的言行具有一定的指导、约束及社会控制作用。少数人为了缓解大多数人的意见压力，会改变或放弃原来的言行，与众人保持一定程度的一致。另外，群体意识也是社会控制的一种重要手段，是群体成员团结的基础，也是对社会成员的行为具有指导和约束作用的心理机制。社会成员需要有对群体的认同感、归属感和责任感，由此获得良好的人际关系、安全感、成就条件及精神寄托。社会控制正是通过提供社会成员为了群体的荣誉和利益，由此获得的对自己行为的考虑，通过成员之间的互动和社会化，使个人成为群体的一员，并且在思想、行为上与群体具有一致性。

在人类文明中，常常使用各种社会规范，包括习俗、道德、宗教等代表人们价值观的力量来进行社会的控制与整合。例如产生于约公元前 4 世纪至公元 5 世纪的文明轴心时代的基督教、佛教、伊斯兰教，以及中国的儒家学说，就是这样一些宗教与学说。尤其是中国的儒学，通过天人合一理论，将天道、人性相结合，将人类社会“三纲五常”道德规范比拟为上天的精神与意志，由此形成“天命之谓性，率性之谓道，修道之谓教”的由天到人的世俗化理论，来对人们的思想、行为进行规范与控制，由此进行世俗社会的控制与整合，成为古代中国人正心诚意、修身养性，乃至治国平天下的精神财产。

在社会控制中，国家、军队、警察和法律等也起着重要的作用。国家政权是统治阶级实行阶级统治的权力，也是进行社会控制的基础。国家政权通过各级政府来实现对内的管理，并利用他们来指导和约束自己的成员，促使其承担一定的责任和义务，以实现其组织目标。它以国家规定的形式进行社会秩序的整合，并靠国家政权的控制力量来推行这种整合，是最严厉、最有效的社会控制手段。在特殊情况下，国家政权凭借军队、警察、法庭、监狱、法律等专政工具来对严重违背社会秩序、法律的行为进行惩罚。因此，政权是具有一定的约束性和一定程度的强制性措施，是一种强有力的社会控制手段。所以，不管在任何时代、任何文明中，国家、军队、警察和法律都起着非常重要的社会控制作用。

在现实社会中，社会控制分为不同的类型。它包括正式控制和非正式控制；积极控制和消极控制；硬控制和软控制；外在控制和内在控制，等等。从法理学的角度分类，它又包括内在调整和外在调整；肯定性社会调整和否定性社会调整；正式的社会调整和非正式的社会调整；个别性调整和规范性调整，等等。

以正式控制和非正式控制而言，这是根据社会控制有无明文规定来划分的。政权、法律、纪律、各种社会制度、社会中有组织的宗教，均有明文规定，它们属于正式控制的范畴；而风俗、习惯等则是非正式控制。

硬控制和软控制，则是按使用强制手段和非强制手段来划分的。硬控制范畴包括政权、法律、纪律等；软控制则通过社会舆论、社会心理进行控制。社会风俗、道德、信仰和信念的控制属于软控制范畴。外在控制和内在控制，是按控制是否依靠外部力量来划分的。内在控制即自我控制，指社会成员自觉地把社会规范内化，用以约束和检点自己的行为。外在控制是社会依靠外在力量控制其成员就范。外在控制与内在控制的界限是相对的，两者相互渗透和转化。

从法理学的角度分类来看，又有内在调整和外在调整之分，内在调整是人们在学习一定社会群体的行为规则的过程。社会通过各种形式的教育使人民逐渐认识到在什么情况下什么行为是正当的，什么行为是不正当的，从而使外在的行为规则内化，从事正当的行为成为一种习惯，从事不正当的行为被视为“异常”“越轨”。因此，内在调整也就是人的社会化过程。外在调整则是通过外部压力，包括道德、宗教、纪律、法律等措施使人们遵守一定社会规范的过程。内在调整与外在调整在任何一个社会都存在，两者是相互渗透和相辅相成的。在中国，这些问题则归结为“德刑”问题。以孔孟为代表的儒家学派往往主张“先德后刑”，强调以儒家社会规范，以及社会习俗、道德等来进行人们内在心性的改造。而以商鞅、韩非为代表的先秦法家则主张赤裸裸的刑治主义，强调以刑、赏二柄来激发人们的欲望和潜能，进行有效的社会控制。

在社会发展中，社会控制又与社会整合有着密切的关系。社会整合是社会发展中一个十分重要的机制。从社会学理论来看，社会在发展过程中，需要存在一些共同的因素，来统一与融合社会各阶级、阶层及社会群体、社会集团对于社会的共性认识，使这些阶级、阶层、集群、团体能够凝结与聚合在一个社会空间内相互共存，不致因为各个阶级、阶层的大规模对抗性冲突，导致社会的持续动荡和最终崩溃。这些社会内部的共同因素，就是社会整合的基础，也是构成社会整合的必要条件。在现代社会学理论的四大研究途径即建构主义、功利主义、功能主义和批判结构主义当中，以社会系统理论为表现形式的功能主义，由于其强调社会运行中的整体、均衡和稳定性特点，可以说是最为强调"社会和谐"理想状态和社会整合对于社会发展作用的学派。这个学派的大师，即当代德国社会学家尼克拉斯·卢曼（Niklas Luhmann），建构了"自我制造的社会系统理论"范式。在卢曼看来，社会系统是一种在一个封闭循环的过程中不断地由沟通制造出沟通的自我制造的系统，它既具有（操作上的）封闭性，又具有（对于环境的）开放性的特点。一方面，当代西方社会是功能分化的社会，每个社会分化成政治、经济、法律、科学、教育、宗教、家庭等诸个功能次系统。这些功能次系统为全社会履行着自己特有的、无法互相替代的功能；另一方面，当代西方社会又是一个自我制造的社会系统。它们既相互高度独立，又相互高度依赖。系统与环境之间的关系，是一种"结构性联系"的关系。卢曼的"整合"概念意味着被拆分开来的部分如何构成一个统一的整体；"整体"意味着"统一"甚至全社会的"团结"，没有"整合"也就没有"社会"。所以，从社会演化的机制来看，分化与整合是社会发展的两种机制。分化只是社会发展过程中的一种必要机制，如果这个社会只有分化这种单一性机制，那么它将不可能构成社会，使社会各阶级、阶层及社会群体共同处在一个社会空间中并稳定运行。因此，对于人类社会来说，更加重要的是，社会必须、应该而且能够在分化过程中找到共同的因素，用这些因素来聚和、内聚社会中各等级的人们，这就要求社会的整合。而社会整合就是在社会发展中对于共同的因素的服从、运用，从思想上达到一种理念上的共识。因此，社会的分化过程，始终与社会的整合相伴而行，并且始终都发生在同一个社会过程当中。而且准确地说，社会整合既代表一种社会发展的机制，也代表了人们对社会理想的表达，即对于"和谐社会"这一理想状态的表达。在人类社会中，一般而言，强调社会的整体、均衡和稳定，要求社会和谐，都是一个社会大多数人追求的社会目标，是社会中大多数人的愿望，因此，社会整合在社会发展中的作用显而易见。

正因为社会控制与社会整合有着密切关系，因此在实际的社会系统的运行中，这二者常常相互包容、相互影响。从社会控制与社会整合的关系来看，社会控制是社会整合的必要手段。在社会整合中，社会控制往往是其能否成功的重要内容。社会整合需要一个特定的社会空间范围中（不论是地理的、行政的、宗教的）人们对于社会的共同认识，需要塑造超越于各个社会阶级、阶层或者团体之上的共同信仰与价值观，需要形成各个社会组织、社会个人服从这个社会的约束与规范的行为准则，需要社会上各个相互独立的子系统之间相互高度依赖，形成“结构性联系”。而社会控制正好是达到社会整合的重要的次级机制。社会控制强调了群体性和超越性原则，主张利用特定的手段，集中体现特定阶段中整个社会的意志。它采取了必要的手段——如中国历史上儒家学者常常通用的“教化”等，塑造作为形成“大众想法”或社会共识的基础性的价值观和社会意识、共同信仰。例如中国古代大多数人对于“大同”社会理想的憧憬，其实就是对社会的整体、均衡和稳定运行，也即社会整合的追求，是对于“大同社会”这一理想状态的向往。也正是在这种社会理想的追求下，出现了许多为了国家、民族献身的仁人志士，也出现了许多为了国家、民族利益而追求真理的人们。

社会控制既具有阶级性，又是以超越于各阶级之上的名义出现的。从阶级性来看，它是以全社会的名义，而代表特定的社会阶级、社会组织施行对于社会的思想、行为控制，其本质是维护统治阶级的利益与意志。从它的超越性来看，它又往往是以社会的名义而达到其目的的。正是由于它的超越阶级之上的名义，它才能被全社会的成员所接受，进而达到超越个人，并且制约、约束个人，以利于社会整合的目的。而这种社会的整合，从根本上看，是代表统治阶级的整体利益的，因此，它的超越性又是为统治阶级所提倡的，这就使其更加具有有效的社会控制功能。以社会舆论为例，社会舆论是一种公意，一般而言包含了各个社会成员对于此事件或现象的是非曲直之评价，代表了一种民意。因此，它具有一定的指导、约束及控制社会的作用，对少数人的言行具有规范作用。虽然这种社会舆论未必总能对社会现象给予正确评价，可是大多数人们的从众心理，使他们可能改变或放弃自己的观点，服从于社会大多数人们的意见，这就能够有效达到社会整合的目的。社会控制还通过各种强行的手段，如政权、法律、纪律、社会体制、社会中有组织的宗教组织等，来加强对于特定社会人们的控制，以便于社会整合的进行。例如，凭借军队、警察、法庭、监狱等专政工具来实现对社会的管理，对破坏国家利益、严重危害社会秩序的行为进行制裁；通过法律的社会控制作用，以国家规定的形式告诉人们可以做什么，不能做什么，并靠国家政权控制力量来推行，由此达到社会整合的目的。因此，在社会整合中，社会控制是其重要的实施机制，也是最为重要的手段与措施。

社会控制与国家的意识形态亦有着密切的关系。意识形态是与一定社会经济和政治直接相联系的观念、观点、概念的总和，包括政治法律思想、道德、文学艺术、宗教、哲学和其他社会科学等意识形态。意识形态的内容，是社会的经济基础、政治制度和人与人的经济关系、政治关系的反映。意识形态的各种形式起源于以生产劳动为基础的社会物质生活。随着经济基础的变化而变化，政治思想、法律思想、道德、艺术、宗教、哲学和其他社会科学等，各以不同的方式，从不同侧面反映现实的社会生活。它们相互联系，相互制约，构成意识形态的有机整体。每个社会的统治阶级的意识形态，都是占社会统治地位的意识形态，它集中反映该社会的经济基础，表现出该社会的思想特征。每个社会的意识形态都是复杂的，往往存在三种不同的体系：一、反映该社会占统治地位的经济制度和政治制度并为其服务的占统治地位的意识形态；二、反映已被消灭的旧经济制度和旧政治制度的意识形态残余；三、反映现存社会里孕育着的新社会因素并为建立新的经济制度和政治制度服务的新的意识形态。G. 马尔库塞曾经指出，在马克思那里，意识形态有三种定义：一、是对历史唯心主义的否定和揭示；二、是一种对社会存在的系统解释；三、在总体上是一类确定的文化。这种文化是对社会存在的反映，受社会存在的制约，个人或集体都自觉不自觉地要受这种文化的影响。正因为如此，意识形态具有系统性、工具性、中立性、理论性、主观性、统一性、流动性、能动性、群体性、历史性等特点。

具体而言，它有三个比较明显的特征：

一是群体性，即不是以个别人的思想观念，而是已被某个群体（阶级或社会集团）所接受的思想观念，来代表这个群体的利益并指导其行动。每个社会都有意识形态，作为形成“大众想法”或共识的基础，而社会中大多数的人通常都看不见它。它代表了一个社会或者团体之类的背后的共同信仰、价值观等。意识形态中立性的观念，正如国家、法律的概念一样，有着表面上凌驾于各阶级之上的超越性。占有优势地位的意识形态以一种“中立”的姿态呈现，而所有其他与这个标准不同的意识形态则常常被视为极端，不论真实的情况到底怎样。意识形态通常是隐藏起来的，以大家都认同的社会规则等的形式出现，所以不一定能为人所察觉。马克思认为，统治阶级的意识形态通常会以全社会的意识形态的形式出现，大家都觉得这是正常的并且去遵守，却没有意识到它的来源。通常是某些道德观形塑了意识形态的基础。

二是系统性，即不是支离破碎的想法和观念，而是形成了体系。意识形态的核心内容是价值观，在阶级社会中，这种价值观往往是被系统化了的信仰系统。国家中占主导地位的意识形态在很多领域都有所表现，有政治的、经济的、文化的、社会的、知识论的、伦理的，等等。在社会研究中，政治意识形态是一组用来解释社会应当如何运作的观念与原则，并且提供了某些社会秩序的蓝图。

三是历史性，即是在一定的社会经济基础上形成的。在马克思主义政治学说来看，意识形态按其阶级内容和它所反映的社会经济形态即生产关系可分为奴隶主意识形态、封建主意识形态、资产阶级意识形态、无产阶级意识形态等。

马克思提出“经济基础/上层建筑”（base/superstructure）社会模型。对马克思来说，经济基础决定着超结构，因为统治阶级控制着社会的生产关系，社会的超结构便取决于什么对统治阶级最为有利。因此一个社会的意识形态便有巨大的重要性，社会中主要阶级的意识形态被用来给予社会的所有成员，使统治阶级的利益显得就像是所有人的利益。卢卡奇（Gyorgy Lukacs）形容此为统治阶级的阶级意识的投影（projection of the class consciousness），而葛兰西则推进文化霸权（cultural hegemony）理论来解释何以工人阶级中的人们对自己的利益存在错误概念。

社会控制与国家的意识形态有着密切关系。意识形态具有社会上大众或者群体认同的公共性、共识性。每个社会都有特定的意识形态，它们作为“大众想法”或社会是人们的共识，从表面上来看，凌驾于各阶级之上的超越性、中立性观念倾向，代表了一个社会的共同信仰、价值观等。占有主导地位的意识形态正是以这样一种“中立”的姿态呈现，所以具有涵盖整个社会意识的优势。而社会控制作为一种对于社会上的人们在思想上、行为上的控制、约束机制，它对于人们政治意识、经济意识、道德意识的内化作用，以及在大众社会心理方面的引导性、主动性等，往往是国家意识形态传播、渗透于社会大众层面的基本手段。社会控制总是以某种社会名义，代表社会组织施行对于社会的思想、行为的控制。尤其是它运用各种社会规范，包括习俗、道德、宗教等对于国家意识形态在渗透、传播与社会基层起着重要的作用。中国的儒家学说强调道德评价，主张以礼治己，以德化人。从道德层面而言，儒家的礼治与道德评价，是以封建专制主义为出发点的，以善恶评价为中心的行为规范，它对人的思想和行为的是非、善恶、正义和非正义、正当和不正当，以儒家的道德礼义标准来评价、褒贬，包含了社会舆论对个体人格的认同，使每个人在思想上、心理上都能感受到儒家世俗化礼教的压力，要求人们从心理上去主动地追求封建社会规范及准则，从行为上去完善封建社会规范及准则，从而使外在的封建行为规则在心理上内化为人们自己的欲求，导致人们心理上逐渐的封建化、社会化，由此最终屈服于封建国家的意识形态及政治、道德、法律思想，服从封建专制主义国家的总体利益和最高意志，也使意识形态达到超越个人，并且有力地控制个人的目的。可以说，国家意识形态是系统化了的国家政治、经济、文化学说，它既有代表统治阶级意志、利益的阶级性，又有表面上凌驾于各阶级之上的“大众”的共识性特征。而社会控制是在一个特定社会中的保证与贯彻国家意识形态的一种机制，是通过利用各种手段来维护意识形态在整个国家政治思想领域中的权威性的有力举措。

正因如此，我们在研究中国历史上的社会控制与整合思想，或者研究中国历史上的封建国家意识形态的时候，必须注意到社会控制与国家意识形态之间的交叉性、共通性、互补性。一个社会的运行往往是复杂的、多样性的，如果我们在研究中国古代社会的政治、经济、文化、法律等特点时，能够从社会各系统相互交叉、互补、协调的角度去观照，就能够对这些领域产生更加客观和科学的认识。

第一章　秦帝国社会控制、整合思想的源流

——战国商、韩法家社会控制与整合思想

第一节　商鞅时秦国社会控制与整合思想的结构性失调

对于秦代法家治国思想在全国统一后所导致的政府权能迅速失效的深层问题的研究，应该溯源于秦孝公时期早期法家代表人物商鞅的变法。商鞅变法对当时的秦国曾经起到了重要作用，使秦国迅速摧毁了旧的宗法贵族世卿世禄制，建立起新的君主专制主义中央集权制，并且使秦国迅速国富兵强。但是商鞅变法时秦代国家意识形态与社会控制与整合思想的结构性缺失，又使秦代国家的政治与社会思想存在着极大的局限，并且隐藏着使整个社会系统崩溃的社会控制与价值系统失效的弱点。

一　商鞅变法为秦的统一奠定了基础

以商鞅为代表的前期法家在战国中期的变法中曾经起到了重要作用。战国初年，山东六国通过一系列国内政治、经济、军事变法，从争夺诸侯霸主地位的争霸战转入到攻城略地、兼并土地的统一战争中来。据《史记·秦本纪》记载："秦僻在雍州，不与中国诸侯之会盟，夷翟遇之。"①来自山东诸国政治、文化上的歧视、军事上的威胁、经济上的挑战，迫使秦国君主必须适应当时改革变法、富国强兵的趋势。公元前362年秦孝公即位，任用卫国人公孙鞅主持变法。从公元前359年开始的二十余年间，通过商鞅变法，秦国社会发生了翻天覆地的变化，为秦统一奠定了基础。秦在逐步走向强大的同时，也形成了自己系统的国家政治理论与指导思想。

---

① 《史记》卷5《秦本纪》，中华书局1959年版，第202页。

商鞅的政治与治国理论，本质上是一种以君主集权国家为本位的政治思想理论。据史料记载，公孙鞅西入秦，因孝公宠臣景监以求见孝公。商鞅以“帝道”“王道”说孝公，“语事良久，孝公时时睡，弗听”。后商鞅复见孝公，说以强国之术的“霸道”。史载“公与语，不自知跶之前于席也。语数日不厌”①。后景监问商鞅何以说中君怀？商鞅回答说：“故吾以强国之术说君，君大说之耳。然亦难以比德于殷周矣。”②

商鞅对秦孝公所说“王道”“霸道”，是当时一种流行的政治形态及其施政意识。周代时，华夏诸侯国均是由较小的政治与族氏单位所组成的集合体。当时在周的中央王权之下，还有无数习华夏礼仪文化的、有不同血缘的诸侯小国。他们是一些独立的政治与血缘、地缘相结合的实体，与周王族有着尊卑上下关系。故中国古文献常有以“家”（宗族）代“国”者。如《尚书·酒诰》：“兹乃允惟王正事之臣……永不忘在王家。”以及文献上常见之“肇域彼四海”“四方之极”和“惠此中国，以绥四方”的大小相兼的政治国家形态。按古人的认识，“中国”的政治地缘构成，是由夏、商、周“王畿”即其政治、文化中心向四周延伸，并以等级、血缘为根据由近及远分布的。王朝国家及与周边邦国的关系在“天下观”这一政治地理及文化中心理念下得到统一。王朝的政治中心即天下的地缘中心，故殷商王室、王族居地称“中商”“中土”“土中”，对四方诸侯（庶子族或异姓族）则按方位俗称“东土”“南土”“西土”“北土”。周人建国，一开始的工作就是择“土中”定位建都，从形式上确立自己政治中心与宗法中心的“国中”“中土”的地位。《逸周书·作雒解》：“乃作大邑成周于土中……制郊甸方六百里。”《何尊》铭文：“余其宅兹中国，自之辟民。”这里的中国既指政治地理上的“土中”，又指统治中心的“京师”，同时还指华夏政治国家的核心。而从政治地缘与民族族缘界限的关系看，以最高统治者即“王室”“王族”为主体的（或者为中心的）奉行华夏礼仪文化的华夏诸族，又与周边的各民族构成相对应的“夏”与“夷”的民族关系，形成早期华夏族所特有的国家与民族地缘性与族缘性的重合，这就是古人所理想化的“五服”制或“畿服”制。《国语·周语》记祭公谋父一段话，揭示了五服制中的国家与民族、文化同一性特征：“夫先王之制：邦内甸服，邦外侯服，侯卫宾服，蛮夷要服，戎狄荒服。”这是一个由近及远、与邦国政体相对应的国家与民族在地缘、族缘结构上的观念化

① 《史记》卷68《商君列传》，中华书局1959年版，第2228页。

② 同上。

图式，即王畿内为周天子直属，周围为大小华夏诸侯，再外则由戎狄夷蛮等非华夏族所居。我们说这种划分法核心是一种以政治文化为内涵的观念体系，是因为从种种史实看，三代时不仅邦内有戎，畿内有狄，而且域外亦有夏人。所以，早期华夏国家是由国家制度与宗法制度，夷夏之间的民族区别和民族同构，以及华夏“礼仪”文明为主而共同形成的一种有关国家、民族的世界观念。在这个观念化的境域中，其“天下”观以华夏文化为中心，向四域扩展，由此使天下大化。所以，在春秋时人看来，所谓“王道”，即是具有文化开放理念色彩的“天下”主义，即《论语·季氏》所说：“远人不服，则修文德以来之；既来之，则安之”，以及《论语·颜渊》所说：“与人恭而有礼，四海之内皆兄弟也。”同时它又是时人理想化了的三代“仁政”“德治”为内涵的施政举措。《尚书·洪范》：“无偏无党，王道荡荡”；《史记·殷本纪》：“伊尹名阿衡。阿衡欲奸汤而无由，乃为有莘氏媵臣，负鼎俎，以滋味说汤，致于王道”，就是这种政治理念的表达。这种思想又是春秋战国时期儒家提倡的以仁义治天下的政治主张，如孟子就认为：“不违农时，谷不可胜食也；数罟不入洿池，鱼鳖不可胜食也；斧斤以时入山林，材木不可胜用也……是使民养生丧死无憾也。养生丧死无憾，王道之始也。”它根本上是一种古代中国人理想化了的国家与民族制度中的政治地缘和文化治理模式。

随着春秋“五霸”的崛起，由齐国起始的诸侯国家政治开始代替“周天下”的政治文化的地缘模式，开始以各个诸侯国家为本位进行土地、权力的争夺。特别是进入战国以后，随着各国之间兼并战争的扩大，国家自身的富强及其战争能力成为各个国家君臣关注的焦点。过去以“文”化成“天下”已成为过时且虚无缥缈的幻想，于是以各诸侯大“国”为中心的政治与权力割据开始成为当时主要政治态势，而当时的改革变法也主要是围绕这种以“国家”为中心，以“强国之术”为主线的方式展开。这种植根于兼并战争土壤中的以国家为本位的“强国之术”，就是商鞅等人所论的“霸道”。《荀子·王制》：“彼霸者不然：辟田野，实仓廪，便备用，案谨募选阅材伎之士，然后渐庆赏以先之，严刑罚以纠之。……故明其不并之行，信其友敌之道，天下无王霸主，则常胜矣。是知霸道者也。”所以，客观而论，“霸道”就是以“富国强兵”为中心的一种强国之术，在当时的形势下，从“兴革图霸”的政治理念及实践效率上看，它也是一种最为实用、最易见效的方法，这种特点使它自然成为各国君臣特别关注的焦点。

正如商鞅所言，其向秦孝公论述的“霸道”，正是围绕“强国之术”

而展开，并且使孝公“语数日不厌”的问题。而商鞅也由此发出了秦“然亦难以比德于殷周矣”，即秦注重“力”胜而忽视“德”治的慨叹。正是如此，以秦国家为本位的国家主义，应该是商鞅变法的中心和主线。从变法开始，商鞅等法家便以建立秦国中央集权制度、打击与削弱周以来的宗法血缘世卿世禄制为基点，同时以农、战为根本，统一秦国家的社会规范与价值观，由此达到富国强兵、战胜六国、统一天下的目的。所以，强调国家至上的原则，就成为商鞅等法家代表人物国家思想的重要内容。在实际变法中，由于商鞅思想适应了当时历史统一的大趋势，因此以法家思想为指导的秦国在思想、政治、经济、军事方面取得了巨大成功，为秦的统一奠定了基础。

商鞅变法的核心是建立君主专制的中央集权体制，其措施是以农、战为根本，摧毁旧的宗法贵族世卿世禄制，实现了国家的富强与君主集权政治的一统。这样，耕与战就构成了商鞅治国理论的两个重要方面。商鞅将农、战提高到国家存亡的高度，认为：“国待农战而安，主待农战而尊”①；“兵农怠而国弱”②。其具体做法是“开阡陌”“耕织致粟帛多者复其身。事末利及怠而贫者，举以为收孥”③，大力实行土地私有制，从法律上废除了井田制度。在政治上，商鞅实行了一系列措施。他以废除旧的世卿世禄制、建立新的君主集权体制为重点，主张以“法”为治。商鞅还大力推行中央集权制下的县制，“集小乡邑聚为县”④，以县为地方行政单位，由此废除传统宗室旧贵世袭的分封制，把宗室旧贵对领邑内的世袭政治、经济特权收归中央。为了达到这个目的，商鞅实行了奖励军功政策的二十等爵制，规定爵位依军功授予。二十等爵制应该是秦国家进行社会整合的一个极其重要的措施。目前出土的简牍材料显示，在秦的户口登记和断案治狱等官文书中，都有关于当事人有无爵位和爵位级别的详细记录，这说明军功爵制已经成为秦国的一种普遍性的制度。军功爵制规定，凡行五中人，不论出身门第，一律按照其所立军功的大小接受赏赐。秦士兵只要斩获敌

---

① 《商君书·农战》第3，清华大学出版社2011年版，第48—49页。《商君书》，旧题“商鞅撰”，原有29篇，现存24篇。据近当代学者考订，《商君书》除一部分如“垦令”“靳令”“外内”等编为商鞅自撰外，其中一部分系由商鞅后学乃至战国中后期法家人物所著。因此，《商君书》应是商鞅遗著及与其他法家人物著述的合编。但通观《商君书》全书，其思想文义前后一致贯通，应该是反映了商鞅法家学派思想的。因而可以认为，我们以《商君书》来研究战国中后期以商鞅为代表的法家人物的思想，应是无大问题的。

② 《商君书·弱民》第20，清华大学出版社2011年版，第168页。

③ 《史记》卷68《商君列传》，中华书局1959年版，第2230页。

④ 同上书，第2232页。

人“甲士”一个首级，就可以获得一级爵位、田一顷、宅一处和仆人。斩杀的首级越多，获得的爵位就越高。而秦国宗室未立军功者不得拥有爵位。军功爵制作为秦国社会整合的重要政策，一方面将全国民众从宗法贵族世卿世禄制的体制下解放出来，变为由国家直接统治，并依据军功大小予以统一的政治、经济待遇的子民。这就相当于以国家为核心对当时各个社会阶层进行了一次整合；另一方面，军功爵制规定爵位完全按照军功授予，而不分身份贵贱。民众作战有功者则以爵赐之，宗室非有军功不得列入公族簿籍，不得拥有爵位。其结果是调动了广大民众的积极性，使秦全国军民致力于“农战”之中。这些措施巩固了秦国中央集权统治，削弱了豪门贵族在地方的权力，完成了秦国各社会阶层在君主集权制度下的整合，实现了以君主为核心的中央政权对整个国家的控制。

二 商鞅的国家理论及社会控制与整合思想存在巨大的结构性缺失与偏颇

商鞅变法，目的是建立起君主专制的中央集权制度，从而使秦国国富兵强，在七国的兼并战争中取得优势。在实际的变法效果上，商鞅亦取得了巨大的成功，尤其在战争轨道下实现了秦的社会整合，为秦国的统一奠定了思想与政治、经济、军事基础。但这并不意味着商鞅思想就十分完善了。事实上，商鞅的思想，尤其是其国家理论及社会控制与整合思想，存在巨大的结构性缺失与偏颇。这种缺失，根本点是商鞅为了迎合君主集权及“霸道”政治的需求，为了兼并战争中国富兵强的需要，在国家政治目标的设定上，存在极端狭隘的阶级、阶层属性（君主专制），即其所采用的统治方法，具有极端的治法上的功利性、实用性、片面性，以及由这种治法上的功利性、实用性、片面性所表现在法律上的刑治主义、工具主义特征。这些政策的系统性运用，形成了秦国统治思想理论体系及其社会控制、整合思想中的内在的、重大的结构性缺陷，而这也正是目前学术界研究较为薄弱的。下面我们则主要对这种理论体系的内在结构性缺陷来进行分析。

第一，作为国家专制政治指导思想，如何进行社会控制与整合，以商鞅为代表的前期法家思想是存在偏颇的。它表现在政治目标上，有着极其严重的阶级、阶层的狭隘性特征。我们认为，不论作为国家意识形态，还是社会控制与整合思想的一般特性，都应该有着以一种“中立”的姿态呈现的（即使是表面上的）“超越性”与“中立性”，由此来缓和社会两大阶级或者统治阶级内部阶层之间的矛盾冲突。这种超越性、群体性特征，从表面来看，它不是代表个别人、个别阶层或者阶级的思想观念，而是作为具有“大众想法”或大众共识的基础，代表了一个社会背后共同政治信仰、文化的价值观等。政治与社会意识的中立性，正如国家、法律一样，有着表面上超越于各阶级之上的话语权优势，商鞅的法家思想却违背了这一基本原则。为了达到维护君主集权制的目的，商鞅在其法家思想中，以赤裸裸的阶级性、排他性代替了以一种“中立”姿态呈现的国家意识形态与社会控制思想的群体性、超越性原则，并且将这种狭隘的阶级性、排他性原则作为其政治与社会思想的主流运用于治理实践。例如，商鞅就极端放大国家、政府与民众之间在利益和价值观上的矛盾与冲突，将秦国的国家与社会、统治者与民众看成极端对立的两大利益群体。他首先从政治哲学理论中的人性论出发，将植根于人性恶基础上的法家政治哲学及相关的“国民相胜”的理论作为其政治思想的出发点。他认为，从本质上看，民众之性均是好逸恶劳，趋乐避苦的。“民之性，饥而求食，劳而求佚，苦则索东，辱则求荣，此民之情也。民之求利，失礼之法；求名，以性之常。”[①] 民众本性中普遍存在“六淫”“四难”的人性恶趋向，即追求耳、口、鼻、目、身、心之快乐欲望，厌恶务农、力战、出钱捐税、告奸四苦。民众这种趋乐避苦的本性，决定了国家与民众在利益取向和价值目标上存在严重分歧。“昔之能制天下者，必先制其民者也；能胜强敌者，必先胜其民者也。故胜民之本在制民，若冶于金，陶于土地。”[②] 在这里，商鞅将人性看成人作为动物一面的生物性与自然性，人性本能关注的是个体求生求佚的生理欲望和在现实社会生活中的功利欲念。这种个人自富的观念，必然与国家富强的观念相矛盾。所以，决定国家治理与战争胜负，则必先“胜民”“制民”，这里的“制民”与治民，虽然一字之差，但却充分反映了商鞅等法家的思想内核。

基于这种理念，商鞅提出了国、民交相胜的理论：“民弱国强，民强国弱。故有道之国务在弱民。朴则强，淫则弱。弱则轨，淫则越志。弱则有用，越志则强。故曰：以强去弱者，弱；以弱去强者，强。”[③] 由此主张政治与法律要作民之所恶，倡民之厌，行苛暴之政，制酷重之刑。“政作民之所恶，民弱；政作民之所乐，民强。民弱国强，民强国弱。故民之所乐，民强，民强而强之，兵重弱。民之所乐，民强，民强而弱之，兵重强。”[④]

---

① 《商君书·算地》第6，清华大学出版社2011年版，第76页。

② 《商君书·画策》第18，清华大学出版社2011年版，第146页。

③ 《商君书·弱民》第20，清华大学出版社2011年版，第165页。

④ 同上书，第170页。

商鞅的这种观点显然是十分片面的。人除了有着饥而欲食、寒而欲暖的生物性特征外，更加重要的是有着能够团聚在一起，进行社会分工、生产、分配的社会属性，有着区别于动物的独有的礼义廉耻等社会诉求。孟子曾经对于人与动物的区别、人的根本社会属性作过归纳与总结，认为人的根本特性在于他的社会性，即人的伦理道德属性，人与动物的根本区别即在于“礼义”。商鞅人性论将人的社会性仅仅看成其动物属性，不仅是非常片面的，其立论原则也是对儒家人性认识的倒退。正是由于商鞅忽视人的社会性，将人完全看成自然的生物这一偏颇，导致他将民众看成与国家、社会的对立面，国家要富强，就必须将民众作为可供驱使的牲口，国家在治政策略与社会控制思想上就必须以重刑制民，以暴政驭民，以赏赐驱民于农战，这是其法家刑治主义形成的理论基础。

在这个基础上，商鞅进一步认为，鉴于国家、政府与民众之间这种深刻的利益和价值观上的矛盾与冲突，国家要富国强兵，进行统一战争，就必须强制民众弃其所喜，赴其所恶。因此，在商鞅那里，政治之道，社会控制，本质上变成国家与民众谁能战胜谁、驾驭谁的问题。于是，他将这种尖锐的国与民在根本性质上的对立，作为国家驱使民众的关键要素。“怯民使以刑必勇，勇民使以赏则死。怯民勇，勇民死，国无敌者强，强必王。贫者使以刑则富，富者使以赏则贫。治国能令贫者富，富者贫，则国多力，多力者王。”① 因此商鞅等法家就极力主张，国与民的关系，仅仅是国家向民众单向剥夺、索取、压迫的关系。而要“国胜民”，依靠的是对民众政治、经济、思想权利的剥夺，需要的是拉大官与民、政府与民众之间的距离，让民众始终处于远离权力的卑贱、贫穷、愚昧状态，将权力神化为高高在上、万民仰止、不可企及的高峰。因此，“卑民”“弱民”“愚民”，让民众远离主张权力，就成为商鞅等法家对民众的一种既定政治态度：“民，辱则贵爵，弱则尊官，贫则重赏。以刑治，民则乐用；以赏战，民则轻死，故战事兵用曰强。”而如果让“民有私荣，则贱列卑官，富则轻赏”②，人民就轻视爵位，卑视官吏，看不起朝廷的赏赐。这就是“民胜国”“民胜政”，国家就要贫弱了。因此，以强力制民，以暴政驭民，以利益诱民，以严刑辱民，就成为法家政治理论与社会控制思想的基本要义。这种政治理论，由于它根本背离了社会控制与整合必须是“大众想法”或大众共识的基础的原则，背离了有效的社会控制与整合思想是作

① 《商君书·去强》第4，清华大学出版社2011年版，第59页。

② 《商君书·弱民》第20，清华大学出版社2011年版，第168页。

为一个社会人们的共同信仰、价值观的基本特征，尽管在战争情境下是有着一定效用的，但是这种以人为牲的立场，其缺陷也是显而易见的。

正是在这种背景下，秦所建立的军功授爵制度，一方面将广大民众从旧的宗法贵族世卿世禄制中解放出来，将他们直接纳入国家、政府的统治下，使他们有了能够通过军功、务农而获得国家爵禄、改变身份的可能性，由此达到了社会各个阶层在国家管理下的控制与整合，提高了社会各阶层参加“农战”的积极性；但是另一方面，作为军功爵制的理论基础，是以“国民相胜”作为其出发点的。这种理论，将民众置于国家、社会的对立面，“民弱国强，民强国弱。故有道之国务在弱民”①。其结果，就只能诱导、激发人性中的权力与物质欲望，而忽略人的社会性能长治久安，忽略人们的世界公正公平等理想、信念，形成不可能长治久安的结构性矛盾。因为一种理论只将刑、赏作为社会控制与整合的基本手段，必然将大量释放人的自然性和生物性欲望，导致人的欲望无限制发展，久而久之，社会就变成一种人欲横流与严刑酷法的世界。秦国军队中按敌军人头奖赏的军功爵位制度正是这种现象的集中反映，它使秦国军队为了获得赏赐、躲避惩罚而拼命猎杀战俘与平民，成为战国“七雄”中最为骁勇善战、残酷绝情的军队。

商鞅的早期法家理论除了强调阶级对立的内容外，还存在狭隘的阶层局限。为了达到建立和巩固君主专制权力的目的，有效整合统治阶级内部的各个阶层，商鞅还将国家政治意识充分地狭窄化、限域化，对统治者内部的阶层利益进行了论证。商鞅在论证中，将人性中的权力与物质欲望作为其理论基础，站在王权立场上，对统治阶级内部的贵族阶层、官僚阶层等一律持贬斥态度，并将他们看作君主集权的潜在威胁。在商鞅看来，一个国家统治集团内部，存在着激烈的权力斗争，国家治法也不可能真正实行，君权时刻处在臣子们的觊觎中，君位则常常处在危险之中。君主稍有不慎，“则奸臣鬻权以约禄，秩官之吏隐下而渔民……故大臣争于私而不顾其民，则下离上。下离上者，国之隙也。秩官之吏隐下以渔百姓，此民之蠹也。故国有隙蠹而不亡者，天下鲜矣”②。因此，要巩固君权，就必须削弱臣子与君权相抗争的能力，使君主成为国家这一政治垄断组织的唯一具有合法控制权的人。而君主要控制权力，最好的办法就是操“赏罚”二柄于自己手里，“夫人情好爵禄而恶刑罚，人君设二者以御民之志，而立

① 《商君书·弱民》第20，清华大学出版社2011年版，第165页。

② 《商君书·修权》第14，清华大学出版社2011年版，第124页。

所欲焉”[①]。“人君有爵行而兵弱者，有禄行而国贫者，有法立而治乱者，此三者，国之患也。”[②]“人情而有好恶，故民可治也。人君不可以不审好恶，好恶者，赏罚之本也。”[③]

在“赏罚”中，“赏”，特别是君主所掌控的“壹赏”，是商鞅极力主张的政治控制手段。商鞅变法中采取了军功授爵制，这个制度，一方面是为了打击宗法旧贵集团，激励战士、民众的农、战积极性；另一方面，也是为了将最终的赏罚权力从各层级的封臣手中收到君主手里，最终让君主掌握对臣民生死的决断权。“所谓壹赏者，利禄官爵，传出于兵，无有异施也。”[④]“壹赏”不仅将国家的官爵向所有臣民开放，而且明确宣示了分封制下贵族世卿世禄特权的终结。“宗室非有军功论，不得为属籍。明尊卑爵秩等级，各以差次名田宅，臣妾衣服以家次。有功者显荣，无功者虽富无所芬华。”[⑤]“壹赏”也包括对于官吏的封赏，这不仅有利于君主在更广泛的范围内选拔人才，而且也从政治体制上保障了君主专制的实现。“明主之所贵，惟爵其实；爵其实而荣显之。不荣则不急。”[⑥]这样，根据军功授爵的赏罚体制，就取消了贵族世卿世禄的世袭特权，国家的各级官吏实际上就成为君权控制下的流动的、孤立的个体，臣僚的官职爵禄可以根据君权的需要而随时赐予或剥夺，各级臣僚与君权对抗的能力因此而大大降低。商鞅的这种狭隘的阶级、阶层观念，肯定不能得到广大臣僚的认同。

第二，商鞅所主张的国家治理和社会控制与整合，其根本策略是极刑重罚的刑治思想。商鞅在秦国提倡新法、厉行法度，其目的一方面是为了在秦国政治体制的转变中，官吏、民众有国家规定的政治、经济、文化规范、制度可循；另一方面，也是为了建立与巩固维护君主集权的中央专制政治体制。我们应该清醒认识到，商鞅所倡导的“国民交相胜”理论运用到实践中，即变为一种为了巩固秦国中央集权体制，为了秦国农、战而建立的极其功利性的法。这个法，既是商鞅革除旧法中打击贵族世卿世禄特权的工具，也是促使秦国加速走上农、战合一的战时军事体制路径的必要举措。“故有明主忠臣产于今世，而能领其国者，不可以须臾忘于法。破胜党任，节去言谈，任法而治矣。使吏非法无以

① 《商君书·错法》第9，清华大学出版社2011年版，第98页。

② 同上书，第100页。

③ 同上书，第98页。

④ 《商君书·赏刑》第17，清华大学出版社2011年版，第136页。

⑤ 《史记》卷68《商君列传》，中华书局1959年版，第2230页。

⑥ 《商君书·错法》，清华大学出版社2011年版，第98页。

守，则虽巧不得为奸；使民非战无以效其能，则虽险不得为诈。……臣故曰：法任而国治矣。”[①] 在商鞅看来，由于封建国家与民众之间深刻的利益矛盾与冲突，加上人性中存在“六淫”“四难”的好逸恶劳本质，所以必须要以一种“治具”驱使民众敢于、乐于农、战。因此，商鞅的法首先是一种治具，一种法具，归根结底，是一种治法。“今有主，而无法，其害与无主同；有法不胜其乱，与无法同。”[②] 这种治法的特点就是以法为工具，注重法律在维护君主集权和治吏、治民中的效果，实现秦国的短期功利性诉求。可以说，商鞅的法治理论是一种典型的以法律为形式的功利主义政治理论。这个理论既是帮助秦国实现富强的“强国之术”，是对民众“非劫以刑而驱以赏莫可”[③]“使民非战无以效其能，则虽险不得为诈”[④] 的强有力手段，同时也是破除官吏结党营私、奸巧渎职的有效措施，即达到所谓“破胜党任，节去言谈，任法而治矣。使吏非法无以守，则虽巧不得为奸”[⑤] 的效果。在这样的法理基础上，其所用的法治举措以酷刑重罚为主，就不足为奇了。

这样，在《商君书》中，法的精神实际上是一种维护君主集权的刑治精神，一种使秦国走上富国强兵功利道路的农、战精神，而法的形式则是通过严刑峻法的“重刑”，使民众与社会在法这种刑治精神的震慑下，控制官吏和民众的刑律理论。在商鞅对于法的评述中，对于刑治精神、“重刑”苛法的论述远远多于对法治的论述。例如：

> 重刑而连其罪，则褊急之民不斗，很刚之民不讼，怠惰之民不游，费资之民不作，巧谀、恶心之民无变也。五民者不生于境内，则草必垦矣。[⑥]
>
> 以刑去刑，国治。以刑致刑，国乱。故曰：行刑重轻，刑去事成，国强；重重而轻轻，刑至事生，国削。刑生力，力生强，强生威，威生惠，惠生于力。[⑦]
>
> 故以战去战，虽战可也；以杀去杀，虽杀可也；以刑去刑，虽重

---

① 《商君书·慎法》，清华大学出版社2011年版，第190页。
② 《商君书·开塞》，清华大学出版社2011年版，第90页。
③ 《商君书·慎法》，清华大学出版社2011年版，第191页。
④ 《商君书·错法》，清华大学出版社2011年版，第190页。
⑤ 同上。
⑥ 《商君书·垦令》，清华大学出版社2011年版，第38页。
⑦ 《商君书·去强》，清华大学出版社2011年版，第62页。

刑可也。①

在商鞅看来，“治国刑多而赏少，故王者刑九而赏一；削国赏九而刑一”②。“重罚轻赏，则上爱民，民死上；重赏轻罚，则上不爱民，民不死上。兴国行罚，民利且畏；行赏，民利且爱……国无力而行知巧者，必亡。怯民使以刑，必勇。”③“治国能令贫者富，富者贫，则国多力，多力者王。王者刑九赏一，强国刑七赏三，削国刑五赏五。”④ 刑多而赏少，就能够使官吏与民众敬且畏，由此树立君主的权威。所以，商鞅的法治本质上是一种刑治，即把当时秦国发展所需要的政治、经济、文化要求，作为一种单向的、要求人们必须服从、遵循的法律规范，采取严刑峻法的“重刑”举措，“刑加于罪所终，则奸不去；赏施于民所义，则过不止。刑不能去奸而赏不能止过者，必乱。故王者刑用于将过，则大邪不生；赏施于告奸，则细过不失”⑤。使人们对君主、国家、政府的权威、法令产生深重的畏惧感，以此实现对民众社会控制。

商鞅企图通过使用重刑严罚，来以刑止刑，其实行的实际效果，就是通过使用重刑形成公共性的法制恐怖，并且以这种公众恐怖来使臣民不敢违反一切国家的政策、法令。在这种公共性的法制恐怖中，民众即便是犯轻罪，也要施以重刑，以重刑禁绝轻罪小错。“行刑重其轻者，轻者不生，则重者无从至矣。”⑥ 商鞅的重刑主义，在秦国达到了极端恐怖的程度。例如，其法令中规定的“刑弃灰于道者”⑦，对将弃灰于道者处以重刑，便是轻罪重刑、建立法律恐怖的典型例子。他主张“刑用于将过”⑧，就是要通过重刑，造成臣民对国家法令的极度恐惧，从思想上禁绝官吏、民众违背法令的念头，使官民都不敢违犯国家及君主的任何法令。显然，商鞅主张重刑的刑治主义精神已具备了威胁社会和民众基本安全感的因素，从根本上说是一种以法为形式，实际是反法治的社会控制手段。

尽管商鞅主张“明王之治天下也，缘法而治，按功而赏”⑨，要求君主

① 《商君书·画策》，清华大学出版社 2011 年版，第 145 页。

② 《商君书·开塞》，清华大学出版社 2011 年版，第 89 页。

③ 《商君书·去强》，清华大学出版社 2011 年版，第 59 页。

④ 同上。

⑤ 《商君书·开塞》，清华大学出版社 2011 年版，第 89 页。

⑥ 《商君书·说民》，清华大学出版社 2011 年版，第 68 页。

⑦ 《史记》卷 87《李斯列传》，中华书局 1959 年版，第 2555 页。

⑧ 《商君书·开塞》，清华大学出版社 2011 年版，第 89 页。

⑨ 《商君书·君臣》，清华大学出版社 2011 年版，第 179 页。

也按照颁布的成文法的原则去进行赏罚，这在表面上看有一种通法的意义。但是由于商鞅所主张的法，在基本点上是位于君主个人意志之下的、为君主个人意志所左右的法；是为了达到“民壹”的目的，为秦国君主集权和富国强兵服务的法（例如他所提倡的“治国者贵民壹，民壹则朴，朴则农”①），因此，这种法不是一种“良法”，而是一种违背人的社会性的“恶法”。由于它功利主义的立法目的，因而当法律成为立法者追求功利目标的工具时，便难以避免地成为对社会生活正常秩序的反动，成为纯粹的暴力手段。“法一旦脱离社会生活的实际需要，便会造成法与社会的背离甚至敌对。立法者一旦可以为了功利的目的而不顾及社会的正常要求，法就可能成为统治者手中随意挥舞的大棒。”“使‘背法而治’成为他的法治论的当然补充。……当统治者不太关心国家的功利目标时，便可能弃法而不用；当统治者不是考虑国家的公利而是追逐个人的私利时，便可能拿法这个工具来为自己泄愤、报复，等等。”② 从政治学意义上看，如果君主的意志凌驾于法律之上，并且支配着立法与司法，那这个法一定是不完善的，一定不是“善法”“良法”。而且由这个法所实施、加予的社会，一定是人治的社会，并且是比贵族共同议事制更加容易走向极端专制的人治社会。而商鞅所颁布、实行的法，正是以君主个人意志为标的的法，尽管这个法对于秦国的战时军事体制的农战社会的整合起到了积极作用，但是它毕竟是专制之法、集权之法、恐民之法。因此，这种积极作用我们应当辩证地看待。事实上，商鞅之法的专制性与恐怖性，在当时就已表现无遗。例如，商鞅严禁臣民私下议论已经颁行的法律，当新法“行于民期年，秦民之国都言初令之不便者以千数”③，“行之十年……秦民初言令不便者有来言令便者，卫鞅曰‘此皆乱化之民也’，尽迁之于边城。其后民莫敢议令”④。

第三，在商鞅思想中，单向度强调刑法的社会控制作用，而忽视了道德与信仰价值系统对存在社会和人们的控制作用，导致其政治与治世理论存在严重的结构性缺陷。在社会治理中，国家、军队、警察和法律等在社会控制中固然起着十分重要的作用，但是在一个社会的控制中，仅仅依靠外在的、硬性的控制，得到的只能是民众外在的、形式上的服从。而要人

---

① 《商君书·壹言》，清华大学出版社 2011 年版，第 93 页。

② 徐进：《商鞅法治理论的缺失——再论法家思想与秦亡的关系》，《法学研究》1997 年第 6 期。

③ 《史记》卷 68《商君列传》，中华书局 1959 年版，第 2231 页。

④ 同上。

们主动地、自觉地去遵守社会秩序与规范，还必须依靠内在控制手段，即以各种社会规范，包括习俗、道德、宗教等代表人们价值观的社会力量来达到社会控制的目的。商鞅在建立国家与社会的控制体系的过程中，极端强调刑治主义，忽视了代表大多数人价值观的社会力量的作用，包括忽视国家政治文化对于人们的教化作用，忽视让人们从心理上去主动追求、完善这种社会道德规范及准则，忽视民众心理的社会化、政治化、道德化，这是其社会控制思想与政治理论在结构上偏颇的地方。

在商鞅看来，由于国家、政府与士农工商四民之间存在尖锐的利益与价值观上的矛盾与冲突，于是为了驱民于战、使民于农，就必须要扩充民众趋利的自然本性，悖逆民众之文化需求之情，以深峻之刑治民身，以愚昧之术禁民智。通过剥夺民众政治、经济、法律、文化、道德的权利和义务，让民众进一步农奴化与工具化，使民众在利益上和价值目标取向上与国家专制职能和富国强兵的目的相一致。这就要依靠严酷的刑治精神、峻刻的法治制度，强制民众弃其所喜，赴其所恶，限民六淫而驱其四难，让国家迅速进入战时的军事化轨道。

因此，商鞅极力强调国家对于社会与民众的刑治主义思想控制，并且将扼杀正在进步的社会文化、愚昧民众的智识作为其思想控制的前提。他极力主张禁止不符合国家农、战政策的各种社会规范。在商鞅看来，“法枉治乱，任善言多。治众国乱，言多兵弱。法明治省，任力言息。治省国治，言息兵强。故治大，国小；治小，国大”①。任何不符合君主专制和农、战的言论都是于国有害的，是与治法相左的，必须予以禁锢。他对于当时秦国社会中民众与士人议论朝政的社会现实予以了抨击，认为：“今世主皆忧其国之危而兵之弱也，而强听说者。说者成伍，烦言饰辞，而无实用。主好其辩，不求其实。说者得意，道路曲辩，辈辈成群。民见其可以取王公大人也，而皆学之。夫人聚党与，说议于国，纷纷焉，小民乐之，大人说之。故其民农者寡而游食者众。众，则农者殆；农者殆，则土地荒。……此贫国弱兵之教也。”② 这本来是社会进步中文化发展多元化的表现，也是三代以来宗法制下庶民议政的传统做法。但是在商鞅眼中，这种情况既与君主专制制度根本不相容，也与驱民为牲，驱民蹈入农、战的战时军事体制相背离。“是以明君修政作壹，去无用，止浮学事淫之民，

---

① 《商君书·弱民》第20，清华大学出版社2011年版，第170页。

② 《商君书·农战》第3，清华大学出版社2011年版，第53—54页。

壹之农，然后国家可富，而民力可抟也。”① 因此国家必须予以禁止礼、乐、诗、书等于农、战无补之学。“故其境内之民，皆化而好辩、乐学，事商贾，为技艺，避农战。如此，则亡国不远矣。国有事，则学民恶法，商民善化，技艺之民不用，故其国易破也。夫农者寡而游食者众，故其国贫危。”② “虽有《诗》、《书》，乡一束，家一员，犹无益于治也，非所以反之之术也。”③

因此，商鞅强烈主张在文化与思想领域采取刑治举措与农战精神的“壹教”政策。“所谓壹教者，博闻、辨慧、信廉、礼乐、修行、群党、任誉、清浊，不可以富贵，不可以评刑，不可独立私议以陈其上。坚者破，锐者挫。虽曰圣知、巧佞、厚朴，则不能以非功罔上利。然富贵之门，要存战而已矣。彼能战者践富贵之门。强梗焉，有常刑而不赦。是父兄、昆弟、知识、婚姻、合同者，皆曰：‘务之所加，存战而已矣。’”④ 在商鞅看来，社会上的文人智者辩士说客，犹如“六虱”，应该坚决制止。“六虱：曰礼乐，曰诗书，曰修善，曰孝弟，曰诚信，曰贞廉，曰仁义，曰非兵，曰羞战。国有十二者，上无使农战，必贫至削。十二者成群，此谓君之治不胜其臣，官之治不胜其民，此谓六蝨胜其政也。”⑤ 制止了“六虱”即礼乐诗书的传播，民众的思想就会单一、朴实，其文化需求也将更加简单，专制政治及社会控制也将更加容易实施。“故民愚，则知可以胜之；世知，则力可以胜之。臣愚，则易力而难巧；世巧，则易知而难力。”⑥ 所以在商鞅的治法系统中，有着对于官吏、民众习学礼乐诗书的严厉禁锢。“国之大臣诸大夫，博闻、辨慧、游居之事，皆无得为，无得居游于百县，则农民无所闻变见方。农民无所闻变见方则知农无从离其故事，而愚农不知，不好学问。愚农不知，不好学问，则务疾农。知农不离其故事，则草必垦矣。”⑦

为了单向度强调专制政治的社会权威性，商鞅还大力提倡对于传统社会道德与信仰价值系统进行“破”的否定性变革，树立新的以专制政治和农战为导向的功利性信仰与价值系统。“国有礼、有乐、有《诗》、有

---

① 《商君书·农战》第3，清华大学出版社2011年版，第51页。

② 同上书，第50页。

③ 同上书，第50—51页。

④ 《商君书·赏刑》第17，清华大学出版社2011年版，第142页。

⑤ 《商君书·靳令》第13，清华大学出版社2011年版，第116页。

⑥ 《商君书·算地》第6，清华大学出版社2011年版，第78页。

⑦ 《商君书·垦令》第2，清华大学出版社2011年版，第40页。

《书》、有善、有修、有孝、有弟、有廉、有辩。国有十者，上无使战，必削至亡；国无十者，上有使战，必兴至王。国以善民治奸民者，必乱至削；国以奸民治善民者，必治至强。国用《诗》、《书》、礼、乐、孝、弟、善修治者，敌至，必削国；不至，必贫国。”[①] 人之修养、孝悌、仁义、廉洁，于国而言都是无用之物，其发展将使国家必乱至削，必须坚决禁制。为此，商鞅提出了任功任利不任善的思想，认为“任功则民少言，任善则民多言”[②]。“辩慧——乱之赞也，礼乐——淫佚之徵也，慈仁——过之母也，任誉——奸之鼠也。乱有赞则行，淫佚有徵则用，过有母则生，奸有鼠则不止。八者有群，民胜其政；国无八者，政胜其民。民胜其政，国弱；政胜其民，兵强。”[③] 这里，商鞅提出了对仅有犯罪意图的人，即思想犯的“重其轻者”的重刑主义，“刑加于罪所终，则奸不去。赏施于民所义，则过不止。刑不能去奸，而赏不能止过者，必乱。故王者刑用于将过，则大邪不生；赏施于告奸，则细过不失”[④]。如果犯罪已经发生了再处以刑罚，奸邪就不会消除，因此应当刑之于将发，即有着犯罪的主观动机之人。这实在是其后汉儒董仲舒等所提出“原心定罪”的滥觞，它开拓了中国古代法治理论的另一路径。由此也可看出，在中国的专制国家体制中，不论儒、法，其维护专制政治的“法”理精神是一脉相承的。

更为极端的是，商鞅对于华夏古代社会传统的一般伦理规范及道德观念亦大胆提出异见或者可以说从根本上予以颠覆，以至于到了惊世骇俗的程度。例如他在“奸民”“良民”的问题上，就明确提出了“以奸民治善民”论：“以良民治，必乱至削；以奸民治，必治至强”[⑤]。“国以善民治奸民者，必乱，至削；国以奸民治善民者，必治，至强。”[⑥] “以奸民治善民”，是一个有悖于中国历史上各朝代进行政治治理及社会控制的理论命题，也是一个对于传统伦理道德理念有颠覆意义的命题。按常识，所谓“奸民”，即不法刁钻悖逆之民，应是各个社会控制、打击、抑制的对象；而“善民”，也即“良民”，是守法循规之民，是在社会治理中应该依靠、保护的对象。以“奸民”治“善民”“良民”，显然难以进行有效的政治与社会控制。

---

① 《商君书·去强》第4，清华大学出版社2011年版，第58页。
② 《商君书·靳令》第13，清华大学出版社2011年版，第113页。
③ 《商君书·说民》第5，清华大学出版社2011年版，第65页。
④ 《商君书·开塞》第7，清华大学出版社2011年版，第89页。
⑤ 《商君书·说民》第5，清华大学出版社2011年版，第66页。
⑥ 《商君书·去强》第4，清华大学出版社2011年版，第58页。

但是，在商鞅看来，在当时的情况下，为了削弱宗法贵族、大夫势力，使国家君主政治全面垄断与控制国家资源进行农、战，就必须对传统伦理规范进行根本性变革。当时所谓“善民”，是指循守传统礼仪，顾全道义，注重家族、宗族私情，并不愿为国家奖赏而揭发、出卖他人的民众。在商鞅看来，这些所谓“善民”“良民”，实际上是轻国家之令，藐视国家赏赐，沽名钓誉，“贱列卑官，富则轻赏”① 的人，是与国家法治中的“连坐”“连罪”制相违背的人。而所谓“奸民”，则指不顾宗法情谊、社会道德，在执行国家颁布的连坐互罪制度时，为了获取重赏、官爵，而不惜出卖、告发他人甚至亲属，以期获利的不孝、不悌、不仁、不义之人。《商君书》对此专有论述曰：

> 合而复者善也，别而规者奸也。章善则过匿，任奸则罪诛。过匿则民胜法，罪诛则法胜民。②
>
> 民胜法，国乱；法胜民，兵强。故曰：以良民治，必乱至削；以奸民治，必治至强。③

因此，“奸民”虽然无德无行，不孝、不悌、不仁、不义，但是却能够为了获得国家赏赐而告发其他民众，乃至自己的亲属。这对于国家是有利的，因而治国要依靠这种“奸民”去监视、告发“善民”，达到“法胜民”。在商鞅等法家看来，“用善则民亲其亲，任奸则民亲其制”④。即用“善民”，则民众就会亲仁自己的宗族、家族，而不为国家法令所驱使；用“奸民”，则民间罪恶无所藏匿，民众不敢违背国家农战法令，而会转而依附官僚政权。因而，“以奸民治善民者，必治，至强”，这就能达到以君主政治全面垄断与控制国家资源进行农战的目的了。商鞅还认为，由于民众的趋乐避苦、好逸恶劳习性，以“奸”治“善”，治“良”，可以起到毁灭礼法，去掉孝悌，重建法家伦理思想的作用，是国家当前的要务，具有政治实践上的可操作性。例如，商鞅就明确指出，以“奸民治善民”，可以打击与削弱秦国官场及民间党同伐异、党羽相附的现状。《商君书》曰：“故治国之制，民不得避罪，如目不能以所见遁心。今乱国不然，恃多官众吏。吏虽众，事同体一也。夫事同体一者相监不可。且夫利异而害不同

---

① 《商君书·弱民》第20，清华大学出版社2011年版，第168页。

② 《商君书·说民》第5，清华大学出版社2011年版，第66页。

③ 同上。

④ 同上。

者，先王所以为【保】也。故至治、夫妻交友不能相为弃恶盖非，而不害于亲，民人不能相为隐。上与吏也，事合而利异者也。”① 意思是，政治清明的国家，民众、官吏不能掩盖他们的罪恶，就像眼睛所见而不能逃离人心一样。政治黑暗的国家，虽其官吏众多，但这些官吏都同样靠国家的俸禄，站在共同的立场上来对抗君主。这样，官吏虽众，但利与害一致，让他们互相监视、揭发，显然是不利的。因此，要让人们的利与害不同，让他们各有所得、所害，这才是建立清明国家的制度保证。这样，即使恩爱夫妻、最好的朋友都不能互相放任、隐瞒罪恶，国家法令才能行于世。商鞅还以马夫喂马为例来说明这一道理。如让马夫之间互相监视、督促，就不能有效果，因为马夫们利与害相同。但如果马能说话，让马来监视马夫，马夫就无法掩盖其偷工减料之行为，这是因为马匹与马夫之间的利益是对立的。因此，“奸民”犹如国家之马，官吏、善民犹如马夫，用不孝不悌不仁不义、只顾自己一己之利的人去监视、告发所谓“善民”“良吏”，由于其价值取向不同，能收到好的效果，才能“破胜党任，节去言谈，任法而治吏。使吏非法无以守，则虽巧不得为奸”②。这样，在刑治主义精神下，对那些能揭发同级或上级官长的吏、民，不仅可以自免于罪，还可以不论贵贱，接替与承袭所告发之官吏、贵族的官位、爵禄、田产，骤然由贱至贵，就给了那些“奸民”以获取报赏的激励空间，鼓励与怂恿他们去互相监视，去揭发那些宗族乡党贵戚势力，由此达到国家政令的推行无阻。“刑无等级，自卿相将军以至大夫庶人，有不从王令、犯国禁、乱上制者，罪死不赦。”而“周官之人，知而扞之上者，自免于罪，无贵贱，尸袭其官长之官爵田禄。故曰：重刑，连其罪，则民不敢试”。③

以上对于商鞅“以奸民治善民”的论证，是为了说明商鞅对于当时传统社会规范与习俗的颠覆。它充分反映了战国时期的法家学派对国家与民众关系的认识，是对当时传统伦理“善”与“奸”概念的一种新的价值判断。它反映了商鞅等法家为了加强君主官僚政体而对国家治道与文化的一种新解读。但是，商鞅等法家没有认识到这种政治和社会控制理论的巨大偏颇与严重危害。实际上，在一个社会控制系统中，单纯强调功利原则，而忽略社会伦理规范的合理性，这本身就潜藏着一种危机，一种因大量提倡释放人的本能欲望而造成的抑制人的社会层面的道德缺失与信仰危机。

---

① 《商君书·禁使》第24，清华大学出版社2011年版，第185页。

② 《商君书·慎法》第25，清华大学出版社2011年版，第190页。

③ 《商君书·赏刑》第17，清华大学出版社2011年版，第139页。

这种道德缺失与信仰危机使得人的欲望无限扩大，从而导致国家的赏赐制度最终无法满足这种无限膨胀的欲望，其重刑酷法亦必然愈加盛行。它必将导致社会矛盾空前扩大，官、民关系日益紧张。

同时，这种治法与“重刑”的刑治主义精神相结合，同样也会导致国家政治体制的危机。由于专制政治统治下的臣民毕竟是有血有肉的社会人，对于“人”长久的非人、非礼、非法的控制，将使臣民的不满随着严刑峻法的不断加强而产生出强烈的抵触情绪，产生对政权的怨毒及仇视，最终导致其专制政治的全面崩溃。秦二世而亡的政治实践正是宣示了法家这种政治理论的缺陷与失败。

综上所述，可以看出，商鞅禁锢思想，扼杀民言，愚昧民众的做法，虽然适应了当时秦国农战的需要，但其敌视民众，视民如仇，搞思想文化恐怖的做法，都表明其思想理论上的独裁性、短视性与斥民性，表明他对民众政治、法律、道德、思想权利的漠视与冷酷。由于这种思想认识将国家与民众利益看成对立的两极，将文化治理方略极端化、偏激化，片面强调愚昧主义和屈民伸君的独裁理论，表现出极其狭隘的阶级意识，也使其作为国家意识形态与社会控制的功能大大缺失。

第四，商鞅在社会控制思想中的系统性、结构性缺陷，还表现在他关于国家对民间工商业的干预上。以商鞅为代表的早期法家，极力反对秦国民间工商业的发展，主张国家对于经济领域的无限干预，要求国家全面控制全国范围内的经济资源，集中到战争与农业上去。“国待农战而安，主待农战而尊。夫民之不农战也，上好言而官失常也。常官则国治，壹务则国富。国富而治，王之道也。故曰：王道作外，身作壹而已矣。”[①] 这种经济领域的国家干预和控制主要基于两个方面的需要：其一，维护君主专制的官僚政治等级制度，防止民间工商业者在经济领域发展中成长为与君主专制政治相对立的离心力量，确保政治等级制度的稳定；其二，基于当时战争与农业的需求。在战争频仍，秦国地广人稀的情况下，保证全国的自然与人力资源，都利用到战争与农业上去，达到国富兵强的目的。而其具体的政策、举措便是“重农贱商”“重农抑商”“崇本抑末”。

为维护君主集权的官僚政治等级制度，防止民间工商业者在经济领域发展中成长为与君主专制政治相对立的离心力量，商鞅指出：“商贾之士佚且利，则民缘而议其上。……商贾之士，资在于身。故天下一宅，而圜身资民。民资重于身，而偏托势于外。挟重资，归偏家，尧、舜之所难

① 《商君书·农战》第3，清华大学出版社2011年版，第48—49页。

也。故汤、武禁之，则功立而名成。”① 即民间工商业者不事农、战，却所获利益高于战士、农夫，并且生活安逸，身家千金。由此形成二弊：一是使社会风气败坏，战士、农夫无励志农、战之心。“商有淫利有美好，伤器；官设而不用，志行为卒。六虱成俗，兵必大败。”② “今境内之民皆曰：‘农战可避而官爵可得也。’是故豪杰皆可变业……要靡事商贾，为技艺，皆以避农战。具备，国之危也。民以此为教者，其国必削。”③ 二是扰乱了国家政治等级秩序。商人挟利，率性而为，其所归属，往往却是“挟重资，归偏家”④，与对国家存有异心的宗法权贵混合一体，成为君主集权下的政治国家的离心力量。这种情况，即使尧、舜再世，也难以平治天下。所以，商鞅提出：“故为国者，边利尽归于兵，市利尽归于农。边利归于兵者强，市利归于农者富。故出战而强、入休而富者，王也。”⑤

为此，商鞅提出了国家干预经济的控制思想，极力主张国家对于经济领域实行全面干预，要求国家控制全国范围内的经济资源，将其集中到战争与农业上去。“治法明，则官无邪。国务壹，则民应用。事本抟，则民喜农而乐战。”⑥ “夫圣人之立法化俗，而使民朝夕从事于农也，不可不知也。”⑦ 国家全面控制经济资源的国家干预主义，具体表现在国家控制所有的重要山林、矿产资源，即政府统一山泽之利，“壹山泽，则恶农、慢惰、倍欲之民无所于食。无所于食，则必农”⑧。所以，商鞅并不是反对工商业这种分工，也并不反对国家、政府支持的官办工商业，而是反对民间的工商业活动。他认为：“农、商、官三者国之常食官也。农辟地，商致物，官法民。”⑨ 从大众的社会生活和统治阶级的奢侈生活需求看，商业是必不可少的一种社会经济活动，没有工商业，则不可“致物”。但是，“三官生虱六……商有淫利有美好，伤器；……六虱成俗，兵必大败”⑩。所以商鞅极力主张遏制民间工商业者的经济活动，限制他们之间的经济往来，采取非政府同意不准迁徙、不准自由流动的做法。这样就会形成在经济上专制

---

① 《商君书·算地》第6，清华大学出版社2011年版，第78页。
② 《商君书·弱民》第20，清华大学出版社2011年版，第169页。
③ 《商君书·农战》第3，清华大学出版社2011年版，第46页。
④ 《商君书·算地》第6，清华大学出版社2011年版，第78页。
⑤ 《商君书·外内》第22，清华大学出版社2011年版，第178页。
⑥ 《商君书·壹言》第8，清华大学出版社2011年版，第92页。
⑦ 同上。
⑧ 《商君书·垦令》第2，清华大学出版社2011年版，37页。
⑨ 《商君书·弱民》第20，清华大学出版社2011年版，第169页。
⑩ 同上。

政权的“壹”统之局。通过政府对社会经济的全面控制，使民众专心于农业与战争。

商鞅还从狭隘的秦国战时需要的功利性出发，极力贬低与打击工商业者。他认为民间工商业者只是多余的消费性人口，他们不仅不能创造社会财富，甚至有百害而无一利。所以商鞅强烈主张限制“商贾”、排斥“游食”、杜绝“技艺”。在具体方法上，商鞅提出了打击民间工商业者的各种办法。例如提高商业税，“重关市之赋，则农恶商，商有疑惰之心”①。加强对民间奢侈品的价格控制，“贵酒肉之价，重其租，令十倍其朴，然则商贾少，农不能喜酣奭，大臣不为荒饱”②。加强各地旅店的控制，限制甚至废除商人各地居住的旅店。“废逆旅，则奸伪、躁心、私交、疑农之民不行，逆旅之民无所于食，则必农。”③ 将商人家里的奴仆按人口计算赋税，以贬低商人地位。“以商之口数使商，令之厮、舆、徒、重者必当名，则农逸而商劳。农逸，则良田不荒；商劳，则去来赍送之礼无通于百县”④，甚至主张限制金属货币的发行。他说：“农贫而商富，故其食贱者钱重，食贱则农贫，钱重则商富，末事不禁，则技巧之人利，而游食者众。”⑤ 这些做法，是企图堵塞商品经济的一切渠道，从根本上打击民间工商业者。

所以，商鞅所主张和实行的“重农贱商”的经济控制措施，既是为了农、战的需要，也是为了巩固专制政权。这种重农贱商的做法，并非真正重视农业和农民，不过是用法律禁止并消灭农业以外的民间工商业及其他行业，把人民驱赶到农、战上去，以便更好地进行社会控制，加强专制政权的社会基础，消弭民间工商业经济壮大后所形成的对于政权的离心力。他说：政府“訾粟而税，则上壹而民平。上壹则信，信则官不敢为邪；民平则慎，慎则难变，上信而官不敢为邪，民慎而难变，则下不非上，中不苦官”⑥。政府只要一心重视土地与农业税收，不许人民从事工商等末业，这样一来，民众就世世代代被固着在土地上，就会循规蹈矩，天下就会治平。商鞅重农贱商的目的，是限制民间工商业者的生长，进而消灭当时日益发展起来的商品经济，将整个社会纳入国家的政治等级的轨道。

---

① 《商君书·垦令》第2，清华大学出版社2011年版，第42页。
② 同上书，第37页。
③ 同上书，第36页。
④ 同上书，第42页。
⑤ 《商君书·外内》第22，清华大学出版社2011年版，第177页。
⑥ 《商君书·垦令》第2，清华大学出版社2011年版，第32页。

商鞅的国家干预主义经济思想，是当时秦国农战时期的产物。这种思想较先秦儒家孔、孟的经济思想，应该说是一种倒退。孟轲主张开放山林之禁，发展民间工商业，使农、林、牧、副、渔和工商业并重，显然更加符合历史发展的方向。但是，先秦法家的这种经济思想开了中国历史上重农贱商、重农抑商的先河。在整个中国帝制时代，商鞅的这一经济思想，都是国家为了巩固君主集权政治而采取的经济对策，是中国帝制时代既定的经济学思想。因此，在中国帝制时代，自由商品经济与帝制国家在本质上是根本不相容的，它的发展一直存在着无法逾越的政治、经济、文化障碍。而这种经济控制体系，本质上是以牺牲全社会民众的经济利益为代价，以牺牲社会经济多元发展的道路为代价，以牺牲社会经济发展的速度为代价，来维护与保持专制政权稳定与巩固的。时至今日，这种思想仍然有着广泛的市场，是我们不得不引起注意的。

综上所述，我们可以知道，商鞅变法，其政治、经济、文化、法律思想尽管适应了当时秦国历史的发展趋势，但是其思想中政治目标的狭隘性，统治方法上的功利性、实用性、片面性，以及由这一切所导致的法律上的刑治主义、工具主义，文化上的道德贬黜倾向，都是显而易见的；在经济上国家对于民间工商业的极端干预政策，导致了他的统治思想中存在着内在的、不可调和的系统性、结构性的矛盾与缺陷。这种矛盾与缺陷通过韩非的片面发展，加剧了秦的政治思想及其信仰与价值系统结构性缺失。

第二节　韩非对商鞅政治与社会思想的片面发展

韩非，战国末期法家著名政治家、思想家。面对日趋激烈的社会纷争，韩非以商鞅的早期法家思想为主，结合了申不害、慎到等人倡导的术、势观念，提出法、术、势相结合的国家政治理念与社会控制思想，深为秦始皇所推崇。秦始皇统一六国后采取的许多政治措施，都是对韩非思想的应用和发展。

一　对商鞅君主集权及“治法”思想的发展

在战国末期诸国争霸的形势下，韩非继承了商鞅早期法家人物的治世思想，将维护与巩固君主专制下中央集权制度看成是消弭战争，完成称霸统一大业的最佳政治体制。因此，他继承了商鞅国家治理与社会控制思想中维护君主专制集权主义的思想，并且将这种思想及其连带的系统性、结构性缺失发展到了一个新的高度。韩非同商鞅一样，将巩固秦国君主专制的集权主义作为国家政治活动的最高目标。为此，他处处以君主本位观来思考国家未来的发展走向，并从君主专制集权的角度来构建自己的政治价值与社会控制思想体系。

为了更好地说明君主专制集权主义的合法性，韩非将君主专制政体上升到政治哲学的本体论高度，将之作为宇宙、天道的规律与本质。他在《韩非子·解老》一文中，谈到宇宙、天道的规律以及社会应遵循的规律时说道："道者，万物之所然也，万理之所稽也。理者，成物之文也；道者，万物之所以成也。"[①] "缘道理以从事者，无不能成。无不能成者，大能成天子之势尊，而小易得卿相将军之赏禄。"[②] "义者，君臣上下之事，父子贵贱之差也，知交朋友之接也，亲疏内外之分也。臣事君宜，下怀上宜，子事父宜，贱敬贵宜。"[③] 韩非与商鞅一样，将人们的社会关系看成是一种简单的政治等级关系与利害关系。他认为，君主专制集权是这个等级政治关系的顶点，社会中一切事务均要以此为中心。只有维护以君主为最高威势的贵贱等级体系，保持集权主义的刑治高压，才是国家稳定、发展的根本前提。韩非还从社会历史观着手来论证这个问题，他把人类社会的发展划分为上古、中世和今世三个不同的阶段，"上古竞于道德，中世逐于智谋，当今争于气力"[④]。国家与社会的治理策略要根据不同的形势和情况进行具体的分析、处理，要因时之变而致事之用，做到"世异而事异……事异则备变"[⑤]。"故治民无常，唯法为治。法与时转则治，治与世宜则有功。"[⑥] 而"当今争于气力"的具体策略和举措，便是完善与巩固秦国君主专制集权主义，实行苛罚严刑的刑治主义。

韩非传承了以商鞅为代表的前期法家以统治阶级为本位的狭隘阶级意识，在其政治思想和治世主张中极端放大国家与社会、政府与民众之间在利益观、价值观方面的矛盾与冲突，并且将国家与社会、统治阶级与民众视为利害关系极端对立的两大群体，将国家对民众的驾驭、奴役作为其治世思想的主流，为此他以赤裸裸的阶级性、排他性来论证秦代国家中的阶级关系。他认为，当时的秦国在政治上仍然处于一个"国民相胜"的时

---

① 《韩非子·解老》，中华书局 2010 年版，第 208 页。
② 同上书，第 194 页。
③ 同上书，第 188 页。
④ 《韩非子·五蠹》，中华书局 2010 年版，第 702 页。
⑤ 同上。
⑥ 《韩非子·心度》，中华书局 2010 年版，第 759 页。

期，因此应当以暴力苛法治国民："夫严刑重罚者，民之所恶也，而国之所以治也；哀怜百姓轻刑罚者，民之所喜，而国之所以危也"①，"故先王明赏以劝之，严刑以威之。赏刑明，则民尽死；民尽死，则兵强主尊。刑赏不察，则民无功而求得，有罪而幸免，则兵弱主卑"②。

为了更好地说明君主专制集权主义的合法性，韩非还从人性论上进行了论证。他将商鞅人性论推演到极端的地步，将人看成赤裸裸的为利益相争的生物人，否定了人所具有的礼义廉耻的社会性特征。韩非认为，人之本性就是趋利避害，人类的进化历程就是一个因人们争利避害而形成社会组织的过程，这种趋利避害的斗争将随着人类社会的演化而越来越激烈。所以，利益是人类一切社会关系的核心。在他看来，君臣、父子、夫妻、朋友，有利则合，无利则离。他还以通俗的形式讲道："故王良爱马，越王勾践爱人，为战与驰。医善吮人之伤，含人之血，非骨肉之亲也，利所加也。故舆人成舆，则欲人之富贵；匠人成棺，则欲人之夭死也。非舆人仁而匠人贼也，人不贵，则舆不售；人不死，则棺不买。情非憎人也，利在人之死也。"③ 同时，即使是父母与子女的亲情关系，也是一种赤裸裸的利益关系。例如："人为婴儿也，父母养之简，子长人怨；子盛壮成人，其供养薄，父母怒而诮之。子、父，至亲也，而或诮或怨者，皆挟相为而不周于为己也。"④ "夫买庸而播耕者，主人费家而美食，调钱布而求易者，非爱庸客也，曰：如是，耕者且深，耨者熟耘也。庸客致力而疾耘耕者，尽巧而正畦捋陌者，非爱主人也，曰：如是，羹且美，钱布且易云也。此其养功力，有父子之泽矣，而心调于用者，皆挟自为心也。故人行事施予，以利之为心，则越人易和；以害之为心，则父子离且怨。"⑤ 由此可见，人与人之间的亲情、友情，包括父母之情、君臣上下之情，都是建立在利害安危关系之上的。因此，"知臣主之异利者王，以为同者劫，与共事者杀。故明主审公私之分，审利害之地，奸乃无所乘"⑥。在治理国家的过程中，扼制与激励民众求生求利的生理欲望，以利害关系来控制民众的生物欲望，是专制政治及社会控制中最重要的措施。"人有祸则心畏恐，心畏恐则行端直，行端直则思虑熟，思虑熟则得事理。行端直则无祸害，

① 《韩非子·奸劫弑臣》，中华书局2010年版，第136—137页。
② 《韩非子·饰邪》，中华书局2010年版，第184页。
③ 《韩非子·备内》，中华书局2010年版，第161页。
④ 《韩非子·外储说左上》，中华书局2010年版，第408页。
⑤ 同上。
⑥ 《韩非子·八经》，中华书局2010年版，第684页。

无祸害则尽天年。”①

正是在国、民“交相胜”“国胜民”理论基础上，韩非等人主张对民众进行政治、经济、思想权利的剥夺，主张加大国家与基层社会、政府与民众的权力距离，以“卑民”“弱民”“愚民”，让民众始终处于远离权力的卑贱、贫穷、愚昧状态，把国家权力神化为高高在上、使民仰止、不可企及的政治高峰。因此，以强力制民，以暴政驭民，以严刑卑辱民众，视民如寇仇，驱民如牲口，就成为法家国家治理理论与政府权能思想的基本要义。这种由商鞅开始，韩非发展并推动的社会思想，实际成为其后秦帝国的一种政治思想要义和国家治理价值观。由于这种思想是使国家处于与民众严重对立的立场上，因此秦代国家思想一开始就以忽略国家道德建设为出发点，以刑治和暴力作为国家进行社会控制与整合的主要手段，以赤裸裸的阶级性、排他性、功利性代替以“中立”姿态呈现的国家进行社会控制的群体性、整合性原则，并且还将这种狭隘的排他性、功利性原则作为其国家思想运用于治政实践中去。这样，韩非等人所构建的，就是一种以君主专制为基础的“孤家寡人”的政治体系。

正是在这一原则下，韩非在国家治理思想上，其根本策略是注重极刑重罚的刑治精神。韩非一再强调以法（刑）治国的重刑主义思想，而韩非所说的法，亦是封建专制政权治国牧民的令、规、刑，是国家对于民众强力统治的治具，是君主用来统驭臣下的，与权术同等功效的利器。“人主之大物，非法则术也。法者，编著之图籍，设之于官府，而布之于百姓者也。术者，藏之于胸中，以偶众端，而潜御群臣者也。故法莫如显，而术不欲见。是以明主言法，则境内卑贱莫不闻知也。”② 法律只是统治者维护自己利益的利器，来自君主之言，发自君主之令，只不过这种言、令是以“治法”的一统形式表现出来。“令者，言最贵者也；法者，事最适者也。言无二贵，法不两适，故言行而不轨于法令者必禁。”③ 所以，严格执行君主之令，即是奉法，“奉法者强，则国强；奉法者弱，则国弱”④。为此，韩非非常看重国家的法与刑治在政治治理中的作用，“故先王明赏以劝之，严刑以威之。赏刑明，则民尽死；民尽死，则兵强主尊。刑赏不察，则民无功而求得，有罪而幸免，则兵弱主卑”⑤。民众会因其生死利害关系而屈

① 《韩非子·解老》，中华书局2010年版，第193页。

② 《韩非子·难三》，中华书局2010年版，第587页。

③ 《韩非子·问辩》，中华书局2010年版，第612页。

④ 《韩非子·有度》，中华书局2010年版，第41页。

⑤ 《韩非子·饰邪》，中华书局2010年版，第184页。

从于政，卑从于官，就能够很好地树立君主专制等级制度的绝对权威。

韩非与商鞅不同的是：第一，韩非更加明确指出了法的实施者和确立者是谁的问题。既然国家机器是君主伸张个人意志的工具，那控制国家政治运行的法律法令就只能由君主设定和颁布。因此，君主就是国家法律的执法主体和立法主体。韩非认为法律不是对民众权利的保障，而是更多地以严刑重罚的形式对人们思想、行为的禁止。这种法治特征，使人们惊惧于刑罚而不敢妄动，最终保障法律制定者的意志和利益。“法者，宪令著于官府，刑罚必于民心，赏存乎慎法，而罚加乎奸令者也……君无术则弊放上，臣无法则乱放下，此不可一无，皆帝王之具也。”[①] “刑重，则不敢以贵易贱；法审，则上尊而不侵。”[②] “使吾法之无赦，犹入涧之必死也，则人莫敢犯也。”[③] 所以，韩非比商鞅更加明确了法的阶级属性和它的恐怖主义特征。

第二，与商鞅相比，韩非还进一步提出了以君主专制为中心的集权主义思想。商鞅的法律观核心是以君权为主导。商鞅承认专制国家制度中必然存在君王对于法律的独断权，但是，出于统治阶级的整体利益需要，商鞅也认为法律一经君主允许并且颁布实施，就是至高无上的。不仅百姓、官吏要受它的限制，就连君主自身也要遵循这一规则，最好不要随意变更。而韩非却认为，想利用单纯的法治维护君主集权制是不行的，因为法律一旦形成，必然要求包括立法者在内的所有人一致遵守，所以势必限制、制约君权，在某些时候，甚至会转化成君权的对立面。而且由于具体执法者是与君权处于潜在对立状态的官吏，这些官吏通过掌握执法过程而使得他们的权力得以加强，便会利用这种权力来谋利，严重的时候会对君权造成威胁。所以，法应该根据时势变化和君主的意志而随时变更，由此来维护君权独尊的地位。韩非为此提出了一系列政治与伦理概念，并以君主专制政治作为唯一的价值尺度，来评判政治。例如，他重新解释了“忠”与“奸”这对范畴，认为“所谓忠臣，不危其君”[④]；“明主之道，必明于公私之分，明法制，去私恩。夫令必行，禁必止，人主之公义也；必行其私，信于朋友，不可为赏劝，不可为罚沮，人臣之私义也。私义行则乱，公义行则治，故公私有分。人臣有私心，有公义。修身洁白，而行公行正，居官无私，人臣之公义也；污行从欲，安身利家，人臣之私心

① 《韩非子·定法》，中华书局2010年版，第621页。

② 《韩非子·有度》，中华书局2010年版，第50页。

③ 《韩非子·内储说上七术》，中华书局2010年版，第328页。

④ 《韩非子·忠孝》，中华书局2010年版，第743页。

也。明主在上，则人臣去私心行公义。乱主在上，则人臣去公义行私心。”[①] 以此为标准，韩非对儒家一贯褒扬的因伐不道而取君位的商汤和周武王提出了疑义，对于“汤武革命”作了颠覆性评价。他认为，商纣王以西伯昌好仁义，不听费仲的劝谏将其诛杀，结果商亡于周。韩非以此例说明治法的好坏是以君权的安危为标准。因此，韩非十分强调君主对权力的独裁和对政治的独断。他认为，这是保持中央专制集权体制的重要举措。就中央和地方关系而言，“事在四方，要在中央。圣人执要，四方来效”[②]。韩非特别要求关键的权力要集中在中央、君主之手，以此保证中央对天下事务的绝对控制。

第三，与商鞅不同的是，韩非还从统治阶级自身的利害关系出发，更加极端地提出了统治阶级内部的权利斗争问题。韩非的阶层狭隘性比商鞅有过之而无不及，其结果是对统治阶级自身的宗族集团更加刻薄寡恩，无情无义。他主张君主要对统治阶级各阶层官吏和豪强严加防备、警惕。他认为君臣之间本质上只是一种以智力鬻爵禄的买卖关系，他在评述齐桓公的杀兄争位时说：“或曰：千金之家，其子不仁，人之急利甚也。桓公，五伯之上也，争国而杀其兄，其利大也。臣主之间，非兄弟之亲也。”[③] 那么，与君主没有血缘关系的群臣以“劫杀之功，制万乘而享大利”[④]，就更是天经地义了。何况“劫杀之功，制万乘而享大利，则群臣孰非阳虎也。事以微巧成，以疏拙败。群臣之未起难也，其备未具也。群臣皆有阳虎之心，而君上不知，是微而巧也”。所以，“臣之忠诈，在君所行也。君明而严，则群臣忠；君懦而暗，则群臣诈”。[⑤] 各级官员囿于自身的利益，必然会朋比为奸，结党营私，欺上瞒下，利用政治权力为自己谋利。这样，君臣之间是一种“交相胜”的关系。“故君臣异心，君以计畜臣，臣以计事君。君臣之交，计也。害身而利国，臣弗为也；害国而利臣，君不为也。臣之情，害身无利；君之情，害国无亲。君臣也者，以计合者也。”[⑥]

韩非的刻薄寡恩还充分表现在君主对于妻妾、儿女、戚属、近侍的防备上。在韩非看来，除了朝中大臣、僚佐之外，君主身边的后妃、夫人、贵戚、侍卫等人，均在时刻窥视着君主的权位，刺探君主的弱点，以便能

---

① 《韩非子·饰邪》，中华书局2010年版，第184页。
② 《韩非子·扬权》，中华书局2010年版，第59页。
③ 《韩非子·难四》，中华书局2010年版，第593页。
④ 同上。
⑤ 同上。
⑥ 《韩非子·饰邪》，中华书局2010年版，第184页。

够投其所好，乘机作奸。“乱之所生六也：主母，后姬，子姓，弟兄，大臣，显贤。”① “人臣之于其君，非有骨肉之亲也，缚于势而不得不事也。故为人臣者，窥觇其君心也，无须臾之休，而人主怠慠处其上，此世所以有劫君弑主也。”② 在韩非看来，为人主而大信其子，则奸臣得乘于子以成其私；为人主而大信其妻，则奸臣得乘于妻以成其私；以妻之近与子之亲都还不可信，那么其余亲属、臣子更无可信者。韩非还举例说：万乘之主，千乘之君，他们的后妃夫人、适子为太子者，虽然很亲，但是她们之中，仍然有人欲其君早早死亡。为什么呢？“夫妻者，非有骨肉之恩也，爱则亲，不爱则疏……丈夫年五十而好色未解也，妇人年三十而美色衰矣。以衰美之妇人事好色之丈夫，则身见疏贱，而子疑不为后，此后妃、夫人之所以冀其君之死者也。”③ 韩非以非常尖刻的眼光去审视、揭示君主专制政体内部夫妻、父子、兄弟、上下之间的利益矛盾与权力斗争，由此得出了君主必须要时时戒备周围的亲人、侍卫、臣子等，甚至包括自己的妻子、儿子、兄弟在内。因此，“备内”是韩非提出的一个巩固君主权力的重要举措。实际上，从韩非开始，君主就成为真正意义上的孤家寡人。

所以，为了控制周围的官僚、辅佐、后妃、近侍，韩非积极主张君主应该用杀戮之刑和庆赏之德，使群臣畏惧刑罚的威势，追求行赏的利益，来控制臣属：“人主使人臣虽有智能，不得背法而制；虽有贤行，不得逾功而先劳；虽有忠信，不得释法而不禁，此之谓明法。”④ 人主要掌握刑赏二柄，“明主所导制其臣者，二柄而已矣。二柄者刑德也。何谓刑德？曰：杀戮之谓刑，庆赏之谓德。为人臣者畏诛罚而利庆赏，故人主自用其刑德，则群臣畏其威而归其利矣。……今君人者，释其刑德而使臣用之，则君反制于臣矣”⑤。而打击朋党，最根本的办法是：“散其党，收其余，闭其门，夺其辅，国乃无虎。”⑥ 为预防大臣聚党，韩非还提出要用严刑峻法治理官吏：“夫舍常法而从私意，则臣下饰于智能；臣下饰于智能，则法禁不立矣。是妄意之道行，治国之道废也。治国之道，去害法者，则不惑于智能，不矫于名誉矣。”⑦ 这种法治，实际就是法家的重刑主义，是以法

---

① 《韩非子·八经》，中华书局2010年版，第684页。
② 《韩非子·备内》，中华书局2010年版，第159页。
③ 同上书，第161页。
④ 《韩非子·南面》，中华书局2010年版，第166页。
⑤ 《韩非子·二柄》，中华书局2010年版，第52—53页。
⑥ 《韩非子·主道》，中华书局2010年版，第37页。
⑦ 《韩非子·饰邪》，中华书局2010年版，第180页。

作为控制臣民的利器："赏罚者，邦之利器也，在君则制臣，在臣则胜君。人君见赏而人臣用其势，人君见罚而人臣乘其威。故曰：'国之利器，不可以示人。'""权势不可以借人。上失其一，臣以为百。故臣得借则力多，力多则内外为用，内外为用则人主壅。……赏罚者，利器也，君操之以制臣，臣得之以拥主。"① 君主防自己下属官员作奸犯科，甚于防贼防寇。这样，君主必须随时保持对于各级官吏的戒备，杜绝属下作奸的苗头。由此可见韩非所谓的法，只是君主手中控制臣民的工具而已。

如何使用好这个利器，韩非提出"故以法治国，举措而已矣"②，力主以法规制度对官吏进行管理，反对以统治者个人意志和情感、好恶进行"心治"。否则"爱臣太亲，必危及身；人臣太贵，必易主位……群臣之太富，君主之败也"③，"释法术而心治，尧不能正一国；去规矩而妄意度，奚仲不能成一轮……使中主守法术，拙匠守规矩尺寸，则万不失矣"④。

从韩非思想的整个体系来看，其对于商鞅法治主张的改造、发展，是一种畸形的、极端的改造与发展。他更加片面地追求君主独裁的效用，追求君主个人的强势存在，赤裸裸地提出了国家治理上的重刑主义思想，将君主个人意志作为法律的起点与终端，试图通过对于这种苛暴法律的实施，把官吏和百姓都变成没有任何思想的只知道服从君主意志的工具。因此，韩非的后期法家思想，是根本否认人的自由与平等价值的工具主义，是与专制政体相结合成为控制社会的利器，是比商鞅更甚的以暴政为治理手段的刑治主义的思想。

二　从"治法"到"治术"的转变

一方面，由于商鞅君主集权的治法思想给后人留下了由法治向术治演进的广大空间；另一方面，韩非片面强调君主权力的至上性，强调君主在社会控制上的刻薄寡恩、苛暴无情，使得其治法思想具有空前的狭隘性与阴暗性，这就促成了由商鞅的"治法"思想向韩非"治术"思想的转变。

韩非继承和总结了战国时期法家的思想和实践，主张建立一个以维护中央集权国家为目的、以加强君主专制为核心的治法系统。应该看到，在韩非这里，所谓"治法"，其实质是与"治术"相互为用的工具，是君主用来驾驭臣民的"大物"与利器："人主之大物，非法则术也。法者，编

---

① 《韩非子·内储说下六微》，中华书局2010年版，第358—359页。

② 《韩非子·有度》，中华书局2010年版，第50页。

③ 《韩非子·爱臣》，中华书局2010年版，第30页。

④ 《韩非子·用人》，中华书局2010年版，第302页。

著之图籍，设之于官府，而布之于百姓者也。术者，藏之于胸中，以偶众端，而潜御群臣者也。故法莫如显，而术不欲见。是以明主言法，则境内卑贱莫不闻知也，不独满于堂；用术，则亲爱近习莫之得闻也，不得满室”①，“官之重也，毋法也；法之息也，上暗也。上暗无度，则官擅为，官擅为故奉重无前，奉重无前则征多，征多故富。官之富重也，乱功之所生也”②。

一方面，治法本身便是君主手中的一个维持专制权力的工具，它的特征是公开发布的、“编著之图籍，设之于官府，而布之于百姓者”的工具，是控制臣民的利器；另一方面，光靠治法，仍然是不够的，因为执法的各级官吏利用其执法权去欺上瞒下，大行其私，使得“法”不为君主专用，就会出现“主上愈卑，私门益尊”③，奸诈丛生的局面，使君主无法驾驭。所以，从术的功能看，术是以法相互作用的“藏之于胸中，以偶众端而潜御群臣者”④ 的驾驭群臣的权谋，其特征是隐秘性。以权术补治法，或者将治法补权术，使治法进一步刑律化，作为君主手中实行术治的大棒，约束臣民，是韩非在强化君权和进行社会控制上的一个主导性观念。韩非在谈到法与术的相互关系时，曾经借用食物与衣服对于人的重要性为例，说道：“人不进食，十日则死；大寒之隆，不衣亦死。谓之衣食孰急于人，则是不可一无”⑤，“今申不害言术，而公孙鞅为法。术者，因任而授官，循名而责实，操杀生之柄，课群臣之能者也，此人主之所执也。法者，宪令著于官府，刑罚必于民心，赏存乎慎法，而罚加乎奸令者也，此臣之所师也。君无术则弊于上，臣无法则乱于下，此不可一无，皆帝王之具也”⑥。韩非还通过总结秦国的历史教训，认为从商鞅以来的历史进程看，商鞅利用法治使秦国强大，但是由于没有术治，使君主不能够阻断大臣们徇私舞弊的路子，朝中大臣及合纵连横之徒利用秦国军队每战必胜，为个人牟取私利，扩大势力，使强秦数十年虽然屡战屡胜，但都不能完成统一六国的霸业。“公孙鞅之治秦也……及孝公、商君死，惠王即位，秦法未败也，而张仪以秦殉韩、魏。惠王死，武王即位，甘茂以秦殉周。武王死，昭襄王即位，穰侯越韩、魏而东攻齐，五年而秦不益尺之地，乃成其

① 《韩非子·难三》，中华书局2010年版，第587页。

② 《韩非子·八经》，中华书局2010年版，第693页。

③ 《韩非子·孤愤》，中华书局2010年版，第108页。

④ 《韩非子·难三》，中华书局2010年版，第587页。

⑤ 《韩非子·定法》，中华书局2010年版，第621页。

⑥ 同上书，第620页。

陶邑之封；应侯攻韩八年，成其汝南之封。自是以来，诸用秦者，皆应、穰之类也。故战胜则大臣尊；益地则私封立；主无术以知奸也。商君虽十饰其法，人臣反用其资。故乘强秦之资，数十年而不至于帝王者，法不勤饰于官，主无术于上之患也。”① 所以，韩非认为，即使“国富而兵强，然而无术以知奸，则以其富强也资人臣而已矣”②，仍然会对王权造成更大的威胁。因此，术治是君主专制的另一种重要手段，通过术、势与法相配合，形成法、术、势三位一体的格局，以此来维护君权独尊的地位。

韩非术治的内容，简单来说，就是君主利用变幻莫测的权术来驾驭臣下，使臣下摸不清君主的真实底细，而不得不规规矩矩地俯首听命。

首先，韩非将权势视作君主制服臣民的工具，主张君主要善于运用自己的威势，推动专制政治的实现。君主要随时随地牢牢把握权势，这样才不能为人所制。所谓“事在四方，要在中央。圣人执要，四方来效”③。

其次，韩非认为，君主要在臣下面前神秘莫测，时时侦窥臣民之隐秘，不能在臣下面前卖弄口才和智力，不为臣下的花招所迷惑。他在谈到君主在治理朝政时，主张君主要“溶若甚醉。唇乎齿乎，吾不为始乎；齿乎唇乎，愈惛惛乎。彼自离之，吾因以知之；是非辐非凑，上不与构。虚静无为，道之情也；叁伍比物，事之形也”④。意思是，君主在听察臣民言论时，要像喝醉酒一样恍恍惚惚，在他们条分缕析的时候，从而了解事物的本来面貌。这样，在臣民面前君主就显得无所不知、无所不至，能使臣民畏服。“所以贵无为无思为虚者，谓其意无所制也。夫无术者，故以无为无思为虚也。”⑤ 韩非还大谈君主控制、把握群臣的技巧。“主道者，使人臣必有言之责，又有不言之责。言无端末，辩无所验者，此言之责也；以不言避责，持重位者，此不言之责也。人主使人臣言者必知其端以责其实，不言者必问其取舍以为之责，则人臣莫敢妄言矣，又不敢默然矣，言、默则皆有责也。”⑥ 这样，臣子摸不清君主的态度，就既不敢妄加猜测，又不敢装聋作哑，不论进言还是沉默都要承担罪责。

再次，韩非认为，君主与臣下的关系，就像猎人与虎狼的关系。臣下时时窥视着君主的权力，就像虎狼窥视鹿羊。君主处于虎狼之中，应该时

---

① 《韩非子·定法》，中华书局2010年版，第622页。

② 同上。

③ 《韩非子·扬权》，中华书局2010年版，第59页。

④ 同上书，第62页。

⑤ 《韩非子·解老》，中华书局2010年版，第187页。

⑥ 《韩非子·南面》，中华书局2010年版，第167页。

时保持警惕，做出神秘莫测的样子。“主失其神，虎随其后。主上不知，虎将为狗。主不蚤止，狗益无已。虎成其群，以弑其母。为主而无臣，奚国之有！主施其法，大虎将怯；主施其刑，大虎自宁。法刑苟信，虎化为人，复反其真。”[①] 如果不这样做，刁民就会越来越多，奸臣就会遍布君侧。同时，对于怀异心不服从，但是又抓不到把柄的臣下，则采取各种阴谋手段给予除掉。“势不足以化则除之。”[②] 除掉臣民的手段多种多样：“生害事，死伤名，则行饮食；不然，而与其仇；此谓除阴奸也。”[③] 这样既顾全了自己的名声，又除掉了政敌。

最后，韩非还要求君主在臣下面前要时时清醒，不能自夸其能。“上有所长，事乃不方。矜而好能，下之所欺；辩惠好生，下因其材。上下易用，国故不治。”[④] 所以君主运用权术，不要轻易表现出自己的爱好和憎恶，以虚静无为为原则处理事情。如果君主表现出喜悦，就会被欺骗；表示厌恶，就会生怨。排除爱憎，空寂其心，高高在上，成为独执大权的孤家寡人，这才是君主应有的作为。君主不和臣民共处，臣民才会尊敬君上；君主不随便和臣民议事，臣民就不敢欺骗君主。君主远离臣民，臣民才畏惧君主。所以，把握帝尊权力的人，“贵独道之容。君臣不同道，下以名祷。君操其名，臣效其形，形名参同，上下和调也”[⑤]。

由于韩非提倡治术的最根本目的就是要使君主能够牢牢地控制大小官吏，保证其意志得到完整体现，并以此驾驭群臣，防止臣子擅权夺位的可能性。这样，术的无常性、阴谋性、工具性的特征，使它完全沦落为驾驭群臣的阴暗手段，失去了它阳光的一面。而以“术”治为背景的“法”，也失去了它的公正性、正义性，成为与“术”同流合污之道。正因为如此，在秦朝廷中，“术治”代替“法治”成为君臣相克之道。例如，赵高为了架空秦二世胡亥，特进言曰：“天子所以贵者，但以闻声，群臣莫得见其面，故号曰‘朕’。且陛下富于春秋，未必尽通诸事，今坐朝廷，谴举有不当者，则见短于大臣，非所以示神明于天下也。且陛下深拱禁中，与臣及侍中习法者待事，事来有以揆之。如此，则大臣不敢奏疑事，天下称圣主矣。”[⑥] 二世用其计，乃不坐朝廷见大臣，居禁中。使得赵高常侍中

① 《韩非子・扬权》，中华书局2010年版，第65页。
② 《韩非子・外储说右上》，中华书局2010年版，第463页。
③ 《韩非子・八经》，中华书局2010年版，第684页。
④ 《韩非子・扬权》，中华书局2010年版，第60页。
⑤ 同上书，第62页。
⑥ 《史记》卷87《李斯列传》，中华书局1959年版，第2558页。

用事，朝廷中大小事皆决于赵高。此外赵高指鹿为马，以察验群臣心理向背，使秦朝廷政治处于空前的黑暗、腐败、专制乃至可笑、庸俗的境地，政治话语成为强权的表现形式，强权即是话语权。这就使术不但不能作为国家、社会整合的工具，反而只能使专制政治更加畸形，官场更加黑暗，强权更加盛行，社会更加不公，社会控制更加失效。同时，由于韩非过分依赖权力与权术，将权术视作君主制服臣民的利器，主张极度扩大官民之间的权力距离，让权力与政治的决策过程隐藏在沉重的黑幕之后，远离民众，由此也形成了中国封建社会君主专制政治的专横与隐秘，导致民众远离政治，而君主成为孤家寡人，同时，造成了民众对政治的无奈、畏惧、神秘感和自卑感。这种封建朝廷政治的隐秘性，使权臣政治、宫廷政治抬头。在秦二世时期，权臣赵高独揽大权，上下欺瞒，架空帝王，而秦朝廷群臣无不禁声息气。直至山东义兵大起，横行江淮，秦二世还沉浸在歌舞升平之中，秦亡成为必然。

更加重要的是，由于术的阴暗性，以及它与法的共生性，还大大削弱了法的治世作用，使法律成为维护专制政治随意上下的工具。尤其当这种与术相互为用的法律与政治专制结合到一定程度后，君主就完全凌驾于法律之上了。这时，治法就没有了客观的界限，而完全以君主意志为转移。君主成为“法”与“术”的最后决定者，成为一个社会的制度、规范、治法的终极制定者、主宰者。法的客观标准就因君主意志以及君主对于社会控制的绝对权威而完全失去其固定的内涵，成为君主随意玩弄的驾驭臣民的工具，法也就成为权力与权术的一个组成部分。在秦朝政治的实际运行中，上层统治者们，法随心治、随意用法的情况屡见不鲜。例如，赵高诛杀李斯，为了取得口供，“使其客十余辈诈为御史、谒者、侍中，更往复讯斯。斯更以其实对，辄使人复榜之。后二世使人验斯，斯以为如前，终不敢更言，辞服。奏当上，二世喜曰：‘微赵君，几为丞相所卖。’”① 法治在这里显然成了强权的附庸与婢女。

这样的“法”，由于上面有高高在上的君主个人意志和好恶情感，在它的下面有阴谋和权术，其本质是只能州官放火，不许百姓点灯的强权主义。这样的治法，对臣子来说是一种具有投机性的治术，对民众来说则是一种苛暴的刑治。《史记》卷 87《李斯列传》记李斯欲求荣，附和二世意，于是上书言以严刑治世：“故韩子曰：‘慈母有败子而严家无格虏’者，何也？则能罚之加焉必也。故商君之法，刑弃灰于道者。夫

① 《史记》卷 87《李斯列传》，中华书局 1959 年版，第 2561 页。

弃灰，薄罪也，而被刑，重罚也。彼唯明主为能深督轻罪。夫罪轻且督深，而况有重罪乎？故民不敢犯也。”① “明主圣王之所以能久处尊位，长执重势，而独擅天下之利者，非有异道也，能独断而审督责，必深罚，故天下不敢犯也。”② 这样局限于极其狭隘的专制统治者一己利益的法律，就自然不能承担起社会控制和整合的长远职责。所以，在韩非这里，法与术结合的结果，就是让术成为法的里子，法则成为君主随意玩弄的术的表现形式。从商鞅到韩非的法家思想进化历程，就是一个由治法转向治术的变化过程。

三 文化控制与经济干预思想

商鞅认为，在当时情况下，要使君主集权国家全面垄断与控制国家资源进行农战，就必须要对传统社会道德与价值系统进行“破”的否定性变革，树立新的以专制政治和农战为导向的功利性价值系统。韩非进一步发展了商鞅的文化控制与整合思想。在韩非看来，一切思想、行为均以是否符合君主意志和国家利益为尺度。如果违背这个尺度，则当坚决禁绝之。“明主之国，令者，言最贵者也；法者，事最适者也。言无二贵，法不两适，故言行而不轨于法令者必禁。……夫言行者，以功用为之的彀者也。”③韩非将“学道立方”的文学之士以及辩智之士、有能之士等都纳入伪诈之民、离法之民、当死之民的行列，主张坚决禁绝与打击，“学道立方，离法之民也，而世尊之曰‘文学之士’。游居厚养，牟食之民也，而世尊之曰‘有能之士’。语曲牟知，伪诈之民也，而世尊之曰‘辩智之士’”④，主张“此民六者，世之所毁也。……此之谓‘六反’”⑤。所以，韩非认为，思想统治是国家进行社会控制、整合的重要手段，凡是与专制政治不同议的思想、言行应当坚决扼杀。“杂反之学不两立而治。今兼听杂学谬行同异之辞，安得无乱乎？”⑥ 对于思想言行的放纵，既不利国亦不利家，更不利于社会的新的整合。尤其是当时盛行的儒家倡导的“仁义”等伦理范畴，违背人之性情，无益于国家、社会。“夫严家无悍虏，而慈母有败子，吾以此知威势之可以禁暴，而德厚之不足以止乱也。” “夫圣人之治国，不恃人之

---

① 《史记》卷87《李斯列传》，中华书局1959年版，第2555页。

② 同上书，第2556页。

③ 《韩非子·问辨》，中华书局2010年版，第612—613页。

④ 《韩非子·六反》，中华书局2010年版，第654页。

⑤ 同上书，第655页。

⑥ 《韩非子·显学》，中华书局2010年版，第727页。

为吾善也，而用其不得为非也。”所以，韩非同样主张坚决禁绝与法律无关的思想行为，主张“故不务德而务法”①。

所以，韩非的文化控制思想，与商鞅一样，天生就存在着一种价值观上的结构缺陷。这种缺陷的重要原因，就是忽视了法律与道德应有的领域分野，而试图以君主意志之“法”来代替人类社会的道德伦理。所以，不仅将法律与道德混为一谈，而且以法律来代替道德的技术手段即刑治主义也十分拙劣，其结果使秦的社会道德被扭曲，被单一的“法”同化，形成“以法为教”“以吏为师”的局面。同时，将一切社会关系纳入法律能够运作的领域。这样，由于缺乏社会道德发挥的空间，使得人们的一切社会关系都归结为赤裸裸的利益与律、刑关系。这种价值观与“法”“德”理念使秦帝国的政治体制产生出一种无法扼制的、必然走向崩溃的系统性危机。所以，秦作为一个短命朝代是有其必然性的。它的政治实践宣示了商鞅、韩非等法家的文化、道德价值理念的结构性缺陷。

韩非还继承与发展了商鞅的国家对于社会经济的干预思想。商鞅在经济政策上厉行主张“重农贱商”政策。从社会控制、整合的角度看，商鞅倡导的“重农贱商”，一方面是出于农战需要，另一方面则是社会控制的需求所致，即国家从经济上控制社会各个阶层的物质分配、消费，是将民众纳入国家政治爵禄等级制度的一个极其重要的手段。因此，“重农贱商”不仅是一种经济政策，更是一种限民于土，对国家统治下的“编户”进行人身控制的政治手段，是用法律来禁止并消解农业以外的民间工商业，把人民驱赶到农、战轨道，以便消弭民间工商业经济发展壮大后所形成的对国家政治等级制度的冲击。韩非深谙此道，所以他进一步发展了商鞅的国家对民间工商业的经济干预政策及“重农贱商”思想。在韩非看来，国家与民众永远处于利益对立之中，民强则国弱，民众富足就不会效力于国家。因此，让民众处于绝对的贫困之中，杜绝民众通过非国家政治等级渠道而取得富贵，才能使民众一心一意追随国家利益。“凡人之生也，财用足则隳于用力，上治懦则肆于为非。财用足而力作者神农也；上治懦而行修者曾、史也；夫民之不及神农、曾、史亦已明矣。”②《韩非子·奸劫弑臣》曰：“国有无功得赏者，则民不外务当敌斩首，内不急力田疾作，皆欲行货财、事富贵、为私善、立名誉以取尊官厚俸。故奸私之臣愈众，而暴乱之徒愈胜，不亡何待？”民众富足，不是国家之利，反而是国家之害，

① 《韩非子·显学》，中华书局2010年版，第735页。

② 《韩非子·六反》，中华书局2010年版，第663页。

将使“奸私之臣愈众，而暴乱之徒愈胜”，必将使国家衰亡。韩非还认为，大量财富积存于私家、豪门会削弱和威胁国家与君权。他说：“公家虚而大臣实……可亡也”，[①] “群臣之太富，君主之败也”[②]。所以，韩非主张更加强硬的国家对于民间经济领域的干预政策，主张卑下商工之人的名誉，屈辱其地位，重税其产业，“使其商工游食之民少而名卑，以寡趣本务而趋末作”[③]。通过苛重的赋税来剥夺工商业者。“故明主之治国也，适其时事以致财物，论其税赋以均贫富，厚其爵禄以尽贤能，重其刑罚以禁奸邪……此帝王之政也。”[④] 韩非甚至反对对于贫困、灾害之民的救济和慈善，他认为贫民之所以贫困非懒则逸，如果“上征敛于富人以布施于贫家，是夺力俭而与侈也”，“欲索民之疾作而节用，不可得也”。[⑤] 实际上，韩非的经济思想，从否认社会经济的多元化，否认社会财富分配、消费的多样性，而不断走向在经济领域中维护专制政治的极端。

所以，韩非的国家经济干预思想，其目的仍然是主张以君主专制为中心的国家政治爵级制度对社会财富的占有与分配。它排斥民间“富商大贾”，根本上是为了禁止社会财富储于民间而形成的游离于国家等级秩爵制之外，并对其有腐蚀作用的另一种无法控制的社会力量。应该说，韩非这种国家干预的经济思想，既是秦国战争时期的产物，也是秦国君主政治发展的结果。它后来成为中国古代社会，尤其是宋以前封建国家政治经济思想的主流。这种思想极大地限制了商品经济的发展，使民间工商业经济与专制政治间始终存在着一条不可逾越的政策鸿沟，从而使中国古代经济呈现单一化特征，阻碍了社会经济的多元发展。但是，从社会控制与整合的角度看，这种经济学说通过将主要社会资源的分配、消费控制在国家这一政治体制内，通过较为单一的与国家政治等级秩爵制相匹配的军功制度（以二十等爵制为代表）整合各社会阶层，来控制广大民众，达到国家政令无所不畅的目的，在整个秦代的军事轨道机制中起到了重要作用，对于维护秦的君主集权和国家政权有着显著效用。

综上所述，可以知道，韩非在商鞅思想的基础上，进一步向着刑治主义和术治方向进行了发展，这就使先秦法家的政治与社会控制、整合思想，一方面通过国家政治等级秩爵制相匹配的军功授爵制等措施，来整合

① 《韩非子·亡征》，中华书局2010年版，第149页。
② 《韩非子·爱臣》，中华书局2010年版，第30页。
③ 《韩非子·五蠹》，中华书局2010年版，第720页。
④ 《韩非子·六反》，中华书局2010年版，第663页。
⑤ 《韩非子·显学》，中华书局2010年版，第729页。

各社会阶层，控制广大民众。应该说，这种思想在当时的兼并战争时代，对于国家各社会阶层及民众的整合，有着极其强大的功用；另一方面，由于其思想的偏颇性，以及对于民众力量的鄙视，使其在政治上更加强调国与民的对立，在国家理论与社会控制、整合思想中更加表现出严刑苛法、刻薄寡恩、残暴无情，使其国家治理思想更加狭隘与严苛。同时，在术治主义思想支配下，韩非为了确保君主专制权力的巩固，而采用了种种阴谋的“术”治手段，导致其思想具有空前的无常性、阴暗性、工具性特征。这样，在法家思想的倡导下，“法”与“刑”沦落为君主个人专制的工具；同时，他们夸大、利用人性的弱点，使得秦国能够迅速整合社会上的各种力量从事“农战”，快速崛起而成为西部“虎狼之国”。正是在这种思想指导下，由于其思想上的结构及功能上的重大缺陷，轰轰烈烈的秦帝国在大一统的进程中仅历二世，迅速灭亡。

第二章　秦朝社会控制、整合思想的理论与实践

第一节　帝国之初的文化“怀柔”

秦始皇统一中国，采纳李斯的意见，将天下分为三十六郡，郡置守、尉、监，由皇帝直接任免。从此，中央君主专制的集权统治与地方郡县建制融洽地结合为一体，郡守、县令是皇权的直接延伸和皇帝意志的直接表现，构成了君主专制中央集权的国家政体形式。中央官僚体制与地方郡县制结合为一体的政权结构是君主专制的中央集权实现的基本条件，也是中国帝制社会君主统治的基本方式。

秦统一六国后，战争逐渐平息，文治被提上了议事日程。从社会控制理论的角度说，由战争向和平转化中的国家政治，其维持稳定的社会控制工具势必发生变化，政治意识形态、社会文化方面的内容必然代替战争武器而在国家政治中占据重要地位。此时，国家政权的合法性论证，政治信仰与价值观念的重塑，人们的道德操守和文化心理态势，在国家治理和社会控制中都有着极其重要的作用。秦统一中国后，虽然在政治、经济、军事领域仍然按照一以贯之的、以巩固大一统中央集权的法家政治思想及其治国方略，去进行新的帝国疆域统治，但是由于统一后帝国领域的广阔，东西南北文化、心理及信仰、习俗的差异，使这种政治思想及治国方略在秦王朝的社会控制方面，表现出一种力不从心，甚至矛盾、冲突的态势。所以，秦帝国在建立政治上的一统时，它将要继续进行的是战争结束状态下国家的文治与思想、文化上的统一。从当时形势看，地处关中，久处戎、狄的秦与关东六国，尤其与东方滨海的齐鲁之地相比，在文化内涵及文化心理上的差异是很大的，甚至可以说秦在统一后的中国处于思想、文化方面的劣势。秦地处关西一隅，其风格“杂戎翟之俗，先暴戾，后仁

义"；"小国僻远，诸夏宾之，比于戎翟"；"论秦之德义不如鲁卫之暴戾者"。[①] 而关东诸国，尤其是齐鲁之地，是周以来的"礼义之乡"，全国重要的文化与学术中心，孔孟之徒、缙绅之士波及远近。且不论战国时齐稷下学宫之盛，邹鲁之士谈仁说义，靡然向风；仅就《汉书·儒林传》所载继秦不久之西汉著名文士地域分布看，齐鲁士林上承东周，文风之盛，亦在全国首屈一指。《儒林传》所载文士 212 人，有籍贯可考者 191 人。这 191 人中，鲁国人最多，达 31 人；其次为琅邪郡 19 人，东海郡 17 人，齐郡 12 人。此四郡共占有籍贯记载之文士的 41.3%，而仅鲁国一地则达到 16.2% 之多。可见，在西汉山东滨海一带仍是全国重要的人文渊薮，名士辈出之地，它也说明了齐、鲁在全国占据的文化与学术优势地位。

秦统一前夜，应该说对于当时天下大势是有初步估计的，这就是秦的武强文朴。秦挟"虎狼之师"横扫六合，但它在国家理论与社会控制、整合上单纯强调"农""战"的法家取向，以及其社会控制思想中单纯注重刑治精神的传统，被关东六国"比于戎、翟"，"诸夏耻与之"，这是不利于它对全国的政治、文化征服，以及进行有效的社会控制与社会整合的。尤其秦在文化传承方面，其立国以来拥有的学术典籍的数量与内容，仅仅从史籍记载看，就与关东六国不能相比或者抗衡。从《汉书·艺文志》等书所载目录中，我们所见标识秦国卿、相与士人所著的仅《史籀》《商君书》《秦诗》《由余》《田俅子》《秦谶》《尸子》《张子》《吕氏春秋》等书之目，这其中大部分还是由六国士人仕居秦时所著；而秦典籍中，其内容仅主要涉及兵家、法家、农事、历法、小学、占卜等实用与"中用"之学：如《史籀》系文字之书；《秦谶》系阴阳卜筮之书；《商君书》取自法家；《田俅子》取自墨家。这正与秦国由来已久的农战论与功利观相一致。关东六国与秦国相比，则人文藩滋，文学之士比肩。基于这种武强文质的情况，早在六国统一前，始皇帝的"仲父"、秦相吕不韦便集六国士人，作《吕氏春秋》一书。《史记》记：

> 是时诸侯多辩士，如荀卿之徒，著书布天下。吕不韦乃使其客人人著所闻，集论以为八览、六论、十二纪，二十余万言。以为备天地万物古今之事，号曰吕氏春秋。布咸阳市门，悬千金其上，延诸侯游士宾客有能增损一字者予千金。[②]

---

① 《史记》卷 15《六国年表》，中华书局 1959 年版，第 685 页。
② 《史记》卷 85《吕不韦列传》，中华书局 1959 年版，第 2510 页。

从这段记载看，吕不韦作《吕氏春秋》，乃是利用六国辩士，兼容六国学术智能，为即将建立的大一统帝国而进行的一种文化“自立”行为。从吕不韦居官之尊及他对此书所任之重，可视为一种在统一前夜所给出的对未来帝国的文化导向与政策暗示，也就是有一改秦国法家只注重刑典、律令，而用关东之邹、鲁文化之学充实国家文化思想的控制之意义。《吕氏春秋》被后代史家文人公认为杂家之学，而《汉书》评论杂家曰：“杂家者流，盖出于议官。兼儒、墨，合名、法，知国体之有此，见王治之无不贯，此其所长也；及荡者为之，则漫羡而无所归心。”[①] 从班固所论来看，杂家之学在当时被看作资鉴“王治”的涉政类书籍是无疑问的。它的优点是合儒、墨、名、法之教，以知国体，以资王道，以“贯”王治；其不足处是荡者为之则散漫而寡要。关于此书内容，亦是遍及诸家思想。如《吕氏春秋》序高诱注曰：“……然此书所尚，以道德为标的，以无为为纲纪，以忠义为品式，以公方为检格，与孟轲、孙卿、淮南、扬雄相表里也。”[②] 高诱的见解受后代儒学影响，尽管有其偏颇之处，但是其所指出该书综罗百家，试图“经天纬地”的观点却是公允的，这可与吕不韦在该书其他内容相互证明。因此，吕氏著书其用意之深刻，不言而喻。该书从体例到内容的最大特点，便是广涉诸子，遍引诸学，糅合道、法、儒、名、阴阳、兵、农诸家，试图为帝国奠定新的则天法地的“大圜”“大矩”，却绝无商韩“燔书”“禁学”之文化专制色彩。这不能不说是吕不韦在秦统一后思想整合及文化政策方面试图转型所做的一种努力，即由先秦时代提倡农战的军事战争轨道转型为和平时期的修文偃武、文治教化。

所以，在秦帝国即将统一的前夜，《吕氏春秋》等对于秦在后来的国家治理及文化思想的思考与再塑，是十分有意义的。在这里，所谓文化的融合与变化，不仅仅是指单一的文化艺术及行为，而是指广义的，包括社会宗法关系、社会规范、道德评价、思想学说、文化艺术等涉及社会控制与整合的多方面内容。

但是，西秦及吕不韦的悲剧在于，这种文化的“自立”行为，竟然只能采撷六国之学，“使其客人人著所闻”[③]，对六国文化与学术实行大规模的剽窃与罗列。这从某种程度上也可以看出秦文化底气的不足以及文化内

---

① 《汉书》卷30《艺文志》，中华书局1962年版，第1742页。

② 冀昀主编：《吕氏春秋·序》，线装书局2007年版，第4页。

③ 《史记》卷85《吕不韦列传》，中华书局1959年版，第2510页。

涵的单薄。《吕氏春秋》意欲成“帝王”之言，它虽然未能达到成一家之言的目的，但也似乎发出了一个政策信号，即秦在新的大一统国家的社会整合中重视文化整合以及东西方思想、文化的统一，并且这种统一主要以融合与吸收东方文化为主。这也是文化不发达的民族在对文化较发达的民族，在武力征服过程中所遇的障碍及通行的规则。因此，当公元前221年秦灭六国，建立庞大武功帝国后，它并未采取自秦穆公以来所实行的商、韩厉行禁止“文学之士”的思想文化控制政策，而是对关东六国尤其是齐、鲁之士实行了开放、容纳及礼遇的对策。据史载，秦开国时置博士员甚众，基本上是齐、鲁之旧儒生。始皇“即帝位三年，东巡郡县……于是征从齐鲁之儒生博士七十人，至乎泰山下”①。从史籍看，七十人大约是秦宫廷所置博士员定数：“三十四年……始皇置酒咸阳宫，博士七十人前为寿”②；“三十五年……侯生、卢生相与谋曰：……博士虽七十人，特备员弗用”③。在中央官吏职能中，博士乃是文化与礼仪之官。《汉书》曰：“博士，秦官，掌通古今。秩比六百石，员多至数十人。”④ 各书大多称秦置博士七十人，而始皇即帝位三年征从齐、鲁儒生博士七十人，说明这些博士的来源是以齐、鲁一带为主。在秦开国之初中央官吏还不多的情况下，这应当是一支庞大的东方文化队伍及文化势力，也是一股不可忽视的言论力量。从史籍可考的秦博士所持学术来看，主要是来自齐、鲁儒家习研经术文学礼仪者。如“伏生者，济南人也。故为秦博士”⑤。“漯水又东迳汉微君伏生墓南，碑碣尚存，以明经为秦博士。秦坑儒士，伏生隐焉。”⑥ “叔孙通者，薛人也，秦时以文学征，待诏博士。”⑦ 此外，散见于史籍有姓名可考的秦博士还有周青臣、淳于越、黄疵、桂贞、沈遂、茅焦、羊子、高堂生等；亦有汉初“四皓”为秦博士之说。故而郑樵评论秦时儒风未衰时说：

> 陆贾，秦之巨儒也。郦食其，秦之儒生也。叔孙通，秦时以文学召，待诏博士。数岁，陈胜起，二世召博士诸儒生三十余人而问其

---

① 《史记》卷28《封禅书》，中华书局1959年版，第1366页。

② 《史记》卷6《秦始皇本纪》，中华书局1959年版，第254页。

③ 同上书，第258页。

④ 《汉书》卷19《百官公卿表》，中华书局1962年版，第726页。

⑤ 《史记》卷121《儒林列传》，中华书局1959年版，第3124页。

⑥ （北魏）郦道元注，王先谦校：《水经注》卷5《河水》，巴蜀书社1985年版，第137页。

⑦ 《史记》卷99《刘敬叔孙通列传》，中华书局1959年版，第2720页。

故，皆引《春秋》之义以对，则是秦时未尝不用诸生与经学也。况叔孙通降汉时，有弟子百余人，齐鲁之风亦未尝替。故项羽既亡之后，而鲁为守节礼义之国。则知秦时未尝废儒，而始皇所坑者，盖一时议论不合者也。①

秦始皇在帝国广置博士员、任用齐鲁儒生的同时，还不断地向东巡游，封禅泰山，挟武威以宣其文治。据史载，秦始皇在统一后的十多年里，很重要的一项工作便是巡游四方，尤其是向东巡游。在帝国建立后的五次出巡中，有四次是去东南方之滨海地区。《史记》载：二十八年，上泰山，"并渤海以东，过黄、腄，穷成山，登之罘，立石颂秦德焉而去。南登琅邪……颂秦德，明得意"；二十九年，"登之罘""遂之琅邪"；三十二年，"之碣石""刻碣石门"；三十七年，"上会稽，祭大禹，望于南海"，"并海上，北至琅邪"，由之罘"至平原津"。②

在古代舟车极为不便的情形下，这么频繁地出巡，驱车而东，其有关国事的重大目的是不难想象的。秦始皇每到一地，都要刻石留念，以志秦威。如《峄山刻石》《琅邪刻石》《之罘刻石》《碣石刻石》《会稽刻石》，等等。而刻石内容，不外于"颂秦事，明得意""表垂于例程""垂着仪矩""光垂休铭"。尤其在始皇二十八年东巡的《琅邪刻石》中，有这样的内容：

维秦王兼有天下，立名为皇帝，乃抚东土，至于琅邪。列侯武城侯王离、列侯通武侯王贲……与议于海上。曰："……今皇帝并一海内，以为郡县，天下和平。昭明宗庙，体道行德，尊号大成。群臣相与诵皇帝功德，刻于金石，以为表经。"③

始皇好于刻石，无疑是颂扬帝德，炫耀武威。但东巡刻石中倡扬"道""德"尤甚于渲染其武功，绝不是偶然的，应当是始皇试图文治天下，"兴太平"，拉拢关东六国士人的政治宣传与举措。《史记》载："以威德与天下，天下集矣。即四海之内，皆欢然各自安乐其处。"④ 说明秦上

① （宋）郑樵撰，王树民点校：《通志》，《校雠略一·秦不绝儒学论二篇》，中华书局 1987 年版，第 1803 页。

② 《史记》卷 6《秦始皇本纪》，中华书局 1959 年版，第 243—264 页。

③ 同上书，第 246—247 页。

④ 同上书，第 284 页。

层统治者是深知全国统一后单纯依靠过去秦国那种以刑治为主的法律控制是不行的，必须要文治武功之互补。而其“道”和“德”的内容也包含了儒家礼仪及孝、贞的伦理规范。例如，泰山刻石有：“男女礼顺，慎遵职事。昭隔内外，靡不清净。”[①] 会稽刻石文：“饰省宣义，有子而嫁，倍死不贞。防隔内外，禁止淫泆，男女絜诚。”[②] 峄山刻石有“孝道显明”[③] 等提倡孝道的话。故顾亭林在《日知录》中道：“而其坊民正俗之意固未始异于三王也。汉兴以来，承用秦法以至今日者多矣。世之儒者言及于秦，即以为亡国之法，亦未之深考乎！”[④] 顾氏之言，应见秦帝国弥补其先秦时期系统性缺陷之文化政策的一端。

在秦始皇所立“博士”中，既有邹鲁儒学之士，也不乏齐之阴阳方术之士。如位列七十博士之中的卢生、侯生，便是秦始皇引为“以鬼神事”“求芝奇药仙者”的方士之流。秦始皇多次巡游滨海之域，其深层心理，还有接近并探求神仙世界的期望。《史记》曰：“既已，齐人徐市等上书，言海中有三神山，名曰蓬莱、方丈、瀛洲，仙人居之。请得斋戒，与童男女求之。于是遣徐市发童男女数千人，入海求仙人。”[⑤] 自此开始了中央政府组织的大规模求仙运动。求仙运动是帝王对权势欲求的无限放大，是对永生的追求。这其中包含了帝王个人心理上对权势的自信、对死亡的恐惧和对滨海之域神仙文化的迷信与希冀。这种心理，秦始皇在位时间越久，其反映就越强烈。“及至秦始皇并天下，至海上，则方士言之不可胜数。始皇自以为至海上而恐不及矣，使人乃赍童男女入海求之。……其明年，始皇复游海上，至琅邪，过恒山，从上党归。后三年，游碣石，考入海方士，从上郡归。后五年，始皇南至湘山，道登会稽，并海上，冀遇海中三神山之奇药。不得，还至沙丘崩。”[⑥] 这种至死不渝的追求神仙及长生之药的行为，说明齐之滨海文化对秦上层统治者思想影响之巨。这一点也可以从秦始皇“行礼祠”齐之八神得到说明：“于是始皇遂东游海上，行礼祠名山大川及八神……八神将自古而有之，或曰太公以来作之。齐所以为齐，以天齐也。其祀绝莫知起时。八神：一曰天主，祠天齐……二曰地

① 《史记》卷6《秦始皇本纪》，中华书局1959年版，第243页。
② 同上书，第262页。
③ （秦）李斯书：《峄山刻石》，山西人民美术出版社1998年版，第1页。
④ （清）顾炎武撰，栾保群、吕宗力点校：《日知录集释》卷13《秦纪会稽山刻石》，商务印书馆1933年版，第752页。
⑤ 《史记》卷6《秦始皇本纪》，中华书局1959年版，第247页。
⑥ 《史记》卷28《封禅书》，中华书局1959年版，第1370页。

主，祠，泰山梁父。……三曰兵主，祠蚩尤。……四曰阴主，祠三山。五曰阳主，祠之罘。六曰月主，祠之莱山。……七曰日主，祠成山。……八曰四时主，祠琅邪。"[①] 根据《史记》记载，太山梁父、之罘、成山、琅邪都为始皇所亲历，说明祠齐之八神确有其事。中国古代由于从史前社会过早过渡到阶级社会，各诸侯国统一的宗教神尚未确立。以各部族神为代表，而沿袭史前遗风的"泛灵论"，在古代为各国君王所重视。尤其承戎狄之俗的西秦，质朴的关西鬼神文化不能满足统治者之欲望。因此，秦始皇多次巡游东方，行祠齐之八神，既有对东方宗教文化的一种拜谒和对滨海之"齐"文化的尊崇，又有对神仙芝药的梦想。这应当是当前研究秦代宗教与文化政策的重要着眼点，也是研究战国末期秦国一统文化政策时以法家思想为主，兼及儒、道、阴阳诸家的很重要的线索。

第二节　尚武轻文与文化整合的失效

但是，在秦帝国武强文弱条件下制定的对关东诸国在社会控制上的"文化怀柔"政策，却因东、西二域两大文化系统的差异与冲突而迅速受挫。

秦以军功立国，骨子里尚力轻文、重利鄙德。《荀子》曰："秦人，其生民也郏阨，其使民以酷烈。"[②] 郝懿行《荀子补注》云："狭厄犹狭隘也。"《史记》有"以雕鸷之秦，行怨暴之怒"[③] 的说法。而关东六国，尤其居东的齐、鲁一带，自古多文人墨客，其行止多"宏大不经"，士林承稷下之风，多有恣荡自由之谈。这就意味着两种文化系统及社会心理的融合是不可能一蹴而就的。更重要的是，秦帝国的上层统治者并未深切理解吕不韦的良苦用心，没有认识到文化融合、控制对长治久安，以及社会稳定、整合的重要性。他们骨子里迷信以"力"取天下，以武治天下，将文化怀柔仅仅作为一种粉饰太平的形式和工具。正如秦始皇本人所谓："（吾）悉召文学方术士甚众，欲以兴太平，方士欲练以求奇药。"[④] 这里提到的"兴太平"之术，实际上表达了始皇帝对经术文学之士和方术之士的两种异中有同的认识：经术文学之士欲以兴太平，是一种治国之略；方

① 《史记》卷28《封禅书》，中华书局1959年版，第1367页。

② 方勇、李波译：《荀子·议兵》，中华书局2011年版，第231页。

③ 《史记》卷86《刺客列传》，中华书局1959年版，第2529页。

④ 《史记》卷6《秦始皇本纪》，中华书局1959年版，第258页。

术之士欲以求奇药，是帝王个人求仙长生的需求。这两种需求都是“兼”的内容，也是帝国武功的延伸。在统治者看来，它们都是附骥于帝国专制独裁与军功这张皮上的毛，是粉饰秦帝国文治武功和帝王延年益寿的需要，不涉及帝国的“力”治的基础与刑治的根本。这种以文学方术之士粉饰太平的做法，是对文学方术之士一种骨子里的轻视，它表现了秦人重武轻文的狭隘、功利与短视。这样必然会使帝国初期执行的耀武兴文、以齐、鲁经术文学礼义补帝国之治化的政策受到破坏，由此导致商鞅、韩非时代社会控制思想中的那种重刑轻礼的结构性矛盾、缺陷更加突出。

事实确是如此。早在公元前219年封禅泰山时，秦始皇及其僚属就与齐鲁儒生在祭拜礼仪问题上发生了冲突。始皇即帝位三年，东巡郡县，征从齐鲁儒生博士七十人，至泰山下议封禅之礼。“诸儒生或议曰：‘古者封禅为蒲车，恶伤山之土石草木；扫地而祭，席用菹秸，言其易遵也。’始皇闻此议各乖异，难施用，由此绌儒生。……始皇之上泰山，中阪遇暴风雨，休于大树下。诸儒生既绌，不得与用于封事之礼，闻始皇遇风雨，则讥之。”①

从秦之官僚体制看，“丞相诸大臣皆受成事，倚辨于上”②，“天下之事无大小皆决于上，上至以衡石量书，日夜有呈，不中呈不得休息”③。属于绝对服从、绝对专制的政体形式。今遇有邹鲁古风、宏迂不经的儒生不识时务的“各乖异”议，虽然仅涉及封禅的交通等小事，但它是对以武恃强的秦专制君权封建体制对关东文化容纳限度的考验。可惜的是，秦上层统治集团采取了“绌之”，即排斥的方法，这便引起秦、齐重“力”重“道”两种价值体系的冲突。儒生博士在初始兴致勃勃，而后“不得专用于封事之礼”这种奇耻大辱后，借始皇遇风雨亦反“讥之”，由此揭开了其后冲突的序幕。

始皇三十四年（前213），即泰山封禅事件六年后，又一次大规模的关于国家政体与文化价值观的冲突爆发。“始皇置酒咸阳宫，博士七十人前为寿。仆射周青臣进颂……始皇悦。”④ 博士齐人淳于越却紧接着批评秦始皇不师古、不分封子弟功臣，不是久安之策，于是在师古与分封问题上产生争论。丞相李斯以法家立场否定了淳于越的观点，并进一步提出：“今天下已定，法令出一，百姓当家则力农工，士则学习法令辟禁。今诸生不

---

① 《史记》卷28《封禅书》，中华书局1959年版，第1366—1367页。

② 《史记》卷6《秦始皇本纪》，中华书局1959年版，第258页。

③ 同上。

④ 同上书，第254页。

师今而学古，以非当世，惑乱黔首。丞相斯昧死言：古者天下散乱，莫之能一，是以诸侯并作，语皆道古以害今，饰虚言以乱实，人善其所私学，以非上之所建立。今皇帝并有天下，别黑白而定一尊。私学而相与非法教，人闻令下，则各以其学议之，入则心非，出则巷议，夸主以为名，异取以为高，率群下以造谤。如此弗禁，则主势降乎上，党与成乎下，禁之便。”①

这便是名存史籍的著名的李斯焚书论。从中我们可以看出两个问题，一是关于国家政治体制上的分封问题；二是秦代帝国的文化政策取向及如何对待儒生代表即博士员。扩大来说，即如何对待关东社会治理、整合与文化政策的问题，这是一个有关社会整合的重要问题。由于邹鲁儒家文化本质上是周代宗法血缘社会关系的产物，是这种血缘关系社会中政治等级和社会习俗的集中反映，因此关东邹鲁儒家文化的核心，仍然是一个在以宗法血缘组织为基础的社会中如何进行社会控制、整合的政策问题。因此，所谓文化整合与文化政策，实际上要结合各区域社会所采取的社会整合与控制的需要。从秦代思想文化政策看，当时正面临原关西秦域与关东六国地域两种观念、文化、价值观的冲突。秦虽然试图采取文化与价值观兼容的政策，来解决全国统一后重“力”与重“道”，武强文弱的矛盾，但是，在王朝短短几年的治国实践中，秦欲以经术文学之士“兴太平”，带来的却是与秦的专制、皇权、秩序、服从以及相应的文化禁锢政策相反的结果，即“道古以害今”“饰虚言以乱实”②。特别值得注意的是，秦以法家思想为基础所建立的中央集权官僚体制和一直贯彻的法家思想文化制度在当时就受到广泛的社会批评，这可以从“人善其所私学，以非上之所建立”，“私学而相与非法教，人闻令下，则各以其学议之，入则心非，出则巷议”③ 看出其中当时这种社会实情。而这种社会层面的文化批判是本之于先秦诸子之学、本之于与法家相异议的儒、道等学派的价值理念的。李斯所指秦社会中士人“夸主以为名，异取以为高，率群下以造谤”④ 的局面，一方面是战国百家争鸣、“处士横议”风气的延续，另一方面也是对武功帝国专制政体的批评，其中当然也包含了帝国的“官学”垄断以及法家以刑治主义为本的政治思想观念，即所谓“非法教”。面对这种挑战，如果以一种涵容的、宽怀的眼光去看待、去处理，历史可能会导向另一种

① 《史记》卷6《秦始皇本纪》，中华书局1959年版，第255页。

② 同上。

③ 同上。

④ 同上。

结局，秦王朝也可能会走向另一种未来，即在社会整合上以“力”“军功”同“道”“德”相结合，构成以刑、德相与为治的长治久安。因为仅从当时强大的军功帝国的国家机器与军事实力看，是不会被这承先秦余绪的百家“私学”的区区议论所击垮。可是，历史进程在这里显出了它的必然性。既然以军功、秩序、服从以及文化禁锢政策而横扫六合、一统天下的秦帝国能取得赫赫功勋，君临天下，那么面对这种文化、道德价值上的差异，面对这种“心非”“巷议”的社会舆论批判，秦帝国武器的批判必将显露出对批判的武器（即社会舆论）的专横及专制来。历史在这里拐了个急弯，即帝国建立初期企图以人文“道”“德”、经书文学补“法”治，以“力”“军功”同“道”“德”相结合来“兴太平”、倡文教的指导思想，迅速转变为对诸子之学、百家语义的禁忌的文化专制。秦帝国在思想政策上又开始重现始于商鞅时期的“燔诗书而明法令”的一贯政策。这也就是李斯所主持的“非博士官所职，天下敢有藏诗、书、百家语者，悉诣守、尉杂烧之。有敢有偶语诗书者弃市。以古非今者族”① 的真实意义。

平心而论，任何政权在刚建立时，都在社会控制、整合方面有统一思想、意志，重新锻造、振兴国家意识形态、政治价值观的需要，这是论证政权合法化与巩固新政权的基本举措。对秦帝国而言，面对关东诸国曾经历的诸学杂陈、诸子争鸣的巨大文化遗产、文化余绪、文化现实，应当如何对待，这是一个需要认真考虑、探索、对待的问题。在这一点上，我们不得不佩服秦相吕不韦在大统一前夜在吞并六合后秦帝国文化取向方面的深邃眼光。

但是秦帝国采纳了李斯的建议，采用极刑重罚的刑治精神来对待社会舆论，对待敢于街谈巷议、偶语《诗》《书》、以古非今者。这就将西秦非道德的文化专制主义施向全国，将帝国的专制、服从、秩序、等级、军功引进社会的舆论与传播领域，作为秦国臣民必须遵守的规矩。从这时起，帝国初始的社会控制与整合的思想、文化的怀柔政策被原西秦的“燔诗书而明法令”的思想禁锢政策所取代，其政治价值系统也就走向了以“法令为教”的窄胡同。从“燔诗书而明法令”起，就宣告了帝国初期企图以文化怀柔而“兴太平”，以文治天下的政策取向的破产。但李斯进言中，对东方文学经术之士还留有一丝“关照”的缝隙，这便是位居博士员的经术文学之士还保留有议论《诗》《书》的权利，即“非博士官所职……”但在全国焚诗书的高压氛围下，这一权利又能延续多久呢？它的

① 《史记》卷6《秦始皇本纪》，中华书局1959年版，第255页。

实际价值何在呢？果然，“焚书令”实行后不到三年，秦宫廷又爆发出一个重大政治与文化事件，这就是“坑儒”。其实，早在实行“焚书”“禁书”令后，帝国的文化取向就十分显明，而文学经书之士（包括朝廷上聊作粉饰的博士儒生）的命运也已被早早注定了。这就是导致“坑儒”事件的方士侯生、卢生所说的“博士虽七十人，特备员弗用”。侯生、卢生以秦始皇“贪权势至如此，未可为求仙药”的理由逃亡，这引爆了始皇久忍在心的怒气：“始皇闻亡，乃大怒曰：‘吾前收天下书不中用者尽去之。悉召文学方术士甚众，欲以兴太平，方士欲练以求奇药。今闻韩众去不报，徐市等费以巨万计，终不得药，徒奸利相告日闻。卢生等吾尊赐之甚厚，今乃诽谤我，以重吾不德也。诸生在咸阳者，吾使人廉问，或为妖言以乱黔首。’”[①] 从这段话看，秦始皇大怒的原因一是源于个人因素，即耗巨资遣方士求长生仙药的愿望落空。根据史籍，前有徐市、后有卢生等人赴海求药，但“终不得药，徒奸利相告日闻”[②]，成为世人笑柄。这使权势欲无限膨胀的秦始皇在求仙的精神追求中遭受挫折，不由他不大发脾气。二是方士的逃亡再度引发他对儒生的怨恨，积怨难以扼制。本来，在秦帝国上层对关东文化的认识中，儒生与方士居同等地位。儒生谈经书，方士则秉承战国阴阳家学说，而且日益世俗化、神仙化、闲散化。两者在秦初都是滨海文化的主流。但一是学术，一是卜筮。从当时观念看，学术以道德、文章干政；卜筮以求仙、遁世营造另一种帝王追求的人生极致。这对秦帝国统治者来说，都有利于饰太平，求神境。这种将儒生与方士相同看待的观念，可能正是重实用、讲功利的秦人对东方文化理解上的错误，也可能正是他们对儒生、经书、《诗》《书》、礼乐加以轻视慢待的深层心理原因。不论怎样，方士的逃亡，引起秦始皇对儒生方士群体的忌恨，于是，残酷的镇压与株连拉开了帷幕。史载：“于是使御史悉案问诸生，诸生传相告引，乃自除。犯禁者四百六十余人，皆坑之咸阳，使天下知之，以惩后。”[③]

对于秦始皇实际坑儒的人数多少以及坑儒方式，历史上曾有过不同看法。如《盐铁论》引大夫语曰：“故秦王燔去其术而不行，坑之渭中而不用。”[④]《史记·儒林列传》正义、《汉书、儒林传》注、《后汉书·陈蕃传》注则具体指为在汉新丰县温汤之处以视瓜之名皆坑之。其记录被坑的

---

① 《史记》卷6《秦始皇本纪》，中华书局1959年版，第258页。

② 同上。

③ 同上。

④ 马非百注：《盐铁论简注》《利议》第27，中华书局1984年版，第206页。

人数亦从四百六十余人至七百多人不等。[①] 但不管怎样，坑儒的意义不在于具体诛杀儒生的多少或手段如何，而在于向天下昭示秦帝国在社会整合中的文化控制及文化政策取向，昭示其以“力”“刑”控制社会的既定政策。正因如此，在“坑儒”并“使天下知之”后，帝国内部一片禁文肃杀之氛。连公子扶苏为“诵法孔子”的儒生辩护进谏，也被视为大逆不道，而被贬边远上郡，远离政治中心的京城。至此，秦虽然仍保留了“备员弗用”的博士官一职，但其战国以来的百家争鸣、处士横议的气象却自此湮灭。秦宫廷中聊以备员的“博士员”即经术、文学代表的士群体，自此沦落为聊备皇帝顾问的吏员，而中国帝制下的文化定位由此有了“独尊一术”的取向。其后叔孙通以“圆滑”著称于世，就是士这个群体在权势高压下对专制政体所采取的态度与对策，也开启了在专制政体下士人群体的儒学价值观与承意顺命之间，以及“道义”与威权二者谁依赖谁的内在矛盾与冲突。其后儒家再兴，汉武帝“罢黜百家，独尊儒术”的文化禁锢专制政策的产生以及文化专制的延续，应是这一专制理念的延伸。

可见，秦帝国建立之初的社会整合思想与意识形态定位，与其后采取的极端文化控制与禁锢政策，极端的刑治主义大不相同。应该说，帝国初始时的社会整合与文化定位是试图以武功与文治统治天下，试图融合关东、关西两大价值系统，实现社会整合中的文化怀柔与文化融合，而不希望引起关东、关西社会、文化冲突。这和《吕氏春秋》以“百家”之说贯以“王治”的意图应是切近的。但是，不幸的是，秦帝国社会控制、整合的文化融合与怀柔，骨子里是希望用长期在西秦行之有效的商韩法吏文化，去兼融关东地域文化，尤其是齐、鲁之地的儒、道、阴阳之术。初始的帝国统治者并未意识到这几种文化在本质上的重大区别，对其“兼”“融”的严峻性估计不足。秦帝国以崇尚“力”统“道”的功利性法家价值观横扫六国、君临天下，巨大的成功使他们对自己的主观力量与文化价值系统产生了无限自信，决定继续沿着秦国文化专制主义发展。它标示着大一统的君主制集权的官僚体制在社会整合和文化定位上的价值取向，即继续先秦时期秦国法家的等级、秩序、服从、功利的价值观与法治观，对帝国进行的强力集权统治。

---

① 《文选·西征赋》注作四百六十四人；《论衡·语增篇》作四百六十七人；东汉卫宏《诏定古文尚书序》作七百人。

第三节 秦帝国统治思想的窄化

秦帝国的建立标志着古代中国政治上、地域上的统一。但是，在统一六国后，秦的统治思想以及相应政策没有及时从军事轨道向和平时期转化，因此缺乏在新的历史时期对国家政权的合法性论证以及政治思想上的建树。对于秦王朝来说，依靠刑治手段全面秉承法家“农”“战”思想使其取得了战争的巨大成功，这也使其比较盲目地相信了强权、暴力乃至秦君臣主观作用的力量，因而缺乏对于国家统治思想建构必要性的认识。因此在建立全国政权后，秦王朝展示在世人面前的国家统治思想及政治意识形态，仍然是赤裸裸的刑治主义和暴力对抗，是君臣之间的利益角逐，是人与人之间的冲突、斗争。它所主张的政治价值与信仰、理念，亦是法家理论主张的君主专制下的刻薄寡恩、苛暴无情，由此使其在统治思想及国家意识形态上缺乏对于关东地区固有的宗法文化的包容与怀柔。这样，秦在统一中国后，其政治思想及强调军功、农、战的战时价值理念，就呈现出狭隘与单维度的特征，而不能适应统一后中国社会的需要。

首先，在社会控制与整合这个与国家存亡相关的重大问题上，秦帝国没有能够采取与当时社会实际适应的相关政策，即如何适应关东诸国的宗法社会实际，如何通过自身政策的调整达到东西南北几大不同地域的整合。秦帝国在军事上取得巨大成功的同时，对其战争力量和主观作用的深信不疑和盲目自大，以致未能及时调整“马上”与“下马”治天下的攻守异势的统治思想及其政策、策略。秦统一后，出于对自己战争能力和主观作用的深信不疑，一味依靠刑治理念治国，而没有认识到由马上取天下，而不能由马上治之的道理。这种单纯依靠刑治精神进行社会控制，就使之成为历史上以重刑著称的朝代。它使人们重“利”、重“力”而忽略社会伦理道德的规范、信念，导致人欲不断膨胀。这在西秦时期宗法血缘基础薄弱的军事战争中是有效的，但是到战争结束后的和平时期，用于关东各国的社会整合与“文治”，就不那么有效了。

在帝国建立之初，面临复杂的政治局面，秦王朝在如何使政府权能部门迅速由战争情境的军事职能转变为战后恢复社会经济的和平职能，从政治文化的角度去适应、包容关东诸国宗法血缘的社会文化、风俗，通过王朝政策的调整，达到秦、齐、楚等几大不同地域的社会整合。秦始皇统一中国后，也采取了一系列巩固统一的措施，例如推行“车同轨”“书同文”“行同伦”等制度，但是这些制度主要以秦国制度为标的，由此同一六国制度与文化，来完成王朝在政治、经济、文化、风俗等方面的全方位统一。而且十分重要的是，秦在帝国的社会控制与整合的政策措施上，仍然采取了西秦时期法家严刑苛政的治理思路，并将这一统治举措延伸到帝国的每一个角落。这种对于国家政治思想及文化制度的考量，在当时纷繁复杂的政治格局和文化冲突中，是缺乏其适应性的。

事实上，秦帝国统一六国的过程，也是秦的专制政治制度及其法家思想、刑治精神在战争局势下不断强化、膨胀的过程。秦的统一，一方面使秦朝君臣在主观上过分相信军事的强大作用；另一方面，在实行统一的过程中，秦国实行的战时政策被强行推进、深入帝国各个阶层、各个领域，使西秦社会在法家思想的一统之下完成了政治上、文化上的整合。尤其在秦嬴政时期军事上的摧枯拉朽，使秦帝国君臣过分相信了帝国军队与法家刑治主义的力量，所以当秦消灭了六国政权，完成国家统一后，其君主集权及官僚政治也就到达其顶点。这种无限的自我膨胀，使秦始皇开始蔑视天下苍生，一切自以为是，而把自己推到了孤家寡人的位置上。例如始皇二十九年（前218），登之罘山，就刻石称：“大圣作治，建定法度，显著纲纪。外教诸侯，光施文惠，明以义理。……义诛信行，威焯旁达，莫不宾服。烹灭强暴，振救黔首，周定四极。”[①] 大肆宣扬自己“光施文惠”“奋扬武德”“烹灭强暴”等救世主的功绩，武断地决定以法家理论裁断一切。在秦始皇看来，专制皇权具有不可动摇的权威，“明法度，定律令，皆以始皇起。同文书。治离宫别馆，周遍天下”[②]，“普施明法，经纬天下，永为仪则”[③]。秦始皇不仅拥有国家最高立法权，同时亦拥有最高的思想裁断权，君主的言论、意志就是天下法律的源泉和行为的规范，由此开启了中国封建时代专制君主所具有的法律制定权、思想裁断权、制度施行权的先河。

秦始皇高高在上，俯视苍生，以自己的意志为标准进行社会分层，并强行以西秦制度来规定不同社会阶层应遵循的社会规范。他自称：“端平法度，万物之纪。……方伯分职，诸治经易。举错必当，莫不如画。皇帝

① 《史记》卷6《秦始皇本纪》，中华书局1959年版，第249页。

② 《史记》卷87《李斯列传》，中华书局1959年版，第2546—2547页。

③ 《史记》卷6《秦始皇本纪》，中华书局1959年版，第249页。

之明，临察四方。尊卑贵贱，不逾次行。奸邪不容，皆务贞良。"① 按照人治社会中的君主之法，要求不同社会阶层应严格遵守该阶层的规定和规范行事，不能僭越自己所属的阶层。秦代法律对不同社会阶层日常生活中的社会规范制定得非常细致和具体，其条文细致到对人们具体行为方式的量都有精确规定。《秦律》现已佚失，但我们仍可以从"承秦制"的汉初法律中看出。如1983—1984年在湖北江陵张家山247号墓出土的《二年律令》，共有竹简527枚，包含了27种律和1种令，共28种。它的发现既完善了我们对于秦汉法律文献的认识，也展示了秦法的内容包罗万象的情况。在《二年律令》里，不仅有杀人及伤人罪、经济犯罪、官员渎职及失职罪等刑事罪刑，也有以孝入律的不孝罪等伦理罪刑，还有对人口商业农业等社会公共事务的管理。由于汉初是继秦法有所增删而来，因此我们可以从中看出秦代法律的制定是十分完备的，其实施也是全面深入的。这样，一方面秦帝国将社会各阶层的一言一行都纳入了政权控制的爵制与法律框架之中，使君主集权延伸到普通百姓的日常生活层面，表现出了君主集权的强大和无所不在。另一方面，法律条文过于具体化、细节化、生活化，除了条文自身反映的法家刑治主义外，也使得各个阶层的社会行为运作缺乏自由度，没有因时而变的空间和时间。尤其是在除了秦关西地域的其他中国广大土地上长期实行宗法血缘"亲亲""尊尊"制度的社会中，其基层社会在过去往往是依靠宗法制度的族规、家法维系和控制，依靠祖宗血缘崇拜的精神纽带维系着社会的伦理规范和道德信念。这种宗法制度的存在，往往是给严酷的专制集权政治对于基层社会的压迫起到了一个减震器的作用，使其严酷性在宗法血缘的"亲""尊"中得到部分消融。现在因为基层宗法社会这个压迫减震器的消失，国家统治的严酷残暴在习惯于宗族"亲""尊"原则及其宗法规范统治的人民大众面前暴露无遗。所以，西秦严酷的法律规范在全国不同风俗、文化的地域的颁布实施，在基层民众社会中的延伸、深入，使广大民众在国家集权政治和刑治精神的高压下，自然不能达到社会整合与控制的效果，而只能适得其反，引起当时楚、齐、韩、魏等各国旧贵、士人、民众的强烈不满与反抗。"楚虽三户，亡秦必楚"就是这种专制统治时期的政治反映。所以，陈胜、吴广等人所面临的戍边"失期"惩罚，对于长期习惯于秦国军律的西秦民众来说，应该是能够忍受的。但是对于习惯于宗族"亲""尊"原则的关东旧六国民众而言，就是一种极其残酷的律法。所以汉初陆贾曾就"攻守异势"的问

① 《史记》卷6《秦始皇本纪》，中华书局1959年版，第245页。

题规劝高祖刘邦说："居马上得之，宁可以马上治之乎？且汤武逆取而以顺守之，文武并用，长久之术也。……乡使秦已并天下，行仁义，法先圣，陛下安得而有之？"① 正是不同历史时期的具体情况与社会文化特点，决定了秦始皇以单纯的严刑峻法来进行社会控制的统治思想的局限性与狭隘性。

其次，秦帝国在意识形态、政治价值观方面的极端功利化特征。在秦统一全国的过程中，随着君主专制政体的建立，与其相适应的政治与权力的价值观也延伸到四海之域。以法家思想为核心的专制王权理论，随着帝国建立而逐渐推向全国。从商鞅到韩非理论的演进轨迹，即是秦专制王权在理论与实践上不断发展、扩充的行进历程。从战国后期到秦帝国的统一，正是秦专制王权从理论到实践迅速演进、扩大的时期。与韩非同时代的吕不韦，曾经从政治实践中认识到专制王权乃是实现大一统的重要因素，要有效整合与控制中国古代社会，就必须建立统一的君主集权政治。他认为，"无天子则强者胜弱，众者暴寡，以兵相残，不得休息，今之世当之矣"②，故"国之一，在于君"，"王者执一，而为万物正。军必有将，所以一之也；国必有君，所以一之也；天下必有天子，所以一之也"③。于是，在吕不韦等官僚、宰辅的推动下，秦以君主集权和以军功显荣的权力价值论，对帝国迅速地建立君主专制的官僚体制，促进官吏的选拔与流动、人才擢用都起到极大作用。同时，权力价值观的发展，使秦国士农工商各阶层打破既有的传统分工格局，无不以其军功和"技"能来获取富贵显荣。正因如此，秦国家从帝王、官吏到普通士人，仅为功利目的而不择手段的投机思想泛起，官员政治价值观也显得十分促狭。在底层社会及民间，价值观的转变更是使人目不暇接，为官之德已根本无从谈起。据史料记载，当时关东的陈胜、吴广起义，杰俊相立，兵至鸿门。丞相李斯见情势危急，多次欲当面向秦二世劝谏，二世不许。后来秦二世不耐烦了，对李斯加以责问说："然则夫所贵于有天下者，岂欲苦形劳神，身处逆旅之宿，口食监门之养，手持臣虏之作哉？此不肖人之所勉也，非贤者之所务也。彼贤人之有天下也，专用天下适己而已矣，此所贵于有天下也。夫所谓贤人者，必能安天下而治万民，今身且不能利，将恶能治天下哉！故吾愿赐志广欲，长享天下而无害，为之奈何？"④ 秦二世公开地引用韩非的

---

① 《史记》卷97《郦生陆贾列传》，中华书局1959年版，第2699页。
② 冀昀主编：《吕氏春秋·谨听》，线装书局2007年版，第262页。
③ 冀昀主编：《吕氏春秋·执一》，线装书局2007年版，第403页。
④ 《史记》卷87《李斯列传》，中华书局1959年版，第2553—2554页。

话，视天下为己物，以奢侈享受为人生目的。这种政治价值观，充分体现出秦王朝上层统治者的自私和狭隘，也充分体现出秦王朝统治阶层从上到下政治思维的功利性、局限性、阴暗性。正是在这种政治思维的影响下，秦二世提出："夫以人徇己，则己贵而人贱；以己徇人，则己贱而人贵。故徇人者贱，而人所徇者贵，自古及今，未有不然者也。"[①] 正是在这种极端自私自利的人生观、价值观引导下，秦王朝国家治理与社会控制处于空前的暴戾与残酷之中。

秦帝国政治信仰的功利性，已经成为帝国君臣中的一种普遍现象，它随时表现在朝廷官员投机行为中。例如秦丞相李斯，其人生观与价值观就极具投机性。李斯经由小吏而出将入相，其心理态势则是："处卑贱之位而计不为者，此禽鹿视肉，人面而能强行者耳。故诟莫大于卑贱，而悲莫甚于穷困。久处卑贱之位，困苦之地，非世而恶利，自托于无为，此非士之情也。"[②] 将富贵功名视为人生目的，而将其富贵与尊荣均赌在君主一人身上，这也是封建化过程中一些官僚、士人权力价值观的发展趋势。这种权力价值观充分表达出官僚、士人在新的封建制度中的干政激情和对专制王权的依附性。

这种权力价值观趋向，使传统的商、韩思想延续下来。以"强力"、军功、政绩而不以宗法统绪取富贵，已成为秦代的一种时尚。本来以军功、政绩摄取富贵是一种历史的进步，但是当其片面强调这一方面而忽视道德伦理的作用时，就容易使帝国上下形成一种刻薄寡恩、重刑酷法、以利相竞的风气。这种风气使得秦帝国内部的官僚机制和对于基层社会的整合、控制，在帝国建立初期就存在失效的危险。例如在秦帝国宗室内部的宗法关系上，就表现出刻薄寡恩、利益至上的倾向。早在秦帝国诞生的前夜，这种情况就开始出现。如秦始皇就把本家族的成员排斥在权力结构之外，不给同姓宗室子弟以政治实权。秦始皇死后，秦二世用阴谋手段夺取皇位，并且与心腹宦官赵高密谋对付宗室兄弟姊妹。赵高声称："今时不师文而决于武力"，主张以武力和强权对待宗室兄弟姐妹。于是秦二世大开杀戒，"诛大臣及诸公子"，"六公子戮死……"。当时，公子将闾弟兄三人被囚禁于内宫，秦二世派人对公子将闾说："公子不臣，罪当死。"将闾质问："阙廷之礼，吾未尝敢不从宾赞也；廊庙之位，吾未尝敢失节也；受命应对，吾未尝敢失辞也。何谓不臣！愿闻罪而死！"使者说：我不知

① 《史记》卷87《李斯列传》，中华书局1959年版，第2553—2554页。

② 同上书，第2539页。

道，我只是奉旨行事。将闾仰天长号："天乎！吾无罪！"兄弟三人拔剑自刎。这种对传统"亲亲"原则的否定，不仅使得本来就已孤独的皇帝失去了宗法、家族的人伦温馨，更使皇族内部在权力兴替上始终处于血腥的、不稳定的状态，形成汉初人所评价的"激秦孤立亡藩辅"而"亡秦孤立之败"的局面。

皇帝在朝廷上失去了同宗室子弟的辅佐，赵高"指鹿为马"的现象随即出现。这种现象，根本上是秦上层统治者在窄化了政治信仰及相应的权力价值观念后，使得秦代君主专制的强权政治潜伏着风险与危机。本来，秦帝国的军功等级爵位是为建立良好社会秩序，更好地进行社会整合而设立的，但它的将政治名分与财富占有相结合的本质，又向人们披露了一个事实：等级越高，权力越大，土地财富的占有越多。在极端的封建君主专制下，皇帝高居于权力金字塔顶端，俯视、监视着他的臣民；百官大臣和子民百姓则匍匐在他的膝下战战兢兢，诚惶诚恐地揣度着帝王的意旨，并准备承受突然降临的雷霆；君臣之间的防范、猜疑更加深了双方的冷淡，扩大了君臣之间权力的距离。因此，在一个缺乏相应的社会道德伦理分野的政治局面下，对于皇帝个人来说，越是集权，越是大权在握，来自皇室与官僚阶层的离心力就越大。这种离心力，有来自皇室内诸王对于帝位的争夺，也有来自手握军政大权的权臣对于皇权的觊觎，同时还有内臣近侍的变乱。加上帝王久居宫廷，使等级之间距离日益扩大，加大了帝王和臣子之间的权力距离。它导致帝国君臣之间、群僚之间的宦海波诡云谲，权力一直在通过各种方式不断地发生转移。在秦二世执政的短短数年间，秦王朝政权由二世而赵高而子婴，几易其手，却没有受到官僚群体的集体制约与反对。所以，政治思想与信仰体系的功利性窄化与结构性缺失，是秦帝国政治整合与社会控制不能有效实行的原因之一。

再次，秦王朝统治思想中政治哲学的低级化及单一化。秦过分崇尚武力和战争能力的结果，在全国统一前夕，并没有做好统一后的理论准备，而是简单套用西秦的政治思维模式以及战国时期的宗教理论，因而其统治理论存在重大缺陷。

秦王朝在统一全国前后，对于当时关东诸国和关西社会的价值观念体系存在的极大差异并没有予以充分重视，严重缺乏统一后的理论准备，这尤其表现在其理论的核心部分——政治哲学方面。从史料看，秦建立全国政权后，除了依靠法家思想治国外，其论证国家合法性以及政治等级制度的政治哲学，主要是战国时期在东方齐地流行的"五德终始"学说和来自民间的原始宗教的山川泛灵崇拜。

“五德终始”学说是以战国时齐地思想家邹衍为代表提出的一种以自然界五种物质元素（金、木、水、火、土）来解释宇宙规律与历史发展的一种政治与文化学说。《文选·魏都赋》李善注引曰：“邹子有终始五德，从所不胜，木德继之，金德次之，火德次之，水德次之。”以“五德终始说”解释历史演变规律，揭示朝代更替背后深层次的内涵，在当时的历史条件下，是民众能够接受的一种朝代更替理论。由于时代局限，普通知识分子和百姓对社会发展、朝代更替的规律和原因不可能有深刻认识，但又迫切想知道隐含在朝代更替背后的必然性因素。自然界五种物质元素（金、木、水、火、土）作为战国以来一种逐渐流行的哲学本体论和认识论，一种对于宇宙与社会规律的认知工具，其五行相生相克、相互作用的道理浅显易见，因而容易被人们接受。战国时，邹衍提出的“五德终始说”已在齐地广为流传。而秦相吕不韦在试图为统一后的秦帝国建立“文治”之具时，就将“五德终始说”纳入其政治视野中。《吕氏春秋·应同》篇曾记曰：“凡帝王之将兴也，天必先见祥乎下民。黄帝之时，天先见大螾大蝼。黄帝曰：‘土气胜！’土气胜，故其色尚黄，其事则土。及禹之时，天先见草木秋冬不杀。禹曰：‘木气胜！’木气胜，故其色尚青，其事则木。及汤之时，天先见金刃生于水。汤曰：‘金气胜！’金气胜，故其色尚白，其事则金。及文王之时，天先见火，赤乌衔丹书集于周社。文王曰：‘火气胜！’火气胜，故其色尚赤，其事则火。代火者必将水，天且先见水气胜。水气胜，故其色尚黑，其事则水。”这说明邹衍的“五德终始说”已经被《吕氏春秋》较完整地采用和保存。秦朝统一六国后，由于政治理论方面的准备不足，只好采用这个现成的哲学理论来作为其政治哲学的主要基石，一方面希望从法理上解释秦朝统一的合理性、必然性和权威性，由此标示秦统一和朝代变化的合法性；另一方面也是为统一后的秦帝国建立一种具有理论依据的文化整合模式，来统一当时六国“不同风”情境下的文化思想，进行制度建构。据《史记·封禅书》记载，当公元前221年秦刚统一六国后，立即就有人出来以“五德终始说”献计献策。“秦始皇既并天下而帝，或曰：‘黄帝得土德，黄龙地螾（蚓）见；夏得木德，青龙止于郊，草木畅茂；殷得金德，银自山溢；周得火德，有赤乌之符；今秦变周，水德之时，昔秦文公出猎，获黑龙，此其水德之瑞。’”周人之德是“火”，秦人之德是“水”，“水”克“火”，所以秦人取代周人统治了天下。“五德终始说”虽然是东方齐地兴起的学说，但是由于其说在当时秦政治思想理论匮乏的情况下能够相对合理地阐明秦朝代更替的合法性，于是秦始皇毫不迟疑地把这一套学说拿过来，为新王朝的政治合理性服务。《史记·秦始皇本纪》载："始皇推终始五德之传，以为周得火德，秦代周德，从所不胜。方今水德之始，改年始，朝贺皆自十月朔。"以秦始皇之口宣布秦替周而立，其水德属性不可置疑。从文献中也可以看出，秦采用"五德终始说"作为其政治哲学的本体，并没有经过长时间的探讨、研究，而只是在建国初采用了部分官僚或者士人之说。[①] 自此，秦就以"五德终始"的思想来作为国家大一统的合法性论证，并且将之推向帝国政治哲学的最高层面，并以之来改正朔，易服色，完成帝国的政治与文化制度的改造大业。

秦始皇宣布采用"五德终始说"作为其政治哲学的基点后，不仅大力神化和宣扬"五德终始说"，而且还将"五德终始说"的抽象说教进一步社会化，将其延伸到国家政治活动和人们社会生活的各个方面，以具体细微的规范、行为来体现"五德终始说"的无所不在。例如在政治与文化制度方面，据《史记·秦始皇本纪》："朝贺皆自十月朔。衣服旄旌节旗皆上黑。数以六为纪，符、法冠皆六寸，而舆六尺，六尺为步，乘六马。更名河曰德水，以为水德之始。刚毅戾深，事皆决于法，刻削毋仁恩和义，然后合五德之数。"黑色成为秦国崇尚的颜色，"六"成为吉祥数字。分天下三十六郡，正好是六的六倍；销毁天下兵器，铸金人十二尊，迁徙天下富豪十二万户于咸阳，皆是"六"的二倍；甚至"三公九卿"亦与"六"暗合。将人们崇拜并以此为生的黄河改为"德水"，将严刑苛法也与五德之数相合。由此，帝国的政治与文化体制在"五德终始说"的基础上建立了起来，这种做法，对于统一天下习俗风尚、价值取向起到了整齐划一的作用，使人们在对黑色的迷恋、对六吉祥数的追溯中体会到皇权的神圣性和秦专制统治的合理性，从而认同于秦的统治。

但是，"五德终始说"又是一把双刃剑，它只能是秦帝国用来建立或者弥补其政治思想及国家意识形态缺失的一种手段，而绝不是严格意义上的政治理论学说或者一种完备的政治信念。它虽然能对秦王朝的建立和统治给予神圣、合理的解释，也能给人们心理上一种潜在的暗示：朝代间的更替将永远进行下去。秦取代周是合理的，因为"水"灭"火"，但"水"仍会被"土"替代。秦为了保证水德的长存与稳定，必须小心翼翼，从周的灭亡中不断吸取经验教训，重视实际统治的合理性和有效性。然而，秦王朝并没有记住这一点，最终被其他政治势力所取代。

---

① 《史记》卷28《封禅书》载："秦始皇既并天下而帝，或曰：……"可以看出，提出这个建议的，很可能不是显官贵戚，而是普通官僚或者士人，尤其可能是东方齐地人氏。

在遵从“五德终始说”的同时，秦始皇统一中国后，为了加强基层社会的思想统治功能，还大搞多元的泛灵性山川神灵崇拜。山川神灵崇拜是一种史前的原始宗教崇拜，史前对自然山川神灵祭祀的内容甚多，它表现在天、地、日、月、山林、川谷、丘陵、星辰、寒暑等诸多方面。人们可以根据不同自然现象的功能，把它视为与人的祸福相关的禁忌与预兆。《礼记·祭法》：“山林、川谷、丘陵，能出云，为风雨，见怪物，皆曰神。有天下者祭百神。”《左传》昭公元年记曰：“山川之神，则水旱厉疫之灾，于是乎禜之；日月星辰之神，则雪霜风雨之不时，于是乎禜之。”《史记·五帝本纪》记黄帝在位时，“顺天地子纪，幽明之占，死生之说，存亡之难”，“而鬼神山川封禅与为多焉”，“获宝鼎，迎日推荚”。《管子·封禅》则云伏羲、炎帝、黄帝时：“昔无怀氏封泰山，禅云云；伏羲封泰山，禅云云；神农封泰山，禅云云；炎帝封泰山，禅云云；黄帝封泰山，禅云云。”司马迁《史记·封禅书》其说同。伏羲、神农、黄帝封泰山未必实有其事，但它能说明这些酋长兼巫师循守泛灵禁忌这一传统规则以趋福避凶的情形。这种泛灵性山川神灵崇拜自春秋战国一直流传下来，成为当时基层社会流行的一种民间宗教信仰，并且沿用至秦。秦时，出于从思想上进行社会整合与控制的需要，帝国上下均采用了这种泛灵性山川神灵崇拜的方式。从秦朝廷来看，据《史记·秦始皇本纪》记载，就在秦始皇统一中国后的第三年（公元前219），秦始皇“东行郡县，上邹峄山。立石，与鲁诸儒生议，刻石颂秦德，议封禅望祭山川之事。乃遂上泰山，立石，封，祠祀”。秦始皇借向上天禀告改朝换代，而要求他的臣民子孙“遵奉遗诏，永承重戒”，并且将这种训诫用封禅刻石记录下来，展示给国民，如刻石上所曰“治道运行，诸产得宜，皆有法式。大义休明，垂于后世，顺承勿革。皇帝躬圣，既平天下，不懈于治。夙兴夜寐，建设长利，专隆教诲。训经宣达，远近毕理，咸承圣志”，等等。就在这次巡行途中，秦始皇经过彭城时“斋戒祷祠，欲出周鼎泗水”。秦王政三十七年（公元前210），出巡到云梦，又“望祀虞舜于九嶷山”。秦始皇还沿用了秦国传统的郊祀雍四畤上帝的活动，来祭祀天地鬼神。秦二世时期的情形也大抵如此。太卜官曾评论说：“陛下春秋郊祀，奉宗庙鬼神，斋戒不明。”而秦帝国的这种宗教崇拜活动，由于其信仰的多元性与泛灵性，始终没有将宗教活动上升为一种统一的国家所需要的统一神祇的宗教，而是始终仅具民间的原始的泛灵性山川神灵崇拜性质。这使它与世界上其他古老文明的统一宗教具有很大区别。所以，秦帝国在政治信仰及社会价值观上，由于缺少重新构建国家意识形态的基本要素，不得不用传统的自然界多神崇拜来作为国家进行社会控制的思想信仰。这样，当世俗化的政治理论不能完成对全国民众思想统治的功能时，宗教又处于一种原始的低级状态。它使秦帝国政治思想与意识形态缺乏对各个阶层人们的政治价值观和社会等级次序、规范的相关论证，缺乏对于社会行为的约束和道德伦理的提倡，由此，已经完成战争功能的秦国家机器只能始终处在军事化的运转轨道中，各级官吏仍然依靠战争时期的刑治手段来进行社会控制，这是秦帝国先天存在的一种理论上的结构性缺陷。

由于秦王朝过分重武轻文，在全国大一统前期缺乏足够的理论准备，而在全国一统后，又没有及时调整国家政治思想理论，仅仅依靠适应于战争状态的法家刑治主义来进行和平时期的思想统治，导致秦王朝的统一缺乏稳固的思想基础。事实上，在秦完成统一后，帝国广大官吏们的思想信仰和国家治理理念并没有转化，依旧奉行强权政策和皇权至高无上的思想路线，采取以刑治精神为主导的严刑峻法、刻薄寡恩的社会控制方法，这在当时社会基础与文化模式都十分不同的关东六国旧地，必然缺乏统治的根基，并产生极其负面的影响。事实上，这正是秦王朝在社会转型重建中不成熟的内敛机制与大一统社会整合中的秩序失范所导致的必然结果。如果仅仅从时间段上看，秦对于全国统一是呈摧枯拉朽之势的。尽管秦统一六国有着长期的战争准备，但是在具体的最后统一过程的时间段是相对较短的。秦始皇从公元前 230 年起，仅仅用了 10 年左右的时间就兼并了山东六国，完成了国家的统一。在统一的国家政权有机体中，如何不断地修正、调整自己的统治方式，是一个值得思考的大问题。秦政权社会整合与控制失效的重要欠缺，就在于当社会环境从战乱转到统一安定时，没有实现统治思想与政策的调整，缺乏在和平局面下有效的自我反省和内敛机制，而是在其狭隘的功利性价值取向下，横征暴敛，无所顾忌。它使一大批旧贵族以及广大士人，在统一以后，找不到更多获取利益的途径，而广大百姓在严刑酷法下，也失去了基本的生活条件和生命保障。由此观之，秦王朝的失误就在于没有完成国家治理和社会整合中政府权能及职责的及时调整，以及安宁局面下的规范化和秩序化。其结果，必然是天下汹汹，民不聊生，从而激起全国民众的反抗。秦朝的速亡与此有着极大的关系。

第四节　秦朝社会控制失效的理论分析

公元前 209 年，九百戍卒斩木为兵，揭竿而起，秦王朝顷刻土崩瓦解。虽然秦王朝所构建的君主专制主义中央集权政治框架在中国封建社会中延续了两千余年，但秦朝短祚也成为两千余年来人们反省的热门话题。对秦朝短祚角度不同、出发点不同、程度不同的认知，其积极意义在于，人们以秦朝为鉴，不断地调整统治方式，使中国古代大一统的社会控制、整合的框架越来越稳定，并且具有较强的自我反馈、调节、修复和完善的功能。

一　统一形势下法家刑治主义的失效

秦君主专制主义中央集权轰轰烈烈地建立，又短暂迅速地崩溃。继之而建的西汉政权一方面"汉承秦制"，另一方面从建立之时起就认真、全面、深刻地总结秦朝短祚的经验教训，从理论与实践的结合上分析秦王朝迅速崩溃的原因，为西汉统治的长治久安提供借鉴。因此，由于西汉紧接秦朝之后，又非常迫切地通过秦朝统治政治欠缺的反思，寻找到有效的社会控制的理论与措施。

对秦朝短祚的反思，首先成为西汉初年政治思想家的热点话题。贾谊在《过秦论》中分析道："秦并兼诸侯山东三十余郡，缮津关，据险塞，修甲兵而守之。然陈涉以戍卒散乱之众数百，奋臂大呼，不用弓戟之兵，鉏耰白梃，望屋而食，横行天下。"在详细罗列了秦王朝迅速崩溃的主要过程以后，贾谊站在巩固汉朝统治的角度思考和探究秦迅速崩溃的原因，其核心的一点是："仁义不施而攻守之势异也。"[①]汉初思想家陆贾认为，秦王朝灭亡的一个重要原因就是继续采取法家思想，一味讲究攻掠谋伐，讲究刑治精神，强调在外部强力上控制社会。"夫持天地之政，操四海之纲，屈伸不可以失法，动作不可以离度，谬误出口，则乱及万里之外。何况刑无罪之狱，而诛无辜于市乎！"[②]由于法家的这种谬误，致使社会上下失序，等级失范，民众失规，百姓无所措手足。所以，应该在"攻守之势异"的情况下，"攻守"异道。为此，他积极主张采取儒家思想作为新王朝的统治思想，以儒家"仁""礼"来达到社会整合、控制和教化功能。他将"仁义""礼乐"作为收拾人心、进行汉初社会控制与整合的重要思想内容，将"仁义"作为国家、天下长治久安的法则。"仁者道之纪，义者圣之学。学之者明，失之者昏，背之者亡。"[③]同时，他还将理想社会的

① 《史记》卷6《秦始皇本纪》，中华书局1959年版，第282页。

② 国学整理社辑：《诸子集成·新语·明诫》第11，中华书局1954年版，第18页。

③ 国学整理社辑：《诸子集成·新语·道基》第1，中华书局1954年版，第3页。

复兴与“礼”的展开联系起来，强调治天下应以仁义礼乐。“仁者道之纪，义者圣之学。学之者明，失之者昏，背之者亡。……仁者以治亲，义者以利尊。万世不乱，仁义之所治也。”以仁义治国是实现社会治理转型的根本，以仁义治天下，人们才能够“骨肉以仁亲。夫妇以义合。朋友以义信。君臣以义序。百官以义承”。[①] 在陆贾看来，一个社会的有效控制仅仅依靠外部的强势力量是远远不够的，还必须推动社会不同的阶级、阶层间的和谐。这种和谐通过对不同的等级、阶层、群体间建立起行之有效的规范体系来完成。所以，在中国的实际情况下，依靠“仁义”的指导和应用，使整个社会逐渐建立起适合不同等级和阶层的伦理和道德规范，才能实现社会控制、整合，使国家政治、民众社会行为逐渐秩序化和伦理化，使国家政治秩序能够有效整合和良性运行。因此，新的朝代应该应用儒家所倡导的仁义观。

道家以“自然”“无为”的理论对于秦所实行的法家思想进行了反思。道家认为，已获得天下的统治者应采取的行为态度是“贵雌守柔”“无为而无不为”。“道家无为，又曰无不为，其实易行，其辞难知。其术以虚无为本，以因循为用。无成执，无常形，故能究万物之情。不为物先，不为物后，故能成万物主。有法无法，因时为业；有度无度，因物与合。”[②] 强调的主要原则是统治者该管的则管，该松弛的一定要松弛，要旨是与民休息，无为而治。在小农经济下人们顺应四时运行，春耕夏种，秋收冬藏，循环往复。统治者要做的就是不要随意破坏自然经济下人们应遵守的时间法则，保障天下百姓能顺应四时运行规律，生产和生活。百姓收获充足，所上缴的赋税也及时充足，还“不夺农时”地轮流为国家服兵役和徭役。所以，“无为而治”就是指既不误农业生产，又满足统治政权存在、稳定的需要。但是，秦王朝“乱政虐行以残贼天下，数十年矣。北有长城之役，南有五岭之戍，外内骚动，百姓罢敝，头会箕敛，以供军费，财匮力尽，民不聊生。重之以苛法峻刑，使天下父子不相安”[③]。

道家还强调，在实现社会控制、整合的过程中，不仅要重视控制者所制定出的行之有效的方式方法，更要重视被统治者对被施加的统治方式的反应，包括态度和行为。所以，统治者制定法律、政策、措施等控制方式时，必须以被统治者所生活的环境状况为条件。统治者不能随心所欲地对

---

① 国学整理社辑：《诸子集成·新语·道基》第1，中华书局1954年版，第3页。

② 《史记》卷130《太史公自序》，中华书局1959年版，第3292页。

③ 《史记》卷89《张耳陈余列传》，中华书局1959年版，第2573页。

待天下百姓。按照道家朴素辩证法的理解，统治者与普通百姓的关系是一对相互依存的矛盾体，君主势力过于强盛，破坏了这对矛盾体，使被统治者一方消失，结果是统治者一方也就消失了。所以，"'圣人不朽，时变是守。虚者道之常也，因者君之纲'也。群臣并至，使各自明也"。不要过多地干预对方的生活规律，在保证对方基本生产生活秩序的前提下，渐渐地施加影响，满足自己的需要。最终"不先定其神，而曰：'我有以治天下。'"①

道家思想还倡导社会治理的统一性，指出统治者不能为所欲为，在对普通百姓加大控制力度的同时，对自己的行为要审核、克制，不能超出现实普通百姓的忍受力。秦始皇的悲剧就在于，因为气吞山河、一鼓作气地统一了中国，导致了个人自高自大心理的极度膨胀，不仅任意处置社会问题，而且对自然天象也想随意驾驭。史载，秦始皇二十八年（公元前219）"浮江，至湘山祠。逢大风，几不得渡。上问博士曰：'湘君何神？'博士对曰：'闻之，尧女，舜之妻，而葬此。'于是始皇大怒，使刑徒三千人皆伐湘山树，赭其山。"② 在大风、暴雨、洪水面前，秦始皇也狂悖妄为，表现出了秦始皇的心理已不是一般人的心理而是神的权威。他将自己凌驾于社会与大自然之上，最终自己毁灭了自己。

汉初诸子对于秦政的批判，主要是指出了秦统一天下后仅仅依靠法家治理方式的失效，即"攻守之势异"而社会治理模式没有及时转变，以至于"重之以苛法峻刑，使天下父子不相安"③。应该说，诸子的这种批判是有着一定道理的。在战国诸子百家中，儒家、法家、道家、兵家等从不同的角度和视野提出了建立社会控制方式的指导理论，并具有在各种不同情况下的实际应用性。然而，秦始皇只是将在战争轨道下最能发挥其功效的法家和兵家理论最大化地加以运用，却忽略了在统一中国的使命完成以后，社会变迁也要有思想文化的转型，法家思想的历史使命完成以后，应该由另一种统治思想所替代，应该由"马上取之"转变为以"文"治之，应该认清"仁义不施而攻守之势异"的国情。因此，统一后的中国，综罗百家，融合儒、道才是治国安邦的正理。但是，秦始皇及其后继者没有完成这种思想理论与文化模式的转型，没有接受对于社会稳定、经济恢复、百姓安居乐业有着十分具体构想的儒家和道家统治理论的指导，导致了马

① 《史记》卷130《太史公自序》，中华书局1959年版，第3292页。
② 《史记》卷6《秦始皇本纪》，中华书局1959年版，第248页。
③ 《史记》卷89《张耳陈余列传》，中华书局1959年版，第2573页。

上能打天下，但马上却治理不了天下的悲剧结果。

二　君主专制中央集权理论与实践的欠缺

秦王朝在社会控制活动中，极其夸大君主专制与中央集权的影响力，以为严刑苛法就足以保证统治政权的长治久安。陆贾认为，“秦二世尚刑而亡”①。“秦以刑罚为巢。故有覆巢破卵之患。以李斯赵高为杖。故有倾仆跌伤之祸。何哉。所任非也。”② 刑罚苛重是秦王朝短祚的重要原因之一。“秦始皇帝设为车裂之诛。以敛奸邪。筑长城于戎境。以备胡越。……蒙恬讨乱于外。李斯治法于内。事逾烦。天下逾乱。法逾滋。而奸逾炽。兵马益设而敌人逾多。秦非不欲为治。然失之者。乃举措暴众而用刑太极故也。”③ 秦刑罚之设不能不说太多，效果适得其反。所以，任何强硬措施如果超过普通百姓的承受能力，就会成为激起百姓造反的导火线。秦王朝以法家法、术、势融为一体的君主专制主义集权理论为指导，将统治政治和统治过程简化为君主高高在上的高压措施，以君权的淫威迫使臣民“指鹿为马”，成为君权服服帖帖的奴婢。

跟随陈胜、刘邦灭亡秦之将领们目睹了秦朝的暴政。陈余等人说：“秦为无道，灭亡社稷，暴虐百姓。”④ 樊哙说：“夫秦有虎狼之心，杀人如不能举，刑人如恐不胜；天下皆叛之。”⑤ 武臣在组织天下豪杰时说：“秦为乱政虐刑以残贼天下……民不聊生。重之以苛法峻刑，使天下父子不相安。”⑥ 秦统治下的整个社会仅仅是君主专制淫威下的高度旋转的陀螺，不得不筋疲力尽地旋转着，只要暴力工具稍有松懈，这只疲惫的陀螺就会立即停顿下来，从而充分暴露出秦专制主义社会统治政治的致命弱点。

从汉初人们对秦王朝的反省、总结中可以发现，秦王朝统治集团内部缺乏亲和力。秦始皇、秦二世及少数亲信将自己凌驾于整个统治集团之上，采取高压统治态势，迫使统治集团内部成员不敢表达自己的意见，身处战战兢兢、朝不保夕的境况之中。这样的统治集团一旦遭遇外来的冲击和内部的反抗，就会立即陷入土崩瓦解之中。秦二世上台后，“乃行诛大

---

① 国学整理社辑：《诸子集成·新语·道基》第1，中华书局1954年版，第3页。

② 国学整理社辑：《诸子集成·新语·辅政》第3，中华书局1954年版，第5页。

③ 国学整理社辑：《诸子集成·新语·无为》第4，中华书局1954年版，第6—7页。

④《资治通鉴》卷7《秦纪二》，中华书局2010年版，第56页。

⑤《资治通鉴》卷9《汉纪一》，中华书局2010年版，第75页。

⑥《史记》卷89《张耳陈余列传》，中华书局1959年版，第2573页。

臣及诸公子，以罪过连逮少近官三郎，无得立者，而六公子戮死于社”。以至于秦二世的“昆弟三人皆流涕拔剑自杀。宗室振恐。群臣谏者以为诽谤，大吏持禄取容，黔首振恐”①。天下未乱，统治集团内部方寸已乱，一遇危及统治安全的风吹草动，百官大臣立即不顾统治政权的生死安危，各奔新主，所以，西汉初年统治者特别重视统治集团内部的稳定和谐。陆贾为刘邦建言，君主要行仁义，“知有父子之亲。君臣之义。夫妇之道。长幼之序”②，以仁义秩序将从上到下整个统治集团网罗成为一个稳定的整体，首先完成对统治集团内部有机的整合，实现了君主对百官大臣的强有力的控制，也就保证了君主专制主义中央集权通过整个官僚机构及其百官大臣向全社会统治纵深处的延伸。秦朝统治政权社会控制的第一个欠缺就在于不能稳定住统治集团自身的团结，从而也就不能保证统治政权的巩固、稳定。

秦王朝虽然从形式上全面地完成了国家的统一，实现君主专制主义中央集权对地方的控制。但仅仅是完成了国家政权外部的统一，民心无不思反。陈胜、吴广仅率领九百戍卒振臂一呼，天下响应者众，足以证明秦专制主义中央集权对社会的控制仅仅停留在外部的强权维系之下，没有深入社会不同阶级、不同阶层的内心，转换为人们对统一的认同、对皇权的认同，从而自觉地维护社会整体的存在。西汉建立以后，从高祖刘邦到文帝、景帝继位，先后花费了近七十年的时间，探索、寻求、建立使整个社会黏合在一起的内在机制。在汉武帝加强中央集权之前，终于找到并积极实施的社会控制有效方式，即“汉以孝治天下”。汉文帝以诏令的形式宣布：“孝悌，天下之大顺也。力田，为生之本也。三老，众民之师也。廉吏，民之表也。朕甚嘉此二三大夫之行。今万家之县，云无应令，岂实人情？是吏举贤之道未备也。其遣谒者劳赐三老、孝者帛人五匹，悌者、力田二匹，廉吏二百石以上率百石者三匹。”③ 文帝以孝悌治国，倡导全社会成员“孝”“廉”等，还将孝廉作为入仕的必备条件之一。“孝”是根源于家庭组织中一种自觉的个体行为，在家庭组织生活环境中，每个人从自己做起、从自己身边对待自己的父母做起，切实地通过维护家庭、家族社会秩序，遵守家庭和家族规范，最终完成封建君主专制主义大一统政权的社会化要求。将家庭、家族、各级政权作为封建等级秩序社会化的学校，

① 《史记》卷6《秦始皇本纪》，中华书局1959年版，第268页。

② 国学整理社辑：《诸子集成·新语·道基》第1，中华书局1954年版，第1页。

③ 《汉书》卷4《文帝纪》，中华书局1962年版，第124页。

人们从幼年到青年，从中年到老年，都受到“孝悌”的熏陶，最后，“夫孝，始于事亲，中于立君，终于身”，“君子之事亲，故忠可移于君”。[①]尽管整个社会等级森严、贫富不均，但源于血缘关系的孝道是一致的。不同等级、不同阶层、不同生活区域的人们受到同样的孝伦理规范的约束，全社会形成了一股强烈的向心力，人们发自内心地从行为上维护家庭、家族和各级政权的治理秩序，最终统治者不仅完成了从各级政权层面对国家的控制，而且也实现了从内心深处对人们思想动机的制约。秦朝短祚的又一个重要因素就是统治政治中没有形成对人们思想意识有效控制的内在机制。

秦王朝社会控制失效的另一方面就是缺乏对统治集团本身的自我控制，尤其是秦始皇和秦二世对自己行为的放纵。史载：“始皇以为咸阳人多，先王之宫廷小，吾闻周文王都丰，武王都镐。丰镐之间，帝王之都也。乃营作朝宫渭南上林苑中。先作前殿阿房，东西五百步，南北五十丈，上可以坐万人，下可以建五丈旗。”[②] 又启征七十余万人修骊山墓，北筑长城征发四十余万民夫，南戍五岭又征发五十余万人。据估计，秦始皇时期的全国人口在两千万人左右，但常年征发的徭役却不下两百万人，几乎倾全国成年劳动力为君主忙碌。秦始皇死后，“二世曰：‘先帝后宫非有子者，出焉不宜’，皆令从死。葬既以下，或言工匠为机，臧皆知之。臧重即泄。大事毕，已臧，闭中羡，下外羡门，尽闭工匠臧者，无复出者”[③]。秦朝统治者惨无人道，视平民百姓为草芥，也视身边的百官大臣为仇敌，一味强化个人意志，百官大臣除了恐惧、担忧以外，没有发自内心地对君主的忠诚和拥戴。一旦遭遇外来势力猛烈冲击，整个统治集团立即作鸟兽散。所以，后继的西汉统治者十分重视统治集团内部的团结，重视君主个人和百官大臣们自身的道德修养，力图做到“守国者以仁坚固。佐君者以义不倾。君以仁治。臣以义平。乡党以仁恂恂。朝廷以义便便”[④]。统治政治的重心开始转向对统治集团内部各个阶层的内在控制，构建属于不同等级、不同阶层的道德规范和行为准则。甚至包括皇帝自己应遵守的规范，强调君主的严格自律，并以此作为整个统治集团规范化、秩序化的前提，儒家思想逐渐成为统治集团内部自身建设最恰当的政治指导思想。讲究个人修养、注意个人内在自我控制的儒家思想精华，在秦灭亡以后的

① 胡平生、许颖、徐敏译：《孝经·广扬名》第14，中华书局2009年版，第32页。

② 《史记》卷6《秦始皇本纪》，中华书局1959年版，第256页。

③ 同上书，第265页。

④ 国学整理社辑：《诸子集成·新语·道基》第1，中华书局1954年版，第3页。

继承者那里得到重新发现和新时代的解释，与新王朝建立起的庞大的外在社会控制内容紧紧地结合在一起，构成了西汉社会控制体系的全部。

三 不成熟社会转型重建中的内敛机制与大一统社会整合中的秩序失范

秦始皇从公元前230年起，仅仅花费了十年左右的时间就兼并了山东六国，完成了国家的统一。中国古代社会由春秋战国的诸侯并立、天下分治的状态转变为天下一统、君主专制的中央集权制社会。社会迅速转型带来的最突出的社会矛盾是统治机制不适，即秦国是通过耕战措施蓄养了庞大的军事暴力队伍，并通过战争破坏的方式客观上消灭了六国政权，完成了疆域上、物质上的统一。这个过程虽然经过了上百年的准备，但最终实现也不过十余年。国家刚刚统一之时，秦始皇采取了一系列社会整合的措施，包括地方上推行郡县制；车同轨、书同文、行同伦；收天下兵器，熔铸十二个大铜人；迁天下富豪十二万户于咸阳等。这些措施和举动可谓隆重而彻底，效果极为显著，影响广泛而深远。但是，对于刚刚转型的大一统政权为什么没有起到长治久安的巩固作用呢？“汉承秦制”以后，以西汉统治者为主，历代统治者不断思考该问题，试图为时下统治政权提供警示性的殷鉴。

汉初，陆贾认为：“秦非不为治。然失之者。乃举措暴众而用刑太极故也。”① 汉文帝时期的贾谊认为：“（秦）繁刑严诛，吏治刻深；赏罚不当，赋敛无度。”② 唐朝初年的《贞观政要·论务农》中记载了侍臣王珪与唐太宗的对话，讨论秦政的过失：“昔秦皇、汉武，外则穷极兵戈，内则崇侈宫室，人力既竭，祸难遂兴，彼岂不欲安人乎？失所以安人之道也。”又载：“秦始皇营建宫室，而人多谤议者，为徇其私欲，不与众共故也。”③ 唐政论家柳宗元认为：“（秦）酷刑苦役，而万人侧目。失在于政，不在于制，秦事然也。”④ 对秦王朝的批评、反思、总结统统基于对现实政权建设的需要。任何一个新建立的封建王朝，为了自己统治的稳定和长治久安，都从不同的侧面发现秦王朝灭亡本质性的东西。从以上言论中，可

---

① 国学整理社辑：《诸子集成·新语》《无为》第4，中华书局1954年版，第7页。

② （汉）贾谊撰，阎振益、钟夏校注：《新书校注》卷第1《过秦·下》，中华书局2000年版，第15页。

③ （唐）吴兢撰，裴汝诚等译注：《贞观政要译注》卷6《俭约》第18，上海古籍出版社2007年版，第178页。

④ （唐）柳宗元著，曹明纲标点：《柳宗元全集》卷3《封建论》，上海古籍出版社1997年版，第20页。

以总结出历代政治家对秦王朝灭亡原因的本质看法。

在统一的国家政权有机体中，拥有强权的统治者一方对被统治者的弱势一方滥施淫威，最终致使弱势一方无法生存，只得揭竿而起。“刑罚太极”和“赋敛无度”，因而“天下苦秦久矣”。在秦末反秦队伍中大家普遍认为：“秦父兄苦其主久矣，今诚得长者往，毋侵暴，宜可下。”① “父老苦秦苛法久矣，诽谤者族，耦语者弃市。”② 在国家政权这个统一体中，统治者因为被统治者而存在，统治者所实施的措施、手段因被统治者而设置。统治政权应该具体反馈被统治者的承受力和实际感受，及时根据被统治者的承受能力和感受不断地修正自己的行为，调整自己的统治方式。秦政权社会控制失效的重要欠缺就在于社会环境从战乱转型到统一安定，被统治者从统一的反对派转变成为中央集权下的臣民。被统治者对秦王朝政权的态度行为也相应发生转变，不再是草木皆兵的敌人，而是自然经济下的赋税和徭役的承担者，是秦统治下的“子民”。因此，秦的统治方式也应该从战争消灭转化为对一盘散沙的社会重组和整合，构建和制定一个统一社会中必需的规范体系。但秦统治阶级仍然通过战争、高压、掠夺、严刑苛法维持庞大的统治机器。对于人民群众的不满和反抗，大臣们不敢如实上奏，欺哄秦二世：“群盗，郡守尉方逐捕，今尽得，不足忧”③，秦二世听后大悦。长期的专制君权统治，使秦二世完全沉浸在王朝主观的狂妄自大中，完全不相信平民百姓有反抗统治政权的力量和勇气，当官逼民反时，仍然没有意识到问题的严重程度。从这种情况可以看出，秦王朝统治体系是一个存在严重缺陷的政治系统，没有建立起有效的自我反省和内敛机制，在危急时刻依然我行我素，拒绝检讨自己，修补统治结构中的严重不足。

秦王朝在战国七雄的废墟上完成了大一统国家的建设，构建了影响中国封建社会两千多年的君主专制主义中央集权制度。与此同时，秦王朝在社会分层和社会整合中，将君主势力阶层的权力、利益无限夸大推向被奴役阶层不能承受的地步。在统治集团内部对于皇权依赖的对象——百官大臣，秦始皇、秦二世等也滥施淫威，造成在朝官员不敢说真话，不敢有所作为，朝不保夕，缺乏统治集团内部应有的向心力和认同感，处在非正常的政治状态之中。对于势力庞大的旧贵族势力，秦始皇采取迁徙、镇压的

① 《汉书》卷1《高帝纪》，中华书局1962年版，第17页。

② 同上书，第23页。

③ 《史记》卷6《秦始皇本纪》，中华书局1959年版，第269页。

方式，没有将其中的精英和领头人物吸收到秦的各级政权中来，从而使大批反抗秦政权的失利阶层重新在秦统治中找到自己的政治地位，获得新的利益。因此，这一大批旧贵族在秦统一以后很长的时间内，找不到获取新政权带来更多利益的途径，积怨越来越深，一旦反抗机会出现，即成为倒戈反秦的主力军。自耕农阶层是秦朝统治最广泛的基础阶层，但秦王朝对自耕农阶层一味掠夺、奴役，迫使他们失去了基本生活条件。由此观之，秦王朝的统一仅仅是形式上的，秦王朝的失误就在于没有完成社会整合中政府权能及职责的规范化和秩序化。这个规范化和秩序化的根本基础就是建立统治政治中不同阶级、不同阶层相互依赖、相互信任的和谐机制。

第三章　刘邦的政治建树与汉初儒学的进取

第一节　刘邦关于汉国家建设的新思考
——制度与思想

刘邦，西汉的开国皇帝。秦末时，刘邦操兵倒戈，取胜于楚汉战争，新建汉王朝。刘邦在楚汉战争时期，以春秋战国分封制利弊与秦帝国暴戾的中央集权与刑治主义弊端为参照，初步确立了自己的国家政治建设与社会整合、控制思想。

汉政权建立后，依据汉初社会现实，刘邦将其国家建设与社会整合思想进一步系统化、体系化，并且经士大夫陆贾的改造，完成了从马上打天下到马下治天下的国家治理学说的转变——即国家制度建设与治世思想的转变。刘邦关于国家建设思想的转变，为汉王朝政治体制的构建及经济复兴、政治稳定起了重大作用，使汉初社会逐步走向规范化、秩序化。

一　刘邦在国家政体与制度构建上的新思考

秦王朝是个短命王朝（前221—前207），从创建到覆亡只有短短的15年。在这么一个短时间内，社会由统一走向分裂，由有序走向混乱，当时的学者指出其原因为“秦非不欲治也，然失之者，乃举措太众、刑罚太极故也”①；“繁刑严诛，吏治刻深，赏罚不当，赋敛无度”②；直到唐代，柳宗元仍指出，秦“酷刑苦役，而万人侧目，失在于政，不在于制，秦事然也”云云。归结起来，就是认为秦亡于在统治方式上的繁刑严诛与吏治刻

---

① 国学整理社辑：《诸子集成·新语》第4《无为》，中华书局1954年版，第7页。

② （汉）贾谊撰，阎振益、钟夏校注：《新书校注》第1《过秦上》，中华书局2000年版，第14页。

深、暴掠无道。

刘邦作为亡秦的目睹者和参与者，自然清楚秦帝国二世而亡的原因，所以他是从根本上否定秦旧有的法家行政思想与统治方式的。想要夺取亡秦和楚汉战争的胜利，取得大多数人的拥护，构建一个新的政权，只能选择新的统治思想与治世方式，建立新的社会秩序。于是，如何吸取秦灭亡教训，建立新的政治国家，就成为摆在刘邦面前亟待解决的问题。刘邦通过以下三点逐步形成自己的国家建设与社会整合、控制思想。

第一，刘邦吸取秦暴政的教训，认识到新的国家必须改变秦帝国的社会控制方式。刘邦是秦王朝暴行的目睹者，在秦大失民心的情况下，他很快响应了陈胜、吴广的起义。起义前，他以批判秦政的口号“天下苦秦久矣”① 为号召，以鲜明的抗秦暴政口号来激起关东民众共同反秦的斗志，“于是少年豪吏如萧、曹、樊哙等皆为收沛子弟二三千人，攻胡陵、方与、还守丰”②。因为“天下苦秦久矣”，所以西进入关前，反秦队伍中的诸将领认为“不如更遣长者扶义而西，告谕秦父兄。秦父兄苦其主久矣，今诚得长者往，毋侵暴，宜可下”③。这里，一方面体现了起义军将领们对秦统治方式的深恶痛绝；另一方面，还暗含了一个历史与政治的告诫，即告诫反秦者及后来的统治者必须改变秦旧有统治方式，以仁义攻心，不能凭暴力行事。当秦王子婴投降后，“诸将或言诛秦王”时，刘邦则以大义晓曰：“始怀王遣我，固以能宽容，且人已降伏，又杀之，不祥。”④ 在和关中父老的“约法三章”中，刘邦则将其社会政治思想发挥到极致，“父老苦秦苛法久已，诽谤者族，耦语者弃市。吾与诸侯约，先入关者王之，吾当王关中。与父老约，法三章耳：杀人者死，伤人及盗抵罪。余悉除去秦法。吏民皆按堵如故。凡吾所以来，为父兄除害，非有所侵暴，毋恐！且吾所以还军霸上，待诸侯至而定要束耳。”⑤ 在刘邦看来，秦政之失，在于以法家刑治思想为指导，以严刑峻法为手段，以吏治深刻、赋敛无度为治民之策，这不仅无济于社会控制，反而会激化各种矛盾，导致社会秩序的混乱和王朝的衰败。刘邦对于秦政治的清楚认识与现实的把握，使他清醒地意识到，要建立一个新的政权，必须一改秦旧有繁刑严诛、吏治刻深的统治方式，避免重蹈秦亡覆辙，以适应当时宗法社会现实的“亲、尊”的温和

---

① 《史记》卷8《高祖本纪》，中华书局1959年版，第350页。

② 同上。

③ 同上书，第356—357页。

④ 同上书，第362页。

⑤ 同上。

驭民方式，重新塑造统治秩序，由此达到“反秦之弊，与民休息”的目的。[①] 所以，当刘邦约法三章，破除秦苛法以后，立即废除秦暴敛之法，“蠲削烦苛，兆民大说”[②]，其结果是“秦人大喜，争持牛羊酒食献享军士”[③]，以反秦并且废秦暴戾之法的实践获得了关中民心。当刘邦进入咸阳，秦“民又益喜，唯恐沛公不为秦王”[④]。刘邦的具体反秦实践印证其废秦暴政得到民心，获得百姓的拥护，这就为他日后在制度与统治政策上实行新的治世思想打下了基础。

第二，从秦亡的历史教训中，刘邦以社会现实为基础，既继承秦帝国合理的中央集权制度，又调整上下的社会政治结构，由此在制度上予以创新。秦建立的集权式的政治结构，凡事均以帝王之旨意是瞻。这种政治体制的缺点是：一方面，缺乏有效、真实的信息反馈渠道，尤其是不合君主意志的信息往往不能如实传达给顶层统治者；另一方面，在大规模的、疾风骤雨般的统一战争刚刚结束时，关东宗法势力仍然强盛的基础上，其单纯的郡县制官僚政体在全国的急剧推行显然还缺乏关东六国旧贵、豪强，乃至一般民众的普遍认同，易于出现“激秦孤立亡藩辅”的局面。孙筱在《两汉经学与社会》中提到中国政体在由“土坯结构”向“框架结构”转型的过程中（从分封制到中央集权制），认为秦朝的郡县制仍然是一种过渡政体，还不能完全适应刚转型的社会。[⑤] 所以在刘邦取得政权以后，如何总结亡秦孤立而败的教训，优化中央集权下的官僚政治制度，重新建立一整套从中央到地方的社会政治结构，是一个应该认真思考的问题。

第三，在楚汉战争中，以项羽为代表的西楚政治思想的弊端为参照，刘邦亦最终形成自己的建国思想。项羽和刘邦对权力的觊觎相互交织，加速了楚汉战争的爆发。战争几经回合，互为消长，历经四年之久，终以刘邦获胜而告终。刘邦、项羽的成败在很大程度上归因于对国家政体与社会统治思想的选择。项羽苦心追求的霸业，非秦王朝大一统式的中央集权，而是在春秋战国分封制的基础上，对西周以来宗法式霸业的沿袭，《史记》曾记载项羽分封了十八路诸侯。在政治实践中，项羽出于六国旧贵族的局限性，其最高政治理想是建立一个以楚为霸主的分封性的盟主政治和盟主国家，是有高于其他诸侯王的霸主盛名。在项羽看来，大量分封诸侯王，

---

① 《汉书》卷89《循吏传》，中华书局1962年版，第3623页。

② 《汉书》卷23《刑法志》，中华书局1962年版，第1096页。

③ 《汉书》卷1《高帝纪》，中华书局1962年版，第9页。

④ 同上。

⑤ 孙筱：《两汉经学与社会》，中国社会科学出版社2002年版，第25页。

既能够拉拢各地在反秦起义中的旧贵、豪强，使这些势力成为自己的羽翼；又能使自己成为名副其实的、万众拥护的“西楚霸王”。殊不知，依据战国模式建立起来的分封制，无法恢复到西周时邦国林立的局面，具有极强的不稳定性。同时，以分封国作为相对独立的政治实体，作为一种战争赏赐，一方面限于其政治资源和领袖心胸，不可能做到完全公平的分封，正如司马迁在总结其失败因素时所记曰：“项羽嫉贤妒能，有功者害之，贤者疑之，战胜而不予人功，得地而不予人利，此所以失天下也。”①另一方面，诸侯王势力可能根据领导者的变化此消彼长，可能随时变更其主，反复无常，仍然导致诸侯争霸战争的频仍。譬如，楚汉战争之初，刘邦势力处于劣势，“诸侯见楚强汉败，还皆去汉复为楚，塞王欣亡入楚”②。但是，与项羽有隙的张耳、英布，却背离项羽而投靠刘邦。这说明在秦以后的割据局面中，分封制只能导致受到分封的大小军阀你争我斗，形成更严重的不稳定状态，这是不能适应当时的政治格局与民众渴望和平的心理需求的。

国家政体建设也直接联系着社会整合的方式。在这一点上，项羽的政治目标、理想以及其性格上的弱点，致使其政治目光短浅，刚愎自用、嫉贤妒能、暴戾无道。一言以蔽之，项羽在选择国家政体和社会控制方式时，缺乏对当时中国现实的思考——即在注重关东及江南普遍盛行的六国旧贵的宗法制社会基础时，忽视了春秋战国时期的分封割据所造成的长期混战不休、民众苦怨的局面。刘邦则以项羽的得失为借鉴，在对于中国社会现实清醒认识的基础上，形成其反秦、批秦又继承秦政体的国家建设思想。对完成这项使命的刘邦而言，这种政治眼光在争夺民心中的优势是不言而喻的。论声名、地位，刘邦在楚人中远不及世代楚将的项氏及其他旧贵族；论军队和实力，其十万军队远不及项羽的四十万大军的强大。而刘邦却能一次次反败为胜，就在于其政权建设与政治指导思想上适应当时的形势，既能废周之制又能继其长处；既能改秦之蔽又能够承秦之制，在政治制度及社会治理方面有着自己清醒、独立的思考和创建。基于这一点，刘邦在楚汉战争中，形成了“非承秦不能立汉”③ 的国家政体建设及社会控制思想，取得了既渴望统一又厌恶秦暴政的民众的拥护，由此树立了政治上的绝对优势，把握了战争的大局，一举击溃项羽的大军，建立了汉

① 《史记》卷8《高祖本纪》，中华书局1959年版，第381页。

② 同上书，第371页。

③ 田余庆：《秦汉魏晋史探微》，中华书局2004年版，第58页。

王朝。

所以，刘邦与项羽相比较，项羽在国家制度建设方面的保守、复辟与社会治理方面的暴戾，是他对局势失控的根本原因，也是刘邦在战争过程中由弱转强的政治优势和民心基础。不可否认，当时刘邦的这种考量也是非常粗浅的。因为楚汉战争期间处于一个特定的战争时期，在这个特殊战争期内是不可能有着对国家政体、社会整合思想、政策的系统、宏观、全面的考虑的。当时的迫切任务是如何通过政权建设（即分封制和中央集权制），来获取诸侯王及地方豪强的支持，取得军事上的胜利；如何借鉴、克服战国之失和秦政之弊，来收拾涣散的民心，取得民众对于刘汉政权的认同。在这方面，项羽确实远不及刘邦。目前研究这个问题的学者很多，但是大部分学者是从项羽的个人原因，例如其心胸狭窄、用人不当等来解释其失败的根源。这些原因确实存在，也确实是项羽失败的重要因素。正如时人高起、王陵回答"项氏之所以失天下之何"时所言："项羽嫉贤妒能，有功者害之，贤者疑之，战胜而不予人功，得地而不予人利，此所以失天下也。"[①] 同时，项羽贪图眼前利益，目光短浅，为了上将军称号，"矫杀卿子冠军而自尊"；因为贪婪，"逐义帝出彭城，自都之，夺韩王地，并王梁楚，多自予"。[②] 为了自己的喜好，对随从他的诸将都封地为王，无理地逐齐、赵、韩的故王。尤其是项羽目光短浅，心胸狭窄，"有一范增而不能用"[③]，这些做法，与秦王朝的暴烈的刑治举措无异，所以深为民众所怨，为民众所抛弃，最终为刘邦所败。然而探讨刘、项之得失的深层原因，我们却不能不看到刘邦对于当时天下大势的顺应，即民众对于战国纷争不已的诸侯战争的深恶痛绝，对于秦王朝刑治主义苛暴政治、暴掠无道的极端不满的形势的把握。

刘邦虽然是低级小吏出身，具备流氓性格，但是他政治心胸宽宏，能够与人同甘苦。他每每使人攻城略地，所降下者因以予之，能与人同利共享，并且能谦逊地看到别人的长处。"夫运策帷帐之中，决胜于千里之外，吾不如子房。镇国家，抚百姓，给百姓，不绝粮道，吾不如萧何。连百万之军，战必胜，功必取，吾不如韩信。此三者，皆人杰也，吾能用之，此吾所以取天下也。"[④] 这与项羽狭隘的政治思想形成鲜明的对比。同时，"怀王约入秦无暴掠，项羽烧秦宫室，掘始皇冢冢，私收其财物"，"强杀

---

① 《史记》卷8《高祖本纪》，中华书局1959年版，第381页。

② 同上书，第376页。

③ 同上书，第381页。

④ 同上。

秦降王子婴”等系列暴掠的社会控制行为，无疑是秦暴政的再现，必然会大失人心。而刘邦正是在审时度势中，反其道而行之，处处注意废除秦暴敛之法，“蠲削烦苛，兆民大说”[①]，其结果是“秦人大喜，争持牛羊酒食献享军士”[②]，取得了关中的民众之心。

另外，十分重要的是，在国家政体建设与社会控制方式上，刘邦明确提出了汉承秦制的国家建设思想，将国家中央政权的强化与区域性控制紧密地结合在一起，将诸侯王国的建立与中央直属的郡县制作为汉初国家的基本政治与行政构成，由此形成了一套新的国家政治体制，一种新的社会整合、控制方式。这种整合与控制形式，表现在中央，则是沿袭秦以来的三公九卿制，牢牢把握国家各个部门的政治权柄，集大权于一身；在地方，推行将秦制和楚制（也有说法是周制）相结合的郡国并行制，即实施郡县制的同时允许分封国的存在。郡国并行是在秦制基础上优化创新了的汉初的社会统治结构，相对融合了关西与关东六国旧地的政治、经济、文化形势，是一种兼容黄河、淮河、长江几大流域社会结构的新的统治方式。其利益，既避免了“亡秦孤立之败”，让同姓诸侯王成为刘氏王朝的统治支柱，同时在当时的战争形势下，又恰当地处理了楚汉战争期间地方上尾大不掉的军事势力集团，让他们能够安心地站在刘邦集团一边，参与对项羽的战争。例如，在楚汉战争最激烈的时期，韩信是决定战争胜负的重要军事集团的领袖。尤其在占领齐地后，韩信很快成为仅次于刘邦、项羽的第三大势力。当时，韩信的立场会在很大程度上影响楚汉战争的结局。项羽曾使武涉谓韩信曰：“当今二王之事，权在足下。足下右投则汉王胜，左投则项王胜。项王今日亡，则次取足下。足下与项王有故，何不反汉与楚联合，参分天下王之。”[③] 在这种情况下，韩信要求王齐、王楚、刘邦都顺势而为，答应下来。所以，韩信谏刘邦道，若能既任“天下武勇”又能“以天下城邑封功臣”，便可反弱为强。在那样的情形下，刘邦能做的就是尽可能满足诸侯想要分封的要求，且不以个人爱好定之，同时又以中央集权的君主专制来有效控制这些尾大不掉的诸侯王国。所以，汉初刘邦确立的郡国并行制，由中央朝廷掌控大权，政在四方，要在中央，既避免了分封制下频繁的诸侯、军阀之间的争霸战争，又有效地在战争形势下，处理好与各个政治军事集团的关系。可以说，刘邦确立的郡国并行

---

① 《汉书》卷23《刑法志》，中华书局1962年版，第1096页。

② 《汉书》卷1《高帝纪》，中华书局1962年版，第9页。

③ 《史记》卷92《淮阴侯列传》，中华书局1959年版，第2622页。

制是现实理性的产物，是一种很高的政治智慧。从实际情况来看，在楚汉战争时期，刘邦先后分封的韩信等几个异姓王，在合力击败项羽、获得国家的最终统治权方面，做出了重要的贡献。同时在取得全国政权后，其分封的同姓诸侯王，又在当时的那种特殊时期稳定了新的国家政权。可以说，刘邦的国家政体建设思想，是对于战国以来分封制和秦制的利弊得失的缜密思考的理性产物，在当时发挥了重要作用。

事实上，在取得全国政权后，其郡国并行制的格局很快就发生了重要变化。刘邦先后分封的七个异姓王，不久便被消灭或者彻底臣服，使得以郡国并行为基本政治体制的国家政体彻底消除了异姓诸侯王分裂割据的因素，刘氏中央集权开始逐步强化。尤其是刘邦与群臣刑白马而盟，“非刘氏不得王，非有功不得侯。不如约，天下共击之”①，郡国并行制度由战争时期的被动接受异姓王变为主动封立同姓王，标志着汉初在政治统治方式上的渐进成熟，也使得刘氏王朝对同姓王的分封具有确切的法律保护，而异姓王的存在自然就具有不合法性。事实证明，汉初的郡国并行制对于刘邦的统一战争和稳定社会秩序是有积极作用的。可见，刘邦以其政治智慧，一方面生动地表现出他积极总结秦灭亡的原因，探究新的治国策略；另一方面，积极吸取周秦以来的统治经验，摸索新的统治方式。这使他在国家政治建设和政治活动中，逐步将汉王朝的统治思想创新化、系统化、深入化，也使得汉国家政治体制成为千古以来的中国封建王朝的政权建设基础。

二　刘邦以儒学为主的思想及礼仪建构

刘邦除了对于汉初国家政治体制予以奠定外，还以其过人的政治智慧，对于汉初的国家治理乃至社会整合、控制予以了新思考。

汉一统天下，其统治政策虽然废秦苛法，但袭秦之中央集权制度，采摘秦的典章制度，大量任用秦文法吏，长此而往，很可能会蹈秦吏治深刻、重刑苛法的覆辙；同时，刘邦以马上得天下，所建立的汉朝廷是一个由一批草莽英雄组成的布衣将相之局。在经历了秦末短暂的动荡之后，汉代国家仍然存在一个以什么思想来统一社会、统一上下、统一民众认识的问题。在这方面，刘邦再一次表现出他的政治智慧，采用了以陆贾为代表的儒家“仁”“礼”治国学说。

陆贾是有汉以来第一位对现实的社会政治有着清醒认识的思想家，也

---

① （清）严可均辑：《全汉文》，商务印书馆1999年版，第7页。

是汉初第一位以先秦儒学为主线，将先秦法家、道家、阴阳家思想融为一体的新儒学的奠基者，汉初复兴儒学的先驱。据史书记载，陆贾，楚人，“以客从高祖定天下，名为有口辩士，居左右，常使诸侯”①。作为西汉初年的思想家、政论家，陆贾对汉初统治阶级意识形态的建立无疑有着极其重要的作用。当其之时，汉以布衣将相之局取天下，袭秦制，建立了大一统君主专制的官僚政体。但定天下后，如何治天下，则是当时亟待解决的问题。鉴于秦二世而亡的教训，陆贾极力主张在治政大务上必须废秦弊端，采用新的治世方法。经过他的选择、评估，陆贾选择了以儒学为体，儒、道、法、阴阳各家思想相互兼容的治世之纲。在陆贾看来，一方面，援儒学“礼”“义”于大一统官僚政治中，以在承继秦制基础上改造、修正秦“以吏为师”“以法为教”的治政思路；另一方面，陆贾又保留了法家在先秦时期有效治理的依“法”循“度”原则，将社会等级上下管理模式视为按“法”取“度”，“执一政”以绳百姓的统治方式。同时他还援引道家“无为而治”的策略，处理好汉初经济凋敝、民心不稳的问题。这样，在陆贾思想中，以儒家“仁”“礼”为主，兼采集道家“无为而治”，法家以“法”治世的策略治国，就成为其政治思想的基本构架。

陆贾根据秦亡天下的史实，在汉初刘氏君臣中首次提出建立国家后“攻守异术”的思想，力谏刘邦由战争时期的政治策略转向和平稳定时期以儒家“仁”“礼”治国的社会整合。

在陆贾看来，政权取得以后，如何避免秦二世而亡的覆辙，就是一个十分重要的问题。陆贾对秦“以法为教”“以吏为师”的弊病看得十分清楚。他认为：“秦始皇设刑罚，为车裂之诛……事逾烦而天下逾乱，法逾滋而天下逾炽，兵马益设而敌人逾多。秦非不欲治也，然失之者，乃举措太众，刑罚太极故也。”② 严刑峻法，罗网细密，就必然使民众无所措手足，而法、度无所立。“夫形［刑］重者则心烦，事众者则身劳；心烦者则刑罚纵横而无所立，身劳者则百端迴邪而无所就。”③ 故而他提出汉承秦制后，应当重“德”轻“刑”，重“礼”轻“力”，改造秦之治政策略。为了更好地论述自己的思想，陆贾从本体论的高度，将“礼”“德”提到“天道”“天地之性”的宇宙规律的地位。“天地之性，万物之类，怀德者众归之，恃刑者民畏之，归之则充其侧，畏之则去其域。故设刑者不厌

① 《史记》卷97《郦生陆贾列传》，中华书局1959年版，第2697页。

② 国学整理社辑：《诸子集成·新语·无为》第4，中华书局1954年版，第7页。

③ 国学整理社辑：《诸子集成·新语·至德》第8，中华书局1954年版，第13页。

轻，为德者不厌重；行罚者不患薄，布赏者不患厚，所以亲近而致远也。”[①] 由此，陆贾十分重视“礼”在治国安天下中的作用。据《史记》本传，陆贾时为高祖左右，“时时前说称《诗》、《书》，高帝骂之曰：‘乃公居马上而得之，安事《诗》、《书》！’陆生曰：‘居马上得之，宁可以马上治之乎？且汤武逆取而以顺守之，文武并用，长久之术也。昔者，吴王夫差、智伯极武而亡，秦任刑法不变，卒灭赵氏。乡使秦已并天下，行仁义，法先圣，陛下安得而有之？’……陆生乃粗述存亡之微，凡著十二篇。每奏一篇，高帝未尝不称善，左右呼万岁，号其书曰《新语》。”[②] 由上可知，陆贾原著之书，乃是以儒学五经为本，仁义为则，结合汉王朝实际，对汉的治政策略进行的一种新解。由于其颇切合汉初布衣将相之局的实际，阐释又富于新意，故为君臣称善，并号为《新语》。

在这里，需要引起我们特别注意的是，陆贾《新语》的撰写，并不是其作为普通知识分子或者士大夫官僚的兴来之作，而是在与刘邦就汉代国家建设的问题辩论以后的一种政治策略的建构。这种政治设想，不仅获得刘邦的高度赞扬，也得到了汉初文武群臣的大力追捧。所以，应该说自这时起，汉代国家政治思想与社会控制策略，已经大致奠定了基本的格局，即以儒家“仁”“礼”为主，兼采集道家“无为而治”，法家以“法”治世的策略。这一重大的政治思想的变化，既是以陆贾为代表的知识分子和一部分官僚士大夫对于汉代国家意识形态及社会控制思想的一种选择，更是刘邦本人对于汉家治世之纲和国家政治思想的一种具有大智慧的决策。这一决策应该说是汉初朝廷承秦之制，避秦之弊的一种适合社会现实需要的思想原则，它既避免了承秦之中央集权的专制政体而重蹈秦法制深刻、吏治残暴的老路，又适应了关东、长江、淮海流域一带宗法基础深厚的社会现实。可以说，自陆贾《新语》之后，汉代社会的政治思想与社会控制理念就基本形成了。其后以儒家学者为主的针对秦政治之失的“过秦”思潮，以及贾谊、贾山等儒家官僚、学者所倡导的以“仁”“礼”为治世之纲，以儒家经义决策的政治思想取向，均与刘邦在汉初奠定的治国之纲有着重要关系。

不仅如此，在刘邦的时代，任用儒家学者叔孙通为汉朝廷制礼作乐，亦表现了他对于政体表现形式以及政治思想的一种选择。叔孙通，薛县（今山东滕州）人，秦时以文学徵，在宫廷为待诏博士，几年后陈胜起义，

① 国学整理社辑：《诸子集成·新语·至德》第8，中华书局1954年版，第13页。

② 《史记》卷97《郦生陆贾列传》，中华书局1959年版，第2699页。

叔孙通趁机逃出京城，回到薛地。这时，薛已为项梁义军占领，于是他参加了项梁义军。汉二年（前205），汉王刘邦进入彭城，叔孙通又投奔汉王，并且从此追随刘邦于军中。史载："叔孙通儒服，汉王憎之；乃变其服，服短衣，楚制，汉王喜。"①

汉五年（前203），刘邦统一天下，诸侯共尊汉王为皇帝于定陶。由于当时初立国，高帝废除秦繁苛的朝堂礼仪后，新的朝廷仪式尚未建立。每次朝会时，追随刘邦的一班军功大臣饮酒争功，醉后妄呼，或拔剑击柱，很不成体统。刘邦为此十分忧虑，但是也无可奈何。叔孙通见时机成熟，便劝说刘邦制定新的朝廷礼仪，得到刘邦同意。于是叔孙通征鲁诸生三十余人，制定礼乐。当礼仪制定好后，满朝文武大臣按部就班，依礼仪行事，秩序井然，自诸侯王以下莫不振恐肃敬。竟朝置酒，无敢喧哗失礼者。刘邦十分高兴地说，"吾乃今日知为皇帝之贵也"②，乃拜叔孙通为太常，位居九卿之列，其儒生弟子也全部列为郎官。自此以后，儒学在汉初宫廷中便有了一席之地。《汉书》指出："叔孙通作汉礼仪，因为奉常，诸生弟子共定者，咸为选首，于是喟然叹兴于学。"③

叔孙通作汉礼仪，虽然是刘邦称帝后为了整顿朝纲的一种不得已的举措，但是任用叔孙通这样一个儒者制作礼仪，其偶然性背后仍然潜藏着必然性。

这就是作为儒者的叔孙通，将陆贾等儒家官僚主张的"内法外儒"政治原则，通过儒家擅长的礼仪制度表现出来，由此凸显专制皇权的至上权威，体现、规范统治集团内严密的上下政治等级界限包括礼仪秩序，而符合了汉初政治的实际需要。史载叔孙通在秦时，适逢陈胜起义，"二世召博士诸儒生问曰：'楚戍卒攻蕲入陈，于公如何？'博士诸生三十余人前曰：'人臣无将，将即反，罪死无赦。原陛下急发兵击之。'二世怒，作色。叔孙通前曰：'诸生言皆非也。夫天下合为一家，毁郡县城，铄其兵，示天下不复用。且明主在其上，法令具于下，使人人奉职，四方辐辏，安敢有反者！此特群盗鼠窃狗盗耳，何足置之齿牙间。郡守尉今捕论，何足忧。'二世喜曰：'善。'尽问诸生，诸生或言反，或言盗。于是二世令御史案诸生言反者下吏，非所宜言。诸言盗者皆罢之。乃赐叔孙通帛二十匹，衣一袭，拜为博士。叔孙通已出宫，反舍，诸生曰：'先生何言之谀

---

① 《史记》卷99《刘敬叔孙通列传》，中华书局1959年版，第2721页。

② （宋）司马光编著，（元）胡三省音注：《资治通鉴》卷第11《汉纪3》，中华书局1956年版，第375页。

③ 《汉书》卷88《儒林传》，中华书局1962年版，第3592页。

也?’通曰:‘公不知也,我几不脱于虎口!’乃亡去。”[①] 说明他是一个政治上十分成熟、圆滑的人。同时,叔孙通最大的特点就是不拘泥于成法,“知当世之要务”,能够将儒家的理论与当时的政治实际有机地结合起来,在秦汉之际的巨大政治变动中,顺应了历史趋势。所以,他为汉初朝廷制作礼仪,其制作背景是在汉初王朝“悉去秦苛仪法”的条件下,其制作原则是能够与时推移:“五帝异乐,三王不同礼。礼者,因时世人情为之节文者也。故夏、殷、周之礼所因损益可知者,谓不相复也。臣原颇采古礼与秦仪杂就之。”[②] 而制作手段则是“令易知,度吾所能行为之”[③]。这就将刘邦要求的三个重要因素结合起来,即:一是在维护君主专制集权的权威,又要废除秦苛繁的朝廷礼仪的基础上另行创建新的汉代礼仪制度;二是“臣原颇采古礼与秦仪杂就之”[④],即将符合宗法制度特色的三代古礼与当时的君主专制的政治实践相结合;三是新的朝堂礼仪必须是简单易行,能够为军功大臣们迅速掌握。叔孙通正是顺应了这些条件,得到了汉初君臣们的认同,使儒家礼仪,实际上也包括了其内在的一套典章制度、礼仪的理论原则等,行使于汉初朝堂之上,使得儒家的礼仪及其相关制度成为汉初君主专制政体的基本政治形式。

叔孙通为汉朝廷制作礼乐的成功,代表了儒家礼乐形式在新的政治条件下的一种转化。这种转化是将儒家礼乐的理论原则同汉初君主专制政治的实际相结合。一方面,汉初承秦之制,其制作礼乐的基本原则必须是维护君主集权的权威和面子,是君主集权政治用以维护其地位的制度化仪式。另一方面,由于秦制的繁苛、残厉,因此这种对于开国时朝堂礼仪的制作,又要在维护君主集权的基础上,废除秦法而博采先秦儒家倡导的三代礼仪,即“颇采古礼”。其后,汉代朝廷上,“及稍定汉诸仪法,皆叔孙生为太常所论箸也”[⑤]。从政治哲学的发展看,一方面,政治内容决定了政治所需要的形式;另一方面,其政治形式又反过来作用于、影响于政治的内容与实质。所以,叔孙通制作礼乐,“定汉诸仪法”,本身就是对于汉初政治体制在表现形式上的一种以儒家思想为指导的创新性构建。正是在叔孙通及诸儒生们的努力下,汉初成功地完成了儒生所构想的朝廷的政治行政形式,使儒家礼乐制度得以在汉代朝堂中得到实践。自陆贾、叔孙通以

---

① 《史记》卷99《刘敬叔孙通列传》,中华书局1959年版,第2720—2721页。

② 同上书,第2722页。

③ 同上。

④ 《汉书》卷43《郦陆硃刘叔孙传》,中华书局1962年版,第2126页。

⑤ 同上书,第2129页。

后，儒家的政治理念及礼乐形式，均为汉初制度所用，而儒家思想在汉代朝廷上也具有一定的地位，这不能不说是刘邦在政治上的智慧与其汉初时代的选择所致。应该说，刘邦在汉初奠定的治国之纲与制度形式中，既包括以陆贾为代表的以儒家经义决策的政治思想取向，又包括经过叔孙通变通的；既承秦君主专制体制，又变革其酷烈的君主极端专制形式的儒家礼仪制度，使有汉一代在初兴之时，选择了儒家思想及制度形式作为其治国的基本纲领。

第二节 汉初儒学向政治儒学的转化

西汉初年，汉承秦政治制度，实行大一统君主专制的官僚体制。汉代君权被凸显为国家最高政权权力，并集政权、神权、军队统帅权、宗主权为一体。在当时人（例如陆贾等）看来，这种制度下的君主，应该是像秦帝国的君主一样，统四海，定九州，“乘天威，合天气，承天功，象天容”[①] 的集政权、神权、宗主权为一体的最高的立法者、决策者、行政者。这与夏、商、周三代以“天子”作为各国政治盟主，抑或春秋战国时外有强敌、内有世袭相沿的分封贵胄的“王”“霸”之世，确实是一个天翻地覆的变化。但是，秦之弊端，使得汉初开国君臣，尤其是刘邦这位雄才大略的开国君主，以及作为政论家、思想家的陆贾等人，不得不对刚开创的国家政治理论，以及社会控制思想进行深入思考与总结。在陆贾等人看来，秦失天下，就在于君主私欲太重，不行仁义，聚敛无度，以“力”取天下而以“刑”治世。“（秦）坏宗庙作阿房宫，繁刑严诛；吏治刻深，赏罚不当，赋敛无度，吏不能纪。百姓穷困而主不能恤。然后奸伪并起，而上下相遁，蒙罪者众，刑戮相望于道，而天下苦之。”[②] 为此，他们提出，汉承秦制后，应“虚囹圄而免刑戮，去收孥污秽之罪……约法省刑，使天下人皆得自新”[③]，积极主张以儒家“仁”“礼”作为治国之纲要。

西汉前期一个值得关注的现象，就是儒学的迅速崛起与繁荣，以及儒家学者在国家政治思想上的建言与建树。本来，儒学在战国时已经成为百家中之显学。其后，儒学虽然遭秦排斥禁绝，但是并未绝流。汉初，

---

① 国学整理社辑：《诸子集成·新语·本行》第10，中华书局1954年版，第17页。

② （汉）贾谊撰，阎振益、钟夏校注：《新书校注》第1《过秦下》，中华书局2000年版，第15页。

③ 同上书，第14页。

在刘邦支持下，陆贾、叔孙通等人先后为汉制定纪纲、礼仪，儒家学说及其经典受到统治者的支持并获得传播。当时儒学复兴的思想潮流，首先反映在对于儒家经典及文化知识的发掘、解读及位列学官方面。《汉书·艺文志》曾经对于汉代流行的经书给予了阐述："昔仲尼没而微言绝，七十子丧而大义乖。故《春秋》分为五，《诗》分为四，《易》有数家之传。战国从衡，真伪分争，诸子之言纷然殽乱。至秦患之，乃燔灭文章，以愚黔首。汉兴，改秦之败，大收篇籍，广开献书之路。"这说明自汉初以来，出现了儒家经籍的重新发现和官方、民间"大收篇籍，广开献书之路"的热潮。关于当时儒学传播的盛况，《汉书·儒林列传》记曰："汉兴，言《易》自淄川田生；言《书》自济南伏生；言《诗》，于鲁则申培公，于齐则辕固生，燕则韩太傅；言《礼》，则鲁高堂生；言《春秋》，于齐则胡毋生，于赵则董仲舒。"当时儒家各派经籍基本上已被儒生加以整理和传播，不仅是像《孝经》这样的社会教化的实用性经典，就是如《易》《尚书》《礼》等经籍，也都为社会所重视。同时，汉初各地儒家经籍传授之风高潮迭起，形成一股经籍、经义授受之风潮。尤其在旧时齐、鲁的山东一带，儒学再兴，其传授规模亦大。《汉书》记当时《尚书》的讲授、流传之昌盛，"山东大师亡不涉《尚书》以教"①，而申公家居讲学时，"弟子自远方至受业者千余人"②，可谓儒风盛行。当时在刘氏皇室诸王中，喜好《易》《春秋》《礼》等经书者亦不少见。如高祖同父少弟楚元王刘交，《汉书》卷36《楚元王传》记曰：刘交"好书，多材艺。少时尝与鲁穆生、白生、申公俱受《诗》于浮丘伯。伯者，孙卿门人也"。汉立国后，刘交封为楚王，"元王既至楚，以穆生、白生、申公为中大夫"。文帝时，"闻申公为《诗》最精，以为博士。元王好《诗》，诸子皆读《诗》，申公始为《诗》传，号《鲁诗》。元王亦次之《诗》传，号曰《元王诗》，世或有之"③。可见楚元王家族喜好诗学，其诗学不仅传承于战国儒学大师荀子，而且还以楚为中心，聚集了以当时诗学大家如穆生、白生、申公为首的一批儒学之士。刘交后代刘辟强等皆传承了楚元王注重诗书、尊经崇儒的传统。《汉书》卷36《楚元王传》载："辟强字少卿，亦好读《诗》，能属文。武帝时，以宗室子随二千石论议，冠诸宗室。"汉初这种广泛收书、献书、学习儒家经籍的

① 《汉书》卷88《儒林传》，中华书局1962年版，第3603页。

② 同上书，第3608页。

③ 《汉书》卷36《楚元王传》，中华书局1962年版，第1922页。

热潮，绝不是仅仅用延续学术传统就能解释清楚的。它为官方和民间重视的一个极其重要的原因，应当是儒学顺应了当时社会需求，承载了以儒家“礼义”进行社会教化和统一思想的功能。这种风潮的泛起，也为汉武帝时将儒家定于一尊创造了条件。

需要注意的是，汉初在从秦制向汉制的转型中，也伴随着先秦孔、孟、荀学向汉代适应大一统君主政治体制的政治儒学转化。儒学的这种转化应该是由陆贾开其端的。在汉初，儒家学者们在战国后期以来形成的政治价值观，使他们表现出强烈的救世倾向、忧患意识，以及积极的入仕行为。当时，面对着秦汉之际的国家体制和社会控制思想的转型，这些儒家学者们虽经秦“焚书坑儒”之害，但他们忧国忧民的救世意识则表现得特别强烈。他们怀着“先天下之忧而忧，后天下之乐而乐”的自觉意识，怀着对新政权的美好憧憬纷纷进入了汉初的大一统国家体制内部，试图在推动汉代政治的成功转型中实现自己的治国理想与政治价值信念。不少儒家学者们积极用世、直道而行，以改造汉政，变异儒学，推动汉代国家的发展作为他们的群体认同和价值取向。为此，他们积极入仕，投身于汉代国家建设的政治活动，试图以深厚的儒家学理在汉初政治舞台上崭露头角，并且纷纷上言议政。史载，曹参任齐相时，向齐地的长老儒生问治国之术，“诸儒以百数，人言言殊”①。儒士们积极言政，发表自己对治国的见解和主张，由此掀起了汉初的思想争鸣，为汉初士风贯注了一种进取有为的学术意识和参政议政的主动精神。

仅仅从国家治理和社会整合的角度看，儒家思想比法、道、阴阳诸家更加全面一些。儒家思想的一个重要的社会功能，就在于运用社会整合、控制中的法律制度手段和风俗、道德、教化等手段，从内、外两个方面进行对于人自身的控制，由此来调和、化解社会矛盾，树立一个社会所必需的政治等级礼乐制度。汉初社会经过秦末之乱，各种制度百废待兴，正好给好言礼乐的儒家学者提供了实现自己抱负的机会。于是，儒士们显现出罕见的入仕激情，希望通过入仕，来实现他们的政治理想。对于汉初儒生在汉初的积极用世，我们应该看到，一方面是先秦儒家之学对于他们的影响，使他们对实现天下“治平”和社会复苏有着深切的期盼；另一方面则在于儒士们对秦代暴政的怨恨而生发出对汉初新政权的认同，并对其寄予了美好的期望。他们希望汉代的帝王是一代圣明之主，君主成为“圣化”的道德人格楷模，以儒学“圣化”的道德人格与社会理论作为君主专制的

---

① 《史记》卷54《曹相国世家》，中华书局1959年版，第2029页。

政治基础，由此奠定以大一统君主专制为核心的内法外儒的汉代封建国家意识的转化。正是带着这种对新政治秩序的憧憬，他们纷纷投身仕途、积极言政，为新的大一统政权构思王者盛世的理想政治蓝图，寻求长治久安之策。

尽管自刘邦起就已经开始重视儒家学说的治世作用，但是在社会基层的行政、律令执行中，由于其政治与历史的惯性，还是多延续秦以来以文法吏作为社会行政的基本控制力量，并且其法律制度多沿袭秦的做法。[①]虽然如此，在中央政权里，建立一种新的思想体系仍然是时代需求。在这方面，儒士们在思想上的建树使他们获得了主动权。当时儒士们积极于入仕用世，强烈主张以儒家礼制去“更化”“改制”。从史书所记载的儒家代表人物看，除了汉初的陆贾、叔孙通以外，文景时有包括贾谊、贾山、晁错、辕固等儒学官僚及士人。当时，儒士们的一个明显特点是迫切希望在新政权中发挥自己的政治、文化建设作用。这是汉初儒士对自身价值、责任与政治权力的自觉，也是他们积极发扬儒家用世进取的有为精神的重要体现。为此，文景时期的儒者大都能立足政治现实，主张把“先王之道”和现实政治相结合，为现实服务，“论上世之事，并殷周之迹，以制御其政”[②]。史载，儒生贾谊颇受文帝赏识，“贾生昭昭，弱冠登朝”[③]，他积极上书言事，为汉政草具仪法，更定律令；贾山亦积极上书，指点江山，激扬文字，言多激切，善指事意；晁错为景帝时的政治呕心沥血，甚至献出了自己的生命……王子今先生认为：“少年为吏，是汉代政治生活中的一种特殊现象。”[④] 这些年轻有为者中显然包括许多有真才实学的儒士，“少好学”“博学”，是他们能胜任吏职的条件和入仕的直接原因。他们因其特殊的资质，对汉代政治发挥过特殊的作用。这些富有才学的青年儒士们承先秦百家争鸣的余绪，思想言论非常活跃。他们在儒家经典的传

① 汉朝初建，由于历史惯性，其法律政治制度多沿袭秦制，如萧何定律令、韩信申军法等。同时其基层社会仍然以熟悉律令的文法吏为主治政。以法律为例，汉朝《九章律》上承秦律而有所增损，对民众治理，依旧是以秦法为本，而有所修订。1983 年至 1984 年湖北江陵张家山 247 号墓出土的《二年律令》，共有竹简 527 枚，包含了 27 种律和 1 种令，共 28 种。其内容包罗万象，不仅有杀人及伤人罪、经济犯罪、官员渎职及失职罪等刑事罪刑，也有以孝入律的不孝罪等伦理罪刑，从中可以看出汉初法律多继承秦法并有所改革的情况。

② （汉）贾谊撰，阎振益、钟夏校注：《新书校注》第 1《过秦论下》，中华书局 2000 年版，第 14 页。

③ 《汉书》卷 100《叙传下》，中华书局 1962 年版，第 4252 页。

④ 王子今：《两汉的少年吏》，《秦汉社会史论考》，中华书局 2000 年版，第 23—25 页。

授中受到影响，积极著书立说，批判秦政，形成“人人争言秦汉间事”，探讨秦二世而亡之教训，总结古今成败之规律的热潮。如贾谊批评秦政“废先王之道，燔百家之言”，不施仁义，使“天下苦秦”。他总结出“攻守异势”“取守异术”等治国方针，并向文帝提出了“改正朔，易服色制度，定官名，兴礼乐”[①] 的治国措施，深得文帝赏识。其他如晁错等则为景帝时的政治一统出谋划策，为景帝所信任。

同时，处在汉初大一统社会之中，儒士们越来越深感自己与先秦先辈们的身份和地位大不相同。儒士们作为思想文化的载体，一个独立的知识群体，他们对秦的焚典坑儒、严刑峻法深有感触，对汉承秦制亦有新的见解。为此，他们怀着深切的以天下为己任的心情，深感“得失之道，权要在主”[②]。无情的事实使他们逐渐清醒，他们想象出一种话语策略，以制衡无上的君主权威。为了能够使君主集权体制更好地运作，儒士们提出了以“天人感应论”为基础的政治哲学理论。例如，陆贾构建的“天人感应”灾异谴告论，认为天道对有德者示以祥瑞，对暴君则降以灾异予以谴告，因此提出由天命决定兴亡、君主权力受天道制约的道理，把儒家仁义观与“天人感应”政治哲学和官僚政治体制结合起来，对君道加以限制，给君主套上一个“紧箍咒”，使君主不能滥用权力，以实现士权与君权的合理化，开了汉代“天人感应论”政治哲学的先河，也为儒士们在专制王朝中实施治平理想创造条件。这也反映出他们直道而行、不愿委身从势的现实心态。其天人感应论和天降灾异论还被后来的儒士发扬光大，成为制衡君主的重要工具。

另外，汉初儒士们深刻反省了他们在春秋战国和秦帝国的遭遇，开始做出改造先秦儒学，促使儒学变异的努力，以使儒学能够更加适应大一统专制政治的需要。这种变异的儒学，就是本书所谓的新儒学。其实，汉初儒士早已意识到：儒学作为一种政治、文化的思想体系，它本身并不是一成不变的。在汉初，儒士们面对的是大一统专制的君主政治，他们的政治构想能否实现完全取决于君主的权威。要使儒学得以复兴，就要站在汉初统治者的立场上，对儒学进行改造，使儒学符合时代的要求和统治者的需要。汉初儒士在汉王朝废除秦以法一统、禁绝百家的专制思想，并“大收篇籍”时，纷纷著书立说，传播儒学，同时又不断吸纳各家学说精华，改

---

① 《汉书》卷48《贾谊传》，中华书局1962年版，第2222页。

② （汉）刘安等辑撰，张广保编著：《淮南子》卷9《主术训》，北京燕山出版社1995年版，第125页。

变了儒学只重仁义德治的局面，使儒学形成了融合百家之长的新儒学。汉初的“三贾”（陆贾、贾谊、贾山）都立足于当时政治的现实，站在儒士阶层的立场上，以仁义为本，对先秦原始儒学和儒家思想作出了诸多调整和发展。陆贾为儒学增添了天人感应论及其黄老思想的内容，贾谊给儒学注入了德法并用的思想，把道德与功利从原始儒学所认为的对立之中解脱出来。汉初几十年间，儒士们“皆崇王道，黜霸术”①，并对黄老之学实行道不同、不相为谋的“罢黜”。他们不断地对儒家经典进行补充和完善。儒士们认为，应把“先王之道”和现实的政治相结合，“论上世之事，并殷周之迹，以制御其政”②。特别是汉初儒家学者几乎自觉地把儒学与时代精神相结合，积极地为大一统帝国吸纳儒学摇旗呐喊。他们有着与时俱进的现实主义精神。如果说叔孙通以这种现实的态度为汉王朝制定了一整套礼仪制度，那么三贾则企图从更高的层次上为汉帝国建构一个理论体系。这不仅开了汉代儒学顺应时事、容纳百家的先河，而且为后来董仲舒的阴阳灾异论与德法并用的儒家政治学说做了充分的理论准备。固然，儒家思想所赖以存在和发展的社会基础，乃在于其本身适应自然经济特色的农耕文明和以宗法血缘家族为基础的等级结构。但是，如果没有经过战国秦汉之际的巨大嬗变，没有汉初儒士对儒学的不断调整和发展，儒家之学还是很难迅速地与汉初封建大一统专制制度“亲密结合”的。所以，汉代儒学的很快复兴，是与汉初思想界的弃法从儒、变异儒术分不开的。如果儒学不与汉初的现实政治相结合，为巩固新政权服务，并为当权派所接纳，儒学在汉初的复兴并非易事。

汉初儒士在促进儒学变异之同时，也积极推动汉初统治者对古圣先贤文化知识的认识，对汉王朝吸纳儒家思想提出了许多建设性的主张，这对促进儒学和经学思潮的兴起起了重要作用。汉初儒士明白：刘邦是在马上取天下的，汉初政权的建立者多是军功之人，“汉大臣皆故高帝时将”③，无文化教养的粗鄙是其特质。对于“一个缺乏充分的文化素养，清晰的历史意识的执政集团，不可能单由其自身来主动地完成对社会政治粗简、疏陋的改善和转变”④。文化视野限制了汉初统治者对古圣先王政治理论的认

---

① 《四库全书总目》卷91《子部儒家类》，中华书局1965年版，第770页。

② （汉）贾谊撰，阎振益、钟夏校注：《新书校注》第1《过秦论下》，中华书局2000年版，第14页。

③ 《汉书》卷4《文帝纪》，中华书局1962年版，第105页。

④ 李禹阶、汪荣：《汉初儒士的群体认同与价值取向探析》，《重庆师范学院学报》2003年第1期。

识，需要具有深厚教育涵养的儒士的文化理性对政治的渗透，才能使汉初统治者认识到治国之术离不开《诗》《书》之道。所以在汉帝国建立不久，汉初儒士就以复兴儒学为己任，积极推动汉初统治者对传统文化的认识。儒士叔孙通是一个圆滑的学者，甚“知当世之要务”。当汉初军功阶层在朝廷上饮酒狂欢、拔剑击柱而使刘邦颇为厌烦时，他适时提出了“夫儒者难与进取，可与守成。臣愿征鲁诸生，与臣弟子共起朝仪”① 的见解，得到刘邦的赏识。虽有“鄙儒”批评他“所为不合古”，对其人格不予肯定。其实，他的行为实为顺应汉初“轻狂”的时代风气的权宜之计，他在适时应变中并未完全放弃士人倡导的道义和良知。应该说，叔孙通对刘邦的说服和诱导对汉初统治者认识和接受儒术起了不可磨灭的作用。正是由于他不拘泥于古制成法，才促进了儒学在汉廷的发展，并使儒家在西汉政权中有了一席之地。因而，太史公赞曰：“叔孙通希世度制礼，进退与时变化，卒为汉家儒宗。”②

自陆贾之后，有贾谊持儒家“礼”“仁”之说，作为解决当时社会与政治问题的理论武器。贾谊专门撰写《过秦论》，通过总结秦王朝二世而亡的教训，认为秦：“繁刑严诛，吏治刻深；赏罚不当，赋敛无度。天下多事，吏不能纪；百姓困穷而主不收恤。然后奸伪并起，而上下相遁，蒙罪者众，刑僇相望于道，而天下苦之。”③ 为此，贾谊认为国家政治思想的构建和进行社会控制，必须以儒家“仁”“礼”为根本，通过仁治，达到社会政治等级制度的各安其序。贾谊十分注重突出以礼治国和礼的政治意义。在《礼》一章中，贾谊说：“礼者，所以固国家，定社稷，使君无失其民者也。主主臣臣，礼之正也；威德在君，礼之分也；尊卑大小，强弱有位，礼之数也。故礼者，所以守尊卑之经，强弱之称者也。”④ 把儒家的伦理原则同政治原则统一起来，用礼的伦理性为其政治性服务。为此，他特别强调“夫立君臣，等上下，使父子有礼，六亲有纪，此非天之所为，人之所设也。夫人之所设，弗为不立，不植则僵，不循则坏。秦灭四维不张，故君臣乖而相攘，上下乱僭而无差，父子六亲殃戮而失其宜，奸人并

① 《史记》卷99《刘敬叔孙通列传》，中华书局1959年版，第2722页。

② 同上书，第2726页。

③ （汉）贾谊撰，阎振益、钟夏校注：《新书校注》第1《过秦·下》，中华书局2000年版，第15页。

④ （汉）贾谊撰，阎振益、钟夏校注：《新书校注》第6《礼》，中华书局2000年版，第214页。

起，万民离畔，凡十三岁而社稷为墟”[①]。贾谊认为，通过儒家礼仪教化的实行，就能做到“等级分明，则下不得疑；权力绝尤，则臣无翼志”[②]，社会就达到了大治。

在汉文帝时，还有大臣贾山、儒家学者韩婴等人，亦倡导儒家之学，并且形成一种思潮。汉文帝时，贾山尝为文帝言国家兴亡治乱之道，并借秦政之弊为鉴，写文章名曰《至言》。在其文中，他极力主张汉代朝廷应该以秦为鉴，废除秦之专制制度下“赋敛重数，百姓任罢，赭衣半道，群盗满山，使天下之人戴目而视，倾耳而听”的格局。主张汉在初建之时，更加应该以“仁”“礼”为本，尽礼数，服法服，端容貌，正颜色，兴尧、舜之道，三王之功，如此则“天下之士莫不精白以承休德”。此外，为促进儒学变异和复兴的儒士在当时可谓层出不穷。辕固、韩生推《诗》之意而解之，“或取春秋，采杂说，咸非其本义”[③]。伏生得《尚书》二十九篇教张生及欧阳生后，“《尚书》滋多于是矣”[④]。《礼》自孔子时其经不具，而高堂生之后，《礼》篇数日多。同时，推动统治者认识儒学新的政治意义的汉儒也不断涌现。他们的思想或学说也受到了汉初帝王的重视。所以，正是汉初儒士们的不懈努力，发展了儒家的思想体系，扩大了儒学的影响，同时也促进了儒学与现实政治，特别是与官方权力的结合。正是几代儒士的不懈努力才使汉初统治者逐渐改变了轻视儒生和儒术的看法。

其实早在高帝时期，汉代皇室就开始重视儒家提倡的文化传统。《汉书》载高祖刘邦于公元前196年发出了求贤诏，并亲自祭祀孔庙，“以大牢祠孔子”，开帝王祭孔、尊儒之先河。文帝时期，许多儒士被朝廷任用为官。如治《尚书》的伏生被任命为太常，治《诗》的申公、韩婴被征为博士，治《礼》的徐生善被任命为礼官大夫。景帝时期，以治“易”著名的丁宽，为梁孝王将军拒吴楚叛军有功，号为“丁将军”；治《春秋》的董仲舒、治《公羊春秋》的胡毋生、治《尚书》的张生被征为博士，韩婴被任命为常山太傅，王臧被任命为太子太傅。景帝时并始立《诗》《书》《春秋》的经学博士，这都表明汉代统治者重视、吸纳儒学和儒士的积极

---

① （汉）贾谊撰，阎振益、钟夏校注：《新书校注》第3《俗激》，中华书局2000年版，第92页。

② （汉）贾谊撰，阎振益、钟夏校注：《新书校注》第1《服疑》，中华书局2000年版，第53页。

③ 《汉书》卷30《艺文志》，中华书局1962年版，第1708页。

④ 《史记》卷121《儒林列传》，中华书局1959年版，第3125页。

态度。[①] 此外，当时皇帝任用和亲信的官员中，许多是先习法、后习儒的有才之士。例如，《汉书·贾谊传》记少年贾谊“以能诵诗书属文称于郡中”，当时曾与李斯同乡，又是李斯学生的河南郡守吴公，“闻其秀材，召置门下，甚幸爱”。文帝初立，吴公被任命为廷尉。吴公乃向文帝极力推荐贾谊才学，使贾谊被征召为博士，并且得侍于文帝左右，出谋划策。再如晁错年少时曾向张恢学习申商刑名之学，孝文帝时派晁错前往儒生伏生处学习《尚书》，其后他主要以《尚书》经义论时事政策，是一个以治儒家《尚书》为主，兼及申商刑名，凸显了儒法结合特征的官僚。而其他通儒家经术者在朝廷为官亦甚多，所以《史记·儒林列传》又说：“孝文时颇征用（儒者）。《正义》言：‘孝文稍用文学之士居位。’”这说明文景时期虽然在行政权力上仍以任用军功大臣与文法吏为主，但是在政治思想上却注重儒、法的融合，尤其重视及任用“能诵诗书属文”的儒者。由此可见，一方面是儒士们促进了儒学的变异，使儒学发展成为适应汉代社会政治、文化形势的新的儒学；另一方面，正是在儒士们的积极推动下，使统治者注意到儒学对于社会整合、控制之利，才开始吸纳儒学，这种情况使儒学逐渐得以登上汉初政治舞台。

第三节 儒学成为汉初政治文化重要流派

正是因为儒家学者的这些努力，使汉初国家政治思想，以及社会控制与整合的思想体系，其大本由儒家学者提出并且在儒法合一的改造中成为汉代治世之纲要，并由此奠定了汉代以儒学“仁”“礼”为治世主体思想的地位，而儒家经义之说亦上升成为国家政治文化的主流。这种情况主要表现在如下几个方面。

一 西汉前期以“孝”治国指导思想的确立

西汉建立以后，在儒家思想指导下，终于建立起使整个社会连接、整

① 《汉书·儒林传》记：“孝惠、高后时，公卿皆武力功臣。孝文时颇登用，然孝文本好刑名之言。乃至孝景，不任儒。”从文献看，这一段话由于是在为“儒林”立传时所写，它是将儒学地位尚未一尊时的文景时期与汉武帝时期“独尊儒术”时的儒家地位相比较而言的。它说明了秦制在汉初的制度惯性与军功大臣在开国时期的特殊尊崇地位。但是在思想与制度上，文景时期重用儒者变法立制，维护中央皇权，打击地方藩王势力，似乎成为一时之时尚。例如贾谊、晁错、袁鞅等人的“更化”“改制”皆是也。

合在一起的内在机制，这就是适应了当时关东诸地和长江中下游地区的宗法制的，以血缘关系为基础的以孝治国的指导思想及其行政法则，由此，汉初社会整合、控制的有效方式即“汉以孝治天下”。刘邦、窦太后以后，汉代逐渐更理性地走上了汉代新儒家主张的君主专制主义和传统宗法文化相结合的道路，“汉以孝治天下”正是适应了这两种思想，成为当时国家提倡的要求社会上下遵照效法的社会主流意识。汉初，统治者就开始以“孝”“仁”作为统治者与人民大众的道德要求，并且成为朝廷的一种与“德”相匹配的价值评判原则。例如吕后势力初去，朝廷大臣计议代王，代王府中群臣计议该事。中尉宋昌在分析了一番形势后说道：“方今高帝子独淮南王与大王，大王又长，贤圣仁孝闻于天下，故大臣因天下之心而欲迎立大王，大王勿疑也。”① 将贤圣仁孝作为代王德贤的标准。文帝时期，有司请早立太子，文帝不许。有司固请曰：“古者殷、周有国，治安皆且千岁，有天下者莫长焉，用此道也。立嗣必子，所从来远矣。”以宗周之立子制度说帝。又说：“子启最长，敦厚慈仁，请建以为太子。”② 以敦厚慈仁作为立太子的理由。这与秦之厚今薄古、不立宗法是完全相异的。

文帝在位时期，十分注重运用孝道作为控制社会、缓和阶级矛盾的工具。例如文帝二年，诏曰：“‘老者非帛不暖，非肉不饱。今岁首，不时使人存问长老，又无布帛酒肉之赐，将何以佐天下子孙孝养其亲？今闻吏禀当受鬻者，或以陈粟，岂称养老之意哉！具为令。’有司请令县道，年八十已上，赐米人月一石，肉二十斤，酒五斗。其九十已上，又赐帛人二匹，絮三斤。”③ 文帝十三年，以诏令的形式宣布：“孝悌，天下之大顺也。力田，为生之本也。三老，众民之师也。廉吏，民之表也。朕甚嘉此二三大夫之行。今万家之县，云无应令，岂实人情？是吏举贤之道未备也。其遣谒者劳赐三老、孝者帛人五匹，悌者、力田二匹，廉吏二百石以上率百石者三匹。”④ 文帝以孝悌治国，倡导全社会成员行“孝”“廉”等，并且将孝廉作为入仕的必备条件之一。这说明“汉以孝治天下”确确实实是当时的一种整合社会的既定政策，也是社会控制的一种道德要求。事实上，在小农社会中，由于分散的自然经济和小自耕农业，要整合起这些小农，无疑利用植根于其自身生命的宗法血缘传统，才能收到更好的效果。秦朝

① 《汉书》卷4《文帝纪》，中华书局1962年版，第106页。
② 同上书，第111页。
③ 同上书，第113页。
④ 同上书，第124页。

短祚的一个重要因素就是统治政治中没有形成对人们思想意识进行有效控制的内在机制。因此，由于“孝”是根源于家庭组织中一种自觉的个体行为，由血缘宗法伦理起始，再向国家伦理过渡，由此达到血缘与国家政治伦理的统一，这是汉初在秦亡教训中所进行的国家意识形态的重要改造。

正是在这种“孝”的伦理倡导下，每个人在小农社会的家庭生活环境中，从自己做起、从对待自己的父母做起，切实地通过维护家庭、家族秩序，遵守家庭和家族规范，将家庭、家族、各级政权作为封建等级秩序社会化的学校，从幼年到青年，从中年到老年，都受到“孝悌”的熏陶，由此维持了社会稳定，最终效果就是达到了封建君主专制主义大一统政权的社会化要求。所以，“夫孝，始于事亲，中于立君，终于身”，“君子之事亲，故忠可移于君”。[①] 尽管整个社会等级森严、贫富不均，但源于血缘的孝的秩序是一致的。不同等级、不同阶层、不同区域的人们受到同样的孝伦理规范的约束，全社会形成了一股强烈的向心力，人们发自内心地从行为上维护家庭、家族和各级政权的治理秩序，最终统治政权不仅完成了从各级政权层面对国家的控制，而且也实现了从内心深处对人们思想动机的制约。

儒家经典《孝经》，大约也产生、形成于汉初。《孝经》是对儒家宗法血缘的孝道及相关伦理进行总括式论述的一本书。目前关于《孝经》的成书时代，还是一个争论不休的问题。《汉书·艺文志》：“《孝经》者，孔子为曾子陈孝道也。夫孝，天之经，地之义，民之行也。举大者言，故曰《孝经》。”因此，有的人认为其成书于春秋末期由孔子自撰；亦有人认为《孝经》由孔子学生曾子、曾子门人或者子思编录；还有人认为《孝经》为汉儒伪作。但是，从目前学术界对于《孝经》的研究来看，大多数学者还是认为《孝经》思想形成于战国后期，而成书于汉代。[②] 其实，《孝经》一书大约在汉初就开始出现了。《孝经》有今、古文两个版本，《汉书·艺文志》皆有著录。而古今文版的文字大致接近，相差不大。今文《孝经》十八章，据说是汉初惠帝废除“挟书令”以后，由河间人颜芝之子颜贞献给河间献王后，用当时通行的隶书写成。古文本《孝经》，据说为汉武帝时期鲁恭王拆孔子故屋时所得。据《汉书·艺文志》记：“汉兴，长孙氏、博士江翁、少府后仓、谏大夫翼奉、安昌侯张禹传之，各自名家。经文皆

---

① 胡平生、许颖、徐敏译：《孝经·广扬名》第14，中华书局2009年版，第32页。

② 参见姜广辉主编《中国经学思想史》第2卷，第26章，中国社会科学出版社2003年版，第115—122页。

同，唯孔氏壁中古文为异。‘父母生之，续莫大焉’，‘故亲生之膝下’，诸家说不安处，古文字读皆异。”说明在汉初《孝经》已经开始流传于世。

《孝经》宣扬了儒家的宗法血缘的伦理道德思想。《孝经·三才章》明确地将孝作为宇宙、天地的本体与规律：“曾子曰：甚哉！孝之大也。子曰：夫孝，天之经也，地之义也，民之行也。天地之经，而民是则之，则天之明，因地之利，以顺天下。是以其教不肃而成，其政不严而治。先王见教之可以化民也，是故先之以博爱，而民莫遗其亲。”通过阐述孝的天经地义，强调了儒家思想中的宗法伦理道德关系的重要地位。《孝经》将孝作为君主与帝制国家进行社会控制的基本伦理。在第一章“开宗明义”中记曰：“子曰：‘先王有至德要道，以训天下，民用和睦，上下无怨，汝知之乎？’”“夫孝，德之本也，教之所由生也。复坐，吾语汝。”将孝作为儒家提倡的宗法伦理的根本范畴加以强化，通过孝的实行，而达到儒家治国平天下的目的。

在《孝经》作者看来，孝起始于宗法家族伦理，但是却终于社会与国家伦理。《孝经·士章》第五中明确提出：“资于事父以事母，而爱同。资于事父以事君，而敬同。故母取其爱，而君取其敬，兼之者父也。故以孝事君，则忠以敬事长则顺，忠顺不失，以事其上，然后能保其禄位，而守其祭祀，盖士之孝也。”所以，守其宗法血缘中心的祖先崇拜与族类祭祀，是士之孝；而以孝事君，则忠以敬事长则顺，是士之以家族伦理运用于社会、国家伦理的具体表现。这样，就将家族孝道与对于国家忠顺结合起来，孝就成为以宗法血缘为基础的，贯穿家族与社会的一种基本的伦理趋向。

在《孝经》作者看来，孝又是封建统治阶级教化民众的伦理道德工具。孝贯穿于儒家的整个伦理道德体系之中，是联系仁、义、礼、智、信的精神核心。《广要道章》第十二记曰：“教民亲爱，莫善于孝。教民礼顺，莫善于悌。移风易俗，莫善于乐。安上治民，莫善于礼。礼者，敬而已矣。故敬其父，则子悦。敬其兄，则弟悦。敬其君，则臣悦。敬一人而千万人悦。所敬者寡而悦者众，此谓之要道也。”民众有了孝，就能够移风易俗，安上治民，达到礼的要求。“礼者，敬而已矣。”这样，孝就不仅仅是一种单纯的伦理范畴，还是儒家各项伦理道德范畴的基础。《孝经》还对圣明君主的安邦治国提出了要求，它认为，君主治国不仅要重视法律制度建设，更要重视以孝的精神治国，这样才能够更好地缓和阶级矛盾，达到儒家“圣人之教不肃而成，其政不严而治”的效果。《孝经·圣治章》第九特别指出：“圣人之教不肃而成，其政不严而治，其所因者本也。

父子之道，天性也。君臣之义也。父母生之，续莫大焉。君亲临之，厚莫重焉。故不爱其亲而爱他人者，谓之悖德。不敬其亲而敬他人者，谓之悖礼。”所以，《孝经·五刑章》第十一曰：“五刑之属三千，而罪莫大于不孝，要君者无上，非圣人者无法，非孝者无亲，此大乱之道也。”

《孝经》是以儒家礼义进行社会控制的一种伦理法则。它充分运用了小农社会分散自然经济和小自耕农业的特点，提出利用植根于中国封建文化基础的宗法血缘传统精神，重新建立新的社会伦理道德模式。通过这种孝的精神的推行，来整合社会，整合小农社会分散的自然经济，由此收到更好的效果。因此，由于“孝”是根源于家庭组织中一种自觉的个体行为，由儒家提倡的孝道精神，通过《孝经》而充分地表现出来，由此架起由血缘宗法的家族伦理向国家与社会伦理过渡的线性桥梁，以达到血缘与国家政治伦理的统一。所以，《孝经》虽然形成于战国后期，成书于汉初，但是它在汉初被作为帝制国家意识形态的主体内容而得到大力阐扬，这是与儒家思想建设的努力分不开的。在西汉前期，皇权为了标示“孝”在国家思想建设中的重要性，在帝王谥号中均加上“孝”字，如“孝文”“孝景”“孝武”等，以示国家对于孝道的昭彰。从《孝经》的问世、流行及“孝”在汉初国家政治思想意识上的重要地位，我们确实可以看出汉初儒家以宗法血缘为基础的政治、伦理思想，以及相应的社会教化和社会整合、控制举措，已为当时统治者所吸取、倡导，并且成为国家政治思想和礼仪、教化制度的重要组成部分。

二 儒家典籍日渐为官方所重视

西汉前期，儒家经籍传播的繁荣及列为学官，也是儒家思想迅速传播的重要内容。《汉书·艺文志》曾经对于汉代流行的各种经书给予了阐述：“昔仲尼没而微言绝，七十子丧而大义乖。故《春秋》分为五，《诗》分为四，《易》有数家之传。战国从衡，真伪分争，诸子之言纷然殽乱。至秦患之，乃燔灭文章，以愚黔首。汉兴，改秦之败，大收篇籍，广开献书之路。迄孝武世，书缺简脱，礼坏乐崩，圣上喟然而称曰：‘朕甚闵焉！’于是建藏书之策，置写书之官，下及诸子传说，皆充秘府。”这里将儒家经典的形成、发展、传播分成了四个阶段。第一，儒家经书的形成时期。大致是由孔子述及，至孔子死去“而微言绝，七十子丧而大义乖。故《春秋》分为五，《诗》分为四，《易》有数家之传”。第二，秦代的焚书期。“至秦患之，乃燔灭文章，以愚黔首。”第三，汉初儒家经籍的重新发现和规模较大的汉代官方、民间“大收篇籍，广开献书”的经籍热时期。汉初，“改秦之败，大收典籍，广开献书之路”①，文帝收集整理了先秦《礼》之一部分、窦公之《大司乐》章和北平侯张苍之《春秋左氏传》等除《易》之外的“五经”，景帝在鲁、韩两派《诗》的基础上确立了齐《诗》，将《春秋》学派扩大到了左氏与公羊氏。对于当时儒学经籍的繁荣，《汉书·儒林列传》记曰：“汉兴，言《易》自淄川田生；言《书》自济南伏生；言《诗》，于鲁则申培公，于齐则辕固生，燕则韩太傅；言《礼》，则鲁高堂生；言《春秋》，于齐则胡毋生，于赵则董仲舒。及窦太后崩，武安君田蚡为丞相，黜黄老、刑名百家之言，延文学儒者以百数，而公孙弘以治《春秋》为丞相，封侯，天下学士靡然乡风矣。”当时儒家经典各经基本上已经被儒生加以整理和传播，并且为汉武帝时代儒家的繁荣创造了条件。第四，汉武帝时的儒家经典确立为官学期。“迄孝武世，书缺简脱，礼坏乐崩，圣上喟然而称曰：‘朕甚闵焉！’于是建藏书之策，置写书之官，下及诸子传说，皆充秘府。”在这几个时期中，汉初的儒家经籍的重新发现和官方汇集的经籍热时期，是中国历史上儒家经学发展的一个极其重要的时期。这一时期，许多儒家经典被重新发现并且传播，为西汉中期儒学的复兴奠定了基础。

根据《汉书·艺文志》，当时儒家各经都在汉初有一定的发现与流传。例如《易》，“及秦燔书，而《易》为筮卜之事，传者不绝。汉兴，田何传之。讫于宣、元，有施、孟、梁丘、京氏列于学官，而民间有费、高二家之说”。

从《尚书》来看，“《书》之所起远矣，至孔子纂焉，上断于尧，下讫于秦，凡百篇，而为之序，言其作意。秦燔书禁学，济南伏生独壁藏之。汉兴亡失，求得二十九篇，以教齐鲁之间。讫孝宣世，有《欧阳》、《大小夏侯氏》，立于学官”。

从《诗》而言，“孔子纯取周诗，上采殷，下取鲁，凡三百五篇，遭秦而全者，以其讽诵，不独在竹帛故也。汉兴，鲁申公为《诗》训故，而齐辕固、燕韩生皆为之传。或取《春秋》，采杂说，咸非其本义。与不得已，鲁最为近之。三家皆列于学官。又有毛公之学，自谓子夏所传，而河间献王好之，未得立”。

从《礼》来看，“‘礼经三百，威仪三千。’及周之衰，诸侯将逾法度，恶其害已，皆灭去其籍，自孔子时而不具，至秦大坏。汉兴，鲁高堂生传《士礼》十七篇”。

① 《汉书》卷30《艺文志》，中华书局1962年版，第1701页。

《乐》则“故自黄帝下至三代，乐各有名。……周衰俱坏，乐尤微眇，以音律为节，又为郑、卫所乱，故无遗法。汉兴，制氏以雅乐声津，世在乐宫，颇能纪其铿锵鼓舞，而不能言其义。六国之君，魏文侯最为好古，孝文时得其乐入窦公，献其书，乃《周官·大宗伯》之《大司乐》章也”。

《论语》者，则是“孔子应答弟子时人及弟子相与言而接闻于夫子之语也。当时弟子各有所记。夫子既卒，门人相与辑而论纂，故谓之《论语》。汉兴，有齐、鲁之说。传《齐论》者，昌邑中尉王吉、少府宋畸、御史大夫贡禹、尚书令五鹿充宗、胶东庸生，唯王阳名家。传《鲁论语》者，常山都尉龚奋、长信少府夏侯胜、丞相韦贤、鲁扶卿、前将军萧望之、安昌侯张禹，皆名家。张氏最后而行于世”。

所以，汉初是儒家经典及其思想重新发现和流传、传播的时期。这一时期，许多儒家经籍作为反秦之文化封锁政策的措施，而在官方与民间被发掘、收集，并且作为统治者进行思想统治的重要依据。不仅仅是《孝经》这样的实用性经典，就是如《易》《尚书》《礼》《乐》《论语》等经籍，也都开始担负起社会教化或收拾人心的道德责任，而为统治阶级所重视。这种广泛收书与献书的热潮，绝不是仅仅用延续学术传统就能说清楚的。它为官方和民间所重视的一个极其重要的原因，应当是它所承担的社会教化和统一思想的意识形态功能。否则我们不能说明在当时社会物质极其匮乏的情况下，官方与民间的这种对于经籍的热度来自何处。同时，当时的许多儒家学者的文化与政治思想已经为朝廷所认同，并且作为汉初朝廷中的重要文化官员。例如在文帝时期，治《尚书》的伏生被任命为太常，治《诗》的申公、韩婴被征为博士，治《礼》的徐生善被任命为礼官大夫。景帝时期，治《春秋》的董仲舒、治《公羊春秋》的胡毋生、治《尚书》的张生被征为博士，韩婴被任命为常山太傅、王臧被任命为太子太傅，说明当时儒生文化修为和政治思想，确实得到了朝廷的认可。这从另一个角度也能够说明，汉初的儒家，其思想在国家和社会中已经有着十分重要的作用以及地位。它实际上已经开始作为统治者鉴秦之失后，所选择、利用的一种社会和国家的思想武器。应该说，文景时期，两代皇帝对儒家著作的大力保护与对儒家学者的着力提携，储备了儒学人才，促进了儒学的复兴，为汉武帝时期的“罢黜百家，独尊儒术”和形成“儒教中国”奠定了良好的基础。正是在汉初的这种经籍热、儒学热的基础上，才有了汉武帝时代儒家思想全面登上政治舞台、全面开始控制社会的局面，这是一个循序渐进的过程。

三　儒家士人积极言事改制，推动国家制度改革

从史书记载看，在西汉前期七十余年里，儒家官员和士人还常常采取主动性的“有为”举措来适应政治格局的变化。例如文帝时期，一方面，诸侯国势力不断增长，对于中央皇权形成了威胁；另一方面，随着经济复苏，以至于“兼并豪党之徒，以武断于乡曲。宗室有士公卿大夫以下，争于奢侈，室庐舆服僭于上，无限度”[①] 的局面。所以，这一时期汉代国家在政治思想上，也倡导积极的“有为”，来对付这种纷乱局面。当时倡导“有为”政治的，正是以贾谊为首的儒家人物。他们主要是进行了两项变革：其一，不断强化君主专制政治，提高皇权的权威性；其二，不断用儒家“礼治”思想，进行以维护帝制权威为主的“礼义”制度建设，完善汉代国家的政治等级秩序。这种思想变革，也带动了国家政治体制包括中央官制的变革，在当时叫作“更化”“改制”。

这种“更化”“改制”，在文景时期有史可载的大约有两次。一次是文帝时期贾谊为朝廷“改正朔，易服色制度，定官名，兴礼乐”的思想与制度变革。青年儒生贾谊以其才能为文帝看重，积极为汉政制仪法，更律令。在当时“以藩屏周”的郡国并行制已经危及中央集权的发展时，贾谊向文帝提出“改正朔，易服色，法制度……悉更秦之法”的建议，主张以儒家“礼治”来全面更新汉代思想与制度，强化等级、名号，达到“主主臣臣”“威德在君”[②] 的效果。过去很长一段时间，有关贾谊思想与制度改革的史料阙如。有幸的是，随着张家山汉简《二年律令》的出土，使我们能够看到当时政治体制的变革情况。例如为了强化中央集权，文帝时汉官僚系统曾经进行了有深远意义的公卿大夫士爵位的改革。杨振红教授曾运用简牍材料对于秦汉公卿大夫士爵位系统的变革进行了很有价值的研究。[③] 她通过对张家山汉简《二年律令·秩律》及大量文献的研究，认为秦汉之际，变化较大的是官僚体系的上部即公、卿位以及与秩的对应关系。而其中一个重要方面，即御史大夫、廷尉等秩从二千石升为秩中二千石。过去中央这些部门长官的官秩与地方长官的官秩均为二千石，属于平级待遇。而通过在秩二千石之上增设秩中二千石一级，将御史大夫、廷尉

---

① 《史记》卷30《平准书》，中华书局1959年版，第1420页。

② （汉）贾谊撰，阎振益、钟夏校注：《新书校注》第6《礼》，中华书局2000年版，第214页。

③ 杨振红：《秦汉官僚体系中的公卿大夫士爵位系统及其意义——中国古代官僚政治社会构造研究之一》，《文史哲》2008年第5期。

等秩从二千石改变为秩中二千石，就将官秩提高了半级，超越地方行政长官的官秩。这种提高中央部门首长的官秩的做法，变相加强了中央部门长官的权威，同时也加强了中央集权的力度。这一改革是十分重要的官僚制度的变革，其改革时间主要从文帝六年至文帝去世。这一时期正是贾谊辅佐文帝倡导改制的时期。所以，“当时文帝进行的官秩改革应当是采纳贾谊的建议，在秩二千石之上增设秩中二千石一级，以安排天子列卿，提高其地位，与诸侯列卿相区别”①。再如内史，“文帝秩级改革时应当是将内史和其他列卿一样升秩为中二千石”②，由此提高了内史的地位。景帝时晁错为内史，史书记其宠幸倾九卿，也正是在文帝对于内史官职的改革之后。所以，贾谊为文帝制仪法，定官名，兴礼乐，“悉更秦之法”，是有史可据的。《汉书》载其时“文帝廉让未皇也。然诸法令所更定，及列侯就国，其说皆谊发之”③，是可以相信的。班固曾发议论曰：“追观孝文玄默躬行以移风俗，谊之所陈略施行矣。……谊亦夭年早终，虽不至公卿，未为不遇也。”④甚至贾谊早夭，由贾谊提倡而当时未得到施行的“改历服色事”等事，其后亦在儒士公孙臣等努力下成为现实。史载文帝十四年（公元前166），即贾谊逝世两年之后，鲁人公孙臣“上书陈终始传五德事，言方今土德时，土德应黄龙见，当改正朔服色制度”⑤。次年，“黄龙见成纪。文帝召公孙臣拜为博士，与诸生申明土德，草改历服色事。……夏四月，文帝始幸雍郊，见五畤祠，衣皆上赤”⑥。说明文帝时期儒者在思想建设上确实起着主导性作用。

贾谊之后，不少儒家学者、官僚如晁错、贾山、韩婴等人，在一波高过一波的“过秦”（批判秦政）思潮中不断阐扬自己的思想，为巩固中央集权、反对诸侯王的分离倾向建言献策，形成以晁错为首的制度改革。晁错，颍川人，史载其辩才恢弘。景帝十分欣赏晁错的政治见识，任晁错为内史，多次与他私下交谈天下大势，备受信任。晁错的变革内容，目前还缺乏系统的文献记载，但是从《汉书》卷49所记，“错数请间言事，辄听，幸倾九卿，法令多所更定”⑦；尤其是在削藩问题上，史载“上迁

---

① 杨振红：《秦汉官僚体系中的公卿大夫士爵位系统及其意义——中国古代官僚政治社会构造研究之一》，《文史哲》2008年第5期。

② 同上。

③ 《汉书》卷48《贾谊传》，中华书局1962年版，第2222页。

④ 同上书，第2265页。

⑤ 《史记》卷10《文帝本纪》，中华书局1959年版，第429页。

⑥ 《汉书》卷25《郊祀志》，中华书局1962年版，第1212—1213页。

⑦ 《汉书》卷49《袁盎晁错传》，中华书局1962年版，第2299页。

（错）为御史大夫，请诸侯之罪过，削其支郡。奏上，上令公卿、列侯、宗室杂议，莫敢难”①，说明景帝时同样采纳了他的不少建议进行思想与法令的改革。特别是其“削藩”思想，在当时影响巨大。有意思的是，这些在国家中枢进行思想、法令变革的儒家大臣大都为通晓儒、法，并援法入儒者，有着法家经世致用的特点和喜好儒家经典论事的特征。② 晁错强调“削藩”，最后虽然以悲剧收场，但他的儒家兼济天下的忧患意识，以及法家峭直刻深的性格特点，使他坚守自己的政治立场，成为当时名闻一时的人物。他的许多政治主张也在以后的王朝政治实践中得到了实现。

四　以儒学决事和经义决疑成为朝廷重要决事方法

在统治集团中，自刘邦开始，至文帝、景帝乃至武帝，儒家思想就作为议论政事的主要依据。如叔孙通作为一名儒家学者，除了在汉高祖时期为之制定朝廷礼制外，在汉初的一系列重要政治活动中都积极参与，受到重用。例如高帝崩，孝惠帝即位，即徙叔孙通为太常，“先帝园陵寝庙，群臣莫习”③，要叔孙通率学生为之制定宗庙仪法。在叔孙通定宗庙仪法以后，又让他“稍定汉诸仪法”。这是非常重要的信息，它说明汉初各项朝廷法制仪礼，实际大多为叔孙通一派儒者所制定并且实际上已经掌握了汉初朝廷的“诸仪法”的制定权力。叔孙通等儒者在汉初也积极参与政事，以儒家之言参议大事。例如：“汉九年，高帝徙叔孙通为太子太傅。汉十二年，高祖欲以赵王如意易太子，叔孙通谏上曰：‘昔者晋献公以骊姬之故废太子，立奚齐，晋国乱者数十年，为天下笑。秦以不蚤定扶苏，令赵高得以诈立胡亥，自使灭祀，此陛下所亲见。今太子仁孝，天下皆闻之；吕后与陛下攻苦食啖，其可背哉！陛下必欲废適而立少，臣愿先伏诛，以颈血污地。’高帝曰：‘公罢矣，吾直戏耳。’叔孙通曰：‘太子天下本，本一摇天下振动，奈何以天下为戏！’高帝曰：‘吾听公言。’”④

---

① 《汉书》卷49《袁盎晁错传》，中华书局1962年版，第2300页。

② 史载贾山颍川人氏，其家世业儒，但其自身学说夹杂儒法，“不能为醇儒”。他曾上疏汉文帝，借秦为喻，阐述自己对于局势的看法，提出以“礼仪”巩固封建政治等级制度，强化中央皇权的认识，其疏名为《至言》，在当时朝廷中颇有影响。而晁错亦是一个以治儒家《尚书》为主，兼及申商刑名的儒家官僚。其实，从贾谊、贾山、晁错等人的学术背景我们可以知道，随着儒学的变革，当时的儒家士人大都是援法入儒者，大都有先法后儒的学习经历。这也是文景时欣赏儒家学者，并且重用他们改制、更法的重要原因。

③ 《史记》卷99《刘敬叔孙通列传》，中华书局1959年版，第2725页。

④ 同上。

在汉初，有大臣认为文景时期占主流的政治思想是承“周”之儒家学说，即“方今汉家法周”。“方今汉家法周”是在景帝时围绕景帝少弟梁王刘武的立储之争时大臣袁盎所提出的。应该说，袁盎这个说法虽然为时政而发，但是对于汉初以来王朝却是倡导儒学的一种现实政治的总结，[①]即文、景时期皇室君臣决难解疑，已经在应用儒家经典来作为决事之学，经义决事、“春秋”决疑已经开始成为朝廷决定大事的方法。汉景帝时发生了一件大事，即景帝母窦太后欲立爱子，亦景帝弟梁孝王为太子。朝中围绕这件立太子事，议论纷纷，并以儒家经义作为决疑该事之据，来解决此事。据《史记》记曰：

> 盖闻梁王西入朝，谒窦太后，燕见，与景帝俱侍坐于太后前，语言私说。太后谓帝曰：“吾闻殷道亲亲，周道尊尊，其义一也。安车大驾，用梁孝王为寄。”景帝跪席举身曰：“诺。”罢酒出，帝召袁盎诸大臣通经术者曰：“太后言如是，何谓也？”皆对曰：“太后意欲立梁王为帝太子。”帝问其状，袁盎等曰：“殷道亲亲者，立弟。周道尊尊者，立子。殷道质，质者法天，亲其所亲，故立弟。周道文，文者法地，尊者敬也，敬其本始，故立长子。周道，太子死，立適孙。殷道，太子死，立其弟。”帝曰：“于公何如？”皆对曰：“方今汉家法周，周道不得立弟，当立子。故春秋所以非宋宣公。宋宣公死，不立子而与弟。弟受国死，复反之与兄之子。弟之子争之，以为我当代父后，即刺杀兄子。以故国乱，祸不绝。故春秋‘曰君子大居正，宋之祸宣公为之’。臣请见太后白之。”袁盎等入见太后：“太后言欲立梁王，梁王即终，欲谁立？”太后曰：“吾复立帝子。”袁盎等以宋宣公不立正，生祸，祸乱后五世不绝，小不忍害大义状报太后。太后乃解说，即使梁王归就国。[②]

其后梁王闻其事出于袁盎诸大臣，十分怨怅，使人暗杀袁盎。事发，朝廷派使者捕逐之。在法吏穷追下，梁王谋反诸事均被发现。太后担忧，

---

① 例如前述儒者叔孙通在高祖时期“定汉诸仪法”，同时据文献记载，他还在汉初的一系列国家重要政治事务中都积极参与，受到皇室重用。在汉初国家宗教祭祀活动中儒家也占据主流地位。据《史记·封禅书》，文帝时，为了提升“君权神授”的天赋权威，他亲自郊祀上帝诸神灵，并且指派“博士诸生刺（索引：‘刺谓采取之也’）《六经》中作《王制》，谋议巡狩封禅事”，试图以儒家《六经》为蓝本来建立帝制国家宗教祭祀礼仪。

② 《史记》卷58《梁孝王世家》，中华书局1959年版，第2091—2092页。

不食，日夜哭泣不止。“景帝甚忧之，问公卿大臣，大臣以为遣经术吏往治之，乃可解。于是遣田叔、吕季主往治之。此二人皆通经术，知大礼。来还，至霸昌厩，取火悉烧梁之反辞，但空手来对景帝。景帝曰：‘何如？’对曰：‘言梁王不知也。造为之者，独其幸臣羊胜、公孙诡之属为之耳。谨以伏诛死，梁王无恙也。’景帝喜说，曰：‘急趋谒太后。’太后闻之，立起坐餐，气平复。”① 田叔、吕季主以儒家经术为据，并以变通方法解决了帝王与太后的冲突，使这次重大政治纷争化险为夷。② 正因为如此，司马迁评论曰：“不通经术知古今之大礼，不可以为三公及左右近臣。少见之人，如从管中窥天也。”③

此事在其他文献中亦有记载。从上面论述中，我们至少可以看出当时汉代朝堂中有以下几点值得注意的地方：1. 当时在朝廷已经有一批通经术、知大礼的经术士及经术吏，这批人侍从在帝王身边，位列朝堂。朝廷有什么重大事情需要决疑，往往要依靠这批经术士、经术吏来进行论证。可见汉初朝廷中儒家经术士具有较重要的地位；2. 这些经术之士主要以儒家经典论事。在一些重大事件的决定中，汉初朝堂往往以《春秋》及其他儒家经义决疑。例如上述立太子之事，当太后与景帝发生冲突时，于是朝廷诏经术吏，将《春秋》大义作为朝廷决定继承人的主要依据。而其中的内容，不乏殷道亲亲，周道尊尊，以及春秋经义决政的事。3. 袁盎虽然力辩殷、周继承制度的礼仪之争，但是从“方今汉家法周”，可以看出当时儒家所强调的“周制”正在成为一股政治思想潮流，并且成为朝廷议决重大事件所效法的尺度。特别要指出的是，这里说的周制应是相对秦制而言，是经过儒家学者如陆贾、叔孙通等改造以后的，“颇采古礼与秦仪杂就之”④的汉代儒家礼制。这说明在汉初朝堂上，儒家经义决疑应该是一个有着重要影响的决策内容。就像信奉黄老道家学说的窦太后等人，在这种大事上，亦不得不采用景帝意见，以儒家经义来论证继承人大事，并且希望以春秋经义来为自己的决定辩护。

这种经义吏在汉代朝堂里位居高官者很可能并不少，就像当时深受景

---

① 《史记》卷 58《梁孝王世家》，中华书局 1959 年版，第 2092 页。

② 田叔，据《史记》本传记其少年时学黄老之术。今人往往以此论田叔为黄老学者。但据《史记》《汉书》记景帝“问公卿大臣，大臣以为遣经术吏往治之，乃可解。于是遣田叔、吕季主往治之。此二人皆通经术，知大礼”一句来看，田叔、吕季主是以通经术知礼仪之臣而被派遣，因此二人皆应是通晓儒家经义、礼制，并能以经义、礼制论事决疑之人。他们的学习经历，应该与贾谊等人一样，有先学法后学儒的背景。

③ 《史记》卷 58《梁孝王世家》，中华书局 1959 年版，第 2092 页。

④ 《汉书》卷 43《郦陆硃刘叔孙传》，中华书局 1962 年版，第 2126 页。

帝信任的袁盎及诸大臣通经术者。司马迁为此也感叹当时政局道："不通经术知古今之大礼，不可以为三公及左右近臣。"正道出了汉初朝廷儒家学说影响政治格局的实际情况。所以，在汉初朝廷上，儒家学说作为一种十分重要的理论学说是无疑的。

第四章　汉初新儒学的社会政治思想

第一节　汉初儒学为什么叫“新儒学”

西汉初年，汉承秦制，实行大一统君主专制的官僚体制。这种现实也使汉初的国家政治形态发生了重要变化。作为汉初地主阶级的政论家、思想家，如陆贾等人，也在按照这种改变了的现实政治状况进行国家政治意识形态与社会控制思想的塑造。在这方面，其具体做法就是通过对先秦儒家思想的改造，融合进法家、道家、阴阳家学说，从而形成新的为专制主义服务的思想学说。

汉初政治体制，本质是秦代君主专制为核心的中央集权政治的继续。君权被凸显为国家最高政治权力，并集政权、神权、军事权、宗主权为一体，中央政府在全国有着极高的权威。但是，秦实行刑治主义二世而亡的教训，又使得汉初统治者不得不在国家意识形态、政治思想领域以及社会控制理论方面有所创新与构建。于是，以陆贾为首的地主阶级思想家就在这种现实的政治土壤上，以先秦孔孟儒学为主体，融合道、法、阴阳等各家思想学说，形成了新的大一统的新儒家思想。

所谓新儒家思想，是相对于先秦孔孟儒学而言的，结合汉代君主专制政治实际的国家政治与社会思想体系。在先秦，以孔孟为代表的儒家学者，其政治思想的基础仍然是建立在周代以分封制为基础的政治等级制和相关的周代礼制之上的。到了汉代，国家的政治基础发生了改变，其社会整合、控制方式和国家治理思想也要做相应调整。在当时，怎样更好地维护君主专制政治格局，又不重蹈秦亡的覆辙，是思想家必须要探索、思考的一个重要问题。在这种情况下，陆贾等人及时提出以儒家理论为主干，以法家思想为核心，以道家黄老无为思想为治策的新的国家政治思想体系，这种思想体系就是汉初的新儒家学说。

从目前学术界的研究来看，作为地主阶级思想家的陆贾，实开汉代尊儒之先河，并且将汉代统治阶级政治指导思想由法家“尚刑”主义向新儒家“尚德”思想转变。陆贾作为新儒家的缔造者所撰《新语》一书，其“新”之处，不仅在其语言之精妙，更在其思想上不拘一格，博采众长，以儒家为体，法家为质，援阴阳，引道家而形成的有别于先秦孔、孟、荀、韩、老、庄、邹衍等诸家之说，而成为汉治道的显学，并由此开创西汉一代儒家的新局面。

首先，我们看陆贾对于儒家思想的吸取。在《新语》中，陆贾以儒为治世之本体，以“仁”“礼”为治的思想倾向十分突出。在治国之基本政典方面，他强调原圣王之意，以五经为治国之经典，仁义、礼义为治国之则，并结合汉初实际，对汉的治政策略作了一种新的解释。他认为，儒家所奉之“礼”，即是宇宙间最高规律、最基本的法则，天地生养万物，具有儒学理想人格精神的圣人成就万物。“‘天生万物，以地养之，圣人成之。’功德参合，而道术生焉。……苞之以六合，罗之以纪纲，改之以灾变，告之以祯祥，动之以生杀，悟之以文章。”① 这里所谓的纪纲、文章，亦即道术，亦即儒学所倡导的道德纲常。在陆贾看来，天地日月阴阳四时，与社会人伦的纪纲、文章等“道术”原是一体的，都是天地间的规律、法则，都是来自宇宙，行之于万世，与阴阳二气一样，亘古亘今。为此，他认为：“阳气以仁生，阴节以义降。”② 儒家仁义与天地阴阳二气是紧密相合的，而儒家六经则是圣人据“天道”而规范“人道”的经典，是圣人“仰观天文，俯察地理，图画乾坤，以定人道”③ 的结果。因此，儒家“五经”源于“天道”，能“合道德，采微善，绝纤恶，修父子之礼，以及君臣之序，乃天地之通道，圣人之所不失也。故隐之则为道，布之则为文……论思天地，动应枢机，俯仰进退，与道为依”④。治世以儒家“五经”为本，就是一件上合天道、下顺人心的事了。

在这种情况下，陆贾十分强调“仁”“礼”的社会控制和教化功能。他将“仁义”“礼乐”作为汉初收拾人心、进行社会控制与整合的重要思想内容，将理想社会的复兴与“礼”的展开联系起来，将“仁义”作为国家、天下长治久安的法则：“仁者道之纪，义者圣之学。学之者明，失之

① 国学整理社辑：《诸子集成·新语·道基》第1，中华书局1954年版，第1页。

② 同上书，第3页。

③ 同上书，第1页。

④ 国学整理社辑：《诸子集成·新语·慎微》第6，中华书局1954年版，第11页。

者昏，背之者亡。”[①] 强调治天下以仁义礼乐为本。同时，他还强调儒家经典在治世中的重要作用，认为：“礼义不行，纲纪不立，后世衰废。于是后圣乃定五经，明六艺，承天统地，穷事察微，原情立本，以绪人伦，宗诸天地，纂修篇章，垂诸来世，被诸鸟兽，以匡衰乱，天人合策，原道悉备。”[②] 这就将六经升华为治世原典，“承天统地”“穷事察微”的天地大则。这种思想，既是对孟、荀礼义思想的继承发展，又是对儒家道德学说在本体论上的抽象与升华。

其次，陆贾又对于法家学说给予继承、扬弃。鉴于有汉一代反秦治道又承秦制的现实，陆贾为了维护秦朝建立，而汉所承袭的封建中央集权的官僚政治体制，既主张治世以仁礼为则，又主张要以“法”为“概”，以中央集权的君主专制政治作为最高的政治权威，以君主之临天下的绝对权力为最高政治目标。为了达到这个目的，陆贾极力主张要以君主专制之“法”去总揽、一统天下之政，要“执一政、持一概”，以专制君主意志为标准，政出一门，不能君弱臣强。他说：“故天一以大成数，人一以□成伦……故事不生于法度，道不本于天地，可言而不可行也。”[③] 他引用管仲相齐桓公，九合诸侯，一匡天下的事例，说明行一法，执一政，法一规在稳定官僚体制中的重要性。“故管仲相桓公，诎节事君，专心一意……尊其君而屈诸侯，权行于海内，化流于诸夏。……举一事而天下从，出一政而诸侯靡。故圣人执一政以绳百姓、持一概以等万民，所以同一治而明一统也。”[④] 将贯彻一个政原、一个规矩、一个法典、一个意志作为维护天下安定的重要举措，目的是达到大一统的君主专制的中央集权。

当然，陆贾在吸收法家学说时，亦对之进行了严厉的批判。他认为，法家思想的缺陷在于持法太急，执法太酷，反而失去“法”的度量界限。他说：“夫持天地之政，操四海之纲，屈伸不可以失法，动作不可以离度，谬误出口，则乱及万里之外。何况刑无罪之狱，而诛无辜于市乎！”[⑤] 由于法家的这种谬误，致使社会上下失序，等级失范，民众失规，百姓不知措手足。“夫形（刑）重者则心烦，事众者则身劳；心烦者则刑罚纵横而无所立，身劳者则百端迴邪而无所就。”[⑥] “故设刑者不厌轻，为德者不厌重，

① 国学整理社辑：《诸子集成·新语·道基》第1，中华书局1954年版，第3页。
② 同上书，第2页。
③ 国学整理社辑：《诸子集成·新语·怀虑》第9，中华书局1954年版，第15页。
④ 同上。
⑤ 国学整理社辑：《诸子集成·新语·明诫》第11，中华书局1954年版，第18页。
⑥ 国学整理社辑：《诸子集成·新语·至德》第8，中华书局1954年版，第13页。

刑罚者不患薄，布赏者不患厚。”① 因此，圣贤治世当德主刑辅。法家商、韩之流正是不知教化，不明礼、法之辨，故其学不数年而颠覆。

陆贾这一思想，代表了汉初政治体制变化的实际，是对于先秦儒家思想改造的重要内容。实际上，它已经根本改变了先秦孔孟儒家思想的性质，将先秦儒家所不赞成的专制政治与君主集权纳入儒家的政治学说中，从而彻底否定了先秦儒家的民本性与人文性。正是如此，汉初实行的儒家学说已经是经过儒、法融合后的、内法外儒的政治学说，是适应君主专制政治的地主阶级的思想学说，而不再符合原始先秦孔孟儒家思想的精神。

再次，陆贾还将道家无为之说吸纳进其儒家学说中，以道家“无为”之治的思想作为解决汉初社会稳定、经济凋敝问题的策略。在汉初民生凋敝、经济颓败的情况下，陆贾等人深知恢复经济，稳定社会，必须要改变秦之强国弱民、严刑峻法、横征暴敛的举措，要按照社会发展规律，使民以时，减徭薄赋，与民休息。为此，他将“道家”贵雌守柔，以柔弱胜刚强的“无为”而治的思想作为其新儒家学说的重要内容，作为当时恢复社会秩序、复苏经济的一种治世策略，他说：

> 道莫大于无为，行莫大于谨敬。何以言之？昔舜治天下也，弹五弦之琴，歌南风之诗，寂若无治国之意，漠若无忧天下之心，然而天下大治。周公制作礼乐，郊天地，望山川，师旅不设，刑格法悬，而四海之内，奉供来臻，越裳之君，重译来朝。故无为者乃有为也。②

陆贾以历史上舜、周公为例，说明“三代”圣人“师旅不设，刑格法悬，而四海之内，奉供来臻”的理想社会状况。这实际上是对秦王朝暴政的一种检讨，也是针对战争初平后西汉社会民敝财竭、恢复国民经济的一种政治方针。陆贾认为，适度的与民休息、轻徭薄赋的让步政策是必要的，这是“无为”政治手段在当时的政治、经济情势下的一种必然性。所以，柔弱胜刚强，以“清静”“无为”治世，不是恐惧胆怯，而是一种在不利形势下的暂时妥协与退让。“故怀刚者久而缺，持柔者久而长，躁疾者为厥速，迟重者为常存，尚勇者为悔近，温厚者行宽舒，怀急促者必有所亏，柔懦者制刚强。”③ 这种充满辩证法的治世思想，是希望治世者能够

---

① 国学整理社辑：《诸子集成·新语·至德》第8，中华书局1954年版，第13页。

② 国学整理社辑：《诸子集成·新语·无为》第4，中华书局1954年版，第6页。

③ 国学整理社辑：《诸子集成·新语·辅政》第3，中华书局1954年版，第5页。

认识到取天下的刚、勇不能代替治天下的“德”“礼”以平天下的道理，以“力”夺天下还需以“德”定天下。陆贾对道家思想的吸取，本质上是援道入儒、援道入法，期望以“无为”而达到霸王道杂之的“有为”政治方略。[1]

但是，陆贾虽然主张以“无为”之学以待百事俱兴，以“清静”之说来矫正秦之暴法虐政，可作为一个以儒为体的地主阶级思想家，他吸取的道家“清静”“无为”之说，只是一种与民休息的暂时对策。而对于道家无为之说的根本观点，即“避世”“遁形”，以及抛弃仁义、礼制的思想，他却是坚决反对的。他说：

> 由人不能怀仁行义，分别纤微，忖度天地，乃苦身劳形，入深山，求神仙，弃二亲，捐骨肉，绝五谷，废《诗》《书》，背天地之宝，求不死之道，非所以通世防非者也。[2]

这是对道家的批判，也是对通“世”知“道”的阐释。他认为，所谓“通世”，就是要通晓新建立的封建专制王权如何保持长治久安之道，并以一种积极的入世精神，去辅佐君主治理天下，辅佐万民，进行有效的社会控制。而“苦身劳形”，“弃二亲，捐骨肉，绝五谷，废《诗》《书》”，是对“天道”以及封建治道的背弃行为，是不可取的。为此，他特别强调了“怀道者”与“避世者”的区别与特征：“夫播布革，乱毛发，登高山，食木实，视之无优游之容，听之无仁义之辞，忽忽若狂痴，推之不往，引之不来，当世不蒙其功，后代不见其才，君倾而不扶，国危而不持，寂寞而无邻，寥廓而独寐，可谓避世，而非怀道者也。”[3]“避世”是一种消极、出世之弃道，而“怀道”是一种积极入世、辅君尽忠之“仁”道。这不仅是个人志向的不同，更是儒、道双方对国家、天下、社稷、江山的责任感、义务感的差异，是一种国家价值取向及价值目标的区别。“避世”者假称不为社稷、江山所累，“君倾而不扶，国危而不持”，故作清高寥廓之士，实际上是缺乏社会责任感的不忠不孝之徒，“故杀身以避难而非计也，怀道而避世则不忠也”。[4] 陆贾的论述，将他从政治哲学立场上是儒非道的态度鲜明地表现了出来，也说明陆贾利用道家无为之说，只

---

① 李禹阶：《陆贾新“无为”论探析》，《中华文化论坛》2003 年第 1 期。

② 国学整理社辑：《诸子集成·新语·慎微》第 6，中华书局 1954 年版，第 10 页。

③ 同上书，第 11 页。

④ 同上。

是一种补益汉初治道的过渡时期的策略。

最后，陆贾还吸取先秦阴阳家思想，来充实完善他的新儒家“天人感应”天道论与政治哲学思想。在汉初，他是最早提出“天人感应”“性与天道”的地主阶级思想家，是汉代“天人感应论”的开山祖。[①] 在他看来，“天道”与“人道”同质而异体，天、地、人交相感应、互化，“天”以阴阳生五行之气，五气杂糅又化生百物，从本体论角度看，自然万象皆天地之气相感应而成。“故知天者仰观天文，知地者俯察地理。跂行喘息，蜎飞蠕动之类，水生陆行，根着叶长之属，为宁其心而安其性，盖天地相承，气感相应而成者也。”[②] 而自然界的阴阳之气与人间的纲常伦理、治政善恶又是相感相应的，“天”通过阴阳二气对人间政伦善恶、得失予以谴告、祯祥。“故世衰道失，非天之所为也，乃君国者有以取之也。恶政生恶气，恶气生灾异。螟虫之类，随气而生；虹霓之属，因政而见。治道失于下，则天文变于上。”[③] 这就将阴阳二气与人间善恶统一起来，天人之间的感应关系就此确立。

可是，陆贾并不是简单地对先秦阴阳家思想加以继承，而是主张因时定则，因势利导，在继承中给予批判与扬弃。陆贾本着厚今薄古的方法论原则，亦对先秦阴阳学说进行了批评。他认为，阴阳学说作为一种“天道”观的补充，即阴阳二气生化万物论还是可取的。但将之泛泛用于人事、社会，以至不事人而事鬼，不理事而盲目论灾异，却是大谬误。“夫世人不学《诗》《书》，存仁义，尊圣人之道，極经艺之深，乃论不验之语，学不然之事，图天地之形，说灾变之异，乖先王之法，异圣人之意，惑学者之心，移众人之志。指天画地，是非世事，动人以邪变，惊人以奇怪。听之者若神，视之者如异，然犹不可以济其厄而度其身，或触罪□□法，不免于辜戮。”[④] 这正是针对战国末西汉初阴阳家指天画地、妄说鬼神的批判，表现了陆贾在政治哲学上的现实主义立场。

陆贾对先秦诸子的扬弃使他对西汉国家政治理论的构建有着重要的创新之处。他通过对各学派的互会交融，而形成了以儒学为体，兼及法、道、阴阳等各学派思想的新儒家政治伦理学说。这种新的政治伦理学说，有着强烈的创新性特点：它既是“厚今薄古”，以古适今方法论原则的体

① 李禹阶：《汉代新儒家“天人感应论”开山祖——陆贾》，《西南师范大学学报》2003年第2期。

② 国学整理社辑：《诸子集成·新语·道基》第1，中华书局1954年版，第1页。

③ 国学整理社辑：《诸子集成·新语·明诫》第11，中华书局1954年版，第18页。

④ 国学整理社辑：《诸子集成·新语·怀虑》第9，中华书局1954年版，第15页。

现，亦是西汉初政治制度与时代特征的体现。它具备了千年来封建国家政治理论及意识形态的一些基本要素。

例如，关于“圣”与“君”的结合。西汉初年，随着中央集权的官僚政体的建立，君权凸显为最高政治权力，君主是国家最高权力的代表。为了进一步圣化、神化刘氏皇权，为西汉王朝的合理性作辩护，陆贾既吸收了法家商、韩的君主权力观，将君主解释为集政权、军权、宗主权为一体的最高统治者，又主张“君”即“圣”，认为：“圣人承天之明，正日月之行，录星辰之度，因天地之利等高下之宜，设山川之便，平四海，分九州，同好恶，一风俗。”[①] 将其政治思想体系中的儒家社会理想即礼义治道的实践责任安放在君主身上，将君主作为先秦儒学理想人格即“圣”化人格的代表者。这样，陆贾在其政治理论中将带有明显帝王色彩挟法、术、势为一体的君主与“高道德”“勤仁义”的修己整欲的儒家“圣人”相结合，通过对儒、法圣人观的改造，而形成了新的圣君观。这种圣君观倡导君权天授，君王既是有权、有势、执赏罚二柄的独断者，又是承天之仁性、高道德、勤仁义的封建纲常伦理的履行者与施教者。“圣人乘天威，合天气，承天功，象天容，而不与为功，岂不难哉？”“统四海之权，主九州之众，岂弱于武力哉？”[②]

在先秦孔孟学说中，“圣”是一种理想人格的典范，贤则是对这种理想人格的践行与追求。“圣”往往与手执王权的“君”是相异的。孔子一生经历坎坷，凄凄惶惶，四处奔走，“干七十诸侯”而不见用，但却并不失其“圣人”的资格；颜回“一箪食，一瓢饮，在陋巷，人不堪其忧，回也不改其乐”，而孔子评价他：“吾见其进也，未见其止也”[③]，说明在当时，圣贤作为一种人格理想，与恃万乘、统九州的诸侯国君是不同的。而在先秦法家如商鞅、韩非等人看来，“圣”即“君”，“君”即“圣”。君主的“圣听”“圣聪”，是对法、术、势等驾驭臣民手段的一种概括，是以君主的神秘莫测进行政治社会控制的一种权术，与儒家所倡导的仁义礼智等伦理道德是不相容的，而陆贾则弃其弊而取其用，形成儒、法相融的圣君观。

陆贾的圣君观，适应了汉初中央集权君主专制官僚体制。从其内容上说，既承袭法家创设的中央集权“大一统”制，又在政体的实现形式上有

---

① 国学整理社辑：《诸子集成·新语·明诫》第11，中华书局1954年版，第18页。

② 国学整理社辑：《诸子集成·新语·本行》第10，中华书局1954年版，第17页。

③ （清）阮元校刻：《论语注疏·子罕》，《十三经注疏》，上海古籍出版社1997年版，第2491页。

所转换，这就是以儒家的仁政礼治来代替法家酷烈的刑治。这种将圣、君合一，同体而异用的政体实现特点，本质是内法外儒、霸王道合一的汉代“家法”的创设与体现，也是通过儒、法相融来进行社会控制与整合的一种理论特点。陆贾正是基于此点，一方面将“圣”移于“君”，强调“圣人”即集权、术、势为一体的帝王独裁思想，将帝王的权力运作理想化、合理化；另一方面又将“君”推之于“圣”，希望新王朝的君主能以儒家倡导的理想人格作为其治政的价值目标与旨归，以仁、礼作为治世之道，由此达到反秦又承秦、承秦又变秦的社会理想的实现方式与目的。这正是陆贾“书为晓者传”“道为智者设”的厚今薄古思想方法的表现。

再如强化君主专制的中央集权体制的天下归于一，法度归于一的“大一统”社会整合思想。陆贾在新王朝统一与建立之初，敏锐地看到中央专制王权官僚政体必将延续的现实，故极力主张政治上尊君屈臣，举天下为一的思想。他以管仲之事为例说：“正其国如制天下，尊其君而屈诸侯，权行于海内，化流于诸夏，失道者诛，秉义者显，举一事而天下从，出一政而诸侯靡。故圣人执一政以绳百姓，持一概以等万民，所以同一治而明一统也。”① 这里强烈地表现出了他对中央专制主义官僚政治的期望，即内明等级，持一统；外化夷狄，天下从，实际上即是天下归于一、法度归于一的天下“大一统”思想，是中央帝国对天下的统治态势。关于“同一治而明一统”，是战国时代儒、法、阴阳等学派所共有的愿望。不过阴阳家是从天地大化与九州地理来论证“大一统”；而儒家是从以仁、礼治世来一统天下，停战弥兵；法家则从中央专制集权的需要论证九州合一。陆贾则融会诸子，在以礼、仁化流天下，“失道者诛，秉义者显”的同时，又极力主张圣君“执一政以绳百姓，持一概以等万民”的法家一统的理论模式，深化了霸王道杂之的天下“大一统”思想，为“春秋公羊”学的“大一统”治道思想提供了政治与哲学基础。而在这种王权一统、“同一治而明一统”的政治目标中，陆贾更加突出西汉新儒家援法入儒、外儒内法、以儒家伦理纲常去指导汉廷“内修法度”“为汉制法”的旨归，既主张儒家的仁治之说，更有法家的权专中央，天下一政的思想；既主张汉代专制皇权的严法施治，同时又突出与保障儒学伦理纲常的至上性、本体性、唯一性、绝对性的思想内涵。这就使汉代新儒家在新的专制时代，以“为汉制法”为目的，更加具有一种排他性、垄断性的正宗意识形态的特征，更加具备霸王道合一的汉家“家法”传统。

① 国学整理社辑:《诸子集成·新语·怀虑》第9，中华书局1954年版，第15页。

再如为君主专制政治服务"天人感应"的新儒家天道观念。陆贾根据汉初"布衣将相之局"，在汉代地主阶级思想家中率先提出了"天人感应""性与天道"等新的政治哲学本体论思想，即宇宙观、天道论与伦理纲常的合一问题。在他看来，治天下者，乃上承"天命"之人。这种人不必出身富贵，但必须秉承"天道"之善性，承继"天命"赋予的"德""仁"心性。他认为，汉替秦，是"天命"，是历史秉承天之意发展的一大变局。他以三代圣王为例："文王生于东夷，大禹出于西羌，世殊而地绝，法合而度同。故圣贤与道合，愚者与祸同，怀德者应以福，挟恶者报以凶。德薄者位危，去道者身亡。万世不易法，古今同纪纲。"① 这里，陆贾阐明了两层意思：第一，历史上圣君明主如文王、夏禹，皆出身"夷狄之域"，但其道德、心性与天合一，故能成其大业。因此，天道是扶"德"不扶"贵"；第二，世俗之祸福贵贱权势与"天道"和"德"直接相关，"德薄者位危，去道者身亡"，因此，秦汉交替是"天道"使然，是"万世不易"之历史兴亡法则在当世的再现。在这里，一方面通过先秦儒家推崇的、周公倡导的天命"唯德是辅"的历史法则，论证了汉政权的历史合法性；另一方面又将先秦儒学以道德为内涵的纯粹理想人格与天命相结合，主张"天"与"人"之间在性与心、德与福的统一。这种对先秦儒学道德本体论的改造，使王权与教权、神权合一，陆贾所倡导的"德政""礼治"在政治哲学本体论上被升华为"天命"之意，乃世不衰之规律"道"。由此，汉代新儒家的哲学本体论被道德化，伦理纲常被本体化，世俗权力、道德范畴、世界本原被机械地联结在一起。如果说先秦儒学思孟学派的道德本体论还只是在野学派的一家之言，那么，在这里，儒学道德本体论则通过陆贾的扬弃，变成了地主阶级统治思想的重要内涵。自董仲舒之后，则成为封建国家意识形态政治哲学本体论的基本内容。

陆贾还吸收改造了先秦阴阳家学说，形成其"天人感应"思想。他认为，天与人、心与性、德与福的联结，是一种通过阴阳二气交感、化生的动态的运作过程。天与人既然本质相通，则天之阴阳与人世之政治相感相应，下气上达。"故性藏于人，则气达于天。纤微浩大，下学上达。事以类相从，声以音相应，道唱而德和，仁立而义兴。"② 从天地人物质形态上看，是五气相应，随天而化；从本质上看，则是天人之性的沟通与共存。而"天人"相感应的基本内容，则是"天"以祥瑞报善政，以灾异责恶

① 国学整理社辑：《诸子集成·新语·术事》第2，中华书局1954年版，第4页。
② 同上书，第5页。

政，由此谴告王政得失。他认为，“天”生阴阳五行之气，五气又杂糅化生百物。而阴阳二气既然出自最高“天道”的绝对宇宙精神，就自然地被赋予人间政治的纲常伦理属性。“盖天地相承，气感相应而成者也。”[①]“阳气以仁生，阴节以义降。”[②]“恶政生恶气，恶气生灾异。”[③]自然界的阴阳之气，与人间的伦理纲常、王政得失在善、恶上是一致的，相互感应的，地上政治的善恶将直接对天地阴阳自然变异有所影响。因此，螟虫之灾、虹霓之属均由道德善恶所决定，这就将自然万象与人间伦理纲常法纪统一了起来，天人之间的感应关系就此确立了。

陆贾的“天人感应”与“性与天道”说虽还较简略，但对汉学“天人”说来说其义理框架已具备。从其时代性与针对性来看，它是在对先秦诸子学说“天人”观的扬弃中形成，具有传统政治文化与汉初大一统君主专制结合的特点，同时亦具有较强的可操作性与实践性特征。尽管上述理论有对君主个人意志及品格善恶制约的成分，但其“君权神授”的基本主题却决定了它为汉代君主专制合法性辩护的理论特质。因此，陆贾这一理论直接为董仲舒“春秋公羊”学“天人感应”神学目的论的政治哲学奠定了理论基础，可以说开汉代“天人”学的风气之先。

综上所述，陆贾著《新语》，为汉初君臣建言献策，不是简单地为构建新儒学学术思想体系的作为，而是为了向当政者提出、奉献一套适应中央专制主义集权政治的新形势的治世方略，是为汉初政治、经济初建与恢复阶段的社会控制与整合而献言。因此，在其思想理论上，他以时势为出发点，厚今薄古，以今衡古，不拘一说，融通百家，以先秦诸子学去适应已说，既崇扬孔孟之学，又菲薄孔子之言；既贬损法家之商、韩，道家之老、庄，又吸取其法治、无为之说；既批判阴阳家之不稽，又以之为其政治哲学的重要内涵，就不难理解了。从陆贾《新论》反映的思想来看，已显现出与西汉大一统专制主义政权相适应的一种对先秦各学派政治、经济、文化学说的吸收、整合、以古适今的趋势，已表现出与这个时代需要相结合的理论特征。其后儒家“仁”治学说与法家刑治主义的结合，成为汉代国家政治的一种必然趋势。董仲舒等“公羊”学者以《春秋》为准则，强调诛意、诛心、原心论罪，引经义断狱，使武帝时的酷吏与儒家官吏在理论上相互勾结，酷刑成为一些官吏治理地方政治的常用手段。“其

① 国学整理社辑：《诸子集成·新语·术事》第2，中华书局1954年版，第5页。

② 同上。

③ 国学整理社辑：《诸子集成·新语·明诫》第11，中华书局1954年版，第18页。

治如狼牧羊，成不可令治民。”“宁见乳虎，无值宁成之怒。”①“故盗贼漫多，上下相为匿，以避文法焉。”② 这些都应当说与陆贾为始的新儒家学说直接有着理论上的传承渊源。这也是我们说以陆贾为代表的汉初儒学是适应了汉代封建君主专制政治的新儒学的重要原因。

第二节　陆贾新儒学的社会控制思想

在刘邦让陆贾著秦所以失天下前，陆贾的话语中已暗含要革新维持现有政权的统治思想，需要以秦为鉴而用新的治国理念维持来之不易的汉政权。由此推之，陆贾在对秦社会失控的深刻认识中，要进一步从秦亡的教训中总结出能为刘邦接受的治国指导思想，面对学识不高的刘邦及其草莽将领，陆贾还是凭借其卓越的辩士才能为刘邦搭建了基本的社会控制体系，其思想形成与论述的方式是独特的过程。

前面已经对于陆贾的新儒学思想予以述及。但是陆贾思想从治国理念的角度看，是把以行“仁义”治天下尊奉为一个政权的立国之本，把行“仁义”思想看作进行社会整合与控制的指导原则。

一　以“仁义”为社会整合与控制的指导原则

在《新语》开篇《道基》第1中就提出“仁义”这一概念范畴，开宗明义地指出了以“仁义”治天下是盛世的立国之本。他用独特的论述方式先大篇幅讲述社会如何起源、人类如何进步、各种制度如何建立，然后以“仁者道之纪，义者圣之学。学之者明，失之者昏，背之者亡”③，“仁者以治亲，义者以利尊。万世不乱，仁义之所治也”④ 作为结论性的论断，认为以“仁义”思想治天下，能决定社会兴衰和成败，是一个国家统治的根本指导思想。为进一步论证行“仁义”的实践属性，陆贾认为“仁义”在政治上的具体表现就是德治和仁政，陆贾提出，行仁义是圣人治理天下的准则。当初虞舜“蒸蒸于父母，光耀于天地”⑤，太公“自布衣升三公

① 《史记》卷122《酷吏列传》，中华书局1959年版，第3145页。
② 《汉书》卷90《酷吏传》，中华书局1962年版，第3663页。
③ 国学整理社辑：《诸子集成·新语·道基》第1，中华书局1954年版，第3页。
④ 同上。
⑤ 同上。

之位，累世享千乘之爵”[1]，都是他们“怀仁仗义”的结果，而不行“仁义”的智伯“仗威任力”，则“兼三晋而亡”，因此他提出：“君子握道而治，据德而行，席仁而坐，仗义而强。”[2] 他还借鉴阴阳、五行思想中根深蒂固于政治家头脑中的思想“恶政生于恶气，恶气生于灾异”[3]，“治道失于下，则天文变于上；恶政流于民，则螟虫生于野”[4]。并根据尧舜、莱封等因不同治国理念所造成的不同结果而得出“夫善道存于身，无远而不至；恶行著于□□□而不去。……行善者则百姓悦，行恶者则臣子怨”的结论。[5] 为规劝刘邦行“仁义”，且破除某些继续沿袭的秦朝法家暴虐的治国方针，陆贾写了《思务》篇以告诫刘邦君主治理国家不必同道，关键是要“因其势而调之”的随统治环境、条件的变化而变化，在该文中陆贾还针对时弊指出：“今之为君者不然，治不法五帝之术，则曰今之世，不可以道德治也。为臣者不思稷契周公之政，则曰今之民不可以仁义正也。”[6] 并举出墨子之门多勇士，仲尼之门多道德，文王之朝多贤良，秦王之庭多不祥的例子来论证“故仁者在位而仁人来，义者在朝而义士至”[7]，等等。这些论述都是为了强化行“仁义”是立国之本，以“仁义”治天下才能使社会长治久安，脱离“仁义”的统治，则会像秦王朝“恃刑者民畏之”，“畏之则去其域”那样土崩瓦解。而“仁义”该如何施行呢？在他看来，儒家的《六经》早已做出了榜样：“春秋以仁义贬绝，诗以仁义存亡，乾坤以仁义合，八卦以义相承，书以仁叙九族，君臣以义制忠，礼以仁尽节，乐以礼升降。”[8] 与此同时，他提倡“骨肉以仁亲，夫妇以义合，朋友以义信，君臣以义序，百官以义承”[9]，即把“仁义”思想贯穿融合于包括人伦关系在内的人与人之间的一切关系中，用社会人伦作为推行仁义、控制社会的基础。

陆贾还把“仁义”思想看作是囊括社会有序运转行为的抽象体现。他指出，“仁义”是伦理制度的抽象概括，它代表着使社会有序运转的伦理秩序，“知有父子之亲，君臣之义，夫妇之别，长幼之序”，“骨肉以仁亲，

① 国学整理社辑：《诸子集成·新语·道基》第1，中华书局1954年版，第3页。
② 同上。
③ 国学整理社辑：《诸子集成·新语·明诫》第11，中华书局1954年版，第18页。
④ 同上。
⑤ 同上书，第19页。
⑥ 国学整理社辑：《诸子集成·新语·思务》第12，中华书局1954年版，第20页。
⑦ 同上书，第21页。
⑧ 国学整理社辑：《诸子集成·新语·道基》第1，中华书局1954年版，第3页。
⑨ 同上。

夫妇以义合，朋友以义信，君臣以义序，百官以义承”；“仁义”是社会经济行为的抽象总结，陆贾认为统治者的个人喜好，甚至是否以“仁义”修己，会直接影响社会的经济行为，他说“碧玉珠玑，不御于上，则玩好之物弃于下；雕琢刻画之类，不纳于君，则淫伎曲巧绝于下。夫释农桑之事，入山海，采珠玑，捕豹翠，消筋力，散布泉”①。“后世淫邪，增之以郑、卫之音，民弃本趋末，技巧横出，用意各殊”②；“仁义”是外交政策的指导方针，如果不仁义地对待邻国，就会或如“宋襄，乘大国之权……外骄敌国……邻国之髻结于外。……故宋襄公死于泓水之战”③；或如秦“筑长城于戎境，以备胡、越，征大吞小，威震天下，将帅横行，以服外国，蒙恬讨乱于外……然失之者，乃举措太重、刑罚太极故也”。“是以君子居乱世，则合道德，采微善”，“不贪于财，不苟于利，分财取寡，服事取劳”，“故杀身以避难，则非计也，怀道而避世，则不忠也”④；“仁义”是法理的抽象概括，“于是皋陶乃立狱制罪，悬赏设罚，异是非，明好恶，检奸邪，消佚乱”⑤，“民畏其威而从其化，怀其德而归其境，美其治而不敢违其政”“夫法令所以诛恶”⑥；“仁义”还是文化制度的体现，“礼仪不行，纲纪不立，后世衰废；于是后圣乃定五经，明六艺，承天统地，穷世界察微，原情立本，以绪人伦，宗诸天地，纂修篇章……智者达其心，百工穷其巧，乃调之以管弦丝竹之音，设钟鼓歌舞之乐，以节奢侈，正风俗，通文雅”⑦。陆贾将行“仁义”思想贯穿于这些具体的制度之中，并将它看成是立国之本，这是让社会有序运转的新观念，也是在百废待兴的汉初，为刘邦的政治统治所建立的安身立命的政治学说和终极目标。虽然“汉承秦制”，但只是继承和沿用了秦专制政治强有力的制度外壳，充实增加的是使这些现行制度控制强化的内在力量，最终使汉代制度产生了更有力的社会控制效果。和秦王朝通过“焚书坑儒”的形式确立法家学说的合法地位、逼迫人们接受法家学说所带来的理论观念和制定的制度规范不同的是，陆贾并没有对社会制度做出种种的细化和分类，这与他所处时代的背景是密不可分的。一则，在新旧交替的时代，首先需要的是一种新的统

---

① 国学整理社辑:《诸子集成 · 新语 · 本行》第10，中华书局1954年版，第17页。
② 国学整理社辑:《诸子集成 · 新语 · 道基》第1，中华书局1954年版，第2页。
③ 国学整理社辑:《诸子集成 · 新语 · 至德》第8，中华书局1954年版，第14页。
④ 国学整理社辑:《诸子集成 · 新语 · 慎微》第6，中华书局1954年版，第11页。
⑤ 国学整理社辑:《诸子集成 · 新语 · 道基》第1，中华书局1954年版，第2页。
⑥ 国学整理社辑:《诸子集成 · 新语 · 无为》第4，中华书局1954年版，第7页。
⑦ 国学整理社辑:《诸子集成 · 新语 · 道基》第1，中华书局1954年版，第2页。

治思想的注入和补白，尤其是对于草莽出身的刘邦更需要先从思想上对其开化；二则，刚从思想禁锢的时代走出来后，难免有种观望和试探的态度，不便将具体制度和盘托出。

二 以行“仁义”为内在规范的治世先治己思想

陆贾在谈及以“仁义”治世之时，多与秦王朝“尚刑”“尚力”的治国方式做对比。一方面批判“秦二世尚刑而亡”①，“秦以刑罚为巢，故有覆巢破卵之患，以李斯、赵高为杖，故有顿仆跌伤之祸，何者？所任者非也”②，“秦始皇设刑罚，为车裂之诛，以敛奸邪，筑长城于戎境，以备胡、越，蒙恬讨乱于外，李斯治法于内，事逾烦天下逾乱，法逾滋而天下逾炽，兵马益设而敌人逾多。秦非不欲治也，然失之者，举措太众、刑罚太极故也”。③ 另一方面，又在宣扬一种与之不同的内敛、温和的治国方式，“故圣人防乱以经艺”，“故圣人怀仁仗义……佚而不乱者，仁义之所治也”。④ 陆贾旨在指明真正使社会有序运转的方式，不希望以强硬的刑罚、繁重的苦役等外在的规范来作为制约人的主要方式。一味依靠刑名来治理社会，只会“夫形重者则心烦，事众者则身劳；心烦者则刑罚纵横而无所立，身劳者则百端回邪而无所就”⑤。外在控制虽有较强的强制性，但并不能真正获得人心，而以行“仁义”的方式治国，才能让被统治者有一种自觉的认同感和归附感，这种认同感和归附感使被统治者内化为一种维护君主统治的自觉行动：“德布则功兴，百姓以德附……君臣以义序，百官以义承”⑥，“怀德者众归之……归之则充其侧……故设刑者不厌轻，为德者不厌重，行罚者不患薄，布赏者不患厚，所以亲近而致远也”。⑦ 他还提到以仁义来赏善罚恶能达到法律所不及的效果，“是以君子尚宽舒以苞身，行身中和以统远。民畏其威而从其化，怀其德而归其境，美其治而不敢违其政”⑧。

在解决治世的问题后，陆贾旗帜鲜明地提出了治世先治己的思想，“夫建大功于天下者必先修于闺门之内，垂大名于万世者必先行之于微微

① 国学整理社辑：《诸子集成·新语·道基》第1，中华书局1954年版，第3页。
② 国学整理社辑：《诸子集成·新语·辅政》第3，中华书局1954年版，第5页。
③ 国学整理社辑：《诸子集成·新语·无为》第4，中华书局1954年版，第7页。
④ 国学整理社辑：《诸子集成·新语·道基》第1，中华书局1954年版，第3页。
⑤ 国学整理社辑：《诸子集成·新语·至德》第8，中华书局1954年版，第13页。
⑥ 国学整理社辑：《诸子集成·新语·道基》第1，中华书局1954年版，第3页。
⑦ 国学整理社辑：《诸子集成·新语·至德》第8，中华书局1954年版，第13页。
⑧ 国学整理社辑：《诸子集成·新语·无为》第4，中华书局1954年版，第7页。

之事”，治己总的来说是“修之于内，著之于外；行之于小，显之于大”，具体来说要做到“如调心在己，背恶向善，不贪于财，不苟于利，分财取寡，服事取劳”[①]，“故圣人卑宫室而高道德，恶衣服而勤仁义，不损其行，以好其容，不亏其德，以饰其身，国不兴不事之功，家不藏不用之器，所以稀力役而省贡献也”[②]。治己的过程又是修身的过程，即要通过学习诗书、礼仪等，达到以“仁义”作为自我规范的境界。“是以君子居乱世则合道德，采微善，绝纤恶，修父子之礼，以及君臣之序，乃天地之通道，圣人之所不失也。故隐之则为道，布之则为文，诗在心为志，出口为辞”[③]，“天地生人也，以礼仪之性”[④]，之所以把学礼作为修身的重要部分，是因为在中国古代这样的传统宗法社会中，礼的意义在于“朝谨之礼，所以明君臣之义也。聘问之礼，所以使诸侯相尊敬也。丧敬之礼，所以明臣子之恩也。乡酒之礼，所以明长幼之序也”[⑤]。陆贾吸收了前人关于礼的解释，主张利用宗法制度来维持封建国家的社会秩序，并从前朝君主个人的行为影响中，发掘出人治社会中个人对社会安危的作用，并以此警示汉高祖。同时，他还十分强调宗法制度在社会控制中的强大作用，认为由血缘亲属关系衍生出来的紧密的内在家族的等级秩序，可以帮助国家和社会加强社会控制的职能，是国家和社会用于调节个人行为、稳定社会秩序的强大杠杆。这种思想反映出古代思想家们在寻找治乱原因过程中的一大进步，他不仅从外因认识发现社会动乱、国家兴衰的原因，而且从内因方面认识统治者个人的动机和行为，这对于统治者修正行为，调整统治政策，最终实行最有效的社会控制，有着十分重要的意义。

三　在民本思想和用人思想上的体现

《新语》中所体现的陆贾对其社会控制失效的认识还表现在他对君与民关系的看法以及对民统治的策略上。因为事实上，刘邦虽经历过秦末起义，且在楚汉战争中能以物质、军功利益来团结和调动人民的积极性，但因受自身文化的限制，好贪欲：“沛公见秦宫室、帷帐、狗马、重宝、妇

---

① 国学整理社辑：《诸子集成·新语·慎微》第6，中华书局1954年版，第10页。

② 国学整理社辑：《诸子集成·新语·本行》第10，中华书局1954年版，第17页。

③ 国学整理社辑：《诸子集成·新语·慎微》第6，中华书局1954年版，第11页。

④ 国学整理社辑：《诸子集成·论衡》，《本性》引陆贾语，中华书局1954年版，第29页。

⑤ （汉）郑玄注，（唐）孔颖达正义，吕友仁整理：《礼记正义》卷58《经解》第26，上海古籍出版社2008年版，第1908—1909页。

女以千数，意欲留居之”[①]，且在实际操作中仍是继承秦律“三章之法不足以御奸，于是相国萧何镰遮秦法，取其宜于时者，作律九章”[②]。为让刘邦真正意识到民在国家职能中的地位，陆贾提出“夫欲富国强威，辟地服远者，必得之于民”[③]，这是其治国理念的核心思想，也是《新语》给君民关系定的基调。他还举出秦对民施以暴政的实例：“李斯治法于内，事逾烦天下逾乱，法逾滋天下逾炽，兵马益设而敌人逾多。秦非不欲治也，然失之者，乃举措太重、刑罚太极故也。”[④] 以此来帮助刘邦认识民是社会控制的根本，民和国家兴亡之间存在着息息相关的平衡关系，在统治过程中如果像秦王朝一样，过分重视自身而破坏这种平衡关系的行为，终究要招致社会失序。他还指出：“秦以刑罚为巢，故有覆巢破卵之患”[⑤]，“夫谋事不并仁义者后必败，殖不固本而立高基者后必崩……齐桓公尚德以霸，秦二世尚刑而亡”[⑥]。这些都是秦王朝无视民与国家统治关系的最好佐证，动辄就是严刑峻法国家暴力，将民推之于社会统治的对立面。陆贾还将其他古代统治者对民的方式进行列举，例如他讲鲁庄公“一年之中，以三时兴筑作之役，规固山林草泽之利，与民争田渔薪菜之饶，刻桷丹楹，眩耀靡丽。收民十二之税，不足以供回邪之欲。缮不用之好，以快妇人之目。财尽于骄淫，人力罢于不急。上困于用，下饥于食……鲁国危也”[⑦]。最后得出结论：秦王朝及古失败之国的社会失控就在于缺乏对民与国家统治之间关系的正确把握，秦朝统治者的治国理念没有体现国家的整体利益，而只是满足个体私欲的手段。在统治过程中为一己之私利和满足个人的物质、政治欲望，无视君与民之间的同一性，无视民是巩固社会结构的基本组成成分这个事实，超越了社会结构中君与民同一性的度。经历过秦末起义的陆贾是深知其害的，他在《新语》中反复劝诫刘邦要与民行“仁义”，不要过分压榨百姓，以避免重蹈历史之覆辙，否则民不堪重荷，政权终将灭亡。此外，陆贾还意识到，“夫王者之都，南面之君，乃百姓之所取法者也，举措动作，不可以失法度……秦始皇骄奢靡丽，好做高台榭，广宫室，则天下豪富制屋宅者，莫不仿之，设房达，备厩车，缮雕琢

① （宋）司马光编著，（元）胡三省音注：《资治通鉴》卷第9《汉纪1》，中华书局1956年版，第298页。
② 《汉书》卷23《刑法志》，中华书局1962年版，第1096页。
③ 国学整理社辑：《诸子集成·新语·至德》第8，中华书局1954年版，第13页。
④ 国学整理社辑：《诸子集成·新语·无为》第4，中华书局1954年版，第7页。
⑤ 国学整理社辑：《诸子集成·新语·辅政》第3，中华书局1954年版，第5页。
⑥ 国学整理社辑：《诸子集成·新语·道基》第1，中华书局1954年版，第3页。
⑦ 国学整理社辑：《诸子集成·新语·至德》第8，中华书局1954年版，第14页。

刻画之好，博玄黄琦玮之色，以乱制度……故上之化下，犹风之靡草也……故君子之御下也，民奢应之以俭……”[①] 国君的言行无形之中成为百姓日常行为规范的摹本，是民社会行为效法的对象，国君良好的行为举止，是影响社会秩序不可忽视的重要因素，良好的风俗要依靠社会上层尤其是君主或圣人的努力来建立。陆贾对国君荒淫无度的行为大加批判，目的是防止君上行民下效后所导致的社会失控。

关于用人思想，陆贾继承荀子“卿相辅佐，人主之基、杖也”[②] 的观点，在《新语》中他反复提到辅政的一系列问题。首先，国家的辅臣不同类，结果就不同质，“尧以仁义为巢，舜以稷、契为仗，故高而益安，动而益固……秦以刑罚为巢，故有覆巢破卵之患以李斯、赵高为仗，故有顿仆跌伤之祸”；“故仗圣者帝，仗贤者王，仗仁者霸，仗义者强，仗谗者灭，仗贼者亡”。[③] 其次，选择好的辅臣，从君主角度讲，一是自身要具备站立正确立场的能力，“众邪合心，以倾一君”的例子不胜枚举，陆贾尖锐地指出，如果君主“夫举事者或为善而不称善，或不善而称善者”[④] 地颠倒黑白，就会闹出诸如秦二世被赵高等奸臣所惑而指鹿为马的笑柄，更何谈治理国家。二是使忠谏之路畅通，给人才彰显自我的机会。他以良木在深山不易被人发现而不如小木为人熟悉为例，讲到“质美者以通为贵，才良者以显为能”，人才若没有彰显自己的机会就不能对国家机器有所贡献，而良士往往缺乏通往忠谏之路的原因在于“公卿之子弟，贵戚之党友，虽无过人之能，然在尊重之处，辅助者强，饰之者巧，靡不达也”[⑤]。

从陆贾的上述思想可以推断：

第一，社会整合与控制中最根本的因素之一是君主自身。君主对治国方略的认识，对治国手段的运用以及君主本人的道德修养都直接影响国家的治乱与兴衰，故陆贾在《新语》中反复提到“仁义”“道德”以及君主个人的素养，是其对古失败之国及秦亡教训的深刻总结。统治者好比国家的家长，国家能否得到有效控制，制度能否得到有效实施，国家职能能否得到有效执行，在人治的社会中就要归因于家长如何统治。

第二，社会控制的根本所在是民。秦朝统治失败的重要原因就是荒淫无度地对民“尚刑”“尚力”，在人治的社会中，要使社会有序运转，陆

---

① 国学整理社辑：《诸子集成·新语·无为》第4，中华书局1954年版，第7页。

② 方勇、李波译著：《荀子·君道》，中华书局2011年版，第205页。

③ 国学整理社辑：《诸子集成·新语·辅政》第3，中华书局1954年版，第5页。

④ 国学整理社辑：《诸子集成·新语·辨惑》第5，中华书局1954年版，第8页。

⑤ 国学整理社辑：《诸子集成·新语·资质》第7，中华书局1954年版，第12页。

贾认为归根结底是对民如何控制。在任何社会的结构中，民既是社会秩序的维护者，也是社会秩序的破坏者，其双重身份决定了民在社会控制过程中具有重要地位，社会控制也正是在这种二律背反中进行。因此，民作为社会控制的根本，政治稳固的根基，社会发展的动力，始终应当是统治者放之于重要位置首要考虑的。这种考虑应当把民和君作为一对辩证的矛盾体，当民的利益和君制定的规范具有一定程度的同一性时，社会控制才具有基本的前提和可能；反之，当二者利益相悖，不可调和，社会控制便失去根基，就像陈胜、吴广起义之于秦二世。

总之，在陆贾看来，君与民、君与臣之间的矛盾冲突需要用统治手段去平衡和整合，“仁义”贯穿于人与人的一切关系之中，君要对民行“仁义”，民要在遵守“仁义”的规范中维护统治，君主要用仁义控制大臣，大臣要以仁义来辅佐国君。总之，以“仁义”平衡冲突，维持现有社会结构，遵守既定社会规范，使社会井然有序。

四　以吸收儒家思想为主，综合各家为特色

前面我们已经述及，陆贾社会整合与控制思想以吸收儒家思想为主、综合各家。这种思想方法是与中国传统社会的经济结构、社会结构相一致的。《史记》《汉书》凡讲到各种汉代制度，从经济政治到文化学术，必称汉承秦制，认为汉代社会的发展是在承袭前朝的基础上改革发展的，不可能脱离前朝社会的经济政治根基而独立进行。由于中国古代社会的复杂性，更是由于先秦时期的各家各派都在一定程度、一定角度、不同的层次中体现了中国政治治理与社会控制的思想方法、治理模式，因此从不同角度上看，它们都有其特色和合理性。特别是中国传统社会是建立在个体小农经济基础上的，是以民族结构为基础、血缘关系为纽带的宗法社会，生产方式是农业和家庭手工业的结合，宗法制与小生产方式是当时的主要生产方式，这一点各朝各代都没有多大变化。因此，即使到了秦汉时期，虽打破了世卿世禄的宗法体制及分散的诸侯国分封模式，而建立起了统一的、以中央集权为标志的专制帝国。然而社会的存在方式和社会结构仍逃脱不了宗法血缘的影响，仍以宗法血缘宗族、家族为纽带。先秦的儒家、法家都是以不同的制度形式而建立的思想学说，目的就是为适应这种复杂的社会结构，而其思想中的“仁义”“礼智”或者刑治精神，就是宗法社会维系社会秩序的规范法则，或者以专制国家的强硬手段而进行强硬的社会控制。所以至汉初，思想家陆贾在广泛吸取前人思想的基础上，深刻认识到秦亡的原因正是忽略了建立在传统经济基础上的统治思想对社会控制

的作用，故陆贾一方面吸取法家思想，另一方面又大谈“仁义”礼制，希望在以儒家思想为主要统治法则的基础上糅合各家思想运用于社会的控制，这也是当时必需的、合理的方法论原则。

陆贾思想中所体现出的适合政权统治的方法论部分，例如“善言古者合之于今，能述远者，考之于近”[①]，“书不必起仲尼之门，药不必出扁鹊之方，合之者善，可以为法，因世而权行”[②]，是陆贾思想中典型的因势权行、审时度势的实用理性思想。他在借鉴法家思想因势权行的辩证思想的同时，也在批判法家思想的“惨激少恩”，否定其把社会的一切秩序、价值、关系都用刑罚来维护。陆贾认为，任何建立在法家思想极端暴力主义之上的社会都不会长久，更何况行之于以血缘宗法为纽带的小农业家庭生产的社会，于是他又广泛吸取虽不利于“攻城守野”，却利于守成的儒家思想。与同样吸取儒家思想的叔孙通不同的是，叔孙通搬取了梳理朝廷等级秩序的外在仪式，却忽略了儒家用“礼”“仁义”实行内在控制的思想精髓，不具备通观整个社会统治的大视野和大气魄，他让刘邦有了做皇帝的感受，却不能让刘邦接受做稳皇帝的思想启迪及策略、手段，之所以说陆贾思想是适合统治政权的社会整合与控制思想，是因为他抓住了宗法社会中的统治方法，以儒家“仁义道德”等内在的控制手段钳制人的内心和思想，让被统治者以一种自觉的姿态去维护统治，让人们在接受礼仪道德的教化中，以一种心悦诚服的心态对自我行为进行控制。同时，他还利用阴阳五行学说，借用天人合一、天人相济的思想，“恶政生恶气，恶气生灾异”，“治道失于下，则天文变于上”[③]，来得出国君需善治于国的道理。这些思想在科技不发达时代是人们容易接受的。而《新语》中对道家思想的吸收则从另一个角度即具体经验的辩证法方面补充和增强了这种适合政权统治的思想。陆贾始终从便于社会控制的角度出发，注意实际的可行性和现实的逻辑性，重效果、重功能。

五 陆贾社会思想的影响

陆贾在汉初的影响，从汉代至今众说纷纭，《四库全书总目提要》评其为最纯的儒家代表，“汉儒自董仲舒外，未有如是之醇正也”；或曰其在文坛上的影响“秦世不文，颇有杂赋。汉初词人，循流而作，陆贾扣其

---

① 国学整理社辑：《诸子集成·新语·述事》第2，中华书局1954年版，第4页。

② 同上书，第5页。

③ 国学整理社辑：《诸子集成·新语·明诫》第11，中华书局1954年版，第18页。

端，贾谊振其绪”[①]，或如今人所言：“《楚汉春秋》亦可谓《二十四史》之先祖”[②] 等等。但就陆贾社会控制思想在刘邦时期的政治影响而言，学者们却少有论及。

刘邦时期是一个军功论赏的时期，从高帝期的三公九卿表[③]的 26 位王侯将相中，除两位不明确是否是军功阶层外，其余全是军功阶层。而陆贾作为非军功阶层，能为“太中大夫”[④]，可窥见其在高帝心中的分量。正如徐复观先生在《两汉思想史》一书中所指出的那样，像刘邦这种才气卓越的人，不是空言腐论所能打动的。陆贾不高不深的陈义却能感动刘邦，是因为陆贾立足于现实，将现实纳入一套仁义的理想框套内，加以剪裁判断出来的结论。[⑤] 可以说，陆贾是系统阐述秦亡原因之第一人，也是汉王朝建立后，要求更换统治方式，明确提出以仁义治国，重塑治国理念之第一人。汉初，刘邦与民休息、轻徭薄赋的政策制定及实施，来自统治的现实需要，也来自对陆贾思想的认定。刘邦之所以要为陆贾所做的文章命名曰“新语”，就是因为陆贾的言说为刘邦的认识领域开辟了新天地，让他感到了前所未有的新鲜。汉五年五月，刘邦下罢兵赐复诏：“民前或相聚保山泽，不书名数，今天下已定，令各归其县，复故爵田宅，吏以文法教训辩告，勿答辱。民以饥饿自卖为人奴婢者，皆免为庶人。军吏卒会赦，其亡罪而亡爵及不满大夫者，皆赐爵为大夫。故大夫以上各赐爵一级，其七大夫以上，皆令食邑，非七大夫以下，皆复其身及户，勿事”[⑥]；七年，疑狱诏规定疑狱处理的程序，以免“有罪者久而不论，无罪者久系不决”[⑦]；十一年二月，求贤诏曰：“贤士大夫有肯从我游者，吾能尊显之”[⑧]，此皆与《新语》中的尚宽、慎刑、求贤之意相符。可见，陆贾的《新语》出现以后，刘邦在统治思想上有了新的认识，并在统治过程中不断地修正和改造，逐步走出由残暴统治导致的不得人心的局面，由完全的草莽英雄变得开始接受儒家的仁义，在其统治的过程中少了些粗野，多了些礼仪和仁

---

① （南朝）刘勰著，（清）黄叔琳注：《文心雕龙》《诠赋》第 8，浙江古籍出版社 2011 年版，第 26 页。

② 李存山：《秦后第一儒——陆贾》，《孔子研究》1992 年第 3 期。

③ 李开元：《汉帝国的建立与刘邦集团——军功受益阶层研究》，生活·读书·新知三联书店 2000 年版，第 267 页。

④ 《史记》卷 97《郦生陆贾列传》，中华书局 1959 年版，第 2698 页。

⑤ 徐复观：《两汉思想史》，华中师范大学出版社 2001 年版，第 61 页。

⑥ 《汉书》卷 1《高帝纪》，中华书局 1962 年版，第 54 页。

⑦ （清）严可均辑：《全汉文》卷 1《高帝》，商务印书馆 1999 年版，第 3 页。

⑧ 《汉书》卷 1《高帝纪》，中华书局 1962 年版，第 71 页。

恩。目前尚无足够的史料说明陆贾的《新语》在刘邦的全部政治意识与政治行为中发生的真实影响有多大，但可以肯定的是，陆贾的《新语》在刘邦完成从马上打天下到马下治天下的转变中的意义是十分重大的。将与民休息作为汉初经济复兴、民心稳定、社会有序的一种策略，应该是陆贾《新语》思想的核心。从更广泛的角度看，陆贾的《新语》比之主张清静无为的黄老思想更早、更加系统地阐述了汉代封建国家政治思想与社会控制的诸多问题，更加全面地对于汉代封建国家的政权合法性、治理合理性，以及封建国家的意识形态等，包括黄老思想所主张的清静无为之说，都有了提纲挈领的建树。因此，在汉初各种政治与社会思想暗流涌动、交替发展的时代，陆贾的思想应该是起到了关键作用的。其对于刘邦国家治理政策的建立，同样有着积极的意义。在陆贾之后，有叔孙通为汉制作礼乐，“及稍定汉诸仪法，皆叔孙生为太常所论箸也”。这本身就是对于汉初政治体制在表现形式上的一种以儒家思想为指导的创新性构建，也是刘邦在政治上的智慧与其汉初时代社会控制的选择所致。正是在叔孙通及诸儒生们的努力下，汉初成功地完成了儒生所构想的朝廷的政治礼仪行政、形式，使儒家礼乐制度得以在汉代朝堂中得到实践。同时，陆贾思想中的实用性及融合各派的方法“为后起的并获得独尊地位的汉代经学所效仿”①。这样，陆贾的《新语》应运而生，它是既吸取西汉以前所有有效、有利、有益的统治思想，又结合刘邦的实际统治意念、措施、经验而系统化的一本西汉前期的政治思想教材，其本身是对刘邦具体实践结果和汉初封建国家思想需求的系统化和理论化。

陆贾为了在社会失控的秦王朝的基础上建立一个有序的汉王朝，他对秦朝统治思想进行批判和改造之时积极吸收、利用了儒、法、道、阴阳等家的思想。陆贾对各家思想的吸收、利用不是像先秦思想那样从个人修养的立场出发的，而是从整个社会控制的立场出发的，他注重实际的可行性和现实的逻辑性，重效果、重功能，所以说陆贾的社会控制思想是为迎合刘邦统治实际需要而生的极具实用性的思想，其中社会整合、控制的积极、有效的部分，在“汉承秦制”的思想框架下形成了汉初独具特色的社会整合、控制的指导原则。

---

① 孙筱：《两汉经学与社会》，中国社会科学出版社2002年版，第101页。

第三节 汉初道家与法家学说的政治地位

汉初道家黄老之学亦作为一种新的社会思潮而出现。自汉初伊始，主张“无为而治”的黄老学派就占据了思想界的重要地位。自曹参起，先后有汉统治集团的陈平、窦太后、田叔、王生、黄生、汲黯、邓童、郑当时、直不疑等人信奉、提倡该学说。据《史记》记，曹参为齐相时，遍询治国之策，齐儒生各执一说，唯胶西盖公黄老之学为治世之策，“为言治道贵清静而民自定，推此类具言之”[①]。黄老之学在汉初，实际上暗合了汉代上层统治者在残酷的战争之后，调节生产关系、治理社会凋敝的一种贵虚静的社会治理策略，是建立在刘邦、萧何等人所制定的恢复民生的治国方针基础上的。曹参用黄老术，用虚静无为手段以治齐国，是将刘邦、萧何贵虚静、恢复民生策略具体化，并由此取得成效。以后曹参于惠帝二年始为中央丞相，执行的政策是“举事无所变更，一遵萧何约束”[②]，仍用黄老术治国。据说他以无为之术治政，日夜饮酒不治事。陈平少时本好黄老术，任汉相后，仍然以黄老之学为治。此后，据《史记》记景帝时，“窦太后好黄帝、老子言，帝及太子、诸窦不得不读《黄帝》《老子》，尊其术”[③]。窦太后身处尊位，其思想对汉初政治的影响不言而喻。当时朝中很多人亦上行下效，褒扬黄老之学。所以，黄老之学作为一种重要的政治学说，在汉初具有重要的地位。

由上可知，汉初黄老之学是一种为社会经济恢复所实施的调控性政策，是当时汉代国家从事经济恢复、社会稳定的指导思想。它由齐地而导向全国，并且在曹参等人的倡导下，迅速成为汉初的重要执政原则。但是在当时，黄老之学虽然为朝廷中的一部分掌权者所青睐，但是这个学说本身的理论缺陷，使它不具备作为国家意识形态和社会控制思想的条件。从汉初实际情况看，由于汉代统治者，在治国理论探索上正处于起步阶段，因而其对于国家的意识形态及社会整合、控制的方式，以及国家在这一特定历史时期进行经济恢复、“与民休息”的指导思想并没有严格的规定与统一的原则，而是按照其社会现实情况，对于各家学派取其所长，蔽其所

① 《史记》卷54《曹相国世家》，中华书局1959年版，第2029页。

② 同上。

③ 《史记》卷49《外戚世家》，中华书局1959年版，第1975页。

短。这就出现了在汉代国家意识形态和社会整合与控制思想上，以儒学“仁”“礼”思想为主；在汉初恢复社会经济的指导原则上，以黄老“无为”学说为主的局面。它使汉初政治思想各有侧重，出现了儒家“仁”“礼”治理思想与黄老“无为而治”思想两种学说的并立。这一点我们将在本书第五章中详述。

法家思想作为一种国家政治思想，虽然随着秦帝国的灭亡而逐渐退出历史舞台，但是其核心部分，即其君主专制主义与大一统政治理念，却在汉初的国家格局中被保存下来，并融合到新儒家的学说中，成为新儒家政治学说的内核与本质。汉朝建立后，虽然在政治制度与思想上都进行了更新，但是总体来看，其一系列政治、法律制度，都仍以秦帝国的法家理念在实行着。例如，三公九卿制度，是来自秦王朝的政治体制；再如汉代的法律制度与社会控制理念，都承袭了秦王朝法律政治制度。汉朝《九章律》上承秦律而有所增损，体现了统治者接受法家思想，重视以法、刑治国。秦朝的严刑峻法于汉律中未有多少减省，汉初尚存夷三族法，异姓王彭越、韩信等人皆受此诛，吕后元年才宣布废除。但文帝时新垣平谋反，复行三族之诛。汉初对民众的治理，依旧以秦法作为有力的控制措施。如1983年至1984年在湖北江陵张家山247号墓出土的《二年律令》，其内容包罗万象，不仅有杀人及伤人罪、经济犯罪、官员渎职及失职罪等刑事罪刑，也有以孝入律的不孝罪等伦理罪刑，还有对人口商业农业等社会公共事务的管理，从中可以看出西汉初期通过对于秦法的继承，其刑法制度已经较为完备。

司马迁评价法家时说：“法家不别亲疏，不殊贵贱，一断于法，则亲亲尊尊之恩绝矣。可以行一时之计，而不可长用也，故曰‘严而少恩’。若尊主卑臣，明分职不得相逾越，虽百家弗能改也。”[①] 实际上，从刘邦开始的汉代诸帝，为了巩固君主专制的中央集权、法家思想及治国理念，尤其是“尊主卑臣，明分职不得相逾越”[②] 的政治精神，都随着汉代中央集权政治与君主专制的沿革而被隐秘地保留下来。对于刘邦时所确立的以法家精神为“里”，儒家思想为“表”的“内儒外法”治国思想及法律制度，作为刘氏皇权的一种祖宗立制、子孙相继的“家法”，从吕后、惠帝、文帝、景帝直到武帝等帝，从陆贾、贾谊到董仲舒等儒家学派代表人物，从曹参到窦太后等黄老派人物，均无一对其持否定态度。在社会基层，以

① 《史记》卷130《太史公自序》，中华书局1959年版，第3291页。
② 同上。

法为教的文法吏仍然在按照他们的既定规则执行。

在政治与社会控制思想层面，当时的主流思想即新儒学则十分突出了内法外儒这一理念，将内法外儒的新儒家社会控制思想推行到极致。汉初儒家的礼法融合最直接、最典型的表现就主要体现在汉律中。如汉初将“孝”范畴作为一种国家的道德、纲纪要求而广为推广并纳入法定的范畴。高祖二年（前205），颁布养老令，令全国上下“举民年五十以上，有修行，能帅众为善，乡一人。择乡三老一人为县三老，与县令、丞尉以事相教，复勿繇戍。以十月赐酒肉”[①]。文帝时期，在全国广泛推行“以孝治国”，提出：“孝悌，天下之大顺也”[②]，“老者非帛不暖，非肉不饱。今岁首，不时使人存问长老，又无布帛酒肉之赐，将何以佐天下子孙孝养其亲？今闻吏禀当受鬻者，或以陈粟，岂称养老之意哉！具为令”[③]。对全国的孝悌进行褒奖，并开始了以孝举仕。再如，在刑法上废除了一系列肉刑。“齐太仓令淳于公有罪当刑”，其女缇萦上书自愿为父代刑，“天子怜悲其意”，说道：“今人有过，教未施而刑已加焉，或欲改行为善，而道亡繇至，朕甚怜之。夫刑至断支体，刻肌肤，终身不息，何其刑之痛而不德也！”[④] 文帝认为对于民众的控制，应该遵循儒家“先德后刑”的方式，“教未施而刑已加”，是不符合儒家的控制思想的。对于肉刑，文帝也认为是不符合儒家“德治”的，是“不德”的。随后，文帝下令废除了在汉代还保留的黥、劓、刖三种肉刑，并命令丞相张苍、御史大夫冯敬等负责修改刑律。景帝时期，将笞刑从五百和三百两次减少到二百和一百，中元二年（前148）废除了磔刑，后又确立了复审制度，在法律中将维护封建三纲五常作为重要的法理内容纳入。汉律在修订过程中明显地受到了儒家的影响，在汉律的条文中，充分体现了三纲五常和儒家“亲亲相隐”的原则，在刑罚执行上也允许亲属代刑，采取秋冬行刑的方式。所以，汉初的社会控制思想与国家政治精神，是儒、法结合的产物。

其后董仲舒“春秋‘公羊’学”，极力主张君主专制的大一统理论，强调：“《春秋》大一统者，天地之常经。古今之通谊也”[⑤]，将大一统看成是宇宙间普遍的法则，无处不在，无时不有；将君主专制的大

---

① 《汉书》卷1《高帝纪》，中华书局1962年版，第33页。

② 《汉书》卷4《文帝纪》，中华书局1962年版，第124页。

③ 同上书，第113页。

④ 《汉书》卷23《刑法志》，中华书局1962年版，第1098页。

⑤ 《汉书》卷56《董仲舒传》，中华书局1962年版，第2523页。

一统中央集权看成是宇宙规律在地上人类社会的实践，是顺天意、合民心的当然之则。董仲舒在《天人策》中则着力强调了这种君主专制的大一统中央集权的合理、合法性；“今陛下并有天下，海内莫不率服，广览兼听，极群下之知，尽天下之美，至德昭然施于方外，夜郎康居，殊方万里，说德归谊，此太平之致也。”① 其思想实质与商、韩法家思想并无二致。

在具体的政治实践中，从汉初一直到西汉中期，法家思想一直作为新儒家的政治实践内容而被广泛实行着。早在西汉前期，新儒家学者为了使儒学从边缘走向政治中心，就已经开始改变原始儒学“迂远而阔于事情”的情况，开始了儒学以内法外儒的精神去进行“经世致用”的历程。例如“经义决狱”就是当时儒家公羊一派学者，为了促使“公羊”学思想进入汉代政治、法律之中，以改变承秦之制又改秦之法而采取的一种经世致用的权变方式，目的是促进儒学在政治实践中的发展及其政治地位的提高。“经义决狱”的始作俑者是西汉前期的“公羊”学者，而公羊大师董仲舒是集大成者。史载：“故胶西相董仲舒老病致仕，朝廷每有政议，数遣廷尉张汤亲至陋巷，问其得失。于是作《春秋决狱》二百三十二事，动以经对，言之详矣。”② 其后，“公羊”学者吕步舒、眭弘、贡禹等也是紧随其后，掀起了经义决狱的热潮。所以有学者指出：“考西汉以来《春秋》学以‘公羊’学为最盛。凡朝廷决大疑，人臣有献替，必引《春秋》为断。而所遵者，公羊家言也。”③ 在“公羊春秋”学的实践中，法家“不别亲疏，不殊贵贱，一断于法，则亲亲尊尊之恩绝矣”的刻薄寡恩、诛心伐意的政治理念被继承无遗，以至于与酷吏政治联系在一起，成为当时的一大政治特色。汉武帝之后，新兴起的“谷梁”学派正是以此为口实，而发动了对于“公羊春秋”学的批判，并且成为朝廷上下一股修正武帝治世理念的政治思潮。同时，在思想领域，新儒家学者也极力倡导以法家理念为核心的政治精神，主张“罢黜百家，独尊儒术”的思想垄断与控制，成为当时显著的政治特色。例如董仲舒所说：“《春秋》大一统者，天地之常经，古今之通谊（义）也。今师异道，人异论，百家殊方，指意不同，是以上亡以持一统；法制数变，下不知所守。臣愚以为诸不在六艺之科、孔子之术者，皆绝其道，勿使并进，邪辟之说灭息，然后统纪可一而法度可明，

① 《汉书》56《董仲舒传》，中华书局1962年版，第2511页。

② 《后汉书》卷48《杨李翟应霍爰徐列传》，中华书局1965年版，第1612页。

③ 唐晏：《西汉三国学案》，中华书局1986年版，第443页。

民知所从矣。"[①] 这种说法，与商鞅、韩非的思想控制的理念无异。因此，我们可以说，法家思想在汉初直到汉代中期，其基本精神并没有消失。它演化成新儒家思想体系的一个重要部分被保留下来，成为维护君主专制政体的核心价值观及治国理念。

① 《汉书》卷56《董仲舒传》，中华书局1962年版，第2523页。

第五章　汉初黄老之学的社会控制与整合思想

第一节　黄老学派“自然”“无为”的哲学基础

一　黄老学派与《黄帝四经》

黄老思想，是战国时期假托黄帝、老子之言为指导思想，尊传说中的黄帝和道家的老子为学说创始人，并且涉及哲学、政治、社会、养生等方面的一个道家学派，其代表作品为《黄帝四经》和《老子》。黄老学派原为战国时期齐国稷下学宫的一派，在战国诸子争鸣的时代，一些信奉道家思想，并且希望以此拯救天下的人，假托黄帝之名而著书立说。黄老思想中的“黄”，名义上即指称黄帝。在黄帝之名下，黄老思想学说以老子的“道”为基础，并且吸收战国时期刑名法术之学，因此其思想是以道家为主线，而在社会政治思想上更接近法家。黄老思想最初流行于齐国的稷下学宫，一些留心世事的学人假托黄帝和老子的思想，实为道家和法家思想结合，并兼采阴阳、儒、墨等诸家观点而成。

作为一个具有独立思想的学术体系，黄老思想之所以形成于战国时期，也如其他学派如阴阳家、纵横家、兵家、法家等一样，是春秋社会向战国社会大变革的产物，是社会阶级结构剧烈变化的结果，也是兼并战争连绵不断、崇尚“力道”的情况在思想界的反映。在当时的思想领域里，不仅是儒、道、法、阴阳、纵横等各学派之间相互斗争融合，各学派内部也是相互分化融合。如韩非就曾对儒墨两家显学分析道：“自孔子之死也，有子张之儒，有子思之儒，有颜氏之儒，有孟氏之儒，有漆雕氏之儒，有仲良氏之儒，有孙氏之儒，有乐正氏之儒。自墨子之死也，有相里氏之墨，有相夫氏之墨，有邓陵氏之墨。故孔、墨之后，儒分为八，墨离为三。”[①]而当时假托黄帝名义而著书是战国至两汉时期的学术习惯，如成书于春秋战国时期的《黄帝内经》，就是古代医家托轩辕黄帝之名而作，为医家、医学理论家联合创作，采取以黄帝、岐伯、雷公对话问答的形式，这与黄老之学的代表作《黄帝四经》有异曲同工之处。所以从战国至汉初黄老思想得以流行，是与当时的政治、社会需要和学术风尚相一致的。

《黄帝四经》最早出现于汉代的《汉书·艺文志》，该志中描述道："《黄帝四经》四篇。"[②] 1973 年在湖南长沙马王堆三号汉墓进行考古发掘时，曾出土了一大批古代的帛书，其中有《老子》甲本卷后、乙本卷前，并附有《经法》《十大经》《称》《道原》四篇。经过唐兰先生的考证，这四篇古佚书就是《汉书·艺文志》中所记载的"《黄帝四经》四篇"，即是黄老道家的重要经典。[③]

关于《黄帝四经》成书年代，《史记》记载："庄子者，蒙人也，名周。周尝为蒙漆园吏，与梁惠王、齐宣王同时。其学无所不窥，然其要本归于老子之言。……申子之学，本于黄老而主刑名。著书二篇，号曰申子。韩非者，韩之诸公子也。喜刑名法术之学，而其归本于黄老。"[④]《史记》又载："慎到，赵人。田骈、接子，齐人。环渊，楚人。皆学黄老道德之术，因发明序其指意。"[⑤] 司马迁认为，黄老之学应该是晚于老子，可能与庄子同时期，而早于慎到、申不害、田骈、韩非等人。唐兰先生据此考订认为："（四篇帛书）至晚总是在公元前四世纪的初期就已出现了。……其上限不能超过杨朱时代，其下限不能延伸到申不害时代。……应该是战国前期之末到中期之初，即公元前 400 年前后。"[⑥] 陈鼓应先生基本认同唐先生的观点，并进行了详细的考证，他认为《黄帝四经》的成书年代至迟不晚于战国中期，应在战国中期之前，是黄老道家的最早著作。[⑦]

《黄帝四经》全书共有一万一千余字，其中《经法》包含"道法""国次""君正""六分""四度""论""亡论""论约""名理"等节，主要论述了自然与社会的各种法则。《十大经》包含"立命""观""五正""果童""正乱""姓争""雌雄节""兵容""成法""三禁""本伐"

---

① 高华平、王齐洲、张三夕译注：《韩非子·显学》，中华书局 2010 年版，第 724—725 页。
② 《汉书》卷 30《艺文志》，中华书局 1962 年版，第 1730 页。
③ 唐兰：《马王堆出土（老子）乙本卷前古佚书的研究》，《考古学报》1975 年第 1 期。
④ 《史记》卷 63《老子韩非列传》，中华书局 1959 年版，第 2143—2146 页。
⑤ 《史记》卷 74《孟子荀卿列传》，中华书局 1959 年版，第 2347 页。
⑥ 唐兰：《马王堆出土（老子）乙本卷前古佚书的研究》，《考古学报》1975 年第 1 期。
⑦ 陈鼓应：《黄帝四经今注今译》，商务印书馆 2007 年版，第 37—41 页。

"前道""行守""顺道""名刑"等节，以黄帝与大臣对话的形式论述"形名""刑德""阴阳""雌雄"等的相应关系。《称》篇多采用格言或谚语的形式，通过对"阴阳""雌雄""动静""取予""屈伸""隐显""强弱"等论述，阐述最有效的治国修身方案。《道原》篇论述"道"的特质和功用，形成了一个内在统一的整体。

汉初的黄老之学，虽源于道家之"道"，但和原先的道家学派有着重大的区别，而且带有十分明显的道、法结合的特点。从先秦古籍的有关记载来看，老子传本在战国期间就已有两种不同版本：一种是道经在前，德经在后，这是道家传本。如《老子》论述道德，就是把《道》摆在第一位，把《德》摆在第二位；庄子论述道德，也是把《道》摆在第一位，把《德》摆在第二位。另一种是德经在前，道经在后，这是法家传本。如韩非子的解老，首先解德经第一章，解道经的文字则放在后部。这是因为道家重视书中的宇宙论和本体论，并认为"德"从属于"道"，所以把道经放在前面。法家重视书中的人生论与政治论，而用法家眼光来理解老子的言论，所以把德经放在前面。

因此，汉初的黄老之学，是将先秦道家思想经过战国不同学派学者的改造，将法家治国的思潮融入道家而建构的一种社会政治理论学说。关于黄老学说的性质，有的学者认为，"汉初黄老思想的政治实质是法家思想"，"其特点可归结为刑德并用"①，这种说法应该说归纳出了黄老思想的一般特点。

关于汉初黄老之学的流传，如今能够见到的最具体的材料是司马迁的论述。据《史记·乐毅列传》记："乐臣公学黄帝、老子，其本师号曰河上丈人，不知其所出。河上丈人教安期生，安期生教毛翕公，毛翕公教乐瑕公，乐瑕公教乐臣公，乐臣公教盖公。盖公，史不记名。盖公教于齐高密、胶西，为曹相国师。"这个黄老之学的传授世系有的尚见零星记载，有的已经无从考证。不过自盖公起，黄老之学就在西汉初期登上了政治舞台。据《史记·曹相国世家》记载，曹参任齐国相，尽召长老诸生，问所以安集百姓之策，当时齐国故旧儒者以百数，然而人人所说不同，曹参不知如何定策。这时他听说胶西有盖公者，善治黄老言，于是使人厚币请之。既见盖公，盖公上言治国之道贵清静无为而民自安定，以此类言语而论之。曹参大喜，于是其社会治理尽用黄老无为之术。曹参以此术相齐九年，齐国安定，人口云集，齐国人皆称曹参为贤相，黄老之学由此开始引

---

① 金春峰：《汉代思想史》，中国社会科学出版社1997年版，第49页。

起统治者注意。尤其是曹参继萧何为相，继续以黄老之学治国，使黄老之学得以成为当时部分统治者所欣赏的政治学说，黄老学派也在西汉初期名扬一时。

《黄帝四经》是黄老学派的主要典籍，其内容很丰富，主要是发展了《老子》中提出的一系列君主南面之术及有关政治、军事的诸多思想，致力于研究国家的祸福成败和兴亡得失。在黄老思想中，“刑名关系”是它最重要的部分。《史记》说黄老学派“喜刑名法术之学，而其归本于黄老”①。这些思想在《黄帝四经》中都有所反映。

二　汉初黄老无为论与社会整合的适应性

汉初黄老道家理论与汉初社会整合有着相互适应的一面，也是黄老道家理论作为一种治世方法论原则的主观动力。汉初黄老道家理论的兴起，实质上是对强君权、弱百姓的法家“国强民弱”极端理念的一种纠正。在汉朝初年，经济凋敝，社会动荡，“哭泣之声未绝，伤痍者未起”②。恢复经济，恢复民众对政治的信心是当时巩固政权、维护君权的首要任务。为巩固君权，必须服从于民众的“休养生息”需要，才能恢复与发展经济，从而巩固中央集权。而此时期的社会控制思想在意识形态上的反映就是对黄老思想的选择。

首先，在政治上，强调一种适度的君臣关系是政治上的一个重要的维度。汉初要纠正秦代君权太盛的弊病，主张对君主政治要有所制约，并且在郡国并行的体制下实行无为而治的政治理念，就要坚持君主无为与君主“德治”“法术”理念的和谐统一。黄老道家认为，要推行真正的王道，就要充分发挥圣人的智慧，施行无为而王的统治理念。正如老子所说：“我无为，而民自化；我好静，而民自正；我无事，而民自富；我无欲，而民自朴。”③“圣人处无为之事，行不言之教。”④但是，在具体的政治实践中如何推行“行不言之教”，做到“无事”“无欲”，《老子》书中仅提出了原则性的指导思想，而并没有具体措施。黄老之学则将该思想落实到了具体的政治实践中。

---

① 金春峰：《汉代思想史》，中国社会科学出版社 1997 年版，第 49 页。

② 《史记》卷 99《刘敬叔孙通列传》，中华书局 1959 年版，第 2716 页。

③ （春秋）李耳著，（三国魏）王弼注：《老子》第 57 章，浙江古籍出版社 2011 年版，第 63 页。

④ （春秋）李耳著，（三国魏）王弼注：《老子》第 2 章，浙江古籍出版社 2011 年版，第 3 页。

在汉初，要推行“无为而治”以“休养生息”，除了以老子的“无为”思想为指导外，更重要的是要从黄老之学所主张的措施中找寻到“有为”的统治方法，因此，汉初的统治思想，即是由消极“出世”向积极“入世”的转变，这是道家思想史上的一次重大变革。

其次，从社会经济方面来看，黄老“无为”论符合汉初社会的经济发展状况，这也是与汉初社会控制相适应的客观因素。从战国末期的连年混战到秦末农民战争，加上秦王朝的苛政，至西汉建立之初，全国人口锐减、土地大量荒芜，社会经济十分困难，民众生活异常艰苦，甚至“天子不能具醇驷，而将相或乘牛车”①，“民失作业，而大饥馑。凡米石五千，人相食，死者过半。高祖乃令民得卖子，就食蜀汉。天下既定，民无盖臧”②。西汉统治者面临着恢复经济的艰巨任务，只能以清静无为、与民休息的政策来恢复经济。黄老清净无为之学，作为一种方法论，不仅是黄老思想明确提出，而且儒家也提出了这一方法论原则。可以说，清净无为适应了当时社会的客观需求。

秦帝国仅仅存在十五年便土崩瓦解，这使得汉初统治集团无不悉心深思：秦为何而亡？汉缘何而立？汉初陆贾以《新语》、贾谊以《过秦论》、黄老以《皇帝四经》对此进行探究。他们深刻地认识到“夺权”与“守国”的不同，即“攻守之势异也”。“守治与攻取不同，攻取的目标是图雄兼并，以武力迅速夺取，守治的目标则是长治久安；攻取靠诈谋与武力，而守治靠秩序与人心。”③ 因此，要巩固新生政权，必须要依靠一种与以往历史上不同的治国之术及方法论原则。

最后，从社会安定来看，“人心思安”是当时普遍存在的社会心理。经过春秋战国的长期战乱和分裂，普通民众急迫盼望和平安静、休养生息，随后的秦王朝虽然第一次实现了统一中原，消除了割据状态，但随之而来的横征暴敛与严酷刑法激化了社会矛盾，秦末农民大起义与楚汉战争又使得社会急剧动荡，战争不断。汉初，以清静无为为特色的思想在社会上开始流行起来，以陆贾为新儒学代表的儒家学者开始在理论上将这种“无为”思想进行阐释：“道莫大于无为，行莫大于谨敬。何以言之？昔舜治天下也，弹五弦之琴，歌南风之诗，寂若无治国之意，漠若无忧天下之心，然而天下大治。周公制作礼乐，郊天地，望山川，师旅不设，刑格法

① 《汉书》卷24《食货志》，中华书局1962年版，第1127页。

② 同上。

③ 吴兴明：《谋智、圣智、知智》，生活·读书·新知三联书店上海分店1995年版，第136页。

悬，而四海之内，奉供来臻，越裳之君，重译来朝。故无为者乃有为也”①，“是以君子之为治也，块然若无事，寂然若无声。官府若无吏，亭落若无民，闾里不讼于巷，老幼不愁于庭”②。历经了秦王朝暴政的人们，十分渴望这种思想能够成为现实。“黎民得离战国之苦，君臣俱欲休息乎无为，故惠帝垂拱，高后女主称制，政不出房户，天下晏然”③，这恰如其分地反映了当时的社会状况和人民的心态。黄老道家理论特别强调清净无为，并且将之作为自己的理论特色，应该说十分适应当时的社会需要。所以，黄老思想在当时被抬出来作为一种统治者十分欣赏的社会治理方法论，是不奇怪的。

三 《黄帝四经》中社会调控思想的哲学基础

正因为如此，黄老思想及其代表著作《黄帝四经》，在当时社会上具有重要的影响。而《黄帝四经》中社会调控思想也是有着一定的哲学理论基础的。下面我们兹对于《黄帝四经》社会整合、控制思想中清净无为的本体论思想进行分析。

（一）天道观——黄老学派“自然”“无为”思想的本体论基础

与道家的哲学理论一样，黄老学派也是以“道”作为最高准则和范畴。《黄帝四经》第一篇开篇就指出：“道生法。”④ 它认为万物的本原是“道”，“恒无之初，迵同大虚。虚同为一，恒一而止。湿湿梦梦，未有明晦。神微周盈，精静不熙。古未有以，万物莫以”⑤。一方面，在天地混沌之初，“道”具有神妙变化的特性，自然地存在于宇宙之中，无从而生。“道”的属性是“虚无（刑）形，其裻冥冥，万物之所从生”⑥；另一方面，“道”又是“天弗能覆，地弗能载。小以成小，大以成大。盈四海之内，又包其外”⑦，充塞于整个宇宙万物之间，无所不在，并且“在阴不腐，在阳不焦”⑧，在阴暗处不会霉烂，在烈火阳焰中也不会枯焦。

按照《黄帝四经》的说法，“昔者皇天使冯（凤）下道一言而止”⑨，

---

① 国学整理社辑：《诸子集成·新语·无为》第4，中华书局1954年版，第6页。
② 国学整理社辑：《诸子集成·新语·至德》第8，中华书局1954年版，第14页。
③ 《史记》卷9《吕太后本纪》，中华书局1959年版，第412页。
④ 陈鼓应：《黄帝四经今注今译·道法》，商务印书馆2007年版，第1页。
⑤ 陈鼓应：《黄帝四经今注今译·道原》，商务印书馆2007年版，第399页。
⑥ 陈鼓应：《黄帝四经今注今译·道法》，商务印书馆2007年版，第5页。
⑦ 陈鼓应：《黄帝四经今注今译·道原》，商务印书馆2007年版，第399页。
⑧ 同上。
⑨ 陈鼓应：《黄帝四经今注今译·成法》，商务印书馆2007年版，第288页。

“道”是过去天帝曾派风伯飞下传道而产生的。既然“道”是“天帝”派到人间的，因而就是至高无上的了。作为宇宙本源，“道”孕育出了自然界和人类社会的各项准则。“一度不变，能适规（蚑）侥（蛲）。鸟得而蜚（飞），鱼得而流（游），兽得而走。万物得之以生，百事得之以成。”①“道”是不变的，但却在主导着万物的变化，万物得之而生长繁衍，任何事情，也只有顺服于道的运化而运化，才有成功的可能。“天地阴阳，（四）时日月，星辰云气，规（蚑）行侥（蛲）重（动），戴根之徒，皆取生，道弗为益少；皆反焉，道弗为益多”②，天地之间的阴阳交替、一年之间的春夏秋冬变更、宇宙之间的星辰日月运转等，均起源于道。

在黄老看来，道体虚空无形，寂静深远，但是它是“万物赖之以生”的，是万物之源，是气化流行之处，就像无所不能的上帝一样，塑造了世间万物，并且将之安排得井井有条。基于“道”本体论的认识论，是源自老子“人法地，地法天，天法道，道法自然”③的思想。正是因为“道”产生万物，无所不能，无处不在，才决定着万物的变化。这种天道观，就是黄老思想的本体论。

（二）阴阳为纲——黄老学派“自然”“无为”思想的认识论基础

道家认为世界万物的起源是“道生一，一生二，二生三，三生万物”④。“一”指效法自然，“二”指阴阳概念。《黄帝四经》对老子的阴阳概念进行了发挥，认为阴阳是划分世间一切事物的标准：

> 凡论必以阴阳□大义。天阳地阴，春阳秋阴，夏阳冬阴，昼阳夜阴。大国阳，小国阴；重国阳，轻国阴。有事阳而无事阴，信（伸）者阳而屈者阴。主阳臣阴。上阳下阴。男阳（女阴），（父）阳（子）阴。兄阳弟阴，长阳少（阴）。贵（阳）贱阴，达阳穷阴。取（娶）妇姓（生）子阳，有丧阴。制人者阳，制于人者阴。客阳主人阴。师阳役阴。言阳黑（默）阴。予阳受阴。诸阳者法天，天贵正；过正曰诡，□□□□祭乃反。诸阴者法地，地（之）德安徐正静，柔节先

① 陈鼓应：《黄帝四经今注今译·道原》，商务印书馆2007年版，第399页。

② 同上书，第402页。

③ （春秋）李耳著，（三国魏）王弼注：《老子》第25章，浙江古籍出版社2011年版，第27页。

④ （春秋）李耳著，（三国魏）王弼注：《老子》第42章，浙江古籍出版社2011年版，第48页。

定，善予不争。此地之度而雌之节也。[①]

“阴阳”是认识万事万物的总原则，也是包罗世间万象的范畴。世间一切事物，无论是自然界的天与地、春与秋、夏与冬、昼与夜，还是人世间的大国与小国、重国与轻国、君臣父子男女等，均可以阴阳来划分和认识。属“阳”者是取法于天，属“阴”者则取法于地，前者要“正”，后者要“柔”，这就是《黄帝四经》的认识论。

但是，这种以天为阳、地为阴，天尊地卑的思想，其主要表达的是崇尚主、上、贵、父等“阳”的范畴，带有融入法家思想的痕迹，而与《老子》尚柔的倾向有明显的不同。

《黄帝四经》还认为，阴阳两种力量是可以相互转换的，“极阳以杀，极阴以生，是胃（谓）逆阴阳之命”[②]。在极盛的阳气中已经孕育着阴气，在阴气极盛时，阳气已经开始出现了，这是变异的阴阳规律。而当阴阳两种平衡被打破时，就要积极推进、促成双方的转换，“□□□□□，□□建生。当者有（数），极而反，盛而衰；天地之道也，人之李（理）也”[③]。

从黄老学派的本体论、认识论思想中，我们可以看出，其思想的根本特征就是天道自然论。这种天道自然论应该是战国时期荀学、商韩之学，加上道家本体论思想的一种结合。它导致在哲学的方法论、人性论方面更加注重人为的因素，更加注重对于事实自身的辩证。

（三）循名究理——黄老学派“自然”“无为”思想的方法论原则

正如上述，在黄老学派的方法论中，其“名”“实”观念具有一种循名究理、循名责实、实事求是的趋向。所谓“名”，是指人类对客观事物进行命名的名词、概念，实际上是人类对于事物本质的一种认识、归纳；“实”，是指客观实在的事物本身，或者事物规律的发展过程。作为中国古代哲学范畴的“名实之辩”，最早出现在先秦时期，如孔子、墨子、荀子等均对名实关系进行过阐述。这种“名实之辩”，表面上是学术之辩，其实是战国时期各家学派对于社会与政治理论的表达和阐述，是当时循守周代礼仪制度的学派和力求以当今新的形势去改革社会、政治的学派的一种政治见解之争。而趋向于法家思想的黄老学派认为，要考察万事万物的是

① 陈鼓应：《黄帝四经今注今译·称》，商务印书馆2007年版，第394页。

② 陈鼓应：《黄帝四经今注今译·四度》，商务印书馆2007年版，第109页。

③ 同上。

与非，就首先要审核其名称，依照循名、督实、察理的逻辑顺序进行，如果名实相符，则是非自然分明了：

> 天下有事，必审其名。名□□循名厩（究）理之所之，是必为福，非必为□（灾）……审察名理冬（终）始，是胃（谓）厩（究）理……故能循名厩（究）理。形名出声，声实调合，祸□（灾）废立。①

《黄帝四经》指出，世间万事万物都有形名，而每一具体事物又都有它的具体名称，世人在认识具体的事物时，必须先要审查名理，将所得的结论贯穿于全过程，这就称为“究理”。因此，认识天下万事，首要的是要审查它们的名称。如果名实相符，就可以给人带来福吉，反之，则给人带来灾害。做到了这一点，便可以辨明是非。通过“究理”，如果事物的具体名称与其所蕴含的具体事实相符合，那也就能够客观认识福祸兴衰的道理。这种说法，实际上是要求理论结合当前的新形势，实事求是地按照社会发展的规律办事。

《黄帝四经》还对于循名究理的方法给予了很高的期望。他们认为，“虚无有，秋毫成之，必有刑（形）名，刑（形）名立，则黑白之分已”②。只要掌握了这种“循名究理”的认识论，则认识事物就犹如辨明黑与白一般简单容易了。具体如何辨明呢？《黄帝四经》认为，要掌握“三名”，即名与实的三种不同情况：“三名：一曰正名立而偃，二曰倚名法（废）而乱，三曰强主灭而无名。三名察则事有应矣。”③ 黄老学派认为，国家的兴衰有三种“名实关系”：一是形名正定，名实相符，则世间秩序是有序状态，国家处于安定境地；二是形名不正，名实不符，则世间各种法度荒废，国家处于混乱；三是无视形名，名实不符，则国家虽然强盛但也会灭亡，“是故天下有事，无不自为刑（形）名声号矣。刑（形）名已立，声号已建，则无所逃迹匿正矣”④。

黄老学派的方法论，实际上也是这个学派在战国至汉初的时代背景下，怎样去看待正在变化中的社会的一种政治论、社会论的方法论。因为如果按照循名究理、循名责实的方法去看待社会与政治问题，那么统治者

---

① 陈鼓应：《黄帝四经今注今译·名理》，商务印书馆 2007 年版，第 187—188 页。

② 陈鼓应：《黄帝四经今注今译·道法》，商务印书馆 2007 年版，第 10 页。

③ 陈鼓应：《黄帝四经今注今译·论》，商务印书馆 2007 年版，第 138 页。

④ 陈鼓应：《黄帝四经今注今译·道法》，商务印书馆 2007 年版，第 10 页。

的治世理论就会根据社会的变化而不断调整自己的统治思想，使政治与社会概念符合正在不断变化的社会实际，而非固守一成不变的僵化的既定思想、原则。正是在这种方法论的指导下，黄老学派才在汉初提出了因时顺变的“无为之治”的治世之术。

第二节 黄老学派的社会整合与控制思想

一 社会整合的基础：顺天循则

正是在“道法自然”这一重要思想原则的指引下，黄老学派根据秦帝国二世而亡的教训，在汉初民生凋敝的情况下，提出了顺天循则的社会观念。他们认为，“道”产生万物，“故同出冥冥，或以死，或以生；或以败，或以成”[①]，宇宙万物万事都生于自然之道，其生死成败都是由这个“道”所决定，因此社会的治理、建构都应该按照这个自然之道来作为。“天建八正以行七法：明以正者，天之道也。适者，天度也。信者，天之期也。”[②] 天道本身的命数决定了事物都具有必然性，这种必然性就是统治者治理国家的“度”，也是顺应“天道”的“适”。“适者，天度也。信者，天之期也”，天道本身的守则即“适”“度”“信”。这些天道的特性决定了事物都具有顺正的特性，也决定了事物各安其性。

《黄帝四经》还认为，“道”产生万物，主导着万物的变化，“万物得之以生，百事得之以成”[③]。这种思想与老子无为思想是一致的。例如老子就认为，“圣人处无为之事，行不言之教”[④]，“我无为，而民自化”[⑤]。《黄帝四经》在继承并极大地发展了《老子》的“无为”思想时说：

> 欲知得失，请必审名察刑（形）。刑（形）恒自定，是我俞（愈）静。事恒自（□）施，是我无为。静翳（壹）不勤，来自至，

① 陈鼓应：《黄帝四经今注今译·道法》，商务印书馆 2007 年版，第 10 页。

② 陈鼓应：《黄帝四经今注今译·论》，商务印书馆 2007 年版，第 130 页。

③ 陈鼓应：《黄帝四经今注今译·道原》，商务印书馆 2007 年版，第 399 页。

④ （春秋）李耳著，（三国魏）王弼注：《老子》第 2 章，浙江古籍出版社 2011 年版，第 3 页。

⑤ （春秋）李耳著，（三国魏）王弼注：《老子》第 57 章，浙江古籍出版社 2011 年版，第 63 页。

> 去自往。能一乎？能止乎？能毋有己，能自择而尊理乎？□也，毛也，其如莫存。万物群至，我无不能应。我不臧（藏）故，不挟陈。乡（响）者已去，至者乃新。新故不□，我有所周。①

万事万物自有法则，事物的产生和消亡都有其客观依据，来者自来、去者自去，不要去人为地干涉。治理社会同样要顺应自然的法则，面对纷繁复杂的社会万事万物，要能够应付自如，只能遵循宇宙的自然“无为”之道。于是，《黄帝四经》提出了社会控制思想上的无为问题。

在黄老学派看来，天道与人道是相通的，天的精神与社会的精神是一脉相承的，因此，统治者在进行社会治理时，要顺应天道、自然的法则，做到人道服从天道的自然法则：

> 人主者，天地之（稽）也，号令之所出也，（为民）之命也。不天则失其神，不重地则失其根。不顺（四时之度）而民疾。不处外内之立（位），不应动静之化，则事窘于内而举窘于（外）。……（重地）则得其根。顺四（时之度），□□□而民不（有）疾，（处）外（内之位，应动静之化，则事）得于内而举于外。②

因此，君主在施行统治时，必须效法天地之道来制定各种政策与统制措施，才能使人民安身立命。如果君主违背天道，就会失去上天的庇护，如秦王朝一样短暂瓦解。反之，如果君主在施行统治时效法天道，就会得到上天的保佑，国家就会长治久安。顺应四时变化，人民就不会有怨恨，朝廷的政令就可以出于中央而施行于地方了。

在君主之道和臣下之道的问题上，《老子》中并未明确提出君主与臣下如何才能做到“无为”，只是笼统地提出了“无为而无不为”“圣人无为故无败”等说法，只是强调了君主无为，而并没有明确地说君臣皆要无为。《黄帝四经》则对“无为”进一步发挥，对“无为”进行了新的阐释：“圣人正以侍（待）天，静以须人。”③ 由于“道”是万物之源，由“道”所派生出的万事万物都是既定的，阴阳交替，昼夜更迭，四时运行，都是上天安排好了的，圣人（即君主）治理国家，只需静候天道而持守之

① 陈鼓应：《黄帝四经今注今译·名刑》，商务印书馆 2007 年版，第 336 页。
② 陈鼓应：《黄帝四经今注今译·论》，商务印书馆 2007 年版，第 123 页。
③ 陈鼓应：《黄帝四经今注今译·观》，商务印书馆 2007 年版，第 229 页。

就可以了。“是故君子卑身以从道。知（智）以辩之，强以行之，责道之并世，柔身以寺（恃）之时。王公若知之，国家之幸也。”① 君主要谦卑遵从天道，用他们的才智事天道，用天道指导行为，这才是国家的大幸。因此，在这里，君主并不是被动的“无为”，而是以遵从天道的“有为”来重新阐释“无为”思想：

> 黄帝曰：吾既正既静，吾国家愈不定，若何？对曰：后中实而外正，何（患）不定。左执规，右执矩，何患天下？男女毕迥，何患于国？五正（政）既布，以司五明。左规右矩，以寺（待）逆兵。②

在《黄帝四经》看来，君主的“无为”其实是在遵从天道前提下的一种积极“有为”，是一种顺天循则、循名究理、循名责实之举。只有根据各种变化了的社会情况，来适时进行治理，才能够真正达到大治。所以，“君子卑身以从道”，是达到大治的一种方法，它的本质是以顺天循则，适应变化了的社会情况而采取不同的治理措施，由此达到天下的长治久安。因此，所谓“无为”，是一种以退为进的方法，这种进攻策略只不过披上了一层“无为”的外衣罢了。

二 社会控制的关键——王术

“术”，是办事、用人的方法和艺术，也就是政治手腕。“王术”，是君主如何维护君臣关系的经验总结，是君主必须要遵守的处世原则，是君主治国的手段。

黄老学派是一个以《老子》之学为纲，以法家思想为术的混合的思想体系。因此，在当时封建政治专制逐步建立的情况下，它十分注重对于君主权力、君臣关系的论证。在《老子》看来，“圣人无为故无败”，要求君主（圣人）不表露自己的喜怒哀乐，无为而无败。《黄帝四经》吸收了《老子》及先秦法家的思想，十分注重对于君主权力的论证。它认为，由于君臣之间是一种不可调和的利害关系，因此君主治理社会，首先需要治己心与治吏。而治己心与治吏的方法就是善于运用王者之术。在汉代，《黄帝四经》首倡“王术”之说。虽然道家讲求君人南面之术，但《老子》与《庄子》中都没有提到“王术”，而《黄帝四经》则根据《老子》

---

① 陈鼓应：《黄帝四经今注今译·前道》，商务印书馆2007年版，第310页。

② 陈鼓应：《黄帝四经今注今译·五正》，商务印书馆2007年版，第233页。

主张的君主应以无为作为来达到无不为的观点，加上法家的心术之说，从正反两方面论证了君主治己心与控制臣下的权术即“王术”的重要性：

> 然而不知王述（术），不王天下。知王（术）者，驱骋驰猎而不禽芒（荒），饮食喜乐而不面（湎）康，玩好□好而不惑心，俱与天下用兵，费少而有功。①

在《黄帝四经》作者看来，秦失天下，就在于君主私欲太重，不行仁义，聚敛无度，以“力”取天下而以“刑”治世。因此，要能够治理好天下，首先就要掌握“王术”，以“王术”治己心，这样心正身修，才能田猎有度，征战也才能用力少而见功多，国家也才会富强，才能王天下。

其次，《黄帝四经》认为君主之术就是要善于驾驭群臣，洞察臣下的阴谋。《黄帝四经》认为，不能运用“王术”，不会驾驭臣下，就会形成臣下结党营私，相互攻击，危害主上的情况。“党别（者外）内相功（攻）……党别者乱”②，众臣拉帮结伙，无视法度，就会导致国家大乱。

在具体的运用上，《黄帝四经》提出君驾驭臣的几个注意之点：

> 凡观国，有六逆：其子父。其臣主。虽强大不王。其谋臣在外立（位）者，其国不安，其主不□（悟），则社稷残。其主失立（位）则国无本，臣不失处则下有根，（国）忧而存；主失立（位）则国芒（荒），臣失处则令不行，此之胃（谓）頪国。主两则其失明，男女挣（争）威，国有乱兵，此胃（谓）亡国。③
>
> 凡观国，有大（六）顺：主不失其立（位）则国（有本，臣）失其处则下无根，国忧而存。主惠臣忠者，其国安。主主臣臣，上下不□者，其国强。主执度，臣循理者，其国□（霸）昌。主得（位）□臣□（辐）属者，王。④

这和先秦法家代表人物韩非的说法极为相似。

《黄帝四经》的作者基本上沿用了韩非的思想。在他们看来，君主与太子、大臣、嫔妃、外戚等各方关系，也是一种相互较量的利害关系。这

---

① 陈鼓应：《黄帝四经今注今译·六分》，商务印书馆2007年版，第90页。

② 陈鼓应：《黄帝四经今注今译·国次》，商务印书馆2007年版，第47页。

③ 陈鼓应：《黄帝四经今注今译·六分》，商务印书馆2007年版，第77页。

④ 同上书，第84页。

种关系具体表现为“六逆”“六顺”。有了“六逆”，则国家贫弱，社会不安定；而“六顺”，则是主不失其立（位），（臣）失其处，则下无根，主慈（蕙）臣忠，君君臣臣（主主臣臣），主执法度，臣循法理，等等。君主只有力求避免“六逆”，做到“六顺”，国家才能安定，君主才能无忧，就能“王天下”，做天下的主人。如果不能做到“六顺”，使“六逆”倡行，国家就会灭亡，社稷就有危险。所以，以君主权术之道，去行“六顺”，避“六逆”，就能够使天下稳固，君主安怡。而要做到这一点，只能以君主的权术去驱使、驾驭群臣，时时刻刻防备权臣的出现。《黄帝四经》的作者这种说法，与商鞅、韩非之说如出一辙。由此我们可以看到，《黄帝四经》在政治与社会思想以及君臣关系上，基本上继承了先秦法家的思想。

《黄帝四经》关于“王术”的另一作用，则是通过维护封建国家的政治等级制度，来达到社会控制的目的。《黄帝四经》认为，“道”派生万物，决定着宇宙万物的生死成败，万事万物都有既定的名分，循天道，守名分是固持天道的要义。表现在社会治理上，则是要通过官吏、民众恪守名分，来建立与维护封建国家的政治等级制度。在《黄帝四经》的作者看来，恪守名分是决定国家治乱的关键。因为在国家治乱上，存在着三种名实关系：“三名：一曰正名立而偃，二曰倚名法（废）而乱，三曰强主灭而无名。三名察则事有应矣。”① 一是形名正定，名实相符；二是形名不正，名实不符；三是无形名。对于天下众生来讲，“天地有恒常，万民有恒事，贵贱有恒立（位），畜臣有恒道，使民有恒产……万民之恒事，男农，女工。贵贱之恒立（位），贤不宵（肖）不相放”②。天下众生有自己的本职，贵贱高低也有确定的界限。对于百姓来讲，男耕女织就是他们的本分，官员按照才能高低委任职务。君主要善于驾驭臣下、统治百姓，要能够设法使臣下和百姓安于本分，做到“名实相符”“名实必相应”，才能做到“定”与“静”，因为“勿（物）自正也，名自命也，事自定也”。③ 这样，也就达到了“无为”而治的目的了。

三 以法为度、德刑并用的社会调控方式

由于人的欲望是无止境的，臣子对于权力的渴望也不例外。因此君主

---

① 陈鼓应：《黄帝四经今注今译·论》，商务印书馆 2007 年版，第 138 页。
② 陈鼓应：《黄帝四经今注今译·道法》，商务印书馆 2007 年版，第 25 页。
③ 陈鼓应：《黄帝四经今注今译·论》，商务印书馆 2007 年版，第 141 页。

独自掌握大权，如果事必躬亲，就容易为人臣所乘。君主持“无为”原则，就是化繁为简，以无为达到有为。从技术层面上说，就必须建立一种臣民共同遵守的法度，来简化行政过程中人为治理的繁杂多事的弊病。为此，《黄帝四经》首先从人性的角度，对为什么要建立与实施统一的法度进行了分析。它指出：“生有害，曰欲，曰不知足。生必动，动有害。”①《黄帝四经》的作者从天道自然论出发，秉承了先秦荀、韩人性恶论。在他们看来，人生来就是有欲望的，并且这种欲望是日益增长，永远不满足的。这种不满足的欲望就会驱使人逾越自己的本职，做出有违名分的事情。在政治与权力关系上，就会结党营私，你争我斗。由于人性中这种好妄动的特点，对社稷、君主有害的事情就很难避免。而要防止这种事情的发生，唯一的方法就是使用一种能够遏制人性欲望的共同的法度、原则去处理政治与社会问题。

基于对此种人性论的认识，《黄帝四经》提出：“道生法。法者，引得失以绳，而明曲直者□（也）。”② 既然“法”是至高无上、万能的“道”所派生出来的，自然也就被赋予了合理的、天然的属性，将“法”提高到了与宇宙本体相同的首要地位。“人主者，天地之（稽）也，号令之所出也，（为民）之命也。”③ 君主取法天地之道，制定各项政策律令，以此来遏制吏民的欲望，让他们循天道，守名分，既有合理性，亦有充分的合法性。君主实施统一的法度，官吏才不敢为所欲为，人民才得以真正地安身立命，这就是遵循天道的大善、大德。

“法”是君主以人道循天道所制定出来的宇宙与社会的重要法则，而社会控制的手段就是应用好这种法则，达到天下大治。那么该怎样运用“法”与“度”呢？《黄帝四经》中有关黄帝与辅佐大臣果童的一段对话：

> 黄帝曰：夫民□（仰）天而生，侍（恃）地而食。以天为父，以地为母。今余欲畜而正之，均而平之，谁敌（适）□由始？对曰：险若得平，谌（若得正），（贵）贱不谌，贫富又（有）等。④

大臣果童认为，要维护贵与贱、贫与富的自然差等，就必须通过严明的法度来治理人民，通过端正名分使人民各居其业，这样才能维持社会秩

① 陈鼓应：《黄帝四经今注今译·道法》，商务印书馆2007年版，第5页。

② 同上书，第2页。

③ 陈鼓应：《黄帝四经今注今译·论》，商务印书馆2007年版，第123页。

④ 陈鼓应：《黄帝四经今注今译·果童》，商务印书馆2007年版，第245页。

序，实现良性的社会控制。

因此，《黄帝四经》强调实施法度的重要意义，并且特别强调“法”的公开性，认为：“法度者，正（政）之至也。而以法度治者，不可乱也。而生法度者，不可乱也。精公无私而赏罚信，所以治也。”① 提出法度应该精公无私，赏罚有信，至正至大，创设法度不能任意妄为。只有依法办事，公正无私，赏罚分明，才会天下大治。

应该看到，《黄帝四经》作者所强调的法度，并不是我们现在所理解的法制，而是由帝王所制，并且超然于该法度之外的一种政治制度、行政措施、刑法原则，是君主的一种驾驭臣下、控制社会的“王术”的表现。由于帝王本身超然于这种封建法度之外，不受这种法度的制约，反而其张口是令，手写为律，因而这种所谓法度仅仅是维护封建帝王统治的手段，是其“以一制万”“以一统万”的权术。

除了注重法度外，《黄帝四经》还主张在社会控制手段上，统治者要重视德、刑之间的关系，将刑治主义与天地间自然无为之道结合起来。在这里，《黄帝四经》的作者更多的是吸收了先秦法家与道家的刑德相依、“道法自然”的社会控制手段，从治心与治身两个方面来实行对于民众的控制。

为了给刑德相依、“道法自然”的说法寻找天道观的依据，《黄帝四经》吸收了先秦阴阳家关于天地阴阳相辅相成的观点，认为天地有阴阳，而人间有德刑。

> 黄帝曰群群□□□□□□为一囷。无晦无明，未有阴阳。阴阳未定，吾未有以名。今始判为两，分为阴阳。离为四（时），□□□□□□□（德虐之行），因以为常，其明者以为法，而微道是行。②

在《黄帝四经》作者看来，在天地未生之前，世间是混混沌沌，没有阴阳的。没有阴阳，也就没有万物的名分。现在天地判别为二，分为阴、阳两类，形成春夏秋冬四季，也便有了万物。因此，对于治理民众而言也是如此。“春夏为德，秋冬为刑。先德后刑以养生。姓生已定，而适（敌）者生争。不谌不定。凡谌之极，在刑与德。刑德皇皇，日月相望，以明其

---

① 陈鼓应：《黄帝四经今注今译·君正》，商务印书馆2007年版，第71页。

② 陈鼓应：《黄帝四经今注今译·观》，商务印书馆2007年版，第210页。

当，而盈（绌）无匡。”[①] 在四时的更迭中，春夏属于“生养”的季节，秋冬属于“肃杀”的季节，按照人道循天道的原则以及四季的运行规律，在人间也应该如此。在这里，我们应该注意，《黄帝四经》作者所说的“德”，主要是指天德、天道，即天的兼覆该载，无私无己，自然无为的内涵。“天下太平，正以明德，参之与天地，而兼复（覆）载而无私也，故王天下。王天（下）。王天下者之道，有天焉，有人焉，又（有）地焉。参（三）者参用之，□□而有天下矣。”[②]“夫言（霸）王，其□□□，唯王者能兼復（覆）载天下，物曲成焉。”[③] 天下安定宁和在于君主效法天地的大公无私，自然无为，兼覆该载，心胸宽广，执法公正，参合天时、地利、人事，这样才能以明其德，可以称王天下，因此，君主治理社会，就应该德赏与刑罚相互运用，以教化众生。而德与刑的相互运用，也体现了天道的阴阳互补，日月的日夜相望。这样，刑德皇皇，相互为用，既是天道的特点，也是人道的规律。《黄帝四经》的作者将宇宙天地的阴阳之道附会到了社会控制的治民理论中，并且转化为德刑并先德后刑的治国之术。“夫并时以养民功，先德后刑，顺于天。”[④] 由于法度产生于大道，因此法度的内涵是自然无为大道的体现，体现天道是法度具有至高的合理性、判断人间是非曲直的准则的依据。因此德刑并用，先德后刑，不仅是一种社会治理之道，也是顺应天道规律的宇宙之道。

为此，《黄帝四经》作者假借黄帝之口来说明德刑并用的社会治理规律与原则。《黄帝四经》记力黑在回答高阳如何治理天下的问题时，答道：

> 不谌不定。凡谌之极，在刑与德。刑德皇皇，日月相望，以明其当。望失其当，环视其央（殃）。天德皇皇，非刑不行；缪（穆）缪（穆）天刑，非德必顷（倾）。刑德相养，逆顺若成。刑晦而德明，刑阴而德阳，刑微而德章（彰）。其明者以为法，而微道是行。[⑤]

在力黑看来，犹如生成世间万物的阴阳二气是相辅相成的一样，在治理国家之时，德刑二者之间的关系，也是相辅相成的，缺一不可。在社会治理上，必须要德刑并用。而德刑之间的关系，就像阴阳之间的阳明、阴

---

① 陈鼓应：《黄帝四经今注今译 · 观》，商务印书馆 2007 年版，第 217 页。
② 陈鼓应：《黄帝四经今注今译 · 六分》，商务印书馆 2007 年版，第 86—87 页。
③ 同上书，第 95 页。
④ 陈鼓应：《黄帝四经今注今译 · 观》，商务印书馆 2007 年版，第 223 页。
⑤ 陈鼓应：《黄帝四经今注今译 · 姓争》，商务印书馆 2007 年版，第 265 页。

晦的关系一样。刑晦而德明，刑阴而德阳，刑微而德彰，“其明者以为法，而微道是行”①。从社会整合与控制的角度来看，君主利用社会控制中的外在调整手段，包括通过外部压力，诸如秩序、纪律、法律、刑法等措施，同时通过统治者的无为而治，就能够使人们遵守封建社会的伦理规范，达到使民众顺天循则、恪守名分的目的。

所以，在《黄帝四经》中，通过论证天道的运行规律来论证人类社会的治理法则，主张在治理国家的过程中，遵循自然无为的天道，由此达到天下大治。这正是《黄帝四经》的作者想要达到的目的。

由此，我们可以看到，《黄帝四经》的作者在社会政治思想上，既采用了先秦法家的法治原则，同时又吸收了先秦道家学派的思想，通过对于道、法、阴阳等诸家学术、政治思想的吸收，而形成自己的社会整合与控制思想。在这种社会思想中，其主流是法家的法治主义与权术学说。其目的是通过对于道、法诸家学术、政治思想的吸收，而为君主在行政治理上化繁为简，以无为达到有为寻求一种可以操作的方法与措施。

第三节　西汉初黄老之术的政治实践

黄老学派以《老子》为哲学思想主线，以先秦法家商韩之说为社会政治思想之主导，糅合道、法，兼采儒、墨、名家、阴阳诸家思想，通过探究君主的治国之术，由此创建一个社会政治思想体系。司马谈在《论六家之要指》中评述：“道家使人精神专一，动合无形，赡足万物。其为术也，因阴阳之大顺，采儒墨之善，撮名法之要，与时迁移，应物变化，立俗施事，无所不宜，指约而易操，事少而功多。”② 此论应该是十分符合黄老学派的思想本质的。

黄老学派的发展，是从战国末年到西汉初期，特别是汉文帝（前179—前157年在位）和汉景帝（前156—前141年在位）统治为止的这六十多年间。这一学派成为显学，是在西汉初期统治集团中的一部分人，把黄老学派这种新的“无为”理论，作为治国之术运用到社会政治生活实践中才得以实现的。据《史记·曹相国世家》记载，当时曹参相齐国，采取盖公黄老无为之术治国，取得了很好的效果，于是在曹参继承萧何为西汉

---

① 陈鼓应：《黄帝四经今注今译·姓争》，商务印书馆2007年版，第265页。

② 《史记》卷130《太史公自序》，中华书局1959年版，第3289页。

丞相时，仍然以黄老之学作为治理国家的策略。而“参代何为汉相国，举事无所变更，一遵萧何约束”。“择郡国吏木诎于文辞，重厚长者，即召除为丞相史。吏之言文刻深，欲务声名者，辄斥去之。”① 可见曹参为汉丞相，基本上是按照萧何的遗规，并没有做出多大变更。而其黄老清净无为之学的应用，主要还是表现在不折腾、不创新、不自立一套，任用重厚长者为吏。其社会治理的方法，就是以前法旧规为主，按照萧何遗规办事。除此之外，目前尚未看到曹参以黄老清净无为之学的其他举措。

在汉初民生凋敝的情况下，曹参以黄老清净无为之学治国，起到了很好的效果。但是，黄老清净无为之学究竟是一种治理国家、社会的政治思想体系，还是一种暂时的权宜之策？它在治国实践中究竟起到了什么作用？有着什么主要的内容？这些问题，是我们评判黄老之学作为一种政治之学、一种社会控制之学的基本界限。

首先，我们需要对黄老之学的社会实践内容做一个大致的了解。从目前我们能够掌握的文献材料来看，黄老之学在汉初的社会实践中，主要包括以下三方面内容。

第一，尊萧何遗规，按照秦时制度法纪办事。黄老清净无为之学的最大特点，就是不折腾、不创新、不自立一套，一切以前法旧规为主。而萧何遗规，则是在汉初诸事草创的情况下，基本上将秦法稍作修改以治国。以法律为例，早在公元前206年，刘邦进入关中，驻军霸上，就“与父老约，法三章耳：杀人者死，伤人及盗抵罪，余悉除去秦法”②。在建立政权之后，西汉统治集团就开始了持续不断的立法工作。据《汉书》记载：“三章之法不足以御奸，于是相国萧何捃摭秦法，取其宜于时者，作律九章。”③ 奠定了西汉法制的基础。之后，历届汉初政府继续对法律开展修订工作，除“汉九章”之外，还陆续新制定了关于宫廷守卫方面的《越宫律》，关于朝贺制度方面的《朝律》和关于朝仪方面的《傍章》。同时，被汉时视为秦之苛法的挟书、参夷、妖言诽谤、收孥相坐等律令和一些肉刑，在高祖到文景时期也逐渐被废除或修改了。

汉初对民众的治理，依旧是以法度作为有力的控制措施。如前述在湖北江陵张家山247号墓出土的《二年律令》，其内容包括秦之法度的许多方面。黄老之学的重要特点，便是注重法度的实施。如前所述，《黄帝四

---

① 《史记》卷54《曹相国世家》，中华书局1959年版，第2029页。

② 《史记》卷8《高祖本纪》，中华书局1959年版，第362页。

③ 《汉书》卷23《刑法志》，中华书局1962年版，第1096页。

经》基于对人性“生有害，曰欲，曰不知足。生必动，动有害”[①] 的认识，认为人生来有欲，并且这种欲望是日益增长，永远不满足的。在政治与权力关系上，人们结党营私，正是由于人性好妄动的特点。而要防止这种事情的发生，唯一的方法就是使用一种能够遏制人性欲望的共同的法度、原则去处理政治与社会问题。基于此，《黄帝四经》提出了以法度统一治道的原则：“道生法。法者，引得失以绳，而明曲直者□（也）”[②]，“人主者，天地之（稽）也，号令之所出也，（为民）之命也”。[③] 君主取法天地之道，制定各项政策律令，由此来遏制吏民的欲望，让他们循天道，守名分。同时，君主实施统一的法度，官吏才不敢为所欲为，人民才得以安身立命。所以，黄老之学是提倡，并且高扬法度的旗帜的。而曹随萧规，正是对于黄老之学这一社会治理思想的应用。不过值得注意的是，曹参遵从的萧何遗规，已经比秦时的严刑苛法修改了许多。汉初萧何、曹参对于法律的修订，说明曹相国之尊黄老清净无为之学，其中的一个重要内容乃是履行道法合一，以法度治国。

第二，注重明哲保身之权术。黄老之学的又一重要特点，便是注重明哲保身之权术。早在《黄帝四经》的“主术”中，就明确提出了君臣之间的相互防备与利用的关系。《黄帝四经》作者认为，君主运用“王术”，驾驭臣下，就不会形成党别者乱。[④] 如果君主不能善于运用权术，洞察臣下的阴谋，众臣就会拉帮结伙，无视法度，导致国家大乱。所以，在具体的运用上提出君驾驭臣的六逆、六顺。在六逆中，“其□谋臣在外立（位）者，其国不安，其主不吾（悟），则社稷残”。“主失立（位）则国芒（荒），臣失处则令不行，此之胃（谓）□国。”而“六顺”则反复强调“主惠臣忠者，其国安。主主臣臣，上下不趀者，其国强。主执度，臣循理者，其国朝（霸）昌”。这些权术的运用，虽然是对于君主所说的，但是也是对君臣关系的一种告诫。所以，汉初臣子都比较注意以低调的明哲保身之术来为人处世。尤其是高祖统一天下后，剪除韩信、彭越、鲸布三王，猜忌萧何，压制功臣，使得这种明哲保身之术更加为人所用。曹参遵从的萧何遗规，适应了当时的社会情况，自是无可非议。但是，从文献来看，他运用黄老之学，亦有明哲保身之术的意味。分明就是一种明哲保身的避祸之术，是以黄老清净无为作挡箭牌，避免引起皇帝的猜忌。对于清

① 陈鼓应：《黄帝四经今注今译·道法》，商务印书馆 2007 年版，第 5 页。

② 同上书，第 2 页。

③ 陈鼓应：《黄帝四经今注今译·论》，商务印书馆 2007 年版，第 123 页。

④ 陈鼓应：《黄帝四经今注今译·国次》，商务印书馆 2007 年版，第 47 页。

净无为之运用，《史记·曹相国世家》亦有记载："参见人之有细过，专掩匿覆盖之，府中无事。"也就是说不云人过，专图无事，以达到府上安宁，这是十分消极的作为。据文献记载，曹参的这种做派，连皇帝都看不过去了，"惠帝怪相国不治事，以为'岂少朕与'"，于是让他的儿子曹窋回家劝谏父亲。曹参见儿子劝谏，大怒，笞窋二百鞭，并且大声指责道："你入宫侍卫帝王，天下事非你所应当说也。"这件事被惠帝知道后，在上朝时责备曹参说："这件事是我让你儿子劝谏你的。你不高兴是吗？"然而，"参曰：'陛下言之是也。且高帝与萧何定天下，法令既明，今陛下垂拱，参等守职，遵而勿失，不亦可乎？'惠帝曰：'善。君休矣！'"[①]从以上史料可以看出，曹参以黄老清净无为之学为处世之道，其用意更多是对当时皇权专制政治的一种戒备，这种戒备是当时功臣列侯们所共有的。而黄老清净无为之学实际上也就是明哲保身之术。所以，黄老清净无为之学在当时的一种功能，如果说是明哲保身之权术，则更为恰当。这也是先秦法家权术的一种负面运用。

第三，德刑兼治思想。西汉初期的统治集团大都出自社会底层，司马迁曾对此评论道："自汉兴至孝文二十余年，会天下初定，将相公卿皆军吏"[②]，如樊哙、夏侯婴、灌婴、周昌等，均是底层出身。即便为刘邦夺取天下立下卓著功勋的萧何，也只是秦沛县狱吏出身。

由于秦以法家思想为治国之术，刑法严酷，导致对民众的失控，陈胜、吴广揭竿而起，统治政权土崩瓦解。有鉴于此，贾谊在《过秦论》中一针见血地指出了其社会控制失效的关键所在："仁义不施而攻守之势异也。"[③] 因此西汉建国之后，必须摒弃单纯以刑法为控制民众的措施。黄老社会控制思想在重视法度的同时，也强调以社会规范约束民众，使社会趋于稳定。

应该说，《黄帝四经》表现在汉初社会政治的实践中，是汉初一批笃守黄老之学的官僚们以法、道、德刑结合的社会治理思想为则，主张在法度的基础上实行清净无为政策，注重与民休息，减轻赋税，不误农时，其结果是"黎民得离战国之苦，君臣俱欲休息乎无为，故惠帝垂拱，高后女主称制，政不出房户，天下晏然"[④]，为汉初的社会稳定与生产力发展创造

---

① 《史记》卷54《曹相国世家》，中华书局1959年版，第2030页。

② 《史记》卷96《张丞相列传》，中华书局1959年版，第2681页。

③ （汉）贾谊撰，阎振益、钟夏校注：《新书校注》第1《过秦论上》，中华书局2000年版，第3页。

④ 《史记》卷9《吕太后本纪》，中华书局1959年版，第412页。

了一个比较好的社会氛围。所以，汉初黄老之学德刑结合的思想，在当时社会发展中起到了比较重要的作用。

第四节 对汉初黄老之学的评价

汉初将黄老之学作为治国之术，这是毋庸置疑的。但是，它是否就是现今学术界所普遍认同的汉初国家意识形态或者治国根本的“道”呢？这个问题要从两方面来看：

第一，在一个社会中，治国之道或者说国家意识形态，与治国之“术”，即一个时期、阶段的治国之策是有区别的。一般而言，国家意识形态或者政治指导思想，代表了这个国家、社会的合法性论证、核心价值理念、社会规范，它们是形成“大众想法”或全社会共识的基础，代表了一个社会或者团体背后的、深层的共同信仰、价值观等。这是一个社会、国家在政治思想上的纲，具有恒久的作用；而一个国家在各个时期、各个阶段，又有其具体的施政方式、治理策略、理政措施。这往往是根据其社会政治、经济发展的不同阶段性的具体情况而制定的。例如，我们现在的社会主义中国，其指导思想是马克思主义，是具有中国特色的社会主义，这就是我们国家政治生活的大纲大法，是我们进行社会主义建设的指导思想。而在这个长期的中国特色社会主义初级阶段中，我们常常在国民经济的发展、调整中去调整各个阶段的指导思想。例如在改革开放形势下，由于资源分配与投入的临时性失调，国家就会在经济宏观形势下实行一定的调控政策，注重资源投入、分配的合理性，由此更好地达到国民经济的快速发展。这种调整、整顿的政策，就是各个阶段的具体策略。但是它们却与我们国家的意识形态、政治思想或社会控制理念在理论层次上是有区别的。

第二，在一个社会或者国家中，其治国之道、国家意识形态、政治指导思想不是支离破碎的想法和观念，而是形成了体系，是被系统化了的价值取向与信仰系统，是以此来阐释国家存在的合法性与社会理应采取何种运行方式的最高原则与体系，并在此基础上建立起理想的社会秩序蓝图，具有理论性、统一性、能动性、群体性、历史性、超越性等特点。它们都是在一种长时段的社会经济基础上形成的，按其阶级内容反映出社会经济形态，并且随着社会经济基础的变化而逐渐变化。而在这个社会特定的历史阶段中，又有其具体的、阶段性的施政方式，这种施政方式作为治理策略又有着因势利导、与时俱进的特点。它们往往是暂时的、具体的，具有很强的针对性与实用性。在每个特定的社会阶段中，治国之纲领往往隐而不显，而具体的治国策略却对社会、民众有着比较显著的、直接的影响。所以，在我们评判其社会、国家的政治指导思想、意识形态时，必须要分清楚这两种不同的政治思想层次及它们的特点，要注意体与用、本与末的关系。

如果以这种方法去看待汉初社会的政治思想与施政指导思想，我们就可以看出，汉初统治阶级在治国之纲领，即汉代国家的主体政治思想上，是陆贾所改造的新儒学；而在具体的施政指导思想上，则是曹参等人所推崇的黄老学派清净无为思想。

正如前述，从汉初刘邦开始，以陆贾《新语》中提出的新儒家学说以及叔孙通依儒家礼仪原则制礼，进入汉朝堂。汉初儒学十分繁荣，儒家经籍的寻找、传播；儒家学者大量入仕，成为汉初朝廷中的主要的文化官员；儒家经义在汉朝廷议论大事时的重要地位；汉初以孝、仁义治国的思想，使儒家学说在汉初政治思想舞台上占据重要位置。而黄老之学却因为其自身的原因，并不能成为汉代国家政治思想或者社会控制思想的主流，主要基于以下原因。

黄老之学主要局限于对先秦道家天道自然观，以及社会政治思想中的无为之术、王者权术和统一法度、德刑并用等方面的探讨，而未从整个国家意识形态以及社会控制、整合等方面去系统构建国家全面的政治思想及价值体系。司马迁在《太史公自序》中曾经大力赞扬黄老之学："道家使人精神专一，动合无形，赡足万物。其为术也，因阴阳之大顺，采儒墨之善，撮名法之要，与时迁移，应物变化，立俗施事，无所不宜，指约而易操，事少而功多。"① 但是，即使在这些赞扬中，我们也能看出黄老之学的"指约而易操，事少而功多"。也就是说，黄老之学是以一种简单易行的方法论原则来对当时的社会政治、经济提出自己的看法。因此，它本身是缺乏对于封建国家系统政治学说的系统建构的。众所周知，意识形态与社会整合与控制思想，是相互联系的系统化的国家对于社会和民众的统治思想。社会整合与控制作为一种对于社会上的人们在思想上、行为上的控制、约束机制，它有着对于人们政治意识、经济意识、道德意识的内化作用，以及在大众社会心理方面的引导性、主动性，等等。

如果我们用以上标准来衡量汉初的黄老无为之学，可以清楚地认识到，汉初黄老之学还没有完全具备国家意识形态和社会控制思想的特征。

---

① 《史记》卷130《太史公自序》，中华书局1959年版，第3289页。

第一，从黄老之学的社会群体共识性基础，也就是每个社会的表面上形成的“大众想法”或社会共识的基础看，它还不具备治世之纲的传播条件。是以少数人才能理解的高深的哲学语言来阐述人事的学说，既不易为大众所明白，亦缺乏其传播性。这样，黄老之学本身不具备成为一种国家政治思想的传播性条件，不能构成“大众想法”或社会共识，仅仅是一种能够使少数人心领神会的以“天道”指人事的神秘哲学思想。

第二，从黄老之学的政治与社会控制、整合的内容看，它还缺乏系统的对于汉代国家政治体制合法性论证，缺乏对于社会群体性价值观以及信仰系统的阐释与表达。因此，在其内容中，没有汉代帝制国家所需的封建主义核心价值观及其政治、经济、文化内容，而主要是一种治理、调整当时的社会政治、经济活动的原则和方法。事实上，在现今我们发现的以《黄帝四经》为主要内容的黄老之学思想体系中，我们可以看到，黄老学说除了在天道观、自然无为论等方面的内容外，缺乏系统的对于社会经济、政治直接相联系的观念、观点、概念的阐释，亦缺乏对于汉代国家政治体制合法性论证，缺乏对于社会控制、整合的内涵构建，缺乏对于社会群体性价值观以及信仰系统的阐释与表达。实际上，这些理论是一个思想学说能否成为国家政治思想与社会控制、整合理念的基本条件，对于汉初国家与社会的政治、文化建设是非常重要的。汉初陆贾《新语》、贾谊《新书》等，都包括了关于国家与社会起源问题的系统性表述，其中有对汉代国家合法性的论证，对汉初政治思想及治国之策的思考，等等。尤其对于现实政治等级制度以及社会群体的价值体系进行了十分理性的探索，可以说基本具备了作为封建国家意识形态和社会控制思想的条件。而从《黄帝四经》等经籍来看，它关于对具体国家以及等级政治制度的相关内容的表述，对于包括政权权力和法律等手段的实施办法，尤其缺乏对集中体现整个阶级意志、社会意志的内容的表达。而它以“无为”为本的天道特征，又使其“以虚无为本，以因循为用。无成埶，无常形”①，缺乏对于汉代国家政治等级制度和中央集权体制等的准确描述，不易为人们所掌握；它对于通过一种系统性的政治学说，来引导人们形成一定的政治意识、经济意识、道德意识，促使它形成对民众思想的内化作用，以及引导大众社会心理方面的主动性、道德性等更缺乏其系统意义。

第三，在社会整合与控制理论上，它没有对汉初社会各个阶级、阶层以及社会群体的思想及行为的约束及规范，更缺乏用特定的习俗、道德、

① 《史记》卷130《太史公自序》，中华书局1959年版，第3292页。

宗教、社会舆论和群体意识的规则进行社会控制、整合的确定性论证。而只是提出了一种解决汉初经济凋敝问题的与民休息的让步政策而已。实际上，在各个朝代初建时，与民休息的让步政策都在不同程度地执行着。如果我们客观地分析当时的情况即可看出，黄老之学就是汉初这种恢复社会稳定与治理经济凋敝的宏观性的调整政策，是一种特殊时期国家恢复经济的指导原则。事实上，这种“无为而治”的道家学说，早在陆贾、贾谊等人的思想中，就已经批判性地加以继承，并且成为被汉初新儒家所认识、所囊括的治国思想内容。因此，由于黄老学说缺乏以封建国家、社会名义，代表国家政治组织施行对于社会的思想、行为的控制，尤其是缺乏运用各种社会规范，包括习俗、道德、宗教等对于国家意识形态在渗透、传播与社会基层起着重要作用的内容；以及采取以国家暴力机构，包括警察、法律等强制性措施对民众进行政治统治和行为规范等方面的内容，因而它作为一种系统性的国家学说和政治理论，是具有严重的缺陷的。

在这里我们需要谈谈儒家思想。司马迁在《太史公自序》中曰：“儒者博而寡要，劳而少功，是以其事难尽从；然其序君臣父子之礼，列夫妇长幼之别，不可易也。”① 所谓“博而寡要，劳而少功”，司马迁继续论述说：“夫儒者以六艺为法。六艺经传以千万数，累世不能通其学，当年不能究其礼，故曰‘博而寡要，劳而少功’。若夫列君臣父子之礼，序夫妇长幼之别，虽百家弗能易也。”② 实指儒家经典繁文缛节，累世不能通其学。而这种经典恰恰是儒家赖以形成其政治思想的基本依据。特别是以陆贾为代表的汉初新儒家思想，不仅通过对于先秦儒家经典的取舍，重新以比较简易的语言阐释了汉初国家政治制度的合法性，清晰地表述了中央集权的专制主义皇权问题；而且还进行了政治权力和法律手段的论证；在社会控制理论上，对于用特定的儒家仁义、礼制所包含的封建国家社会习俗、道德、宗教、社会舆论和群体意识的手段，来对汉初社会各个阶级、阶层，包括社会群体的思想及行为的约束及规范、限定，有极强的社会实践意义。在这一点上，儒家已经充分吸收了法家思想中的尊君思想。“法家严而少恩；然其正君臣上下之分，不可改矣。”③ 它与儒家“若夫列君臣父子之礼，序夫妇长幼之别，虽百家弗能易也”④，有着异曲同工之妙。因此，从这些方面看，黄老学说具有很大的政治性缺陷，缺乏作为一种国家

① 《史记》卷130《太史公自序》，中华书局1959年版，第3289页。

② 同上书，第3290页。

③ 同上书，第3289页。

④ 同上书，第3290页。

政治思想的条件。

第四，汉初黄老之学本质上仍然是一种宫廷内帝王权术之学，缺乏作为一种国家政治思想的上下互动特征。一个国家的政治理论与社会控制思想，只有通过社会实体才能起作用。这些实体包括社会组织、社会个人和传递社会规范内容的媒介，等等。国家行政与社会控制的一个重要机制，就是在这些社会系统的相互作用中实施它的效能，并且通过社会行为之间的相互影响而起作用。正是这些特征使国家政治理论与社会控制思想具有涵盖整个社会意识的优势，具有实践性、可操作性。而汉初黄老之学，由于其传播范围主要在汉代上层统治者中，正如司马迁所说："儒者则不然。以为人主天下之仪表也，主倡而臣和，主先而臣随。如此则主劳而臣逸。至于大道之要，去健羡，绌聪明，释此而任术。夫神大用则竭，形大劳则敝。形神骚动，欲与天地长久，非所闻也。"① 黄老之学作为一种宫廷之术，它的优势，正是先秦商、韩法家思想的一种权术与术治理念。即皇权以逸待劳，以静制动，以无为之态治蠢蠢欲动之吏。这样方能够使君主在神秘的铁幕后，"去健羡，绌聪明"，才能够使君主治理万事而不疲乏，不形竭。在黄老之学看来，儒家之说是一种有为的学说，它虽然也提倡君主专制，君尊臣卑。但是由于儒家学说方法的不当，主倡而臣和，主先而臣随。如此则主劳而臣逸，君主的长处与缺陷，臣子一览无遗，这正是法家权术思想所要竭力避免的问题，在法家思想中，这不是一种真正的君主治下驭臣的权术。

黄老之学虽然是辅助帝王的权术之学，但是这也使它本身具有正反两个方面的特性。从其正面看，黄老之学是汉初恢复社会经济的一个重要举措，而且确实起到了积极的作用。从负面看，它所提倡的君主权术之学，主张的君臣清净无为之术，既可以作为君主治理臣下的术，也可以作为臣子们无所作为、避免祸端的口实。可以说，当时统治集团内部斗争逐渐尖锐是促使黄老思想为人所用的另一个诱因。正如前述，在刘邦采取了建同姓以制异姓的措施时，就使统治集团内部的斗争逐渐尖锐化。一些人就借助黄老之学中消极退让的做法达到了避祸保身的目的。而最先醒悟的大臣如萧何、曹参，就是以黄老之学来避祸保身。史载汉朝立国后，一些开国功勋就以"日夜饮酒""不治事"等方法，尽量避免惹祸和被猜疑。萧何"置田宅必居穷处，为家不治垣屋"（《史记·萧相国世家》）。张良功成不居，求仙访道；曹参还以酒醉己，不事丞相之事，"专掩匿覆盖之，府中

---

① 《史记》卷130《太史公自序》，中华书局1959年版，第3289页。

无事”为庇护之道；陆贾于吕后时，病退归田，常乘车马遨游。黄老学说中的无所作为、避免祸端、退让求全的韬光养晦思想，被刘邦的功臣掌握时，就使他们获得了一种政治上的主动权，为自己避免祸端找到一条退路。

从汉初政治实践中也能够看到，黄老学说的这种双刃剑式的理论特点，使其既有着积极作用，也产生了严重的消极作用。

首先，从积极作用来看，黄老学说由于将“清净”“无为”作为天道本体的“自然”之道，它更加突出了“无为而治”的思想主旨，更加强调统治者克己节欲、使民以时、轻徭薄赋的重要性，因此它在汉初生产关系的调整中为统治者所重视。其实，“与民休息”和轻徭薄赋并不是黄老学说最先提出来的。前已论及，刘邦早在楚汉战争中，就十分注重“与民休息”政策。从《汉书》中的高祖时期多次下诏减民赋税，鼓励农耕，“施恩德，赐民爵”①；待天下已定，“令各归其县，复故爵田宅……民以饥饿自卖为人奴婢者，皆免为庶人”②的史籍记载来看，刘邦下诏轻徭薄赋在次数上是甚多的，甚至远超过曹参为相时的惠帝时期，或者超过曹参之后的高后时期。在“人在政存”“人走政息”的封建“人治”社会中，萧何之后，汉代政府的政策走向如何，是关系到刘邦、萧何时期的“与民休息”“清净无为”政策是否延续的问题。所以，史书载萧何尽管与曹参有隙，但是仍然推荐曹参为相，而曹参则完全按照萧何的思路，以黄老贵“因”思想作为一种政治原则，对萧何政策“因循”不变。这种“无为”、贵“因”思想，正是对前朝思想、政策的认可与延续。《汉书·萧何曹参传》载曹参入朝为相后，曾对汉惠帝谈到“垂拱”无为和“遵而勿失”的思路：“且高皇帝与萧何定天下，法令既明具，陛下垂拱，参等守职，遵而勿失，不亦可乎。”这可以说是对惠帝及以后的西汉政治产生了很大影响的。《汉书·文帝纪》曾作赞曰：“孝文皇帝即位二十三年，宫室、苑囿、车骑、服御无所增益。有不便，辄弛以利民”；“专务以德化民，是以海内殷富，兴于礼义，断狱数百，几致刑措。呜呼，仁哉”。所以，黄老学说虽然不是首开汉初“与民休息”的“无为”之政，但是它“一遵萧何约束”③，在延续高祖、萧何“与民休息”、轻徭薄赋政策方面有着重要意义。

---

① 《汉书》卷1《高帝纪》，中华书局1962年版，第33页。

② 同上书，第54页。

③ 《史记》卷54《曹相国世家》，中华书局1959年版，第2029页。

但是，黄老学说中包含的“术治”思想，使它在汉初也产生了许多消极、负面影响，成为君主专制政体下权臣对抗皇权，或者官僚维护既得利益，全身避祸的权略。在《史记》《汉书》中，对于黄老之学的具体治政实践仅仅寥寥几条，语焉不详，这对崇尚道家风尚的司马迁来说是很奇怪的。有意思的是，就在这仅有的几条史料中，却主要表现了宫廷官僚宰辅们韬光养晦、全身避祸的权谋应用，以及窦太后时皇权与贵戚、外家的权力斗争。从曹参入朝为相后日夜“饮醇酒”“不事丞相之事”，以及告诫其子“天下事非若所当言也”来看，曹参的行为很难以“参等守职”来解释，而实在是以“无为”为借口的明哲保身、醉己避祸、无所事事的圆滑之举。曹参之后，为相的是陈平。史载陈平为相后，仍然“为丞相不治事，日饮醇酒，戏妇人”。“吕须常以（陈）平前为高帝谋执樊哙，数谗平曰：‘为丞相不治事，日饮醇酒，戏妇人。’平闻，日益甚。”[①] 司马迁“日益甚”一句，正是暗示出陈平心理上的疑虑与沉疴，也说明陈平与曹参一样，有着以女色、醇酒醉己避祸的心态。从素以赞美道家风尚的司马迁所突出的曹参、陈平的政治心态可以看出，当时由于政治格局在君主专制条件下呈现出复杂与多变，官僚们的心态、行为也在发生极大转变。实际上，自刘邦采取建同姓以制异姓诸王的措施，剪除韩信、彭越、英布三王后，统治集团内部矛盾日益尖锐，许多功臣列侯都产生了对皇权戒备及避隐的政治心理。例如，萧何为了避免刘邦的猜疑，曾“多买田地，贱贳贷以自污”，“置田宅必居穷处，为家不治垣屋”或“让封勿受，悉以家私财佐军”。萧何的这些做法，结果是“上乃大说”。[②] 但最终萧何仍然不能免去“下（萧）何廷尉，械击之”的下场；独具政治智慧的张良功成不居，求仙访道，以远离宫廷政治的是非纷争；陆贾于吕后专权时，病退归田，常乘车马遨游于野。而曹参、陈平等官僚的作为应该是与萧何、张良一脉相承的退隐、自污行为。这说明随着汉代政治格局的变化，许多大臣们开始以黄老“清净”“无为”为借口，通过因循守旧、少生事端，达到韬光养晦、退让求全的目的。胡适曾指出：“在这样黑暗时代，一班稍有头脑的人都感觉多一事不如少一事，有为不如无为，良法美制都无用处，

---

① 《汉书》卷40《张陈王周传》，中华书局1962年版，第2048页

② 《汉书·萧何曹参传》记曰：“上已闻诛信，使使拜丞相为相国，益封五千户，令卒五百人一都尉为祖国卫。诸君皆贺，召平独吊。……平谓何曰：‘祸自此始矣。……夫置卫卫君，非以宠君也。愿君让封勿受，悉以家私财佐军。’何从其计，上说。”“客又说何曰：‘君灭族不久矣。夫君位为相国，功第一，不可复加。……今君胡不多买田地，贱贳贷以自污？上心必安。’于是何从其计，上乃大说。”

不如少出主意，少生事端。”① 这是对当时君主专制下尊君黜臣关系的真实写照。它说明了汉初君主专制发展过程中皇权极力扩展的“有为”举措，抑制了官僚宰辅们的权力空间。

在汉初，随着皇权的扩展，黄老思想同样成为军功大臣、朝廷贵戚、诸侯王对抗君主权力扩展，维护既得利益的学说。汉初布衣将相之局，使一班军功大臣和皇室贵戚具有政治、经济方面的特权，“孝惠、吕后时，公卿皆武力有功之臣”②。文景时期，一方面朝廷中的军功贵族及宗室外家希望皇权无为而治，另一方面地方诸侯王势力开始坐大并且希望中央皇权继续实行对他们的宽容政策。这些人对于君主集权的发展常常采取抵触之态。例如，贾谊为强化君主集权政治，提出了一系列明上下等级、辩君臣尊卑的“改制”思想，受到文帝欣赏。“于是天子议以谊任公卿之位。绛、灌、东阳侯、冯敬之属尽害之，乃毁谊曰：‘雒阳之人年少初学，专欲擅权，纷乱诸事。’”③ 所谓“纷乱诸事”，实则是希望保持汉初的既定方针与状态。这种情况在窦太后时期更加明显。窦太后时是儒学和黄老之学斗争最为激烈的时期。史载“窦太后好黄帝、老子言，帝及太子、诸窦不得不读《黄帝》、《老子》，尊其术”④。我们从文中帝及太子、诸窦“不得不”读《黄帝》《老子》来看，说明景帝和诸权贵将黄老之学作为必修课，很大程度上是为了迎合窦太后个人喜好不得已而为之。需要指出的是，窦太后喜好《老子》书，不是偶然的。因为《黄帝》《老子》两书在思想内容上，尤其在政治视觉上还是有较大差异的。《老子》尚“自然”“无为”之道，在政治上提倡民至“老死不相往来”的“小国寡民”思想。黄老虽脱胎于老子，但加入了权术和社会控制思想，主张“德”“刑”并用的政治等级建构。因此，《老子》书与《黄帝》书在政治理念上是有差别的。窦太后主张黄老，尤其“好《老子》书”，根本上是对《黄帝》《老子》书中共通的本体论、认识论、方法论，即“自然”“无为”等感兴趣。它表达了窦太后注重继续维持汉初中央政权对于同姓诸侯王、宗室贵戚、外家“无为”而治的策略。从前引景帝与窦太后在梁孝王立储之争，以及窦太后赞同田叔、吕季主以汉代儒学经典所特有的变通方法来解决景帝与刘武的冲突来看，窦太后是一个注重现实效果的政治人

---

① 胡适：《中国中古思想史长编》，《胡适学术文集·中国哲学史》，中华书局1998年版，第355页。

② 《史记》卷121《儒林列传》，中华书局1959年版，第3117页。

③ 《史记》卷84《屈原贾生列传》，中华书局1959年版，第2492页。

④ 《史记》卷49《外戚世家》，中华书局1959年版，第1975页。

物，其在处理事务中，思想方法是服从于政治斗争需要的。实际上，从文帝开始，随着诸侯国势力的强大，中央皇权与诸侯国之间就表现为激烈的控藩与反控藩的斗争态势。窦太后要求皇室及诸窦读《黄帝》《老子》书，要求中央政权无为而治，要求朝廷继续履行汉初对于诸侯国的宽松政策。其中既有着窦太后个人权力失落的担忧，也有着她对于贵戚、外家利益失落的焦虑。[①] 特别是汉武帝即位后，当时“荐绅之属皆望天子封禅改正度也。而上乡儒术，招贤良，赵绾、王臧等以文学为公卿，欲议古立明堂城南，以朝诸侯。草巡狩封禅改历服色事未就”[②]。御史大夫赵绾和郎中令王臧，还建议今后政事“可不必事事请命东宫”，这实际上是对于窦太后干预政务权力的削弱。窦太后对此怒不可遏。加上武帝采纳儒家大臣建议，令功臣列侯回自己封地，不得留居朝廷干预朝政；将宗室子弟和外家戚属品性恶劣者“除其属籍”，遭到这些朝廷贵戚功臣列侯的强烈反对，并纷纷到后宫向窦太后诉苦。因此窦太后对当时政事十分抵触，并将之上升到武帝“务隆推儒术，贬道家言”的思想争端，使双方矛盾激化。使“有为”还是“无为”的政策之争，演变为朝廷上激烈的儒、道互黜的思想斗争。而这场斗争结局则牵涉中央与军功大臣、朝廷贵戚的利益，以及中央与地方诸侯王权力博弈的政治格局。而窦太后站在军功大臣、贵戚、诸侯王的立场，希望中央皇权继续无为而治，放纵这些势力的发展。所以其重黄、老术，尤其“好‘黄老’之术”[③]，则是有着明确的现实政治利益取向。它也说明，在景、武之际，黄老学说已经走向了君主集权的对立面。

此外，黄老之学的玄理化趋向，使它的传播、流行受到局限，也不容易受到君主的真正重视。黄老之学秉承道家简约及尚自然的特点，注重阐释天道，而缺乏系统地构建帝制时代政治思想的内容，尤其对于具体的社会政治事务、社会价值观念等没有比较系统、全面的阐释，其政治理论在理解和传播上有很大局限性。而它的缺陷，正是儒学的长处，也是儒学容

① 窦太后主张黄老之说，是站在各个利益集团立场，希望中央无为而治，放纵这些利益群体的发展。从史籍记载来看，窦太后并不排斥儒学经义之士，而是按照自己的现实利益需要，对于各种学说有所取舍。正如前所述，她在为刘武请立皇太子问题上，就以“殷道亲亲，周道尊尊”的儒家宗法血缘继嗣礼制来表达自己的观念。而在对于梁王阴谋暗杀朝廷大臣袁盎等人的问题上，窦太后也采纳了田叔、吕季主等经术吏的主张，以儒家经义来变通性地解决此事。所以，窦太后要求皇室诸贵读《老子》《黄帝》书，应该是与她对宗室外家等集团的利益考虑有关的。

② 《史记》卷12《孝武本纪》，中华书局1959年版，第452页。

③ 《史记》卷121《儒林列传》，中华书局1959年版，第3117页。

易受到君主青睐的重要原因。

综上所述，我们认为，汉初黄老之学在汉初曹参、陈平、窦太后、田叔、王生、黄生、汲黯、邓童、郑当时、直不疑等人的提倡或者推崇下，作为一种调控汉初社会凋敝、经济困难的治国指导思想，或者一种过渡时期的国家治世方略或者方法论原则是适用的。由于当时特殊的社会政治、经济环境，汉初统治者在国家政治思想方面正处于一种“摸着石头过河”的探索中，这种探索形成了三种思想同时并存的局面，即根据加以改造后的先秦儒学、黄老道家学说等诸子蓝本，以及社会上实际应用的法家的法律行政规定、措施，而形成儒、道、法三种思想学说及其举措相并立的政治思想格局。因此，我们在研究汉初国家政治思想时，应该本着实事求是的原则，去谬求真，看清其本来面目。

第六章 文景时儒学精神的变化与窦太后的焦虑

西汉前期，随着政治与社会形势的变化，汉初的社会矛盾与民族矛盾也渐渐尖锐起来，这包括中央政府与诸侯王地方势力间的矛盾，还包括汉王朝与以匈奴为代表的北方少数民族的矛盾。这两个矛盾导致汉代中央皇权开始逐步调整自己的政策，由汉初的无为政治向强化中央集权的“强干抑末”的方向发展，而汉初的儒学思想也在这种社会形势下发生渐变。这其中最重要的变化，则是儒学精神已经由汉初陆贾以儒为宗，兼及道、法、阴阳等诸家学说，转变为以仁、礼为主，强调封建宗法等级制度，主张皇权的大一统政治，并且以“强干抑末”的“有为”政治作为“为治”的重要内容。它集中表现在贾谊、贾山、晁错等人的主张上，即提出了中央对地方诸侯的削藩政策及建立严格的中央集权政治等级制度的思想。

第一节 西汉前期的政治与社会形势

秦始皇统一六国，以郡县制取代周代分封制，是中国古代历史上的一大政治体制变迁。王夫之说：“郡县之制，垂二千年，而弗能改矣。合古今上下皆安之，势之所趋，岂非理而能然哉。”王夫之进一步认为：“故秦汉以降，天子孤立无辅，祚不永于商、周；而若东迁以后，交兵毒民，异政殊俗，横敛繁刑，艾削其民，迄之数百年而不息者亦革焉，则后世生民之祸亦轻矣。郡县者，非天子之利也，国祚所以不长也；而为天下计，则害不如封建之滋也多矣。呜呼！秦以私天下之心而罢侯置守，而天假其私以行其大公，存乎神者之不测，有如是乎！”① 西汉建立以后，继承秦朝制

① （清）王夫之著，舒士彦点校：《读通鉴论》卷1《秦始皇》，中华书局2013年版，第2页。

度，但是在地方行政制度上并没有实行完全意义上的郡县制，而是采取了郡国并行制。正如前述，郡国并行制的实行是有其历史原因的。为了能使灭秦战争中遗留下来的许多异姓王为其所用，刘邦不得不承认当时割据势力现状，继续分封异姓诸侯王。当楚汉战争结束，刘邦称帝时，“有功者辄裂地而封王侯”。他先后分封韩信为楚王，立彭越为梁王，故韩王信为韩王，徙衡山王吴芮为长沙王，鲸布为淮南王、臧荼为燕王、张敖为赵王。为了以同姓叔伯兄弟辅助政权，西汉建立后，刘邦又分封了许多同姓王。《汉书·诸侯王表·序》记：“汉兴之初，海内新定，同姓寡少，惩戒亡秦孤立之败，于是剖裂疆土，立二等之爵。功臣侯者百有余邑，尊王子弟，大启九国。”刘邦还刑白马而盟大臣曰：“非刘氏而王者，天下共击之。”① 为了巩固中央政权，刘邦临终时，将他所封的异姓王，即楚王韩信、梁王彭越、韩王信、淮南王鲸布、燕王臧荼、赵王张敖逐个消灭，只剩下吴姓长沙王，同时大封同姓诸王。高祖死时，同姓王已有九个：“是时高祖八子：长男肥，孝惠异母兄也，肥为齐王；余皆孝惠弟，戚姬子如意为赵王，薄夫人子恒为代王，诸姬子子恢为梁王，子友为淮阳王，子长为淮南王，子建为燕王。高祖弟交为楚王，兄子濞为吴王。非刘氏功臣番君芮子臣为长沙王。”② 企图将同姓王作为加强君主专制主义中央集权的一种有力的支撑力量。

分封同姓诸侯王对巩固西汉初期政权确实起到了积极的作用。刘邦死后，惠帝即位。惠帝为人荏弱，实权操于吕后之手。吕后大封吕氏兄弟或子侄为王，以便扩大和巩固吕家势力，导致诸吕擅权，由此威胁着刘氏皇权。其后在诛诸吕的过程中，刘氏藩王功不可没。“高祖创业，日不暇给，孝惠享国又浅，高后女主摄位，而海内晏如，亡狂狡之忧，卒折诸吕之难，成太宗之业者，亦赖之于诸侯也。”③

此外，汉初的同姓诸侯王对于国家边境的稳定也起了积极的作用。“诸侯比境，周匝三垂，外接胡越。”④ 以代王的设立为例：“代地居常山之北，与夷狄边，赵乃从山南有之，远，数有胡寇，难以为国。颇取山南太原之地益属代，代之云中以西为云中郡，则代受边寇益少矣。王、相国、通侯、吏二千石择可立为代王者。”燕王绾、相国何等三十三人皆曰：

① 《汉书》卷14《诸侯王表》，中华书局1962年版，第393页。

② 《史记》卷9《吕太后本纪》，中华书局1959年版，第396页。

③ 《汉书》卷14《诸侯王表》，中华书局1962年版，第394页。

④ 同上。

“子恒贤知温良，请立以为代王，都晋阳。”[①] 由于代地处于与少数民族“夷狄”交会处，经常受到侵扰，不利于汉初政权的巩固与稳定，然代王镇边则有效解决了此问题，使得“代受边寇益少矣”。

分封同姓诸侯王之初对巩固西汉的政权确实起到了积极作用，大大加强了社会的稳定和政权的巩固。但是，随着同姓诸侯王的发展，其分裂割据趋向就开始表现出来。如果说刘邦在位时，鉴于他本人的威望，及当时同姓诸侯王大抵年幼，中央政权与同姓诸侯王的矛盾还比较缓和。那么当刘邦逝世、异姓诸侯王势力被消灭以后，这个矛盾就逐渐暴露并愈演愈烈了。它表现在：第一，在政权结构上，同姓诸侯王国的地盘广大，“藩国大者夸州兼郡，连城数十”[②]。当时汉朝中央政府所直辖的地盘只有 15 个郡，而九个同姓诸侯王国则共拥有 39 个郡。第二，在官制设置上，王国设官几乎与中央相同。除了中央任命的官职，如太傅辅王，丞相统帅众官，内史管民事，中尉掌军事以外，其余诸官皆由王国自行任用。第三，在租赋徭役上，王国内的租赋徭役都由国王自己收取。例如：“吴有豫章郡铜山，濞则招致天下亡命者盗铸钱，煮海水为盐，以故无赋，国用富饶。”[③] 这样，便造成了诸侯王大力发展经济势力，继而要扩展政治势力的尾大不掉局面。

可见，随着社会发展，盘踞各地的同姓诸侯王与中央政权开始格格不入。尤其随着同姓王国力量的加强，有些同姓诸侯王或以老大自居，或以诛吕功臣自傲，出现了与中央对抗的现象，构成了对中央政权的威胁。

其时，诸侯王对于中央的叛乱开始不断出现。以文帝三年的济北王刘兴居的叛乱为例，刘兴居是齐悼惠王刘肥的儿子，齐悼惠王刘肥的几个儿子：刘襄当了齐哀王；刘章被吕后封为朱虚侯；刘兴居被封为东眸侯，此二人均宿卫长安。在诛诸吕的过程中，刘章有杀吕产之功，刘兴居有除宫之功。他原以为汉家皇室宝座非他们兄弟莫属。可是在诸大臣议立皇帝时，却以“吕氏以外家恶而几危宗庙，乱功臣。今齐王母家驷，驷钧，恶人也，即立齐王，则复为吕氏”[④] 的理由给否定了。因此，其怨恨情绪可想而知。文帝即位之后，为了安抚他们兄弟，便尽以高后时所割之阳城、琅琊、济南郡复与齐，而徙琅琊王王燕，益封朱虚侯刘章、东牟侯刘兴居各二千户。文帝二年，以齐之城阳郡立朱虚侯刘章为城阳王，以齐济北郡

① 《汉书》卷 1《高帝纪》，中华书局 1962 年版，第 70 页。
② 《汉书》卷 14《诸侯王表》，中华书局 1962 年版，第 394 页。
③ 《史记》卷 106《吴王濞列传》，中华书局 1959 年版，第 2822 页。
④ 《史记》卷 9《吕太后本纪》，中华书局 1959 年版，第 411 页。

立东牟侯为济北王。但这一切并不能满足他的政治野心。所以文帝三年便发生了济北王刘兴居的叛乱。

还有一个吴王刘濞，他是高帝兄刘仲之子，文帝的堂兄。刘濞封吴王是在高帝十二年（前195）至文帝即位（前179）时，他已经在吴国经营了十多年。文帝即位之初，吴太子入见时，因与皇太子饮博，发生争执，吴太子被皇太子击杀，这一下吴王与文帝之间结下了私仇。于是"吴王由此稍失藩臣之礼，称病不朝"。刚开始，文帝采取比较强硬的政策，"京师知其以子故称病不朝，验问实不病，诸吴使来，辄系责治之"①，从而使双方关系愈益紧张。后来文帝采取怀柔政策："赦吴使者归之，而赐吴王几杖，老，不朝。"② 但是在景帝时吴楚七国之乱中，吴王还是成了叛乱各国的盟主。可见诸侯王国经过数十年的独立发展，已经坐大为敢于与中央分庭抗礼的地方割据势力，正如贾谊所说："诸侯王虽名为人臣，实皆布衣昆弟之心，虑无不帝制而天子自为者。"③ "然天下当今恬然者，遇诸侯之俱少也。"④

这样，当汉初"以藩屏周"的郡国并行制体制已经危及中央集权的加强和发展时，调整统治指导思想与相关政策，有效地掌控诸侯王势力，已经成为皇权的强烈愿望及社会稳定的需要。当时的许多儒家学者面对这种政治形势，也站在中央皇权一边，要求对同姓诸侯进行削藩，巩固中央政权，维持国家稳定。例如，贾谊时任梁怀王太傅，其间文帝曾"数问以得失"。而贾谊也不断上疏，提出了很多有关政治上的建议。《汉书·贾谊传》谈道："是时，匈奴强，侵边。天下初定，制度疏阔，诸侯王僭越，地过古制，淮南、济北王皆为逆诛。谊数上疏陈政事，多所欲匡建。"⑤ 贾谊在梁怀王太傅任上，不断为文帝分析时下诸侯王动态，提出制约诸侯王及巩固中央集权的具体构想。应该说，在这样的政治与社会形势下，以贾谊等人为主的儒家学者，在政治思想及社会控制、稳定的问题上，已经开始将注意力转变到维护中央皇权统治这一新的重大问题上来了。

---

① 《史记》卷106《吴王濞列传》，中华书局1959年版，第2823页。

② 同上。

③ （汉）贾谊撰，阎振益、钟夏校注：《新书校注·亲疏危乱》，中华书局2000年版，第120页。

④ （汉）贾谊撰，阎振益、钟夏校注：《新书校注·权重》，中华书局2000年版，第64页。

⑤ 《汉书》卷48《贾谊传》，中华书局1962年版，第2230页。

第二节 贾谊提倡礼制、强化政治等级制度的思想

当维护中央皇权的任务迫在眉睫时，西汉前期的儒家学者开始注重强化对儒家礼制的遵循以及对封建政治等级制度的遵守，他们的代表人物便是贾谊。贾谊是西汉前期著名的儒学思想家、政论家。据推测，贾谊大约生于公元前201年，卒于公元前168年，洛阳（今河南洛阳市东）人，18岁即有才名。贾谊年轻时由河南郡守吴公推荐，20余岁即被文帝召为博士，不到一年破格提为太中大夫。在23岁时，因遭群臣忌恨，被贬为长沙王太傅。后被召回长安，为梁怀王太傅。梁怀王坠马而死后，贾谊深感歉疚，33岁忧伤而死。其政论文如《过秦论》《论积贮疏》《陈政事疏》等针对汉初弊政，提出一系列卓有见识的主张。

西汉文、景时期，面对中央政府与诸侯王地方割据势力之间的矛盾、汉王朝与以匈奴为代表的边境少数民族的矛盾，贾谊作为当时著名的政论家和思想家，根据汉初社会实际提出了很多有利于中央集权与社会稳定的社会控制措施，并且有较强的针对性。

“礼”是贾谊国家治理与社会整合思想中的一个重要内容。针对当时的政治与社会形势，贾谊特别注重西汉前期以中央皇权为核心进行社会的整合与控制，并且由此主张汉代中央政府在政治战略与治理策略方面的更新与改变。在《过秦论》一文中，贾谊从政治哲学的高度，探讨了治乱之际“攻守之势异”的区别，明确提出要根据变化了的社会形势及时调整统治方法，以礼制作为社会整合、控制的根本，以礼治国。他说：“鄙谚曰：‘前事之不忘，后之师也。’是以君子为国，观之上古，验之当世，参之人事，察盛衰之理，审权势之宜，去就有序，变化应时，故旷日长久而社稷安矣。”[①]为此，贾谊指出：“礼者，所以固国家，定社稷，使君无失其民者也。主主臣臣，礼之正也；威德在君，礼之分也；尊卑大小，强弱有位，礼之数也。礼，天子爱天下，诸侯爱境内，大夫爱官属，士庶各爱其家，失爱不仁，过爱不义。故礼者，所以守尊卑之经、强弱之称者也。”[②] 贾谊强调“礼”是有其历史和现实根据的。其历史依据就是对秦王朝严刑峻法

---

① （汉）贾谊撰，阎振益、钟夏校注：《新书校注·过秦下》，中华书局2000年版，第13—25页。

② （汉）贾谊撰，阎振益、钟夏校注：《新书校注·礼》，中华书局2000年版，第214页。

导致覆亡的惨痛教训的总结，“商君违礼义，弃伦理，并心于进取，行之二岁，秦俗日败。秦人有子，家富子壮则出分，家贫子壮则出赘。假父耰鉏杖篲，耳虑有德色矣；母取瓢椀箕箒，虑立讯语。抱哺其子，与公併踞；妇姑不相说，则反唇而睨。其慈子嗜利而轻简父母也，虑非有伦理也，亦不同禽兽仅焉耳。然犹并心而赴时者，曰功成而败义耳”①。显然，贾谊对商鞅片面强调法治而摒弃礼制是持批评态度的。在贾谊看来，缺乏儒家仁、礼的教化，就会使人们缺乏正确的价值观，而局限于物质利益之中，就会出现“假父耰鉏杖篲，耳虑有德色矣”“其慈子嗜利而轻简父母也”的情况，这与汉代社会的治世纲要是根本违背的，是一种“虑非有伦理也，亦不同禽兽仅焉”的行为。所以贾谊认为，仁、礼是社会大治的根本。其社会依据就是汉代文景时期出现的社会规范弛废的现象。在文帝元年（前179）贾谊撰《论定制度兴礼乐疏》，批评了西汉初期礼义废坏的现象：“汉承秦之败俗，废礼义，捐廉耻，今其甚者杀父兄，盗者取庙器，而大臣特以簿书不报期会为故，至于风俗流溢，恬而不怪，以为是适然耳。”因此他特别强调指出：“人之情不异，面目状貌同类，贵贱之别非人天根着于形容也。所持以别贵贱明尊卑者，等级、势力、衣服、号令也。”② 人的贵贱差别并不是先天存在的，而是后天形成的，并且是依靠各种社会政治、礼仪制度来维系的。这种社会政治、礼仪制度必须以德、礼相教化的治政方策来维护。礼本是中国古代社会基于血缘宗法关系的一种产物，是当时宗法社会维护等级亲疏的规范。《礼记·曲礼上第一》说：“夫礼者，所以定亲疏，决嫌疑，别同异，明是非也。”后来儒家提出“君君、臣臣、父父、子子”的政治等级制度学说，希望以礼制来规范社会，正是加强社会控制的一种举措。贾谊在当时情况下，希望通过礼制的实行，来达到定亲疏，决嫌疑，别同异，明是非的目的，由此达到强化中央皇权，抑制诸侯王，维护社会长治久安的目的。

贾谊认为，各种礼制的实施，其根本目标就是“别贵贱”“等上下”。“夫立君臣等上下，使父子有礼，六亲有纪，此非天所设也。夫人之所设，弗为持此则僵，不循则坏。秦灭四维不张，故君臣乖而相攘，上下乱僭而无差，父子六亲殃僇而失其宜，奸人并起，万民离叛，凡十三岁而社稷为墟。今四维犹未备也，故奸人冀幸，而众下疑惑矣。”③ 贾谊因此认为，必

① （汉）贾谊撰，阎振益、钟夏校注：《新书校注·时变》，中华书局2000年版，第97页。

② （汉）贾谊撰，阎振益、钟夏校注：《新书校注·等齐》，中华书局2000年版，第47页。

③ （汉）贾谊撰，阎振益、钟夏校注：《新书校注·俗激》，中华书局2000年版，第92页。

须通过各种具体礼仪，做到皇权与地方，上与下的等级分明。贾谊说：“等级分明，则下不得疑；权力绝尤，则臣无冀志。”①为此贾谊提出在君臣关系中要特别重视礼制的建立。当时大臣王勃系狱事，时任长沙王太傅的贾谊上疏建议以礼对待大臣，在其疏中他指出：“鄙谚曰：‘欲投鼠而忌器。’此善喻也。鼠近于器，尚惮而弗投，恐伤器也，况乎贵大臣之近于主上乎！廉耻礼节，以治君子，故有赐死而无僇辱。是以系、缚、榜、笞、髡、刖、黥、劓之罪，不及士大夫，以其离主上不远也。礼，不敢齿君之路马，蹴其刍者有罪；见君之几杖则起，遭君之乘舆则下，入正门则趋；君之宠臣虽或有过，刑僇不加其身，尊君之势也。此则所以为主上豫远不敬也，所以体貌群臣而厉其节也。”对于违背君臣之礼的诸侯王，贾谊则主张要刑治之。“今自王侯三公之贵，皆天子之所改容而礼之也。古天子之所谓伯父伯舅也，令与众庶、徒隶同黥、劓、髡、刖、笞、傌、弃市之法，然则堂下不亡陛乎？被僇辱者不太迫乎？廉耻不行也，大臣无乃握重权，大官而有徒隶无耻之心乎？”“夫尝以在贵宠之位，天子改容而尝体貌之矣，吏民尝俯伏以敬畏之矣。”让诸侯王与百官大臣一样，敬畏君主的权威，不敢僭越君臣之礼。“今而有过，令废之可也，退之可也，赐之死可也；若夫束缚之，系绁之，输之司空，编之徒官，司寇、牢正、徒长、小吏骂詈而榜笞之，殆非所以令众庶之见也。夫卑贱者习知尊贵者之事，一旦吾亦乃可以加也，非所以习天下也，非尊尊贵贵之化也。夫天子之所尝敬，众庶之所尝宠，死而死尔，贱人安宜得此而顿辱之哉！”② 贾谊反复强调诸侯王与皇帝的巨大差别是强化中央集权的主要方式之一。

贾谊强调礼制，是对西汉社会政治上稳定，经济上平稳发展的一种考虑。他担心当时统治集团内部的矛盾，破坏了汉初的大好形势，使中央失去对地方诸侯及地方社会的控制，使社会重新陷于分崩离析中。为此，他提出了经济上的强本抑末的社会控制与整合政策。针对当时社会上越来越多的背本趋末现象，贾谊在向皇帝上《论积贮疏》中，极力主张重农，以图经济上固本，由此使中央立于强大的经济基础之上，而不被地方诸侯王制约。他提出：“今背本而趋末，食者甚众，是天下之大残也；淫侈之俗，日月以长，是天下之大贼也。残贼公行，莫之或止；大命将泛，莫之振救。”在《论积贮疏》中，他反复强调：“今驱民而归之农，皆著于本，

① （汉）贾谊撰，阎振益、钟夏校注：《新书校注·服疑》，中华书局2000年版，第53页。

② （汉）贾谊撰，阎振益、钟夏校注：《新书校注·阶级》，中华书局2000年版，第79—81页。

使天下各食其力。末技游食之民转而缘南亩，则畜积足而人乐其所矣。可以为富安天下。”文帝采纳了贾谊的建议。据《汉书·食货志》：“于是上感谊言，始开籍田躬耕，以劝百姓。”

经济上的社会控制即重农抑商，驱民而归之农，加强中央政权的经济实力，这是贾谊在社会经济思想上的表现。但是，贾谊的本质是要在政治上解决当时诸侯王尾大不掉的问题。具体来说，贾谊认为除了经济措施外，政治上要采取相应的策略，这就是明确政治等级制度的各种礼制的实施。而礼制实施的根本目的就是定亲疏，决嫌疑，别同异，明是非，等贵贱，建立最高皇权的政治权威。“夫立君臣等上下，使父子有礼，六亲有纪，此非天所设也。夫人之所设，弗为持此则僵，不循则坏。”“今而四维犹未备也，故奸人冀幸，而众下疑惑矣。此业一定，世世长安，而后有所持循矣。若夫经制不定，是犹渡江河无维楫，中流而遇风波也，船必覆败矣。”[①] 只有达到立君臣，等上下，使父子有礼，六亲有纪，才能“等级分明，则下不得疑；权力绝尤，则臣无冀志”[②]。

于是，他针对诸侯王的问题，以定亲疏，明是非为本，提出以下建议。

第一，改正朔，易服色，法制度，定官名，兴礼乐，强化中央集权，改变汉初的部分官僚政治制度。在文帝元年（前179）贾谊上《论定制度兴礼乐疏》，他在疏中批评了西汉初期实行无为政策所导致的礼义废坏的现象，并因此向文帝建议：“改正朔，易服色，法制度，定官名，兴礼乐，易服色……悉更秦之法。”要求重新建立中央集权体制的权威，由此来限制诸侯王发展。对于贾谊提出的“改制度”的主张，据史料记载：“谊以为汉兴二十余年，天下和洽，宜当改正朔，易服色制度，定官名，兴礼乐。乃草具其仪法，色上黄，数用五，为官名悉更，奏之。文帝谦让未皇也。然诸法令所更定，及列侯就国，其说皆谊发之。”[③]《史记》和《汉书》虽然都说是文帝“谦让未遑”；不过在文帝十四年（前166），即贾谊死后两年，其时张苍为丞相，有鲁人公孙臣“上书陈终始传五德事，言方今土德时，土德应黄龙见，当改正朔服色制度”[④]。可见，公孙臣继承了贾谊的观点，提出改制主张。次年，“黄龙见成纪。文帝召公孙臣，拜为博士，与诸生申明土德，草改历服色事。……夏四月，文帝始幸雍郊见五

---

① （汉）贾谊撰，阎振益、钟夏校注：《新书校注·俗激》，中华书局2000年版，第92页。

② （汉）贾谊撰，阎振益、钟夏校注：《新书校注·服疑》，中华书局2000年版，第53页。

③ 《汉书》卷48《贾谊传》，中华书局1962年版，第2222页。

④ 《史记》卷10《孝文本纪》，中华书局1959年版，第429页。

畤，祠衣皆上赤”①。贾谊改制度的主张，经过一些知识分子的努力，终于在文帝时期部分实现。

张家山汉简《二年律令》的出土，也使我们看到其时贾谊对于政治体制的变革。如前所述，为了强化中央集权，文帝时汉官僚系统曾经进行了颇有深远意义的公卿士大夫爵位的改革。这些改革对于维护中央权威，削弱地方势力，都有着重要的影响。

第二，贾谊认为要进一步强化中央皇权的威信，维护皇帝的权威，就要严格区分政治等级，使不同等级的人遵守不同的行为规范，按照礼制享受不同的“礼”。在贾谊看来，当时诸侯王已经在等级上僭越皇权，开始逐步“埒至尊”。贾谊说：“诸侯王所在之宫卫，织履蹲夷，以皇帝所在宫法论之；郎中、谒者受谒取告，以官皇帝之法予之；事诸侯王或不廉洁平端，以事皇帝之法罪之。曰一用汉法，事诸侯王乃事皇帝也。谁是则诸侯之王乃将至尊也。然则，天子之于诸侯，臣之与下，宜撰然齐等若是乎？”② 这就是说，同姓诸侯王们已经与天子平起平坐了，这样的皇帝还有什么权威呢？因此他提出：“人主之尊，辟无异堂。陛九级者，堂高大几六尺矣。若堂无陛级者，堂高殆不过尺矣。天子如堂，群臣如陛，众庶如地，此其辟也。故堂之上，廉远地则堂高，近地则堂卑。高者难攀，卑者易陵，理势然也。故古者圣王制为列等，内有公卿大夫士，外有公侯伯子男，然后有官师、小吏，施及庶人，等级分明，而天子加焉，故其尊不可及也。”③ 意思就是要将社会的官员和贵族划分成不同等级，前者为公、卿、大夫、士，后者为公、侯、伯、子、男，使社会形成一种金字塔式的结构，“天子”就是塔尖。

第三，强化制度和名号方面的等级区别。在贾谊看来，当时诸侯王在官制和法制上开始大大僭越皇权：“天子之相，号为丞相，黄金之印，诸侯之相，号为丞相，黄金之印；而尊无异等，秩加二千石之上。天子列卿秩二千石，诸侯列卿秩二千石，则臣已同矣。人主登臣而尊，今臣既同，则法恶得不齐？……天子宫门曰司马，阑入者为城旦；诸侯宫门曰司马，阑入者为城旦。殿门俱为殿门，阑入之罪亦俱弃市。宫墙门卫同名，其严一等，罪已钧矣。”④ “天子亲，号云太后；诸侯亲，号云太后。天子妃，号曰后；诸侯妃，号曰后。然则，诸侯何损而天子何加焉？……天子之言

① 《汉书》卷25《郊祀志》，中华书局1962年版，第1213页。

② （汉）贾谊撰，阎振益、钟夏校注：《新书校注·等齐》，中华书局2000年版，第46页。

③ 同上书，第47页。

④ 同上书，第46—47页。

曰令，令甲令乙是也；诸侯之言曰令，□仪之言是也。天子卑号皆称陛下，诸侯卑号称陛下。……然则，所谓主者安居，臣者安在?”[①]因此，必须以礼制来标示人们等级身份的区别。于是贾谊十分强调制度、法令、名号等方面的区别。他指出同姓诸侯王打着“一用汉法”的旗号，表面上似乎很尊重中央政府，其实是想与皇帝平起平坐，甚至取而代之。由于诸侯王在官法上“一用汉法”，因此在官制、秩禄、名号等方面也必然出现僭越的现象，出现“所谓主者安居，臣者安在”[②] 的情况。这种情况如果任其发展，那么“所谓臣臣主主者，非有相临之具、尊卑之经也，特面形而肤之耳。近习乎画，近貌然后能识，则疏远无所放，众庶无以期，则下恶能不疑其上?君臣同伦，异等同服，则上恶能不眩于其下?”[③] 为了纠正这种僭乱状态，贾谊便重申“周礼”，他说：“古者周礼，天子葬用隧，诸侯县下”；“礼，天子之乐宫县，诸侯之乐轩县，大夫直县，士有琴瑟”。[④] 所以贾谊特别强调礼制的重要：“是以高下异，则名号异，则权力异，则事势异，则旗章异，则符端异，则礼宠异，则禄秩异，则冠履异，则衣带异，则环佩异，则车马异，则妻妾异，则泽厚异，则宫室异，则床席异，则器皿异，则饮食异，则祭祀异，则死丧异。”[⑤]

第四，针对同姓诸侯王在衣饰、器物上的僭越，贾谊提出用一些具体礼制来标示人们等级身份的区别，包括名号、旗章、礼仪、禄秩、冠履、衣带、环佩、车马、宫室、器皿等诸多方面。贾谊认为，当时诸侯王在衣饰、器物及名号上的僭越已经十分严重：“天子卫御，号为大仆，银印，秩二千石；诸侯之御，号曰大仆，银印，秩二千石，则御已齐亦。御既已齐，则车饰恶得不齐?……天子车曰乘御，诸侯车曰乘御，乘御等也。”[⑥] 他以服饰的区别为例，认为：“衣服疑者，是谓争先（光）。”[⑦] 对于一个人来说，权力、名号之类是看不见的，但是标志权力、名号的衣服、冠履总是一刻也不能离开的。于是贾谊提出了“制服之道”，他说：“制服之道，取至适至和以予民，至美至神进之帝。奇服文章，以等上下而差贵贱……等级既设，各处其检，人循其度。擅退则让，上僭则诛。建法以习

① （汉）贾谊撰，阎振益、钟夏校注：《新书校注·等齐》，中华书局 2000 年版，第 47 页。
② 同上。
③ 同上。
④ （汉）贾谊撰，阎振益、钟夏校注：《新书校注·审微》，中华书局 2000 年版，第 74 页。
⑤ （汉）贾谊撰，阎振益、钟夏校注：《新书校注·服疑》，中华书局 2000 年版，第 53 页。
⑥ （汉）贾谊撰，阎振益、钟夏校注：《新书校注·等齐》，中华书局 2000 年版，第 47 页。
⑦ （汉）贾谊撰，阎振益、钟夏校注：《新书校注·服疑》，中华书局 2000 年版，第 53 页。

之，设官以牧之。是以天下见其服而知贵贱，望其章而知其势，使人定其心，各著其目。……卑尊已著，上下已分，则人伦法矣。于是主之与臣，若日之与星以。臣不几可以疑主，贱不几可以冒贵。下不凌等则上位尊，臣不逾级则主位安。谨守伦纪，则乱无由生。”①

第五，主张德刑相兼，以刑治来维护礼制。贾谊在《过秦论》中有过这样的论述：“二世不行此术，而重以无道；坏宗庙与民，更始作阿房之宫；繁刑严诛，吏治刻深；赏罚不当，赋敛无度。天下多事，吏不能纪；百姓困穷而主不收恤。然后奸伪并起，而上下相遁，蒙罪者众，刑僇相望于道，而天下苦之。”他反对刑治，只是反对像秦统治者那样的严刑峻法，而非反对维护礼制的刑治主义。在贾谊看来，刑治在维护中央政权与礼制的地位和作用是不可忽视的。据《汉书·贾谊传》记载，贾谊认为：“凡人之智，能见已然，不能见将然。夫礼者禁于将然之前，而法者禁于已然之后，是故法之所用易见，而礼之所为生难知也。若夫庆赏以劝善，刑罚以惩恶，先王执此之政，坚如金石，行此之令。信如四时，据此之公，无私如天地耳，岂顾不用哉？然而日礼云礼云者，贵绝恶于未萌，而起教于微渺，使民日迁善远罪而不自知也。”明确地把刑治作为法制建设的一项重要内容。他还说：“君臣相冒，上下无辨，此生于无制度也。今去淫侈之俗，行节俭之术，使车舆有度，衣服器械各有制数。制数已定，故君臣绝尤，而上下分明矣。”贾谊对“制度”的这种强调，固然是为了实行其“别贵贱”的礼治的需要，但是从制度所具有的强制作用来看，岂不又是一种刑治吗？所以贾谊接着说：“擅退则让，上悟者诛，故淫侈不得生，知巧诈谋无为起，好邪盗贼自为止，则民离罪远矣。”② 按制度办事就是守礼，破坏了制度就是违法。贾谊通过制度这个环节，使礼治与刑治二者沟通了起来。因此，我们既可以说他发展了礼治思想，使之蕴含了法制的内容，也可以说他扩大了法的范围，使之兼容了礼的制度节文，并使之法制化。

在贾谊看来，作为统治阶级统治工具的“礼”和“法”，虽然作用不同不能相互替代，当时却可以相互补充，“屠牛坦一朝解十二牛，而芒刃不顿者，所排击，所剥割，皆象理也。然至髋髀之所，非斤则斧矣。仁义恩厚者，此人主之芒刃也；权势法制，此人主之斤斧也。势已定，权已足

① （汉）贾谊撰，阎振益、钟夏校注：《新书校注·服疑》，中华书局2000年版，第53—54页。

② （汉）贾谊撰，阎振益、钟夏校注：《新书校注·瑰玮》，中华书局2000年版，第104页。

矣，乃以仁义恩厚因而泽之，故德布而天下有慕志。今诸侯王皆众髋髀也，释斤斧之制，而欲婴以芒刃，臣以为刃不折则缺耳。”[①] 通过“芒韧”和“斤斧”来形象地说明两者之间的联系。

贾谊试图通过强化礼制、礼法相兼的方法来维护中央与诸侯王的君臣秩序，然而遗憾的是，当时文帝并没有采纳贾谊的建议。直到贾谊去世之后，他的主张经过一些儒学士人的努力，才在文帝时期部分实现。

第六，贾谊还积极上疏，建议列侯就国。据《史记》和《汉书》贾谊传载，贾谊在朝期间上疏建议“列侯就国”，其建议为文帝所采纳。文帝二年十月在列侯就国的诏书中说：“朕闻古者诸侯建国千余，各守其地，以时入贡，民不劳苦，上下欢欣，靡有遗德。今列侯多居长安，邑远，吏卒给输费苦，而列侯亦无由教驯（训）其民。其令列侯之国，为吏及诏所止者，遣太子。”[②]

贾谊的见解，使汉文帝十分赞赏。据《史记·屈原贾生列传》记载，文帝想要提拔贾谊至公卿之位，于是集大臣商议，“议以为贾生任公卿之位”[③]。但是文帝的想法遭到了朝臣们的反对，这些大臣指责贾谊“专欲擅权，纷乱诸事”。由于这些大臣对文帝有拥戴之功，文帝不能不尊重他们的意见。所以尽管他内心欣赏贾谊，行动上却不敢大肆声张；加之“文帝本修黄、老之言，不甚好儒术，其治尚清静无为”[④]，还不想立即更改中央的治国之策。此外，文帝没有坚持提拔贾谊，与贾谊得罪了文帝的幸臣邓通也有重要关系。据史载：“太中大夫邓通以佞幸吮痈疡汁见爱，拟于至亲，赐以蜀郡铜山，令得铸钱。通私家之富，侔于王者封君。又为微行，数幸通家。文帝代服衣罽，袭毡帽，骑骏马，从侍中近臣常侍期门武骑猎渐台下，驰射狐兔，毕雉刺彘，是时，待诏贾山谏以为‘不宜数从郡国贤良吏出游猎，重令此人负名，不称其举。’及太中大夫贾谊，亦数谏止游猎。是时谊与邓通俱侍中同位，谊又恶通为人，数廷讥之，由是疏远，迁为长沙太傅”[⑤]。这应该是贾谊不被重用的一个重要原因。

---

① （汉）贾谊撰，阎振益、钟夏校注：《新书校注·制不定》，中华书局 2000 年版，第 70—73 页。

② 《史记》卷 10《文帝本纪》，中华书局 1959 年版，第 422 页。

③ 《史记》卷 84《屈原贡生列传》，中华书局 1959 年版，第 2492 页。

④ （汉）应劭撰，王利器校注：《风俗通义校注》，中华书局 1981 年版，第 96 页。

⑤ 同上书，第 98 页。

第三节 贾谊维护中央集权的削藩与地制思想

贾谊虽然积极主张削弱诸侯王势力，但是由于西汉前期中央皇权的纵容，贾谊积极倡导的诸侯礼制并没有起到很大作用，各地诸侯王势力进一步发展，特别是一些诸侯王势力开始公开与中央王权进行对抗。这对于像贾谊一样的儒家知识分子而言，是一个莫大的刺激。贾谊积极探索巩固中央皇权之道。他从汉初异姓诸侯王的覆灭得出一条教训，“大抵强者先反”。他说：“窃迹前事，大抵强者先反。淮阴王楚最强，则最先反；韩王信倚胡，则又反；贯高因赵资，则又反；陈豨兵精强，则又反；彭越用梁，则又反；黥布用淮南，则又反；卢绾国北最弱，则最后反。长沙乃才二万五千户耳，力不足以行逆，则少功而最完，势疏而最忠。全骨肉时长沙无故者，非独姓异人也，其形势然矣。”① 意思是，淮阴侯韩信做楚王，最强大，就最先反叛；韩王信倚靠匈奴，接着又反叛；贯高有赵国的资助，就又反叛；陈豨兵精，又反叛；彭越凭借做梁王的势力，又反叛；黥布利用做淮南王的条件，又反叛；卢绾最弱，最后反叛。长沙王的封地只有二万五千户，功劳少但最为完好，同皇族关系疏远，却最忠顺，不是仅因为他秉性与众不同，而是形势造成的。“曩令樊、郦、绛、灌据数十城而王，今虽以残亡可也；令韩信、黥布、彭越之伦为彻侯而居，虽至今存可也。然则天下大计可知已。欲诸王皆忠附，则莫若令如长沙；欲勿令菹醢，则莫若令如樊、郦、绛、灌；欲天下之治安，天子之无忧，莫如众建诸侯而少其力。力少则易使以义，国小则无邪心。”②

针对当时天下的情形，贾谊形容说：“天下之势方病大瘇。一胫之大几如要（腰），一指之大几如股，平居不可屈信，一二指搐，身虑亡聊。失今不治，必为锢疾，后虽有扁鹊，不能为已。病非徒瘇也，又苦蹠戾。元王之子，帝之从弟也；今之王者，从弟之子也。惠王，亲兄子也；今之王者，兄子之子也。亲者或亡分地以安天下，疏者或制大权以逼天子，臣故曰非徒病瘇也，又苦蹠戾。可痛哭者，此病是也。”③ 贾谊用“小腿和脚趾”来比喻“诸侯王”，用“腰”来比喻“中央政府”，诸侯王的势力比

---

① （汉）贾谊撰，阎振益、钟夏校注：《新书校注·藩强》，中华书局2000年版，第39页。

② 同上书，第39—40页。

③ 《汉书》卷48《贾谊传》，中华书局1962年版，第2239页。

中央政府的势力有过之而无不及。只要有一两个诸侯王发生叛乱，整个中央政权的安全就会受到威胁，所以中央政府就应该抓住时机，在诸侯王的势力还没有发展强大的情况下采取措施，否则，即使“扁鹊”在世也无能为力了。

从客观上来讲，一些诸侯王国的强大，导致本末倒置、尾大不掉的局面，的确对中央政府形成一种巨大的威胁。尤其是诸侯王经济实力上的强大，成为他们公开与中央皇权叫板的后盾，这又与诸侯王国土面积的辽阔是分不开的。于是，贾谊除了大肆强调礼制思想之外，更突出地强调了“定地制”的中央对于地方的控制策略。

“定地制”的实质是：在诸侯国总体所占的地盘不变的前提下，让诸侯王的子孙都为王，从而增加王国的数量，以减少单个诸侯国所占的面积，由于诸侯国的面积越来越小，相对的势力也就变小，便不会对中央构成威胁了。

具体方案即：“割地定制，齐为若干国，赵、楚为若干国，制既各有理矣。于是齐悼惠王之子孙王之，分地尽而止，赵幽王、楚元王之子孙，亦各以次受其祖之分地，燕、吴、淮南佗国皆然。其分地众而子孙少者，建以为国，空而置之，须其子孙生者，举使君之。诸侯之地其削颇入汉者，为徙其侯国及封其子孙于彼也，所以数偿之。故一寸之地，一人之众，天子无所利焉，诚以定治而已，故天下咸知陛下之廉。经制一定，宗室子孙，虑莫不王。制定之后，下无倍背之心，上无诛伐之志，上下欢亲，诸侯顺附，故天下咸知陛下之仁。地制一定，则帝道还明而臣心还正，法立而不犯，令行而不逆，贯高、利几之谋不生，栈奇、启章之计不萌。细民乡善，大臣致顺，上使然也，故天下咸知陛下之义。”①

贾谊从人之趋利避害的本性出发，以利害关系来论证这个问题。他认为，想要强化中央集权，使诸侯王都忠实附顺，则莫过于让他们都像长沙王那样力量弱小；想要臣子不至于因为谋反而被剁成肉酱，莫过于使他们都像樊哙、郦商那样缺少封地；想要使天下太平，莫过于多封一些诸侯，并削弱每个诸侯国的力量。力量单薄就容易使他们遵守朝廷法纪，国土狭小则不会有邪念。这样的结果，就是让天下之势，像身体驾驭臂膀，臂膀带动手指，天下没有不服从的。诸侯国的君主不敢有什么异心，像车辐归聚轴心那样，归心于天子，即使是平民百姓，也就知道是非好坏，就能够

---

① （汉）贾谊撰，阎振益、钟夏校注：《新书校注·五美》，中华书局2000年版，第67—70页。

安心营生。所以天下人都会体会到陛下的英明。分土制度确立之后，皇室宗族的子孙都不愁做不成王了，下面没有背叛的念头，上面没有诛伐的打算，所以天下之人都理解陛下对他们的仁爱。

贾谊不仅通过地制问题来试图加强中央皇权，同时也表现在他的政治作为上。当时，汉文帝碍于内外时势，恐怕引起变乱，于是对贾谊的建议仅仅部分地进行了采纳。以文帝六年（前174）淮南王刘长的谋反为例："淮南厉王长，高帝少子也……十一年，淮南王布反，上自将击灭布，即立子长为淮南王。王早失母，常附吕后，孝惠、吕后时以故得幸无患，然常心怨辟阳侯，不敢发。及孝文初即位，自以为最亲，骄蹇，数不奉法。上宽赦之。三年，入朝，甚横。从上入苑猎，与上同辇，常谓上'大兄'。……当是时，自薄太后及太子诸大臣皆惮厉王。厉王以此归国益恣，不用汉法，出入警跸，称制，自作法令，数上书不逊顺。文帝重自切责之。……六年，令男子但等七十人与棘蒲侯柴武太子奇谋，以辇车四十乘反谷口，令人使闽越、匈奴。事觉，治之，乃使使召淮南王。"① 刘长谋反废死之后，"孝文八年，怜淮南王，王有子四人，年皆七八岁，乃封子安为阜陵侯，子勃为安阳侯，子赐为阳周侯，子良为东城侯"。文帝时虽然出现了淮南王刘长谋反的案例，但文帝并不以为重要，反而大肆分封，安慰其后。

文帝的作为出乎贾谊意料。贾谊于是再上疏曰："陛下于淮南王不可谓薄矣。然而淮南王，天子之法咫蹂促而弗用也，皇帝之令咫批倾而不行，天下孰不知？天子选功臣有识者，以为之相吏，王堇不踏蹴而逐耳，无不称病而走者，天下孰弗知？日接持怨言以诽谤陛下之为，皇太后之馈赐逆拒而不受，天子使者奉诏而弗得见，僵卧以发诏书，天下孰不知？聚罪人奇狡少年，通栈奇之徒，启章之等，而谋为东帝，天下孰弗知？淮南王罪已明，陛下赦其死罪，解之严道以为之神，其人自病死，陛下何负？天下大指孰能以王之死为不当？陛下无负也！如是，咫淮南王罪人之身也，淮南子罪人之子也。奉尊罪人之子，适足以负谤于天下耳，无解细于前事也。且人不以肉为心则已，若以肉为心，人之心可知也。今淮南子少，壮闻父辱状，是立咫焉泣洽衿，卧咫泣交项，肠至腰肘如缪维耳，岂能须臾忘哉？""今淮南土虽小，黥布用之耳，汉存特幸耳。夫擅仇人足以危汉之资，于策安便？虽割而为四，四子一心未异也。……即疑有专诸、荆轲起两柱之间，其策安便哉？此所谓假贼兵、为虎翼者也，愿陛下留意

① 《汉书》卷44《淮南衡山列传》，中华书局1962年版，第2135—2141页。

计之。"[①] 贾谊这段长篇大论，尤其是对封"罪人之子"为列侯的危险性进行了分析，无疑是提醒文帝，诸侯反抗中央的时机已经成熟，一旦条件允许，全国性的反抗将会出现，社会将无法控制。

遗憾的是，文帝对贾谊的忠谏却听不进去。"十二年，民有作歌歌淮南王曰：'一尺布，尚可缝；一斗粟，尚可舂。兄弟二人，不相容！'上闻之曰：'昔尧、舜放逐骨肉，周公杀管、蔡，天下称圣，不以私害公。天下岂以为我贪淮南地邪！'乃徙城阳王王淮南故地，而追尊谥淮南王为厉王，置园如诸侯仪。十六年，上怜淮南王废法不轨，自使失国早夭，乃徙淮南王喜复王故城阳，而立厉王三子王淮南故地，三分之。"[②]

在这种情势下，文帝十一年（前169），贾谊再上《请封建子弟疏》，建议文帝加强代国的淮阳国的势力，这两个是文帝亲子的诸侯国，时梁王已死，所以贾谊建议："今淮南地远者或数千里，越两诸侯，而县属于汉。其吏民徭役往来长安者，自悉而补，中道衣敝，钱用诸费称此，其苦属汉而欲得王至甚，逋逃而归诸侯者已不少矣。其势不可久。臣之愚计，愿举淮南地以益淮阳，而为梁王立后，割淮阳北边二三列城与东郡以益梁；不可者，可徙代王而都睢阳。梁起于新以北著之河，淮阳包陈以南揵之江，则大诸侯之有异心者，破胆而不敢谋。梁足以扞齐、赵，淮阳足以禁吴、楚，陛下高枕，终亡山东之忧矣，此二世之利也。当今恬然，适遇诸侯之皆少，数岁之后，陛下且见之矣。夫秦日夜苦心劳力以除六国之祸，今陛下力制天下，颐指如意，高拱以成六国之祸，难以言智。苟身亡事，畜乱宿祸，孰视而不定，万年之后，传之老母弱子，将使不宁，不可谓仁。臣闻圣主言问其臣而不自造事，故使人臣得毕其愚忠。唯陛下财幸！"[③] 对于这个建议，文帝基本上是采纳了的："文帝于是从谊计，乃徙淮阳王武为梁王，北界泰山，西至高阳，得大县四十余城；徙城阳王喜为淮南王，抚其民。"[④] 文帝终于重视藩王问题，相应地采取了一些限制诸侯王权力的措施，但远不够彻底。

虽然贾谊的建议在文帝时期没有完全得到实施，但对西汉政治仍产生了深远的影响。汉武帝时期主父偃建议实行"推恩令"，这种"推恩"也

---

① （汉）贾谊撰，阎振益、钟夏校注：《新书校注·淮难》，中华书局2000年版，第156—163页。

② 《汉书》卷44《淮南衡山列传》，中华书局1962年版，第2144页。

③ 《汉书》卷48《贾谊传》，中华书局1962年版，第2261—2262页。

④ 同上书，第2263页。

是阳予阴夺之术，“实际上贯彻了当年贾谊的建议”①，主父偃的这一主张被武帝所采纳了。此外，武帝时作“左官之律”，设“附益之法”，从而使“诸侯惟得衣食租税，不与政事。至于哀平之际，皆继体苗裔，亲属疏远，生于帷墙之中，不为士民所尊，势与富室亡异”。② 至此，贾谊的“众建诸侯而少其力”的主张可谓得到了彻底的贯彻。

第四节 贾谊控藩的社会控制思想及其评价

分封制作为中国古代政权形式的一部分，有着举足轻重的作用。而藩王与君主之间的矛盾也贯穿了中国古代历史的始终。一方面，大多数王朝在建立初期都需要树立藩王来巩固、屏卫其皇权；另一方面，由于藩王势力的不断发展，逐渐会出现“尾大不掉”的局面，并且作为分裂势力开始威胁中央政权的统治。因此，藩王与君主之间的矛盾关系问题实际上是一个中央王权对于社会，即首先对于地方政权的控制的问题。对于这个问题，历代君主都在努力寻找其界定因素。以贾谊为代表的汉初思想家、政治家也不例外，他们也都在积极寻找中央与藩王的相互统一又进行制约的界限。而贾谊藩王控制思想的提出，是当时一个最重要的对社会进行有效控制的举措，它对于汉前期解决中央政权与藩王之间的矛盾有着深远的意义。

作为新建立的汉朝廷，实力不能通达到全国，有必要分封诸王。汉高帝一面消灭异姓王，一面陆续封儿子等为同姓诸侯王。当时，这些王国的重要官吏是汉朝廷派遣去的，法令也是汉朝廷制定的，诸王多是幼童，在封地内权力远不如异姓王那样大，到高帝死时，同姓王已有九个。及文帝立，全国的诸侯王有十多个，其中除长沙王吴右是异姓王外，其余均为同姓王。但是，随着形势的变化，中央政权与藩王的矛盾已开始逐渐显现。这是当时社会安定的一个极大隐患。贾谊十分忧虑此患，他把中央政权比作“本”，把诸侯王比作“末”，认为如果让诸侯王的权势任意扩大，其结果必然是“尾大不掉，末大必折”。所以在制度上必须采取强有力的措施，对诸侯王加以限制。因此，贾谊反复强调本细末大的危险性，“今或亲弟谋为东帝，亲兄之子西向而击，今吴又见告矣。天子春秋鼎盛，行义

① 白寿彝主编：《中国通史纲要》，上海人民出版社1980年版，第126页。

② 《汉书》卷14《诸侯王表》，中华书局1962年版，第395—396页。

未过，德泽有加焉，犹尚若此，况莫大诸侯权势十此者乎？然而天下少安者，何也？大国之王幼在怀衽，汉所置傅相方握其事。数年之后，诸侯王大抵皆冠，血气方刚，汉之所置傅归休而不肯住，汉所置相称病而赐罢，彼自丞尉以上遍置其私人，如此有异淮南、济北之为耶！此时而乃欲为治安，虽尧舜不能。臣故曰：时且过矣，上弗蚤图，疑且岁闻所不欲焉”。其目的就是希望能够引起文帝的足够重视，未雨绸缪，防患于未然。贾谊还以古代思想家的警言来说服文帝。他虽然不反对分封制，但他却从汉初几十年分封制的实践中看出，如果不从制度上采取强有力的措施，对诸侯王加以限制，那么他们的势力就会更加膨胀，“本细末大”的状况就会更加严重。

应该说，贾谊的谋略对文帝的影响是不小的。贾谊在朝居官的时间虽然不长，但其创议却不少，所以《史记》说：“诸律令所更定，及列侯悉就国，其说皆自贾生发之。”贾谊这种特殊的才能，自然引起文帝对他的极大的兴趣和重视。景帝时诸侯王国进一步强大，于是出现了晁错的削藩主张。晁错的主张，本质上是对贾谊削藩思想的继承和发展，只是晁错削藩的态度更加坚决，并且直接参与了削藩的行动，后来成了“七国之乱”的导火线。七国之乱的平定，使吴、胶西、楚、赵、济南、淄川、胶东等诸侯国被消灭，从而巩固了中央政权。

汉武帝时期主父偃建议实行“推恩令”，其言曰：“古者诸侯地不过百里，强弱之形易制。今诸侯或连城数十，地方千里。缓则骄奢易为淫乱；急则阻其强而合从以朔京师。今以法割削，则逆节萌起，前日朝错是也。今诸侯子弟或十数，而适（嫡）嗣代立，余虽骨肉，无尺地之封，则仁孝之道不宣。愿陛下令诸侯得推恩分子弟，以地侯之。彼人人喜得所愿，上以德施，实分其国。必稍自销弱矣。”[①] 至此，贾谊的“众建诸侯而少其力”的主张可谓得到了彻底的实现。

正是贾谊的这些见解，使后人对贾谊评价颇多，并且多为肯定之词。例如西汉刘向认为：“贾谊言三代与秦治乱之意，其论甚美，通达国体，虽古之伊、管未能远过也。使时见用，功化必盛。为庸臣所害，慎可悼痛。”[②] 班固虽然不同意刘向这种观点，但是也认为贾谊的思想及主张是非常正确的：“追观孝文玄默躬行以移风俗，谊之所陈略施行矣。及欲改定制度，以汉为土德，色上黄，数用五，及欲试属国，施五饵三表以系单

① 《史记》卷64《严朱吾互主父徐严终王贾传》，中华书局1962年版，第2802页。

② 《汉书》卷48《贾谊传》，中华书局1962年版，第2265页。

于，其术固以疏矣。谊亦天年早终，虽不至公卿，未为不遇也。凡所著述五十八篇，掇其切于世事者著于传云。”① “贾生娇娇，弱冠登朝。遭文睿圣，屡抗其疏，暴秦之戒，三代是据。建设藩屏，以强守圉，吴、楚合从，赖谊之虑。”可见当时人都认为贾谊是个人才，其加强中央集权政治，主张以削藩来控制地方政权的观点是正确的，而分歧点主要在于“遇”与“不遇”。

宋人欧阳修认为：“班史《赞》之以谊天年早终，虽不至公卿，未为不遇，予切惑之。”接着，欧阳修在分析了贾谊一系列主张被文帝采纳的情况后说：“故天下以谓可任公卿，而刘向亦称远过伊、管。然卒以不用者，得非孝文之初立日浅，而宿将老臣方握其事，或艾旗斩级矢石之勇，或鼓刀贩缯贾竖之人，朴而少文，昧于大体，相与非斥，至于谪去，则谊之不遇可胜叹哉！且以谊之所陈，孝文略施其术，犹能比德于成康，况用于朝廷之间……”② 在欧阳修看来，贾谊之不遇，是由于大臣之“非斥”，文帝之“远贤”。宋代著名文学家苏轼在《贾谊论》中，做过这样的论述：“非才之难，所以自用者实难。惜乎！贾生，王者之佐，而不能自用其才也。……若贾生者，非汉文之不能用生，生之不能用汉文也。”贾谊是一位富有革新精神的政治家。由于他向汉文帝提出一系列建议，有损当时绛侯和灌婴等功臣的利益，因而遭到朝中排挤，仕途坎坷。苏轼认为，成大事者要善于等待时机，不要操之过急。王安石承班固之说，在《贾生》诗中认为：“一时谋议略施行，谁道君王薄贾生。爵位自高言尽废，古来何啻万公卿？”可见，在王安石看来，贾谊是一位有思想的政论家。而其遇不遇，不在于其官职大小，而在其言能否为君王采用，其言能被采用，则可谓受知遇之恩，如果其言尽废，那么即使位至公卿也难以言知遇。

综合汉以后的历代政治家围绕着贾谊对待藩王态度与行为的各种意见，可见历史上对于贾谊的评价，基本围绕这样几点：一是对于贾谊的政治贡献。大部分思想家都将贾谊的重要政治贡献看作着力维护文帝时期的中央皇权，在中央与地方诸侯王之间发生矛盾时极力主张强化中央集权政治。例如西汉刘向所述：“贾谊言三代与秦治乱之意，其论甚美，通达国体，虽古之伊、管未能远过也。使时见用，功化必盛。”③ 二是对于贾谊改

---

① 《汉书》卷48《贾谊传》，中华书局1962年版，第2265页。

② 王兴国：《贾谊评传》，南京大学出版社2011年版，第319页。

③ 《汉书》卷48《贾谊传》，中华书局1962年版，第2265页。

定制度，改正朔，易服色，法制度，定官名，兴礼乐，强化中央集权的评价。例如班固所说，认为贾谊以弱冠之年，而遽然屡次上书议改变当时的政治体制，这必然会受到军功阶层的反对，所以其政治上的不遇是难免的。但是，贾谊的改制思想，最终为汉朝廷所用，这亦是其所遇。说明贾谊的政治眼光是具有前瞻性的。三是对于贾谊削藩的评价。这些评价也代表了历史上的政论家们是比较敏锐地看到贾谊的思想根本点，即着力于维护中央皇权的本质。

事实上，分封藩王的国家地方政体形式一直是关系到不同时期君主加强中央集权的主要内容之一。在这点上，我们应该清楚，作为宗法制社会，宗室诸王的矛盾也一直贯穿封建国家的政治格局。在中央与藩王的关系上，贾谊是比较清醒的：

一方面，他看到藩王作为地方政权存在，对于中央集权是有其积极意义的。贾谊提出的“众建诸侯少其力”，重点在于强调“众建”，并不是从根本上反对分封诸侯王，在《过秦论》一文中，贾谊又把秦二世不能“裂地分民以封功臣之后，建国立君以礼天下”，作为其失败的原因之一，其目的就是维护中央集权和大一统，所以贾谊建议文帝依靠自己的儿子，扩大其封地。文帝有四个儿子，文帝二年，立刘启为太子，封刘参为太原王，刘揖为梁王，刘武为代王。文帝四年更太原王刘参为代王，徙代王刘武为淮阳王。这三个诸侯王国，紧挨着中央政府所直辖的郡，将它们与其他较疏远的同姓诸侯王国隔离开来，所以贾谊说：“陛下所恃以为藩悍者，以代、淮阳耳。”“今所恃者，代、淮阳二国耳，皇太子亦恃之。如臣计，梁足以捍齐、赵，淮阳足以禁吴、楚，则陛下高枕而卧，终无山东之忧矣。臣窃以为此二世之利也。”贾谊这种扩大文帝亲子诸侯国地盘的策略，对巩固文帝的政治地位肯定是能起到一定作用的。

另一方面，贾谊也十分清楚藩王作为地方政权的存在，其消极意义也是不可忽视的。汉初，刘邦分封异姓诸侯王，“高皇帝五年即天子之位，割膏腴之地以王有功之臣，多者百余城，少者乃三四十县，德至渥也。然其后十年之间，反者九起，几危天下者五六”。结果“高皇帝不能以是一岁为安”。同姓王也不例外，淮南厉王长，高帝子，文帝弟，在文帝六年（前 174）谋反，废王之后，在谪蜀道中绝食而死。正如贾谊所认为的：“假令齐悼惠王王齐，元王王楚，中子王赵，幽王王淮阳，共王王梁，灵王王燕，厉王王淮南，六七贵人皆无恙，各案其国而居，当是时，陛下即天子之位，能为治乎？臣又窃知陛下之不能也。诸侯王虽名为人臣，实皆布衣昆弟之心，虑无不帝制而天子自为者。擅爵人，赦死罪，甚者或戴黄屋。汉法非立，汉令非行也。虽离道如淮南王者，令之安肯听？召之焉可致？幸而至，法安可得加？动一亲戚，天下环视而起，天下安可得制也？陛下之臣虽有悍如冯敬者，适启其口，匕首已陷于胸矣。陛下虽贤，谁与领诸侯？此所谓亲也者，故疏必危，亲必乱。”因此，应采取有效措施将藩王作用纳入积极的轨道。因此，天子封国建藩，不能让诸侯国的势力无限膨胀，以至达到“上下相疑”的程度。只有这样，才能使“海内之势如身之使臂，臂之使指，莫不制从。诸侯之君不敢有异心，辐辏并进而归命天子，虽在细民，且知其安”①。从制度上完全清除诸侯王对君权的取而代之之心，才有可能保证国家的长治久安。

贾谊的控制藩王思想，是当时西汉社会发展到一定程度的产物。在同姓诸侯王势力不断扩大，乃至威胁中央皇权的基础上，贾谊提出了他的控制藩王思想。这种思想本质上是为了进一步强化中央专制政治集权，加强中央对于地方的整合与控制。但是，贾谊的这种控制藩王思想，也就使得在汉初，同样赞成无为而治的儒家思想开始发生变化。尽管贾谊也主张对于社会经济继续采取无为政策，主张政府对于农民要不违农时，顺势而治。但是，由于当时的主要矛盾是中央与地方诸侯王的关系问题，当时最需要解决的是中央对于地方的整合、控制问题，因此，贾谊学说的核心是解决其时日益尖锐的政治与社会问题。他所提出的全部主张，有许多与这一社会问题相关。

贾谊对于中央与诸侯王的关系的认识，代表了当时朝廷要求维护中央集权的一部分官僚士大夫的意见，同时贾谊作为一个儒家学者，他的思想也代表了当时一部分维护中央皇权的儒家学者的认识。正因为贾谊对于汉代中央皇权的这种忠心耿耿，受到中央皇权的代表文帝的青睐。文帝本来希望重用贾谊，在朝廷上“议以为贾生任公卿之位”②，但是遭到了当时军功阶层的强烈反对，这些军功阶层的重臣指责贾谊“专欲擅权，纷乱诸事”，说明这些已拥有既得利益的军功阶层是不希望改变当时的政治现状的。这使得贾谊受到朝廷中功臣勋戚的一致排斥，成为朝廷中的众矢之的。而当时“宿将老臣方握其事，或艾旗斩级矢石之勇，或鼓刀贩缯贾竖之人，朴而少文，昧于大体，相与非斥，至于谪去，则谊之不遇可胜叹哉”。文帝也无法改变这种尾大不掉的现状，于是贾谊就成了封建朝廷权力角逐中的牺牲品。但是，我们也应该认识到，贾谊的控制藩王思想，使

① 《汉书》卷48《贾谊传》，中华书局1962年版，第2237页。

② 《史记》卷84《贾生屈原列传》，中华书局1959年版，第2492页。

西汉前期儒家思想开始发生渐进的变化，即在中央皇权与地方诸侯王的政治角逐中，儒家坚定地站在了中央皇权一边，并且成为强化中央专制政治集权体制的主角。贾谊这种思想变化，代表了儒家学说已经从西汉初期的融会各家思想，儒、道、法、阴阳皆有所借鉴，而转化到强调中央有为政治的一面。这种思想的转换，对于西汉前期的政治与思想格局，对于当时的社会控制思想，有着重要的影响。

第五节　西汉前期贾山、晁错的社会整合与控制思想

在文、景时期，中央政府与诸侯王地方割据势力之间日益激化的矛盾，导致汉代中央皇权开始逐步调整自己的政策，由汉初的无为政治向强化中央集权的“强干抑末”方向发展。而汉初儒家的社会整合、控制思想也在这种社会形势下发生渐变，其时的儒家学者在这种政治与社会的变化之中，纷纷主张加强中央政府权力，以此实现对于社会的整合。而强化中央政府权力的手段则是强化儒家“礼制”，并以此来达到政治等级制度的有序化。西汉文景时期的儒家学者贾山、晁错，即是这一思想的代表。

贾山，颍川人氏，其家世业儒。贾山祖父贾祛，魏王时博士弟子，贾山受学于祖父贾祛，但是所言涉猎学术甚广，史载其学“不能为醇儒”①，亦即以儒学为主，而兼涉各家学说。贾山尝给事颍阴侯为骑。孝文帝时，贾山非常清楚地认识诸侯国地方割据势力对当时中央政府的威胁，于是上疏汉文帝，借秦为谕，言国家与社会的治乱、整合之道。其疏名曰《至言》。在《至言》中，贾山酣畅淋漓地阐述了自己对于当时局势的看法，表明了自己巩固封建政治等级制度、强化中央皇权的认识。

在《至言》中，贾山首先以秦王朝的灭亡为例，说明治乱、整合之道。他说道：昔者，秦力并万国，富有天下，破六国以为郡县，筑长城以为关塞。但是，强大的秦帝国，仅仅传于二世便兵破于陈涉，地夺于刘氏，这是什么原因呢？这是因为秦夺取天下，贵为天子，富有九州以后，不思与民休息，以礼治国，反而贪婪暴虐，残贼天下，穷困万民，以天下之利来满足皇帝一己之欲。所以秦建立统一的封建国家以后，赋敛重数，疲劳百姓，重刑极罚。而秦王朝君臣不明大势，上下穷奢极欲，大兴土木。例如秦王筑阿房之殿，东西五里，南北千步，巍峨雄壮，高耸入云，

① 《汉书》卷51《贾邹枚路传》，中华书局1962年版，第2327页。

从车罗骑，四马骛驰，竭尽民力。秦王为修建骊山陵墓，征发吏徒数十万人，历时十年，豪奢备至。纵观历史，秦以熊罴之力，虎狼之心，蚕食诸侯，并吞海内。但是却不施礼义，专以刑治劳民为务。所以秦之二世而亡，实乃非礼重刑的结果。

贾山的思想，本质上是对汉初社会“过秦”思潮的继承与发展，实际上亦是对当时政治的批评。在贾山看来，汉初政治发展到今天，社会矛盾开始激化，君臣上下开始失去汉初节俭的传统，奢侈淫逸之风再起。由于长期实行放纵地方诸侯的政策，使地方诸侯王势力膨胀起来，与中央王朝分庭抗礼，隔阂加剧。贾山认为，秦之亡国，就在于秦帝王一意孤行，不按礼制，无孝敬养老之义，无辅弼忠贞之臣，天下之大，而无进谏之士。这样天下已溃而无人相劝谏，使之二世速亡。因此，英明的帝王要能够听取臣下的意见，以秦政为训。君主兼听并用，认真听取臣下的劝谏，就能够避免秦亡之途。

在贾山看来，要避免秦灭亡的下场，需要以礼仪为先，维护封建政治等级制度，强化对于国家和社会的控制。以礼仪为先，就需要按照儒家的说法，定明堂，造太学，修先王之道，风行俗成，然后万世之基定。以礼仪为先，就是要在天下举贤良方正之士，以“仁政”为标的，帝王自勉以厚天下。在具体做法上，贾山提出轻徭薄赋、不扰民生的思想。即帝王损食膳，不听乐，减外徭卫卒，止岁贡；皇室省厩马以赋县传，去诸苑以赋农夫，出帛十万余匹以赈贫民；在社会上礼高年，敬长老，赦罪人，平狱缓刑，这样天下人才能莫不喜悦，才能有效地进行社会控制。贾山还认为，自古以来，天下安平，必须从天子做起。这就是君主需要以礼治己，以齐严之色、肃敬之容治政待臣。君主高尚其节操，则群臣才能正身修行，尽心以辅助君主治国。如此，则君主治理天下事半功倍，使其功业施于四海，天下就能长治久安。

贾山的思想，实际上是汉初儒家思想在政治上的进一步发展。贾山虽然没有提及许多具体的治国、治理社会的措施，但是他主张以秦为鉴，强调礼制，主张轻赋便民，减刑省徭，行孝敬养老之义，尊辅弼忠贞之臣，强化封建政治等级制度的思想，在当时是有着一定的理论意义的。

在文景时期，儒家思想的发展还进一步表现在晁错的思想中。晁错，颍川人，他曾经向轵县人张恢学习申商刑名之学。孝文帝时，儒学复兴，当时天下少有通晓儒家经典尚书的学者，唯济南伏生系故秦博士，能够治尚书，于是朝廷乃派晁错前往伏生处学习尚书经义。晁错在伏生处学习尚书后，常常以尚书经义论时事。因此，可以说晁错是一个以治儒家尚书经义为主，兼及申商刑名、文学的儒家官僚。

晁错辩才恢宏，曾以其辩才在太子府得见重视，太子府中人皆称其为“智囊”。据史书记载，景帝即位后，以晁错为内史，多次私下与晁错交谈天下大势，备受信任。晁错所论及之事，大都受到景帝采纳，“错数请间言事，辄听，幸倾九卿，法令多所更定”①。晁错是一个有着强烈责任感的官员，面对西汉前期的社会矛盾，他多次向皇帝上书，阐述自己的政治主张。早在文帝十一年（前169），晁错针对当时的民族矛盾与边境守备，上疏《言兵事疏》《守边劝农疏》《复言募民徙塞下疏》等，向朝廷论述其防守边陲、抵抗匈奴的战略思想；文帝十五年（前173），晁错又上《贤良对策》，进一步阐述其政治与用人思想。景帝即位后，晁错根据当时诸侯国不遵中央之命，逐渐坐大的隐患，又上《说景帝削藩》疏，坚决主张实行削弱诸侯国的措施，并且制定了一系列具体法规。在晁错的强力主张下，汉王朝中央先后削掉了吴国的会稽郡、豫章郡；楚国的江海郡、薛郡；赵国的常山郡等。晁错的这些做法，引起了各个诸侯国的恐慌，于是爆发了以“清君侧”“诛晁错”为口号的“七国之乱”，公开起兵反抗中央王朝。在这关键时刻，景帝刘启听信大臣袁盎等人谗言，杀晁错以平息诸侯之乱，将晁错腰斩于东市。

晁错作为以儒学为主、兼综申商刑名之学的思想家、政治家，在西汉前期政治、社会思想，尤其是儒学思想的发展中起到重要作用。在当时内外交困的社会情势下，晁错以儒学为主，融法家学说入儒，提出了强化中央皇权，加强政治等级制度，务本抑末，守边屯疆的各项政治、经济对策，并且使儒家思想在儒法融合中得到了进一步发展。

晁错与西汉前期其他儒家学者一样，也十分注重对于秦灭亡教训的总结。在晁错看来，秦崛起西域，利用地形便、山川利、财用足的形势之便，加之楚、魏、齐等六国君臣不肖，谋不辑，民不用的弱点，使秦能兼六国，统一天下。但是，秦统一天下后，不思进取，而嗜欲无极，奢侈淫欲，民力罢尽，赋敛不节；在政治上，任不肖而信谗贼；在刑赏中，妄赏以随喜意，妄诛以快怒心，法令烦苛，刑罚暴酷。由此使得天下寒心，人们莫安其处。而奸邪之吏，乘其乱法，武断百姓。这样，天下瓦解，各自为制，亲疏皆危，外内咸怨，人民离散逋逃，各有反心。所以，当陈胜一夫先倡，遂至天下大溃，绝祀亡世，使刘氏能够得到天下。因此，秦之社会控制、整合的失败，在于秦之制度失当，官吏不良，政治不宣，人民不

① 《汉书》卷49《袁盎晁错传》，中华书局1962年版，第2299页。

宁，于是导致绝灭之祸。

晁错对于秦政的批判，应该说是汉初“过秦”思潮的一种继续。这种“过秦”思潮的结果，基本上导致两种思想的存在、发展：其一是儒家“礼制”思想，或者以儒为主，兼容法、道、阴阳等几家学说的思想；其二是黄老“无为”思想。在汉初政治思想中，儒家人物叔孙通是以儒家礼制来改造汉代国家政治礼仪制度的代表；而陆贾等人则是以儒家思想为主，兼容道家无为思想来批评秦之刑治主义与罢尽民力，赋敛不节的弊端，并以儒家“仁政”“礼制”思想为主来建立汉初封建国家的意识形态。而到了晁错这里，尽管同样是以“过秦”思潮为背景，但是鉴于当时形势的转换，晁错以儒家思想为主，在政治上已不再就“无为”学说提出自己的意见，而是综融法家学说，就政治上加强封建礼制，强化中央王朝权威；经济上“贵粟重农”、注重民生；边防上徙民实边等方面提出了自己的系统见解。

晁错的重民思想，是以儒家民本思想来反对法家刑治主义。正如前述，法家商、韩学说，是以“国强民弱”“民强国弱”，民富国危，国强民贫这一对立的立场来阐述国家与民众的关系的。而在晁错看来，国家与民众之间，不是一种对立的关系，而是相互依存，相互共生的关系。国家与民众的共同富裕，社会才能相安无事，国家才能长治久安，国家对于社会的控制才能富有成效。

在晁错看来，当时的社会问题主要是民生问题。而民生问题则主要由于土地兼并加剧，大量农民破产流亡，农民贫困所引起的。他深刻地指出了当时农民的处境：“今农夫五口之家，其服役者不下二人，其能耕者不过百亩，百亩之收不过百石。春耕夏耘，秋获冬藏，伐薪樵，治官府，给徭役；春不得避风尘，夏不得避暑热，秋不得避阴雨，冬不得避寒冻，四时之间亡日休息；又私自送往迎来，吊死问疾，养孤长幼在其中。勤苦如此，尚复被水旱之灾，急政暴赋，赋敛不时，朝令而暮改。”在文景之世还尚称治的时期，农民的负担尚且如此，一旦遇到天灾人祸，农民则朝不保夕，不得不卖田鬻子，“有者半贾而卖，亡者取倍称之息，于是有卖田宅、鬻子孙以偿责者矣”。① 这种情况必然使人心不安，社会不宁，出现社会混乱的状况。“民贫，则奸邪生。贫生于不足，不足生于不农，不农则不地著，不地著则离乡轻家，民如鸟兽，虽有高城深池，严法重刑，犹不

① 《汉书》卷24《食货志》，中华书局1962年版，第1132页。

能禁也。”[①] 当民众治生而不能谋食时，就会离乡轻家，而造成国家对于社会的失控。“民易去其乡，盗贼有所劝，亡逃者得轻资也。”[②] 这样一来，虽有高城深池，严法重刑，犹不能禁止民众的反叛与逃离。

晁错思想的本质是希望汉朝廷能够从当时民众的实际处境出发，而体恤民生，予民众以出路。他认为，只有民众富足，国家才能安平，社会才能稳定。这正是与法家商、韩相反的国家、民众利益关系的思想，是先秦儒家民本思想的再现。在这个基础上，晁错提出了其独特的“贵粟重农”的思想。

晁错在如何防止民众贫困方面建言献策道：“方今之务，莫若使民务农而已矣。欲民务农，在于贵粟；贵粟之道，在于使民以粟为赏罚。今募天下入粟县官，得以拜爵，得以除罪。如此，富人有爵，农民有钱，粟有所渫。”[③] 国家需要重视农业，使民务农，同时又要防止民众贫困。其具体方法，就是国家减少或者免去一些贫困农民的赋税，鼓励一些富有的民众向国家缴纳多余的粟米。“夫能入粟以受爵，皆有余者也；取于有余，以供上用，则贫民之赋可损，所谓损有余补不足，令出而民利者也。”[④] 在晁错看来，如此有利于社会者三：“一曰主用足，二曰民赋少，三曰劝农功。”[⑤] 如此，则民众就会安于治生，安居乐业，而社会就会长治久安。

晁错还提出了“务民于农桑，薄赋敛，广畜积，以实仓廪，备水旱，故民可得而有”的具体的“重农”措施。他认为，统治阶级除了需要重视农业生产外，还要注重减轻农民的负担，减少赋税剥削。同时，政府要在平时广积粮，多储备，在水旱灾害来临时有办法应对，使民众在灾年时能够安然度过。这样，民众能够安居乐业，人民就能够安定，国家就可以太平，社会的控制和整合也就可以实现了。

鉴于当时激烈的民族矛盾，晁错还在向文帝上实边抗敌的对策时，不断强调关于治理民生的问题。在晁错的《守边劝农疏》《募民徙塞疏》等上疏中，针对当时征召民众戍边的弊病，他提出了改征调为招募，在民众自愿的基础上募民众守边；同时政府将招募对象改为罪犯、奴婢，如果罪犯、奴婢不足，则再招募民众实边。“先为室屋，具田器，乃募罪人及免徒复作令居之；不足，募以丁奴婢赎罪及输奴婢欲以拜爵者；不足，乃募

---

① 《汉书》卷 24《食货志》，中华书局 1962 年版，第 1131 页。

② 同上。

③ 《汉书》卷 24 上《食货志》，中华书局 1962 年版，第 1133 页。

④ 同上。

⑤ 同上。

民之欲往者。”凡是戍边之民，“皆赐高爵，复其家。予冬夏衣，廪食，能自给而止”。让这些戍边之民在生活上有所保障，如此，则“徙民实边，使远方亡屯戍之事，塞下之民父子相保，亡系虏之患，利施后世，名称圣明，其与秦之行怨民，相去远矣”①。这样的实边方针，比较秦之戍边法，则大有利于民众，使民众能够免去戍边劳顿之苦。

晁错注重民生的经济思想，与先秦商韩法家的国家主义经济思想是完全不同的，这说明他在根本立场上是以儒家思想为主。但是，鉴于当时诸侯王坐大，而可能导致社会失控的弊病，晁错亦融法家思想入儒，提出了加强中央集权政治，强化中央皇权，严格封建等级制度的对策。在晁错看来，从历史事实看，三皇五帝均是以帝权为主而治理国家，因此帝王的权力是无人能够企及的。他从天人理论上论证说：“臣闻五帝神圣，其臣莫能及，故自亲事，处于法宫之中，明堂之上；动静上配天，下顺地，中得人。故众生之类亡不覆也，根著之徒亡不载也”②；“然后阴阳调，四时节，日月光，风雨时，膏露降，五谷熟，袄孽灭，贼气息，民不疾疫，河出图，洛出书，神龙至，凤鸟翔，德泽满天下，灵光施四海。此谓配天地，治国大体之功也”③。

晁错还认为，至传说中的三王五伯（霸）之时，臣主俱贤，他们共忧国家之治理，君臣共勉，使得三王五伯（霸）能够“德匡天下，威正诸侯，功业甚美，名声章明”④。但是，三王五伯（霸）的功绩，根本在于帝王能够善于利用权术，以权术驾驭臣下。“人主所以尊显功名扬于万世之后者，以知术数也。故人主知所以临制臣下而治其众，则群臣畏服矣；知所以听言受事，则不欺蔽矣；知所以安利万民，则海内必从矣；知所以忠孝事上，则臣子之行备矣；此四者，臣窃为皇太子急之。”⑤在晁错看来，为当时的政治言之，皇帝应用权术，巩固中央集权，维护政治等级制度，是其急务。而要达到这一点，就要当今皇帝能够知所以制臣下而治众，知所以听言受事而不被臣下欺蔽等。因此，帝王掌握权术，在当前政治中具有非常重要的作用。

晁错还进一步论证了在巩固中央集权中，崇君尊权，崇术尚势的重要性。他说：“窃观上世之君，不能奉其宗庙而劫杀于其臣者，皆不知术数

① 《汉书》卷49《袁盎晁错传》，中华书局1962年版，第2286页。
② 同上书，第2293页。
③ 同上。
④ 同上书，第2295页。
⑤ 同上书，第2277页。

者也。”他以当今皇子为例，“皇太子所读书多矣，而未深知术数者，不问书说也。夫多诵而不知其说，所谓劳苦而不为功。臣窃观皇太子才智高奇，驭射技艺过人绝远，然于术数未有所守者，以陛下为心也”。因此，皇子的教育，要多知权术之道，使他们能够精通治理臣下的权谋，在他们成人即位以后，能够以权术治理臣下，使之不受到臣下的欺骗。“窃愿陛下幸择圣人之术可用今世者，以赐皇太子，因时使太子陈明于前。唯陛下裁察。”① 晁错还认为，要巩固君主权力，加强中央集权，需要有一批心腹大臣作为辅翼、爪牙，辅助君王：“臣窃闻古之贤主莫不求贤以为辅翼，故黄帝得力牧而为五帝先，大禹得咎繇而为三王祖，齐桓得管子而为五伯长。”②“今以陛下神明德厚，资财不下五帝，临制天下，至今十有六年，民不益富，盗贼不衰，边境未安，其所以然，意者陛下未之躬亲，而待群臣也。今执事之臣皆天下之选已，然莫能望陛下清光，譬之犹五帝之佐也。”③ 这样，皇帝才能够建立不世之功。“臣窃观上世之传，若高皇帝之建功业，陛下之德厚而得贤佐，皆有司之所览，刻于玉版，藏于金匮，历之春秋，纪之后世，为帝者祖宗，与天地相终。”④ 晁错要求强化中央集权，崇君尊权，是与汉初黄老学说的无为思想有着重要差异的，也是与当时克制诸侯王，维护中央皇权的政治权威密切相关的。

面对当时诸侯王坐大，不服从中央的局面，晁错极力主张削弱藩国力量。为此，他提出了著名的《削藩策》，要求削减诸侯王的封地，削弱诸侯王的势力。削藩是晁错政治思想的核心，他希望通过削藩，来解除诸侯王对于中央王权的威胁，加强中央对于各诸侯国的控制。而他所提出的经济上“贵粟重农”、注重民生；边防上徙民实边等民生思想，其实主要是为强化中央集权、削弱藩国势力这一中心目的服务的。晁错的削藩策引起了各诸侯王的不安与惊恐，以致怨气冲天。史载“迁为御史大夫，请诸侯之罪过，削其支郡。奏上，上［令］公卿、列侯、宗室［杂议］，莫敢难”。⑤“错所更令三十章，诸侯喧哗。”⑥ 晁错的父亲对于儿子的境遇也十分担忧，专程从颍川赶来，劝告晁错说：“上初即位，公为政用事，侵削诸侯，疏人骨肉，口让多怨，公何为也？”而晁错则坚决地回答：“固也。

---

① 《汉书》卷49《袁盎晁错传》，中华书局1962年版，第2277页。

② 同上书，第2292页。

③ 同上书，第2298页。

④ 同上书，第2292页。

⑤ 同上书，第2300页。

⑥ 同上。

不如此，天子不尊，宗庙不安。”其父听后，叹息道：“刘氏安矣，而晁氏危，吾去公归矣！”因为不忍心看到晁错家破人亡，其父回家后就服毒自尽了。但是晁错并没有因为父亲的去世而放弃自己的主张，直至被杀。

晁错的一生，是以悲剧结局。但是他的思想，却是当时政治形势的反映。晁错非但不知明哲保身，而且他的儒家兼济天下的忧患意识，以及法家峭直刻深的性格特点，使他坚守自己的政治主张，而在诸侯王的威胁下不屈不挠。同时，晁错的思想，也是当时政治形势的反映。汉初无为的治世方略，在崛起的诸侯王地方势力的威胁下，已明显表现出其不足。在这种情况下，如何维护统一的政治格局，加强封建国家对于地方、社会的整合、控制，就成为一大难题。晁错正是在这种关键时刻，坚持自己的君主积极有为的主张。而他的思想，则与贾谊一样，反映出当时儒家政治思想的转折，这就是在以“仁”“礼”治国的举措上，逐渐抛弃汉初融道入儒的思想方法，而将儒家以礼义治国的思想与法家加强君权、强化中央专制集权的思想加以进一步结合，使这一时期的儒家政治思想更加凸显出儒法结合的色彩。这也是西汉文景时期封建国家政治与社会控制思想发展中的特点，它直接为西汉中期汉武帝“罢黜百家，独尊儒学”奠定了政治与社会思想的基础。

综上所述，汉代前期的思想家如贾山、晁错等人，他们的政治见解与汉初儒家代表人物陆贾等存在一定区别。如果说陆贾等人的思想是以儒家为主，援道入儒，兼及道、法，使儒家思想具有儒道法结合的色彩；那么在贾谊、贾山、晁错这些人的思想中，则是以儒为主，援法入儒，将加强中央专制主义皇权作为其政治目标，将礼制作为强化封建政治等级制度的手段，将中央对于地方诸侯王国的控制作为当时的重要时务。正是这些人的思想演变，为西汉中期汉武帝所重用的公孙弘、董仲舒等儒家人物大力倡扬儒家“公羊”学儒法兼容的思想创造了条件。

第六节　窦太后的焦虑与思想界的斗争

在西汉前期政治与社会思想的发展中，汉文帝的皇后、景帝的母亲窦太后是一个十分关键的人物。

窦太后（前205—前135），名漪，清河郡（今河北清河）人，出身良家子女，吕后时被入选进宫，后来被分配到代国。代王刘桓很喜欢她，与她生了女儿刘嫖，儿子刘启和刘武。公元前180年，代王刘恒即位为汉文帝，窦氏之子刘启年长，被立为皇太子。母以子贵，窦氏被册立为皇后，次子刘武先被封为代王，后封为梁孝王。女儿刘嫖，被封为“馆陶长公主”。

文帝驾崩后，景帝刘启即位，窦后成了皇太后。窦太后十分溺爱幼子刘武，“爱之，赏赐不可胜道”①。景帝对弟弟刘武也很喜爱，平时常同辇进出，赏赐甚厚。当时景帝还未立太子。在初元三年（前154）的一次家宴上，当大家饮酒甚欢时，景帝对刘武说：“千秋万岁后我将帝位传给你。”刘武虽知这不一定是景帝肺腑之言，然心内大喜。窦太后听了也非常高兴，希望将此事立为制度，于是将立刘武为皇太子嗣征求大臣意见。哪知大臣们都反对这件事，刘武继嗣之事也就作罢。但是，窦太后并没有就此罢休，反而在各种场合为刘武继立皇太子而努力。

其后，吴楚齐赵七国诸侯王反。吴楚大军先攻击梁国棘壁，梁孝王刘武率领军队坚守睢阳，吴楚以梁为限，不敢过梁国而西向进攻关中。吴楚大军失败后，梁国所杀敌军与关中大军基本各有其半。这样，刘武为景帝亲弟，在平定诸侯国叛乱时又立有大功，加上梁国领土居天下膏腴地，占据四十余城，皆多大县。这种局势使得梁孝王与窦太后立嗣的野心又膨胀了起来，汉代朝廷上关于梁孝王立嗣之争再掀波澜。

据《史记》卷五八《梁孝王世家》记曰：景帝时期，汉代朝堂上围绕立刘武为皇太子嗣，发生了一场激烈的政治斗争。

> 盖闻梁王西入朝，谒窦太后，燕见，与景帝俱侍坐于太后前，语言私说。太后谓帝曰：“吾闻殷道亲亲，周道尊尊，其义一也。安车大驾，用梁孝王为寄。”景帝跪席举身曰：“诺。”罢酒出，帝召袁盎诸大臣通经术者曰：“太后言如是，何谓也？”皆对曰：“太后意欲立梁王为帝太子。”帝问其状，袁盎等曰：“殷道亲亲者，立弟。周道尊尊者，立子。殷道质，质者法天，亲其所亲，故立弟。周道文，文者法地，尊者敬也，敬其本始，故立长子。周道，太子死，立嫡孙。殷道。太子死，立其弟。”帝曰：“于公何如？”皆对曰：“方今汉家法周，周道不得立弟，当立子。故春秋所以非宋宣公。宋宣公死，不立子而与弟。弟受国死，复反之与兄之子。弟之子争之，以为我当代父后，即刺杀兄子。以故国乱，祸不绝。故春秋曰‘君子大居正，宋之祸宣公为之’。臣请见太后白之。”袁盎等入见太后：“太后言欲立梁王，梁王即终，欲谁立？”太后曰：“吾复立帝子。”袁盎等以宋宣公

① 《史记》卷58《梁孝王世家》，中华书局1959年版，第2083页。

不立正，生祸，祸乱后五世不绝，小不忍害大义状报太后。太后乃解说，即使梁王归就国。①

在立梁王为皇太子问题上，窦太后的想法受到大臣袁盎等人的反对。袁盎等人以“周道尊尊者，立子”为理由，并以宋宣公立弟祸乱朝堂为例，劝告窦太后放弃此想法，于是一场政治斗争就此展开。据《史记》卷五八《梁孝王世家》记曰：

而梁王闻其义出于袁盎诸大臣所，怨望，使人来杀袁盎。袁盎顾之曰：“我所谓袁将军者也，公得毋误乎?”刺者曰：“是矣!”刺之，置其剑，剑著身。视其剑，新治。问长安中削厉工，工曰：“梁郎某子来治此剑。”以此知而发觉之，发使者捕逐之。独梁王所欲杀大臣十余人，文吏穷本之，谋反端颇见。太后不食，日夜泣不止。景帝甚忧之，问公卿大臣，大臣以为遣经术吏往治之，乃可解。于是遣田叔、吕季主往治之。此二人皆通经术，知大礼。来还，至霸昌厩，取火悉烧梁之反辞，但空手来对景帝。景帝曰：“何如?”对曰：“言梁王不知也。造为之者，独其幸臣羊胜、公孙诡之属为之耳。谨以伏诛死，梁王无恙也。”景帝喜说，曰：“急趋谒太后。”太后闻之，立起坐餐，气平复。②

这场斗争引发了朝堂之上的暗杀、火并事件，并且使梁王成为暗杀事件的主角。为了取得皇位，梁王所欲杀朝廷大臣十余人，足见事态的严重。后来经过田叔、吕季主二人以儒家经义加以周旋，以梁王的臣子羊胜、公孙诡之属为替罪羊，处以极刑，才使得这件事平息。但是，汉代中央，包括景帝与梁王的矛盾由此激化，中央与诸侯王国的隔阂也更加深了。

在这次事件中，窦太后偏爱梁王刘武的立场十分鲜明。史载她因为梁王谋反事暴露，不食饮食，日夜哭泣不止。就连她喜爱的侄子窦婴进言：“父子相传，是汉代的祖制，怎可如此”也得罪了窦太后。没过几天，窦太后便下令把窦婴从皇戚的名册中除名，在当时是很大的惩罚，也足以见窦太后支持刘武立为皇太子的力度。

① 《史记》卷58《梁孝王世家》，中华书局1959年版，第1091—1092页。

② 同上书，第1092页。

我们之所以不厌其烦地举出以上事例，是为了说明在景帝时期，当时汉代朝廷中的形势，除了七国之乱外，还存在着激烈的中央政权内部权力分配上的斗争。这场斗争的主角仍然是皇室内部的诸王权力之争。显然，窦太后是支持作为诸侯王的小儿子梁王刘武的。但是，梁王刘武是一个不争气的纨绔公子，他所进行的争夺皇位的活动，包括一系列阴谋与暗杀，都在朝廷大臣对于中央王朝的维护中失败了。这使得梁王刘武又气又恨，忧郁成疾。公元前 144 年，梁王刘武病死。窦太后闻讯整日涕泣，“哭极哀，不食，曰：‘帝果杀吾子!’”至此，这场政治斗争才以梁王刘武的死去而告终。

在这十余年的争夺皇太子位的斗争之中，窦太后自始至终站在梁王刘武的一边，其喜怒哀乐的态度十分明显。窦太后这种维护梁王刘武的情感是否会影响到她对于当时思想界的看法，从史籍来看，还没有直接的证据。但是，在当时的中央政权与诸侯王的斗争中，窦太后的态度，确实对于思想界有着重要的影响。

史载窦太后信奉黄老之学。因为她的信奉，使景帝和窦姓宗族都不得不读《老子》，并推尊其学说，并且她在世时，尽力阻扰儒家官僚与学者提拔晋升，“故诸博士具官待问，未有进者”①。景帝时她曾召博士辕固生，问《老子》是怎样的一部书，辕固生不识时务，猝然答道：“这不过是平常人家读的书。”窦太后大怒道：“难道一定要司空城旦书吗?”话中讥讽儒教苛刻，并且要辕固生到兽圈里去与野猪搏斗。当时还是太子的刘彻（汉武帝）倾向于儒家学说，见辕固生为一文弱书生，恐不敌野猪，就投进一把匕首，才让辕固生把野猪刺死。因此景帝在位十六年，儒生在仕进上受到一些阻扰。但是这并不代表文景时期朝廷的态度就是排斥儒士。实际上文、景在位时期，许多著名的官僚都是儒家学者或者儒家官僚。例如前面所提到的贾谊、贾山、晁错、辕固生等人，均是以儒为主的官僚、学者。从史料来看，这些儒学经义之士不仅在朝廷中担当重要的职位，而且深受皇帝的信任。包括辕固生，史载他刺杀野猪后，“景帝以固为廉直，拜为清河王太傅。久之，病免”②。此外，如诗之传播者韩婴，“孝文帝时为博士，景帝时为常山王太傅。韩生推诗之意而为内外传数万言，其语颇与齐鲁间殊，然其归一也”③。以辕固生、韩婴等儒家学者为诸侯王太傅，

① 《史记》卷 121《儒林列传》，中华书局 1959 年版，第 3117 页。

② 同上书，第 3123 页。

③ 同上书，第 3124 页。

说明儒家思想在汉代上层统治阶级中的影响是不小的。更有意思的是，在处理梁王暗杀事件中，太后不食，日夜泣不止，景帝甚忧，于是“问公卿大臣，大臣以为遣经术吏往治之，乃可解。于是遣田叔、吕季主往治之”。田叔、吕季主等应该是熟悉儒家经义之士，这既说明朝廷上知儒家经义的官僚不少，也说明在遇到重大政治问题时，朝廷也常常用这些儒家经义之士来处理政务。

文景时期正是汉代中央朝廷与地方诸侯王之间矛盾日益激化的时期。这一时期，许多维护中央皇权的儒家官僚与学者开始放弃汉初以道入儒的做法，提出了加强中央集权、强化地方郡国控制的思想。在他们看来，由于西汉初期中央政权的无为、放纵，致使地方诸侯王国的势力不断坐大，并且对于中央政权构成了极大的威胁。所以，不论是儒家学者贾谊，还是儒法兼容的贾山、晁错等人，均是主张以儒家礼制来加强封建政治等级制度，崇君尊法，以此抑制地方诸侯王势力的发展。而作为地方诸侯王国，为了发展自己的势力，则希望中央皇权继续按照无为而治的方针，做到中央无为，地方有为。所以，当时思想界的儒、道思想之争，实际上是中央皇权与地方诸侯王势力在政治上斗争的一种继续。

窦太后信奉并且倡扬黄老之学，一方面是汉初实行与民休息制度所取得的成效所致；另一方面，也与她宠爱小儿子刘武，以及容纳刘氏诸王的情感有关。正如上述，窦太后在小儿子刘武争夺皇太子的问题上，是有着明显的倾向性的。她既希望刘武能够获得皇太子的继嗣权，又希望在现实政治中，中央皇权能够容纳并且放纵如梁国等诸侯王国的发展，使刘武及其后代能够有足够的地位和势力。据史载，梁王刘武因为争夺皇太子失败忧郁成疾，不久死去。窦太后十分悲伤、愤怒，将怨气发向景帝。景帝惊慌失措，不知如何是好，后来是他的姐姐馆陶长公主出主意，把梁国一分为五，将刘武的五个儿子都封为诸侯王，五个女儿都赐给汤沐邑，太后方转悲为喜。所以，在当时国家对于社会整合与地方控制“有为”与“无为”的争论中，牵涉中央与地方诸侯王利益博弈的政治格局。而窦太后倾向于黄老之说，则与她站在诸侯王的立场上，希望中央皇权无为而治，放纵地方势力的发展有关。

从史籍记载，事实上窦太后也并不完全排斥儒学经义之士，而是在不同场合按照自己的政治需求，对于各种学说有所取舍。如前所述，在为刘武请立皇太子问题上，窦太后以“殷道亲亲，周道尊尊”为例，这本身即是对于儒家宗法血缘继嗣制度的引用。而在对于梁王刘武阴谋、暗杀朝廷大臣袁盎等人的问题上，窦太后就容纳了田叔、吕季主等经术吏的主张，把阴谋的主角推给了羊胜、公孙诡之属。以至于司马迁也叹息道："故曰，不通经术知古今之大礼，不可以为三公及左右近臣。少见之人，如从管中窥天也。"这说明窦太后在儒道之争上，也常常根据不同情况而采用不同的思想学派的学说。

史载刘彻即位后，太皇太后闻他好儒，大不以为然，常出面干预朝政。武帝于是随时向她请示朝廷政事。当时"荐绅之属皆望天子封禅改正度也。而上向儒术，招贤良，赵绾、王臧等以文学为公卿，欲议古立明堂城南，以朝诸侯。草巡狩封禅改历服色事未就"①。御史大夫赵绾和郎中令王臧，还建议今后政事"可不必事事请命东宫"。这实际上是对于窦太后干预政务权力的削弱。加上武帝采纳儒家大臣建议，令功臣列侯回自己封地，不得留居朝廷干预朝政；将宗室子弟和外家戚属品性恶劣者"除其属籍"，遭到这些朝廷贵戚功臣列侯的强烈反对，并纷纷到后宫向窦太后诉苦。因此窦太后对当时政事十分抵触，太皇太后听罢，怒不可遏，命武帝下令革去赵绾、王臧官职，并将之上升到武帝"务隆推儒术，贬道家言"的思想层面，使双方矛盾激化，并演变为朝廷上激烈的儒、道互黜的思想斗争。而这场斗争的结局则牵涉中央与军功大臣、朝廷贵戚的利益，以及中央与地方诸侯王权力博弈的政治格局。而窦太后站在军功大臣、贵戚、诸侯王的立场上，希望中央皇权继续无为而治，放纵这些势力的发展。这说明当时的思想界所谓"有为""无为"的斗争，不仅是单纯的儒道互黜之争，而且还与帝王和太后势力在权力、利益上的斗争相互关联。

综上所述，可以认为，在窦太后主张黄老"自然无为"思想的问题上，其实际情况，既可能与太后本人对于黄老之说的情有独钟有关，也与当时的中央与诸侯王的利益斗争格局有关。窦太后站在刘武等诸侯王的立场上，主张中央采取无为而治的方针，实际上是希望中央对于地方诸侯国势力发展尽可能地宽容，是她对刘武等诸侯王的一种宠爱之情。而在处理具体问题上，窦太后却是根据自身的政治需要而容纳不同的思想学说。这样看来，景帝时期的政治格局与思想斗争，既是一种对于治国策略的选择，也是与窦太后本人的情感、与中央和诸侯王国的斗争有关的。这其中很重要的一点即为窦太后对梁王刘武处境的焦虑。

---

① 《史记》卷12《孝武本纪》，中华书局1959年版，第452页。

第七章 《淮南子》的社会整合与控制思想

西汉王朝建立在秦朝的废墟之上，为避免重蹈秦二世而亡之祸，西汉统治者从立国之初就积极探寻一套适应当时实际的社会整合与控制思想。由于连年战乱，新建立的汉王朝经济凋敝，满目疮痍；民众流离失所，生灵涂炭，社会经济遭到严重破坏。汉初统治者面对这样残破不堪的社会局面，采取了省刑少事、轻徭薄赋、休养生息的经济措施，制定了以恢复社会生产为其主要目标，比较宽松的社会控制与经济政策。当时黄老思想作为一种治理、调整的政治、经济策略，除了体现在经济政策上“清净”“无为”及与民休息以外，更加重要的是体现在国家政治生活以及君臣关系上。汉初的士大夫官僚和知识分子希望通过君主的“清净”“无为”，能够有效地改变秦帝国君权太盛的局面，营造一种君臣和谐、臣民和谐的气象。但是，黄老学说强调君主无为，倡导中央政府以怀柔政策绥靖四方的治政思想，在西汉前期郡国并存，或者是在其后中央皇权与各诸侯国矛盾日益激化的政治形势中，对于诸侯国是有利的，但对于中央政权却是一种挑战。于是在当时的思想界出现了两种思想的斗争，即要求巩固与维护中央专制政权力量的如贾谊、晁错等人的儒家思想家，以及以维护黄老学说、以此为地方诸侯王势力服务的思想学派。在这两种思想斗争的较量中，《淮南子》站在诸侯国的立场上，希望通过对于道家思想的疏注，综合儒、法、阴阳各家学说，进一步倡导黄老无为之说，为诸侯国的发展壮大服务。

第一节 刘安与《淮南子》

《淮南子》由西汉前期淮南王刘安及其门人编纂。刘安（前179—前122），汉高祖刘邦之孙，淮南厉王刘长之子。早在楚汉之争中，刘邦就分封了一批有功的将领为各地诸侯王。汉初，随着西汉中央皇权的加强，中央与各异姓诸侯王的矛盾迅速激化。公元前196年，淮南王英布率兵反汉，最终被汉军击败。此后，刘邦开始将诸侯王分封给刘氏的宗室子弟，到刘邦去世时，共有九位刘氏子弟被封为诸侯王，其中刘长被立为淮南王，据有英布曾经分封的地盘。淮南国共领有九江、衡山、庐江和豫章四郡，都城在寿春。不过其后不久，这些被册封为诸侯王的刘氏子弟，羽翼日益丰满，跨州兼郡，连城数十，与朝廷分庭抗礼。汉文帝时期，济北王刘兴居举兵反叛；在这样的环境中，淮南王刘长也起了叛心。

刘长的生母赵姬原是赵王张敖的姬妾，当年刘邦伐韩信经过赵国时，赵王将赵姬献给了刘邦，并且有了身孕。后来张敖叛乱，赵姬受牵连被捕，在生下刘长后愤而自杀。刘长从小生长在这样的环境中，在被立为淮南王后，心理乖张，骄纵妄法，在淮南国我行我素，使淮南国俨然成为汉代的独立王国。公元前174年，刘长暗地里派人勾结太子奇等，打算与闽越人和匈奴人联手叛乱，他的密谋被朝廷发觉后，汉文帝念及兄弟之情，未依法处刘长极刑，而是将他废爵流放蜀郡。刘长在发配途中绝食而死，年仅25岁，死后被谥为淮南厉王。其后，汉文帝下诏将刘长四个年仅七八岁的儿子都封了侯，将原来的淮南国一分为三（淮南、衡山和庐江），分别封给刘长的三个儿子（有一个病死），其中长子刘安承袭了父亲的爵位，出任淮南王。

刘安袭封为淮南王时年16岁。他好读书，善文辞，乐于鼓琴，并潜心研究治国安邦之策，好著书立说，于是淮南国都寿春成了文人荟萃的中心。但是刘安的家世及出身，对他的成长及思想有着很大的影响，使他对于汉代中央皇权有很大的成见。在汉武帝时期，极力倡导中央集权的大一统政治，强力推行“罢黜百家、独尊儒术”的统治思想，这使推崇道家“无为而治”，以及维护诸侯国利益的刘安如坐针毡，而父亲刘长的自杀更是刘安心中的一个“死结”。因此，刘安在广置门客的同时，也在不断积蓄力量，为日后的谋反做准备。公元前122年，刘安被门客雷被等人告发谋反，汉武帝命丞相和廷尉共同调查此案。刘安最后自杀，淮南王国自此被消除，改设九江郡。

刘安在任淮南王期间，与众门客著成《淮南子》（又名《淮南鸿烈》）。《淮南子》有《内篇》21篇、《外篇》33篇、《道训》2篇，20余万字。《淮南子》吸取了《老子》《庄子》，特别是黄老帛书的思想资料，综融百家，成为集黄老学说之大成的杂家著作，它不仅对“道”“天人”“形神”等问题提出了独特见解，在继承春秋时的“气”说与战国中期稷下黄老之学的“精气”说的基础上，提出了“元气论”的概念和系统的宇宙生成论，而且在政治与社会控制和整合思想上，《淮南子》更有自己的特色。

在刘安生活的年代，汉代统治者崇尚清静无为，使地方诸侯国势力不断强大，并导致中央皇权的权威削弱。针对这种社会现象，文景时期，儒家学者贾谊提出严格封建等级制度，重视礼治的建议。而与刘安同时代的儒家学者董仲舒则延续了贾谊的思想，以天人关系为根据对封建等级制度作了极为全面的论证。他以天子“受命”而治来解释君臣关系，强化君主集权。并打着儒家的旗号，论证“三纲五常”的合法性和神圣性。在强化社会等级及中央皇权权威的问题上，刘安显然与贾谊及董仲舒不同，他在《淮南子》一书中，不将君臣上下等级制度的强化视为当时最迫切的问题，而强调在社会控制、整合中，应该继续实行无为政治。在他看来，当时最迫切的任务应该是建立一套基于君臣相报、君臣相生的人才选拔与任用机制，使人才能够各尽其能、各守其职，达到君主驾驭臣民以行无为之治的目的。《淮南子》虽然没有直接从制度层面对中央集权提出反对意见，但它倡导的无为政治理论，以及力图以君臣“相生”“相报”的概念弱化君臣之间的绝对服从、忠诚关系，而强调建立富有控制效率的合乎理性的君臣关系，无疑是反对君主专权的。可以看出，刘安所期待的汉代政治思想和君臣关系，与当时中央政府与诸侯国之间日益尖锐的矛盾，以及刘安自身的环境和家庭背景有着很大的关联。

使刘安感到焦虑的社会现实问题，是在中央与地方的冲突中，中央不断强化权力，压抑地方诸侯王。刘安从汉初帝王对异姓王的消灭、对同姓王的打击，以及对七国之乱的镇压中，陡生危机之感。其父刘长的绝食而死，更是加剧了其戒惧和怨恨之心。刘安显然希望地方诸侯王能够顺理成章地得到宽松政策的保护，从而尽可能地保存既得社会地位和利益，在其封国内实现其为治理想。所以，《淮南子》以道家思想为主纲，强调无为而治，是有着一定的现实意义的。

首先，自文帝起，中央政府就对同姓诸侯王不断加以削弱。武帝时为巩固中央集权，强化和颁布了许多法令来打击和削弱诸侯王势力。但是文帝、景帝、武帝在打击和削弱诸侯王时，不像高祖消灭异姓王那样锋芒毕露，旗帜鲜明，而是加入了仁义礼乐这些虚饰。如文帝责备淮南王刘长时，即以仁义礼乐之名强调文帝对刘长的恩德之情，而刘长却失德背义。有着切肤之痛的刘安对中央皇权打着虚伪的仁义礼乐幌子，实际上却怀着巧诈予夺之心的行为很是痛恨。他希望汉初对诸侯王的宽松政策能够延续下去，由此保存既得的政治、经济利益。[①] 因此，批评儒家提倡的仁义礼乐所造成的奸诈、虚伪、不实的风气，是《淮南子》的明显倾向。

其次，刘安为了达到对于各地诸侯国利益的保护，而在哲学上提出了“一”与“多”的关系，明确表示对一统下的多样性的尊重。《淮南子》专辟《齐俗训》一章，极力主张中央皇权应该对各地社会风俗多加以宽容，对各地社会习惯、风俗，乃至社会治理采取宽松的、不同的方式。他认为由于时间与空间的特殊情况，不同类型的社会风俗在其所处的时期、地域都有其存在的合理性，反对以一种主导的社会规范来压制和排斥其他的社会风俗。这种对于地方社会风俗的保护态度显示了刘安作为诸侯王的立场，即他害怕中央集权的过度扩展，导致对地方诸侯王的限制增多，自身的利益被侵夺。他非常痛恨中央皇权打着“仁爱”“礼义”的旗号使其时常受到削藩、讨伐的威胁。他虽然也支持统一，但他所支持的是松散的统一，是能确保他得到更多的社会地位与权利自由的统一。相应地反映在社会风俗上，他十分反感对风俗礼制的强行控制与统一，希望包括社会风俗在内的封国内的所有事务都不要受到中央统治者的干预和压制。实际上，秦汉大一统的社会控制下，其社会风俗的差异性、矛盾性、复杂性非常突出。一方面是适应了地方社会风俗特色，确实便于治理；另一方面是通过排斥对于社会风俗的一体性措施，拒绝同化，是维护地方利益的诸侯王们的愿望。《淮南子》对社会风俗的这种态度，正是维护了其所主张的政治立场。

淮南王刘安作为《淮南子》最重要的策划者、组织者，他和宾客以敏锐的政治头脑，感触到当时中央的社会控制政策将由汉初的黄老无为向内法外儒的精神转变，也意识到这一转变必将导致汉初对诸侯王宽松政策的改变。因此，他们以《淮南子》为思想武器，从总结先秦及秦朝治乱兴衰的经验教训出发，论证秦行法家滥用民力而速亡、汉循无为而强盛的事实，试图对武帝及中央皇权的有为政治进行规劝，希望自己的思想能被上层统治阶级采纳。正因为如此，《淮南子》书中所体现的政治与社会思想，就有着强烈的时代背景。《淮南子》的社会控制思想正是在这种时代背景下，以道家无为思想为基础，博采众家之说。即从《老子》《庄子》中采摘其天道观与自然无为思想；从儒家《诗》《易》等儒学经典采摘其礼义教化思想；从法家学说中采摘其循名责实、以法治国思想；从阴阳五行学说中采摘其机械的系统运行观念作为社会运行图式，由此将儒、法、阴阳

① 那薇：《汉代道家的政治思想和直体觉悟》，齐鲁书社1992年版，第55页。

家等学说熔于一炉，将道家“无为”的社会控制体系发展到一个新的高度。

第二节 《淮南子》对《吕氏春秋》的继承、改造

从春秋到战国，社会长时间处于“强胜弱，众暴寡”的争斗不息的局面。战国后期的秦相吕不韦，为了给秦统一后的帝国建立有效的社会控制思想体系，组织各学派学者，集思广益，试图为统一后的施政当局绘出一个政治蓝图，这就是《吕氏春秋》的产生。《吕氏春秋》具有融合各家的政治特色，可惜没有被秦始皇所采纳。秦的统治者也正因为在建国后偏重法家思想治国，其法苛刻急暴、滥用刑律，破坏了社会的和谐、平衡，使迫切需要“休息”的民众大失所望，进而导致农民起义，推翻秦王朝。所以，从后来的历史进程来看，《吕氏春秋》的确具有先见之明。而《吕氏春秋》的思想原则，也为其后的思想界所借鉴。集道家大成的巨著《淮南子》，在思想上就大量借鉴了《吕氏春秋》的思想观念。

《淮南子》对《吕氏春秋》社会政治思想的继承绝非偶然，而是有着深刻的社会及时代背景的。战国中期以后，政治统一导致思想文化也在百家争鸣中加强了彼此间融合。这种文化的融合又反过来为政治统一、社会稳定奠定了思想基础。《淮南子》和《吕氏春秋》两书同处于一个大的思想文化融合的社会背景下，都试图为统一的封建帝国而构建其政治思想与社会控制体系，希望为国家所采纳，将自己的思想学说确立为政治思想的主导。所以，从其目的上看，《淮南子》与《吕氏春秋》是一致的。从其思想方法上看，他们在融合各家，汲取各家思想精华的路数上也是一致的。例如《淮南子》和《吕氏春秋》一样，十分注重吸收儒家学说中关于君主自身道德的修养即君主自我内化的学说，将儒家的修身理论作为治国的一个重要手段。同时，从《吕氏春秋》到《淮南子》，又显示了秦汉以道家思想为主，兼容各家思想的一个发展过程。从他们的思想内容上看，两部书尽管其内容不完全相同，但是其思想却有着一脉相通之处，可以说他们是从战国到秦汉时期在思想学说上以道家思想为主，来融通各家的一头一尾的杂家代表作。因此，人们把这两部书称为秦汉之际杂家著作的姊妹篇就不奇怪了。

从它们的思想内容看，两者都属于以道家思想来融通各家的政治与社会学说，两者都把自然无为的哲学思想运用到人生和社会方面，特别是社

会政治方面，有很明显的治政与政论性质；两者在文中都大量引用老庄之言，也都“兼儒墨、合名法”，而且两书无论在结构形式还是在阐述方式上都有很多相似之处。两者都将对百家的吸收、融合，以及批判继承作为其立论的基础。如《吕氏春秋》与《淮南子》，都以阴阳五行的天道观来论证社会运行及道德纲常的合理性，并且都从儒、法、阴阳等各家吸收其可以利用的本体论，来作为其建立政治与社会思想的理论基础，在哲学观念上有一致的地方。它们都在肯定老庄关于天道“自然无为”和人类社会“任物顺性”的规律性的同时，又主张抛弃道家“绝圣弃智”、否定文明的消极成分；肯定儒家宗法人伦和重教尊师的积极的教化作用，而去其博而寡要、烦文缛礼之弊端；在肯定法家以法治国和随时变法的适度控制原则的同时，主张去其严刑峻法和君主个人独裁的极端控制思想；肯定墨家兴利除害、尚贤、节俭，阴阳家四时与五行相配的社会合理运行思想的同时，又主张去其天志、鬼神的神秘主义，以及宏大不经的社会控制思想。因此，在《吕氏春秋》《淮南子》两书中，其体现“无为”的社会思想趋向是十分明显的。同时，两书在社会控制与整合的政策、措施方面的认识也趋于一致。它们都主张在一个理想的社会里，统治者要以“无为”政策为本。其要点是：首先，君主要清静俭约、因循而不为；君主对臣属要秉承公理，“循名责实”，对民众要“因民”“宁民”，这样才能尽到君主的本分。其次，强调法的辩证作用。在社会治理中，法不可太重亦不可无，法出于君又高于君，君主也要遵循法的原则；最后，建立良好的政治等级制度，确定君臣、上下、贵贱之分，而要达到君臣、上下、贵贱之分的实现，就需要儒家三纲五常思想的教化，并且注重法对维护社会纲常的作用，礼法结合、先德后刑，使社会秩序得到有效控制。

总的来说，《淮南子》的社会思想主要是在《吕氏春秋》的基础上，根据新的社会情况和条件，作了一定的改造和修正，但在其思想主张上二者有共同之处，只是部分观念与角度不同，以及对于各个问题论述的详略而已。但是他们最终的落脚点都关于治理国家、社会控制与整合问题。

当然，这两部书也有许多不同之处，在许多问题上，《淮南子》经过对于《吕氏春秋》的提升和改造，站得更高一些。由于《吕氏春秋》只是战国末年的作品，还带有初创的成分，其思想内容也还有杂乱无序之嫌；《吕氏春秋》曾试图统领各家，多半还是讲“君人南面之术”。而《淮南子》则从世界观或思想上来统领各家，是以道、儒、法等结合而以道家思想为主的，比《吕氏春秋》前进了一步。《淮南子》是汉代以来经过总结的以道家为大旨，综合百家的作品，在社会控制的理论上有着多层次、多层面的因素，并且注重各部分之间的互补性、相关性，显得更加成熟一些。如司马谈所说，道家“因阴阳之大顺，采儒墨之善，撮名法之要”①，这就是《淮南子》的思想趋向。

两书不同之处，主要体现在以下两个方面：

第一，《淮南子》比《吕氏春秋》进一步地认识到加强思想控制的重要性。作者有鉴于秦朝以武力、繁法、苛刑而亡国的教训，深深感到要想稳定社会秩序，巩固政权就不能只在政令上下功夫而不顾民心。《道应训》说：“秦皇帝得天下，恐不能守，发边戍，筑长城，修关梁，设障塞，具传车，置边吏。然刘氏夺之，若转闭锤。”② 秦朝防外而内乱起，善法而异心生，完全不得社会控制的要领。所以作者猛烈抨击申商吴韩唯法是据的社会控制理论，认为他们是用其末而背其本。《泰族训》指出：“商鞅之法亡秦，察于刀笔之迹，而不知治乱之本也。”③ 这些批评先秦法家社会思想的言论在《吕氏春秋》中是看不到的，它反映了汉初社会上由于批秦而指责法家专恃威刑的社会舆论。

因此，《淮南子》认为，整合、控制社会之本不在法，而在安定民心。如何安定民心？作者主张儒、道兼用的整合与控制手段。一方面实行老子倡导的清静恬适的内在修养方式，恢复淳朴民性，消除巧诈之心，这是根本解决社会问题的一种办法。另一方面要大力加强儒家倡导的外在道德教化，把人性的纯化与仁义的灌输结合起来，以控制民众心中的贪欲和犯上作乱的念头。作者认为通过加强思想控制，就可以达到在封建等级制度下，各安其位、各乐其业的理想社会统治秩序。虽说在当时这是不能实现的社会幻想，但是作者提出的强化思想控制的手段，却受到后来封建统治者的重视，成为稳定封建社会秩序的一种有效手段。

第二，与《吕氏春秋》相比，《淮南子》最大限度地发展了老子天道自然无为的思想，把它运用到社会政治领域中去，构建了较全面系统的无为政治理论。如前所述，《吕氏春秋》虽有君主无为的控制理论，也有“无为而无不为也”“能执无为，故能使众为也”④诸如此类的话，但在其思想理论上并没有真正将如高诱所说的“以无为为纪纲”贯穿始终。《吕

---

① 熊铁基：《秦汉新道家略论稿》，上海人民出版社1984年版，第3页。

② （汉）刘安等辑撰，张广保编著：《淮南子》卷12《道应训》，北京燕山出版社1995年版，第314页。

③ （汉）刘安等辑撰，张广保编著：《淮南子》卷20《泰族训》，北京燕山出版社1995年版，第547页。

④ 冀昀主编：《吕氏春秋·有度》，线装书局2007年版，第621—622页。

氏春秋》也是主张用“君主无为”的思想来对国家和社会进行有效控制。《分职篇》中讲得很清楚：“君也者，处虚素服而无智，故能使众智也；智反无能，故能使众能也；能执无为，故能使众为也。无智、无能、无为，此君之所执也。”[①] 此外《吕氏春秋》各篇中有类似的话，如：“善为君者无识，其次无事”[②]，“有道之主，因而不为”[③]，等等。但它并没有把“无为”的主张提到政治纪纲的首位，没有真正“以无为为纪纲”，当然更没有像《淮南子》那样系统阐述“无为而治”的理论。而真正做到“以无为为纪纲”的是《淮南子》。正如高诱序所评价的：“其旨近老子，淡泊无为，蹈虚守静，出入经道。”[④] 它的社会控制理论可以称为十足的“无为的社会控制论”。在许多具体的问题上，很明显《淮南子》在继承和沿袭《吕氏春秋》的思想基础上有着较大发展。如《诠言训》中，《淮南子》强调了“无为制有为，术也”[⑤]，在将“无为”与“有为”并举的同时，暗示了“君”制约“臣”的重要性。《淮南子》专门讨论“人主之术”，其中特别强调以“无为”为“君道”的基础，“君道者，非所以为也，所以无为也”。[⑥] 在《淮南子·主术训》中说道：“人主之术：处无为之事，而循行不言之教，清静而不动，一度而不摇，因循而任下，责成而不劳。是故心知规而师傅谕导，口能言而行人称辞，足能行而相者先导，耳能听而执正进谏……行为仪表于天下；进退应时，动静循理；不为丑美好憎，不为赏罚喜怒。”[⑦]充分表现了《淮南子》主张君主无为的思想。应该说，《淮南子》的这些观念之所以比较丰富、成熟，是与汉初“无为而治”的社会实践分不开的，所以它是一部对于汉初政治思想的总结性的著作，也是对汉初黄老道家学说在社会政治理论上比较全面的总结。

由此可以看出，社会时代的不同、社会发展水平的不同，社会认识发展阶段的不同，《淮南子》在既继承又改造《吕氏春秋》的基础上，进一步发展了《吕氏春秋》的思想原则，而有着自己重要的特点。应该说，《淮南子》是刘安等代表诸侯国利益的学者，为了自己的利益，一方面以

---

① 冀昀主编：《吕氏春秋·分职》，线装书局2007年版，第622页。

② 冀昀主编：《吕氏春秋·君守》，线装书局2007年版，第378页。

③ 冀昀主编：《吕氏春秋·知度》，线装书局2007年版，第392页。

④ 熊铁基：《秦汉新道家略论稿》，上海人民出版社1984年版，第145页。

⑤ （汉）刘安等辑撰，张广保编著：《淮南子》卷14《诠言训》，北京燕山出版社1995年版，第372页。

⑥ 同上书，第365页。

⑦ （汉）刘安等辑撰，张广保编著：《淮南子》卷9《主术训》，北京燕山出版社1995年版，第195页。

道家“无为”为旗帜，希望汉代中央朝廷继续无为而治；另一方面，也是他们对先秦文化加以整理的理论结晶，是跨越学派的承上启下，推动各家文化在一定范围内融合、统一的成果。这种努力与成果在《吕氏春秋》里已经有所展示，而在《淮南子》中则得到更为充分的体现。

第三节 《淮南子》对法、儒社会思想的批判、继承

汉代学者对于秦朝覆亡的原因看得很透彻。当时最为普遍的认识是将秦王朝的灭亡归结为制度上的“尚刑”。而秦制度的理论依据是以韩非为代表的法家思想，提倡严刑峻法，使“法”在客观上变成了暴君酷吏恣意妄为的利器。因此许多思想家将秦灭亡的最直接的动因归结到胡亥的恣意妄为及借柄于权奸、滥用严刑峻法上。西汉初期的政论人物如陆贾、贾谊等，在其奏章、对策中，一谈及天下大事，就以责秦及法家思想来明义理。反秦及责秦成了汉初社会政治生活中的一种风尚。《淮南子》作者也一样，他在反思秦弊政的基础上，注重对于法家社会学说的批判。不过，《淮南子》与汉初的其他各个学派一样，它对法家社会思想的批判并没有导致对秦朝制度的全盘否定，而是继承与批判相结合。它一方面以综揽各家、会集众长为己用；另一方面又立足于现实，把它们糅合在道家的理论框架之中，并根据自己的需要为其注入新的解释。所以，对于法家思想的阐释，是《淮南子》在建立其新的学说中首先要完成的任务，《淮南子》作者正是这么做的。一方面，《淮南子》作者顺应时势，对法家的“法”进行了新的理解，试图纠正法家理论之弊，为“法”注入“义”的因素，以法来对君主权力予以一定的制约；另一方面，他们则从先秦各家尤其是儒家学说中吸取“德”的资源，注重对君主之德的培养和实施。

《淮南子》关于“法”的观念与先秦法家有很大的差异。先秦法家通常将立法的权利完全归于君主。《管子·任法》云：“生法者，君也；守法者，臣也；法于法者，民也。”① 法的运行过程被分为三个环节：君主对法加以创制，臣对法加以遵守维护，普通百姓被动地接受法的约束。在“法”面前，君主拥有最大的自由和权力，臣、民的权利则得不到保障。②这就意味着，君权有可能因缺乏制度制约而过度膨胀，进而导致国家的混

① 姜涛：《管子新注·任法》第45，齐鲁书社2006年版，第338页。

② 戴黍：《〈淮南子〉治道思想研究》，中山大学出版社2005年版，第112页。

乱及灭亡。秦朝显然就是典型的例子。

因此，《淮南子》改造和重建“法”的第一步是除去法的神秘性及君主对法的垄断。它提出：“法生于义，义生于众适，众适合于人心，此治之要也……法者，非天堕、非地生，发于人间而反以自正。”① 把“义”“众适”“人心”作为法得以产生的根据，法因此获得了以“义”为特征的合理性，是为了维持社会秩序而建立。这样，君主就不能随意地制定法，而应在民众意愿的基础上来“议法”“制法”。在此基础上，《淮南子》明确地强调了“法者，天下之度量，而人主之准绳也”②。在此，“法”不仅可以用来度量天下，而且还是君主的行为准则，“法”的公平性得到了空前的肯定。并且，“法”的设立意义在于强调了对暴戾君权加以制约的正当性，亦反过来直接为法设定了防止君主肆意暴虐的功能。

可见，《淮南子》实际上已经把法家用“法”来维护君权至上的本质变为限制君权过度膨胀的一种工具。而《齐俗训》则对义进行了“正名”式的解释：“义者所以合君臣、父子、兄弟、夫妻、朋友之际也。”③ 这就不仅为“义”加入了社会伦理的内容，而且又加入了政治强制的形式。由此，法作为义的产物，便有了合乎自然、人性、社会所要求的内容。并且，“法”还被视为“自正”的途径，而不纯粹是为君主统治而设，隐含了道家“无为”的意思。《氾论训》则将法的功效推广到更宽的领域，“法度者，所以论民俗而节缓急也”④。法并不仅仅是由君主制定、臣下执行的强制性规范，它还应当反映民俗，也是对民间生活方式与民众意愿的一种认可。可见，法并不是凭空臆造而成，而是依据客观规律制定的。所以，这里的法不再是法家坚持的为君主服务的工具，而是对客观规律的反映，并且是能够对合乎民意民情的社会秩序加以控制维护的一种手段。这是在道家立场上对法家的“法”进行重新构建。虽然加入了许多道家的想象，但比法家的当世立法更有说服力。

法生于“义”兼有“度量天下”及防止君主暴虐的多种功能，是控制天下、维护社会秩序稳定不可缺少的必要工具。但《淮南子》也指出了法

① （汉）刘安等辑撰，张广保编著：《淮南子》卷9《主术训》，北京燕山出版社1995年版，第213—214页。

② 同上。

③ （汉）刘安等辑撰，张广保编著：《淮南子》卷11《齐俗训》，北京燕山出版社1995年版，第255页。

④ （汉）刘安等辑撰，张广保编著：《淮南子》卷13《氾论训》，北京燕山出版社1995年版，第327页。

本身的局限性：

第一，法有禁恶之力，而缺劝善之功。“法能杀不孝者，而不能使人为孔、曾之行。法能刑窃盗者，而不能使人为伯夷之廉”①，“法”的效力所及，只是对“不孝”“窃盗”等有害于国家、社会的恶行加以外在处罚来控制，而不能对民众施加“孔曾之行”“伯夷之廉”之类“善”的内在影响及控制。在《淮南子》的社会控制体系中，“法”虽然于治国理民有着很重要的作用，但却远不是最根本、最妥善的方式。《泰族训》中：“法之生也，以辅仁义”②，就是说“法”的存在是为了辅助仁义的推行。同时，“不知礼义不可以行法”③，礼义又是法得以施行的必备条件。假如一味强调用法，不顾其他，则像秦二世那样“乃随之以刑，绳之以法，虽残贼天下，弗能禁也”④。若没有仁义礼乐作为法的基础，法将失去应有的控制效用。

第二，法必须依靠圣贤而能用。《泰族训》云：“法虽在，必待圣而后治……国之所以存者，非以有法也，以有贤人也。”⑤ 作为一种控制社会的工具，法并不能独立生效，它必须仰赖具有圣贤品质的人来合理使用。离开了圣贤之君、圣贤之臣，后果将是“无道以行之，法虽众，足以乱矣”⑥。秦朝的灭亡就是胡亥及赵高之流失之圣贤的品质，而使法成为他们暴政的利器，亦是他们自己的掘墓工具。

因此，为弥补“法”的缺陷，《淮南子》首先强调了“治之所以为本者，仁义也；所以为末者，法度也”⑦。所以，大力提倡“立廉耻、修礼义”。但需要指出的是，它所批评的仁义是那种无道德之实、徒有仁义之表者。总体而言，其对真实意义上的仁义是持肯定态度的。《本经训》也说：“夫仁者，所以救争也；义者，所以救失也；礼者，所以救淫也；乐者，所以救忧也。”⑧ 这表明了《淮南子》将仁义、礼乐看作社会发展的阶段性产物，也是力纠秦失败的重要措施，绝不可重法而弃义，而应当以

---

① （汉）刘安等辑撰，张广保编著：《淮南子》卷 20《泰族训》，北京燕山出版社 1995 年版，第 533—544 页。

② 同上书，第 544 页。

③ 同上书，第 533 页。

④ 同上书，第 532 页。

⑤ 同上书，第 533 页。

⑥ 同上书，第 531 页。

⑦ 同上书，第 543 页。

⑧ （汉）刘安等辑撰，张广保编著：《淮南子》卷 8《本经训》，北京燕山出版社 1995 年版，第 183 页。

仁义、礼乐对法加以补充、支持，将仁义道德的内容糅合到法的理念之中。

同时，《淮南子》总结秦失政的教训也对立法、用法的君主提出了“圣贤”的要求：“有道以统之，法虽少，虽以化矣。”[①] 具体表现在以下几个方面。

首先，君主必须依道而行。《氾论训》曰：“心不知治乱之源者，不可令制法。”[②] 显然，“治乱之源”在于“道”，君主得道是行道的前提，是立法、执法的根据，也是君主为民制法的基本保证。

其次，君主必须能公正无私、严格自律。“人主之立法，先自为检式仪表，故令行于天下。”[③] 君主本人要率先起到守法、循法的带头作用。法既定之后，天下人包括君主在内，皆应共同遵守，并且不因其身份地位之差异而改变法的施行：“尊贵者不轻其罚，而卑贱者不重其刑。”[④]

最后，君主也需应时而变法。《氾论训》曰：“治国有常，而利民为本……苟利于民，不必法古。”[⑤] 因此，“圣人论世而立法，随时而举事”。可见“利民”是《淮南子》对汉初社会控制的一贯主张，只要能达到利民的标准，君主就可以不拘泥于先法，而根据时势之需对法加以权变。

《淮南子》站在道家的立场上总结秦朝的教训，并用上述方法来弥补先秦法家的缺陷，实际上就是在赋予法以仁义道德之内容的同时，建立君主之“德”的内在控制体系，避免秦的暴政发生在汉朝。

《淮南子》一书中，一方面是对秦朝的批评，另一方面则是对法家学说中于汉朝统治有利的理论加以改造、袭用。它对法家理论尤其是严刑峻法的主张加以批判，明确指出“刑罚不足以移风，杀戮不足以禁奸”[⑥]；同时又肯定了“法”的作用及其合理性，“立政者不能废法而治民”[⑦]，君主

---

① （汉）刘安等辑撰，张广保编著：《淮南子》卷20《泰族训》，北京燕山出版社1995年版，第531页。

② （汉）刘安等辑撰，张广保编著：《淮南子》卷13《氾论训》，北京燕山出版社1995年版，第328页

③ （汉）刘安等辑撰，张广保编著：《淮南子》卷9《主术训》，北京燕山出版社1995年版，第214页。

④ 同上书，第213页。

⑤ （汉）刘安等辑撰，张广保编著：《淮南子》卷13《氾论训》，北京燕山出版社1995年版，第325页。

⑥ （汉）刘安等辑撰，张广保编著：《淮南子》卷9《主术训》，北京燕山出版社1995年版，第120页。

⑦ （汉）刘安等辑撰，张广保编著：《淮南子》卷13《氾论训》，北京燕山出版社1995年版，第327页。

必须采用法家的控制手段，“以朴重之法，治既弊之民”①，并且指出人性多欲、社会纷乱是导致立法混乱的直接原因。但《淮南子》并没有到此为止，而是进一步对秦帝国的政治失效做出了反思，将君主失德当作秦灭亡的主要教训，提出“故德形于内，治之大本”② 的命题。为此，《淮南子》又吸收儒家德治思想，作为对法家学说改造的思想资料，对儒家“德治”思想加以充分的借鉴、吸收。

《淮南子》对儒家思想的吸收，首先表现在他们利用儒家思想来作为对君主品德和修养培养的工具。《淮南子》认为，国家与社会的治理，根本上是对君主内在之“德”的培养，丰富君“德”的内容，提升君主的德性和德行，使君主之“德”纳入政治制度的规范，这才是进行有效社会控制的最佳途径。因此，《淮南子》对君主之德提出要求：“未尝闻身治而国乱者也，未尝闻身乱而国治者也。”③ 在《淮南子》的作者看来，国家的治乱与君主的道德水准是联系在一起的，君主的圣贤品德则是社会秩序稳定的基本保证。因此，国家治乱、社会控制的稳定性，关键在君主身上。这样，在《淮南子》的作者看来，社会控制这一外在、宏观因素就转化为君主是否有德这一内在、微观的“人”的因素。君主自身的道德修养也就被视为社会内在控制的组成部分。

《淮南子》对君主之德的重视，以及将修身与治国理民、社会稳定联系在一起，应该说是吸取了先秦儒家的“德治”思想。但在君主修养“德”性的问题上，《淮南子》则是以“清静柔弱”“虚无恬愉”的道家方式为主。值得注意的是，《淮南子》还把外在的监督及约束作为君主成德的一条重要途径，认为君主之德不仅是内在修养的积累、渐进的过程，也是外在约束、谏议的结果。比如“禁君使勿擅断”④ 的“法”就是君主修养德性的一种保障。

可以看出，《淮南子》的“批秦”、责秦，批的是秦朝商、韩纯以法家刑治主义的立国思想，责的是秦君主“失德”而导致的专制与暴虐。《淮南子》的“袭秦”，则主要沿用了秦的帝国模式与政治制度。他们所倡导

① （汉）刘安等辑撰，张广保编著：《淮南子》卷13《氾论训》，北京燕山出版社1995年版，第327页。

② （汉）刘安等辑撰，张广保编著：《淮南子》卷21《要略》，北京燕山出版社1995年版，第556页。

③ （汉）刘安等辑撰，张广保编著：《淮南子》卷14《诠言训》，北京燕山出版社1995年版，第356页。

④ （汉）刘安等辑撰，张广保编著：《淮南子》卷9《主术训》，北京燕山出版社1995年版，第213页。

的对“法”的重建和对“德”的注重表明了《淮南子》在道家思想基础上，对法家法治及儒家德治的深刻理解与巧妙融会能力。《淮南子》作者也认识到，法治仅仅是为达到社会稳定所采用的手段，它既不是全部手段，更不是社会控制的目的所在。因此，《淮南子》虽仍主张采用法的手段治国，但却对法的内涵和手段作出了拨乱反正式的修正，这就是将君主自身也纳入法的体系中，把法当作限制暴君专制的控制工具。同时，《淮南子》又引入儒家“德”的思想内容，主张君主要进行道德方面的修养正心。这样，《淮南子》利用社会控制中外在与内在的多重制约手段，提出了对君主的遏制措施，其根本是为了其诸侯国的发展服务的。

总之，《淮南子》是站在道家的立场上总结秦国失败的经验教训，剖析了先秦以来政治思想家治世理论的利弊得失，从而把儒家的“以德治国”和法家的“以法治国”理念巧妙注入道家的“无为”控制思想，从而形成了富有特色的社会控制与治理思想体系。因此，《淮南子》的“社会控制思想”也可以说是刘安治世理想的重要组成部分。

第四节 《淮南子》社会控制思想中的“无为”原则

《淮南子》继承了老子的自然天道观，认为社会控制的根本就是统治者的“清净”“无为”。“清净”“无为”在政治上的对应就是统治者要顺应自然来治国理民和要求君主修身养德、为民表率，主张与民休息、反对苛政暴行，以实现“无为而治”的社会控制目标。《淮南子》的“无为”是其社会控制学说的最高原则。

一 “自然”“无为”的中心是“君主无为”

《淮南子》在理论上明确主张君主无为，认为君主治国的根本在于“无为”。需要指出，“无为”绝非消极的无所作为，“或曰：‘无为者，寂然无声，漠然不动，引之不来，推之不往；如此者，乃得道之象’。吾以为不然”①。就本质而言，“无为”就是根据小农经济的特点而不过多地扰民，这样才能真正地达到有效治理国家的“有为”，这实际就是对秦朝“有为”政治批判得出的结论。

---

① （汉）刘安等辑撰，张广保编著：《淮南子》卷19《修务训》，北京燕山出版社1995年版，第497页。

《主术训》开篇说："人主之术：处无为之事，而循行不言之教，清静而不动，一度而不摇，因循而任下，责成而不劳。……言为文章，行为仪表于天下；进退应时……不为赏罚喜怒；名各自名，类各自类，事犹自然，莫出于己。"①《诠言训》强调了"无为制有为，术也"②。由此，"无为"的内容是"君逸臣劳""循名责实"等"人主之术"，形成"君无为而臣有为"的为治格局，由此更强调了"君"控制"臣"，以及君主以逸待劳的重要性。这样，"无为"就不仅仅是道德境界的描述，而是具体化为"用众""法治""官制"等君主的统治方式。这也是无为而治得以实现的一个基本原则。同时"君人之道，处静以修身，俭约以率下"。③强调在以"无为"释"君道"时，要以"无为"来显示君主道德楷模的树立与影响，即体现在君主能节欲修身、严格自律、不劳臣民、为民表率等自我控制上。可见，《淮南子》注重通过君主的德行来教化臣民，以达到"无为而治"的效果。在社会控制原则上，《淮南子》主张实行的"无为"既是一种君主无为论，也是一种适度的社会控制论。

二　无为的具体要求是君主"节欲修身"

秦朝的速亡与没有建立有效的自我反省和内敛机制有着密切关系。同时秦朝君主纵欲造成亡国的教训也警示了汉朝的君主，使汉朝统治者相对较注意个人的所作所为，能对自己进行反省与自我约束。自高祖刘邦起为政节俭，不求过度奢华，他的行为为继任统治者树立了较好的范例。惠帝、吕后时期亦无奢侈劳民行为。文帝、景帝更以节俭著称于世，堪称"守成"之典范。正是汉初统治者注重强化自身控制与约束，从而深刻影响了《淮南子》中君主自我控制思想的建立。

《淮南子》认识到，君主首先要强调自我控制，才能最终实现对民众的控制和治理。由于君主所处地位之高之重，因此要天下正、国家治，君主必须要加强自我约束与控制。只有君主"处静以修身，俭约以率下。静则下不扰矣，俭则民不怨矣"④，才能使社会整合以达到社会的秩序化。要

---

① （汉）刘安等辑撰，张广保编著：《淮南子》卷9《主术训》，北京燕山出版社1995年版，第195页。

② （汉）刘安等辑撰，张广保编著：《淮南子》卷14《诠言训》，北京燕山出版社1995年版，第372页。

③ （汉）刘安等辑撰，张广保编著：《淮南子》卷9《主术训》，北京燕山出版社1995年版，第202页。

④ 同上。

实现无为政治，《淮南子》认为：君主必须节欲，君主如不注重节欲则会造成世道的衰落，社会的动乱。君主能否节欲，是关系为治成败的根本问题。

《淮南子》在“无为”的思想指导下，吸收了儒家道德修养的修身学说，即强调作为君主的节欲与返性修身。《齐俗训》曰：“夫纵欲而失性，动未尝正也，以治身则危，以治国则乱，以入军则破。是故不闻道者，无以反性。故古之圣王，能得诸己，故令行禁止，中传后世，德施四海。”① 《淮南子》把君主节欲与政治的好坏，特别是与无为而治，更直接地联系起来。关于这一点，《主术训》中论述：“君人之道，处静以修身，俭约以率下。静则下不扰矣，俭则民不怨矣……是故人主好鸷鸟猛兽，珍怪奇物，狡躁康荒，不爱民力，驰骋田猎，出入不时。如此则百官务乱，事勤财匮，万民愁苦，生业不修矣。”② 同时指责衰世之君主如何“竭百姓之力，以奉耳目之欲”，从而“使天下不安其性”③，造成社会的动乱，明确指出从来没有见到国君腐败荒淫，贪婪残暴，荼毒民众，而国家能得到大治的。《氾论训》则指出，当社会危机来临的时候，杀戮不能阻止农民起义：“桀囚于焦门而不能自非其所行，而悔不杀汤于夏台……今不审其在己者，而反备之于人，天下非一汤武也，杀一人则必有继之者也。”④

因此，治理国家的“清静无为”，要害在于国君自身的修身养德。“若吾所谓‘无为’者，私志不得入公道，嗜欲不得枉正术”⑤，反对君主放纵自己的欲望，“未尝闻身治而国乱者也。未尝闻身乱而国治者也”⑥。所以它十分重视君主道德的修养，把反己修身的自我控制作为治国安民的根本。《淮南子》明确地提出了对君主“修身养德”的基本要求，并作为检验当世之君的非制度化标准。可见，《淮南子》把君主节欲—修身—养德，视作“无为”控制论的重要组成部分之一。

---

① （汉）刘安等辑撰，张广保编著：《淮南子》卷11《齐俗训》，北京燕山出版社1995年版，第260—262页。

② （汉）刘安等辑撰，张广保编著：《淮南子》卷9《主术训》，北京燕山出版社1995年版，第202页。

③ 同上书，第203页。

④ （汉）刘安等辑撰，张广保编著：《淮南子》卷13《氾论训》，北京燕山出版社1995年版，第336页。

⑤ （汉）刘安等辑撰，张广保编著：《淮南子》卷19《修务训》，北京燕山出版社1995年版，第500页。

⑥ （汉）刘安等辑撰，张广保编著：《淮南子》卷14《诠言训》，北京燕山出版社1995年版，第356页。

总之，《淮南子》认识到君主作为治国主体，其权势和地位决定了君主必须十分注重自己的行为仪表，只有自身正直才能使政治清明，并且通过自身的严于律己、垂范天下影响社会的各个阶层，使之和谐化、秩序化，以达到整个社会的协调与稳定。而就“修身与治国”的关系而论，它与儒家的“内圣—外王”在精神本质上是一致的。这显示出《淮南子》的控制思想非常成熟，开始注重具体的内在软控制措施的构想，从理论层面上设计了系统而完备的社会控制思想体系，在中国古代社会思想史上探索出一条新的道路。

三 “无为”原则的政治保证——对君主权力的约束与监督

在封建王朝的政治生活中，谏议及对君主的监督和约束不仅关系到国家政权运行是否正常，往往还是封建王朝盛衰兴亡、社会整合与控制实施是否有效的标志。《淮南子》认为，君主应把善于纳谏和修身养德当作自我控制的重要措施。《主术训》中说：“古者天子听朝，众卿正谏……故尧置敢谏之鼓，舜立诽谤之木，汤有司直之人，武王立戒慎之鞀。”[①]《淮南子》认为社会舆论也是社会整合、控制的重要手段，其主要表现在对统治者的制约。

置法以限制君权也是《淮南子》中提出强化君主自我认识与自我控制的构思之一。这一理论来源于对秦朝君主因纵欲、滥用民力而导致灭亡的教训的深刻反思。《主术训》主张以法和礼为工具来限制君主滥用其权力：“法者，天下之度量，而人主之准绳也。法籍礼仪者，所以禁君使勿擅断也。”[②]《淮南子》在此只能从理论层面论及置“法”以约束君主，而在实践过程中这一点是不可能为汉帝国最高统治者所接受的。然而这一置法以限制君权思想却对后世产生较大影响，这些主张都表明，君主的绝对权威已经被大大削弱了。可见，《淮南子》对于君主的态度已经超越了盲目崇拜、迷信的阶段，而形成了自己独特的价值判断。因而也成为其社会控制与整合思想中最值得研究的部分之一。

《淮南子》中的天人观一样包含着有神论的杂质，这与之后董仲舒提出的“天人相副”说有许多相似之处，体现了当时流行的天人关系思想。

正如张岂之先生所说：“《淮南子》用阴阳学说说明万物的产生和发

---

① （汉）刘安等辑撰，张广保编著：《淮南子》卷9《主术训》，北京燕山出版社1995年版，第224页。

② 同上书，第213页。

展，又用‘同气相感’说明天象运行与社会治乱有关，认为天象能预示人间祸福，人事能影响天象。”[①] 一方面，天象能预示人间政治的好坏："荧惑常以十月入太微，受制而出行列宿，司无道之国，为乱为贼，为疾为丧为饥为兵”[②]；另一方面，人事能影响天象，“人主之情上通于天，故诛暴则多飘风，枉法令则多虫螟，杀不辜则国赤地，令不收则多淫雨”[③]。这是吸收了《墨子》中“天志、明鬼”的灾谴观点，君主的政治行为与上天相通，国家治理不好，导致社会动乱，上天就会降下灾异来谴告。因此，君主只能循天道、顺天时，按照自然规律行事。而在《时则训》中："孟冬行春令，则冻闭不密，地气发泄，民多流亡，行夏令，则多暴风，方冬不寒，蛰早复出；行秋令，则雪霜不时，小兵时起，土地侵削。”[④] 对“天人”关系的记载很详细，基本上成了大一统条件下天子治国安邦的主要日程表。天子的政事因每月的节令不同而有所改变，但都是有利于民众“休养生息”和发展农业的，有利于社会秩序的稳定和有效运行。

《淮南子》认为："天之与人有以相通也。故国危而天文变，世惑乱而虹霓见，万物有以相连，精祲有以相荡也。”[⑤] 人不仅可与天相通，而且天的作用，一般要通过人才能得以实现。天人关系的重心在于对“人”的控制。这与儒家《礼记》中的说法相合。因此，了解、掌握进而遵循天地宇宙的运行法则，目的就在于为人间政治行为寻找合法性依据，探寻社会运行稳定的最佳方式，以服务于人类社会。

第五节　社会控制之本——君主与臣民的相互制约

《淮南子》把君主看作为治的关键，把臣、民当作社会控制的根本，认为二者在为治过程中都不可或缺。它注重的是君主的贤德、臣下的尽职、民众的善良，并以此为治的秩序效果。从国家治理的过程来看，《淮南子》注意到，儒家在论述君臣、上下等级秩序方面的思想更能得到最高

---

① 张岂之：《中国思想史》，西北大学出版社 1993 年版，第 117 页。
② （汉）刘安等辑撰，张广保编著：《淮南子》卷 3《天文训》，北京燕山出版社 1995 年版，第 67 页。
③ 同上书，第 66 页。
④ （汉）刘安等辑撰，张广保编著：《淮南子》卷 5《时则训》，北京燕山出版社 1995 年版，第 136 页。
⑤ （汉）刘安等辑撰，张广保编著：《淮南子》卷 20《泰族训》，北京燕山出版社 1995 年版，第 518 页。

统治者的青睐，所以他们拓展了道家君无为臣有为的思想，主张君制臣，臣事君，要求在圣明君主的驾驭下，充分发挥大臣的才干。君主执“无为”之道，“群臣辐辏并进，无愚智贤不肖，莫不尽其能者”①，臣“有为”施以执行的职能。“君臣上下同心而乐之”②，君、臣、民这三个阶层在利益上都取得一致，君、臣、民各守其职、各尽其能，从而使天下各安其性，达到无为而治的局面。《淮南子》对君、臣、民之间应有的相互配合、相互协调进行的讨论，主要从以下几个方面展开。

一　君臣定位

在中国古代政治舞台上，君主与大臣是主要角色。君臣关系“是政治结构的主干”③，被认为是政治生活秩序化的核心和国家命运的根本，直接影响着社会控制的整个过程。君臣关系同时也是决定君主与民众能否相互支持，发挥应有作用的首要因素。《淮南子》认为理想中的君臣关系应该具有如下特点：

君本臣末。在中国古代的政治构想中，每一朝代的帝王都应具备两重属性：至上性与唯一性。《淮南子》在强调设立君主并保证其权威的同时，进一步确认了“君本臣末”的君臣关系。《缪称训》说：“君，根本也，臣枝叶也，根本不美，枝叶茂者，未之闻也。”④《主术训》也强调：“故枝不得大于干，末不得强于本，则轻重大小，有以相制也。”⑤ 在整个执政权力结构中，君主是执政的主体，臣子是辅助君主治国的副体。而实际关系也应当是君大臣小、君尊臣卑。同时，这种君本臣末的君臣关系还表现为君足以驾驭臣、民。《主术训》说：“权势者，人主之车舆，爵禄者，人臣之辔衔也。是故人主处权势之要，而持爵禄之柄，审缓急之度，而适取予之节，是以天下尽力而不倦。”⑥ 君主的价值基于特殊地位的权势即“君权”。《淮南子》极为重视君主对臣子加以驾驭，主张君主集权，而臣下行权，认为这样才能够保证君主“无为”的地位和为治效果。

---

① （汉）刘安等辑撰，张广保编著：《淮南子》卷9《主术训》，北京燕山出版社1995年版，第205页。

② 同上书，第221页。

③ 徐复观：《两汉思想史》（第2卷），华东师范大学出版社2001年版，第157页。

④ （汉）刘安等辑撰，张广保编著：《淮南子》卷10《缪称训》，北京燕山出版社1995年版，第246页。

⑤ （汉）刘安等辑撰，张广保编著：《淮南子》卷9《主术训》，北京燕山出版社1995年版，第217页。

⑥ 同上书，第208页。

君臣协调。君“无为”而臣“有为”。在《淮南子》看来，君臣关系作为政治结构的主要框架，应予以重点关注。所以《主术训》篇中就有关于君与臣关系的专门论述，在君臣问题上既以儒家思想为主又兼容了道、法两家的思想，由此发展了先秦黄老之学的“君道无为，臣道有为”学说。

《淮南子》一方面注重“君臣异道”，另一方面又强调君与臣的和谐。《主术训》设计了“君圆臣方”的配合模式：“主道员者，运转而无端，化育如神，虚无因循，常后而不先也。臣道员者运转而无方者，论是而处当，为事先倡，守职分明，以立成功也。是故君臣异道则治，同道则乱。”[①]“君圆臣方”的角色差异，并不是要求君主什么都不做，而是要把君主从具体的事务中解脱出来，将君主的职责规定为“执柄持术，得要以应众，执约以治广”[②]，而具体的事务则由臣子处理。既然君主“无为”就必须臣下有为，这样的设计所确立的是“君逸臣劳”的为治格局。《览冥训》也以“百官正而无私，上下调而无尤”[③]来描绘上古时代的黄帝之治，《本经训》也说：“古者圣在上……上下同心，君臣辑睦”[④]。而相反的情况是：“君臣不和，唐虞不能以为治。”[⑤]因此，必须设法建构的为治局面是：“君臣上下，官职有差，殊事而调。”[⑥]

《淮南子》在论述君臣和谐治政时说：“是故君臣异道则治，同道则乱。各得其宜，处其当，则上下有以相使也。”[⑦]君主、臣子治政之道不同，就能够取长补短、避免失误，这样才能最大限度发挥大臣的能动性，也使君主宏观统筹，以利于各项政策的顺利实施从而取得良好的为治效果。

---

① （汉）刘安等辑撰，张广保编著：《淮南子》卷9《主术训》，北京燕山出版社1995年版，第204页。

② 同上书，第224页。

③ （汉）刘安等辑撰，张广保编著：《淮南子》卷6《览冥训》，北京燕山出版社1995年版，第152页。

④ （汉）刘安等辑撰，张广保编著：《淮南子》卷8《本经训》，北京燕山出版社1995年版，第192页。

⑤ （汉）刘安等辑撰，张广保编著：《淮南子》卷9《主术训》，北京燕山出版社1995年版，第214页。

⑥ （汉）刘安等辑撰，张广保编著：《淮南子》卷10《缪称训》，北京燕山出版社1995年版，第241—242页。

⑦ （汉）刘安等辑撰，张广保编著：《淮南子》卷9《主术训》，北京燕山出版社1995年版，第205页。

二　君制臣——为治的重点

在辩证论述了君臣关系之后，《淮南子》又把政府管理中枢——官僚制度的建设予以考虑。社会控制的各项措施能否真正发挥其效能不仅在于制定出明确的社会规范，更主要的还在于这些规范的推行和实施，这就有赖于一个相应管理体系的形成和高效运行体制。所以官僚素质，特别是道德素质的高低直接决定着政府的管理水平，决定着民心安宁和社会秩序的稳定。与儒家的"选贤"相同，《淮南子》多次表明，任用的臣子是否贤能，将直接关系到国家的治乱存亡。《泰族训》就以文王举太公望、召公而王，秦始皇任李斯、赵高而亡的例子来说明用臣之道的重要性。《淮南子》对官员的选择、任用、监督等方面，都有具体的叙述。

用人之道。民众中的有才能者，是有机会进入统治阶级内部成为辅佐君主的"臣"，但其最终选择权、决定权在"君主"。《主术训》对君主在选贤用能方面就说得很具体："贤主之用人也，犹巧工之制木也，大者以为舟航柱梁，小者以为楫楔……是故林莽之材，犹无可弃者，而况人乎！今夫朝廷之所不举，乡曲之所不誉，非其人不肖也，其所以官之者非其职也。"[①] 君主用人如巧匠加工木材，应根据材质确定其用途和职位，对民众当中各种不同才能的人都能够恰当任用，使其扬长避短，发挥最大的效用。如"狸不可使搏牛，虎不可使搏鼠"[②]，所以君主应当"量才而用"。又如《泰族训》说："英俊豪杰，各以小大之材处其位，得其宜。"[③] 对人才加以识别、分类，给予相应的官职，使其特长能够得以发挥，是君主用人之道的基本前提。

用臣之道。《泰族训》曰："故举天下之高以为三公，一国之高以为九卿"[④]，以三公、九卿作为君主为治的辅翼。《齐俗训》以史为例，提出了为治过程中的分工及职位对应问题："故尧之治天下也，舜为司徒，契为司马，禹为司空，后稷为大田师，奚仲为工"[⑤]，这实际上也强调了官制和用臣的重要性。

---

① （汉）刘安等辑撰，张广保编著：《淮南子》卷9《主术训》，北京燕山出版社1995年版，第211页。

② 同上。

③ （汉）刘安等辑撰，张广保编著：《淮南子》卷20《泰族训》，北京燕山出版社1995年版，第535页。

④ 同上。

⑤ （汉）刘安等辑撰，张广保编著：《淮南子》卷11《齐俗训》，北京燕山出版社1995年版，第258页。

首先，《淮南子》主张用臣应当“权而用其长”，不可求全责备。《氾论训》说：“今人君论其臣也，不计其大功，总其略行，而求其小善，则失贤之数也。故人有厚德，无问其小节，而有大誉，无疵其小故……虽有小过，不足以为累。”[①] 指出君主用臣应当重大略而轻小节。可见，《淮南子》坚持了一贯的重事功、求实效的风格，将于国于民的大功作为评价臣的主要标准，而把臣下的出身、地位及品行置于其次。

其次，强调君主对群臣加以“循名责实”式的考核与监督：“上操其名以责其实，臣守其业以效其功。言不得过其实，行不得逾其法。群臣辐辏，莫敢专君……阴考以观其归，并用周听以察其化，不偏一曲，不党一事”[②]，以此来防止群臣渎职疏责，人浮于事。而大臣之间明确分工、职责清晰，这样，“君圆臣方”的为治之道便能够得以展开。这样的为治效果是“君臣上下，官职有差，殊事而调”[③]，形成分工明确、各司其职、各尽其责的为治秩序。于此，君主在“无为”情况下，却能收到事半功倍、秩序井然的为治效果，达到无为而治的目的。

三 君安民、利民——治国之本

《淮南子》的民本思想，不仅其内容较前人更为系统和具体，而且为其民本思想的落实提供了一整套制度保障。《淮南子》继承了儒家及《吕氏春秋》的重民思想，并加入了道家顺应自然的思想。“食者，民之本也。民者，国之本也。国者，君之本也”[④]，而《泰族训》则称：“国主之有民也，犹城之有基，木之有根，根深则本固，基美则上宁。”[⑤] “国”与“民”都被视为“君主”所有，相应的“以民为本”也就是为了达到“利国”“利君”的社会控制目的。《淮南子》的民本思想，大致包括以下四个方面：

安民。《诠言训》说：“为治之本务，务在于安民。安民之本，在于足

① （汉）刘安等辑撰，张广保编著：《淮南子》卷13《氾论训》，北京燕山出版社1995年版，第340页。

② （汉）刘安等辑撰，张广保编著：《淮南子》卷9《主术训》，北京燕山出版社1995年版，第207页。

③ （汉）刘安等辑撰，张广保编著：《淮南子》卷10《缪称训》，北京燕山出版社1995年版，第241—242页。

④ （汉）刘安等辑撰，张广保编著：《淮南子》卷9《主术训》，北京燕山出版社1995年版，第222页。

⑤ （汉）刘安等辑撰，张广保编著：《淮南子》卷20《泰族训》，北京燕山出版社1995年版，第544页。

用。足用之本，在于勿夺时。勿夺时之本，在于省事。省事之本，在于节欲。节欲之本，在于反性。反性之本，在于去载。"① "安民"则要"足用""勿夺时""省事""节欲"，就是说君主要"无为"，节俭轻赋，不扰民生，不违农时，重视对百姓的安抚，以取得民众的拥戴。《淮南子》所关注的是当时最切要的问题。汉初君主之治国，所要达到的目的不是以强大兵力去拓展天下，而是要以符合"清静、无为"精神的安民之策"守内"控制为主。在这样的关系中，"安民"其实是对君主治国最基本的要求。

利民。《淮南子》"安民"的下一步就是"利民"。《汜论训》说："治国有常，而利民为本；政教有经，而令行为上。苟利于民，不必法古；苟周于事，不必循旧。"② 这就明确提出了"利民"是治国"常道"的政策主张。统治者的一切所为，都应以"利民"为原则，只要对民有利的变革就应当实行，而不必墨守"先王"的陈规旧法，将注重实效的"利民"作为衡量君主为治效果好坏的标准。《主术训》中说："先王之所以应时修备，富国利民，实旷来远者，其道备矣"③，也就是将"富国利民"作为君主治国理民的一项根本政策。

取民有节。《淮南子》描述的为治成功，并不在于外拓式的国盛兵强，而在于内养式的"无为"使民各安其便、各得其愿。可是，君主还是必须向百姓收取赋税，以应水旱兵革之需。但是君主要爱戴其民，赋敛适度。《主术训》对此作了详细的规划："人主租敛于民也，必先计岁收，量民积聚，知饥馑有余不足之数，然后取车舆衣食供养其欲……故有仁君明王，其取下有节，自养有度，则得承受于天地，而不离饥寒之患矣。"④《淮南子》甚至要求君主与民同甘共苦。《主术训》说："古之君人者，其惨，怛于民也，国有饥者食不重味，民有寒者而冬不被裘。岁登民丰，乃始县钟鼓，陈干戚，君臣上下同心而乐之，国无哀人。"⑤ 历史也证明，君主要取得好的为治效果，就必须把用民同惠民结合起来，这与西汉初年的"休养生息、轻徭薄赋"的主张和实践是一致的。

---

① （汉）刘安等辑撰，张广保编著：《淮南子》卷 14《诠言训》，北京燕山出版社 1995 年版，第 356 页。

② （汉）刘安等辑撰，张广保编著：《淮南子》卷 13《汜论训》，北京燕山出版社 1995 年版，第 325 页。

③ （汉）刘安等辑撰，张广保编著：《淮南子》卷 9《主术训》，北京燕山出版社 1995 年版，第 223 页。

④ 同上书，第 220 页。

⑤ 同上书，第 220—221 页。

得“民心”。《淮南子》认识到民心向背对于维护汉王朝统治起决定性的作用。因此，它反复强调“民本”思想，并关注民众的舆论。例如《泰族训》中举例说：“楚国山川不变，土地不易，民性不殊，昭王则相率而殉之，灵王则倍而去之，得民之与失民也。”① 就是说得民心者得天下，失民心者失天下。还说：“举事以为人者众助之，举事以自为者众去之。众之所助，虽弱必强；众之所去，虽大必亡。”② 在这里，《淮南子》认为得到民众的拥护和支持是治国的关键，就是弱小也能变强；反之，强盛的也会灭亡。民心向背决定着国家的治乱和安危。同时又认为民众只有在“圣君”的指引下，才能发挥作用。“故三皇五帝法籍殊分，其得民心均也。”③

《淮南子》的民本思想无疑吸取先秦诸家民本思想精华。但《淮南子》的“民本”思想，并不是就民众的自由、平等和民主权力而言的，也不是就反对君主专制而论的。而是鉴于农民起义促成秦王朝灭亡的教训，又因长期战乱，大批农民流亡山林，为了把农民召回到土地上来，恢复和发展生产，以加强西汉的统治基础。即使如此，《淮南子》民本的这些主张，在客观上有利于生产力的发展，具有一定的积极意义。

综上所述，虽然秦帝国迅速覆灭被汉王朝引以为戒，但成就统一大业的秦始皇，为汉代君主确立了一个可供仿效的对象，也由此确立了“秦汉以后的政治等级，即由君（帝王）、臣（官僚、贵族）、民（良民、贱民）作为最基本的政治角色所构成的三大社会政治等级”④。因此，《淮南子》依靠天地之道，建立与之相应的国家秩序化管理模式，把君、臣、民三者的关系纳入其中，以求最大限度地追求国家长治久安的社会控制目标。

第六节 《淮南子》兼综各家的社会整合与控制观

汉初的道家学派一个探讨的重点是封建社会走向统一之后在思想上融

① （汉）刘安等辑撰，张广保编著：《淮南子》卷20《泰族训》，北京燕山出版社1995年版，第540页。

② （汉）刘安等辑撰，张广保编著：《淮南子》卷15《兵略训》，北京燕山出版社1995年版，第381页。

③ （汉）刘安等辑撰，张广保编著：《淮南子》卷11《齐俗训》，北京燕山出版社1995年版，第275页。

④ 刘泽华：《中国传统政治哲学与社会整合》，中国社会科学出版社2000年版，第195页。

合各家的问题。汉代儒家代表陆贾在汉初第一个提出“万世不乱。仁义之所治也”[①] 等一系列儒家仁政观，并把儒家思想与道家“无为”巧妙结合起来：“夫道莫大于无为。行莫大于谨敬”[②]，“君子之为治也。块然若无事。寂然若无声……上下有差。强弱相扶。小大相怀。尊卑相承。雁行相随。不言而信。不怒而威”[③]。在一幅道家清淡无为、与民休息的图景中巧妙融入儒家“任德教”的文化观，即忠君、孝亲、尊卑有序的理念。陆贾的《新语》所提供的以儒兼道的“无为”原则，虽尚粗浅而未成严整体系，但符合了当时统治者恢复经济和维护社会稳定的形势需要，反映了时代思想，同时其兼综各家学说的思想方法也深刻影响了《淮南子》。《淮南子》就是吸收了诸家思想，以寻求建立西汉王朝长治久安的道路，尤其是对儒家思想的吸收与融合。而在吸收儒家思想中对儒家礼仪观进行了重点吸取，以利于指导建立西汉王朝内在控制体系的需要。

道家认为社会控制要以简易为上，关键在于顺应民心。它提出的社会治理公式是：虚静—反性—节欲—省事—勿夺时—足用—安民—治天下。儒家认为社会控制的关键在于大力加强宗法制度，提出的社会治理公式则是：格物—致知—诚意—正心—修身—齐家—治国—平天下。二者都认为社会控制必先需要内在的修身养性。《淮南子》注重的是培养人的道德自觉性。其关于人性欲望的控制是其天道自然观的延续，即在重视人的基本生理要求的基础上，又强调人性向善和后天的教化。

首先，“人生而静，天之性也”[④]，人虽具有清静的天性，但人的无私、无欲的本性不是一成不变的。人的清静之性也是容易丧失的，干扰人淳朴本性的是无穷无尽的欲望。这就要求人控制自身的私欲和不良的嗜好，身体力行地去养性返性。“原天命则不惑祸福，治心术，则不妄喜怒；理好憎则不贪无用，适情性则欲不过节，欲不过节则养性知足。凡此四者，弗求于外，弗假于人，反己而得矣。”[⑤]《淮南子》所提出的内在控制的返性，其核心是加强个人道德素质的修养，即在于自己的“修身”，而不必去向外界和他人寻求。

---

① 国学整理社辑：《诸子集成·新语·道基》第1，中华书局1954年版，第3页。

② 国学整理社辑：《诸子集成·新语·无为》第4，中华书局1954年版，第6页。

③ 国学整理社辑：《诸子集成·新语·至德》第8，中华书局1954年版，第14页。

④ （汉）刘安等辑撰，张广保编著：《淮南子》卷1《原道训》，北京燕山出版社1995年版，第21页。

⑤ （汉）刘安等辑撰，张广保编著：《淮南子》卷14《诠言训》，北京燕山出版社1995年版，第306页。

其次，人之性本来就是善的，而且后天也是易于为善的。“天下莫易于为善，而莫难于为不善也……故曰为善易。”① 可《淮南子》并不是对人性内在的善恶漠不关心，而表现出对儒家式的“导人向善”的积极倾向。《泰族训》说：“人之性有仁义之资，非圣人为之法度而教导之，则不可使乡方。故先王之教也，因其所喜以劝善，因其所恶以禁奸，故刑罚不用而威行如流，政令约省而化耀如神。”② 它肯定了“人有仁义之资”，与孟子肯定人有“善端”的见解相近。但《淮南子》并不像孟子那样侧重于内在之善，而是更强调积极有力的“圣人为之法度而教导之”的外在措施，它所说的“法”不是强调其强制性，而是要引导、帮助人开发、表现已有的“仁义之资”，因为大多数人的品性须通过后天不断地教化和学习才能完善，因此其遵循、教化的意味更重。《淮南子》的这种观点与董仲舒的性三品说基本相同，都是为了强调教化的必要性。

《淮南子》的道德控制思想，是它的“无为而治”治国理论的重要组成部分。它以道家特有的本体论为主线，融合了儒家的“仁义”学说，从而形成了自身独特的社会控制观。

《淮南子》并不同意《老子》的“绝仁弃义”，因为那在事实上是不可能的，“所以注重现实政治的新道家，都往往是仁义和道德相提并论的”③。《淮南子》也讲仁义和礼法，可以说是吸收了儒家的思想，并有所取舍，有所发展。这表现在：它在强调“无为”时，亦肯定了仁义礼法的作用，认为它是治国的重要手段，并且往往把“仁义”放在治国之本的地位上：“故仁义者，治之本也。”④

《淮南子》吸纳了儒家仁义思想，认为仁义礼法是客观存在、万古不变的，变化的只是礼仪法度等：“国之所以存者，仁义是也”⑤；“所谓礼义者，五帝三王之法籍风俗，一世之迹也”⑥。《泰族训》说：“民无廉耻，

---

① （汉）刘安等辑撰，张广保编著：《淮南子》卷13《氾论训》，北京燕山出版社1995年版，第346页。

② （汉）刘安等辑撰，张广保编著：《淮南子》卷20《泰族训》，北京燕山出版社1995年版，第523页。

③ 熊铁基：《秦汉新道家略论稿》，上海人民出版社1984年版，第139页。

④ （汉）刘安等辑撰，张广保编著：《淮南子》卷20《泰族训》，北京燕山出版社1995年版，第544页。

⑤ （汉）刘安等辑撰，张广保编著：《淮南子》卷9《主术训》，北京燕山出版社1995年版，第228页。

⑥ （汉）刘安等辑撰，张广保编著：《淮南子》卷11《齐俗训》，北京燕山出版社1995年版，第283页。

不可治也；非修礼义，廉耻不立。民不知礼义，法弗能正也”[①]，“是故知神明然后知道德之不足为也，知道德然后知仁义之不足行也，知仁义然后知礼乐之不足修也”[②]。仁义、礼法不仅是客观存在的，而且是治天下、理国家所不可缺少的。但是，礼义、法制都不是根本性的东西。“故圣人所由曰道，所为曰事。道犹金石，一调不更；事犹琴瑟，每弦改调。故法制礼义者，治人之具也，而非所以为治也。故仁以为经，义以为纪，此万事不更者也。”[③] 在《淮南子》看来，“道德”是总统仁义礼法的根本原则，仁义礼法只是作为统治手段的“事”，只有纳入道德“无为”的轨道才可以“为治”，要是不注重“道德”的基本要求，是难以为治的。

总体来看，《淮南子》借鉴了儒家仁政思想，对仁义礼乐的用法与态度是赞许的，认为仁义礼乐是“国之所以存”的条件，是政治体系中不可缺少的一部分。同时，《淮南子》也主张儒道融会的仁义观即“持以道德，辅以仁义”[④]，以“道德”为本，总统仁义礼乐的施用过程。它希望统治阶级能够行仁义和为政宽缓，保持和恢复汉初宽松的政治统治环境，以便使艰难的民生得以改善。于此，显示了《淮南子》现实、积极的为治态度，也表明了刘安自己的政治立场。

暴秦二世而亡的教训教育了汉初统治者和思想家，由此也产生了如何对法家的“刑法”与儒家的“德”进行重新认识和利用的思索。

《天文训》：“日冬至则斗北中绳，阴气极，阳气萌，故曰冬至为德。日夏至则斗南中绳，阳气极，阴气萌，故曰夏至为刑。”[⑤] 阴阳的对立统一性决定了刑与德应以相互依存的方式存在。《天文训》：“天圆地方，道在中央。日为德，月为刑。月归而万物死，日至而万物生。”[⑥] 刑德比拟是从阴阳、四时处复制出相同的关系模式，以人道效法天道，就像天道的阴主杀、阳主生一样，人道的刑主死、德主生，这种模式同时也构成君主施行

① （汉）刘安等辑撰，张广保编著：《淮南子》卷20《泰族训》，北京燕山出版社1995年版，第533页。

② （汉）刘安等辑撰，张广保编著：《淮南子》卷8《本经训》，北京燕山出版社1995年版，第184页。

③ （汉）刘安等辑撰，张广保编著：《淮南子》卷13《氾论训》，北京燕山出版社1995年版，第326页。

④ （汉）刘安等辑撰，张广保编著：《淮南子》卷6《览冥训》，北京燕山出版社1995年版，第156页。

⑤ （汉）刘安等辑撰，张广保编著：《淮南子》卷3《天文训》，北京燕山出版社1995年版，第71页。

⑥ 同上书，第79页。

德与刑的基本方案。先德后刑、德主刑辅，既顺天理，又合民心，二者都是无为而治的控制手段。

"先德后刑""德主刑辅"的主张突出了对国家最高统治者个人道德素质的要求。在《淮南子》看来，秦亡的教训主要在于君主失德，而君主之"德"也就是治国理民的基本原则。"故德形之于内，治之大本。"① 结合《泰族训》："法者，治之具也，而非所以为治也。""法能杀不孝者，而不能使人为孔、曾之行；法能刑窃盗者，而不能使人为伯夷之廉"② 的思想，指出刑罚的施行必须服从于德，不能乱用刑罚，乱杀无辜，将"德"融入整个为治过程当中，达到"以德行法"的目的。只有以道德教化为主，辅以刑罚的控制措施，才能真正实现国家的长治久安。

先德后刑、德主刑辅的主张，在汉初政治中起到了缓和社会矛盾，促进经济恢复的积极作用。从这个意义上说，阴阳刑德理论有一定进步性。《淮南子》在治国方略上虽然与董仲舒儒家思想有着明显不同，但在刑和德的主张上是殊途同归的，均主张先德后刑、德主刑辅的外在控制模式。可见，《淮南子》是极力希望将天道之法延伸到人事中去，给人间社会运行提供依据，构建"天—地—人"的理论体系，探索它们之间的最佳对应关系。

《淮南子》认为要治理好国家就不能抛开民性，治民要顺应民情；同时指出礼乐法度是因民之性而制定的。《泰族训》说："圣人之治天下，非易民性也，拊循其所有而涤荡之……民有好色之性，故有大婚之礼；有饮食之性，故有大飨之谊；有喜乐之性，故有钟鼓管弦之音；有悲哀之性，故有衰绖哭踊之节……故因其性则天下听从，拂其性则法悬而不用。"③

这一段议论指出礼乐是生于民性的需要，又使之根据需要成为规范化的法则。"法度者，所以论民俗而节缓急也"④，这就表明不仅为"礼节"加入了社会伦理的内容，同时也加入了政治强制的形式，将礼节的功效推广到法的领域。在倡导"礼"化风俗的同时，《淮南子》又提出了对"法"的认识，认为法乃治国理民所不可少的控制手段。"法者，天下之度

① （汉）刘安等辑撰，张广保编著：《淮南子》卷 21《要略》，北京燕山出版社 1995 年版，第 556 页。

② （汉）刘安等辑撰，张广保编著：《淮南子》卷 20《泰族训》，北京燕山出版社 1995 年版，第 540 页。

③ 同上书，第 522 页。

④ （汉）刘安等辑撰，张广保编著：《淮南子》卷 13《氾论训》，北京燕山出版社 1995 年版，第 327 页。

量，而人主之准绳也。”[①] 由此可见，《淮南子》不仅把“法”当作控制民的刚性外在手段，而且把“法”视为符合民众要求，实现民众自我约束的社会控制措施。

《淮南子》主张“因民性制礼法”，一方面保障了民众正常合理的生活需要，形成了男女、父子、夫妇、长幼等社会伦理规范与秩序；另一方面也是将自然化的“民性”与社会化的“礼节”“法度”统一起来，蕴含了礼节是对民众加以制约并等同于法度的意思。

上述“礼”“法”辩证的思考，正是基于《淮南子》依靠“礼”这一软控制手段来整合社会，而依赖严刑酷“法”的硬性控制手段来稳定社会的思想。在《淮南子》看来，不采用“礼”与“法”，社会就会像一盘散沙，无内在黏合力可言，最终就会像秦帝国那样分崩离析。

自秦统一天下后，传统中国的社会结构基本上是这样一个格局，即“在上面，是中央集权帝国，是庞大的各层组织；在下面，则是无数分散的、大抵是终身不相往来的小农社会。这两层结构并不紧密衔接，中央所派遣的官员到县令为止，不再下去了。自上而下的国家有效的控制轨迹在县衙门前停止了”[②]。由于中国封建政府政治资源的缺乏，因此，利用礼乐法度来控制民众的心理，通过相对自由的经济政策来鼓励民众生产，这样才能符合中国宗法社会的实际，才能有效地进行社会治理。

《淮南子》还认识到：良性的政治秩序必须建立在健全的社会制度之上，处于上层政治组织或“官方社会”，主要是由较明确、统一的国家之“法”制与君主之“德”来加以控制和治理；而处于下层的小农社会或“民间社会”，起作用的则主要是社会风俗与民间习惯。显然，相对于官方社会的法度控制，民间社会的控制和稳定更加需要的是人们对社会风俗习惯的自然顺从和遵守，因此社会风俗习惯是进行民众控制的一个重要手段。《淮南子》对于社会风俗的态度有两条：在民风民心方面，主张化邪归正，加以控制。在礼节习惯方面，主张存异随俗，实行无为控制。在肯定风俗影响的基础上，《淮南子》确认了风俗的为治功能是政治结构、社会结构中的精神纽带与组织原则，看到了风俗对于社会控制的重要意义，并强调了风俗可以使整个社会形成和谐、合理、规范的状态，从而为君主的“以俗治国”提供了必要的理论依据。因此，它的“无为而治”也随之

① （汉）刘安等辑撰，张广保编著：《淮南子》卷9《主术训》，北京燕山出版社1995年版，第213页。

② 张德胜：《儒家伦理与秩序情结——中国思想的社会学诠释》，巨流图书公司1989年版，第126页。

深化、推广到前代所忽略的民间风俗习惯的层面。

为此《淮南子》主张对风俗加以改变，移风易俗。“桀以夏亡；汤以殷王；纣以殷亡；非法度不存也，纪纲不张，风俗坏也。”① “晚世风流俗败，嗜欲多，礼义废，君臣相欺，父子相疑，怨尤充胸，思心尽亡。”②《淮南子》将夏、商、秦的灭亡归于统治者的失德，同时指出了社会风俗败坏所产生的严重后果。因此，当世之君主所要做的，除了追求人性的淳朴之外，还有责任对民众施以积极的引导和教化，以达到改善风俗、非强制性的控制目的。

《淮南子》还认为：“灵王好细要，而民有杀食自饥也；越王好勇，而民皆处危争死。由此观之，权势之柄，其以移风易俗易矣。”③ 可见，在《淮南子》那里，社会风俗已经被当作君主对臣民施以影响的重要手段。《淮南子》进一步认为，君主有责任对风俗加以正确的影响和恰当的引导，以其德行来教化臣民。“所谓礼义者，五帝三王之法籍风俗，一世之迹也。”④

《淮南子》一方面肯定了风俗对人影响的作用，另一方面也强调了君主应当顺应时势打破传统的束缚，对不适合社会发展的风俗加以改进。《氾论训》说：“先王之制，不宜则废之；末世之事，善则著之；是故礼乐未始有常也。故圣人制礼乐，而不制于礼乐。”⑤ 可见，对风俗加以必要的治理，无疑是君主所应承担的责任。因为它显示为一种社会规则，对民众有约束和教化的功能，是治理国家必不可少的控制手段。

《淮南子》还十分强调尊重各地风俗，存异随俗。在《淮南子》所处的汉王朝，国家幅员辽阔，民族众多。如何治理南越北胡东夷西戎等少数民族，成为当时重要的政治问题，因为它不仅影响着社会的正常秩序，而且关系到社会经济的发展问题。

在对待各地民俗问题的态度和政策问题上，《淮南子》肯定了不同时

---

① （汉）刘安等辑撰，张广保编著：《淮南子》卷 20《泰族训》，北京燕山出版社 1995 年版，第 532 页。

② （汉）刘安等辑撰，张广保编著：《淮南子》卷 8《本经训》，北京燕山出版社 1995 年版，第 193 页。

③ （汉）刘安等辑撰，张广保编著：《淮南子》卷 9《主术训》，北京燕山出版社 1995 年版，第 207 页。

④ （汉）刘安等辑撰，张广保编著：《淮南子》卷 11《齐俗训》，北京燕山出版社 1995 年版，第 267 页。

⑤ （汉）刘安等辑撰，张广保编著：《淮南子》卷 13《氾论训》，北京燕山出版社 1995 年版，第 324 页。

代、地区与民族差异下风俗的多样性，指出不同形式的风俗各自具有不可替代的社会价值，而不必品论其优劣，反对以“邹鲁之礼”作为评价风俗的唯一标准。《齐俗训》就主张尊重异地异族的风俗习惯，不必求其一律。它说：“故胡人弹骨，越人歃血也，所由各异，其于信，一也。三苗髽首，羌人括领，中国冠笄，越人劗鬋，其于服，一也……故四夷之礼不同，皆尊其主而爱其亲，敬其兄。”① 尊主、事亲、敬上这些基本原则不能变，但表现这些原则的具体方式，如发式、服饰、仪节等都是合乎人情、伦理的，无须去干涉或改变它，表明了对各族风俗所持的宽容态度。这样，以较为理性的方式处理边疆矛盾，以达到整个社会的稳定。这是封建社会在处理边疆地区与民族问题方面极有价值的见解，值得借鉴。

《淮南子》对以俗化民也十分重视。由于受到秦末农民大起义的震动与影响，《淮南子》更加强调对老百姓的安抚和教化。《览冥训》说：“逮至当今之时，天子在上位，持以道德，辅以仁义。”② 在《齐俗训》中对“礼”“义”加以解释：“夫礼者所以别尊卑，异贵贱；义者所以合君臣、父子、兄弟、夫妻、朋友之际也。”③ 这表明《淮南子》对儒家的仁义、礼乐等亦持肯定态度，也更重视儒家伦理思想对于“无为而治”效果的补充作用，“民不知礼义，法弗能正”④。可见，《淮南子》认为风俗礼义等社会伦理的实质就是要导民向善，使其自觉遵守伦理道德规范，与法相比，更有利于达到维护社会秩序的目的。

《淮南子》如此重视“礼”，在于它认识到只有用礼乐来教化百姓，才能形成美教化、移风俗的社会氛围，而在这种氛围的潜移默化之下又能形成和谐的社会运转模式。当广大的基层社会秩序化、和谐化的同时，也就稳定了建立其上的整个国家政权。当每个社会成员感到礼俗在自己日常生活中所产生的无形压力时，则人人都会遵礼而行，社会自然就会达到和谐化。

最能说明问题的是《泰族训》，它提出以“参五”作为治国方略：“昔者，五帝三王之莅政施教，必用参五。何谓参五？仰取象于天，俯取

---

① （汉）刘安等辑撰，张广保编著：《淮南子》卷11《齐俗训》，北京燕山出版社1995年版，第263页。

② （汉）刘安等辑撰，张广保编著：《淮南子》卷6《览冥训》，北京燕山出版社1995年版，第159页。

③ （汉）刘安等辑撰，张广保编著：《淮南子》卷11《齐俗训》，北京燕山出版社1995年版，第255页。

④ （汉）刘安等辑撰，张广保编著：《淮南子》卷20《泰族训》，北京燕山出版社1995年版，第533页。

度于地，中取法于人……中考乎人德，以制礼乐，行仁义之道，以治人伦而除暴乱之祸。乃澄列金木水火土之性，故立父子之亲而成家；别清浊五音六律相生之数，以立君臣之义而成国；察四时季孟之序，以立长幼之礼而成官；此之谓参。制君臣之义，父子之亲，夫妇之辨，长幼之序，朋友之际。此之谓五……立大学而教诲之，夙兴夜寐而劳力之。此治之纲纪也。"①

《淮南子》引以为理想的为治教化模式所注重的是取法于天地之道，即在遵循"道"的前提和基础上推行仁义礼乐之制，确立社会伦理关系。所以，《泰族训》实际上是以带有儒家关怀式的"仁义"作为构建家庭、社会、官制的根据。因此，对民众施以教化的君主要想达到"无为而治"的理想局面，就必须以"参五"为准绳，严格确立君臣、父子、夫妇、长幼之间的伦理要求，并加以推广、巩固，以促使其形成相应的社会伦理规则，从而达到人们自觉维护和遵守汉王朝统治秩序的控制目的。

总而言之，《淮南子》容纳吸收各家思想，并借鉴、参考了《吕氏春秋》的框架、写法。更为重要的是，它在总结先秦汉初治乱兴衰经验教训的基础上，试图通过以上的社会控制手段，为统一的汉帝国提供一套本于天道、施于世俗的理想控制模式，构建一个合于"无为"之性的礼俗社会，以达到维护社会稳定和社会有序运行的效果。这种思想是在坚持道家社会理想的同时，又整合吸收了儒、法、阴阳等各家思想的精华，形成了以道家思想为指导，丰富而又复杂的社会控制思想，从而探索出一套具有创新意义的社会控制与整合思想体系。虽然《淮南子》中的大量社会控制与整合思想仅仅停留在理论层面，但其中也蕴含着许多成功的值得借鉴的思想。《淮南子》之后的汉代统治者就曾借助经学来控制人们的思想，使之自觉信奉"三纲五常"，从而维护和遵守汉王朝的统治秩序，达到了最有效的社会控制目的。

---

① （汉）刘安等辑撰，张广保编著：《淮南子》卷20《泰族训》，北京燕山出版社1995年版，第524页。

第八章　董仲舒社会整合与控制思想的转型与强化

秦王朝建立了中国历史上第一个封建专制主义中央集权国家。事实证明，秦王朝依凭法家实施对社会秩序的整合与控制并不成功。建立在秦朝废墟之上的西汉王朝反思秦亡教训，而选择什么样的策略作为思想的主宰以及日常的行为准则与信仰，以达到汉代社会整合与控制的目的，这是摆在代秦而兴的西汉王朝的政治家和思想家们面前的迫切任务。在汉初陆贾新儒学思想的基础上，董仲舒建立起以“天”为至上本体，以“天子，天之子也”为中心内容的国家政治信仰体系，在此基础上确立了“王道之三纲，可求之于天”的日常行为规范准则，从而构建了以“大一统”为其旨归的社会控制与整合体系。

第一节　董仲舒社会整合与控制思想的缘起

西汉初创，承秦旧制，实行中央集权的君主专制的官僚政体。在这种中央集权的官僚政体中，先秦时代“世卿世禄”的贵族专权局面被彻底打破，各级官僚作为君主的下属，可以随时迁黜任免。君主作为统四海、定九州，集政权、神权、宗主权为一体的最高的立法者、决策者、行政者，与夏、商、周三代以来“天子”作为各诸侯国“盟主”，抑或春秋战国时代外有强敌、内有世袭相沿的分封贵胄的“王”“霸”之世相比较，可谓一天翻地覆的新格局。

代秦而起的汉初政权——其皇权与公卿将相的结构也与先秦时代大为不同，实为一布衣卿相之局。如汉君臣中，萧何起自沛县主吏掾，曹参狱掾，任敖狱吏，陈平、王陵、陆贾、夏侯婴皆白徒，樊哙屠狗者，周勃为吹箫办丧事者，灌婴、娄敬则为贩缯挽车者，而君主刘邦仅为一小吏。从传统观念出发，这种以“力”相争取得政权的局面并未得到时人普遍的认可；从社会心理上看，人们对以“力”相争取得政权的西汉王朝的政权合法性亦心存疑虑；另外，秦二世而亡的现实教训，也使人们对新帝国有着新的期待与思考，并且对于新的社会“治道”不断思索。有鉴于此，为汉帝国构建出政权合法性的理论依据，同时又要对秦以来刑罚太威、君权过重的情况予以制约，就成为汉代思想家思考的重要课题。

文景时期实行休养生息、无为而治的政策，使社会经济得以发展，社会矛盾逐渐缓和，社会秩序也开始恢复。但是随着诸侯国力量的不断壮大，构成对最高统治者的威胁，使中央与地方的矛盾日益尖锐，呈“尾大不掉”之势。尤其是地方郡守及诸侯王权力的发展，不同程度地影响了中央集权和专制皇权的权威，在政治上造成声威震主之势。随着经济的发展与国力的强大，统治者特别是新继位的血气方刚的青年皇帝——汉武帝已不再安于对诸侯国的“休养生息”“无为而治”的放任状态，他一定会不断强化中央集权，扩充军事力量，意欲向外发展。而这个时候，以贾谊为代表的儒家学说也开始发生变化，即在中央与地方诸侯王矛盾日益尖锐的时候，力求强化中央集权政治以控制地方诸侯，这一思路为汉武帝的思想政策奠定了新的方向。于是，继承这一思路，极力宣扬王权“有为”政治而积极进取的董仲舒“公羊”学派的儒家学说，开始受到统治者的青睐。

在以血缘关系为纽带的原始社会，维护社会秩序的传统控制力量是至上之“天”，是宗教、道德和习俗相互合一的原始宗教性质的“天道观”。随着社会的发展，“天”的统治地位削弱，单凭巫术、宗教或血缘关系已不可能控制社会，因而西周统治者从血缘宗法的“天道”观念中抽象出“德”“礼”来维持社会秩序。到春秋之际，周礼的维系力量亦大为削弱，以孔子为代表的儒家学派，悲叹“世风之日下，人心之不古”，企图用恢复周礼的方式，重新使失控的局面得以扭转，是谓“克己复礼”。但是孔子周游列国，其思想均被诸侯弃而不用。与此同时，先秦法家设计了“事在四方，要在中央，圣人执要”，以“法”“术”“势”统治万民的一套以社会外控为主的治世理论与思想体系。秦采用法家治世之说，奖励耕战，富国强兵，遂一统天下。西汉代秦，在政权上实现了更替。但“三代受命，其符安在？灾异之变，何缘而起？”“天人之道，何所本始？”“天命之符，废兴何如”[①] 的疑惑，则暗示着在位者对其政权合法性缺失的忐忑与不安。在那个以“力”相争取得政权，并且中央与地方诸侯王矛盾日益尖锐的时代，对于政权的合法性论证更显重要而迫切。在这种情况下，如

---

① 《汉书》卷56《董仲舒传》，中华书局1962年版，第2496页。

何总结历史经验，为汉王朝布衣将相之局找到合理的“天道”观依据，同时又对秦以来刑罚太威、君权过重的情况予以制约，就成为汉中期思想家必须要解决的重要课题。

董仲舒应时而出，其学说以“公羊春秋”为典，以维护大一统封建王权为旨，以礼、法相兼为内容，强调礼、仁的至上性、权威性，将“天道”的内涵看成封建礼教纲常，由此提出天道、地道、人道的合一问题，以及“天不变道亦不变”的政治思想，将对“王道”的保障视作封建“天道”观和封建大法的内容，主张“天道”维皇，以法维礼，以礼制法，将“天道”观、封建法律与礼治有机地结合起来，强调以“天命”观为主体的神道设教与国家机器外在式的强制，倡导以儒家纲常伦理教化为主的社会控制思想作为社会控制的主旋律。故其学说本质上是为维护大一统封建专制王权的“资治”“治道”之说。

在近两千年的封建社会中，中国社会结构相对稳定，这在世界各民族的发展历史上可谓奇迹。究其缘由，历朝历代以“天命”观为主体的神道设教，以“大一统”专制政治为治世目标，其所施行的社会整合与控制思想及采取的措施无疑是一个重要因素。而汉武帝时期董仲舒所建构的社会整合与控制思想对传统中国可谓影响深远。为了“大一统”政治目标的实现，董仲舒构建了一个庞大的社会控制思想体系。在这一体系中，不仅有理论建构，更有具体的制度层面的施行。

第二节　封建国家世俗化政治信仰的建立
——董仲舒“大一统”社会控制的本体论思想

任何形式的政权都会面临合法性问题，否则，其存在即为非法。夸克说：“合法性这一观念首先并且特别地涉及统治权利，合法性即是对统治权利的承认。”① 亦即权力的正当性认定。政权的合法性能否被论证，直接关联着政权的稳定以及社会秩序的控制与整合。中国的传统政治也不例外，也有合法性问题，草创的西汉政权更是面临对此问题的回答和解决。

公元前141年，汉武帝即位，所面临的形势是“汉兴六十余载，海内艾安，府库充实，而四夷未宾，制度多阙”②。汉武帝继承了“文景之治”

---

① 〔法〕让－马克·夸克：《合法性与政治》，中央编译出版社2002年版，第12页。

② 《汉书》卷58《公孙弘卜式儿宽传》，中华书局1962年版，第2633页。

的全部历史遗产，其中既有社会稳定、人心归向、经济富裕的优势，也有制度有缺、国家控制与整合能力薄弱的遗憾。“汉兴七十余年之间，国家无事，非遇水旱之灾，民则人给家足，都鄙廪庾皆满，而府库余货财。京师之钱累巨万，贯朽而不可校。太仓之粟陈陈相因，充溢露积于外，至腐败不可食。……当此之时，网疏而民富，役财骄溢，或至兼并豪党之徒，以武断于乡曲。宗室有土公卿大夫以下，争于奢侈，室庐舆服僭于上，无限度。”① 可见，公卿大夫争于奢侈，室庐舆服僭于上的现状，以及汉代相关制度的不完备，已经构成了对专制王权统治秩序的潜在威胁。

公元前134年，武帝策贤良文学之士，提出“欲闻大道之要，至论之极”②，董仲舒在其对策和《春秋繁露》中，以《公羊春秋》为骨干，融合阴阳家、黄老、法家等思想，建立了一个以天人感应为基础的神学目的论思想体系用以代替黄老。董仲舒“罢黜百家，独尊儒术”的主张被汉武帝采纳后，儒学成为两汉新的官方指导思想，亦即大一统帝国的社会政治意识形态。这种政治意识形态，强调以“天命”观为主体的神道设教与国家机器外在式的强制，倡导以儒家纲常伦理教化为主的社会控制思想作为社会控制的主旋律。董仲舒的思想，实际上是对于汉初陆贾新儒学以及文景以来以贾谊为代表的主张以等级之礼制，强化中央集权儒家学说的继承发展，对中国封建国家意识形态、国家“治道”，以及封建国家社会控制与社会整合影响颇大，可以说是中国封建大一统官僚体制中，以“大一统”倡导专制王权，系统性地主张礼法相兼、外儒内法，通过内外手段而进行社会控制与整合的儒家最重要的思想家、政论家。

秦汉对“天”的信仰普遍而炽热。这是由于历史的传承，更重要的是在位者因政治需要的大力提倡，汉武帝时期更是如此。其根源在于，利用主观信仰对社会主体及各类社会关系进行控制是古代封建专制主义集权下一种重要的控制手段。因为对人群的控制不仅需要外在的法制形式，还需要内在的精神的形式。秦成就了中国历史上第一个专制主义中央集权王朝，标志着中国古代国家转型的完成。但秦二世而亡的历史教训，揭示出单纯依靠外在的法制实施社会控制是不能成功的。建立在秦朝废墟之上的西汉王朝展开“过秦”之思考，选择什么样的对象作为思想的主宰以及日常的准则与信仰，这是摆在代秦而兴的西汉王朝的政治家和思想家面前的迫切任务。由崇黄老之术而独尊儒术，几经周折，最终构建了一套实现社

① 《史记》卷30《平准书》，中华书局1959年版，第1420页。
② 《汉书》卷56《董仲舒传》，中华书局1962年版，第2495页。

会秩序有效整合的思想控制体系。这就是汉代巨儒董仲舒通过其阴阳五行的天人感应论，建立起新的以“天”唯大唯尊的政治信仰体系，从而确立起了一套对专制主义中央集权国家的信仰体系，也就最终建立起了一套行之有效的社会控制体系。

一 “天，万物之主也”——政治信仰的理论基石

“天”作为政治的信仰对象，在中国有着悠久的历史渊源。西周春秋思想中占主导地位的就是对“天”的信仰。“天”不是指某一个具体的神灵，而是对神灵世界的泛称，是一个混沌而模糊的宗教概念。这种情形保留在儒家的经典之中，这些儒家的经典又进一步影响了汉代儒生的思想和政治实践，而董仲舒进一步将它确立为汉代至高无上的具有绝对威权的神灵，作为汉代进行社会控制与整合的核心理论依据和信仰主体。

在董仲舒的政治神学中，“天”作为政治的信仰主体，它首先是宇宙万物的母体和缔造者，“天”与宇宙万物（包括人类）有血缘伦理关系。董仲舒说：“天者，万物之祖，万物非天不生。”① “天地者，万物之本，先祖之所出也。”② 其次，“天”作为宇宙间的最高主宰与至上神灵，还体现在它是人之成为人的本原和依据。人乃“天”之所为而成。“人之所由受于天也”③，“为生不能为人，为人者，天也。人之人本于天，天亦人之曾祖父也”④。人是“天”造生出来的，“天”是人类的始祖，其关键落脚点却在于它是“天子之为天子”“王之为王”的本原与依据，是君权神授的本原与依据：“王者，天之所予也”，“则王者亦天之子也”。⑤ 最后，“天”为万物之主还体现在它是社会政治与道德秩序合理性的本原和依据。

为了论证“天”的一元性，董仲舒认为，“天”的中心与本原是“元”，“元”即“一”。他说：“谓一元者，大始也……是以《春秋》变一谓之元，元，犹原也，其义以随天始终也。”⑥ “春秋何贵乎元而言之？元者，始也，言本正也。”⑦ “唯圣人能属万物于一而系之元也。”这里，“圣人”与“王者”具有同一内涵。因为“王者，人之始也”，“君人者，

---

① 曾振宇、傅永聚注：《春秋繁露新注》，商务印书馆 2010 年版，第 308 页。

② 同上书，第 194 页。

③ 同上书，第 343 页。

④ 同上书，第 223 页。

⑤ 同上书，第 157—158 页。

⑥ 同上书，第 46—47 页。

⑦ 同上书，第 68 页。

国之元"[①]，故"以元之深正天之端，以天之端正王之政，以王之政正诸侯之位，以诸侯之即位正竟内之治。五者俱正，而化大行"[②]。由"天"之"元"（"原"或"一"）演绎出"王之政""诸侯之政"，原本属于两个体系的范畴却内在地相连、贯通。这样，世俗的"王政""诸侯之政"不仅可上溯至"天"，而且"王"与"诸侯"间的政治等级秩序也由此寻得一种天然如此的合理性依据——"天之端"。以王者正天下是以"一""元"为特征的天道所注定的，人类社会中的政治一统、王权一统是符合天道的。天道一统注定了人世一统，"天"之"一"派生出"王"之"一"。故君权至上，君临天下，是"得天统"。天道一统成为政治一统、君权一统的本原和依据。反之，政治一统、君权一统的"大一统"便被赋予了至上性、神圣性和唯一性的特征。

也正由于有了这种本原性的依据，故"天子祭天地，诸侯祭社稷，诸山川不在封内不祭。有天子在，诸侯不得专地……大夫不得废置君命"[③]所展示出的天子—诸侯—卿—大夫—士的等级政治秩序也就成了天道如此的合理存在。其中，"天子"高居秩序之巅，"万民赖之"，以王权为专制政治核心的理论就成了天地、宇宙之必然。

此外，对于道德秩序而言，也是"为人道可以参天"，"天为君而覆露之，地为臣而持载之，阳为夫而生之，阴为妇而助之，春为父而生之，夏为子而养之，秋为死而棺之，冬为痛而丧之，王道之三纲，可求于天"。[④]正因为"王道之三纲，可求于天"，故以君为臣纲、父为子纲、夫为妻纲为核心的贵贱尊卑的道德之序就有了源于天的依据，万世不易，"天不变，道亦不变"。

"如果要使一个人相信凶兆和允诺，当然必须使他确信报应是必然无误的。确信如果是建立在证实、观察或经验的基础上的，那就可能完全不同于建立在推理或者权威基础上的确信。而不可证实的确信由于处于人类经验的彼岸，我们把它叫作信仰；通过这种确信的手段来控制人的行为，我们称作信仰控制。"[⑤]秦汉专制主义中央集权的建立，尤其是汉代秦后正统理念的缺乏，迫切需要一种信仰为其政权的合理性以及巩固政权服务。"统一的民族需要宗教、信仰的力量维护它的统一和政权稳

① 曾振宇、傅永聚注：《春秋繁露新注》，商务印书馆2010年版，第119页。

② 同上书，第108页。

③ 同上书，第75页。

④ 同上书，第261页。

⑤ 〔美〕E. A. 罗斯著：《社会控制》，秦志勇、毛永政译，华夏出版社1989年版，第97页。

定。于是我们看到，在统治者中，古老的天神信仰，在经历了理性时代的冲击之后，又在秦汉尤其是汉代的政治和社会生活中出现了更高意义上的‘回归’趋势。”① 董仲舒建立的对“天”的信仰体系适应这一需要，成为国家、社会的一种基本信仰，有效地发挥着思想控制的作用。董仲舒社会控制体系的任何一项内容都是本于“天”的，都是由于天的神圣性而具备了合理性，使得他所构筑的整个社会控制体系变得天经地义，自然而然，不可怀疑。直至宋明以“理”“天理”为最高范畴的新的信仰体系出现。

经过董仲舒苦心孤诣的营造，“天”作为一个终极信仰对象得以确立。然董仲舒思想的历程并非就此抵达终点。恩格斯曾说过：“对哲学发生最大的直接影响的，则是政治的，法律的和道德的反映。”同样，对董仲舒思想体系产生最大影响，也是决定性影响的是西汉的政治。其对“天”本体论地位的塑造，最终旨意则是要为西汉“大一统”的社会政治立论，为“君权神授”张目。

二 “君权天授”——政治信仰建构的核心

董仲舒虽对天言之凿凿，恭敬而虔诚，然其意不在天，而在天人之际，在由天及人。董仲舒利用时人对“天”的绝对信仰，借助阴阳五行的比附，得出“以类合之，天人一也”，进而推演出“君权天授”，以宣扬绝对的忠君理念与王道的政治理想，从而实现其进行社会控制与整合的大一统政治主张。

首先，以天之结构而言，人依于阴阳五行而类于天，并构成为人之躯体结构。

> 天地之符，阴阳之副，常设于身。身犹天也，数与之相参，故命与之相连也。天以终岁之数，成人之身，故小节三百六十六，副日数也；大节十二分，副月数也；内有五脏，副五行数也；外有四肢，副四时数也。②
>
> 人之身，首妢而员，像天容也；发，像星辰也；耳目戾戾，像日月也；鼻口呼吸，像风气也；胸口达知，像神明也；腹饱实虚，像百

① 姜生：《论秦汉时期的信仰——伦理危机》，《徐州师范学院学报》（哲学社会科学版）1996年第2期。

② 曾振宇、傅永聚注：《春秋繁露新注》，商务印书馆2010年版，第267页。

物也。百物者最近地，故要以下地也。天地之象，以要为带。颈以上者，精神尊严，明天类之状也；颈以下者，丰厚卑辱，土壤之比也；足布四方，地形之象也。①

这里，天与人具有同一结构模型，只不过“天”是原形，是模本。而人则是“天”依阴阳五行而成的最优之物，“天地之精所以生物者，莫贵于人。人受命乎天也，故超然有以倚。……唯人独能偶天地”②。

其次，人是“天”造生出来的，“天”是人类的始祖，人身上不可避免地具有“天”的基因。故从人的血气心态来看，也是“为人者天”。

人之形体，化天数而成；人之血气，化天志而仁；人之德行，化天理而义；人之好恶，化天之暖清；人之喜怒，化天之寒暑；人之受命，化天之四时；人生有喜怒哀乐之答，春秋冬夏之类也……天之副在乎人，人之情性由天者矣。③

最后，从人之成为人的根据或标志上看，即从人之性情而言，是“人受命乎天”。

天之生人也，使人生义与利。利以养其体，义以养其心。④

身之名，取诸天。天两有阴阳之施，身亦两有贪仁之性；天有阴阳禁，身有情欲栣，与天道一也。⑤

身之有性情也，若天之阴阳也，言人之质而无其情，犹言天之阳而无其阴也。⑥

董仲舒以阴阳五行为中介沟通了“天”与“人”内在本质上的雷同。“天”与“人”遂同质异体。由此，董仲舒将人的生理、心理、道德都归之于“天”，“天”成为人之为人以及人的道德性情的本原。

既然“以类合之，天人一也”，董仲舒遂逻辑地得出尊天、忠君之结

① 曾振宇、傅永聚注：《春秋繁露新注》，商务印书馆2010年版，第266页。
② 同上书，第265页。
③ 同上书，第222页。
④ 同上书，第188页。
⑤ 同上书，第212页。
⑥ 同上书，第214页。

论："天"是宇宙万物之至上主宰，而天子乃"天之子"，是代"天"立言的，则自当为人世社会的最高主宰，"唯天子受命于天，则天下受命于天子，一国则受命于君"，"天执其道，为万物主，君执其常，为一国主"①，故"下至公侯伯子男，海内之心，悬于天子"。② 因此，臣民对君主当"犹众星之共北辰，流水之宗沧海也"③。尊王、忠君就这样在"事天不备，虽百神犹无益也"④ 的信念中被强化为绝对。

董仲舒不遗余力地大肆渲染"天"作为"百神之大君"的至上性、主宰性、绝对性，其意旨在通过"天"的权威树立人间君王、天子的权威，以人们对"天"的虔诚为对君王的"忠心"。董仲舒正是通过"君权神授"来确立天子至高无上的地位，加强专制主义中央集权，从而最终实现其"大一统"社会控制的政治目的。中国上古政治宗教信仰的兴衰历程表明，有政治就需要有政治权威认同，而依靠神灵作为虚幻的政治主宰，使人们的思想凝固起来，从而实现思想的统一和政治的稳定也就是实现社会的有效控制则是封建统治者惯常的策略。

正是在这一特定的政治文化大背景下，促成了董仲舒对"天"的绝对意志与至上权威喋喋不休的论说。在这一表层的背后，实质是"天子"在人世所拥有的绝对权威及其一元化的合法性依据。因为在专制主义的封建时代，"无论在什么地方行使政治权利，都好似必须将之置于终极意义的范畴。也就是说，用一系列具有超人类的神话和象征来确立它"⑤。既然"以类合之，天人一也"，而时人对天又是虔诚而真挚的信仰，则对"天之子"即人世君主的"忠"也就成为对"百神之君——天"的敬畏的逻辑顺延。故"忠君"不仅有了源于"天"的哲学支撑，也为普通大众必须服从、听命于人世之君增设了一副心理枷锁。因为时人相信：凡是仿效"天"的构造，模拟"天"的运行，遵循"天"的规则，就可以获得思想与行为的合理性，能够拥有"天"的神秘和权威。⑥

董仲舒"王者，天之所予也"⑦，"则王亦天之子也"⑧ 的论说，即

① 曾振宇、傅永聚注：《春秋繁露新注》，商务印书馆 2010 年版，第 345 页。

② 同上书，第 202 页。

③ 同上书，第 194 页。

④ 同上书，第 298 页。

⑤ 张荣民：《权利的谎言》，浙江人民出版社 2000 年版，第 1 页。

⑥ 葛兆光：《七世纪前中国的知识、思想与信仰世界》，复旦大学出版社 1998 年版，第 34 页。

⑦ 曾振宇、傅永聚注：《春秋繁露新注》，商务印书馆 2010 年版，第 158 页。

⑧ 同上书，第 157 页。

“君权天授”无疑是在位者最为满意的答案。沿着君权天授的思路，君王势必成为“天”在现实世界的唯一代表，成为处于一神之下、亿兆民众之上的神圣，这在理论上和事实上都会使君主获得失去控制的权力，这是作为儒家的董仲舒所不愿看到的。故在其理论体系中也要对君权适当加以限制和约束，要通过“以君随天”对尘世至高无上的君权加以控制。所用武器依旧是“德”。一如任何事物都有其两面性，“德”既是天子能为天子的前提，也是天子终为天子的保证。“皇天无亲，惟德是辅”，皇天只保佑同时也只将天下授予有德之人，这就要求天子依天道（亦即王道）而行政。上天依其施政而分别予以祥瑞与灾异的警示，故祥瑞灾异也就成为对君主进行心理控制与心理震慑的风向标、紧箍咒。最关键的是，董仲舒再次建立了中国人的信仰，即以“天”为本体的世俗化的儒家准宗教的“德”的道德精神，一种为专制王权服务的以“三纲五常”为形式的世俗化信仰。

三　祥瑞灾异——政治信仰本体保障的风向标

前已述及，“天”是董仲舒“大一统”控制思想的逻辑起点：“天者，万物之祖，万物非天不生。”[①] 万物既由天所生，也因天而生；天无所不备，也无所不能。不仅如此，天还具有最高的“德”：“天覆育万物，既化而生之，有养而成之，事功无已，终而复始，凡举归之以奉人，察于天之意，无穷极之仁也。”[②]

天子作为天之子，亦必须承天意以从事，必须法则天地，参天而治，顺大而行，“为人君者，其法取象于天”[③]，即以天道为王道、君道。“与天同者大治，与天异者大乱”，“故为人主之道，莫明于在身之与天同者而用之”。[④] 而“天道”的实质是归本于儒家的仁政、王道。因此，人主参天道而治的真实内涵就成了依儒家的王道仁政主张而施政。儒家的王道理想就在“天”和“天道”的护佑下得以宣扬，实现了与天地参，并在理念上被接受、认可。这是董仲舒作为儒家思想者对于先秦儒家德政主张的继承。

董仲舒借助“天道”之名为“天子”规范了其所当取法的目标与所当遵循的原则——儒家的王道德政。然而这一切都还只是停留在其理论的设

---

① 曾振宇、傅永聚注：《春秋繁露新注》，商务印书馆2010年版，第308页。
② 同上书，第235页。
③ 同上书，第345页。
④ 同上书，第249—250页。

计、倡导层面，为保证其能在日常生活、社会政治中得到有效的贯彻、执行，董仲舒进一步用“祥瑞灾异”在上自天子下至百姓的心理上加上了一道“紧箍咒”，以此对君王、百姓的政治行为、日常生活做出规范限制，以期实现对“大一统”社会秩序的有效控制与整合。

董仲舒宣扬君主行天道（王道），上天就会奖赏，违背天道（王道），上天就会降罚。赏罚的直接显现就是祥瑞和灾异。“臣闻天之所大奉使之王者，必有非人力所能致而自至者，此受命之符也。天下之人同心归之，若归父母，故天瑞应诚而至……刑罚不中，则生邪气；邪气积于下，怨恶畜于上。上下不和，则阴阳缪戾而妖孽生矣。此灾异所缘而起也。”①

首先，由“天之亲阳疏阴”，董仲舒认为王者施政之总纲当为“厚德薄刑”的德治主义。即以“仁德”为施政中心，辅之以刑罚。

董仲舒认为，“德主刑辅”的施政纲领是“受命于天”的君主“参天而治”的应然抉择。他说：“天地之常，一阴一阳。阳者，天之德也；阴者，天之刑也。迹阴阳终岁之行，以观天之所亲而任。……圣人之治，亦从而然。”② 天之待阴阳迥乎有别，是“贵阳贱阴”“亲阳疏阴”。故人主取法的目标当是“重阳轻阴”“厚德简刑”。董仲舒在《阳尊阴卑》中列举了大量阴阳之别的事例后得出，“此皆天之近阳而远阴，大德而小刑也。是故人主近天之所近，远天之所远。大天之所大，小天之所小。是故天数右阳而不右阴，务德而不务刑。刑之不可以成世也，犹阴之不可任以成岁也；为政而任刑，谓之逆天，非王道也”③。

董仲舒就这样利用早已确立的“天”的至上性、权威性以及“天之亲阳疏阴”的偏好来论证人主“重德轻刑”“德治”施政的合理性、应然性。因为，“逆天”不仅仅是“非王道也”，更会受“天灾”“天谴”。“灾者，天之谴也；异者，天之威也。……凡灾异之本，尽生于国家之失。”④“国家之失”即失之于“德”，若不能“救之以德”，“天”将“不予是家”，由此，儒家宣扬的王道德治不再迂阔难施，相反，却因与天道一致而具有强大的震慑力。

其次，王道德治对于具体的施政而言，当是合阴阳、顺五行而为。董仲舒提出：“天有四时，王有四政。四政若四时，通类也。”⑤

---

① 《汉书》卷56《董仲舒传》，中华书局1962年版，第2500页。

② 曾振宇、傅永聚注：《春秋繁露新注》，商务印书馆2010年版，第249页。

③ 同上书，第233—234页。

④ 同上书，第186页。

⑤ 同上书，第263页。

"四时"是由阴阳盛衰流转而成。所谓"四时""四政"是指由阴阳转变而成的春生、夏长、秋收、冬藏，以及与之相类似的庆赏罚刑。董仲舒说："庆赏罚刑各有正处，如春夏秋冬各有时也。"①

除了四时之政外，还有五行之政。在《五行顺逆》中，董仲舒对五行之政作了细致的论述，认为君王顺五行之政则天降祥瑞；逆五行之政则天降灾异。以木春之政为例。董仲舒说："木者春，生之性，农之本也。劝农事，无夺民时。使民，岁不过三日，行什一之税，进经术之士。挺群禁，出轻系，去稽留，除桎梏，开门阖，通障塞。恩及草木，则树木华美，而朱草生；恩及鳞虫，则鱼大为，鱣鲸不见，群龙下。"② 意思是说，君王在春天行木政，就应该劝农耕桑，发展生产，不夺民时，不刑杀。如果君主这样做了，上天就会降下祥瑞，草木嘉茂、鱼龙祥如。反之，如果君主没有按照木春之政的要求做，则上天就会降下灾异。

这种祥瑞灾异说，看似荒唐无稽，其实在中国古代政治中具有一定的调节功能，是特定历史条件下的产物，对维护皇权和政治稳定发挥了很大作用。一方面，以天之祥瑞符命进一步论证了"君权神授"，给皇权罩上了一层神秘的光环，从而有利于维护、巩固皇权，为君王所倚重。另一方面，把儒家的仁义德治当作天意劝皇帝施行，且以天降灾异的谴告论相威慑，带有几分强迫性，同时又为儒家王道提供了保障。因为董仲舒看到皇帝在人世具有至高无上的权力，不怕人只怕天，故在"天人感应"和"天人合一"的前提下，用"天"的权威来限制皇帝，"屈君而伸天"要皇帝敬德保民。从这一层面而言，董仲舒的灾异谴告论具有"神道设教"的性质。

进一步考察可以发现，董仲舒把君主的貌、言、视、听、思也与五行联系起来，用五行对君权实施约束。《五行》篇说：

> 王者与臣无礼，貌不肃敬，则木不曲直，而夏多暴风。风者，木之气也，其言角也，故应之以暴风。王者言不从，则金不从革，而秋多霹雳。……王者视不明，则火不炎，上而秋多电。……王者听不聪，则水不润下，而春夏多暴雨。……王者心不能容，则稼穑不成，而秋多雷。雷者，土气也，其音宫也，故应之以雷。③

---

① 曾振宇、傅永聚注：《春秋繁露新注》，商务印书馆 2010 年版，第 243—264 页。

② 同上书，第 281 页。

③ 同上书，第 292 页。

董仲舒把风、霹雳、电、雨、雷五种自然现象与五行拴到一起，并把这些现象的“异常”说成是君主的政治过失所致，以期对君主行为有所警示。这是士人尤其是儒家士人在“王”与“道”二分的境况中借阴阳五行、借天希冀实现“王”“道”合一的一种努力。因为在儒生的理想设计中，超越而神圣的道落在人间，落在人间政治，几乎从一开始便与作为人间政治至尊者的王联系在一起。是王就理应有道，或者说，是否有道，是评判王的统治是否合法的标准。王知道、体道、得道，王自身原本就应该是道的化身，其政治运作即是行道的过程。然而现实政治中，王的绝对主宰与至上权威使得王、道分离，以王统道，董仲舒在肯定“王”的绝对权威前提下，以阴阳五行灾异谴告论，以天的权威限制君的权力，规范君的行为，实际体现了其以道抗势的良苦用心。

这一点，董仲舒在《必仁且智》中进一步表达出来。董氏强调凡是灾异都是由于政令不善、君行不正所致，天不枉现灾异。他说：“天地之物，有不常之变者，谓之异，小者谓之灾。灾常先至，而异乃随之。灾者，天之谴也；异者，天之威也。……凡灾异之本，尽生于国家之失。”[①] 故“灾异成了君主政治的紧箍咒和风向标”，君主应通过阴阳五行（天）之祥瑞灾异来审视自己的政令是否遵天道、依阴阳、顺五行。

董仲舒阴阳五行的祥瑞灾异论是其“天人感应”说的重要内容，更是其为实现对社会秩序的有效控制在人们心理上所加的紧箍咒。一方面，天赐祥瑞进一步论证了“君权神授”，论证了“忠君”的理所当然，故“以人随君”。另一方面，天降灾异又制约、规范了人主的施政，在信仰上保障了王道、德治的可能性、必然性，“以君随天”。这是董仲舒作为一名儒学思想家借鉴时代信仰，根据时代需要而建构的理论。

对于董仲舒阴阳五行祥瑞灾异论，尤其是灾异谴告论的政治目的以及政治情怀，清代学者皮锡瑞在《经学通论·易经》中也说：“古之王者恐已不能不失德，又恐子孙不能无过举也，常假天变以示警惕……后世君尊臣卑，儒臣不敢正言匡君，于是亦假天道进谏，以为仁义之说，人君之所厌闻；而祥异之占，人君之所敬畏。陈言既效，遂成一代风气。故汉世有一种天人之学，而齐学尤盛。”在《经学历史·经学极盛时代》中也说：“当时儒者以为人主至尊，无所畏惮，借天象以示儆，庶使其君有失德者犹如恐惧修省。此《春秋》以元统天、以天统君之义，亦《易》神道设教

① 曾振宇、傅永聚注：《春秋繁露新注》，商务印书馆2010年版，第186页。

之旨。汉儒借此以匡其主。”[①] 其意是说，董仲舒通过阴阳五行灾异，拐弯抹角地讲政治，是希望皇帝有所警悟。

此论述指出，董仲舒的祥瑞灾异论其意不在祥瑞灾异这些荒诞迷信本身，而在于以之作为一种工具、一种方式和手段，传达、承载其所要表达的“忠君”“弘道”政治理念和政治情怀。这在当时是行之有效的。我们从史书记载中看到：西汉时，宣、元、成、哀几个皇帝在出现日食、地震等灾异时，都下诏罪己。这些与董仲舒阴阳五行祥瑞灾异的论述是相连的。

四　帝国“大一统”——封建国家社会控制思想的旨归

大一统是中国封建社会的基本特点。中国古代的一统观念出现颇早。据古籍记载，自五帝以来声教法化就已远及于天下四海之广。《书·禹贡》：“东渐于海，西被于流沙，朔、南暨声教，讫于四海。”[②] 《书·益稷》：“光天之下，至于海隅苍生，万邦黎献，共惟帝臣。”[③] 这是以一统的眼光来描述舜禹时代。《诗经·小雅·北山》“溥天之下，莫非王土；率土之滨，莫非王臣”[④] 是对一统思想的最初表述。

春秋战国时期的诸侯割据、列国纷争，破坏了夏、商、周时期的一统局面，尽管这种状况加速了中国腐朽奴隶制的崩溃，推动了新的封建制度的建立，但在客观上造成了社会的动荡不安，给普通民众带来了深重灾难。许多思想家为此而痛心疾首，并力倡恢复他们心目中的理想社会状态——大一统。诸子百家分别从不同角度对中国如何统一作了理论探讨。孔子提出“克己复礼”，仁者“爱人”的原则，主张通过周礼和“仁”消除各方的矛盾，实现一统。《孟子·梁惠王上》谓天下“定于一”且是“不嗜杀人者能一之”。[⑤] 荀子则多处论及“一天下”及“天下为一”。《王制》曰：“尧舜者一天下也。”《正论》：“古者天子千官……令行于诸夏之国，谓之王。”[⑥] 何休《春秋公羊解诂》在注释鲁隐公“元年春王正月”时说：“元年者何？君之始年也。春者何？岁之始也。王者孰谓？谓文王也。曷为先

① 皮锡瑞：《经学通论·易经》，中华书局1954年版，第127页。

② 李民、王健撰：《尚书译注》，《夏书·禹贡》，上海古籍出版社2004年版，第83页。

③ 同上书，第44页。

④ 王秀梅译注：《诗经·小雅·北山》，中华书局2006年版，第299页。

⑤ 王常则译注：《孟子·梁惠王上》，山西古籍出版社2003年版，第8页。

⑥ 方勇、李波译著：《荀子·正论》，中华书局2011年版，第279页。

言王而后言正月？王正月也。何言乎王正月？大一统也。"[①] 何休以注经的方式，第一次明确提出"大一统"概念。

董仲舒正是适应当时的社会现实需要，在继承前代思想家"大一统"思想的基础上，提出了他的大一统论。在他看来，"《春秋》大一统者，天地之常经，古今之通谊也"[②]。也就是说，大一统是宇宙间普遍的原则，无处不在，无时不有。董仲舒的大一统首先是指整个国家的统一性。他在《天人策》中极力颂扬了这种统一局面，"今陛下并有天下，海内莫不率服，广览兼听，极群下之知，尽天下之美，至德昭然，施于方外，夜郎康居，殊方万里，说德归谊，此太平之致也"[③]。其次，大一统是指社会秩序的整合与一统。董仲舒反复强调的"天道""人道"，实质上是指整个结构的均衡、稳定和持久，其"人道"就是人间世事的统治秩序。最后，大一统的核心在于加强专制主义中央集权，在于遵从、一统于天子。他认为，"天子受命于天"，是"国之元""国之本"，王者的任务就在于使天下壹于正，即归于一统。把"一"视为天地万物的本原和天地运行的规律，并在此基础上把"一"落实到社会政治中，作为治理国家的根本原则。如此，"大一统"便被赋予了至上性、神圣性和唯一性。

董仲舒以天人感应学说为基础，论证了中国实现大一统的社会整合问题。首先，他认为，要加强皇权，继续推行"强干弱枝，消除诸侯"的政策，要"一统乎天子"[④]。其次，主张在政治上实行"更化"，革除秦时的弊政，以达到礼乐文明的世界。再次，他认为人间的德刑，是上天阴阳的体现。天道以阳为主，以阴佐阳，因而人君的统治也应当以德为主，以刑辅德。而"德"就是儒家一贯推崇的仁义礼乐、人伦纲常。董仲舒主张通过教育来培养这样的"德"。最后，董仲舒强调不能"师异道，人异论"[⑤]，要罢黜百家，独尊儒术，通过统一思想来实现社会整合与政治一统。

儒家大一统的社会整合思想正是经过董仲舒的论证而大大丰富，并以较为完善的理论形态出现，最终在历史的长河中演化为一种华夏民族的大一统文化心态。董仲舒把大一统作为他全部理论的落脚点，他的整个社会整合与控制体系就是为彻底实现社会大一统这一最终目标而制定的。他的这套体系一方面适应了封建集权制的要求；另一方面，在实施中，也确实

---

① 刘尚慈译注：《春秋公羊传译注》，中华书局出版社 2010 年版，第 1 页。

② 《汉书》卷 56《董仲舒传》，中华书局 1962 年版，第 2523 页。

③ 同上书，第 2511 页。

④ 曾振宇、傅永聚注：《春秋繁露新注·符瑞》第 16，商务印书馆 2010 年版，第 110 页。

⑤ 《汉书》卷 56《董仲舒传》，中华书局 1962 年版，第 2523 页。

取得了明显效果，加之注意社会整合与控制整体效能的发挥，因而受到了统治者的青睐，成为汉武帝时期地主阶级进行社会整合与控制的主导思想。

第三节　董仲舒社会整合与控制的具体措施

董仲舒以“天”为至上本体，并借助“阴阳五行”论证出了“以类合之，天人一也”，从而为其“君权神授”张目，最终从思想逻辑上抵达了其“大一统”的旨归，构建了其社会控制思想的理论大厦。不仅如此，为了实现其“大一统”的政治夙愿，董仲舒还提出了具体的社会控制措施。

一　罢黜百家，独尊儒术

春秋战国以降，伴随着政治上的诸侯异政，思想领域出现了百家争鸣，各家各派之间相互攻诘辩难，始终没有形成统一的理论体系和价值标准。秦王朝的建立结束了分裂割据，建立了第一个中央集权专制主义政权。但秦的暴政却更加剧了民众的痛苦，“焚书坑儒”的思想文化专制政策激化了新的社会矛盾，最终二世而亡。

汉初统治集团在总结秦亡教训中认识到选择什么样的思想文化政策对于社会的稳定和谐、国家的长治久安是非常重要的。贾谊说：“夫天下，大器也。今人之置器，置诸安处则安，置诸危处则危。天下之情，与器无以异，在天子之所置之。汤武置天下于仁义礼乐，而德译洽，禽兽草木广裕，德被蛮貊四夷，累子孙数十世，此天下之所共闻也；秦置天下于法令刑罚……祸几及身，子孙诛绝，此天下之所共见也。”① 这段话一方面从理论与实际的结合上，阐明了国家选择何种思想文化作为官方思想的重要性与必要性。另一方面，他明确提出，应把国家置于仁义礼乐之上，亦即主张选择旨在讲仁义礼乐的儒学作为官方统治思想。但在文景时代，在儒学复兴的同时，其他学派也很活跃，都在积极为统治者探求治术。司马谈说：“夫阴阳、儒、墨、名、法、道德，此务为治者也，直所从言之异路，有省不省耳。”② 为了争取政治上的正统地位，各学派之间产生了尖锐的矛

① 《汉书》卷48《贾谊传》，中华书局1962年版，第2253页。

② 《史记》卷130《太史公自序》，中华书局1959年版，第3288—3289页。

盾和激烈的冲突，特别是儒学与黄老之学和刑名法术之学的冲突接连不断。这些冲突不仅导致思想界的分裂对峙，还造成了人们的思想观念的混乱，破坏扰乱了社会秩序。

在此背景下，基于实现国家“大一统”的政治诉求，董仲舒提出了“罢黜百家，独尊儒术”的主张。他说：“今师异道，人异论，百家殊方，指意不同……臣愚以为诸不在六艺之科孔子之术者，皆绝其道。”① 董仲舒指出“师异道，人异论”的思想混乱，不仅使统治者不能选择和贯彻一以贯之的治国之道，也导致被统治者缺乏统一的行为规范。“罢黜百家，独尊儒术”，既确立了统一的封建意识形态，也为百姓明确了日常生活的伦理纲常和行为准则，使民知所从。

董仲舒的建议被汉武帝采纳，使儒学摇身一变上升为官方政治学说。汉代统治者利用儒学来统一人们的思想信仰，控制人们的言论和行为，促进了汉代社会的稳定和发展。并由此奠定了儒教中国的历史走向，对维护我国封建社会的长期统一、社会稳定起到了积极作用。

二　德主刑辅的施政原则

西汉代秦，承袭了其专制主义中央集权的官僚体制。为了避免重蹈秦二世而亡的覆辙，董仲舒主张“更化”而求“善治”。针对秦统治者单纯推行刑法主义政策而激化社会矛盾，最终造成大一统帝国土崩瓦解的历史教训，董仲舒提出“为政以德”“辅之以刑”，即实行德主刑辅的统治策略。

首先，由“天之亲阳疏阴”，董仲舒认为王者施政之总纲当为“厚德薄刑”的德治主义。即以“仁德”为施政中心，辅之以刑罚。

董仲舒认为，“德主刑辅”的施政纲领是“受命于天”的君主“参天而治”的应然抉择。天之待阴阳迥乎有别，是“贵阳贱阴”“亲阳疏阴”。故人主取法的目标当是“重阳轻阴”“厚德简刑”。

其次，董仲舒以“阳”喻“德”，“阴”附“刑”，由“阳贵阴贱”得出“德主刑辅”，“厚德轻刑”，认为这是“承天意以从事”：

> 故为人主之道，莫明于在身之与天同者而用之……使德之厚于刑

① 《汉书》卷56《董仲舒传》，中华书局1962年版，第2523页。

也，如阳之多于阴也。[①]

董仲舒从“天之亲阳疏阴”为“德主刑辅”的施政寻求形而上的论证，从而亦将阴阳刑德化、政治化：“天出阳为暖以生之，地出阴为清以成之。不暖不生，不清不成。然而计其多少之分，则暖暑居百而清寒居一，德教之与刑罚犹此也。故圣人多其爱而少其严，厚其德而简其刑，以此配天。”[②]

董仲舒阴阳刑德的施政中，是以阳为经，以德为主的德治主张。其内涵有二：一是“德政”，即要求统治者实行“惠民”“养民”之策。二是“德教”，即以儒家伦理道德观念进行教化。

关于“德政”，董仲舒以“德主生……而以生育养长为事”得出，“圣人法天而立道，亦博爱而亡私，布德施仁以厚之，设谊立礼以导之。春者天之所以生也，仁者君之所以爱也，夏者天之所以长也，德者君之所以养也……”[③] 所谓“生育养长”即要求统治者实行“惠民”“养民”政策，这是“化天而行”的王道德政的中心内容，具体表现为：“什一而税，教以爱，使以忠，敬长老，亲亲而尊尊，不夺民时，使民不过岁三日。民家给人足，无怨望忿怒之患、强弱之难，无谗贼妒疾之人，民修德而美好，被发衔哺而游，不慕富贵，耻恶不犯。”[④]“限民名田，以澹不足，塞并兼之路。盐铁皆归于民。去奴婢，除专杀之威。薄赋敛，省徭役，以宽民力。然后可以善治也。”董仲舒的“德政”是以总结秦的败政而亡为基点，并对传统儒家圣王之政进行总结的一种主张，“古者税民不过什一，其求易供；使民不过三日，其力易足。民财内足以养老尽孝，外足以事上共税，下是以畜妻子极爱，故民说从上”。而秦使民众“常衣牛马之衣，而食犬彘之食”[⑤]，最终导致“一夫作难而七庙堕，身死人手，终为天下笑”[⑥]，“大富则骄，大贫则忧，忧则为盗，骄则为暴”。“富者奢侈羡益，贫者穷急愁苦。穷急愁苦而上不救，则民不乐生，民不乐生，尚不避死，

---

① 曾振宇、傅永聚注：《春秋繁露新注·阴阳义》第49，商务印书馆2010年版，第249—250页。

② 曾振宇、傅永聚注：《春秋繁露新注·基义》第53，商务印书馆2010年版，第261页。

③ 《汉书》卷56《董仲舒传》，中华书局1962年版，第2515页。

④ 曾振宇、傅永聚注：《春秋繁露新注·王道》第6，商务印书馆2010年版，第68页。

⑤ 《汉书》卷24《食货志》，中华书局1962年版，第1137页。

⑥ （汉）贾谊撰，阎振益、钟夏校注：《新书校注》第1《过秦论》，中华书局2000年版，第3页。

安能避罪"[①]。正是基于这一理性认识，董仲舒宣称："其德足以安乐民者天予之，其恶足以贼害民者天夺之。"[②]

与"德政"相配套的是"德教"，即以仁、义、礼、乐导民为善。这是董仲舒基于"性待教而为善"[③] 的人性论认识，认为"教化立而奸邪皆止"，"教化废而奸邪并出 "，故"不以教化提防之，不能止也"。董仲舒"德教"的实质是以符合统治阶级利益的仁义礼乐道德观念对民教化，使其"晓于礼谊而耻犯其上"，从而最终达到巩固大一统王权政治的目的。"古之王者明于此，是故南面而治天下，莫不以教化为大务"。"德教"的具体措施是"立太学以教于国，设庠序以化于邑"，因为学校是"贤士之所类"，教化之本原，"仁谊礼乐皆其具也"，教化的内容则是"六艺之科"和"孔子之术"，"臣愚以为诸不在六艺之科孔子之术者，皆绝其道，勿使并进。邪辟之说灭息，然后统纪可一而法度可明，民知所从矣"。[④] 概言之，"德教"就是通过教育教化手段，将封建主义的礼乐规范灌输到老百姓的思想观念中，"渐民以仁，摩民以义，节民以礼"，从而达到"天下人同心归之"。当然"归"是归心于天子，也就是从思想上完成大一统。

由上可见，董仲舒在"阳，天之德"名义下倡导的德政，是对先秦儒家仁政德治主张的承袭与拓展。早在周公旦就有"明德慎罚"；孔子有"为政以德"。"子适卫，冉有仆，子曰：'庶矣哉'！冉有曰：'既庶矣，又何加焉？'曰：'富之。'曰：'既富矣，又何加焉？'曰：'教之'。"[⑤] 董仲舒不同于原儒的是他的施政源于"化天而行"。有"天"的护航，是在"天"的庇护下宣扬儒家的王道政治，在"天"还具有普遍信仰的时代，"法天而行"的"德治"是有一定威慑力的，为"受天而治"的君主采纳其主张提供一种应然性与必然性。

最后，在董仲舒的王道政治中，除德政为主外，还包括"刑""罚"。与孔子"道之以德，齐之以礼，有耻且格"[⑥] 的独任仁、德的主张相异，董仲舒在强调厚德，以德为主的同时，认为"刑治"也是施政中不可缺的组成部分，故君王施政，独以德而不得刑之助是难以治世的。"人主之道，

---

① 《汉书》卷56《董仲舒传》，中华书局1962年版，第2521页。

② 曾振宇、傅永聚注：《春秋繁露新注·尧舜不擅移，汤武不专杀》第25，商务印书馆2010年版，第158页。

③ 曾振宇、傅永聚注：《春秋繁露新注·深察名号》第35，商务印书馆2010年版，第214页。

④ 同上。

⑤ 傅佩荣：《解读论语》，《子路篇》第13，上海三联书店2007年版，第198页。

⑥ 傅佩荣：《解读论语》，《为政篇》第2，上海三联书店2007年版，第15页。

同诸天地”，阴是阳之佐，刑是德之合，阴不可无，故刑不可废。二者的区别在于地位上的主与次，量的多与少，“天出阳为暖以生之，地出阴为清以成之。不暖不生，不清不成。然而计其多少之分，则暖暑居百而清寒居一。德教之与刑罚犹此也。故圣人多其爱而少其严，厚其德而简其刑，以此配天”①。

依天之阴阳，董仲舒提出刑德在君王施政中的关系当是，“前德而后刑”，“厚德而简刑”；“刑反德而顺于德”；“刑者德之辅”。他说：“天之志，常置阴空处，稍取之以为助。故刑者，德之辅；阴者，阳之助也。”②一方面，董仲舒作为汉代鸿儒，以弘扬传统儒家的王道德政为己任，故大力渲染“天以阳为经”，王当“以德为主”的德政。另一方面，从巩固西汉大一统的集权政治出发，也出于维护社会上下尊卑的等级的需要，董仲舒又肯定“刑”存在的合理性、必要性，并从哲学层面进行了论证。但与法家赤裸裸的刑罚暴政不同，董仲舒依“天之近阳而远阴”“阳贵阴贱”得出人主当“务德而不务刑”，认为刑只是合德的一种手段，而不是目的。这既是对秦专任刑罚卒以亡国的历史教训的总结，又是对当时汉王朝趋于严刑治国的警示，更是对儒家王道政治理想的承袭与弘扬。

三　兴太学，行教化的德教主张

董仲舒在《天人三策》中总结亡秦的教训，认为最为重要的原因即在于其专任刑法，不任德教。认为，王者承天意以从事，主要亦在于“任德教而不任刑”，是故，圣王之继乱世，都要“复修教化而崇起之”。为了施行其“德主刑辅”的德政主张，董仲舒认为前提还在于要对于臣民施行德教。

首先，为了施行教化，董仲舒提出兴太学，置明师，素养士以求贤。

在对武帝的策问中，董仲舒明确提出了兴办太学的主张。他指出，汉代自开国以来，特别是武帝登基以后，一心求贤，其精神可媲美于尧舜，但却一直不能达到目的，关键在于平时没有注意养士。而养士的根本途径和重要方式，则是兴办太学。“太学者，贤士之所关也，教化之本原也。”③有了太学，便可以集中知识阶层中的精英分子，使其担当教化民众的重任，从而将统治阶级的意志贯彻于普天之下，收到固慑人心、稳定政治的

① 曾振宇、傅永聚注：《春秋繁露新注·基义》第53，商务印书馆2010年版，第261页。

② 曾振宇、傅永聚注：《春秋繁露新注·天辨在人》第47，商务印书馆2010年版，第244页。

③ 《汉书》卷56《董仲舒传》，中华书局1962年版，第2512页。

功效，“兴太学，置明师，以养天下之士，数考问以尽其材，则英俊宜可得矣”①。

以太学为主导的汉代官学的教育内容，是以儒家经典为主，并特别重视其社会功能的。董仲舒以十分赞赏的口吻说：“《诗》、《书》序其志，《礼》、《乐》纯其美，《易》、《春秋》明其知。六学皆大，而各有所长。《诗》道志，故长于质；《礼》制节，故长于文；《乐》咏德，故长于风；《书》著功，故长于事；《易》本天地，故长于数；《春秋》正是非，故长于治人。”② 这些教育内容及其功能，是通过所养之士自身的楷模作用，以及他们对“主上之法”的阐发，规范着整个社会的教育制度和教学内容。

由于太学的兴办，使一大批知识分子的才能被朝廷所认识，因而被委以重任。同时，这些知识分子也因而更进一步领悟了统治者的意图，主动承担起了教化民众的责任，从而有效地整合社会各方面的资源。

其次，董仲舒在建议立太学的同时，主张重视选举贤能之士。他要求武帝：“使诸列侯、郡守、二千石各择其吏民之贤者，岁贡各二人。”“遍得天下之贤人”，“量材而授官，录德而定位”，反对“累日以取贵，积久以致官”，以使“廉耻殊路，贤不肖异处”。③ 汉武帝采纳了董仲舒的意见。此后，立学校之官，州郡举茂才孝廉，成为制度。

需要指出的是，董仲舒对文官制度的组织构想，是其天人感应理论体系的一个部分。他精心论证宇宙万物“同类相副”，力图为其天人一体、万物一统的大一统思想的合理性和至上性提供哲学基础。他用天人相副的思路和方法，通过对“官制象天”的论证，构建官僚系统。

> 三人而为一选，仪于三月而为一时也；四选而止，仪于四时而终也。……天以三成之，王以三自持。……自三之道以治天下……天有四时，时三月；王有四选，选三臣；是故有孟、有仲、有季，一时之情也；有上、有下、有中，一选之情也；三臣而为一选，四选而止，人情尽失。人之材固有四选，如天之时固有四变也；……尽人之变，合之天，唯圣人者能之，所以立王事也。何谓天之大经？三起而成日，三日而成规，三旬而成月，三月而成时，三时而成功。寒暑与

① 《汉书》卷56《董仲舒传》，中华书局1962年版，第2512页。

② 曾振宇、傅永聚注:《春秋繁露新注·玉杯》第2，商务印书馆2010年版，第25页。

③ 《汉书》卷56《董仲舒传》，中华书局1962年版，第2513页。

和，三而成物；日月与星，三而成光；天地与人，三而成德；由此观之，三而一成，天之大经也，以此为天制。是故礼三让而成一节，官三人而成一选。三公为一选，三卿为一选，三大夫为一选，三士为一选，凡四选三臣，应天之制，凡四时之三月也。是故其以三为选，取诸天之经；其以四为制，取诸天之时；其以十二臣为一条，取诸岁之度。①

董仲舒精心论证并努力建设的这套官僚体制，是“自秦汉以来占最重要地位的非世袭的文官制度”②。它的确立，不但克服了儒家私门传学所不可避免的与现实政治的疏离感，以及文化传播方面的促狭，而且破除了法家“学在官府”“以吏为师”的独断性传统，集两家教育思想和方法之精华为一体，为大规模地培养人才开辟了道路。更为重要的是，它把政治教化的施行、家庭制度的建立和完善，与读书致仕的制度结合起来，构成了不同于先秦更不同于亡秦的文官制度，开拓了中国古代政治制度的新局面。教育制度与官吏选举制度相结合，开通一条“学而优则仕”的上升渠道与上升空间，进一步吸引了广大的士人群体，对社会秩序的稳定发挥了独有的功效。

董仲舒政教合一的思想，对于以文官制度为核心和显著特征的封建官僚体制的形成，起了“助产婆”的作用。它对于封建社会的制度建设与稳定发展，有着不可磨灭的贡献。国际著名汉学家李约瑟博士指出：“中国传统的官僚封建制度确实是从古以来的社会体系中最稳定不变的一种形式。……那个制度对于保证中国文化的延续性一直起着重要的作用……这种官僚制度的统治是非常成功的；……最重要的一点是，这个制度两千年来搜罗了社会各阶层中最优秀的人才为之效力。只凭最后这一点就可以有力地说明，为什么西方的封建制度不得不让位于资本主义制度，而中国的官僚封建主义却可以平安无事地一直保持下来。”③

四　兴孝廉，任贤才，广纳儒生的吏制改革

前已述及，董仲舒的兴教化是直接与选官制度结合起来，从制度建设的高度入手，通过对兴办太学和建立文官制度的创议，在中国历史上第一

① 曾振宇、傅永聚注：《春秋繁露新注·官制象天》第24，商务印书馆2010年版，第151—153页。

② 邓思玉：《中国对西方考试制度的影响》，《哈佛学报·亚洲研究》1943年第7期。

③ ［英］李约瑟：《四海之内》，劳陇译，生活·读书·新知三联书店1987年版，第27页。

次使教育制度与官吏选拔制度相结合，从而形成政教合一的文化体制和特色。

西汉前期，对于官吏的任选，大约有四类途径：任用军功重臣，主要源于西汉代起于草莽的历史背景；“任子制”，是古代贵族政治的残余以及汉初缺乏健全官吏选拔制度的产物，直接导致“任人唯亲”之弊端；“累日以取贵，积久以致官”，易滋生贤不肖混淆，未得其真；下诏求贤，作为一种临时行为，缺乏制度化。

对于汉初的官吏任选的一些弊端，董仲舒给予了指斥：

> 夫长吏多出于郎中、中郎，吏二千石子弟选郎吏，又以富赀，未必贤也。且古所谓功者，以任官称职为差，非谓积日累久也……今则不然，（累）日以取贵，积久以致官，是以廉耻贸乱，贤不肖浑殽，未得其真。①

针对既有官吏任选的弊端，董仲舒提出了更改措施。

第一，推贤士，举孝廉制度化。董仲舒认为：“使诸列侯、郡守、二千石各择其吏民之贤者，岁贡二人以给宿卫；且以观大臣之能，所贡贤者有赏，所贡不肖者有罚。夫如是，诸侯、吏二千石皆尽心以求贤，天下之士可得而官使也。遍得天下之贤人，则三王之盛易为，而尧舜之名可及也。”②

此处，将推贤士、举孝廉设置为地方官员的一项工作，每年必须举荐两人。且推举人才的贤与不肖还与推举官员的赏罚相联系，并使这一规定制度化，从而保障了官吏的尽职以及地方优秀人才的得以被举荐。这是董仲舒为更化西汉官吏任选制度而实行的一项改革措施，“州郡举茂才孝廉，皆自仲舒发之”。③

第二，务贤能，量才授官，破格任贤才。针对西汉前期大多数官员凭借“累日以取贵，积久以致官”的陋习，董仲舒提出任用官员应以贤能为要，而不在于其时间的长短，资历的深浅，主张“量材而授官”，“录德而定位”，破格任用贤才。

---

① 《汉书》卷56《董仲舒传》，中华书局1962年版，第2512页。

② 同上书，第2513页。

③ 同上书，第2525页。

毋以日用为功，实试贤能为上，量材而授官，录德而定位，则廉耻殊路，贤不肖异处矣。……故小材虽累日，不离于小官；贤材虽未久，不害为辅佐。是以有司竭力尽知，务治其业而以赴功。①

第三，主张“考绩绌陟”“计事除废”的官吏考核制度。董仲舒主张通过“考绩”“计事”来实行对官吏的绌陟，即通过对考核官吏在其位上的事功成绩来决定其的进退升降，“考绩之法，考其所积也”②，强调对于官吏的考核升降应实行“览名责实”，功赏罪罚，名实相符的原则，从而达到“百官劝职，争进其功”的官吏之风：

考绩绌陟，计事除废，有益者谓之公，无益者谓之烦。览名责实，不得虚言。有功者赏，有罪者罚，功盛者赏显，罪多者罚重。不能致功，虽有贤名，不予之赏；官职不废，虽有愚名，不加之罚。赏罚用于实，不用于名；贤愚在于质，不在于文。故是非不能混，喜怒不能倾，奸轨不能弄。万物各得其冥，则百官劝职，争进其功。③

对于官吏的考核，董仲舒提出两个方面，首先是考核的时间：

大者缓，小者急；贵者舒而贱者促。诸侯月试其国，州伯时试其部，四试而一考。天子岁试天下，三试而一考，前后三考而绌陟，命之曰计。④

其次，则是考核的计量办法：

合其爵禄，并其秩，积其日，陈其实，计功量罪，以多除少，以名定实，先内第之。其先比二三分以为上中下，以考进退，然后外集通名曰进退，增减多少，有率先为。九分三三列之，亦有上中下，以一为最，五为中，九为殿。有余归之于中，中而上者有得，中而下者有负。得少者以一益之，至于四，负多者以四减之，至于一，皆逆

① 《汉书》卷56《董仲舒传》，中华书局1962年版，第2513页。
② 曾振宇、傅永聚注：《春秋繁露新注·考功名》第21，商务印书馆2010年版，第127页。
③ 同上书，第128页。
④ 同上书，第129页。

行。三四十二而成于计，得满计者绌陟之。次次每计，各逐其弟，以通来数。初次再计，次次四计，各不失故弟，而亦满计绌陟之。

初次再计，谓上弟二也。次次四计，谓上弟三也。九年为一弟，二得九，并去其六，为置三弟，六六得等，为置二，并中者得三尽去之，并三三计得六，并得一计得六，此为四计也。绌者亦然。①

董仲舒所提出的吏治改革，表面上是针对西汉前期官吏任选上的一些鄙陋而提出的变革举措。从深层次观之，董仲舒的官吏任选制度，是与其思想上的“独尊儒术”，政治上的“以德为政”一脉相承的。而其“兴太学”，行教化的主张又为其官吏任选制的更化提供了保障。这几个方面汇合在一起，均共同服务于董仲舒构建“大一统”中央集权政治的理想蓝图，服务于他的社会整合与社会控制思想。

五　薄赋敛，调贫富，限田塞兼并的社会经济政策

西汉初期，统治者吸取亡秦教训，实行休养生息之策，使社会生产在一定程度上得以恢复，出现了史称的“文景之治”。但是，掩盖在“文景之治”背后的则是广大农民，特别是自耕农，在地主以及官府的田租赋税和徭役的重负下，日益走向破产的边缘，从而使得社会矛盾日益尖锐。“富者奢侈羡溢，贫者穷急愁苦；穷急愁苦而上不救，则民不乐生；尚不避死，安能避罪！”② 有鉴于此，董仲舒德政主张反映在经济领域，他认为要达到有效的社会控制，必须要在经济上实现“民有恒产方有恒心”，其具体措施则是他的薄赋敛，调贫富，限田塞兼并的经济改革。

首先，针对其时的赋税过多，徭役太重的现状，董仲舒提出了“薄赋敛，省徭役，以宽民力”。董仲舒在其对于“王道”之治的构想中，提出了他的主张：“什一而税。……不夺民时，使民不过岁三日。”③ 这样，方能使“民家给人足，无怨望忿怒之患”，社会也才能安定有序。

其次，针对社会上的贫富分化，董仲舒主张制“度制”，以调均贫富。承袭孔子“不患贫而患不均”的思路，董仲舒主张通过一定的“度制”，以调整社会上的贫富差距。对于调均贫富的手段，则是禁止与民争利。“孔子曰：‘君子不尽利以遗民。’……故君子仕则不稼，田则不渔，食时

---

① 曾振宇、傅永聚注：《春秋繁露新注·考功名》第21，商务印书馆2010年版，第129—130页。

② 《汉书》卷56《董仲舒传》，中华书局1962年版，第2521页。

③ 曾振宇、傅永聚注：《春秋繁露新注·王道》第6，商务印书馆2010年版，第68页。

不力珍，大夫不坐羊，士不坐犬。……天不重与，有角不得有上齿。故已有大者，不得有小者，天数也。夫已有大者，又兼小者，天不能足之，况人乎？故明圣者象天所为为制度，使诸有大者奉禄，亦皆不得兼小利、与民争利业，乃天理也。"①

这一"度制"，并非为了实现共同富裕，而是为了避免"大富则骄，大贫则忧"②，"圣者则与众人之情，见乱之所从生，故其制人道而差上下也，使富者足以示贵而不至于骄，贫者足以养生而不至于忧，以此为度而调均之，是以财不匮而上下相安，故易治也"③。由此可见，董仲舒经济上的主张归根结底是为社会控制服务的，经济上的调均之策只不过是为了"上下相安"、社会"易治"的一个策略手段而已。

此外，为了进一步缓和社会矛盾，董仲舒还提出"限民名田，以澹不足，塞并兼之路"④。让老百姓能够耕者有其田，从而避免流民太多，危及"大一统"的社会秩序。

六　"王道之三纲，可求之于天"的纲常伦理约束

为了保障其"大一统"控制思想的贯彻施行，董仲舒构建了人世社会最基本的秩序规范原则——三纲五常。"三纲"，即君为臣纲、父为子纲、夫为妻纲，这三纲乃是一切其他社会人伦关系的纲，此三纲一举，即可"张理上下，整齐人道"，"若罗网之有纪纲而万目张也"。⑤

董仲舒认为：

> 凡物必有合。合必有上，必有下，必有左，必有右，必有前，必有后……此皆其合也。阴者，阳之合；妻者，夫之合；子者，父之合；臣者，君之合，物莫无合，而合各相阴阳，阳兼于阴，阴兼于阳，夫兼于妻，妻兼于夫。父兼于子，子兼于父，君兼于臣，臣兼于君，君臣、父子、夫妇之义，皆取诸阴阳之道。君为阳，臣为阴，父为阳，子为阴，夫为阳，妻为阴，阴道无所独行。其始也不得专起，其终也不得分功，有所兼之义。是故臣兼功于君，子兼功于父，

---

① 曾振宇、傅永聚注：《春秋繁露新注·度制》第27，商务印书馆2010年版，第163页。

② 同上书，第162页。

③ 同上。

④ 《汉书》卷24《食货志》，中华书局1962年版，第1137页。

⑤ （清）陈立撰，吴则虞点校：《白虎通疏证》卷8《三纲六纪》，中华书局1994年版，第374页。

> 妻兼功于夫，阴兼功于阳，地兼功于天……天为君而覆露之，地为臣而持载之，阳为夫而生之，阴为妇而助之，春为父而生之，夏为子而养之……王道之三纲，可求于天。①

这一大段话中，本当是阴阳相合互兼，然而一落在社会人事的伦理道德层面，学理上的论述便被扭曲。同样，一旦有了君、父、夫为阳，臣、子、妇为阴的类别划分，阴阳关系便演化为阴独“兼于阳”。于是，臣独兼于君，子独兼于父，妻独兼于夫。在另一处，董仲舒更明白无误地说道：“达阳而不达阴，以天道制之也。丈夫虽贱皆为阳，妇人虽贵皆为阴。阴之中亦相为阴，阳之中亦相为阳。诸在上者皆为其下阳，诸在下者皆为其上阴。”② 董仲舒将阴阳附君臣、父子、夫妇伦理关系，使得伦理三纲阴阳化，上达于天地之道而永恒化、神秘化。

“三纲”是封建社会最主要的三种人伦关系：君使臣事的君臣关系；父生子养的父子关系；夫主妻助的夫妇关系。先秦法家的代表人物韩非论道：“臣事君，子事父，妻事夫，三者顺则天下治，三者逆则天下乱，此天下之常道也。”③ 他对君臣、父子、夫妻三者关系的论说奠定了封建人伦关系的基础。秦王朝的建立，秦始皇绝对权威的确立，为封建社会的君臣关系提供了一个现实的典型。西汉王朝随着叔孙通“起朝议”的实行以及高祖“吾乃今日知为皇帝之为贵也”的感叹、兴奋，君臣的尊卑等级关系便以礼仪的形式固定下来。贾谊的“岂且为人子背其父，为人臣因忠于主哉？岂为人弟欺其兄，为人下因信其上哉？”④ 对封建社会的父子关系给予了特别的关注，以之为君臣上下关系的基础。“令主主臣臣，上下有差，父子六亲各得其宜。”⑤ 是企图把封建政治等级关系与宗法伦理关系相融合。

董仲舒在先秦以来诸子关于君臣、父子等关系的思想基础之上，提出了“王道之三纲”。《白虎通·三纲六纪》对“三纲”作了明确而翔实的阐述，“三纲者何谓也？谓君臣、父子、夫妇也。……《含文嘉》曰：君

---

① 曾振宇、傅永聚注：《春秋繁露新注·基义》第53，商务印书馆2010年版，第260—261页。

② 曾振宇、傅永聚注：《春秋繁露新注·阳尊阴卑》第43，商务印书馆2010年版，第231页。

③ 高华平、王齐洲、张三夕译注：《韩非子·忠孝》第51，中华书局2010年版，第741页。

④ （汉）贾谊撰，阎振益、钟夏校注：《新书校注》第3《俗激》，中华书局2000年版，第91页。

⑤ 同上书，第92页。

为臣纲，父为子纲，夫为妻纲。”“何谓纲纪？纲者张也，纪者理也，大者为纲，小者为纪，所以张理上下，整齐人道也。”① 综合而言，“三纲”含义有两个方面：一是君臣、父子、夫妇三种人伦关系为一切社会人伦关系的纲，“张理上下，整齐人道”。二是在君臣、父子、夫妇的人伦关系中，君为臣纲，父为子纲，夫为妻纲。

“君为臣纲”为三纲之首，是最重要的一纲。董仲舒旨在以此神化皇权，宣扬绝对的忠君思想，强化、巩固封建社会的政治等级秩序，维护大一统的君主专制集权。他说：“天地之行美也。是以天高其位而下其施，藏其形而见其光，序列星而近至精，考阴阳而降霜露。……为人君者，其法取象于天也……是故天执其道，为万物主，君执其常，为一国主。”“地卑其位而上其气，暴其形而著其情，受其死而献其生，成其事而归其功。……为人臣者，其法取象于地……是故地明其理，为万物母；臣明其职，为一国宰。”②

把一国之君比之为天，臣喻为地。天有尊贵、神、明之美行，君也就具备了仁、神、明、贵的尊贵之性。地之位卑，职在事天之尊，故臣之位下，职在事君之贵。

为了说明君为臣纲，董仲舒进一步比附，“一国之君，其犹一体之心也；隐居深宫，若心之藏于胸；至贵无与敌，若心之神无与双也……是故君臣之礼，若心之与体；心不可以不坚，君不可以不贤，体不可以不顺，臣不可以不忠”③。“天下之尊卑随阳而序位。……不当阳者，臣子是也；当阳者，君父是也。是故人主南面，以阳为位也。”④ 君是阳，至尊至贵，臣为阴，至卑至顺，此乃“天之制也”。其所有的论证，只为强调一个理念：君尊臣卑，卑臣应绝对忠于君。“风雨者，地之所为，地不敢有其功名，必上之于天。命若从天命者，故曰天风天雨也，莫曰地风地雨也。勤劳在地，名一归于天，非有至义，其孰能行此。故下之事上，如地事天也，可谓大忠矣。”在董仲舒的阴阳五行中，“土”尤其得到彰显，只因“土”象征着“大忠”“大孝”“至义”，“忠臣之义……取之土”。⑤

① （清）陈立撰，吴则虞点校：《白虎通疏证》卷8《三纲六纪》，中华书局1994年版，第374页。

② 曾振宇、傅永聚注：《春秋繁露新注·天地之行》第78，商务印书馆2010年版，第345—347页。

③ 同上书，第347—348页。

④ 曾振宇、傅永聚注：《春秋繁露新注·天辨人在》第46，商务印书馆2010年版，第244页。

⑤ 曾振宇、傅永聚注：《春秋繁露新注·五行对》第38，商务印书馆2010年版，第222页。

基于臣对君的绝对忠诚原则，为维护君主的尊严和威信，董仲舒提出臣子所应当遵循的准则：

> 《春秋》君不名恶，臣不名善，善皆归于君，恶皆归于臣。[①]
>
> 人臣之行，贬主之位，乱国之臣，虽不篡杀，其罪皆宜死。[②]
>
> 《春秋》之义，臣有恶，擅名美。故忠臣不显谏，欲其由君出也。《书》曰："尔有嘉谋嘉猷，入告尔君于内，尔乃顺之于外。"曰："此谋此猷，惟我君之德。"此为人臣之法也。[③]

董仲舒"君为臣纲"所宣扬的忠君大义有利于专制皇权的加强，适应了大一统政治的需要。因为它源于天道，法于阴阳，故在历史的沉淀中，其演化为一种"心理定式"，被视为"当然"的事实，一个无须也不应被质疑的"前提"。在其后两千年的封建社会中，我们常可听到"皇上圣明，臣罪当诛""君要臣死，臣不得不死"的"精忠"之言。对此，董仲舒"功"不可没。

"父为子纲"是"君为臣纲"的前提和基础，意在宣扬封建的"孝道"。孔子曰："孝慈，则忠。"[④]"其为人也孝弟，而好犯上者，鲜矣；不好犯上，而好作乱者，未之有也。"[⑤]把孝与忠联系起来，把血缘宗法与封建政治结合起来。董仲舒继承上述思想，并给予理论上的论证：

> 父为阳，子为阴。[⑥]
>
> 父之所生，其子长之；父之所长，其子养之；父之所养，其子成之。诸父所为，其子皆奉承而续行之，不敢不致如父之意，尽为人之道也。……由此观之，父授之，子受之，乃天之道也，故曰：夫孝者，天之经也。[⑦]

---

① 曾振宇、傅永聚注：《春秋繁露新注・阳尊阴卑》第43，商务印书馆2010年版，第232页。

② 曾振宇、傅永聚注：《春秋繁露新注・楚庄王》第1，商务印书馆2010年版，第4页。

③ 曾振宇、傅永聚注：《春秋繁露新注・竹林》第3，商务印书馆2010年版，第37页。

④ 傅佩荣：《解读论语》，《为政篇》第2，上海三联书店2007年版，第24页。

⑤ 傅佩荣：《解读论语》，《学而篇》第1，上海三联书店2007年版，第2页。

⑥ 曾振宇、傅永聚注：《春秋繁露新注・基义》第53，商务印书馆2010年版，第260页。

⑦ 曾振宇、傅永聚注：《春秋繁露新注・五行对》第38，商务印书馆2010年版，第221页。

孝弟者，所以安百姓也。①

董仲舒把父子关系定为“父为子纲”，父与子是阳与阴，尊与卑，火与土。并由此确定了一系列关于孝道的封建伦常，完成了对孝道的逻辑论证、理论论证，使人们从思想上把握了孝的各种道德规范。

董仲舒大力论证孝道，从社会历史背景而言，首先，“孝”适应了小农经济生产方式的需要。秦汉以个体家庭为单位的小农经济成为社会主要的经济形式，讲求孝道使家长成为家庭的中心，人力、物力、财力高度集中。这不仅有助于增强家庭成员之间的凝聚力，维护家庭的和睦与稳定，而且有助于提高社会生产力，维护社会稳定，于国、于家均大有裨益。其次，“孝”适应了宗法等级制度的需要。随着地缘性的以一族一姓为组织形成的家庭宗法制度代替了原有的氏族宗法制度，宗法共同体成为社会的基本组织形式，其稳定和发展有利于社会的长治久安。这客观上需要在宗法共同体内部强化孝道，维护家庭内部尊卑有序的等级秩序，决不允许任何等级僭越。最后，“孝”适应了君主专制统治的需要。秦汉之际，郡县制代替了分封制，君主专制主义的中央集权统治得以确定，国与家、忠与孝开始分离，君臣关系脱离了血缘关系的纽带。这种转变并未改变家庭为社会生活的基本单位及整个社会的现实基础的事实。为了强化政治道德，也为了润饰露骨的政治等级关系，董仲舒利用“天道阴阳”为“移孝于忠”作依据，把“孝”移植到政治领域中，君臣关系不仅披上了天地之道的外衣，还披上了温情脉脉宗法等级制度的外衣。“孝”的政治化使“孝”成为加强中央集权统治的有力思想武器，也是董仲舒“父为子纲”思想的实质。

“父为子纲”与“君为臣纲”在实质上是贯通的，二者是维系封建社会人伦关系密不可分的两个方面，并从不同角度表明了封建社会的专制。从根本上讲，封建社会的“国”就是大化的“家”，“普天之下，莫非王土，率土之滨，莫非王臣”表明的就是家天下的性质。董仲舒只是更为精确地为此披上了一层合法的外衣：“唯天子受命于天，天下受命于天子，一国则受命于君。”②“天若不予是家，是家者安得立为天子？立为天子者，天予是家。天予是家者，天使是家。天使是家者，是家天之所予也。”③故

① 曾振宇、傅永聚注：《春秋繁露新注·为人者天》第41，商务印书馆2010年版，第225页。

② 同上书，第224页。

③ 曾振宇、傅永聚注：《春秋繁露新注·郊祀》第69，商务印书馆2010年版，第306页。

皇帝、天子是最大的家长。“天子作民父母，以为天下王”①，父是一个家庭的“君”，君则是一个国的“家长”。为人者，在家对父是子，需行“孝”，在国是臣，对君当尽忠，反之亦然。整个封建社会从上至下笼罩在这种血缘宗法之网中，再也看不见赤裸裸的等级压迫，有的只是尽孝尽忠的道德规范。听不到武力统治的叫嚣，有的只是血缘亲情的融合……“在家为孝子，入朝作忠臣”则成为儒生几千年来的理想人格。

“夫为妻纲”是三纲之一环。夫妇关系是一种重要的社会人伦关系，为历代儒者所重。《中庸》云：“君子之道，造端乎夫妇；及其至也，察乎天地”，“男女有别而后夫妇有义；夫妇有义而后父子有亲；父子有亲而后君臣有正。故曰：昏礼者，礼之本也”。② 夫妇关系不仅是男女之别，更是“礼”之根本，“礼始于谨夫妇”。董仲舒以天道之“阴从于阳”为基础，提出“夫为阳，妻为阴”，故“夫为妻纲”。而且依据“阴之中亦相，阳之中亦相为阳”判定“丈夫虽贱皆为阳，妇人虽贵皆为阴”。从而使得“夫为妻纲”永恒化、固定化。

三纲的实质就是要把以“父为子纲”“夫为妻纲”的家庭伦理关系扩大为“君为臣纲”的君臣伦理关系，由在家庭中的子听命于父 、妻听命于夫，推广到社会上臣听命于君，由此形成了一个貌似合理的封建宗法等级关系，因而君权、父权、夫权在中国的封建社会登上了神圣不可侵犯的王座。董仲舒的人伦“三纲”通过达于阴阳，源于天道而天意化、神圣化。到宋明时，“三纲”更被作为至明“天理”而用于钳制世民之心。

关于“五常”，即“仁、义、礼、智、信”，它是董仲舒在继承前人思想基础上明确规定的封建社会的主要道德原则。

董仲舒把产生于封建社会生产关系中的三纲五常以及政治等级秩序移植于“天”之麾下，归于“阴阳五行”之性。尔后又反转来说王道之三纲，仁义五常之道源于天，法于阴阳五行，把“天”“阴阳五行”说成是人间伦常的取法目标、终极依据，把目的变成了手段。正因此，儒家的伦理原则，主张实现“与天地参”，使得其价值观念与意义准则被提升到了绝对的高度，为其推广施行提供了不言自明的合理性。加上其核心为君主独尊，故受到皇权的青睐，“天子览其对而异焉”，在权力的推动下最终演化为“束缚中国民众特别是农民的四条极大的绳索”。

儒家伦理道德其实质是国家主义、宗法主义的结合。国家主义以王权

---

① 李民、王健撰：《尚书》《周书·洪范》，上海古籍出版社 2004 年版，第 222 页。

② 胡平生、陈美兰译注：《礼记孝经·昏义》，中华书局 2011 年版，第 156 页。

为中心，强调王权至上。宗法主义则以家长、族长为中心，强调宗法血缘观念。先秦法家强调“事皆决于君”，一切忠于君，主张纯粹的国家主义。原始儒家则建立在“氏族成员的血缘观念和心理基础上”，“从氏族贵族的个体成员和巩固宗法纽带立论”，故更多地强调“孝”，注重宗法主义。秦王朝偏任法家，二世而亡宣告了单纯依靠国家主义治世的破产。较之法家，儒家宣扬的宗法主义与中国古老的经济社会传统有着更深的现实联系。它以极为久远的氏族血缘的宗法制度为其深厚根基，在以家庭为本位的小农经济为主的社会中始终保持现实的力量和传统的有效性。儒家一贯强调“孝悌”是立国之本，强调作为社会等级的伦常秩序的重要性，这是非常有用和有效的。正因此，董仲舒使子孝父与臣忠君居于同一层面，将二者进行融合并给予哲学论证，使得宗法主义成为国家主义深厚丰腴的土壤。

董仲舒论证孝与忠的一致，宗法主义与国家主义的相融，这不仅仅停留于学理之中。现实的社会政治中，忠与孝，国家主义与宗法主义是有距离的，董仲舒与原儒的区别在于，他根据建立大一统中央集权的时代主题，强调整体上的国家主义，君权至上，这是首要的、绝对的。不同于法家之处又在于董仲舒于国家主义这一大前提下，在具体的施政、基层各级的管理、意识教化方面又借助的是儒家的血缘宗法主义，以宗法主义服从国家主义。国家主义肯定、保障了君权独尊，顺应了时代要求，故为在位者所喜，保障了其学说的被接纳。宗法主义则顺应了在以家庭小农业生产为经济本位的社会中血缘宗法“始终保持着现实的力量和传统的有效性”这一中国国情。国家主义强调君主权威的至上性、绝对性，强调政治秩序的等级性。而宗法主义却利用宗法血缘来和睦九族，模糊等级，调剂社会，实现君主专制帝国的长治久安。经董仲舒改造后的儒家为官方独尊，发挥上悦君主、下慑万民的强大精神作用，这有赖于国家主义与宗法主义的结合。

第四节　“春秋‘公羊’学”社会控制中的经权互变方法论

汉代是中国君主专制政体形成的初始阶段，汉代统治者为寻求治国安邦之道经历了长期的摸索过程。汉武帝即位后，董仲舒儒家经学开始占据了思想界的统治地位。在汉代的儒家经学中，对当时政治产生巨大影响的首推“春秋‘公羊’学”，可以说“春秋‘公羊’学”为汉代乃至整个中国传统社会确立了基本的政治思想理路。“春秋‘公羊’学”有一套独特的话语体系，既包含着深刻的政治智慧和精微的哲理，又包含着隐晦芜杂甚至怪异神秘的内容。在东汉末，何休本人的《春秋公羊解诂》中称其为“多非常异义可怪之论”。因此，在东汉末以后的千余年中，学者中罕有对它认真探究者，清初著名学者顾炎武称《公羊传》中的说法“甚难而实非”。研究这套学说，就特别需要思辨的智慧和剥离剔别的能力。著名史学家杨向奎先生曾说：“于荒诞丛中觅取最胜义。”以董仲舒思想为理论基础的“春秋‘公羊’学”，以汉代儒家的政治、伦理思想为指导，并将其上升到哲学的高度，通过宇宙秩序、天人之际、古今沿革、中外关系、统治方式等问题的论述，为现实政治提供了基本的政治哲学原则。此外，在其社会整合与控制的实践中，还有一套经权互变的方法论原则和措施。因为“春秋‘公羊’学”社会整合与控制的实践，常常会遇到许多理论不能涵盖，或者需要变通的问题，即经权关系的问题，于是出现了董仲舒“春秋‘公羊’学”在社会控制与整合中的方法论问题。

“春秋‘公羊’学”方法论中首要的一点，便是在控制与整合实践中遇到的对思想原则的经权、变通问题。《春秋》中，经权关系是与常、变关系相对应的关系，也是在日常行事中常常遇到的问题。对此，“公羊”学大师董仲舒有自己的社会整合与控制在实践中的方法论。他说：“《春秋》之道，固有常有变，变用于变，常用于常，各止其科，非相妨也。”[①]就是在春秋的大义上，儒家坚持通常不变的原则。但是，社会形象是十分复杂的，经常需要权变。因此，处理社会事务，就需要坚持原则性与灵活性，这就是社会控制中的“常”和“变”的关系。“常”“变”关系，相当于我们现在所说的一般和特殊的关系，较类似于原则性和灵活性的关系，这说明汉人将“经”与“常”看成同一相辅相成的概念。“权”本义指秤锤。在《广雅·释器》中有“锤谓之权”。其实，在先秦孔孟时代，“经”与“权”，“常”与“变”就上升为哲学范畴。在孔子那里，孔子既是坚守“经”的，“尔爱其羊，我爱其礼”。[②] 在利与礼的冲突中，孔子毫不犹豫地选择了礼，同时孔子也认为：“可与立，本可与权。”孔子又十分重视“权”。之后，孟子对孔子的经、权观念作了进一步发展。孟子与淳于髡的一段著名的对话便说明了权是作为礼的一种变易形式，权超越于礼，但又不能离开礼。

---

① 曾振宇、傅永聚注：《春秋繁露新注·竹林》第3，商务印书馆2010年版，第37页。

② 傅佩荣：《解读论语》，《八佾篇》第3，上海三联书店2007年版，第39页。

> 淳于髡曰："男女授受不亲，礼与？"孟子曰："礼也。"曰："嫂溺，则援之以手乎？"曰："嫂溺不援，是豺狼也。男女授受不亲，礼也；嫂溺援之以手，权也。"[①]

这些经权观念为后来的董仲舒以及"公羊"学者所继承和发展，并被推广到政治法律和社会控制领域之中。

"权者何？权者反于经，然后有善者也"[②]，"权也者，反常者也"[③]。有学者指出："汉代人对经权关系已经有了比较明确一致的见解，即经是指一般性，原则性，而权指随机应变的灵活性。"[④] 故"公羊"学家主张守经志道，不能违背孔子所立的大经大法和儒家所共同认可的基本原则。同时又根据具体情况变通行权。所以，后世有人因公羊家主张经权常变说而讥公羊家尚权诈近法家。其实，公羊家的"经权说"，"本孔子思想，产生于公羊家政治实践的需要，是公羊家理想主义与现实主义相结合的产物"。[⑤] 孔子最关心的问题不在天道而在人事，在孔子看来，"经是常道，是不变之理，是礼义王法；权是变道，是对经的灵活运用，是最高的政治艺术"[⑥]。孔子之后，公羊家的思想并不是"迂阔而远于事情"的纯粹形而上学的抽象理论，而是闻斯行之的实践学说。

董仲舒与公羊家的经权观中的礼法结合、刑德互变思想正是这一智慧的反映。首先，汉代公羊家认为，现实生活十分复杂，在不违背儒家经学的基本原则前提下，在变幻莫测的政治实践中，通过变通的手法是接通思想与现实的不二法门。在礼法关系上，公羊家依据《春秋》孔子所立的"义法"不承认不具有现实必要性的行为有其合理性与合法性。而在特定情况下，又承认其必要性。在《春秋》中经与权须臾不离，形成了公羊家在社会实践中经权思想的一大特色。

公羊大师董仲舒还认为，在特殊情况下，违反常经的一般原则，实施灵活性的权变，只要最后结果符合"礼""义""正"，以仁义为更高的度量标准，这是可以为之的。而且董仲舒认为，社会事务千头万绪，复杂多

---

① 王常则译注：《孟子·离娄上》，山西古籍出版社 2003 年版，第 115 页。
② 刘尚慈译注：《春秋公羊传译注》《桓公十一年》，中华书局 2010 年版，第 81 页。
③ 《后汉书》卷 33《朱冯虞郑周列传》，中华书局 1965 年版，第 1158 页。
④ 周桂钿：《董学探微》，北京师范大学出版社 1989 年版，第 282 页。
⑤ 蒋庆：《公羊学引论》，辽宁教育出版社 1995 年版，第 232 页。
⑥ 同上书，第 233 页。

变，这样，儒家主张的核心的“仁”“礼”在实践中也有常变、经权的关系：“《春秋》有经礼，有变礼。为如安性平心者，经礼也。至有于性，虽不安于心，虽不平于道，无以易之，此变礼也。”[①] 因此，这就需要在当时的特殊情况下，做到“经礼”与“变礼”的结合。怎样做到经礼和变礼的结合呢？这实际上就是要求在处理社会事务中，要“安性平心”，符合人性，性是制礼的根据，礼是治道的根本。而在此过程中，强调符合人性，尊重人的本性。如果却有违礼，则“出礼入刑”。这样，在“礼”“刑”关系上，儒家就在社会控制的实践中超越了旧有的概念，而出入于儒家“礼义”与法家的刑治之间。

“公羊”学还认为，不仅仅社会上有经便有权，在天人关系中也存在经权互变的关系。例如在阴阳刑德关系中，阴阳与刑德关系就是一种经权互变关系。“先经而后权，贵阳而贱阴也。”[②] 董仲舒还认为：“阳为德，阴为刑，刑反德而顺于德，亦权之类。……以此见天显经隐权，前德而后刑也。”[③] 他们从天道运行的基本法则出发将经、权的必然性和普遍性与政治、法律上的德、刑关系相比附。把阴、阳与经权、常变作了一一对应，认为从阴气运行可以推出权变的法则，从阳气运行可以推出经常的法则。由此董仲舒等“公羊”学者提出了“天以阴为权，以阳为经”的观点。在天人关系中，“天之生有大经”。[④] 在自然界中，春生、夏长、秋收、冬藏是天的“大经”，“春气生而百物皆出，夏气养而百物皆长，秋气杀而百物皆死，冬气收而百物皆藏”。[⑤] 圣人在社会控制、整合以及政治法律实践中就要效法“天”，实行对于人的内外控制的结合，也就是“德礼政刑”的合一。同时也要做到“刑以秋冬，赏以春夏”，“阴之行，春居东方，秋居西方，夏居空右，冬居空左，夏居空下，冬居空上，此阴之常处也；阳之行，春居上，冬居下，此阳之常处也。阴终岁四移，而阳常居实，非亲阳而疏阴，任德而远刑与天之志，常置阴空处，稍取之以为助。故刑者，德之辅；阴者，阳之助也”。[⑥]

---

① 曾振宇、傅永聚注：《春秋繁露新注·玉英》第4，商务印书馆2010年版，第50页。

② 曾振宇、傅永聚注：《春秋繁露新注·阳尊阴卑》第43，商务印书馆2010年版，第233页。

③ 同上。

④ 曾振宇、傅永聚注：《春秋繁露新注·如天之为》第80，商务印书馆2010年版，第352页。

⑤ 曾振宇、傅永聚注：《春秋繁露新注·循天之道》第77，商务印书馆2010年版，第335页。

⑥ 曾振宇、傅永聚注：《春秋繁露新注·天辨人在》第46，商务印书馆2010年版，第243—244页。

先秦儒家曾经主张“以德去刑”，法家则主张以刑去刑，而荀子则主张“德刑并用”。“公羊”学者明确提出德主刑辅的刑德关系，应该说是对于先秦儒、法思想的超越。“阴阳二物，终岁各壹出。壹其出，远近同度而不同意，阳之出也，常悬于前而任事，阴之出也，常悬于后而守空处，此见天之亲阳而疏阴，任德而不任刑也。”① “圣人副天之所行以为政，故以庆副暖而当春，以赏副暑而当夏，以罚副清而当秋，以刑副寒而当冬……庆赏罚刑与春夏秋冬，以类相应也，如合符”，“故曰王者配天……王有四政，四政若四时，通类也，天人所同有也”。② 因此，董仲舒等“公羊”学者认为，在天人关系中应是“人副天数”，人要效法“天”。在社会控制的礼法关系上，就应做到德刑合时令，德刑相济。圣人法天行政，就应该像天那样“大德小刑”。如果为政而任刑，那就是“逆天非王道也”。

“公羊”学者这种经权理论的价值在于：首先，它结束了先秦以来儒法之间在社会控制理论上关于内外控制的争论，将“以德去刑”和“以刑去刑”的截然对立学说，通过经权理论把两者纳入“天道”“阴阳”“五行”之中，使之达到德刑相济的和谐统一。其次，它仍然坚持了儒家在社会控制方面的“德治”原则，并把它置于“天道”之首位。同时，又肯定了法家刑治精神，并把这种刑治精神置于“德治”的辅助地位，使之披上了神秘的外衣。“公羊”学家经权理论将刑德结合起来，使之成为汉代封建正统的社会控制思想的重要支柱，并支配着汉代的政治法律实践。正是出于这种经权关系主张，汉代人主张“春生”是大经，“秋杀”也是大经。“天非以春生人，以秋杀人也。当生者曰生，当死者曰死，非杀物之义，待四时也。”③ “留德而待春夏，留刑而待秋冬”，到春夏季节施行教化，是给人民施德；到秋冬才给予罪人刑罚，也是给人民施德。

另外，“公羊”学者认为，传统的“阳为德，阴为刑，刑主杀，而德主生”，或者“庆赏罚刑与春夏秋冬以类相应也”的说法并不是一成不变的，而是辩证的、可变的。例如“公羊”学中所言：“天有四时，王有四政”，“庆赏罚刑，当其处不可不发，若暖清寒暑，当其时不可不出也。”④

---

① 曾振宇、傅永聚注：《春秋繁露新注·基义》第53，商务印书馆2010年版，第261页。

② 曾振宇、傅永聚注：《春秋繁露新注·四时之副》第55，商务印书馆2010年版，第263页。

③ 曾振宇、傅永聚注：《春秋繁露新注·如天之为》第80，商务印书馆2010年版，第352页。

④ 曾振宇、傅永聚注：《春秋繁露新注·四时之副》第55，商务印书馆2010年版，第263页。

董仲舒关于秋冬行刑的关键之处在于指出“人副天数”，为其儒家的本体论思想张本。所以我们在认识儒家的社会控制思想时，既要了解儒家注重经典大本的实质，也要认识儒家在社会控制实践中能够灵活运用经典去处理合乎时宜的精神。所以，公羊家们的经权思想，在其儒家的根本大则上是有非常严格的限制的。例如他们认为：“行权必须有道，必须在可以然之域，必须出于仁心不忍与国家利益才被认可。”[①] 这与西方近代自马基雅弗利推崇的权术以来产生的新的权变思想所认为的“只要目的正确，就可不择手段”有所不同，“公羊”学是政治性儒学，是社会控制与整合紧密相关的儒学，也是为封建政治积极服务又包含礼法的经学。

有学者指出，《公羊传》对《春秋》大义的解释，构成了“公羊”学说具有活跃生机的内核。其中包括：“大一统”；“内其国而外诸夏，内诸夏而外夷狄”；“所见异辞，所闻异辞，所传闻异辞”；“拨乱反正，以待后圣”。后经过汉代董仲舒和何休的大力推演，成为有体系的学说，进而揭示出“公羊”学体系的三大特征：一是政治性。主张“大一统”，提出“改制”“拨乱反正”等思想。二是变易性。强调古今社会和制度都在变，变革是历史的普遍法则。三是解释性。在阐发经书“微言大义”的名义下，为容纳新思想提供合法的形式。[②] 正因为如此，这种为封建政治积极服务的目标，使以董仲舒为代表的公羊家特别强调社会控制中的施行效果。这种效果在千头万绪的社会事务中，必须要依靠“权”变。为此，他们努力将权运用到汉代的政治、法律之中，用以改变承秦而来的严酷政治现实。这种情况在汉代公羊家中以公孙弘、董仲舒最为典型。史载，公孙弘本贫贱，白衣为天子丞相。在他当政期间，常外儒内法，开“以经术缘饰吏事”之先河。此后的许多“公羊”学者都采纳了公孙弘的做法，于是在汉廷兴起了一股经义决狱之风。经义决狱实际上就是“公羊”学家权变思想的反映。主要就是在司法实践中以儒家《春秋》等经典中的原则与精神作为判案根据的法律活动。经士们通过运用“公羊”学的权变思想，把儒家艰深的义理运用于法律实践之中，目的就在于促进经学的发展，改变先秦儒学迂远而阔于事情，理论与实践相脱节的情况，确立经学的“经世致用”性。同时，又将儒家伦理贯注于法律实践之中，改变承秦而来的苛法。

其实，正如前述，早在西汉前期，儒士为了使儒学从边缘走向政治中

---

① 蒋庆：《公羊学引论》，辽宁教育出版社 1995 年版，第 246 页。

② 同上。

心就已经开始改变原始儒学“迂远而阔于事情”的情况，开始了经学“经世致用”的历程。因此，经义决狱是“公羊”学者为了促使“公羊”学思想进入汉代政治、法律之中，为了达到有效的社会控制与整合目的，为了改变承秦带来的苛法烦政而采取的一种经世致用的权变方式。其始作俑者是西汉初的“公羊”学者，而公羊大师董仲舒是集大成者。史载：“故胶西相董仲舒老病致仕，朝廷每有政议，数遣廷尉张汤亲至陋巷，问其得失。于是作《春秋决狱》二百三十二事，动以经对，言之详矣。”① 其后，“公羊”学者吕步舒、眭弘、贡禹等紧随其后，掀起了经义决狱的热潮。所以有学者指出：“考西汉以来《春秋》学以《公羊》为最盛。凡朝廷决大疑，人臣有献替，必引《春秋》为断，而所遵者，公羊家言也。”②

在汉代社会外在控制的典型例证即法律实践中，汉代“公羊”学者开始以《春秋》中的“微言大义”作为判断罪之有无、罪之轻重的依据，罪之轻重、有无，“志善而违于法者免，志恶而合于法者诛”③。以人善恶的主观意愿作为判决刑罚的原则。在这一原则的支配下，“公羊”学者应用权变思想，以儒家经义解读案例，对当时承秦而来的法家之刑罚进行改造，以此来缓和社会矛盾，稳定统治秩序。以《春秋》儒家经典作为汉代法律断案之依据，是公羊家在社会控制理论中的一种权变思想的反映。通过对“公羊”学家权变思想的分析，我们不难看出公羊家引儒家之礼入法律的良苦用心。当然，通过公羊家经义决狱的权变思想，在一定程度上也起到了矫正法律严酷的作用。武帝之后，亲亲仁恩在汉律中时有体现，这对中国传统法律思想也影响深远。

正是因为公羊家在社会控制与整合理论中发扬其经权思想，努力在现实生活中落实儒家法思想的原则和理想，竭力转化承秦而来的严酷汉律，才使汉代儒家的礼不断融合到汉律中，由此改造了汉承秦制带来的法家刑治主义弊端。“公羊”学者正是通过对《春秋》微言大义的阐发，为汉代及后世的法制确立了许多重要的原则。如“君亲无将，将而必诛”④。这些法制原则不仅成为后世封建法律法典中许多重要罪名的依据，而且也使古代法律不断融入礼法文化之中。故有学者认为：“用孔子为汉制定的大经大法来转化汉承秦弊所遗留的严酷政治现实，如汉儒所谓‘以经求缘饰吏事’‘以经义决狱’‘通经致用’即是明证。由于汉儒能够较好地用公羊

---

① 《后汉书》卷48《杨李翟应霍爰徐列传》，中华书局1965年版，第1612页。
② （清）唐晏著，吴东民点校：《两汉三国学案》，中华书局1986年版，第443页。
③ 马非百注：《盐铁论简注》《刑德》第55，中华书局1984年版，第393页。
④ 刘尚慈译注：《春秋公羊传译注》《庄公三十二年》，中华书局2010年版，第176页。

家的经权学说来指导其政治实践活动，儒家思想在有汉一代得到了大体落实，建立了一套以礼乐刑政为基本架构的大一统制度，其影响一直延续两千年。”[①] 由此可见“公羊”学权变理论中的礼法结合、刑德互变思想对我国古代社会控制思想影响深远。

另外，在汉代公羊家三统学说中的制礼与变法思想中，也贯穿着经权、变通的常、变的方法论。

在儒家经学中，三统说是一种较为独特的思想，三统说起源于何时，学术界至今仍存在争议。有学者认为：在战国邹衍创立五德运演历史观以后，由于五德终始说本身内在的矛盾，令人不知汉朝之所归的情况下，“三统”说才应运而生。[②] 其实，三统说早在汉朝以前先秦时期就已现端倪。三统说应是《春秋》一书的“微言大义”，从《春秋》书中挖掘出来的，通“三统”即“通三王之统”。三统说本源于“三正”。“三正”即以建子、建朔、建寅三个月的朔日为一年之首的三种历法，依次为周历、殷历、夏历。“建”指“斗建”，即此斗所指的时辰，由子至亥，每月移动一辰。夏商周三种历法各成一统，即为三统。但是在当时的儒家学者中，将这种理论比附为一种政治与社会学说。如《公羊传》解释曰：“《春秋》君杀贼不讨，不书葬，以为无臣子也。”何休《解诂》曰：“道《春秋》通例，与文武异。”明确指出《春秋》的礼制不同于周礼，是继周而立的一种新统之制。正如清代学者刘逢禄所说：“大一统者，通三统为一统。周监夏商而建天统，《春秋》监商夏而建人统。”[③] 所以，三统说是“公羊”学者继承和发展先秦儒家经典中的三统思想而来。“公羊”学认为，新王朝建立，受命于天，必改正朔，对前代政治有所因革损益，既法先王，取其善者而从之，又使今王之统通于前王之统，因而必须进行一系列改革，从而实现新王朝的一统天下。殷因夏礼，殷之新统通于夏之旧统，周因殷礼，周之新统通于殷之旧统。

在《论语》中孔子曰：“殷因于夏礼，所损益可知也。周因于殷礼，所损益可知也。其或继周者，虽百世可知也。”[④] 蒋庆先生指出：“一王兴起，必改制立法作礼作乐以治天下，然新王之治虽新，亦未有全创新礼治天下之事。新王之治天下，必于前代之礼择其善者而从之，使今王之统通于前王之统。故殷为一新统以别于夏，然殷必因于夏礼，使殷之新统通于

① 蒋庆：《公羊学引论》，辽宁教育出版社 1995 年版，第 248 页。

② 王永祥：《董仲舒评传》，南京大学出版社 1995 年版，第 329 页。

③ 刘逢禄：《公羊何氏解诂笺》，《清经解》第七册，上海书店 1954 年影印本，第 419 页。

④ 傅佩荣：《解读论语》，《为政篇》第 2，上海三联书店 2007 年版，第 26 页。

夏之旧统；周为一新统以别于殷，然周必因于殷礼，使周之新统通于殷之旧统。”① 这不仅说明，三统说在我国萌芽较早，而且也指出在三统中是一个不断循环演进的过程。在这一过程中，新王尤其注重制定礼法，变法改制。“夫殷变夏，周变殷，春秋变周，三代之礼不同，何古之从？大人作而弟子循，知法治所由生，则应时而变；不知法治之源，虽循古，终乱。今世之法籍与时变，礼义与俗易，为学者循先袭业……以为非此不治，是犹持方枘而周员凿也，欲得宜适致固焉，则难矣。”② 所以“通三统”是政治学说，是以变的理念看待更替中的王朝的政治、法律等制度。这一思想被战国秦汉诸子普遍接受，对改革秦汉礼法制度产生了重要影响。

三统就是指所谓的黑统、白统、赤统，也是汉代儒家学者对于汉代政权的合法性、合理性论证。从社会控制与整合的角度来看，一个社会的控制与整合，首先需要民众对于这个政权的合法性的认同。在这种合法性认同的基础上，才能够形成民众对于政权的支持，才能够使社会控制、整合继续下去。“公羊”学者对于汉代政权的合法性论证，其中一个主要内容就是对于历史上的三统的解释。“公羊”学者认为，历史上的每一个朝代都要按照黑、白、赤统周而复始地循环。历史的变化就是三统的变化。三统之间的循环不具有五德终始说那种五德内在的生克必然性，而是新王应天所作改制活动。按照三统说，每个新王朝在建立之初，都要“依照农历十一月（子月）、十二月（丑月），或正月（寅月）的顺序，依次重新确定以其中的某月为正月，同时确定每月的朔曰分于平旦、鸣晨或夜半，这就叫做‘改正朔’或‘建明’。由于正朔的时间不同，由此亦决定了所尚服色分别为黑、白、赤”③。这就是三统的由来和内容。

“公羊”学者认为一个朝代的改制活动，就是要按照三统来改正朔，易服色以及建立与此相应的一整套礼法制度。公羊家董仲舒对三统三义作出了比较详细的阐释。他认为，三统的含义是“逆数三而复”（三正从夏以寅月为正，商以丑月为正，周以子月为正三逆数而复），“各法而正色”，并且“礼乐各以其法象其宜”而有不同。董仲舒明确提出三统中礼制不同的思想。在他看来，每一新王起，必建一新统，在新统中需要改变前王之统中的礼法之制。三统中改革的礼法之制涉及服制、舆制、郊制、冠制、囊制、祭制、乐制、刑制。如在黑统中：婚制，昏礼逆于庭；刑制，法不

① 蒋庆：《公羊学引论》，辽宁教育出版社1995年版，第297页。

② 《淮南子》卷13《氾论训》，北京燕山出版社1995年版，第328页。

③ 王永祥：《董仲舒评传》，南京大学出版社1995年版，第330页。

刑有怀妊新产者。在白统中就变为：婚制，昏礼逆于堂；刑制，法不刑有身怀妊。在赤统中又变为：婚制，昏礼逆于户；刑制，法不刑有身，重怀藏以养微。"公羊"学者对之多有说明。

在董仲舒的《三代改制质文》中，开篇就指出："王者受命而后王。王者必改正朔，易服色，制礼作乐，一统于天下。"他还举例说："故汤受命而王，应天变夏作殷号，时正白统。亲夏故虞，绌者谓之帝尧……文王受命而王……作武乐，制文礼以奉天。"他说："何以谓之王正月？曰：王者必受命而后王。王者必改正朔，易服色，制礼乐，一统于天下。"① 作新王之事，必然包含着制礼、改制变法的内容。"问者曰：物改而天授显矣，其必更作乐，何也？曰：乐异乎是。制为应天改之，乐为应人作之，彼之所受命者，必民之所同乐也。是故大改制于初，所以明天命也；更作乐于终，所以见天功也……制礼作乐以成之。"② 所以变法改制与制礼是"公羊"学者三统说的重要内容，其变革礼法的思想对汉代经学刑德观与法律思想均产生了深远影响。"公羊"学者指出："礼者，继天地，体阴阳，而慎主客，序尊卑、贵贱、大小之位，而差内外、远近、新故之级者也"，③ "礼，体情而防乱者也"。④ "公羊"学者已经清楚地认识到礼在社会生活中的重要地位和作用，认识到礼法思想变革对社会政治、法律制度所带来的深刻影响。虽然今人冯友兰先生曾说："就封建社会说，最大的变动是改朝换代。他们所说的改制……都是从属于生产关系一类的东西。如果生产关系没有改变，那些大纲人伦是不能变的。"⑤ 但是，我们也应看到"公羊"学者们对礼的规定："已不再是单纯的应天改制所涉及的更称号、徙居处、改正朔、易服色之类的表面上的事情，而是涉及了大纲、人伦、道理、政治、教化、习俗、文义"⑥ 等政治法律中的大事。

此外，"公羊"学者对于《春秋公羊传》大一统的思想极为重视，并分别从政治统一、思想统一等方面予以详细论证，他们在论证汉代大一统中的王权至上、法自君出的思想，也充分表现出这个方法论原则。董仲舒、何休等"公羊"学者发挥"大一统"学说，在《天人三策》中明确

---

① 曾振宇、傅永聚注：《春秋繁露新注·三代改制质文》第23，商务印书馆2010年版，第134页。
② 曾振宇、傅永聚注：《春秋繁露新注·楚庄王》第1，商务印书馆2010年版，第14页。
③ 曾振宇、傅永聚注：《春秋繁露新注·奉本》第34，商务印书馆2010年版，第201页。
④ 曾振宇、傅永聚注：《春秋繁露新注·天道施》第82，商务印书馆2010年版，第358页。
⑤ 冯友兰：《中国哲学史新编》第3册，人民出版社1998年版，第88页。
⑥ 王永祥：《董仲舒评传》，南京大学出版社1995年版，第335页。

指出《春秋》大一统："《春秋》大一统者，天地之常经，古今之通谊也。今师异道，人异论，百家殊方，指意不同，是以上亡以持一统；法制数变，下不知所守。臣愚以为诸不在六艺之科孔子之术者，皆绝其道，勿使并进。邪辟之说灭息，然后统纪可一而法度可明，民知所从矣。"① "公羊"学者在解释《春秋》"春王正月"时说："《春秋》之文，求王道之端，得之于正，正次王，王次春。春者，天之所为也；正者，王之所为也。其意曰，上承天之所为，而下以正其所为，正王道之端云尔。"② "公羊"学者明确指出君主是承天运以行政事，任何政治行为都是上天安排的。故他们又认为："《春秋》曰'王正月'，《传》曰：王者孰谓？谓文王也。曷为先言王而后言正月？王正月也。何以谓之王正月？曰：王者必受命而后王。王者必改正朔，易服色，制礼乐，一统于天下。"③ "公羊"学者从《春秋》中进一步倡扬"各正其位"的大经大法。例如"公羊"学者就认为："《春秋》之法，以人随君，以君随天。"故"屈民而伸君，屈君而伸天，《春秋》之大义也"。④ 因此，《天人三策》认为君权神授，"天子受命于天，诸侯受命于天子，子受命于父，臣妾受命于君，妻受命于夫"，从而把封建等级制度神圣化。在这种等级制度中，君权至高无上，不受任何人的制约。

"公羊"学提出的"以人随君，以君随天"的观点，把君主奉为至高无上的天子，这是对于秦代法家专制主义王权思想的继承，也是"公羊"学者对于王权至上、法自君出原则的坚持。但是，鉴于秦代教训和汉代的形势，"公羊"学者又力求抑制强大了的君权，并且不断缓和两大阶级之间的矛盾，由此他们变通性地提出了以民本思想为基础，注重民生、民情，抑制兼并，不误农时的主张。这样，"公羊"学者就在两者的结合上，变通性地发展了秦代法家社会控制思想中的"屈民而伸君，屈君而伸天"的思想，将天之道、天之德看成统一君、民的最高本体，将民与君都纳入天道的体系下。"屈民而伸君，屈君而伸天"，一方面为君主专制政体的合法性进行了论证；另一方面又将儒家的民本思想变通性地引入君主专制的学说中，强烈主张君主专制政治必须考虑到国家民众的存亡安危。有学者

① 《汉书》卷56《董仲舒传》，中华书局1962年版，第2523页。

② 曾振宇、傅永聚注：《春秋公羊传》，上海古籍出版社1999年版，第121页；《汉书》卷564《董仲舒传》，中华书局1962年版，第2501—2502页。

③ 曾振宇、傅永聚注：《春秋繁露新注·三代改制质文》第23，商务印书馆2010年版，第134页。

④ 曾振宇、傅永聚注：《春秋繁露新注·玉杯》第2，商务印书馆2010年版，第20页。

将“公羊”学的这种认识上升到中国古代立宪思想萌芽的高度，称为君主立宪制的总纲，是“屈君立宪”①。这当然是以现代政治与社会学说去阐释中国古代的君主专制思想，是与当时的历史实际存在很大差别的。但是，我们也要看到，“屈民而伸君，屈君而伸天”的社会学说，在汉代“公羊”学者那里，已经和法家思想有着极大的区别。这使得汉代“公羊”学者的社会控制思想以及政治、法律思想都有了和先秦的差别。也使得汉代今文经学为代表的儒家学说能够成为中国封建社会的社会控制以及政治、法律思想的源头和中坚。

如此等等，使“公羊”学作为今文经学的中坚，曾在我国思想领域和政治法律领域扮演过十分重要的角色。“公羊”学说的源头，在于《春秋》之‘义’；而《公羊传》对《春秋》大义的解释，便构成了公羊说的核心。”② 应该说，“公羊”学派的方法论原则，其认识论与先秦儒家孔、孟、荀的认识论是一脉相承的，例如孔子曾经认为周王朝时政治秩序陷于崩坏，需要重整纲纪，匡正君臣上下关系，明是非，别善恶，使社会恢复到“礼乐征伐自天子出”的天下有道的局面，并进而得出礼法不能由诸侯自专，应从上至下，树立严格的等级秩序，保证君王的最高权威。先秦荀子亦传大一统之义，荀子曾明确指出：“法先王，统礼义，一制度”③，则“近者不隐其能，远者不疾其劳……夫是之谓人师。是王者之法也”④。董仲舒等“公羊”学者在对《春秋》大义的认识上，诸如对于君主与民众关系、对于王权至上与礼乐、民生的相辅相成是有着相通之处的。他们都认为王权至上与礼乐、民生是统治者应该注意的。所以董仲舒、何休等“公羊”学者一方面继续发挥“大一统”学说，在《天人三策》中明确指出《春秋》大一统：“《春秋》大一统者，天地之常经，古今之通谊也。今师异道，人异论，百家殊方，指意不同，是以上亡以持一统；法制数变，下不知所守。”⑤ 另一方面则认为天子的地位在人间虽然至高无上，但是仍然要重视对于万民的生养。所以，“公羊”学者仍然是以王权至上和注重礼乐、仁义、民生，缓和阶级矛盾，作为当时统治者长治久安的要务。

---

① 王怡：《“屈君伸天”与皇权专制——董仲舒法律思想新论》，《江苏行政学院学报》2001年第4期。

② 陈其泰：《今文“公羊”学说的独具风格和历史命运》，《北京大学学报》1997年第6期。

③ 方勇、李波译著：《荀子·儒效》，中华书局2011年版，第107页。

④ 方勇、李波译著：《荀子·王制》，中华书局2011年版，第124页。

⑤ 《汉书》卷56《董仲舒传》，中华书局1962年版，第2523页。

第九章 西汉中期国家对社会调控的争论与调适

第一节 汉武帝统治政策的缺陷与“春秋‘公羊’学”理论的内在矛盾

汉武帝时期实施“罢黜百家，独尊儒术”的统治思想，将董仲舒“春秋‘公羊’学”大一统儒家思想作为国家统治意识形态指导，提倡君主专制政治，并“以儒饰法”，强调儒法并用，使汉代中期的社会整合与控制极具效力，也使汉代政治与经济、文化达到前所未有的水平。但是，由于董仲舒“春秋‘公羊’学”大一统儒家思想主张政治上高度集权、经济上国家财力高度集中，使得汉代中期国家在达到巅峰后，迅速转向衰落。而汉代国家统治政策和董仲舒提倡的“春秋‘公羊’学”大一统儒家思想的内在矛盾，在汉代中期国家由盛转衰过程中有重要的影响。

西汉建国初期，社会经济萧条，统治政权面临的首要任务就是社会经济的恢复和发展。故汉初实行与民休息政策，社会生产得到一定程度的发展。但是，汉初“无为”的治国之术，在恢复社会经济的同时，出现了汉政权与地方诸侯势力、封建地主经济与商人资本、匈奴对汉族的频繁骚扰等诸多社会问题，这些问题不是“无为”统治所能解决的，由此，统治阶级开始变“无为”为“有为”的统治策略。

汉武帝即位以后，实施了“外攘夷狄，内兴功业”[①] 的“有为”政治。为了给由“无为”向“有为”政治转化制造理论依据，汉武帝开始重用以董仲舒为主的儒家“春秋‘公羊’学”说。

正如前述，汉代中期能够适应武帝“有为政治”的，不是先秦孔孟

① 《史记》卷30《平准书》，中华书局1959年版，第1442页。

“迂腐”之学，而是能集儒学大义、并变通为当世政治服务的新儒家之学，即所谓以“微言大义”解儒的“春秋”之学。但是其时的“春秋学”有两种解义，一是“春秋‘公羊’学”，二是“春秋‘谷梁’学”。“春秋‘公羊’学”强调创新性与对当世的经世致用，更注重援百家入儒，构建凸显“大一统”专制王权及官僚政治体制的新儒学。“春秋‘谷梁’学”则较偏重于继承与发展古代学术，并在继承与发展中主张阐发经书中的“微言大义”为当下的政治服务。因此，两者相比，“春秋‘公羊’”更适合武帝口味，更符合当时封建国家“有为政治”的需要。《汉书》曾记载：“武帝时，江公与董仲舒并。仲舒通五经，能持论，善属文。江公呐于口，上使与仲舒议，不如仲舒。而丞相公孙弘本为‘公羊’学，比辑其议，卒用董生。于是上因尊《公羊》家，诏太子受《公羊春秋》，由是《公羊》大兴。”[①]“公羊”学派于是得胜。“谷梁”学丧失了代表汉代政府对最高法典的解释权与话语权。

汉武帝时期“公羊”学派的胜利，根本上是因为它们适合汉武帝“外攘夷狄，内兴功业”及实行“有为”政治的愿望，而非仅仅是董仲舒的雄辩和“谷梁”家的代表江公的“呐于口”所致。同时，以经学而取丞相位的公孙弘对两家的取舍也是在揣摩武帝的心意。“公羊”学派所主张的“春秋大一统”，是对“秦制”与儒家“礼治”的一种融会，尽管它以儒为“表”，但实际上是“以儒饰法”。尤其在雄才大略的汉武帝操控下，这种理论只能凸显而无法制约专制王权的权威，并不能实现儒家的“德治”与“仁政”。

所以，当武帝实施“罢黜百家，独尊儒术”的统治策略之后，汉封建国家便很快走上了加强中央集权与对外战争的轨道。即在政治上颁布“推恩令”，“作左官之律，设附益之法”[②]；在思想文化上“罢黜百家，独尊儒术”，实行意识形态上的高度统一；在对外关系上武帝对匈奴发动了长期的大规模的战争，并开始开拓西南夷及西域诸疆；经济上开始实行盐铁官营、均输、平准、酒榷等一系列新政策。但是，繁重的徭役、赋税和长期的战争导致了汉武帝时期的国库空虚，而且也加重了人民的负担，给人民带来极大的痛苦和灾难，西汉王朝的统治出现了深重的危机。这种危机与矛盾表现在统治政策与社会生活的各个方面。

首先，在经济上，董仲舒试图在加强帝制国家政治权力的基础上，对

① 《汉书》卷88《儒林传》，中华书局1962年版，第3617页。

② 《汉书》卷14《诸侯王表》，中华书局1962年版，第395页。

于国家经济进行控制与整合。他在《天人三策》对策中提出的"《春秋》大一统者，天地之常经，古今之通谊也"①，这个"大一统"不仅是思想上的"罢黜百家，独尊儒术"，更重要的是政治上的高度集权，经济上国家财力的高度集中。在经济上，汉王朝为了维持对外征战，需要庞大的财政开支，也需要一系列特殊的经济政策来筹措经费，于是要实行国家对重要资源的垄断政策。

这种垄断政策本质上是法家商、韩之流对国家经济干涉主义思想的体现，同时也是儒家提倡的"平均主义"思想。在这些国家资源的垄断政策中，最重要的就是由国家实行盐铁专卖，推行算缗、告缗令，实行平准均输。这些经济政策在短时期内维持了大一统帝国对内对外的开支，但也使各种经济矛盾和政治矛盾逐渐激化。据《汉书》卷九十六下《西域传》载："……是时军旅连出，师行三十二年，海内虚耗……当今务在禁苛暴，止擅赋，力本农，修马复令，以补缺。"汉武帝晚年也认识到了实施穷兵黩武政策所导致的经济矛盾与政治危机，意识到了汉代国家政治、经济政策调整的紧迫性。这些矛盾，在盐铁会议上"贤良文学"的论述中反映得淋漓尽致。对于汉代最重要的资源垄断即盐铁官营，来自郡县的"贤良文学"认为："县官鼓铸铁器，大抵多为大器，务应员程，不给民用。民用钝弊，割草不痛，是以农夫作剧，得获者少，百姓苦之矣。"又认为："盐铁贾贵，百姓不便。贫民或木耕手耨，土耰啖食。铁官卖器不售，或颇赋与民。"② 正如"文学"所说："三业之起，贵人之家云行于途，毂击于道，攘公法，申私利，跨山泽，擅官市，非特巨海鱼盐也；执国家之柄以行海内……威重于六卿，富累丁陶、卫……此百姓所以滋伪而罕归本也。"③ 这种高度集中的经济政策，是以皇权中心的政治国家对经济的一种野蛮统治。当时的广大百姓因不堪重负而希望回到"陶冶工商，四民之求足以相更"的经济相对自由的小商品社会。

推行这种特殊的经济政策，在当时导致了恶劣的后果。例如，汉武帝时所推行的算缗、告缗令，在增加国家财政收入，巩固中央集权的同时，致使"中家以上皆破产"，加重了国家与中小阶层地主的矛盾。

据《汉书》记载：汉武帝元狩四年初算缗钱，"船五丈以上一算。匿不自占，占不悉，戍边一岁，没入缗钱。有能告者，以其半畀之。……杨

---

① 《汉书》卷 56《董仲舒传》，中华书局 1962 年版，第 2523 页。

② 马非百注：《盐铁论简注》，《水旱》第 36，中华书局 1984 年版，第 277 页。

③ 马非百注：《盐铁论简注》，《刺权》第 9，中华书局 1984 年版，第 69 页。

可告缗遍天下，中家以上大抵皆遇告，杜周治之，狱少反者”①。结果，商贾中家以上，大都破产。汉武帝正是以其“半界之”的高额悬赏，为国家垄断社会资源大造舆论，导致人们竞相告密，民间工商业遭受歧视。关于均输平准，在解决当时以实物纳税的困难情形之下自有其重大意义，“便远方之贡”，“则民齐劳逸”。但是，对商品流通的各种垄断，对商人流通利益的剥夺，不仅极大伤害了商人利益，而且使各地区之间的经济关系遭受了损害，使刚开始活跃的商品经济再度陷于低潮。

同时，桑弘羊把均输与平准结合起来，由“平准”措施来构建政府实行官营的全国商业网和经济动脉，这就为国家以政治权力为后盾的囤积居奇、操纵物价提供了合法的理论依据和条件，导致了大批官员以权谋私，以权致富。因此，均输平准导致的是官吏专卖、物价飞涨、官商勾结、囤积居奇、投机得利，并未真正达到“输之均、准之平”的效果。

汉武帝时期所实行的这种经济政策，激化了国家与中小地主和小农的矛盾。虽然以董仲舒为首的“公羊”学家在经济上也曾采取了一系列措施，如“限民名田，以赡不足，塞并兼之路”，主张限制豪强贵族对土地的兼并与掠夺；“盐铁皆归于民”，不许官吏与民争利；“薄赋敛，省徭役，以宽民力”。但是，由于以董仲舒为代表的“公羊”学家主张君主专制王权的“春秋大一统”理论，使皇权具有至高无上的权威，因而相对淡化了对皇权意志的制约（尽管他也强调用“灾异”“谴告”来制约皇权，但其效果却相对较弱）。这使其“大一统”政治理论与其主张的经济措施在实践上有着巨大的偏差。因此，汉代中期所实行的经济措施，最终导致国家阶级矛盾尖锐，分散的小农经济没有也不可能跟上“战时经济政策”的步伐。“仲舒死后，功费愈甚，天下虚耗，人复相食”②，理论与实践的偏差使得公羊家的经济措施处于尴尬的境地。正是这种矛盾使“公羊”学在武帝死后受到人们的质疑。

其次，表现在政治思想上。在“公羊”学的指导下，汉武帝“内修法度”，极力加强中央集权。本来，从儒家的“仁治”思想来看，是主张在政治上发挥“仁义”与“亲亲尊尊”的教化和治理功能的，如《春秋繁露》专撰《仁义法》一篇，论云：“春秋之所治，人与我也。所以治人与我者，仁与义也。”伦理精神与政治精神应当是吻合的。但是，出于凸显专制王权的需要，“公羊”家提出“《春秋》为汉制法”。这种说法将“政

① 《史记》卷30《平准书》，中华书局1959年版，第1430—1435页。

② 《汉书》卷24《食货志》，中华书局1962年版，第1137页。

统”置于儒家“道统”之上，将秦代严酷的专制政治思想作为儒家思想的核心与本质，符合汉武帝提出的王霸合一的“汉家制度”，即所谓“汉家庶事草创……朕不变更制度，后世无法”。同时，《公羊》家为迎合这种精神所定的“《春秋》决狱”之说，对汉武帝修订律令及汉代政治产生了直接影响。

董仲舒在《天人三策》结尾处曾说：“《春秋》大一统者，天地之常经，古今之通谊也。今师异道，人异论。百家殊方，指意不同，是以上亡以持一统，法制数变，下不知所守。……邪辟之说灭息，然后统纪可一而法度可明，民知所从矣。”[①] 这不仅是学术思想上的统一，也是法律制度上的统一，因此，董仲舒在强调《春秋》的伦理政治精神时，提出“十指”的政治伦理原则，也就是封建国家必须要实行的十项重要的社会控制措施，如“举事变有见重焉”“见事变之所至者”“别嫌疑，异同类”“强干弱枝，大本小末”“论贤才之义，别所长之能”，等等。一部集礼仪与等级秩序之大宗的《春秋》，在董仲舒这里成了王霸杂之的法典，“以儒饰法”成为“公羊”学在武帝时期的真正要义。如“圣人之治国也……务致民令有所好，有所好然后可得而劝也，故设赏以权之。有所好必有所恶，有所恶然后可得而畏也，故设法以畏之。既有所劝，又有所畏，然后可得而制”。“揽名考质，以参其实。赏不空施，罚不虚出，是以群臣分职而治，各敬而事，争进其功，显广其名，而人君得载其中，此自然致力之术也。圣人由之，故功出于臣，名归于君也。”[②] “揽名责实，不得虚言，有功者赏，有罪者罚……赏罚用于实，不用于名。”[③] 为此，董仲舒专门写了《春秋决狱》《春秋决事》，其弟子吕步舒以《春秋》专断于外。淮南王谋反大狱，一杀就是数万人，正是董仲舒“公羊”学精神的具体体现。

在“公羊”学的指导下，汉武帝“内修法度”。“公羊”家的“《春秋》决狱”之说，对汉武帝修订律令产生了直接影响。汉初，法制严酷，但尚有法可依，从董仲舒开始，由于强调诛意、诛心、原心论罪，引经义断狱，在宗法关系内部，实行法治，其结果使汉代国家和君臣父子关系渗透着严而少恩的法治精神，法本身也被随意解释、滥用而变得无法可依。

从董仲舒开始，实行严酷的刑治，其结果使汉代中期的君臣父子关系渗透着严而少恩的刑治精神。例如汉文帝时期，还比较注意封建君臣父子

---

① 《汉书》卷56《董仲舒传》，中华书局1962年版，第2523页。

② 曾振宇、傅永聚注：《春秋繁露新注·保位权》第20，商务印书馆2010年版，第125页。

③ 曾振宇、傅永聚注：《春秋繁露新注·考功名》第21，商务印书馆2010年版，第128页。

关系。如文帝二年（前178），济北王兴谋反，八月，被打败，“赦济北王诸吏与王反者”。文帝六年（前174），淮南王刘长谋反，“帝不忍致法于王，赦其罪，废毋王”，群臣请处置刘长于蜀严道、邛都，“长未到处所，行病死，上槃之”。宗法情谊有所表露。至汉武帝时淮南王刘安谋反，“上下公卿治，所连引与淮南王谋反列侯二千石豪杰数千人，皆以罪轻重受诛”。一人犯法，无数人受诛，宗法情恩荡然无存。董仲舒说：“变天地之位，正阴阳之序，直行其道，而不忘其难，义之至也。是故胁严社而不为不敬灵，出天王而不为不尊上，辞父之命而不为不承亲，绝母之属而不为不孝慈，义矣夫！”[①] 董仲舒弟子治淮南狱所体现的，就是这种严而少恩的刑治精神。而这种不顾宗法情义、大义灭亲的精神，既是先秦法家传统的存续和发展，更是“公羊春秋”学的王霸合一的基本精神。

“公羊”家的“《春秋》决狱”，经汉武帝在元光五年（前130）命张汤、赵禹更定律令后，其律令的残酷达到了无以复加的地步。

据《汉书》卷五十九《张汤传》载：“（张汤）治陈皇后巫蛊狱，深竟党与，上以为能，迁太中大夫。与赵禹共定诸律令，务在深文，拘守职之吏。”其后，在治淮南、衡山、江都王时，就更加肆无忌惮了。“及治淮南、衡山、江都反狱，皆穷根本。严助、伍被，上欲释之，汤争曰：‘伍被本造反谋，而助亲幸出入禁闼腹心之臣，乃交私诸侯，如此弗诛，后不可治。’”[②] 正如狄山所言：“臣固愚忠，若御史大夫汤，乃诈忠。”[③] 不仅如此，像杜周这样的人还曲意逢迎汉武帝旨意，“周为廷尉，其治大抵放张汤，而善候司，上所欲挤者，因而陷之；上所欲释，久系待问而微见其冤状。客有谓周曰：‘君为天下决平，不循三尺法，专以人主意指为狱，狱者固如是乎？’周曰：‘三尺安出哉？前主所是著为律，后主所是疏为令；当时为是，何古之法乎！’”[④] 法律成为帝王随心所欲、镇压政敌的工具，法律的公平与公正完全丧失。《汉书》卷五十九《张汤传》则记张汤利用董仲舒“春秋公羊”说来为其严刑酷法立论张本，而“公羊”家则甘心附会之事。“是时上方乡文学，汤决大狱，欲傅古义，乃请博士弟子治《尚书》、《春秋》，补廷尉史……”张汤“依于文学之士，丞相弘数称其美”。马端临《文献通考》曾考述云：“帝之驭下，以深刻为明，汤之决狱，以残酷为忠。而仲舒乃以经术附会之。盖汉人专以《春秋》断狱，陋

---

① 曾振宇、傅永聚注：《春秋繁露新注·精华》第5，商务印书馆2010年版，第60页。

② 《汉书》卷59《张汤传》，中华书局1962年版，第2638页。

③ 同上书，第2640页。

④ 《汉书》卷60《杜周传》，中华书局1962年版，第2659页。

儒酷吏，遂得以因缘假饰。”这充分说明了“春秋‘公羊’学”在凸显君主专制与儒家“德治”思想之间的矛盾。

在武帝的支持下，酷吏用“春秋决狱”，更加剧了社会矛盾的激化。天汉二年（前99），“泰山、琅邪群盗徐勃等阻山攻城，道路不通。遣直指使者暴胜之等衣绣衣杖斧分部逐捕。刺吏郡守以下皆伏诛”。《史记》卷一二二《酷吏列传》载其事曰：“郡守、都尉、诸侯二千石欲为治者，其治大抵尽放温舒，而吏民益轻犯法，盗贼滋起。……大群至数千人，擅自号，攻城邑，取库兵，释死罪，缚辱郡太守都尉，杀二千石，为檄告县趋具食……及以法诛通饮食，坐连诸郡，甚者数千人……故盗贼浸多，上下相为匿，以文辞避法焉。”这些暴动，反映出百姓对汉武帝的不满。在皇室内部，也充满着骨肉残杀、君臣相诛，使得汉宫廷内部斗争异常惨烈。汉武帝征和二年（前91），“秋七月，［按］道侯韩说、使者江充等掘蛊太子宫。壬午，太子与皇后谋斩充，以节发兵与丞相刘屈氂大战长安，死者数万人。庚寅，太子亡，皇后自杀。初置城门屯兵。更节加黄旄。御史大夫暴胜之、司直田仁坐失纵，胜之自杀，仁要斩。八月辛亥，太子自杀于湖”[①]。这些都极大地削弱了封建国家的统治力量。

法律制度成为臣下揣度君王心意的解释，法律的威严与稳定完全丧失。“《春秋》决狱”成为一些人升官的捷径，严酷刑治也成了一些人治理地方政治的手段。“其治如狼牧羊。成不可使治民”，“宁见乳虎，无值宁成之怒”，“是日皆报杀四百余人。其后郡中不寒而栗，猾民佐吏为治”。[②] 吏治苛酷，更加剧了社会矛盾的激化。“是时郡守尉诸侯相二千石欲为治者，大抵尽效王温舒等，而吏民溢轻犯法，盗贼滋起。南阳有梅免、百政，楚有段中、杜少，齐有徐勃，燕赵之间有坚卢、范主之属。大群至数千人，擅自号，攻城邑，取库兵，释死罪，缚辱郡守都尉，杀二千石，为檄告县趋具食；小群以百数，掠卤乡里者不可数……及以法诛通行饮食，坐相连郡，甚者数千人……故盗贼浸多，上下相为匿，以避文法焉。”[③]

最后，“公羊”学的大一统社会整合思想，不仅仅表现在经济上的专制一统和政治上的严酷寡恩，还表现在汉武帝对周边各少数民族的频频用兵。“公羊”学的“三世”说中的“太平世”美好蓝图吸引着具有雄才大

---

① 《汉书》卷6《武帝纪》，中华书局1962年版，第208—209页。

② 《史记》卷122《酷吏列传》，中华书局1959年版，第3145—3146页。

③ 《汉书》卷90《酷吏传》，中华书局1962年版，第3662页。

略的汉武帝。文景时期，由于北方边疆的民族冲突及政治上大一统需要，汉朝加强了对内诸侯事务的干预，对边疆蛮夷政权则采取和亲与羁縻政策。这一政策的贯彻，虽然不能完全杜绝少数民族政权对汉边境的骚扰，但可以保持汉边境的相对和平与安宁。雄才大略的汉武帝，在文帝施政的基础上，企图达到“远夷之君内而不外”“天下远近小大若一”的“太平世”，因此大力主张对外用兵，达到文治武功的太平盛世。《汉书》卷五十六《董仲舒传》记汉武帝策问诏曰：“盖闻虞舜之时，游于岩郎之上，垂拱无为，而天下太平。周文王至于日昃不暇食，而宇内亦治……今朕亲耕籍田以为农先，劝孝弟，崇有德，使者冠盖相望，问勤劳，恤孤独，尽思极神，功烈休德，未始云获也。”表现出其对文治武功彪炳史册的迫切向往。董仲舒对曰：“今陛下并有天下，海内莫不率服，广览兼听，极群下之知，尽天下之美，至德昭然，施于方外。夜郎、康居，殊方万里，说德归谊，此太平之致也。然而功不加于百姓者，殆王心未加焉。”① 从董仲舒的回答可知，他认为汉武帝已具备“致”太平的基本条件，所缺的只是“更化”。同是“公羊”家的公孙弘也认为：“今陛下昭至德，开大明，配天地，本人伦，劝学兴礼，崇化厉贤，以风四方，太平之原也。”② 这充分反映了“公羊”家主张的“华夷”之辨、企图用战争来解决民族问题的思想。如果从儒学的“仁政”“德治”传统来看，这种大力倡扬对外战争、劳民伤财、穷兵黩武的做法，显然是有违儒家传统思想的，这也是“公羊”学”内在的矛盾所在。但是，正是这种理论，为武帝大规模发动对外战争提供了合法的依据。

汉武帝在其晚年也认识到了战争强大的破坏性，他在《轮台诏》中提道：“前开陵侯击车师时……强者尽食畜产，羸者道死数千人……乃者贰师败，军士死略离散，悲痛常在朕心。今请远田轮台，欲起亭隧，是扰劳天下，非所以优民也。今朕不忍闻。”③ 战争的残酷，使民众饱受摧残。正如贤良文学在盐铁会议上指出的那样：“今废道德而任兵革，兴师而伐之，屯戍而备之，暴兵露师以支久长，转输粮食无已，使边境之士饥寒于外，百姓劳苦于内”④，“今去而侵边，多斥不毛寒苦之地……转仓禀之委，飞府库之财，以给边民。中国困于徭赋，边民苦于戍御。力耕不便，无桑麻之利，仰中国丝絮而后衣之，皮裘蒙毛，曾不足盖形。夏不失复，冬不离

① 陈苏镇：《汉代政治与〈春秋学〉》，中国广播电视出版社 2001 年版，第 233 页。

② 《汉书》卷 88《儒林传》，中华书局 1962 年版，第 3594 页。

③ 《汉书》卷 96《西域传》，中华书局 1962 年版，第 3913 页。

④ 马非百注：《盐铁论简注》，《本议》第 1，中华书局 1984 年版，第 5 页。

窟。父子夫妇内藏于砖室土圜之中”①，“今推胡、越数千里，道路回避，士卒劳罢。故边民有刎颈之祸，而中国有死亡之患，此百姓所以嚣嚣而不默也”②。文士、贤良就战争引起的痛苦事实来反驳当时的主战派，措辞或许有些夸大，但我们也可从中感受到战争给人们带来的祸患。

在这种情况下，不论是民间工商业者，还是广大人民群众，对汉武帝残酷的超经济剥夺与资源垄断的政策，均表现出极度的不满与抗争。例如诸多民间工商业者，就以消极的形式进行反抗。“富豪皆争匿财”，“天子既下缗钱令而尊卜式，百姓终莫分财佐县官，于是告缗钱纵矣”。③ 对此，汉武帝任用酷吏，把打击的矛头部分地对准他们。如酷吏张汤，“为御史大夫……汤承上指，请造白金及五铢钱，笼天下盐铁，排富商大贾，出告缗令，锄豪强并兼之家，舞文巧诋以辅法”④。这样，国家内部社会政治、经济矛盾日益尖锐。《汉书》卷六《武帝纪》记载：天汉二年（前99）“泰山、琅邪群盗徐勃等阻山攻城，道路不通。遣直指使者暴胜之等衣绣衣杖斧，分部逐捕。刺史郡守以下皆伏诛”。《史记》卷一二二《酷吏列传》记：“……而吏民益轻犯法，盗贼滋起。南阳有梅免、白政，楚有殷中、杜少，齐有徐勃，燕赵之间有坚卢、范生之属，大群至数千人，擅自号，攻城邑，取库兵，释死罪，缚辱郡太守、都尉，杀二千石，为檄告县趣具食；小盗以百数，掠卤乡里者，不可胜数也。”

在这种状况下，汉武帝开始对自己的施政行为进行了深刻反思，并着手进行统治政策的调整，从对外开拓转向国内发展农业，稳定社会秩序。征和元年（前92），据《汉书》卷九十六下《西域传》称：

> 自武帝初通西域，置校尉，屯田渠犁。是时军旅连出，师行三十二年，海内虚耗。征和中，贰师将军李广利以军降匈奴。上既悔远征伐，而搜粟都尉桑弘羊与丞相御史奏言：“故轮台以东，捷枝、渠犁皆故国，地广，饶水草，有溉田五千顷以上……臣愚以为可遣屯田卒诣故轮台以东，置校尉三人分护……”上乃下诏，深陈既往之悔，曰：“前有司奏，欲益民赋三十助边用，是重困老弱孤独也。而今又请遣卒田轮台，轮台西于车师千余里……乃者贰师败，军士死略离散，悲痛常在朕心。今请远田轮台，欲起亭隧，是扰劳天下，非所以

① 马非百注：《盐铁论简注》，《轻重》第14，中华书局1984年版，第109页。
② 马非百注：《盐铁论简注》，《地广》第16，中华书局1984年版，第122页。
③ 《史记》卷30《平准书》，中华书局1959年版，第1434页。
④ 《汉书》卷59《张汤传》，中华书局1962年版，第2641页。

优民也。今朕不忍闻……当今务在禁苛暴，止擅赋，力本农，修马复令，以补缺，毋乏武备而已……”由是不复出军，而封丞相车千秋为富民侯，以明休息，思富养民也。①

在这种情况下，汉武帝思考的首要之务，即如何能稳定经长期军事消耗以致动摇的社会政治与经济基础。所谓“由是不复出军，而封丞相车千秋为富民侯，以明休息，思富养民也”，正是对自己以前政策的反思与变革。但是，任何政策的变革都有一个反复的过程。《汉书》卷七记载：昭帝时，“承孝武奢侈余敝，师旅之后，海内虚耗，户口减半，光知时务之要，轻徭薄赋，与民休息。至始元、元凤之间，匈奴和亲，百姓充实。举贤良文学，问民所疾苦，议盐铁而罢榷酤。尊号曰‘昭’，不亦宜乎！”②

霍光在武帝左右几十年，深谙时事，及领遗诏辅八岁的幼主——昭帝，首要之务，即如何稳定经长期军事消耗以致动摇的社会。又据《汉书·杜周传》，延年“见国家承武帝奢侈师旅之后，数为大将军光言，‘年岁比不登，流民未尽还，宜修孝文时政，示以俭约宽和，顺天心，悦民意，年岁宜应。’光纳其言，举贤良，议罢酒榷盐铁，皆自延年发之”③。武帝的战时经济政策，以盐铁榷酤为最有经常性，而影响社会的程度最大。要修改财经政策，势必讨论到盐铁的问题，这就是盐铁会议的背景。

但统治集团内部在这一问题上也存在着重大的意见分歧。内外朝之分，实始于霍光。霍光以大将军居内朝主政，但朝廷的官僚结构以及政令推行的机能，依然在外朝而不在内朝。外朝宰相桑弘羊仅由武帝即位之年一直到昭帝元凤元年，约六十年之久。且由元鼎二年一直到他去世，掌握财政大权亦三十年。其资望远出车千秋乃至霍光之上，事实上为外朝领袖人物。要修改桑弘羊三十余年所掌握的财经政策，不是一件容易的事情。霍光接受了杜延年的建议，于始元五年（前88），令三辅太常，举贤良各二人，郡国文学高第各一人。在始元六年（前87）二月，展开了前所未有的以盐铁为中心的大辩论。这是霍光在政策上要假借此次辩论来压倒桑弘羊，亦即是压倒外朝所承袭的武帝的战时财经政策，以便作若干修正转换的一种手段。

正是在各种矛盾复杂交织的背景下，昭帝始元六年（前81）二月，西

---

① 《汉书》卷96《西域传》，中华书局1962年版，第3912页。

② 《汉书》卷7《昭帝纪》，中华书局1962年版，第233页。

③ 《汉书》卷60《杜周传》，中华书局1962年版，第2664页。

汉王朝召开了著名的盐铁会议。出席会议一派是政府代表，有丞相车千秋、御史大夫桑弘羊、丞相史及御史等，另一派是民间代表，"文学"鲁万生及中山刘子雍、"贤良"茂林唐生及九江祝生等共60余人。会议围绕着汉武帝时期的财政经济政策和封建王朝的指导思想，以贤良文学为代表的儒家与以桑弘羊为代表的法家之间展开了激烈的辩论，这是继汉景帝以后儒、法二家的又一次思想交锋。汉宣帝时，儒家学者桓宽根据盐铁会议上的记录进行"推衍"和"增广"，写成了《盐铁论》一书，并评其是"巨儒宿学"与"摄卿相之位"之间的"或上仁义，或务权利"的争论。

在昭帝始元六年（前81）二月的盐铁会议上，双方争论的内容主要涉及武帝时期政治上"术治"与"德治"的问题；经济上是否采取政府高度垄断资源即盐铁专营政策；对外是否穷兵黩武等问题。贤良文学公开表示了人民对盐铁政策的反对，而桑弘羊等文法吏则极力维护武帝的政策。双方的争论反映了昭帝时各种政治势力对统治政策的不同认识与看法，表现了当时错综复杂的政治局势。这是继汉景帝以后，儒、法二家的又一次思想交锋。桑弘羊一派代表了统治阶级中的既得利益集团，而贤良是选于皇家陵园所在诸县的豪富之民，文学来自郡国地方，是专习儒学的士人，他们"发于畎亩，出于穷巷"①，"居编户之列"②，"糟糠不饱"③，代表了郡国豪强、工商业者和下层地主阶级的利益。在盐铁会议上，尽管贤良文学的言论有迂腐和不切实际的一面，如反对对外贸易，恢复井田制等。尽管盐铁会议上贤良文学的主张最终未能实现，但贤良文学对现实政治的批判，洞悉民情世事，通晓官场底细，大胆对时政弊端的揭露，使他们赢得了社会的广泛同情和响应，同时也为其后儒家"春秋谷梁"学派的上台、为儒家政治与文化学说的全面复兴奠定了基础，因而产生了巨大的历史影响。其更深层次的原因在于这群儒生的言论不是孤立的，而是代表了一部分接近下层社会的"儒生"知识分子对武帝一朝的政策与儒家思想之间的矛盾的反思、批评与清算，代表了儒家集团内部对董仲舒以来儒学理论片面强调专制主义王权、无限突出中央集权的政治理论与政治思想的不满，同时也反映出下层社会中日益活跃的社会政治批评思潮。虽然盐铁会议以文法吏的胜利而告终，但朝廷对于一些政策还是做了调整和让步。同时，武帝朝所表现的"公羊"学派理论与政府统治政策的矛盾，也促进了朝野

① 马非百注：《盐铁论简注》《忧边》第12，中华书局1984年版，第95页。

② 马非百注：《盐铁论简注》《刺权》第9，中华书局1984年版，第71页。

③ 马非百注：《盐铁论简注》《毁学》第18，中华书局1984年版，第140页。

共同思考汉代封建国家意识形态的改造问题，这直接促使了朝廷“辨五经同异”的展开，使朝廷以《谷梁》立为五经博士，让“公羊”与“谷梁”两家互相弥补，由此达到重建国家统治思想与学说的目的。这也是“谷梁”学在西汉中期以后大盛的历史条件。

第二节 对于帝制国家社会经济控制的追述与思考

盐铁会议上桑弘羊与贤良文学关于社会控制政策的争论基点是从经济问题开始的，即以“民间”疾苦的缘由，以重本抑末还是重末抑本为主题而展开。经济手段是中国社会整合与控制中的一个重要手段。重本抑末还是重末抑本，不仅是一种经济思想，还是一种中国古代社会进行社会控制与整合的政治经济学思想。因此，在中国，社会控制与整合往往是全方位、多层面进行的，它包括了政治、经济、文化等方面。而经济控制的方面，过去却较少系统地为人提及。

为了更好地论证这个问题，我们必须从这种经济控制传统的起源谈起。为此，我们必须追溯到先秦时期各家各派的社会经济控制思想。

李禹阶在《论中国封建经济的宗法性品格——对中国封建经济关系的一种政治学解读》中，对中国古代社会经济的基本特征做了比较充分的论证与说明。他认为，华夏国家从史前社会蜕变出来时，保留了许多氏族、部落组织的政治、经济、文化的品格。这些品格构成中国古代社会的独特性，使中国古代社会在自己的道路上踽踽独行。在这些品格中，以宗法性的经济手段进行社会的整合与控制，是其中的一个重要方面。这些宗法性的经济手段进行社会的整合与控制内容，包括了在封建国家经济思想与政策上强调经济伦理上的平均主义与经济政策上的重农抑商。例如早在商周时期，天子建国，诸侯立家，卿置侧室，大夫有贰宗，士有隶子弟，按血缘远近及“本大末小”的原则构成从大到小的宗法社会结构。国、家、室、宗代表着不同等级的奴隶主血缘亲氏。秦汉以来，尽管以中央集权政治的官僚体制为主体的国家力量逐渐渗透进各级宗族组织外壳，从政治上毁坏了世卿世禄的贵族宗法制度，从经济上将古老的村社劳役地租转化为一家一户小生产者向国家纳贡形式的实物地租，但“千丁之族未尝散处，千载之谱丝毫不紊”。中国古代社会，尤其是社会经济仍受到宗法制的极大影响。这种影响的突出特点便是在国家意识形态上倡导经济上的平均主义与重农抑商，要求政府强力干预社会经济发展，实行经济上的干涉主义，把经济纳入自然经济轨道，抑制民间工商业，防止盲目发展的民间工商业腐蚀及破坏以皇权为代表的，集君权、神权、宗主权三位一体的封建国家官僚体制及其基础。

早在春秋时期，孔子为了缓和阶级矛盾，加强社会控制，维护周代礼制，便提出了平均主义的经济思想，“有国有家者，不患贫而患不均，不患寡而患不安。盖均无贫，和无寡，安无倾”①。这是孔子的政治经济学思想。在他看来，政治与经济之间是一种辩证关系：一方面，邦国、宗族这种社会与政治组织要依靠均平的经济手段来维护。否则，由贫富分化所引起的阶级矛盾和阶级对立很可能导致国、家的削弱、破坏，造成“贫”“寡”“倾”的局面，最终导致邦国、宗族的颠覆与毁灭；另一方面，经济上的贫困并不可怕，只要国、家“均”“和”“安”，保持一定的实力与政治地位，就不愁没有足够的物质财富，不愁“贫”和“寡”。孔子的均平思想奠基于以宗（王族、公族、宗族等）为本位的以强凌弱、以众暴寡的社会土壤之上，应当说是有一定道理的。孔子试图以均平财富来消解邦国、宗族内部因经济利益的冲突、消解贫富的分化而造成的阶级矛盾与危机，挽救“礼崩乐坏”的周代社会。他的立足点是站在国君、宗子的立场，以经济均平作为维护政治稳定的手段。这是一种以平均主义为形式，缓和因利益对抗而导致邦国、宗族因不“和”、不睦而被破坏的经济消解论。

战国时代，孔子提出的这种平均主义消解论不仅为孟、荀等儒家派别继承，并上升为一种儒家的经济伦理思想，同时也为法家所嫁接，成为法家维护中央集权专制统治的重要经济措施。从商鞅到韩非，从中央集权国家君主独裁的利益出发，已充分认识到在国家官僚体制之外的民间个体经济（农牧工商领域）的发达给集权制官僚体系带来的灾难性后果，即民间经济发展、多余财富储于百姓之中所必然形成的、游离于传统政治等级结构和秩禄秩序之外的另外一股无序力量，以及这种力量对官僚机构的腐蚀。在商、韩等法家人物看来，政治上的异己力量可以通过严厉打击来消除；文化上的异端可以通过“声服无通于百县，则民行作不顾，休居不听”② 的思想政策加以禁锢；而经济上民间崛起的无序力量以及它对官僚体制的异化、腐蚀却是不好用赤裸裸的行政手段一下子解决，而必须用妥善办法来处理。商、韩吸取孔子平均主义经济消解论，将之转化为一种以

① 傅佩荣：《解读论语》《季氏》，生活·读书·新知三联书店2007年版，第256页。

② 高亨：《商君书注译》《垦令》第2，清华大学出版社2011年版，第35页。

“重农抑商”为形式的经济干涉主义，即规定农民严守土地，不得随意流动、迁徙；实行户籍制、连坐制，“重刑而连其罪”[①]；限制工商等“末业”，“使商无得籴，农无得粜”；“无得取庸”（不准富家雇用佣工），“重关市之赋”，“以商之口数使商，令之厮、舆、徒、重者必当名（即按商家人口数分配徭役）”；同时严厉打击“学民”“商民”“技艺之民”，禁止开设私人旅店，“废逆旅”，“使民无得擅徙”，“博闻、辩慧、游居之事，皆无得为，无得居游于百县，则农民无所闻变见方。农民无所闻变见方，则知农无从离其故事”。[②]

在商、韩看来，工、商、学、技之人，皆国之乱源。商鞅说：“国有事，则学民恶法，商民善化，技艺之民不用，故其国易破也。”[③] 韩非则把儒者、工商作为危害社会的五蠹之一，主张“明王治国之政，使其商工游食之民少而名卑，以寡趣本务而趋末作”[④]，他们认为，这样就能使民固着在土地上，使民既愚又贫。“民不贵学问则愚，愚则无外交，无外交则国安而不殆。”“壹山泽，则恶农、慢惰、倍欲之民无所于食”[⑤]，严厉限制民间的流动、从事末业，就能消除经济上的无序现象，杜绝个体工商者对官僚系统的腐蚀，就能保持君主独裁下的官僚体系的稳定。

商、韩在政治上反对世卿世禄的宗法血缘制及贵族制，但他们倡导绝对君权、倡导君权独裁下的政治、经济、文化一体性，又使他们反对、打击一切经济上游离于君主制秩序之外、与君主制对抗的非政府组织力量，包括当时蓬勃兴起的民间农牧工商等个体经济及文学、游侠之士。这就从另一个侧面更彻底地清除乃至扼杀了工商业滋生的基础，从而达到一种“国家”至上的民间经济平均论，用国家力量的行政干涉来消解民间经济无序力量的产生，达到社会有效的整合与控制。与儒家倡导的平均主义有异曲同工之妙。

对这个问题，还须提及法家对国与民、贫与富的认识。前几章已经述及，出于专制独裁需要，法家认为从经济上消解民众中可能崛起的非政府组织力量，将是国家长治久安的重要手段。商鞅的《弱民》，对此进行过详尽论述。他认为：“民弱国强；国强民弱。故有道之国，务在弱民。”[⑥]

---

① 高亨：《商君书注译》《垦令》第2，清华大学出版社2011年版，第38页。

② 同上书，第40页。

③ 高亨：《商君书注译》《农战》第3，清华大学出版社2011年版，第50页。

④ 高华平、王齐洲、张三夕译注：《韩非子·五蠹》，中华书局2010年版，第720页。

⑤ 高亨：《商君书注译》《垦令》第2，清华大学出版社2011年版，第37页。

⑥ 高亨：《商君书注译》《弱民》第20，清华大学出版社2011年版，第165页。

所谓弱，就是从经济上对富裕之民加以干涉、剥夺，防止一部分民众富裕起来而不为国所用，或成为国家的对立面。“民贫则力富，力富则淫，淫则有虱。故民富而不用。”商鞅还强调：“利出一孔，则国多物；出十孔，则国少物。”国家经济必须进行最大限度的集中，如果工商繁滋，富比郡县，那么国家就危险了。他总结道：“民，辱则贵爵，弱则尊官，贫则重赏。”① 人民地位卑辱，就重视爵位；无势少力，就遵从治道；贫穷，就希冀政府奖赏。如此，就能从政治、经济上保证君主独裁政权的稳定。

在孔子眼中，维护古老的宗法血缘制度，要从经济上消解贫富分化引起的宗族内部的对立；而在商、韩等人看来，要稳定中央集权专制国家，必须防止民间个体经济扩大，避免形成游离于政府乃至与政府对立的另一种力量。这就促使儒、法两家从政治学角度去对待经济发展问题，强调政府对经济的行政干涉，主张以平均主义、重农抑商去消解民间的贫富分化，使民众保持固着于土地、不事工商的贫困状态，去弱民、贫民，防止民间出现多余的财力。这使中国封建经济一开始就纳入政治行为的轨道，经济反过来成为政治权力的附庸。在这种指导思想下，“贵则富”成为中国古代社会发财致富的根本途径。

秦二世而亡，但其建立的中央君主独裁的官僚体制却被固化，成为“千年一制”。同时，其忽兴忽灭的经验教训也为后人吸取。汉兴，武帝罢黜百家，独尊儒术，董仲舒内法外儒的大一统思想被确立为官学。此后，孔子所倡导的以平均主义为形式的经济消解论被董仲舒等“公羊”学者引入人的理性自觉及道德规范中，被进一步抽象与提升，要求以道德的“义”而非物质性功“利”作为人生价值评判的坐标，“正其谊不谋其利，明其道不计其功”；同时，商、韩法家主张的经济上的行政干涉主义也被视为国家、政府的经济决策，其核心是反对民间的大规模工商贸易，商人不得衣丝乘车，禁止民间非生产、生活资料即“奇技淫巧”的商品生产（皇家、贵族、官僚用度除外），主张盐、铁等重要产品官营。

平均主义的经济消解论和重农抑商的经济干涉主义结合，使中国小生产自然经济与宗法血缘村社长期保持，长盛不衰。

第一，它促使血缘亲族顽强保持着一个个自然经济共同体，这些经济共同体按照自给自足的方式进行生产活动，自己纺纱、织布、建房、榨油、酿酒。“稼穑而食，桑麻以衣。蔬果之畜，园场之所产；鸡豚之善

① 高亨：《商君书注译》《弱民》第20，清华大学出版社2011年版，第168页。

(膳)，埘圈之所生。……闭门之为生之具以足。”[①] 除了极少数必需品如盐、铁等，很少与外界发生交换关系。这些社会活动与生产方式只与狭隘的自然（血缘）界限相适应，劳动分工与生产资料积聚不能超越自然村落界限。它表现为一种自觉的“明版籍以相数阅，审什伍以相连持，限夫田以断兼并，定五刑以救死亡……去末作以一本业，敦教学以移情性……”的儒法交杂的宗法村社的理想化社会图景。

第二，平均主义与重农抑商的经济伦理思想，使国人以整体的物欲克制代替对财富增长的需求，把人们的眼光局限在宗族、村社内的心理凝聚与现实狭窄的自然经济中，束缚远离现实的哲理思辨以及因人们需求增长而引起的对生产进步的刺激，阻碍了科学的发展和生产力的提高。表现在农业上，是迟迟不能产生大土地经营方式，最终导致土地占有形式与经营方式的矛盾。土地占有不断趋向集中，“富者田连阡陌，贫者无立锥之地”，“馆舍布于州郡，田亩连于方国”。但是，这种集中趋向却不断被打断，被破坏，因为它是建立在小农自给自足的小土地经营上。“今农夫五口之家，其服役者不下二人，其能耕者不过百亩……”[②] 不论北方的粗耕还是南方的细作，地力始终保持在人力耜耕的水平上。这种大土地占有形式下的小土地经营直接制约着土地的集中。它一方面使小生产者不能抵御天灾人祸，易沦为替人耕作的雇农，形成滋生大土地占有的温床；另一方面使这种大土地占有形式表面化，不能固着下来，发展为与其相适应的大土地经营内容。此外，它还反复刺激小生产者的土地要求，导致农民战争与土地周期性均平，使土地占有形式在历史发展与阶级斗争中，不断向集中—瓦解—分散—集中的周期性集散状态转化。它使小生产自然经济长期保存，也使固着于上的血缘宗法村社长盛不衰。

第三，平均主义、重农抑商使人们将目光固着在土地上，安土重迁，加剧了宗族别子均财制度的发展。中国宗法传统，“别子为祖，继别为宗，继弥者为小宗，有百世不迁之宗，有五世则迁之宗”。随着宗法世系的推移，族产、土地需不断重新调整、分配，并且代代产生出新的族产单位。这使宗族土地、财产不断由大划小，处于不停地分割、转让、出卖之中，形成与大土地占有相反的另一种趋势，不断产生出许多新的自耕农与自然经济体。

---

① （北齐）颜之推著，程小铭译注：《颜氏家训》卷第1《治家》第5，贵州人民出版社1993年版，第32页。

② 《汉书》卷24《食货志》，中华书局1962年版，第1132页。

极度分散、长期保存的小生产自然经济是中国古代经济关系中的品格之一，是思想政策伦理上的平均主义、重农抑商影响的结果，但它同时又固化了古代小农经济对国家社会控制力量的需求。此外，更为重要的是，这种需求也是古代国家政治统治者所特别希望达到的效果，即通过这种极度分散的小生产自然经济，来达到高度集中的帝制国家的工商业官营经济。通过两者的对立、统一构成封建国家社会整合与控制的经济特色。

例如中国的自然经济，桑麻蔬果，“闭门而为生之具以足，但家无盐井耳”[①]。在盐铁等日用品上，必须依赖社会商品经济的补充。这使民间工商业经济及个体工商业者的势力，始终有发展壮大、冲决宗法等级特权的可能，“不为编户一伍之长，而有千室名邑之役”[②]。为了排除这种对宗法等级贵贱的破坏机制与无序力量，维护“少不得僭大，贱不得逾贵”的等级秩序，中国古代统治者借“重农抑商”这一口号，来抑制民间工商业发展。这种抑制，除直接的打击手段，如“算缗”“告缗”，“令贾人不得衣丝乘车，重租税以困辱之”[③]，“事末利及怠而贫者，举以为收孥”[④] 之外，还采取对主要日用品的生产、流通加以控制并独占的禁榷、专卖制度、官工业制度，“笼天下盐铁之利，以排富商大贾”。这种禁榷、专卖、官工业的独占，是以皇权为首的整个地主阶级宗法政治势力对社会财富的独占，它排斥民间兴起的“富商大贾”，实际上垄断了社会资源的分配及流向，只允许社会资源及财富的分配在宗法等级秩序内进行，禁止这之外的一切多余财富的再分配，禁止这种多余财富储于民间而形成的与宗法等级秩爵制相游离，并对之形成腐蚀的另一无序的政治、经济力量，达到“建本抑末，离朋党，禁淫侈，绝并兼之路”[⑤] 的目的。为此，封建国家自己设置作坊、手工工场，制造开销巨大的皇家御用物、军用品、冶铁、煮盐，通过行政干涉及权力垄断人为造成宗法制下“以人身的奴役关系和统治关系为基础的地产权和非人身的货币权之间的对立”。这种榷盐铁、抑工商的举动，本质上是在古代国家的人身依附关系下实行其弱民富国、弱民强国、民贫国强政策，是对人民进行整体的超经济的剥夺，它强制利用国家政权力量将社会经济纳入宗法品秩轨道，不惜牺牲经济发展换取社会政治

---

① （北齐）颜之推原著，程小铭译注：《颜氏家训》卷第1《治家》第5，贵州人民出版社1993年版，第32页。

② 《后汉书》卷49《王充王符仲长统列传》，中华书局1965年版，第1651页。

③ 《史记》卷30《平准书》，中华书局1959年版，第1418页。

④ 《史记》卷68《商君列传》，中华书局1959年版，第2230页。

⑤ 马非百注：《盐铁论简注》《复古》第6，中华书局1984年版，第42页。

稳定。最终自然经济法则与和它相适应的宗法品秩制顽固结合起来。一方面，古代社会的主要生产部门——农业长期处于小生产的自然经济状态，农民是附着于土地、不得随意流动，并受乡村宗法村社支配的农奴；另一方面，工商等活跃的经济部门也受自然经济法则支配，在以皇权为核心的官僚衙门统治下，做着违反经济规律、阻碍经济发展的事。例如在古代国家的官工业中，经营者与经营单位没有直接的经济联系，利润价值、经济效益没有立足之地。官商们对上而不对下负责，形式主义、习惯传统、成规礼法充斥整个官工商系统，对广大农民、手工业者的生产、生活资料的消费需求熟视无睹。“县官鼓铸铁器，大抵多为大器，务应贡程，不给民用。民用纯弊，割草不痛（利），是以农夫作剧，得获者少，百姓苦之矣!”结果导致生产效率极其低下，成本高昂，管理混乱，工人出力多而收效少。“今县官作铁器，多苦恶，用费不省，卒徒烦而力作不尽。”① 严重抑制了工商业及农业的发展。

同时，高度集中的工商业官营，本身又加固了国家经济的自然经济形式，加强了经济控制中的宗法性因素。首先，最高皇权及贵戚、勋爵，依靠少府、将作大监、庄园林苑等国家直属经济机构，生产自己所需的大多数物品与奢侈品，成为古代帝制国家最大的自给自足的宗法性经济体，构成从上至下封闭性的国家自然经济体制。秦汉时的三公九卿，就有半数以上部门是专门为最大的宗法地主——皇室的用度服务的。西汉时财政分为国家财政与帝室财政。大司农“掌谷货”，负责封建政府的国家财政收支；少府“掌山海地泽之税，以给供养”，负责皇族开支。据统计，少府收支往往大于大司农收支数倍之多。而仅天子日常生活费、赏赐费、祭祀费即达46万万钱，是国家财政收入40万万钱的1.2倍。其次，这种高度集中的经济体制，消释和缓解了民间个体经济力量扩张引起的社会竞争与挑战，防止了由此产生的对乡村自然经济形式的破坏和冲击，及对以皇权为核心的整个官僚秩爵系统的腐蚀与瓦解，使古代帝制国家的整个经济形式（地租、货币、贡赋）一直保持着平静的、停滞的、“自然”经济态势，也符合官僚地主们的田园诗般的农耕社会理想。随着社会民间个体经济力量的消释、缓解，宗法品秩等级系统产生着重要的社会控制与整合作用。这样，古代帝制国家就能够通过经济手段而更好地实现社会控制的目的。

---

① 马非百注：《盐铁论简注》《水旱》第36，中华书局1984年版，第277页。

第三节　盐铁会议关于盐铁官营的争论与调适
——中国古代帝制国家经济控制政策的初步形成

汉武帝时期，开始实行较为严格的盐铁官营和酒专卖制度等，目的是进一步削弱民间工商业者的经济实力，提高国家对于社会经济领域的控制能力。天汉三年（前89）初榷酒酤，汉代国家开始实行酒专卖制度。实行了十一年，即始元六年（前81）"秋七月，罢榷酤官，令民得以律占租，卖酒升四钱"而告结束。同时，汉代国家开始厉行盐铁专卖，这引起了社会的普遍反对。于是，在盐铁会议上，贤良、文学与桑弘羊等人在经济控制思想上争论的焦点主要是重农抑商问题。以地方代表身份出面，并且代表地方和民众经济利益的贤良、文学认为，衣、食是民众生存的根本，民众和国家都应该重视。只有重视农业，发展农业，国家才会富有，农民生活才会富足安宁。虽然国家加强了官营工商业的发展，为各地民众的物品交流提供了便利，但是它不能成为国家经济控制的手段，也不能成为封建国家经济政策的重点。而以桑弘羊为首的文法吏则对于贤良、文学的说法予以了驳斥。桑弘羊等人的理由，基本继承了先秦商、韩法家的社会经济控制思想，并吸取了先秦儒家的平均主义经济思想，主张对国家重要的经济资源给予严格垄断，尤其要对民间工商业的发展予以严格控制，以官营工商业的形式作为国家的最主要经济手段，由此达到强干弱枝、强本削末，维护封建国家的君主专制政治的目的。

在这次会议上，贤良文学针对当时的形势，提出了自己的看法，其理由是：

第一，贤良文学本着儒家经济理论，赞成传统的重农抑商。他们认为，重农抑商要从遵守封建道德规范的高度来认识："窃闻治人之道，防淫佚之原，广道德之端，抑末利而开仁义，毋示以利，然后教化可兴，而风俗可移也。"[①]在儒家学者看来，从事工商业，就有可能导致道德品质的沦落："商则长诈，工则饰骂，内怀阙阘而心不怍，是以薄夫欺而敦夫薄。"[②] 商人为经济利益所驱动，斤斤计较，必然败坏社会风气。所以，适当的重农抑商，是国家进行有效社会控制的教化之道。"是以王者崇本退

① 马非百注：《盐铁论简注》《本议》第1，中华书局1984年版，第1页。
② 马非百注：《盐铁论简注》《力耕》第2，中华书局1984年版，第16页。

末，以礼义防民欲，实菽粟货财。市，商不通无用之物，工不作无用之器。故商所以通郁滞，工所以备器械，非治国之本务也。”①

在贤良文学看来，当时的问题是以桑弘羊为首的文法吏，大力提倡封建国家垄断工商业资源行为，利用国家机器来抑制民间的工商业。这种利用国家权威来垄断社会经济资源，实行盐铁官营，其社会危害大大高于民间工商业，不仅会败坏社会风气，也会破坏儒家所提倡的封建纲常、礼义教化，其结果是得不偿失。“商鞅以重刑峭法为秦国基，故二世而夺。刑既严峻矣，又作为相坐之法，造诽谤，增肉刑，百姓斋栗，不知所措手足也。赋敛既烦数矣，又外禁山泽之原，内设百倍之利，民无所开说容言。崇利而简义，高力而尚功。非不广壤进地也，然犹人之病水，益水而疾深。知其为秦开帝业，不知其为秦致亡道也。”②

第二，从政治上来看，盐铁官营是产生社会危机与政治危机的根源。儒家学者认为，为政者是百姓效法的楷模，他们的好恶对民众和社会起着表率和引导的作用。而政府官营经济的行为却败坏了社会风气，使民众背弃礼义，产生争夺之心，不仅导致世风日下，更会引起社会的失控，导致社会的动乱。“夫导民以德则民归厚，示民以利则民俗薄。俗薄则背义而趋利，趋利则百姓交于道而接于市。”③ 统治阶级官营经济不符合传统儒家君子重义轻利的传统，任意发展下去，将使国家在政治上失去合法性，既达不到维护国家君主专制政治的目的，还会使封建政权产生政治危机。“古者贵以德而贱用兵。孔子曰：‘远人不服，则修文德以来之。既来之，则安之。’今废道德而任兵革，兴师而伐之，屯戍而备之，暴兵露师以支久长，转输粮食无已，使边境之士饥寒于外，百姓劳苦于内。立盐铁，始张利官以给之，非长策也。故以罢之为便也。”④ 所以，在当前的社会经济中，国家不应该废道德而任兵革，立盐、铁官营之禁。这样的政策长此以往，必然导致国家上下讲利而不讲义，这样，封建专制统治就危险了。“故利蓄而怨积，地广而祸构，恶在利用不竭而民不知，地尽西河而人不苦也？今商鞅之册任于内，吴起之兵用于外，行者勤于路，居者匮于室，老母号泣，怨女叹息。文学虽欲无忧，其可得也？”⑤

第三，政府主导的官营经济，并未达到“上下俱富”的目的。“盖文

① 马非百注：《盐铁论简注》《本议》第1，中华书局1984年版，第6页。

② 马非百注：《盐铁论简注》《非鞅》第7，中华书局1984年版，第55页。

③ 马非百注：《盐铁论简注》《本议》第1，中华书局1984年版，第6页。

④ 同上书，第5页。

⑤ 马非百注：《盐铁论简注》《非鞅》第7，中华书局1984年版，第52页。

帝之时，无盐铁之利而民富。今有之而百姓困乏，未见利之所利也，而见其害也”①，不仅没有使国家和民众共同富裕，还导致了社会严重的贫富分化。官营工商业有着极其严重的弊病，例如：一、官营铁业的劳动者多为役卒和刑徒，缺乏劳动积极性，“县官笼而一之，则铁器失其宜，而农民失其便。器用不便，则农夫罢于野而草莱不辟。草莱不辟，则民困乏。故盐冶之处，大傲皆依山川，近铁炭，其势咸远而作剧。郡中卒践更者多不勘，责取庸代。县邑或以户口赋铁，而贱平其准。良家以道次发僦运盐铁，烦费，邑或以户，百姓病苦之。愚窃见一官之伤千里，未睹其在朐邴也。”② 其结果是，生产成本投入增大，但产品品质低劣，投入产出的效益大大失衡。二、在销售点的设置和经营方式方面，不考虑购买者的需要，给农民造成很多不便。“今总其原，壹其贾，器多坚䃃，善恶无所择。吏数不在，器难得。家人不能多储，多储则镇生。弃膏腴之日，远市田器，则后良时。”③ 三、官营工商业的生产目的是对上负责，而对于实际的生产工具使用者却不管不顾。在完不成生产任务时，常常用行政性措施迫使百姓出徭役来强制性完成。在铁器积压时，又强行摊给农民，“铁官卖器不售，或颇赋与民。卒徒作不中呈，时命助之。发征无限，更徭以均剧，故百姓疾苦之”④。四、官营铁业价格贵、质量低、不适应生产需要，农民买不起，使用亦很不方便，“农，天下之大业也；铁器，民之大用也。器用便利，则用力少而得作多，农夫乐事劝功。用不具，则田畴荒，谷不殖，用力鲜，功自半。器便与不便，其功相什而倍也。县官鼓铸铁器，大抵多为大器，务应员程，不给民用。民用钝弊，割草不痛，是以农夫作剧，得获者少，百姓苦之矣”⑤。五、国家与官营工商业垄断了主要的社会经济资源，并且从事主要的工商业生产活动，就会使民间工商业者的创新积极性降低，从而导致社会先进工具的普及、提高缓慢。长此以往，农民只能使用原始低级的生产工具，“木耕手耨”，由此影响了社会生产力的发展。

基于以上原因，贤良文学猛烈抨击政府的官营经济是控制思想方面的失误。“窃闻治人之道，防淫佚之原，广道德之端，抑末利而开仁义，毋示以利，然后教化可兴，而风俗可移也。今郡国有盐、铁、酒榷、均输，与民争利。散敦厚之朴，成贪鄙之化。是以百姓就本者寡，趋末者众。夫

① 马非百注：《盐铁论简注》《非鞅》第7，中华书局1984年版，第52页。

② 马非百注：《盐铁论简注》《禁耕》第5，中华书局1984年版，第39—40页。

③ 马非百注：《盐铁论简注》《水旱》第36，中华书局1984年版，第277页。

④ 同上。

⑤ 同上书，第276页。

文繁则质衰，末盛则本亏。末修则民淫，本修则民悫。民悫则财用足，民侈则饥寒生。愿罢盐、铁、酒榷、均输，所以进本退末，广利农业，便也。”① 盐铁官营，国家垄断重要的社会资源，百姓亦就本者寡，趋末者众，造成百姓从事农业的人少，而从事工商业的人很多。同时，既极其不利于民间工商业的发展，又违反了孔子平均主义的经济思想，使社会两极分化，以及社会风俗的败坏更加严重。“孔子曰：‘有国有家者，不患贫而患不均，不患寡而患不安。’故天子不言多少，诸侯不言利害，大夫不言得丧。畜仁义以风之，广德行以怀之。是以近者亲附而远者悦服。故善克者不战，善战者不师，善师者不阵。修之于庙堂，而折冲还师。王者行仁政，无敌于天下，恶用费哉？”因此，贤良文学极力反对政府干预经济，要求实行相对自由的无为经济政策，归利于民间。否则，就会发生不测之变故。“商鞅以权数危秦国，蒙恬以得千里亡秦社稷。此二子者知利而不知害，知进而不知退，故果身死而众败。此所谓恋朐之智，而愚人之计也，夫何大道之有？”② “古者千室之邑，百乘之家，陶冶工商，四民之求足以相更。故农民不离畦亩，而足乎田器，工人不斩伐而足乎陶冶，不耕田而足乎粟米。百姓各得其便，而上无事焉。是以王者务本不作末，去炫耀，除雕琢，湛民以礼，示民以朴。是以百姓务本而，不营于末。”③

故在盐铁会议上，贤良文学提出反对盐铁官营、酒榷专卖和均输平准，要求统治者“进本退末，广利农业”。尤其需要注意的是，贤良文学虽然提出了重农抑商的口号，但是他们真正反对的，不是民间工商业，也不是汉初相对自由的社会经济政策，而是帝制国家以超经济的行政力量，来打击民间工商业者，实行盐铁、均输等经济垄断，反对由朝廷直接经营官营工商业，导致官商勾结而产生扰乱社会经济次序的不法商人。

与贤良文学思想对立的是以桑弘羊为代表的丞相、御史。作为当政者，桑弘羊等人把维护西汉专制政权和当权者的既得利益视为经济政策的出发点，注重政策在社会控制中的实际效用，强调“重本抑末”，极力为盐铁官营专卖辩护。并由此形成中国封建专制政权特有的政治经济思想。

第一，在桑弘羊为代表的丞相、御史看来，盐铁官营的近期目的是为应付武帝开边的财政需要，亦即应付战时的财政需要。盐铁官营能给国家带来大量的财富，以解决抗击匈奴的巨额军费开支：“匈奴背叛不臣，数

---

① 马非百注：《盐铁论简注》《本议》第1，中华书局1984年版，第1页。
② 马非百注：《盐铁论简注》《非鞅》第7，中华书局1984年版，第58页。
③ 马非百注：《盐铁论简注》《水旱》第36，中华书局1984年版，第277—278页。

为寇暴与边鄙……先帝哀边人之久患……故修障塞，饰烽燧，屯戍以备之。边用度不足，故兴盐铁，设酒榷，置均输，蕃货长财，以佐助边费。今议者欲罢之，内空府库之藏，外乏执备之用，使备塞乘城之士饥寒于边，将何以赡之？罢之，不便也。"① 据黄今言等人研究，武帝开边，"粗略估算，汉武时边防征兵最高额也达 80 万—90 万"②，如此之巨的边防军数量，其开支花费亦是不低。除了兵士的吃喝穿衣等最基本的生活消费，还有军官的俸禄和士兵的饷钱。"西汉边防兵还可以领取一定的体钱：第三十三涟长梁当时已得体钱六百……出钱四千给尉一人四月五月奉"③，甚至为边防兵提供物资的转运、传输花费也很庞大，不容忽视，"兵连师老，不暂宁息。军旅之费，转运委输，用二百四十余亿钱，府币空竭"④。这么庞大的军费开支，必须要依靠超常的财政手段才能实现。

第二，更加重要的是，盐铁官营，由国家垄断重要的经济资源，在政治上，可以通过国家经济手段控制民间工商业，强干弱枝，巩固封建国家政权，来加强整体性的社会控制。桑弘羊主张积极的商、韩法家的政治经济思想，他们认为，国家高度垄断社会资源，让盐铁官营，有利于将农民固着在土地上，让他们专心地进行农业生产，实现更好的社会控制，使国家无闲人、伪人。同时，更加重要的是，盐铁官营，是国家打击豪强和民间工商业者的有力武器。他们抨击贤良文学关于文、景帝时的自由经济政策说："文帝之时，纵民得铸钱、冶铁、煮盐。吴王擅鄣海泽，邓通专西山。山东奸猾咸聚吴国，秦、雍、汉、蜀因邓氏。吴、邓钱布天下，故有铸钱之禁。禁御之法立而奸伪息，奸伪息则民不期于妄得而各务其职，不反本何为？故统一，则民不二也；币由上，则下不疑也。"⑤ 所以，"今放民于权利，罢盐铁以资暴强，遂其贪心，众邪群聚，私门成党，则强御日以不制，而并兼之徒奸形成也"⑥。因此，国家高度垄断社会资源，盐铁官营，有利于打击豪强地主、民间工商业者，打击这些势力通过自由经济政策所形成的庞大的经济力量，构成的对于专制皇权的威胁。"山海有禁而民不倾，贵贱有平而民不疑。县官设衡立准，人从所欲，'虽使五尺童子

---

① 马非百注：《盐铁论简注》《本议》第 1，中华书局 1984 年版，第 2 页。

② 黄今言、陈晓鸣：《汉朝边防军的规模及其养兵费用之探讨》，《中国经济史研究》1999 年第 1 期。

③ 张勇：《试论西汉边防兵的几个问题》，《江西师范大学学报》1986 年第 4 期。

④ 许嘉璐：《二十四史全译 · 后汉书 · 西羌传》，汉语大词典出版社 2004 年版，第 1747 页。

⑤ 马非百注：《盐铁论简注》《错币》第 4，中华书局 1984 年版，第 32—33 页。

⑥ 马非百注：《盐铁论简注》《禁耕》第 5，中华书局 1984 年版，第 36 页。

适市，莫之能欺。’今罢去之，则豪民擅其用而专其利。决市闾巷，高下在口吻，贵贱无常，端坐而民豪。是以养强抑弱而藏于跖也。强养弱抑，则齐民消。”①

其实，桑弘羊等人的思想，是继承了先秦法家干预主义政策和儒家对于社会控制的平均主义而形成的一种古代专制社会的政治经济学思想。正如前述，在孔子眼中，想维护古老的宗法血缘制度，必须从经济上消解贫富分化引起的宗族内部的对立。孔子的立足点是站在国君、宗子的立场上，以经济均平作为维护政治稳定的手段。这是一种以平均主义为形式，缓和因利益对抗而导致邦国、宗族因不“和”、不睦的经济消解论。战国时期，孔子提出的这种平均主义消解论不仅为孟、荀等儒家派别继承，并将其概括为一种儒家的经济伦理思想；同时也为法家所嫁接，成为法家维护中央集权专制独裁的重要经济措施。从商鞅到韩非，从封建国家君主独裁的利益出发，充分认识到在国家官僚体制之外的民间个体经济（农牧工商领域）的发达给集权制官僚体系带来的灾难性后果。同时，相对自由的商品经济政策下形成的大商大贾，也会随着时间流逝，而主张政治上的自由的权力，这是君主专制政治所不能认同的。因此，在商、韩等人看来，要稳定中央集权专制国家，必须防止民间个体经济实力的扩大。商、韩吸取孔子平均主义经济消解论，将之转化为一种以“重农抑商”为形式的经济干涉主义，即规定农民要严守土地，不得随意流动，迁徙；实行户籍制、连坐制，“重刑而连其罪”②；限制工商等“末业”，“使商无得粜，农无得粜”；“无得取庸”（不准富家雇用佣工），“重关市之赋”，“以商之口数使商，令之厮、舆、徒、重者必当名（即按商家人口数分配徭役）”；同时严厉打击“学民”“商民”“技艺之民”，“使民无得擅徙”，“博闻、辩慧、游居之事，皆无得为，无得居游于百县，则农民无所闻变见方。农民无所闻变见方，则知农无从离其故事”。③ 这些措施，是以牺牲经济发展，牺牲民众的利益、权利来求得专制政权政治的稳定及对社会的有效控制。而桑弘羊等人主张盐铁官营，严厉打击豪强和民间工商业者，一方面是通过打击这些人，消灭民间的大豪强、大工商业者，使社会财富集中在政府手中，使民众处于绝对性、平均性的贫困之中，弱小的民众只能依靠封建皇权来保护自己的利益，更加利于封建政府的社会控制；另一方面，政府

① 马非百注：《盐铁论简注》《禁耕》第5，中华书局1984年版，第38—39页。

② 高亨：《商君书注译》《垦令》第2，清华大学出版社2011年版，第38页。

③ 同上书，第40页。

实行盐铁官营等垄断性经济政策，用政权的超经济力量来干预社会经济，导致经济发展速度缓慢，生产效率低下，但是只有专制政治势力作为一股独大的力量，支配了国民经济重要领域的生产、分配、消费，政治等级制度才能够真正成为在政治、经济、文化上的核心。这样一来，人们才能依附于政治权力，而不是依附于豪强或者民间工商业者，国家才能更加有效地进行社会控制。所谓："奸猾交通山海之际，恐生大奸。乘利骄溢，敦朴滋伪，则人之贵本者寡。大农盐铁丞咸阳、孔仅等上请：愿募民自给费，因县官器煮盐予用，以杜浮伪之路。由此观之，令意所禁微，有司之虑亦远矣。"① 因此，桑弘羊等人要求解决的是政治问题而非单纯的经济问题。这正是对于商、韩法家"故有道之国，务在弱民"思想的继承发展。商、韩所谓弱民，就是从经济上对富裕之民加以干涉、剥夺，防止一部分民众富裕起来而不为国所用，或成为国家的对立面。"民贫则力富，力富则淫，淫则有虱。故民富而不用。""民，辱则贵爵，弱则尊官，贫则重赏。"② 人民地位卑辱，就重视爵位；无势少力，就遵从治道；贫穷，就希冀政府奖赏。桑弘羊等人的一席话，充分说明了这个由国家干预主义和平均主义所形成的弱民、贫民、愚民的观点："民大富，则不可以禄使也；大强，则不可以罚威也。非散聚均利者不齐。故人主积其食，守其用，制其有余，调其不足，禁溢羡，厄利涂，然后百姓可家给人足也。"③

所以桑弘羊等人是从儒、法两家有利于皇权进行社会控制的政治经济学角度去看待经济发展问题。他们强调政府对经济的行政干涉，主张以平均主义、重农抑商来消解民间的贫富分化，使民众保持固着土地、不事工商的状态，达到弱民、贫民、愚民的目的，由此防止民间出现集中的财力，形成与封建政治等级对抗，或者腐蚀的力量。因而使中国封建经济一开始就纳入政治行为的轨道，经济反过来成为政治权力的附庸。在这种指导思想下，"贵则富"成为中国封建社会发财致富的根本途径。

第三，桑弘羊等人还认为，国家控制工商业生产，垄断重要的经济资源，并没有与农业生产发生冲突，相反，这种做法还有利于农业生产的发展。在他们看来，农业与工商业之间相通互补，增加国家财富。"古之立国家者，开本末之途，通有无之用。市朝以一其求，致士民，聚万货，农商工师各得所欲，交易而退。……故工不出则农用乖，商不出则宝货绝。

---

① 马非百注：《盐铁论简注》《刺权》第9，中华书局1984年版，第67页。

② 高亨：《商君书注译》《弱民》第20，清华大学出版社2011年版，第168页。

③ 马非百注：《盐铁论简注》《错币》第4，中华书局1984年版，第29页。

农用乏则谷不殖，宝货绝则财用匮。”① 手工业为农业生产提供生产工具，商业有利于货物流通，末业较之本业更有利于富国强兵，盐铁官营有利于农业生产。从某种角度上看，桑弘羊等人的这种说法似乎是成立的。但是，这里有一个根本的问题，即国家对于重要资源和生产的严厉控制、垄断，必然使社会生产部门的内在活力减小，没有民间社会资源的支持，工商业的发展也必然是畸形的。何况在所谓官营企业中，由封建制度所带来的种种弊病，例如不讲求效益，唯上命是从；不讲求生产效能、产品质量，只是凭借封建专制的超经济特权来支撑官有企业的发展。这些弊病，在汉代已经暴露得非常明显，也是贤良文学对于桑弘羊等人的政策进行批判的重要理由。

所以，桑弘羊等人的经济政策，是为了政治目的，不惜牺牲经济发展的一种政治经济学思想的体现。他们严厉打击豪强与工商业者，实行盐铁官营，是排除一切异己的手段，是从经济上打击、剥夺民众权利的一种表现。桑弘羊没有隐瞒他们的观点。他大量的说法，表现出他们是站在封建国家集权政治的高度，来看待其所实行的垄断性财政经济政策，尤其是盐铁官营政策。

需要指出的是，以桑弘羊为代表的丞相、御史，其经济上的社会控制思想应该说是行之有效的，在打击豪强地主与民间工商业者方面效果显著。由于他们看到“浮食豪民好欲擅山海之货，以致富业，役利细民，故沮事议者众。铁器兵刃，天下之大用也，非众庶所宜事也。往者豪强大家得管山海之利，采铁石鼓铸，煮盐，一家聚众或至千余人，大抵尽收放流人民也。远去乡里，弃坟墓，依倚大家，聚深山穷泽之中，成奸伪之业，遂朋党之权，其轻为非亦大矣。今自广进贤之途，练择守尉，不待去盐铁而安民也”②。加上他们的亲身经历，所以采取了种种有效措施来厉行他们的经济政策，使汉代中期民间工商业者受到沉重的打击。

所以，汉代中期的盐铁会议，是一次在中国中古社会历史上有着重要影响的，标志着中国古代帝制国家政治经济思想基本定型的会议。这次会议上，两方的争执应该说都体现了中国统治者对于经济问题的看法。例如贤良文学，虽然他们代表地方上的利益集团，同时又真正地实事求是地看到了实行盐铁官营所带来的种种问题。但是他们作为儒家知识分子，根本上属儒家的思想范畴，所以他们追求“轨德文化”，求“王道”政治。他

---

① 马非百注：《盐铁论简注》《本议》第1，中华书局1984年版，第6页。

② 马非百注：《盐铁论简注》《复古》第6，中华书局1984年版，第42页。

们一方面主张以思想的统一求得国家的统一，以重农抑商的平均主义来整合社会，以“礼”“仁义”来实行社会的教化和国家的整合。另一方面，他们看到了实行盐铁官营，官商勾结工商业，以及单纯的官营工商业的所谓计划性弊病。因此在盐铁会议上，他们强烈主张统治者既应该注重礼义，教化民众，又不能通过垄断社会经济资源的官营工商业、盐铁官营政策等，来与民（即民间工商业者）争利。他们列举了古时圣王均以仁义治世的例子，主张在经济问题上，应该以孔孟为依归。正如艾森斯塔得在《帝国的政治体系》一书中所说，他们“强烈地反对国家对经济事业的直接促进，不管那是通过垄断性控制还是通过直接的占有”①。反映在具体的经济政策上，表现为对国家干预经济的极力否定，力主采取经济的相对自由和放任政策。同时，他们将重农抑商和贵义贱利联系起来，从富民的视角来看待盐铁政策，认为民富与国富是一对辩证关系。应该说，这是贤良文学基于当时的社会经济情况，而提出的有利于经济发展的方法、政策。

桑弘羊等人则不然。桑弘羊虽出身商人家庭，但他十三岁就“幸得宿卫，给事辇毂之下，以至卿大夫之位，获禄受赐”，以“中朝”官员的身份干预朝政，早已成为封建国家专制王权的经济政策的忠实执行者与代言人。② 从思想上看，桑弘羊继承了法家衣钵，是一位崇尚“法治”的现实政治家。他推崇管仲，备赞商鞅，是一位主张以各种手段，包括经济手段来维护专制王权的人物。故在国家的经济运作问题上，桑弘羊强烈主张：“利出一孔，则国多物；出十孔，则国少物。”国家经济必须进行最大限度的集中，如果工商繁滋，富比郡县，那么国家就危险了。所以国家必须运用行政手段强制性地干预社会经济，为大一统中央政权提供强有力的物质支撑，并且进一步强化帝制国家的社会控制。另外，他又吸取了儒家的平均主义思想，通过打击民间工商业者，来达到民众的绝对的平均，以实现平均主义色彩下的绝对性贫困。其后古代国家实行的均田制、占田制度等等，一方面固然是为了封建国家的赋税收入；另一方面，也具有打击豪强地主，削弱民间工商业者的目的，由此使民众固着在土地上，处于绝对的小生产者的平均状态。在汉武帝时期，以盐铁起家的富商大贾已“因其富厚，交通王侯，力过吏势，以利相倾”，对封建政权及其政治等级制度已经构成威胁。尤其是在财富分配上，再也不是由政治等级和政治权贵单独

---

① 〔美〕艾森斯塔得：《帝国的政治体系》，阎步克译，贵州人民出版社 1992 年版，第 235 页。

② 马非百注：《盐铁论简注》《贫富》第 17，中华书局 1984 年版，第 129 页。

地垄断社会财富的分配，没有爵位、官职的民间工商业者，照样能够通过聚敛财富，过上富比王侯的生活，行使一定的政治权力。“今夫越之具区，楚之云梦，宋之钜野，齐之孟诸，有国之富而霸王之资也。人君统而守之则强，不禁则亡。齐以其肠胃予人，家强而不制，枝大而折干，以专巨海之富而擅鱼盐之利也。势足以使众，恩足以恤下。是以齐国内倍而外附。权移于臣，政坠于家，公室卑而田宗强，转毂游海者盖三千乘，失之于本而末不可救。”[①] 在桑弘羊等人看来，要防止民间工商业者“有国之富而霸王之资也”的局面，防止“权移于臣，政坠于家，公室卑而田宗强”的后果，就必须对社会的经济资源予以垄断，禁止民间工商业者对于重要经济资源的利用。这样，就能够达到“人君统而守之则强”的状况。所以，打击民间工商业者，是政治上的需要，是为了防止社会上无组织的社会力量的发展、壮大而形成的对于中央皇权的威胁。

故桑弘羊实行盐铁官营，目的不仅仅是经济问题，更重要的是政治问题。是为了更好地巩固帝制国家政权，着眼于社会整合与控制的大“治”，宁可要封建皇权与专制主义的草，也不要自由经济条件下的苗。所以，以桑弘羊为首的一批官员在盐铁会议上的主张，本质上是以国家强行干预的经济政策来达到社会控制的目的。

桑弘羊等人的这种政治经济思想，开中国古代帝制国家政治经济思想的先河。此后，中国帝制国家的经济政策基本上是由此发展而来。期间尽管有着些许改变，但是其大目标是不变的。在许多朝代中，重农抑商，盐铁官营，以政府的超经济权力来垄断重要的社会经济资源，把持重要的经济领域，而不顾社会经济发展的水平与速度；同时，厉行对于民众的人身控制，通过平均主义的方式，将民众固着在土地上，使他们远离权力舞台，从根本上消除其社会政治经济的视野和眼光，以达到便于社会控制的目的。所以，盐铁会议是一次在中国经济史上非常重要的会议，它表明中国封建国家的专制政治与经济控制思想基本定型。

第四节　盐铁会议关于“德治”与“法治”的争论

刑治和德治是统治者在治理国家的时候所采用的两种政策。所谓刑治，就是指统治者治理国家时依靠严厉的法律，严格控制社会，在专制主

---

① 马非百注：《盐铁论简注》《刺权》第9，中华书局1984年版，第67页。

义的法理基础上（这种法理的核心是维护君主专制政治及其等级制度），一切违背专制政治法理的行为都交由国家的专制机器处以各种惩罚乃至刑律，而忽略道德伦理对于社会、人心的治理。这种统治，具有强烈的强制性约束力；所谓德治，就是指统治者依靠道德、伦理、宗教、社会风俗等来教化、移易民众的思想和心理，通过这种手段来控制民众的思想、认识，并最终用此来约束民众的各种社会行为。这种统治的约束力是靠统治者提倡的道德、伦理、纲常等这些思想控制内容，通过内化于民众内心，而使民众获得信仰，达到对民众思想及心理的主观控制。刑主德辅、德主刑辅，还是二者并重，这些问题既是国家治理社会的一种根本指导思想，也是国家处理好各个阶级、阶层之间关系的重要手段。在中国历史上，良好、合理的刑德关系影响并决定着稳定、良好的社会秩序，而稳定、良好的社会秩序又是构建士大夫理想社会的首要因素。

在盐铁会议中，贤良文学与桑弘羊等官僚士大夫在治理国家及社会控制问题上的“术”与“德”之争，亦即“刑”“德”之争，也是究竟采用刑主德辅、德主刑辅，还是二者并重的政策之争。

在《盐铁论·刑德》中，文学和桑弘羊等官僚（大夫）就治国策略分别提出自己的主张。他们出于对国家政治形势和治理手段的不同认识，故前者强调德主刑辅的德治精神，后者看重刑主德辅的刑治精神。桑弘羊等官僚士大夫提出，“令者所以教民也，法者所以督奸也。令严则民慎，法设而奸禁”[①]，在他们看来，只有以严苛的法律、刑治，才能使民众因为畏惧惩罚而行为谨慎，不敢做出危害社会的事情；如果不制定严厉的法律网纲，或者法律网纲不完善、有疏漏，就会造成民众漠视国家的统治规则，给社会带来混乱，“网疏则兽失，法失则罪漏。罪漏则民放佚而轻犯禁。故禁不必，怯夫侥幸，诛诚，蹠、蹻不犯。是以古者作五刑，刻肌肤而民不逾矩”[②]。桑弘羊等官僚士大夫还以“今驰道不小也，而民公犯之，以其罚罪之轻也”[③] 的说辞，来说明国家在治理民众政策上，就应该加重处罚，轻罚的结果只会是作奸犯科的日益增多。

应该说，桑弘羊等官僚士大夫是继承了先秦商、韩法家在社会控制上的基本的刑治主义精神，而强调对于民众的“刻肌肤而民不逾矩”的刑治主义。这种精神实际上是汉代自继承秦帝国专制政治制度以来的一种社会

---

① 马非百注：《盐铁论简注》《刑德》第55，中华书局1984年版，第389页。

② 同上。

③ 同上书，第391页。

控制手段的遗留。也表现了汉初自武、昭时期社会控制方面实际存在的一种刑治精神。贤良文学则对大夫的法治提出了反质。他们以秦的灭亡来说明治理国家必须以礼义为主的德主刑辅的手段："昔秦法繁于秋荼，而网密于凝脂。然而上下相遁，奸伪萌生，有司法之，若救烂扑焦不能禁。非网疏而罪漏，礼义废而刑罚任也。"[①] 贤良文学用亡秦的例子来反驳大夫的观点，认为秦朝的灭亡是废除礼义、专任刑罚政策的结果。同时，贤良文学旗帜鲜明地提出治理民众和社会控制的方法，"故治民道，务笃其教而已"[②]。认为只有通过道德伦理对民众从思想上进行教化，才会使他们真正地服从帝王的统治。而严酷的刑罚虽然能够威迫民众屈服，却不能使他们有发自心里的顺从。

贤良文学进一步认为，统治者弃仁义而繁刑法是作茧自缚，必将招致自己灭亡："今驰道经营陵陆，纡周天下，是以万里为民阱也。罻罗张而悬其谷，辟陷设而当其蹊，矰弋饰而加其上，能勿离乎？聚其所欲，开其所利，仁义陵迟，能勿逾乎？故其末途至于攻城入邑，损府库之金，盗宗庙之器，岂特千仞之高，千钧之重乎？"[③] 只有约省刑法，昭明德治，才可能使社会稳定、发展，"故德明而易从，法约而易行"，推行仁义，倡扬儒家推崇的仁义礼治，才能治理好国家，"《管子》曰：'四维不张，虽皋陶不能为士。'故德教废而诈伪行，礼义坏而奸邪兴，言无仁义也。仁者，爱之效也；义者，事之宜也。故君子爱仁以及物，治近以及远。"[④]

对于贤良文学的反驳，御史大夫则进一步指出："执法者国之辔衔，刑罚者国之维楫也。故辔衔不饬，虽王良不能以致远；维楫不设，虽良工不能以绝水。"[⑤] 国家的法令法律就像驭马的缰绳和嚼子，像舟船的缆绳和桨一样不可或缺，否则国家这匹大马就无法驾驭，这艘大船就无法起航。"今刑法设备而民犹犯之，况无法乎？其乱必也！"[⑥]御史大夫们的说法，实际上是先秦商、韩法家的以刑去刑思想的延续。

贤良文学针对御史大夫的说法进行了反驳，他们认为统治者如果不推行孔子的德治学说，到时候危险的就是君主专制的国家自身。"昔吴使宰嚭持轴而破其船，秦使赵高执辔而覆其车。今废仁义之术，而任刑名之

---

① 马非百注：《盐铁论简注》《刑德》第55，中华书局1984年版，第390页。
② 同上。
③ 同上书，第392页。
④ 同上书，第392—393页。
⑤ 同上书，第394页。
⑥ 同上书，第395页。

徒，则复吴、秦之事也。夫为君者法三王，为相者法周公，为术者法孔子，此百世不易之道也。韩非非先王而不遵，舍正令而不从，举陷阱，身幽囚，客死于秦。秦夫不通大道而小辩，斯足以害其身而已。”①

在官方代表和贤良文学之间的辩论中，我们可以看出两方的观点，即法治和德治。但需要注意的是，官方代表们仅仅强调法治的重要地位和意义，并没有认识到统治者施行德治的必要性。然而，贤良文学虽然在说德治的同时，并没有反对国家的法治措施，只是认为在德治和法治之间要能够分主次，要以德治为主，法治为辅。在普遍推行礼义教育的同时，还需要有必要的法律条文，这样国家才能得到很好的治理，社会才能很好地发展，达到长治久安。可有时候，当德治和法治在处理同一件事情时，该如何决断，怎样才能使处理的方式更恰当公允，这就涉及德治和法治在发生冲突时，二者之间关系的协调问题。

贤良文学对这个问题的解答是用《春秋》来决狱，即是用人之常情、人内心动机好坏来定罪，“故《春秋》之治狱，论心定罪。志善而违于法者免，志恶而合于法者诛”②。贤良文学认为，如果死板地依照法律条文来治理国家的话，则会使国家伤人太多，最终不利于国家统治，“古者，伤人有创者刑，盗有臧者罚，杀人者死。今取人兵刃以伤人，罪与杀人同，得无非其至意与?”③ 由此可以看出文学的态度是，普遍施行德治的同时，也要有简省的法治，而不能像官方代表那样只提倡严厉的法治。在汉朝的立国之初直至汉武盛世的时候，统治者在政策的选择上，都倾向于省刑罚、施德教。如此看来，贤良文学是有“返古”的情结。

汉高祖刘邦在建立国家的初期，就和关中人民百姓约法三章：“杀人者死，伤人及盗抵罪”④，摒弃了秦朝烦琐的苛法律令，这其中有汉高祖为了拉拢人心的目的，但从另一个方面也看出，百姓们对于简省的法律是欢迎的。随着统治的稳固，汉朝统治者们也担心这么简单的法律条文不能完全解决社会中出现的种种复杂的问题。因此，相国萧何依照前朝法律，制定了盗律、贼律、囚律、捕律、杂律、具律、户律、兴律、厩律九篇，是谓《九章律》，亦称《汉律九章》，以相对完备的法律条文来管理复杂的社会秩序。吕后、惠帝时，实行无为而治的政策。汉文帝在位时，继续推行无为之策，减轻赋税，重视发展农业的同时，减轻刑罚，此时还废除了

① 马非百注：《盐铁论简注》《刑德》第55，中华书局1984年版，第395—396页。

② 同上书，第393页。

③ 同上。

④ 许嘉璐：《二十四史全译·汉书·刑法志》，汉语大词典出版社2004年版，第474页。

自刑罚产生就有的肉刑。汉文帝认为，人民犯法遭刑，是教化的不深入和不彻底，“今人有过，教未施而刑已加焉，或欲改行为善，而道亡繇至，朕甚怜之。夫刑至断肢体，刻肌肤，终身不息，何其刑之痛而不德也！岂为民父母之意哉!”① 刑罚不如德教，如果只任刑罚，就不能称职地做人民的父母官。汉文帝废除肉刑的举措，在刑罚制度改革中具有重要的意义。继文帝之后，景帝在刑罚上的举措是减轻笞刑，其曾在诏书中规定，减五百笞为三百笞，减三百笞为二百笞。之后景帝继续简省刑罚，也严格规定了用于实施笞刑的刑具的长短厚薄，减轻了对笞刑犯人行刑时的痛苦。汉武帝时代，儒学大师董仲舒等得势，董仲舒等人也强调德治、德教的重要性，认为“圣人之道，不能独以威势成政，必有教化。……故君民者，贵孝弟而好礼义，重仁廉而轻财利。躬亲职此于上而万民听，生善于下矣。故曰：‘先王见教之可以化民也。’此之谓也”②。董仲舒向武帝建议“罢黜百家，独尊儒术”，使儒学在诸多学派中获得正统的官方地位，由此，儒学所倡导的德治、教化也必然成为统治者首选的治国策略。

桑弘羊与贤良文学在刑德上的争议有着深刻的哲学与历史根源。

首先，贤良文学的思想基础是“天人感应”。自董仲舒将原始儒学神学化开始，天人感应之说开始成为儒家学说的一个重要思想。贤良文学重复阴阳五行、“天人感应”说，认为自然界日月星辰的运转、春夏秋冬四时的变化、人类社会的兴衰、国家的治乱，无一不是天意决定的，世上万物都是“百神之君”有意识地创造出来的，是“法权神授”。

而桑弘羊以自然命定论为基础，认为灾异与人事之间没有任何关系，反对贤良文学的灾异遣告说，认为天灾是“天道然”，即自然现象。并且，与理学家一样，桑弘羊认为“天道”是世间万事万物的本原，社会的道德规范与国家法律都是“道”化生出，出自自然。

其次，在盐铁会议上，贤良文学坚持儒家思想，认为：“为君者法三王，为相者法周公，为术者法孔子，此百世不易之道也。”③ 桑弘羊则是站在维护国家统治的立场上，反对“百世不易之道”和“天不变、道亦不变”的说法，提出“时世之变”的主张：“世殊而时异”，“时世不同，轻重之务异也”，认为时代是不断发展变化的。他批判贤良文学的主张是

---

① 许嘉璐：《二十四史全译 · 汉书 · 刑法志》，汉语大词典出版社 2004 年版，第 475 页。

② 曾振宇、傅永聚注：《春秋繁露新注 · 为人者天》第 41，商务印书馆 2010 年版，第 225 页。

③ 马非百注：《盐铁论简注》，中华书局 1984 年版，第 395 页。

“明枯竹，守空言，不知趋舍之宜，时世之变。议论无所依，如膝痒而搔背”①。

第五节　《盐铁论》社会控制思想中的君臣观

在中国封建社会君主专制集权的国家中，君主个人的作用是十分巨大的。在理论上看来，君主是上天之子，是上天派往人间的管理者，并且秉承上天意志对人民实行管理和统治。因而，君主的个人品质也十分重要。在汉代儒家学者看来，君主的个人品质是决定一个国家兴衰的重要因素。

在中国历史上，圣明天子、太平宰相是一种有效进行社会控制的理想。贤人政治被寄予了很高的期望。在部落联盟时代，历代津津有味传说着的尧舜禹间的禅让，其条件和前提就是后继者的德、才，这样后继者才能为人民所爱戴和追随。“帝尧者……其仁如天，其知如神。……富而不骄，贵而不舒。黄收纯衣，车乘白马。能明驯德，以亲九族。九族既睦，便章百姓……”② 尧在选择继承人的时候，首先考虑的是继位者的品行和对社会的有益性。“吁！顽凶，不用。”最后选择了治水有功的虞舜作为自己的接班人。舜也是位内在和外在具有修行的人，在复杂的家庭环境中也能以德昭化父母兄弟。即使即位后，也是勤俭节约，为世之楷模，可谓中国古代道德的化身。舜的接替者，禹“为人敏给克勤，其德不违，其任可亲，其言可信……卑宫室，致费于沟域”。这种情况是与中国自古以来的君主政治联系在一起的。

汉朝初创，承秦之制度。尤其是汉武帝时代，君主专制政治开始大力提倡，君主个人的品质、好恶在实际政治中的作用更为重要。因此，在这一阶段的政治理论中，君主品质以及君主个人的好恶，建构什么样的君臣关系，就成为社会控制与整合的一个重要问题。

盐铁会议上，关于君主的品质、君臣关系等也被提出来作为重要的治世问题。其核心内容就是一个理想的君主应该具有哪些优秀品质，一个清明的朝代应该具有什么样的君臣关系呢？

在贤良文学看来，一个清明的朝代，一个理想的君主应该具有这样一些优秀的品质。

---

① 马非百注：《盐铁论简注》《利议》第27，中华书局1984年版，第202页。

② 许嘉璐：《二十四史全译·汉书·刑法志》，汉语大词典出版社2004年版，第3页。

第一，在严格的专制政治集权中，君主个人的作用是十分巨大的，因而君主应该是仁义之君。顾名思义，君主内心应该是仁爱和正直的，外在上则要把自己的仁义显化、外化、具体化。“君子执德秉义而行，故造次必于是，颠沛必于是。”[①] 君主需要遵行仁德，主持礼义，不论时势动荡变乱，还是安稳平静均该如此，任何时候都不能“弃仁义而尚刑罚”，“王者崇礼施德，上仁义而贱怪力”[②]，“古者，君子立仁修义以绥其民，故迩者习善，远者顺之”[③]。

第二，圣明睿智是君主的另一品德。明主应该忧虑天下的太平和诸侯国的安宁，思虑天下的烦乱与分裂。“天下不平，庶国不宁，明主之忧也。上无天子，下无方伯，天下烦乱，贤圣之忧也。”[④] 同时，君主应具有与民同甘共苦的思想。好的君主，应该能深刻体会到下层人民的生活，感同身受。“故王者之于天下，犹一室之中也，有一人不得其所，则谓之不乐”[⑤]，“圣主思念中国之未宁，北边之未安，使故廷尉评等问人间所疾苦，拯恤贫贱，周赡不足”[⑥]。因此，理想的君主应该是施恩惠于普天下之人，而不应该施暴于民，独自享受国家的财富，“陛下不私，以属大司农，以佐助百姓”[⑦]，“故民流溺而弗救，非惠君也”[⑧]。

第三，理想的君主虽“因时变制”，然不可背“圣人之道”。“明者因时而变，知者随世而制”[⑨]，“圣王之治世，不离仁义。故有改制之名，无变道之实……殷、周因循而昌，秦王变法而亡”[⑩]。君主应该注重教育教化臣民，明德教，谨庠序，立教化。“上自黄帝，下及三王，莫不明德教，谨庠序，崇仁义，立教化。此百世不易之道也。”[⑪] 君王应该以礼乐移风易俗，“礼所以防淫，乐所以移风，礼兴乐正则刑罚中。故堤防成而民无水灾；礼义立，而民无乱患。故礼义坏，堤防决，所以治者，未之有也。……故礼之所为作，非以害生伤业也；威仪节文，非以乱化伤俗也。

---

① 马非百注：《盐铁论简注》《论儒》第11，中华书局1984年版，第89页。
② 马非百注：《盐铁论简注》《崇礼》第37，中华书局1984年版，第280页。
③ 马非百注：《盐铁论简注》《备胡》第38，中华书局1984年版，第289页。
④ 马非百注：《盐铁论简注》《论儒》第11，中华书局1984年版，第91页。
⑤ 马非百注：《盐铁论简注》《忧边》第12，中华书局1984年版，第93页。
⑥ 同上书，第95页。
⑦ 马非百注：《盐铁论简注》《复古》第6，中华书局1984年版，第42页。
⑧ 马非百注：《盐铁论简注》《忧边》第12，中华书局1984年版，第93页。
⑨ 同上书，第97页。
⑩ 马非百注：《盐铁论简注》《遵道》第23，中华书局1984年版，第178页。
⑪ 同上。

治国谨其礼，危国谨其法”①。除此之外，君主需要推崇孝养，“古者明其仁义之誓，使民不逾上乎，刑之不教而杀，是以虐也。与其刑不可逾，不若义之不可逾也。闻礼义行而刑罚中，未闻刑罚行而孝悌兴也”②。

以上诸种，是理想王者应具有的品质，这其中既有对君主内在的要求，也有外在的准则，只有内外兼修的君主，才能成为社会控制中的成功君主。贤良文学认为，这些对君王素养的要求对于王朝的兴旺是极其重要的。同时，在君主具有这些品质以后，君主治下的大臣也必须具有相应的品德，才能很好地辅助君主，实行社会控制。

在贤良文学看来，如果国家想要繁荣昌盛，必须要有好的大臣，才能稳固国基。所以，良好品行的大臣也是国家的栋梁，民众道德的楷模。他们看到了当时封建国家吏治的混乱：“今吏道壅而不选，富者以财贾官，勇者以死射功。戏车鼎跃，咸出补吏，累功积日，或至卿相。垂青绳，擐银龟，擅杀生之柄，专万民之命。弱者，犹使羊将狼也，其乱必矣；强者，则是予狂夫利剑也，必妄杀生也。是以往者郡国黎民相乘而不能理，或至锯颈杀不辜而不能正。执纲纪非其道，盖博乱愈甚。”③ 所以强烈要求在吏治上必须按照一定的道德要求来进行整顿。

关于人臣之德，贤良文学提出了自己的看法。在《盐铁论》一书中，就包含了儒家理想中的大臣之德。

第一，理想的大臣首先应是忠义之士。在专制政治中，忠是大臣最重要的品质要求，对君主忠心，对国家忠实，对百姓忠诚。“比干剖心，子胥鸱夷，非轻犯君以危身，强谏以干名也。憯怛之忠诚心动于内，忘患之祸之发于外，志在匡君救民，故身死而不怨。君子能行是不能御非，虽在刑戮之中，非其罪也”④，对于君主、国家、社稷的忠诚是高于自己生命存在的，可谓赤胆忠心。忠诚的一个基本原则就是绝不犯上作乱，“君子可贵可贱，可刑可杀，而不可使为乱”⑤。不仅如此，士为知己者死，“人臣各死其主，为其国用”⑥。

第二，理想的大臣应该是怀仁义德行而不言利害得失的。“故天子不

---

① 马非百注：《盐铁论简注》《论诽》第24，中华书局1984年版，第183页。
② 马非百注：《盐铁论简注》《诏圣》第58，中华书局1984年版，第414页。
③ 马非百注：《盐铁论简注》《除狭》第32，中华书局1984年版，第258页。
④ 马非百注：《盐铁论简注》《非鞅》第7，中华书局1984年版，第62页。
⑤ 马非百注：《盐铁论简注》《晁错》第8，中华书局1984年版，第64页。
⑥ 同上书，第65页。

言多少，诸侯不言利害，大夫不言得丧。畜仁义以风之，广德行以怀之”①，只有如此，近处的人才会亲近归顺他们，远处的人也会对他们心悦诚服。除了君主要修自己的德行，其官僚们也应修文德使民众归顺。理想的大臣应该为官不为利，真心实意地为民众办事。如果“诸侯好利则大夫鄙，大夫鄙则士贪，士贪则庶人盗”②，“故舜假之尧，太公因之周。君子能修身以假道者，不能枉道而假财也”③。“公卿宜思所以安集百姓，致利除害。”④ 大臣们只有不图利，才能使得整个社会安静祥和，致利于民，让百姓安居乐业。

第三，理想的大臣应该清廉自律，不能据富攀比。“故山泽无征则君臣同利，刀币无禁则奸贞并行。夫臣富则相侈，下专利则相倾也。”⑤ 如果大臣们攀比个人财富，只会忘记自己的职责，终会使一方混乱不堪。同时，大臣们不能以权谋利，应摆正利与禄之间的关系，“古者事业不二，利禄不兼，然后诸业不相远，而贫富不相悬也。夫乘爵禄以谦让者，名不可胜举也；因权势以求利者，入不可胜数也。食湖池，管山海，刍荛者不能与之争泽，商贾不能与之争利。子贡以布衣致之，而孔子非之，况以势位求之者乎？故古者大夫思其仁义以充其位，不为权利以充其私也”⑥。

第四，理想的大臣要敬事主上、关心百姓。所谓“思百姓急，缘圣主之心”，“天子适诸侯，升至阼阶，诸侯纳管键，执策而听命，示莫为主也”⑦，“残材木以成室屋者，非良匠也。残贼民人而欲治者，非良吏也”，“夫贤人君子，以天下为任者也”⑧。大臣在为百姓创造安宁的生产生活条件的同时，应积极劝民务农。“昔秦常举天下之力以事胡、越，竭天下之财以奉其用，然众不能毕。而以百万之师为一夫之任，此天下共闻也。且数战则民劳，久师则兵弊，此百姓所疾苦而拘儒之所忧也”⑨，大臣应该努力地节省军事，为人民创造安宁和平的生活和生产环境。

第五，理想的大臣要任德不任刑。“商鞅峭法长利，秦人不聊生，相

---

① 马非百注：《盐铁论简注》《本议》第1，中华书局1984年版，第3页。
② 同上书，第8页。
③ 马非百注：《盐铁论简注》《贫富》第17，中华书局1984年版，第132页。
④ 马非百注：《盐铁论简注》《复古》第6，中华书局1984年版，第45页。
⑤ 马非百注：《盐铁论简注》《错币》第4，中华书局1984年版，第31页。
⑥ 马非百注：《盐铁论简注》《贫富》第17，中华书局1984年版，第130—131页。
⑦ 马非百注：《盐铁论简注》《禁耕》第5，中华书局1984年版，第37页。
⑧ 马非百注：《盐铁论简注》《散不足》第29，中华书局1984年版，第219页。
⑨ 马非百注：《盐铁论简注》《复古》第6，中华书局1984年版，第49页。

与哭孝公”①，“今商鞅弃道而用权，废德而任力，峭法盛刑，以虐戾为俗，欺旧交以为功，刑公族以立威，无恩于百姓，无信于诸侯，人与之为怨，家与之为仇，虽以获功见封，犹食毒肉偷饱而罹其咎也”②。同时，要乐于行义而非乐其势。“夫食万人之力者，蒙其忧，任其劳。一人失职，一官不治，皆公卿之累也。故君子之仕，行其义，非乐其势也。受禄以润贤，非私其利”③，所谓乐于行义的表现就是大臣们各司其职，兢兢业业，勤勤恳恳。“言官得其人，人任其事，故官治而不乱，事起而不废。士守其职，大夫理其位，公卿总要执凡而已。”④“亏义得尊，枉道取容，效死不为也。闻正道不行，释事而退，未闻枉道以求容也”，是理想的为官者所不齿的，应该像治水大禹一样，“禹蹙洪水，身亲其劳，泽行路宿，过门不入”⑤。

第六，理想的大臣是具有忧患意识和勇于纳谏的。“国家有难而不忧，非忠臣也。夫守节死难者，人臣之职也；衣食饥寒者，慈父之道也”⑥，“吾闻为人臣者尽忠以顺职，为人子者致孝以承业。君有非则臣覆盖之。父有非则子匿逃之。故君薨，臣不变君之政；父没，则子不改父之道也”⑦。对于朝廷的决策和君主的品行，大臣应该勇于谏上，因为只有如此，才能使在上者谨小慎微，改正缺点和错误，使统治更稳定，因为“朝无忠臣者政闇，大夫无直士者位危。任座正言君之过，文侯改言行，称为贤君。袁盎面刺绛侯之骄矜，卒得其庆。故触死亡以干主之过者忠臣也，犯严颜以匡公卿之失者直士也”⑧。当然大臣在纳谏的另一方面，也绝不能做阿谀奉承、苟合之徒。

第七，理想的大臣应该是知晓阴阳五行，帮助君主化育百姓。“公卿者四海之表仪，神化之丹青也。上有辅明主之任，下有遂圣化之事。和阴阳，调四时，安众庶，育群生，使百姓辑睦，无怨思之色；四夷顺德，无叛逆之忧。此公卿之职，而贤者之所务也。”⑨同时，理想的大臣要具备君子的素养，所谓君子的素养就是要“守道以立名，修身以俟时，不为穷变节，不为贱易志。惟仁之处，惟义之行。临财不苟，见利反义。不义而

① 马非百注：《盐铁论简注》《非鞅》第7，中华书局1984年版，第52页。
② 同上书，第59—60页。
③ 马非百注：《盐铁论简注》《刺权》第9，中华书局1984年版，第72页。
④ 马非百注：《盐铁论简注》《刺复》第10，中华书局1984年版，第77页。
⑤ 马非百注：《盐铁论简注》《相刺》第20，中华书局1984年版，第152—153页。
⑥ 马非百注：《盐铁论简注》《忧边》第12，中华书局1984年版，第93页。
⑦ 同上书，第96页。
⑧ 马非百注：《盐铁论简注》《相刺》第20，中华书局1984年版，第162页。
⑨ 同上书，第161页。

富，无名而贵，仁者不为也。故曾参、闵子不以其仁易晋、楚之富。伯夷不以其行易诸侯之位，是以齐景公有马千驷而不能与之争名”①。

以上诸种皆是理想中大臣的品质要求。理想中的君主和大臣具有这些品质之后，就会形成和谐的君臣关系，它对于古代帝制国家的社会整合与控制都具有极其重要的作用。

理想中的君臣关系是中国古代政治思想家们都十分关心的问题。在一个君主专制的国家，君臣关系是一个国家能否大治，能否有效地进行社会控制的必要条件。基于中国政治制度的这一特点，先秦诸子对理想中的君臣关系都提出了自己的主张。儒家提倡良好的君臣关系建立在礼义基础之上；道家主张君臣间的关系应顺应自然，顺应“道”；墨家认为天下人均应相爱，君臣关系也不例外；法家则强调君臣间的关系是互利的。② 概括来说，在中国历史上，君臣之间的关系经过了一系列的探索与发展。但是，自从专制君主制确立以来，君主的权威被绝对化了，这时的君臣关系被认为是国家安定的重要保障。那么，贤良文学理想中的君臣关系是什么样的呢？

第一，理想的君臣关系应该是一种伯乐与千里马式的关系。“骐骥之挽盐车，垂头于太行，屠者持刀而睨之。太公之穷困，负贩于朝歌也，蓬头相聚而笑之。当此之时，非无远筋骏才也，非文王、伯乐莫知之贾也。”③ 这种关系发生是很偶然的，一旦这些“千里马”被发现后，他们会对伯乐或君主感恩戴德、鞠躬尽瘁。

第二，理想的君臣关系应该是直言不讳朋友式的关系。名堂之上，君臣分明，而在私底下，君臣之间可以成为朋友。只有成为朋友，臣子才可能会对皇帝的行为或者国家的政策提出真实的看法和意见；君主把大臣当做朋友看待，也才会对他们的建议冷静看待和考虑。

第三，理想的君臣之间应该同心同德。“方此之时，天下和同，君臣一德，外内相信，上下辑睦。兵设而不试，干戈闭藏而不用。”④ 君臣之间应有共同的道德准则，能达成共识，这样双方才会从心里真正地相融相合，发挥最大的合力。

第四，理想的君臣关系应该是鱼水、源流关系。“正主任邪臣，不能致理；正臣事邪主，亦不能致理，惟君臣相遇，有同鱼水，则海内可安。”

---

① 马非百注：《盐铁论简注》《箒广》第 16，中华书局 1984 年版，第 126 页。

② 陈秀平：《先秦儒、墨、道、法家君臣关系理论浅析》，《三峡大学学报》2005 年第 5 期。

③ 马非百注：《盐铁论简注》《讼贤》第 22，中华书局 1984 年版，第 172 页。

④ 马非百注：《盐铁论简注》《世务》第 47，中华书局 1984 年版，第 343 页。

在贤良文学看来，只有正直的君主和忠直的大臣相处共事，如鱼水，天下才会安泰。君，源也；臣，流也。源清则流清，源浊则流浊。

第五，理想的君臣关系是义如父子手足。“君之视臣如手足，则臣事君如有腹心；君之视臣如犬马，则臣视君如国人；君之视臣如土芥，则臣事君如寇仇。”①

总之，一国之安危，系之于君主，然而核心因素是和谐的君臣关系。

中国古代国家社会控制思想的一个重要特点，就是专制主义皇权占着及其重要的统治地位，以专制君主为核心的上层统治集团掌握着绝对的政治、军事、经济、文化大权，形成君主专制的人治社会。因此，考察以君主为中心的皇权政治是解读中国古代君主专制政治的一个核心内容。而在专制皇权政治的人治社会中，对于君主权力合法性、执政方式以及法自何出、法之所握、法意何在、法权何行等问题，还有和这些问题密切相关的君主的道德品质、个人好恶、能力大小、知识结构等问题，都成为统治阶级能否治平天下，进行有效的社会控制的基本问题。所以，在中国古代社会中，君主的个人道德品质，君主与大臣的关系，君主应该具有的品格，大臣应该具有的道德品质，等等，都是古代国家政治思想家们十分关心的问题，秦汉时期也不例外。由于民众在帝制国家的压制下，远离君主专制的权力结构，官民之间的权力距离十分遥远。因此，君主的圣明明睿、崇礼施德、仁爱正直、明德教、谨庠序、立教化、拯恤贫贱、周赡不足等品质，往往是民众和知识分子十分期待的。而对于辅助君主的大臣而言，社会普遍对于他们有着极高的期待，希望他们清廉、爱民、睿智、忠义、敬事主上、勇于纳谏，为百姓的利益不惜赴汤蹈火。在百姓看来，这样的“圣明天子”“太平宰相”，才能真正造就太平盛世，使民众过上太平日子。所以，中国古代社会中，君主道德品质以及君臣关系一直是社会控制中的一个重要问题。盐铁会议中对于这个问题的探讨和争论，正是中国古代国家人治社会现象在思想意识层面的表现。

综上所述，可知在汉代中期，由于汉武帝统治政策的缺陷与“春秋‘公羊’学”理论的内在矛盾，特别是在“公羊”学的指导下，汉武帝“内修法度”，极力加强封建专制主义的中央集权，实行严酷的刑治，强调诛意、诛心、原心论罪，使汉代中期的君臣父子关系渗透着严而少恩的刑治精神。本来，从儒家的“仁治”思想看，是主张在政治上发挥“仁义”与“亲亲尊尊”的教化和治理功能的，其伦理精神与政治精神应当是吻合

① 王常则译注：《孟子·离娄下》，山西古籍出版社 2003 年版，第 122—123 页。

的。但是，出于凸显专制王权的需要，公羊家提出“《春秋》为汉制法”之说，将“政统”放置于儒家“道统”之上，将秦代严酷的专制政治精神作为儒家思想的核心与本质，正符合了汉武帝时期的王霸合一的“汉家制度”。同时，武帝时期的经济、外交、文化政策，使得汉武帝时期的封建国家再次陷入危机。在这种情况下，统治集团内部出现了对于武帝政策的不同看法，甚至出现了较为严重的分歧。为了统一思想，昭帝始元六年召开盐铁会议。在这次会议上，代表中央专制集权的文法吏与来自地方的、反映当时地方豪强工商业者及民众要求的贤良文学发生了激烈的争论。值得注意的是，双方的争论反映了昭帝时各种政治势力对统治政策的不同认识，表现了当时错综复杂的政治局势。这是继汉景帝以后，由皇权直接主持的又一次政治思想领域的大规模交锋。这次会议仅仅促使统治阶级在一部分政治、经济问题上有所调适，并没有真正解决贤良文学所提出的一系列社会问题。但需要看到的是，这次会议所表现出的思想趋向，特别是对于汉武帝时期政策的批判和再认识，对宣帝时期汉代国家统治政策的调整起到了一定的作用，奠定了一定的基础。

第十章 “谷梁”学派的兴起与刘向的社会调控思想

自“罢黜百家，独尊儒术”以后，汉代的社会控制与整合思想也就定格在了儒学，包括以后历朝历代的社会控制、整合思想，可以说其主调都是以儒学为主线。但不同时期，统治者对儒学内部派别的重视程度却不一样。汉武帝时期，儒学取得了思想统治地位，但是当时的儒家学派确切地说是以董仲舒为主的春秋“公羊”学派。随着社会的发展和社会各阶层的不同诉求，“公羊”学社会控制、整合思想已经不能够满足社会各阶层的需求，于是在汉代统治阶级内部，产生了要求修正董仲舒“公羊”学的政治势力与政治趋向。“谷梁”学的兴起，正是顺应了这一思想发展趋势。而汉代中期的石渠阁会议，通过统一五经同异，树立起“谷梁”学的官方正统地位，为西汉中后期国家社会控制与整合思想的调整奠定了坚实的基础。

第一节 社会危机与“谷梁”学派的兴起

汉武帝时期，因为要维持对外征战、对内改制尊王的大一统帝国财政开支，需要一系列特殊的经济政策来筹措经费，实行经济上的国家垄断。这些政策中，最重要的就是由国家实行盐铁专卖，推行算缗、告缗令，实行平准均输。

这些政策的持续推行，使汉帝国处于政治动乱与财政危机中。汉武帝在晚年也认识到他一系列穷兵黩武政策所导致的社会矛盾与接踵而来的政治、经济危机，意识到当时统治政策调整的刻不容缓。在著名的盐铁会议上，贤良文学对这些经济矛盾的论述反映得淋漓尽致。在以皇权为中心的政治结构中，对经济的强力干预与统治，对民间工商业者的剥夺，本质上是为了维护政治上的皇权集权及政治等级制度，但同时也给百姓带来了很大的痛苦，使社会经济运行处于不良局面。所以，民众十分希望恢复“陶冶工商，四民之求足以相更”① 的自由分工的、民间工商业兴旺的农业小商品社会。

桑弘羊所实行的经济措施，最终使国家与中小地主和小农矛盾尖锐，分散的小农经济没有也不能跟上“战时经济政策”的步伐。在大一统的局面下，工商业成为政治的附庸，统治者宁肯牺牲经济发展的多元结构，来达到“强干抑末”，维护中央专制主义政治的目的。虽然以董仲舒为首的“公羊”学家也在经济上提出了一系列改革措施，如“限民名田”“塞并兼之路”②，限制豪强贵族对土地的兼并与掠夺；“盐铁皆归于民”，不许官吏与民争利；“薄赋敛，省徭役”③，但是理论与实践的偏差使得“公羊”家的经济措施处于更尴尬的境地，国家机器却以其强大的步伐既定地转动着。

汉武帝在封建大一统下所实行的政治、经济、文化、民族及对外政策，激化了皇权与豪强地主、民间工商业者之间的矛盾。国家的盐铁专卖与平准均输不仅垄断了商人的利益，也剥夺了豪强地主的部分特权。盐铁会议是皇权与地方豪强、民间工商业者之间矛盾的集中表现。各地的豪强和民间工商业者借助文学的发言，攻击以桑弘羊所代表的皇权专制主义的经济政策，特别是严酷的国家经济干预政策。再加上封建皇室内部皇族的倾轧激化，宗法血缘礼制矛盾越来越尖锐，社会各阶层的不满更加强烈，其矛盾就更加尖锐。这种政治现实凸显了“公羊”学派的社会控制与整合理论的矛盾与缺陷。在这种情况下，儒家学派同释《春秋》，又更加具有宗法血缘情谊，强调和谐共处，有着缓和统治阶级内部矛盾性质的“谷梁”学派就自然地进入了统治者的视野。

理论在实践中的偏差如果能顺应继起的统治者的要求，“公羊”学派也许就不会被瓜分其理论指导权。但是，由于对汉武帝政策不满的一部分儒家学者强烈地批判汉武帝的政策，这就与昭帝、宣帝以及霍光之流对汉武帝政策的继承形成尖锐的矛盾。为此，汉朝在政治和学术上再次发生了微妙而重要的变化，这也使“谷梁”学派的兴起有了更合理的社会政治基础与阶层支持。

汉武帝在其晚年对其早期政策曾经做了一定的调整，“禁苛暴，止擅

---

① 马非百注：《盐铁论简注》《水旱》第36，中华书局1984年版，第277页。

② 《汉书》卷24《食货志》，中华书局1962年版，第1137页。

③ 同上。

赋，力本农，修马复令”[①]。继起的昭、宣两朝在霍光与桑弘羊的辅佐下继续汉武帝晚年所定下的政策，执行“霸王道杂之”的社会控制与整合思想。

首先，武帝所建各项制度，包括最受贤良、文学攻击的盐铁、均输等经济制度，霍光都沿用不改。盐铁会议以后，也只废除了酒榷和关内铁官，其他皆照旧。其次，在对外政策方面，继续经营西域，打击匈奴。霍光不仅对匈奴的侵扰坚决反击，还抓住战机主动向匈奴发起进攻。此外，在内政方面，霍光也极力倡导刑治精神。武帝前期，赵禹、张汤条定律令后，“禁网浸密”[②]，及至后期，酷吏王温舒等“好杀行威不爱人”，“诛杀甚多”，而“郡守尉诸侯相二千石欲为治者，大抵尽效王温舒等”[③]。昭帝时期也如此沿用武帝政策。例如燕王旦、上官桀、桑弘羊等人的谋反被平定后，汉中央朝廷严酷嗜杀之风更烈。据《汉书·循吏传》云：“自武帝末，用法深。昭帝立，幼，大将军霍光秉政，大臣争权，上官桀等与燕王谋作乱，光既诛之，遂遵武帝法度，以刑罚痛绳群下，由是俗吏上严酷以为能。”[④]

汉宣帝刘询生于武帝征和二年（前91），原名刘病已，系汉武帝和卫子夫的曾孙。在巫蛊之祸中，襁褓中的刘询也随家人下狱，后令女徒赵征卿、胡组“乳养”。武帝曾经下“诏掖庭养视，上属籍宗正”。公元前74年，昌邑王因挥霍、淫邪被废，于是霍光等大臣将宣帝从民间迎入宫中，继位皇统，时年17岁。由于宣帝在即位前受过牢狱之苦，同时幼年遭遇变故，长期生活在民间，因此对百姓的疾苦和社会弊病十分了解。同时，青少年时代的磨炼，也使他甚有心机，能审时度势。所以，宣帝即位后，囿于其时的政治氛围，也继续执行武帝时期的政策。本始二年（前72）五月诏：“朕以眇身奉承祖宗，夙夜惟念孝武皇帝躬履仁义，选明将，讨不服，匈奴远遁。”[⑤]《汉书》载：“宣帝颇修武帝故事，宫室车服盛于昭帝。”[⑥] 此表明他将继承武帝事业的态度。

尽管如此，宣帝在一些政策措施上还是表现出自己的思想倾向。例如汉宣帝初即位，面对复杂的社会矛盾和紧张的宗室关系，就萌生出改革严

---

① 《汉书》卷96《西域传》，中华书局1962年版，第3914页。

② （宋）章如愚：《群书考索》卷65《后集》，书目文献出版社1992年版，第878页。

③ 《汉书》卷90《酷吏传》，中华书局1962年版，第3656、3662页。

④ 《汉书》卷89《循吏传》，中华书局1962年版，第3628页。

⑤ 《汉书》卷8《宣帝纪》，中华书局1962年版，第235—236、243页。

⑥ 《汉书》卷72《王贡两龚鲍传》，中华书局1962年版，第3062页。

刑峻法，主张崇尚礼制、加强宗法的倾向，想以此缓和尖锐的社会矛盾。即位不久，宣帝在本始四年（前70）正月即下诏曰："盖闻农者兴德之本也，今岁不登，已遣使者振贷困乏。其令太官损膳省宰，乐府减乐人，使归就农业……"① 地节四年（前66）二月宣帝下诏曰："导民以孝，则天下顺。今百姓或遭衰绖凶灾，而吏徭事，使不得葬，伤孝子之心，朕甚怜之。自今诸有大父母、父母丧者勿徭事，使得收敛送终，尽其子道。"五月又下诏曰："父子之亲，夫妇之道，天性也。虽有患祸，犹蒙死而存之，诚爱结于心，仁厚之至也，岂能违之哉！自今子首匿父母，妻匿夫，孙匿大父母，皆勿坐。"② 宣帝这些富有仁爱亲情色彩的宽松政策缓和了社会矛盾，同时也不难看出，上述措施与武帝时迥然不同，其政治倾向主张仁爱亲情、哀恤民众、崇尚礼制、加强宗法，也与《春秋公羊传》阐发的《春秋》大义不是完全一致的。这种微妙的政治倾向的变化使当时批判"春秋公羊"经义的思想界斗争开始激烈起来。

其次，在经济政策上，宣帝也继续沿用国家干预的盐铁、均输等各项制度。《汉书》记宣帝时，大司农中承耿寿昌奏言："故事，岁漕关东谷四百万斛以给京师，用卒六万人。宜籴三辅、弘农、河东、上党、太原郡谷足供京师，可以省关东漕卒过半。"③ 他还提出常平仓的建议。这些都和桑弘羊的政策相类似，均得到宣帝采纳。

再次，在民族政策上，宣帝刚刚即位时，仍然继续经营西域，"宣帝即位，遣五将将兵击匈奴"④。在汉廷的打击下，五凤二年（前56），匈奴呼遬累单于率五万余人降汉，宣帝封其为列侯。⑤ 至甘露年间，呼韩邪单于被郅支单于击败，为了"从汉求助"⑥，亦率众降汉，匈奴大部分臣服于汉，汉也为此付出很大代价。

最后，在内政方面，宣帝尽管有着自己的考虑，但是在当时的情境下，也继承了武帝的衣钵，在日常行政中仍尚法任刑，重文法吏而轻儒生。《汉书》赞："孝宣之治，信赏必罚，综核名实，政事文学法理之士咸精其能。"⑦ 但宣帝在位期间，也逐渐任用不同意见的儒生，采纳他们的建

---

① 《汉书》卷8《宣帝纪》，中华书局1962年版，第245页。
② 同上书，第251页。
③ 《汉书》卷24《食货志》，中华书局1962年版，第1141页。
④ 《汉书》卷96《西域传》，中华书局1962年版，第3922页。
⑤ 《汉书》卷8《宣帝纪》，中华书局1962年版，第267页。
⑥ 《汉书》卷94《匈奴传》，中华书局1962年版，第3797页。
⑦ 《汉书》卷5《宣帝纪》，中华书局1962年版，第275页。

议，做了许多赈贫民、假公田、贷种食、降盐价、减算赋等事。

所以，汉代武、昭、宣帝的政策虽是在“公羊”学理论指导下执行的，但在具体的政策措施上，三代帝王的政策有着微妙的变化，并且在执行中，也与“公羊”学家的部分思想相左。例如在经济政策上的一些做法，“公羊”家与汉武帝及其“兴利之臣”在盐铁、平准、均输等方面就存在重要分歧，使正统的“公羊”家大失所望。如董仲舒曾明确提出“盐铁皆归于民”的主张，御史大夫卜式“见郡国多不便，县官作盐铁，器苦恶，贾贵，或强令民买之，而船有算，商者少，物贵”[①]，也要求武帝废除这些制度。武帝死后，部分儒生及儒家官僚，对这个问题提出激烈的批评，企图利用新帝继位的机会，扭转汉朝在这些问题上的走向，以便全面推行他们的政治主张，这主要表现在前面所述的盐铁会议上。盐铁会议后，朝廷对贤良文学的批判虽然有所采纳，但大多数问题只是敷衍了事，霍光和初即位的宣帝都继续坚持汉武帝的事业和政策，儒生们由此掀起更为激烈的批判思潮。元凤三年（前78）春正月“泰山有大石自起立，上林有柳树枯僵自起生”[②]，“有虫食树叶成文字，曰‘公孙病已立’”[③]，“公羊”学派代表眭弘“推《春秋》之意”，对这些怪异现象作了一番解释，他认为：“今有大石自立，僵柳复起，非人力所为，此当有从匹夫为天子者。枯社木复生，故废之家公孙氏当复兴者也。”因此，当眭弘上书要求汉朝退位时，霍光“恶之”，以“妖言惑众，大逆不道”之罪，把眭弘杀了。[④] 但这些都没能消除“公羊”学家的反对态度和失望情绪。于是一部分“公羊”学家为使其理论得到真正的贯彻，终于以当时朝廷反对的谶纬迷信为批判的武器，但这却最终把自身置于了朝廷的对立面。

从以上可看出，霍光主政时，昭帝与即位不久的宣帝对汉武帝政策的继承和“公羊”家对汉武帝政策的批评，在朝廷上形成了思想上的一大矛盾与冲突。这些矛盾与冲突使汉朝在政治和学术上开始发生微妙的变化，“谷梁”学也因此而兴。

马克思和恩格斯在《德意志意识形态》一书中曾经指出，统治阶级为本阶级制造幻想的思想家和这个阶级的实际成员之间，由于其所代表的整体利益与局部利益，长远利益和目前利益的差别，往往会发生分裂。“这

---

① 《汉书》卷24《食货志》，中华书局1962年版，第1173页。

② 《汉书》卷7《昭帝纪》，中华书局1962年版，第228页。

③ 《汉书》卷75《眭两夏侯京翼李传》，中华书局1962年版，第3153页。

④ 同上书，第3154页。

种分裂甚至可以发展成为这两部分人之间的某种程度的对立和敌视。”① 贤良文学对于国家政策的揭露和批判，正是他们作为地主阶级思想家忠实于本阶级的长远利益、整体利益和本阶级部分成员的实际利益的表现。“理论在一个国家的实现程度，决定于理论满足这个国家的需要程度。”② 汉中叶的社会危机与儒学政治思想的分歧正是在这种背景下产生的。

第二节 “谷梁”学的兴起和“谷梁”“公羊”的分歧

一 “谷梁”学的兴起

《谷梁传》与《公羊传》一样，大致成书于汉景帝年间。《谷梁传》成书以后，按《汉书·儒林传》认为《谷梁传》应以申公为始。申公是汉初《鲁诗》和《谷梁春秋》大师，《史记·儒林传》载其事迹曰：“高祖过鲁，申公以弟子从师入见高祖于鲁南宫。吕太后时……令申公傅其太子戊。戊不好学，病申公。及戊立为楚王，胥靡申公。申公愧之，归鲁退居家教，终身不出门。复谢宾客，独王命召之乃往。弟子自远方至受业者千余人。”③ 其中“弟子为博士十余人”，如王臧至郎中令，赵绾至御史大夫，孔安国至临淮太守，周霸至胶西内史，夏宽至城阳内史……其“学官弟子”至于大夫、郎中、掌故的亦“以百数”④。“谷梁”学派在申公以后逐渐兴盛。

申公的“谷梁”学，重心在“礼”，申公及其弟子针对汉初的政治提出了他们的主张。申公师徒主张“议立明堂”，《史记》记：“（建元）元年，汉兴已六十余岁矣，天下艾安，搢绅之属皆望天子封禅改正度也，而上乡儒术，招贤良，赵绾、王臧等以文学为公卿，欲议古立明堂城南，以朝诸侯。草巡狩封禅改历服色事。”⑤《汉书》载：“赵绾为御史大夫，王臧为郎中令，迎鲁申公，欲设明堂，令列侯就国，除关，以礼为服制，以兴太平。”⑥ 据此可知，申公师徒制礼作乐的具体内容，包括改正朔、易服色、巡狩、封禅、令列侯就国、除关等，其目的则是在“天下艾安”的基础上，通过制礼作乐，实现天下太平。

① 马克思、恩格斯：《德意志意识形态》，人民出版社 2003 年版，第 325 页。

② 徐复观：《中国思想史论集》，上海书店 2005 年版，第 231 页。

③ 《汉书》卷 88《儒林传》，中华书局 1962 年版，第 3608 页。

④ 同上。

⑤ 《史记》卷 28《封禅书》，中华书局 1959 年版，第 1384 页。

⑥ 《汉书》卷 52《窦田灌韩传》，中华书局 1962 年版，第 2379 页。

然而，申公师徒的措施由于窦太后的喜好黄老之学，使其改制受到深重打击并失败。当时，年轻的汉武帝“方好文辞”[①]，“乡儒术”，于是起用赵绾、王臧为郎中令，推行儒术的改制运动。[②] 由于当权者窦太后好黄老之学，而赵绾又坐请毋奏事窦太后，“窦太后大怒，乃罢逐赵绾、王臧等”[③]，“谷梁”学至此受到摧残，申公隐退。

其实，窦太后时期，“谷梁”学也曾有过一些转机，当汉武帝欲设明堂时，“绾、臧请天子，欲立明堂以朝诸侯。不能就其事，乃言师申公。于是天子使使束帛加璧安车驷马迎申公，弟子二人乘轺传从。至，见天子。天子问治乱之事，申公时已八十余，老，对曰：‘为治者不在多言，顾力行何如耳’。是时天子方好文词，见申公对，默然。”[④] 申公的回答，让汉武帝大失所望。但“谷梁”学在汉武帝早期还没有完全被其否定。后来，由于公孙弘偏爱“公羊”，“公羊”学派于是得胜。《汉书·儒林传》记载了此事，“武帝时，江公与董仲舒并。仲舒通《五经》，能持论，善属文。江公呐于口，上使与仲舒议，不如仲舒。而丞相公孙弘本为‘公羊’学，比辑其议，卒用董生。于是上因尊《公羊》家，诏太子受《公羊春秋》，由是《公羊》大兴”[⑤]。“谷梁”学丧失了汉代最高法典的解释权。

“谷梁”学在申公时的兴起及改制活动的失败并没有使其销声匿迹，他们转而聚集在卫太子周围。卫太子巫蛊事件以后，“谷梁”学受到严重影响，即“其后浸微”。汉武帝死后，“谷梁”家又表现出抬头之势，荣广“数困”眭孟，好学者“颇复受《谷梁》”[⑥]，便是一个信号。

宣帝即位后，“闻卫太子好《谷梁春秋》，以问丞相韦贤、长信少府夏侯胜及侍中乐陵侯史高，皆鲁人也，言谷梁子本鲁学，公羊氏乃齐学也，宜兴《谷梁》”[⑦]。从此，宣帝便开始扶植“谷梁”学。据《汉书·儒林传》载：“时千秋为郎，召见，与《公羊》家并说，上善《谷梁》说，擢千秋为谏大夫给事中，后有过，左迁平陵令。复求能为《谷梁》者，莫及千秋。上愍其学且绝，乃以千秋为郎中户将，选郎十人从受。……自元康中始讲，至甘露元年，积十余岁，皆明习。”[⑧] 由此可知，宣帝不仅表明了

---

① 《汉书》卷88《儒林传》，中华书局1962年版，第3608页。

② 《汉书》卷25《郊祀志》，中华书局1962年版，第1215页。

③ 《史记》卷107《魏其武安侯列传》，中华书局1959年版，第2843页。

④ 《史记》卷121《儒林列传》，中华书局1959年版，第3121—3122页。

⑤ 《汉书》卷88《儒林传》，中华书局1962年版，第3617页。

⑥ 同上。

⑦ 同上书，第3618页。

⑧ 同上。

“善《谷梁》说”的态度，还亲自在宫中招集人员学习“谷梁”，扶持“谷梁”学家。

宣帝是一个精于政治之人，他从过去的磨难中，看到了一味强调法治的弊端，所以虽然他强调法治，但儒家思想重礼义教化，重宗法情谊，他也是十分重视的。但宣帝也看出，《春秋公羊传》虽有强调宗法伦常的内容，但它更多的是要求大义灭亲，对宗室无伦，或者对朝廷中的乱臣贼子进行毫不留情的镇压，因此显得刻薄寡恩。西汉立国之初，曾经发生一系列皇室内部同室操戈、相互屠戮的事件，在这些方面，“公羊”学理论应该起了一种推波助澜的作用。而在宗室内讧中深受其害的宣帝，即位后当然知晓其弊病，也不能容忍这种乱象继续存在下去，于是对“公羊”独尊的情况有改革的意图。所以即位不久，他就下诏说；“盖闻尧亲九族，以和万国。朕蒙遗德，奉承圣业，惟念宗室属未尽而以罪绝，若有贤材，改行劝善，其复属，使得自新。”[①] 宣帝下令废除武帝时实行的首匿相坐之法，这种首匿相坐之法虽父子、兄弟不得例外，致使“骨肉之恩废而刑罪多”[②]。《春秋谷梁传》则刚好对于这种骨肉之亲加以维护，迎合了宣帝的需要。这是缓和统治集团内部矛盾的需要，也是稳定封建统治的长远利益的需要。比较《公羊春秋》和《谷梁春秋》可以看出，两者的不同，主要在于《谷梁春秋》十分重视礼制的教育，注重宣扬儒家思想，强调务礼义教化和宗法情谊，能为缓和统治集团的内部矛盾和长远利益服务。宣帝重视“谷梁”，不只是秉承祖父的遗爱，关键是“谷梁”有利于加强宗法礼仪的控制力量，纠正“公羊”学片面强调法治所已经导致和可能引起的弊病。从宣帝时期经学发展的情况看，正是石渠阁会议前后，《礼》学和礼治得到了极大发展的时候，大戴和小戴《礼记》就编于并盛行于这一时期。

此外，宣帝也十分欣赏《谷梁春秋》中“尊王”“抑臣”的思想。汉宣帝以较疏的宗法关系入继大统，当时皇室中，有比宣帝更有亲近血缘的皇室诸子存在，这些人很可能即是帝位的潜在争夺者。例如武帝诸子中，除了刘贺，还有颇具野心的刘胥等人。而刘胥本人也希望夺取帝位，登上皇位。史载刘胥见宣帝即位，愤愤不平，大怒曰：“太子孙何以反得立？”[③] 当时趋炎附势，俯从刘胥者甚多。“宣帝即位，延寿以为广陵王胥，武帝

① 《汉书》卷8《宣帝纪》，中华书局1962年版，第246页。

② 《盐铁论校注》卷10，中华书局1992年版，第585页。

③ 《汉书》卷63《武五子传》，中华书局1962年版，第2761页。

子，天下有变必得立，阴欲附倚辅助之。”[①] 虽然刘胥、刘延寿等人的阴谋最后失败了，但是这种宫廷政治状态使宣帝如坐针毡，当然希望能够通过一定的手段，特别是政治思想意识来维护自己的帝位。他曾经下诏说：“朕以眇身奉承祖宗，夙夜惟念孝武皇帝躬履仁义，选明将，讨不服，匈奴远遁，平氐、羌、昆明、南越，百蛮乡风，款塞来享……功德茂盛，不能尽宣，而庙乐未称，其议奏。”并且决定“尊孝武庙为世宗庙，奏《盛德》、《文始》、《五行》之舞，天子世世献”，置武帝于诸帝之上。[②] 其目的就是要“修武帝故事”，实现皇权的绝对统治，稳住帝位，所以他需要倡扬儒家君主集权的尊王之说。而《谷梁传》中尊王思想的存在，正好也适应了宣帝这一政治需要。

一方面，宣帝不满武帝肆意杀戮宗室成员，希望保持宗室成员的和睦共处；另一方面，宣帝又对保持皇权的独尊有着极大兴趣，对武帝辟土广地，一统海内，令行禁止也十分羡慕。于是宣帝希望确立一种思想来达到其目的。但是宣帝并不像武帝那样先通过行政命令决定，然后推广。这样做，往往容易造成思想上的混乱，反而不利于统治，又容易出现投机者借此取悦当朝。宣帝采取了先打下基础，扩大影响，再确立其地位的办法。《汉书·儒林传》的有关记载表明，宣帝对《谷梁春秋》的提倡，从其即位不久就开始了。他亲自向经学之士询问谷梁大义，召集公、谷两家学者讨论，让“谷梁”学者在宫中讲学，甚至让“谷梁”学者充任博士，把谷梁的影响扩大到太学。如此不断地罗致人才，培养力量，“积十余岁”之久，终于在甘露元年（前 53）有了公、谷两家“大议殿中”的场景。宣帝深知“公羊”学经武帝大力推崇数十年，其师法精深，社会基础雄厚，要想真正从思想上改变“公羊”学的影响，当非易事，他利用公、谷两家都属《春秋》一经的有利因素，在不明确赋予谷梁官学身份的情况下，有步骤、有准备地组织了一场公、谷大论战，为《谷梁春秋》立于官学，取得胜利打下了基础。

与此同时，宣帝在政治统治措施中不断体现着“谷梁”学的思想。这一时期，不少有关修改法令的诏书中都强调了宗法礼仪的作用。在地节四年（前 66）五月的诏书，为了表示亲孝仁爱，连有意藏匿罪犯者都可以不追究刑事责任。[③] 五凤二年（前 56）八月的诏书说：“夫婚姻之礼，人

---

① 《汉书》卷 36《楚元王传》，中华书局 1962 年版，第 1925 页。

② 《汉书》卷 8《宣帝纪》，中华书局 1962 年版，第 243 页。

③ 同上书，第 251 页。

伦之大者也；酒食之会，所以行礼乐也。今郡国二千石或擅为苛禁，禁民嫁娶不得具酒食相贺召。由是废乡党之礼，令民亡所乐，非所以导民也。《诗》不云乎？'民之失德，干餱以愆。'勿行苛政。"[①] 据《汉书·宣帝纪》记载，甘露二年（前52），匈奴单于"奉国珍朝三年正月"，群臣议论认为，"圣王之制，施德行礼，先京师而后诸夏，先诸夏而后夷狄……匈奴单于乡风慕义……"宣帝诏"其以客礼待之，位在诸侯王上"。[②]

经过宣帝的大力扶持和"谷梁"学家历代不懈努力，"谷梁"家终于具备了与"公羊"家一争高低的实力。于是，宣帝召开了著名的石渠阁会议。《汉书·儒林传》写道："乃召《五经》名儒太子太傅萧望之等大议殿中，平《公羊》、《谷梁》同异，各以经处是非。时《公羊》博士严彭祖，侍郎申輓、伊推、宋显，《谷梁》议郎尹更始，待诏刘向、周庆、丁姓并论。《公羊》家多不见从，愿请内侍郎许广，使者亦并内《谷梁》家中郎王亥，各五人，议三十余事。望之等十一人各以经谊对，多从《谷梁》。由是《谷梁》之学大盛。庆、姓皆为博士。"[③]《汉书·宣帝纪》甘露三年（前51）："诏诸儒讲《五经》同异，太子太傅萧望之等平奏其议，上亲称制临决焉。乃立梁丘《易》、大小夏侯《尚书》、谷梁《春秋》博士。"[④]《汉书·艺文志》六艺类《尚书》家有"《议奏》四十二篇"，《春秋》家有"《议奏》三十九篇"，皆为石渠论。

石渠阁会议以后，"谷梁"学的传授更加兴盛。《汉书·儒林传》载《谷梁》传授关系说：宣元之际的《谷梁》大师有周庆、丁姓、尹更始、刘向、胡常等人，丁姓弟子有申章昌，"徒众尤盛"。胡常本从江公孙受《谷梁》，后又从尹更始受《左氏》。此后，《谷梁春秋》有尹、胡、申章、房氏之学，其中申章之学是比较纯粹的"谷梁"学，尹、胡、房都兼治《左氏》。但他们都是利用《左氏》来弥补"谷梁"学的不足以适应元帝以后的改制需要，这样就更加丰富了"谷梁"学。"谷梁"学在经过曲折发展以后，其社会控制思想也逐步成型。

二　"谷梁""公羊"政治与社会思想的分歧

虽然同是解《春秋》的经文，但《公羊传》与《谷梁传》在政治与社会思想上却存在一定的差异，这就使得汉代的"谷梁"学派与"公羊"

---

① 《汉书》卷8《宣帝纪》，中华书局1962年版，第265页。

② 同上书，第270页。

③ 《汉书》卷88《儒林传》，中华书局1962年版，第3618页。

④ 同上书，卷8《宣帝纪》，第272页。

学派的思想在具体的发展过程中也出现分歧。

首先，在天人理论上，“谷梁”学的代表刘向提出“天道无亲，唯德是辅”。在关于天是否具有意志以及主观能动性这一点上，刘向吸收了“公羊”学董仲舒关于天的认识，但摒弃了他用人格意识的天来束缚君主，维护封建大一统的论点，而把天作为维护有“德”者的一种力量。刘向认为，天的主观好恶及表现出来的赏善惩恶，都是根据君主在实际生活中的表现来决定的，因此，作为君主，只要修德守道，就能化险为夷。这样，就把高高在上、虚缈的天世俗化、人学化，这就必然否定天的最终决定作用，相信即使在天意决定之后，并以某种灾变现象谴告人主，但只要人主不行不义，不违德，那么这种灾变现象也无须深究。刘向的这些意见在当时“公羊”学及谶纬迷信弥漫朝野的情况下，告诫君主应在不违德的前提下积极从事有益的活动，表现出其尊天惠民的思想，同时也对于“公羊”学派借天命之说大力倡导君主专制权力的说法予以了批评。以董仲舒为代表的“公羊”学派，在当时的时代条件下，为了维护君主专制的皇权制度，在天人理论上提出维护大一统的天人感应论及灾异谴告论，维护君主集权，淡化了君王行儒家之“德”的重要性。他们认为，凡是得帝王之位者，都是受命于天的，有符瑞可见；到衰败之际，则有天谴，“臣闻天下所大奉使之王者，必有非人力所能致而自至者，此受命之符也。天下之人同心归之，若归父母，故天瑞应诚而至。《书》曰：‘百鱼入于王舟，有火复于王屋，流为乌’，此盖受命之符也……及至后世……废德教而任刑罚。刑罚不中，则生邪气，邪气积于下，怨恶富于上，上下不和，则阴阳缪戾而妖孽生也。此灾异所缘而起也”①。这就是说，帝王是天子，他是天生就获得道统的，政权的合理性是不用多加说明的。这个理论当然大受帝王的欢迎，汉武帝就是第一个享受这种理论所带来的好处的君王。当然，董仲舒并没有给帝王留下可以任意作威作福的余地，他所说的天，是至高至善至美的，是次序、道义的代表，是具有喜怒哀乐并能执行赏罚的。如果天子失职，天就要以各种灾异来谴告他，多次谴告而不改，天就要换天子。这是对至高无上王权的一种平衡力量。但是，由于这种天人感应和灾异谴告论的发展趋势是以君主专制的大一统为旨归，因此最终使得君主专制王权更加倡扬，神仙巫术的谶纬迷信之说泛滥，而制约君主权力的儒家所提倡的“君德”却相对削弱，由此使“公羊”学说走向了理论的迷失与现实的荒诞。所以，在关于大一统及皇权的权力行使限度的问题上，“谷梁”

---

① 《汉书》卷56《董仲舒传》，中华书局1962年版，第2500页。

学者更主张“天道无亲，唯德是辅”的传统说法，提出用传统儒家具有道德人格价值的“天”来束缚君主滥用权力的行为，把天道作为维护有“德”者的一种神秘力量。

其次，“谷梁”学者在政治理论上提出广德、富民以服天下，以董仲舒为首的“公羊”学派则提出“三统、三世”说，企图通过宗教预言构想一个理想的社会模式，这是两者的另一个重要区别。“谷梁”学者主要想通过道德实践的道路，以解决现实生活中涌现的新问题。“谷梁”学者刘向就指出，治国关键在于君主必须具有良好的道德修养，这就强调以君主自正为手段，达到使民众服从天子即服从天道的目的。怎样才能使君主有德且形于外？刘向提出必须要有敢于谏诤的贤臣。刘向在确定臣下必须服从君主，以此维护封建统治，稳定社会秩序的同时，认为这种君臣关系的存在，是以血缘关系、地域关系为纽带的，他以家喻国，主张以治家的方式治理国家，强调君臣关系犹如父子关系，为人子者应尽和顺于君父。因此“谷梁”学者在社会控制与整合方面的理论是趋向于建立传统儒家所提倡的完备的宗法血缘关系的。另外，在刘向的政治理论体系中，体现出丰富的民本思想。他强调治国之要在教民，在与民同乐，以民之好恶为施政标准，如果“内无怨女，外无旷夫”，那么，就会达到“王若好色，与百姓同之，民唯恐王之不好色也”。此外，君主还应该做到养民、恤民和富民，“无夺民时”，“遣使恤鳏寡而存孤独”。[①] 而在这一点上，“公羊”学派却持有不同的看法。“公羊”学派的观点是极力主张皇权的运用，强调皇权的至上性、权威性。他们虽然也主张以德限制皇权的运用，但是维护专制皇权毕竟是其学说的主要方面，因而其德治成分以及在强调宗法关系的重要性方面远不如“谷梁”学的学说。

最后，在伦理观上，“谷梁”学者重视教育对社会风气的作用。他们反对“公羊”学所兴起的以“《春秋》决狱”所实行的严刑酷罚，主张以孝和仁义来治理社会。例如刘向除编写《列女传》之类的道德教科书外，也曾向成帝建议：“宜兴辟雍，设庠序，陈礼乐，隆雅颂之声，盛揖让之容，以风化天下。”[②] 并制定、完善各种道德规范。在宗法社会，服从是维护太平最适宜的办法。因此，封建思想家无不重视激励人们孝敬父母，恪守孝道，同时尊敬一切可以视为父辈的人物，扩而大之，治国也是这个道理。刘向所表彰的“舜尽孝道”，孔子“笃行孝道”，其落脚点无疑在于

---

① 《新序全译》，贵州人民出版社 1994 年版，第 46—47 页。

② 《汉书》卷 22《礼乐志》，中华书局 1962 年版，第 1033 页。

“通于神民，光于四海”[①]，有助于维护封建统治。

孝所要解决的是封建宗法社会中君臣、父子等纵向关系，而要解决横向关系，“谷梁”学者以为主要应强调仁义。“谷梁”学代表刘向基本上因袭儒家传统仁义观，非常欣赏那些仁人节士的慷慨陈词，他认为舍义而逐利，不仅于个人不仁不义，于国于民也不利。这样，刘向的思想实际上代表了西汉后期“谷梁”学派的基本思想。

第三节 刘向其人及其学术传统

在“谷梁”学派的崛起中，刘向是一个需要提及的具有重要影响的人物。

刘向（前77—前6），字子政，本名更生，汉高祖同父少弟楚元王刘交的四世孙，刘向生活于西汉中晚期，历经宣、元、成三帝之世，曾任谏议大夫、给事中、郎中、光禄大夫等职。刘向有着深厚的家学、师学渊源，曾专攻《易经》和《谷梁》数十年，又从其父治《老子》，精通今文和阴阳五行学说。刘向一生著述丰富，代表性的著作有《洪范五行传论》《烈女传》《说苑》《说老子》《新序》《五经通义》等。

刘向的思想，与其悠久的家学渊源及家族的政治际遇有着极大关系。刘向的曾祖父是高祖同父少弟楚元王刘交。《汉书》卷三十六《楚元王传》记曰：“楚元王交字游，高祖同父少弟也。好书，多材艺。少时尝与鲁穆生、白生、申公俱受《诗》于浮丘伯。伯者，孙卿门人也。”汉立国后，刘邦封刘交为楚王，“元王既至楚，以穆生、白生、申公为中大夫”。汉文帝时，“闻申公为《诗》最精，以为博士。元王好《诗》，诸子皆读《诗》，申公始为《诗》传，号《鲁诗》。元王亦次之《诗》传，号曰《元王诗》，世或有之”[②]。可见楚元王家族的诗学不仅是传承于战国后期的儒学大师荀子，而且以楚为中心，聚集了以当时诗学大家穆生、白生、申公为首的一批儒学之士。楚元王刘交习诗以鲁诗为主，而习《春秋》则可能以《谷梁》为主。据《汉书·儒林传》，“瑕丘江公受《谷梁春秋》及《诗》于鲁申公，传子至孙为博士”[③]。因此鲁申公不仅为《诗》最精，

① 《新序全译》，贵州人民出版社1994年版，第1页。

② 《汉书》卷36《楚元王传》，中华书局1962年版，第1921—1922页。

③ 同上书，卷88《儒林传》，第3617页。

而且精研《谷梁春秋》。由此很可能楚元王家族在《谷梁春秋》的研习上也由来已久。楚元王刘交逝世后，其子上邳侯刘郢客继位，是为楚夷王。楚夷王在位四年死，其子刘戊继位。史载刘戊“稍淫暴，二十年，为薄太后服私奸，削东海、薛郡，乃与吴通谋”①。景帝三年，中央朝廷在晁错主持下决定削藩。当削藩书到楚、吴时，刘戊遂与吴王刘濞共同起兵造反，会吴军西攻梁国，形成“七国之乱”。在中央大军的打击下，七国诸侯反叛失败，刘戊自杀，刘氏家族亦受到打击。但是幸好当时刘戊四子刘富拒绝合谋叛乱，因此当刘戊反后，“（刘）富等皆坐免侯，削属籍。后（上）闻其数谏戊，乃更封为红侯”②。刘富生刘辟强，刘辟强生刘德。刘辟强、刘德皆传承了楚元王注重诗书、尊经崇儒的传统。史载“辟强字少卿，亦好读《诗》，能属文。武帝时，以宗室子随二千石论议，冠诸宗室。清静少欲，常以书自娱，不肯仕”。至刘德时，“修黄、老术，有智略。少时数言事，召见甘泉宫，武帝谓之‘千里驹’。昭帝初，为宗正丞”，“德常持《老子》‘知足’之计。妻死，大将军光欲以女妻之，德不敢取，畏盛满也”。③ 所以，至刘辟强、刘德，楚元王家族尊经崇儒好学的传统一直没有改变。刘向作为刘德次子，刘氏宗亲儒臣，“本名更生，年十二，以父德任为辇郎。既冠，以行修饬擢为谏大夫”④。在家学熏陶下，刘向对于经学有着特别的兴趣。刘向所学今文经学秉承家学传统，习诗以鲁诗为主，习《春秋》则以《谷梁》为主。宣帝时期，笃信神仙方术，于是刘向献道家炼金之书，结果官府试验下来耗资巨大，一无所获。宣帝大怒，以刘向“铸伪黄全”名治以死罪。其兄阳城侯刘安民念兄弟之情，上书将封邑之半献出为其赎罪，刘向的死罪才得赦免。经过这场劫难之后，刘向潜心经学研究。汉宣帝时，“善《谷梁》”“愍其学且绝”⑤，于是在甘露三年（前51）召集“公羊”“谷梁”两派经学家在石渠阁辩论，刘向则被选为《谷梁》派代表之一参加讲论《五经》同异。由于宣帝和太子太傅肖望之等的支持，刘向“谷梁”学派取得胜利。从此《谷梁春秋》立为官学，“谷梁”派学者受重用，刘向复拜为郎中给事黄门，迁散骑谏大夫给事中。此后，刘向历辅宣、元、成三帝，对历史和当朝的政治生活等都颇有感触、思考和见地。尤其是其学术，对他的为政有着重要的帮助。从学术上看，

---

① 《汉书》卷36《楚元王传》，中华书局1962年版，第1924页。

② 同上书，第1925页。

③ 同上书，第1926—1927页。

④ 同上书，第1928页。

⑤ 同上书，卷88《儒林传》，第3618页。

刘向不仅精通鲁学，也对今文经学的另一学派——齐学，以及正在崛起的古文经学有着浓厚兴趣，因此其学说也具有融合齐鲁，包括古、今文的特征，这使得刘向思想具有兼容并包的特点。所以，从刘向的家世及学术传承来看，刘向既生长在一个有着学术传统的大家庭，其家族重儒尊经，兼及儒、道，融通“公羊”“谷梁”各派，这就使刘向养成兼容并蓄、顺时而变的学术风格；同时，由于楚元王家族身为皇室成员，久居宗正之位，并长久介入西汉上层统治者的政治斗争，在政治生涯中常常以学论政，并亦多受挫折，这也形成了刘向家族以学佐政、学政结合的传统。

在刘向生活的时代，西汉政治危机日益显露。其特点在于：其一，政治上王权控制力下降，权臣把持朝政，影响君权的顺利运行。宣帝时，霍光专权。《汉书》记：“自昭帝时，光子禹及兄孙云皆中郎将，云弟山奉车都尉侍中，领胡越兵。光两女婿为东西宫卫尉，昆弟诸婿外孙皆奉朝请，为诸曹大夫，骑都尉，给事中。党亲连体，根据于朝廷。光自后元秉持万机，及上即位，乃归政。上谦让不受，诸事皆先关白光，然后奏御天子。光每朝见，上虚己敛容，礼下之已甚。”① 可见霍氏家族在朝廷的力量十分强大，霍光死后，其家族在朝中的势力仍十分强大。宣帝后来虽乘霍禹叛乱之际大力铲除了霍氏，但又新宠了其妻党的王氏、许氏和其母党史氏，且又重用宦官弘恭、石显。元帝继位后，朝政又深陷宣帝遗诏辅政的儒臣萧望之、周堪、刘向与外戚许氏、史氏和宦官弘恭、石显之间的政治斗争。在数次较量后萧望之自杀、周堪迁出中枢、刘向两度入狱且废居近十年。而后成帝继位，自己昏庸无能，又“湛于酒色”，便靠母舅王凤来支撑家业，王凤死后王莽接棒，终其一朝“赵氏乱内，外家擅朝，言之可为于邑。建始以来，王氏始执国命，哀、平短祚，莽遂篡位，盖其威福所由来者渐矣！”② 故在这种政治环境下，作为刘氏宗亲的忠臣刘向对君主这种权力旁落的现实认识得更加清楚，且希望通过进谏得以改变这种局面。

其二，西汉中后期财政持续紧张，奢侈之风更加盛行。正如前所述，武帝时连年征伐，使文景时期的物质财富积存已消耗殆尽。而汉宣帝本始二年（前72）又派十五万骑配合乌孙，讨伐匈奴；神爵元年（前61）又讨伐西羌等一些大大小小的战争消耗了原本不充裕的国库。可是在财政这样困难的情况下，统治者由上到下，不厉行节俭反而竞为奢侈。汉宣帝时

---

① 《汉书》卷68《霍光金日磾传》，中华书局1962年版，第2948页。

② 《汉书》卷10《成帝纪》，中华书局1962年版，第330页。

“今天下人民用财侈靡，车马衣裘宫室皆竞修饰”①；元帝时“今天下俗贪财贱义，好声色，上侈靡，廉耻之节薄，淫辟之意纵，纲纪失序”②；汉成帝为了修建陵墓，“功费大万百余”。③ 一般公侯贵族也是侈靡无度，“黄门名倡丙强、景武之属富显于世，贵戚五侯定陵、富平外戚之家，淫侈过度”④。故这种奢侈之风在一向信奉儒学推崇勤俭节约的刘向看来是亡国之风，应该大力抑制。

其三，土地兼并更加严重，流民问题逐渐加剧，社会危机进一步加深。宣帝时，土地兼并现象大量出现，如元、成以来，“豪民占田，或至数百千顷”，“长安富豪大猾……挟养奸宄，上干王法，下乱吏治，并兼役使，浸渔小民，为百姓豺狼”。⑤ 豪族庄园制经济的发展、土地兼并加剧、社会动荡形成了一个恶性循环，严重威胁西汉王朝的统治。

总之，到了刘向的生活时代，汉代统治渐显没落和衰退，这些情况使得有责任感的政治思想家开始反省现实的失误，理论的缺陷，并试图寻找新的治世的良方妙药，刘向就是其中之一。经石渠阁会议，刘向同朝廷重臣萧望之、周堪等同声相求，相互策应。元帝即位后，太傅萧望之为前将军，少傅周堪为光禄大夫，刘向则擢升为散骑宗正给事中，与萧、周等当朝重臣共辅朝政。当时刘向论及时政得失，语甚切直，深中时弊，甚得元帝信任。但是当时外戚许、史大权在握，中书宦官弘恭、石显宫中弄权，跟萧望之、周堪等作对。在恭、显等谗害下，刘向等三人于初元二年复下狱，萧望之被逼自杀，刘向被废为庶人。公元前 33 年成帝即位，弘恭、石显等被诛，被废居十余年的刘向又被重用。在此后的二十余年中，他虽得到成帝器重，但此时外戚王氏擅权，王氏兄弟七人皆封列侯，朝政旁落在外戚大将军王凤手中，刘向的许多政见难以实施。于是刘向出于捍卫刘家皇朝统治的责任感和使命感，以汉室后人和三朝大臣自居，屡屡上书汉成帝，极言外戚专权之患。他上《洪范五行传论》，反对外戚王氏摄权。并著《新序》《说苑》《列女传》等，辑录汉以前的“传记百家之言”引为教训，提出强宗室、防奢侈、削外戚权等奏议。他的这种忧患意识，在他的上疏中表露无遗：“今王氏一姓乘朱轮华毂者二十三人，青紫貂蝉充盈幄内，鱼鳞左右。大将军秉事用权，五侯骄奢僭盛，并作威福，击断自

① 《汉书》卷 64《严朱吾丘主父徐严终王贾传》，中华书局 1962 年版，第 2809 页。

② 《汉书》卷 81《匡张孔马传》，中华书局 1962 年版，第 3333 页。

③ 《汉书》卷 36《楚元王传》，中华书局 1962 年版，第 1956 页。

④ 《汉书》卷 22《礼乐志》，中华书局 1962 年版，第 1073 页。

⑤ 《汉书》卷 76《赵尹韩张两王传》，中华书局 1962 年版，第 3234 页。

恣，行污而寄治，身私而托公，依东宫之尊，假甥舅之亲，以为威重。尚书、九卿、州牧、郡守皆出其门，管执枢机，朋党比周。称誉者登进，忤恨者诛伤；游谈者助之说，执政者为之言。排摈宗室，孤弱公族，其有智能者，尤非毁而不进。远绝宗室之任，不令得给事朝省，恐其与己分权；数称燕王、盖主以疑上心，避讳吕、霍而弗肯称。内有管、蔡之萌，外假周公之论，兄弟据重，宗族磐互。历上古至秦、汉，外戚僭贵未有如王氏者也。虽周皇甫、秦穰侯、汉武安、吕、霍、上官之属，皆不及也。”[①] 刘向的这一席话，在当时有着振聋发聩的作用。一方面，刘向历述了成帝之时“政由王氏出”的种种表现和给政治统治带来的种种危害；另一方面则明确指出王氏专权的严重性，充分揭示了当时政治统治危机的严重性。但是，由于刘向性格刚直不阿，言语犀利尖刻，始终不能得到皇室重用。据史书记载，皇帝欣赏刘向的才能与勇气，每每予以召见议事，“然终不能用也。向每召见，数言：‘公族者国之枝叶，枝叶落则本根无所庇荫；方今同姓疏远，母党专政，禄去公室，权在外家，非所以强汉宗、卑私门、保守社稷、安固后嗣也。’向自见得信于上，故常显讼宗室，讥刺王氏及在位大臣，其言多痛切，发于至诚。上数欲用向为九卿，辄不为王氏居位者及丞相御史所持，故终不迁。居列大夫官前后三十余年，年七十二卒”[②]。所以，刘向虽然以维护皇权自持，可是始终没有得到真正的信任和重用。但是刘向的政治、社会思想，在当时的封建国家政治与意识形态中，却起到了重要的作用。

第四节 刘向社会调控思想的基本内容

刘向的社会控制与整合思想，正是其政治思想的反映，也表现了他的“谷梁”学的基本思想。这些思想主要表现在以下几点。

第一，以灾异言政治、历史的“神道设教”的哲学、社会理论。以灾异言政治、历史与社会，这是汉代经学，尤其是西汉中后期政治、社会思想的主要特征之一。自董仲舒系统性地建立了汉代封建国家意识形态的哲学基础“天人感应”论后，儒学便朝着“神道设教”的方向发展。特别是西汉后期，由于“公羊”学理论的内在矛盾不断暴露，其权威性的逐渐减

① 《汉书》卷36《楚元王传》，中华书局1962年版，第1960页。

② 同上书，第1966页。

弱，儒学向“神道设教”的方向滑得更快。当时朝廷上的许多儒学家都对“天人感应”、灾异论等有着较强的兴趣，并且以这种“神道设教”理论向刘姓君主集权提出了异议。早在汉昭帝时期，以睦孟（名弘）为代表的一部分人就首先提出了“异姓受命”的主张。据《汉书·睦弘传》载，昭帝元凤三年（前78），出现泰山大石自立，上林苑僵柳复起之异象，于是“孟推《春秋》之意，以为‘石柳皆阴类，下民之象，（而）泰山者岱宗之岳，王者异姓告代之处。今大石自立，僵柳复起，非人力所为，此当有从匹夫为天子者’”。睦孟还以董仲舒的言论为依据，认为汉家应该顺从天命以禅位于贤人。他说：“先师董仲舒有言，虽有继体守文之君，不害圣人之受命。汉家尧后，有传国之运。汉帝宜谁差天下，求索贤人，禅以帝位，而退自封百里，如殷周二王后，以承顺天命。”由于睦孟鼓吹的“异姓受命”直接危害了皇权的统治，于是政府以“妖言惑众，大逆不道”将睦孟诛杀。但是此后“异姓受命”的呼声不但没有停息，反而更加高涨，京房、谷永便是倡于其后的重要代表人物。刘向作为西汉中后期的经学大家，同样也将“天人感应”、灾异谴告论作为其政治、社会思想和历史理论的一种表述方式。据《汉书·楚元王传》载刘向：“是时，帝元舅阳平侯王凤为大将军，秉政，倚太后，专国权，兄弟七人皆封为列侯。时数有大异，向以为外戚贵盛，凤兄弟用事之咎。而上方精于《诗》、《书》，观古文，诏向领校中《五经》秘书。向见《尚书·洪范》，箕子为武王陈五行阴阳休咎之应。向乃集合上古以来历春秋六国至秦、汉符瑞灾异之记，推迹行事，连传祸福，著其占验，比类相从，各有条目，凡十一篇，号曰《洪范五行传论》，奏之。”这部《洪范五行传论》今已不存，但其基本内容目前保存在《汉书·五行志》中，我们可以从该书中看到刘向以灾异论政治、社会、历史的思想。

《洪范五行传论》是刘向系统宣扬其神秘主义灾异论的一部重要著作。在这本书中，他以儒家哲学思想为基础，兼采阴阳五行学说的“灾祥”理论以及道法两家“尊君抑臣”“知足养性”的思想，建立了一套以天变论人事的政治社会思想理论。为了说明外戚干政是悖于常理、违于天道的，刘向又以当时的天地灾异来论说外戚专权的不合理性。他说：“物盛必有非常之变先见，为其人微象。孝昭帝时，冠石立于泰山，仆柳起于山林。”而孝宣帝即位后，外戚王氏先祖坟墓“梓柱生枝叶，扶疏上出屋，根插地中，虽立石起柳，无以过此之明也”。这明显说明外戚王氏将与刘氏皇权势不两立，将分道扬镳，王氏最终将有害于皇室。他说：“事势不两欠，王氏与刘氏亦且不并立，如下有泰山之安，则上有累卵之危。”[①] 所以，从天象灾异来看，王氏取代刘氏之象已经非常显明。因此刘氏皇权应该设法限制王氏的权力，制约后妃母家势力的膨胀，来使皇权能够保持强大。

刘向还以历史上的灾异天变为例，说明其反对外戚，维护王权的立场。《汉书》载刘向以春秋时期的灾变举例说：

> 下至幽、厉之际，朝廷不和，转相非怨……当是之时，日月薄蚀而无光，其《诗》曰：“朔日辛卯，日有蚀之，亦孔之丑！”……天变见于上，地变动于下，水泉沸腾，山谷易处。其《诗》曰：“百川沸腾，山冢卒崩，高岸为谷，深谷为陵。……”……此皆不和，贤不肖易位之所致也。自此之后，天下大乱，篡杀殃祸并作，厉王奔彘，幽王见杀。……二百四十二年之间，日食三十六，地震五，山陵崩阤二，彗星三见，夜常星不见，夜中星陨如雨一，火灾十四。长狄入三国，五石陨坠……昼冥晦。雨木冰。李梅冬实。七月霜降，草木不死。八月杀菽。大雨雹。雨雪雷霆失序相乘。水、旱、饥、蝝、螽、螟蜂午并起。当是时，祸乱辄应，弑君三十六，亡国五十二，诸侯奔走，不得保其社稷者，不可胜数也。[②]

《汉书·楚元王传》引刘向曰：“三月，地大震。(弘)恭移病出，后复视事，天阴雨雪。由是言之，地动殆为恭等。”天的灾变与人事密切相关，人世间的治乱、祸福与天之祥瑞、异变不可分离。“夫乘权借势之人，子弟鳞集于朝，羽翼阴附者众，辐凑于前，毁与将必用，以终乖离之咎。是以日月无光，雪霜夏陨，海水沸出，陵谷易处，列星失行，皆怨气之所致也。”[③]

刘向一再强调政治与灾异之间存在着一种因果关系，各种灾异的频繁出现，是人间政治衰败所致；而天现灾异的目的，则是为了对人间君主进行谴告，作出警示。为此，刘向以历史上的灾异之变为鉴戒，一再警示西汉皇权，为刘家皇帝维护自己的统治，打击外戚、宦官，挽回封建败局积极出谋划策。在崇尚神鬼之说的西汉末年的政治生活中，刘向的政治与社会思想不可能摆脱经学神学化的束缚。由于当时政治上的全面危机和各种

---

① 《汉书》卷36《楚元王传》，中华书局1962年版，第1961页。

② 同上书，第1934—1937页。

③ 同上书，第1931、1942页。

灾异现象的频频出现，以灾异论政治这种神秘主义思潮已经成为时人论政的一种手段。因此刘向只能循着保护皇权政治利益的神秘主义思潮方向发展。正是这种被奉为官方哲学的神学化儒学的神秘主义思潮，导致了西汉末年至东汉时期的谶纬神学的泛滥成灾。应该说，刘向承继今文学家好言灾异的传统，以灾异论时政，在西汉末年谶纬神学的发展中起到了推波助澜的作用，客观上助长了西汉后期神学思潮的泛滥。自刘向以后，由于政权的反复，“异姓受命”和同姓“更受命”的灾异之论层出不穷。刘向言灾异是为了反外戚和维护刘氏的正统地位，后来，刘向的儿子刘歆也继承了其父的政治学术传统，以灾异天变论政治历史，而为王莽新朝的建立制造理论依据，这不能不说是一个莫大的讽刺。但是，刘向灾异天变论政治、社会、历史的做法，在当时宣扬其神秘主义灾异论，对“神道设教”的社会控制、整合的思想流行起到了推波助澜的作用。

第二，出于维护刘氏皇权的需要，刘向提出了“尊君”“抑臣”，即抑制外戚等权臣的主张。求治去乱、社会安宁是社会控制思想的一个重要内容，也是古今思想家所特别关注的。刘向生在一个从“昭宣中兴”至元、成逐渐衰败的过渡时期，面对当时君权旁落，外戚、宦官、权臣轮流掌权，政治黑暗，社会控制正在不断削弱的现实，刘向提出了崇尚君权，“尊君”“抑臣”的主张，希望借此来抑制外戚、宦官、权臣，达到维护刘氏皇权的目的。董仲舒曾经以儒家学说为主体，吸收了法家学说的绝对君权理论，并结合阴阳五行学说，制造了臣卑君尊的大一统政治理论。在《春秋繁露》中曰：“阴者阳之合，妻者夫之合，臣者君之合……君兼于臣，臣兼于君。君臣、父子、夫妇之义，皆取诸阴阳之道。”① 董仲舒把天道的阴阳五行论推用于君臣关系，把君主比喻为阳，臣子为阴，由于“阳贵而阴贱，天之制也”②，君臣关系是绝对的尊卑主从关系。刘向则大力发展了董仲舒这一思想，他认为要挽救日益衰弱的西汉政权，必须要抑制权臣，加强君主集权。因为强固的专制皇权和稳定的中央集权有利于集中全国人力、物力、财力，来保证社会政治的安定和国家经济的发展。但是，与董仲舒不同的是，刘向看到了西汉中后期帝王腐朽无能的事实，因此他所阐扬的君尊臣卑说，除了肯定君权的绝对性、一统性，还十分注重君主自身的品质和君臣关系的和谐。

刘向还认为，要进行有效的社会控制，达到理想的政治整合与肃然的

---

① 董仲舒著，阎丽译注：《董子春秋繁露译注》，黑龙江人民出版社 2003 年版，第 222 页。

② 同上书，第 207 页。

社会秩序，首先要有高度集权的皇权政治与具有高尚道德和智慧的君主来进行统治。为此他十分强调“尊君”“抑臣”的封建等级关系和“君德”。《说苑·君道》曰：“尊君卑臣者，以势使之也。夫势失则权倾。”《汉书·楚元王传》亦记刘向主张曰：“夫大臣操权柄、持国政，未有不为害者也。”“人君莫不欲安，然而常危，莫不欲存，然而常亡，失御臣之术也。”他通过对历史上政治的兴替与社会的兴衰的论证，主张“臣之于君也，下之于上也，若子之事父也，若弟之事兄也，若手足之捍头目而覆胸腹也”[①]。他举例说，吴国季子兄僚自立为吴王，季子的侄子阖闾派人杀僚，希望季子继承王位，季子说：“‘尔杀吾君，吾受尔国，是吾与尔为乱也。尔杀我兄，吾又杀尔，是父子兄弟相杀，终身无已也’。去而之延陵，终身不入吴国，故号曰延陵季子。君子以其不受国为义，以其不杀为仁，是以春秋贤季子而尊贵之也。”[②] 在此，刘向对季子在君臣关系上的表现是深为赞同的。

刘向还对于“君尊”“臣贤”进行了阐述。他举例说：“汤武以百里王，桀纣以天下亡”，所以主明臣忠，“济济多士，文王以宁”。[③]“众人之唯唯，不如周舍之谔谔。昔纣昏昏而亡，武王谔谔而昌。”[④] 而在历史上的暴王，多为刚愎自用、奢侈糜烂之君，例如夏桀，“桀作瑶台，罢民力，殚民财，为酒池糟堤，纵靡靡之乐，一鼓而牛饮者三千人”。于是“伊尹去官入殷，殷王而夏亡”[⑤]，夏朝终得以亡国。刘向还认为臣子应该有臣子的操守，忠诚事主，遵守臣节。他举例说：陈恒派人刺杀子渊捷，子渊捷说：“子之欲与我，以我为知乎？臣弑君，非知也！以我为仁乎？见利而背君，非仁也！以我为勇乎？劫我以兵，惧而与子，非勇也。使吾无此三者，与何补于子？”[⑥] 认为臣子应具有在任何情况下都不背叛君主，忠诚事上的品质。

刘向进一步认为，国家的治乱就在于尊君权，用贤臣，只要君主近贤臣，远小人，社会就会清明，国势就能强大。刘向用《易经》中的“否”与“泰”解释说：“小人道长，君子道消，则政日乱，故曰否。否者，闭而乱也。君子道长，小人道消，则政日治，故曰泰。泰者，通而治也。”[⑦]

---

① 刘向：《新序全译》，贵州人民出版社 1994 年版，第 76 页。
② 同上书，第 216 页。
③ 同上书，第 60、106 页。
④ 同上书，第 18 页。
⑤ 同上书，第 194 页。
⑥ 同上书，第 269 页。
⑦ 《汉书》卷 36《楚元王传》，中华书局 1962 年版，第 1943 页。

在刘向看来，元、成之际的社会危机的消弭，必须依靠像萧望之、周堪、张猛等一班不惜肝脑涂地而忠诚于皇权的贤臣良将，去反对外戚、宦官的专权，只有这样，才能真正实现皇权对于天下的有效控制，达到天下大治。作为一个通达古今之变，深谙为政得失的大思想家，刘向认为强大的王权，稳定的君主专制是社会秩序安定、经济发展的唯一支柱。同时，由于刘向一生屡遭宦官诬陷，外戚政治势力扼制，所以他只能把自己的政治理想寄托到皇权的强大以及开明有德的君主身上，试图借助历史兴替来劝诫教化人主审时度势，抑权臣、重贤相，建立严格的封建等级制度，遵守封建道德，以此保持刘氏皇权的长治久安。

第三，先德后刑论。在社会控制与整合中，刘向提出了德刑相依、先德后刑的思想，主张先“王道”，后“霸道”。他说：“是以圣王先德教，而后刑罚。”[①] 他在作为统治者“法戒”的《说苑》一书中，注重先德后刑、“以功覆过”的“王道”思想。同时又坚持“霸道”学说。他说：“治国有二机，刑德也。”[②] 在《说苑·政理》中，他认为：“政有三品，王者之政化之，霸者之政威之，强者之政胁之。夫此三者各有所施，而化之为贵矣。”“化而不变而威之，威之不变后而胁之，胁之不变而刑之。”在刑德关系上，《说苑·政理》记刘向曰：“王者尚其德而希其刑，霸者刑德并凑，强国先其刑而后德。”我们在刘向的论述中可以看到，他积极主张在社会控制与整合中，需要运用“化”“威”“胁”三个手段。但是在这三个手段的关系上，刘向认为先以德进行教化，“化而不变而威之”，即在教化不成功的时候才能用“威”与“胁”的手段，在“威”与“胁”的手段失去效果时才能使用刑罚进行制裁。而德治中，要多赏赐，多施恩于百姓。他举例说，楚汉之争时，项羽与刘邦在施恩上各有不同。项羽重小惠而略大义，其将士谋臣“战胜而不得其赏”[③]，以至于丧失了军心，终使自己自食其果，天下叛之，贤才怨之，人才而莫为之用，失去了在争霸战争中的优势。

但是对于那些谋危君主、颠覆王权的凶险之徒，包括那些有架空皇室，有不轨之心的外戚、宦官、权臣之流，刘向则主张使用刑罚，严惩不贷。他以王子维回答赵襄子吴国灭亡原因的说法道：“吝则不能赏贤，不忍则不能罚奸。贤者不赏，有罪不罚，不亡何待。”[④] 所以，君主赏罚不分明就会使大权旁落，招致灭国之灾。所以，对付那些有不轨之心的外戚、

① 刘向：《说苑译注》，北京大学出版社 2009 年版，第 158 页。

② 同上书，第 159 页。

③ 刘向：《新序全译》，贵州人民出版社 1994 年版，第 345 页。

④ 同上书，第 169 页。

宦官、权臣，刘向是主张严用刑诛的。

总的来看，刘向在社会治理上，是主张德刑并用，先德后刑。在他看来，崇德希刑为上，德刑并用为中，先刑后德为下。《说苑·政理》记刘向关于德刑关系的“刑德三品”说中，主张“先德教而后刑罚”，并且将崇德希刑引为上品，德刑并用引为中品，先刑后德引为下品。这些观念构成了他的“先德后刑”“教化为先”的社会控制思想，也表达了他兼有儒、法二家思想，而以儒家思想为主导的特征。

第四，“宽惠爱民”的德政思想。在西汉中后期阶级矛盾十分严重的情况下，刘向积极主张缓和阶级矛盾，对民众施行德治。在刘向看来，对民众施行仁德，宽惠养民，爱惜民力，轻徭薄赋，不误农时，就能够有效地对民众进行统治。

刘向在《新序》一书中，多次阐明以上思想。例如在《新序·善谋下》中，他以周代的故事说：“周之先自后稷，尧封之邰，积德累善十余世，公刘避桀居邠，大王以狄伐去邠，杖马箠居岐，国人争归之。及文王为西伯，断虞、芮讼，始受命，吕望、伯夷自海滨来归之。武王伐纣，不期而会孟津上八百诸侯，灭殷。成王即位，周公之属傅相，乃营成周雒邑，以为天下中，诸侯四方，纳贡职道里均矣。有德则易以王，无德则易以亡。凡居此者，欲令周务德以致人，不欲恃险阻，令后世骄奢以虐民。”① 将德政看成国家存亡的十分重要的施政手段。在《新序·杂事二》中，他以战国时代楚人献鱼的故事说：“楚人有献鱼楚王者曰：‘今日渔获，食之不尽，卖之不售，弃之又惜，故来献也。’左右曰：‘鄙哉！辞也。’楚王曰：‘子不知渔者仁人也。盖闻囷仓粟有余者，国有饿民；后宫多幽女者，下民多旷夫；余衍之蓄，聚于府库者，境内多贫困之民，皆失君人之道。故庖有肥鱼，厩有肥马，民有饿色，是以亡国之君，藏于府库，寡人闻之久矣，未能行也。渔者知之，其以比喻寡人也，且今行之。’”故他认为行仁政之君应“遣使恤鳏寡而存孤独，出仓粟，发币帛而振不足，罢去后宫不御者，出以妻鳏夫”②。这样就使楚民欣欣大悦。所以，为君者“尊天事地，敬社稷，固四国，慈爱万民，薄赋敛，轻租税者，臣亦与焉”③。

刘向还以天道来说明德治的合理性。在《说苑·建本》中，他说：

---

① 刘向：《新序全译》，贵州人民出版社1994年版，第358页。

② 同上书，第46—47页。

③ 同上书，第55页。

“所谓天者，非谓苍苍莽莽之天也，君人者以百姓为天，百姓与之则安，辅之则强，非之则危，背之则亡。”天道就是遵循为治之道，施行德治，以百姓为天。百姓安则政权安，百姓危则国家危，民心向背决定了政权的兴衰。他认为农民拥有土地是社会安定的重要保证，《说苑·建本》记其曰：“四民均则王道兴而百姓宁。所谓四民者，士农工商也。”

第五，利用儒家规范、纲常伦理进行社会调控。刘向积极主张在社会控制上利用儒家规范，实行礼乐教化。他认为，教化是为治的根本，而刑法只是助治之辅助手段。《新序·杂事五》记孔子之言曰：“老者不教，幼者不学，俗之不祥也。”[①] 即年长的不教育后代，年轻的不愿学习是社会不安宁的重要原因。他十分赞同儒家关于利用纲常、伦理、规范进行社会教化的学说。《汉书·楚元王传》载：“（刘）向睹俗弥奢淫，而赵、卫之属起微贱，逾礼制。向以为王教由内及外，自近者始。故采取《诗》、《书》所载贤妃贞妇，兴国显家可法则，及孽嬖乱亡者，序次为《列女传》，凡八篇，以戒天子。及采传记行事，著《新序》、《说苑》凡五十篇奏之。数上疏言得失，陈法戒。书数十上，以助观览，补遗阙。上虽不能尽用，然内嘉其言，常嗟叹之。”也就是说，刘向的学术是一种辅政的学术。他试图以《诗》《书》《列女传》所载贤妃贞妇、忠臣烈士等兴国显家及孽嬖乱亡者之事迹，以戒天子，以劝教化。为此，他多采传记行事，著《新序》《说苑》凡五十篇来作为社会教化的学说，以达到社会控制与稳定的效果。在《新序》一书中，刘向以孙卿回答秦昭王关于儒者治国时阐发自己思想道：“居于阙党，阙党之子弟，罔罟分有亲者取多，孝悌以化之也。儒者在本朝则美政，在下位则美俗，儒之为人下如是矣。”[②] 积极主张以孝悌、纲常治理社会。他还以儒家仁政学说来说明儒家伦理规范对于社会控制的重要性，积极主张“仁治”。在《新序》中，刘向对“仁”政极力推崇，有关“仁”的行为、故事涉及社会治理的方方面面。例如“三代积德而王，齐桓继绝而霸，秦项严暴而亡，汉王垂仁而帝”[③]，臣子“必以仁义辅政，宁过于生，无失于杀”[④]，这样才能更好地辅佐君主，造福百姓。所以，“仁”就是要君主能“尊天事地，敬社稷，固四国，慈爱万民，薄赋敛，轻租税”[⑤]。而君

① 刘向：《新序全译》，贵州人民出版社 1994 年版，第 164 页。
② 同上书，第 160 页。
③ 同上书，第 306 页。
④ 同上书，第 246 页。
⑤ 同上书，第 55 页。

圣臣贤则是“仁”政的基础，“仁人也者，国之宝也”①。

刘向是比较典型的儒家人物，他写《列女传》，通过历史上贞妇节女的行为，来说明儒家的礼乐、仁义、孝悌、节烈在社会控制和社会教化中的重要性。《列女传》共七卷，共记叙了105名仁义、孝悌、节烈妇女的故事。例如在《贤明传》中，他就主要选取贤明廉正、动作有节、通晓事理、遵纪守法的女性。如周宣王后姜氏，贤而有德，非礼不言，非礼不动。宣王在她的影响下，早起晚退，勤于政事，成为有名的中兴之君。《贞顺传》则选取谨遵妇礼、忠贞不贰的女性。如蔡人之妻既嫁于蔡，而其夫有恶疾，其母欲改嫁之。该女则不从母命，悉心照料丈夫，以情相慰的故事。《节义传》选取的是好善慕书、终不背义、为了节义而不避死亡的女性。例如在《列女传》卷四《贞顺传》中，他以“卫寡夫人”事迹为例：“夫人者，齐侯之女也。嫁于卫，至城门而卫君死。保母曰：‘可以还矣。’女不听，遂入，持三年之丧，毕，弟立，请曰：‘卫小国也，不容二庖，请愿同庖。’夫人曰：‘唯夫妇同庖。’终不听。卫君使人诉于齐兄弟，齐兄弟皆欲与后君，使人告女，女终不听。”刘向赞叹其曰：“言其左右无贤臣皆顺其君之意也。君子美其贞壹，故举而列之于诗也。”并作“颂曰：齐女嫁卫，厥至城门，公薨不返，遂入三年。后君欲同，女终不浑。作诗讥刺，卒守死君”。从刘向的评论中，我们可以充分看出其主张利用儒家规范进行社会控制的思想倾向。

第六，注重宗法情谊与家庭伦理秩序。汉初，法制严酷，但尚有法可依。从董仲舒开始，实行严酷的刑治。董仲舒说：“变天地之位，正阴阳之序，直行其道而不忘其难，义之至也。是故胁严社而不为不敬灵，出天王而不为不尊上，辞父之命而不为不承亲，绝母之属而不为不孝慈，义矣夫。”② 一人犯法，无数人受诛，宗法情恩荡然无存。董仲舒弟子治淮南狱所体现的，就是这种严而少恩的刑治精神。例如汉武帝时淮南王刘安谋反，“上下公卿治，所连引与淮南王谋反列侯二千石豪杰数千人，皆以罪轻重受诛”③。“公羊”家的“《春秋》决狱”，经汉武帝在元光五年（前130）命张汤、赵禹更定律令后，其律令的残酷达到了无以复加的地步。而这种不顾宗法情义、大义灭亲的精神，既是先秦法家传统的存续和发展，又是“公羊春秋”学王霸合一基本精神的体现，对汉代中

① 刘向：《新序全译》，贵州人民出版社1994年版，第107页。

② 苏舆撰，钟哲点校：《春秋繁露义证·精华》，中华书局1992年版，第87页。

③ 《汉书》卷44《淮南衡山济北王传》，中华书局1962年版，第2152页。

央政权和皇权政治造成了很大的破坏。刘向作为汉代皇室的一员，对以《春秋》决狱，严而少恩，使汉代皇室宗法情谊荡然无存，而政归权臣的情况心甚忌之。因此他极力主张恢复宗法情谊与封建家族伦理秩序，将宗法情谊与封建家族伦理秩序的重建作为其社会控制思想中的一个重要内容。

刘向认为，在宗法情谊与封建家族伦理秩序中，必须要遵循三纲五常的原则，即“君君、臣臣、父父、子子”，在宗法家族里，尊凌卑，上凌下，做到尊卑有序，长幼有常。在刘向所著《新序·杂事二》中，他以武王克殷，以宗法家族之事追寻殷兴亡之原因为由说：“吾国之妖，其大者子不听父，弟不听兄，君令不行，此妖之大者也”①，殷的失败，根本是由于宗法家族伦理的堕落，家族秩序的不振造成的。这就把刘向崇尚父为子纲、君为臣纲的血缘家庭伦理秩序的思想体现得淋漓尽致。刘向还主张把这种血缘亲情扩展到封建国家君臣政治关系中，他认为：“臣事君，由子事父也”②，“臣之于君也，下之于上也，若子之事父也，若弟之事兄也，若手足之捍头目而覆胸腹也”③。在封建国家的现实环境中，必须将血缘亲情和政治等级秩序有机地结合起来，才能真正达到天下大治。

刘向在主张建立宗法家族伦理秩序中，特别注意“孝”“节”的遵守履行。他认为，“孝”“节”是封建伦理纲常的基础，是维护家庭秩序和谐的准则。对于“孝”“节”的推行，可以促进整个社会秩序的稳定。在《新序·杂事一》开篇，他便以“舜尽孝道”来说明圣人的孝道观。舜“年五十犹婴儿慕，可谓至孝矣”，而孔子“笃行孝道……是以七十二子，自远方至，服从其德”，这些都印证了孔子“孝弟之至，通于神明，光于四海”的论断。《新序·节士第七》记楚国石奢在主管司法时，遇到其父亲行凶杀人时，于是他在忠孝之间作了一种解释：“杀人者，仆之父也，以父成政，不孝；不行君法，不忠”④，当他放过其父而准备接受惩罚时，楚昭王鉴于其诚意，虽有意赦免他，但石奢仍为了坚守“忠”“孝”而挥刀自刎。在其所撰《列女传》卷一《母仪传》中，刘向以帝舜能谐柔家庭关系，“承事瞽叟以孝”。使帝尧之二女，舜之二妃的娥皇、女英与其父母和谐相处的事迹，并为之作颂曰：“元始二妃，帝尧之女，嫔列有虞，承

① 刘向：《新序全译》，贵州人民出版社1994年版，第54页。
② 同上书，第265页。
③ 同上书，第76页。
④ 同上书，第244页。

舜于下。以尊事卑，终能劳苦，瞽叟和宁，卒享福祜”，来说明“孝”“节”在封建家族关系中之重要性。

所以，在刘向社会控制思想中，恢复与重建封建皇室和社会上的宗法情谊与封建家族伦理秩序，是其思想的一个重要方面。通过恢复与重建这种关系，可以更有效地调节当时十分复杂的阶级与阶层社会关系，使整个社会达到和谐有序。

第十一章　统一五经同异及儒学成为汉代政治文化主体

第一节　石渠阁会议与儒学进一步官学化

盐铁会议上贤良文学运用儒家思想取得了政治上的胜利，不仅是对汉代经学之士的一种精神鼓励，也增添了他们利用经学揭露、批判社会政治弊端的勇气，提高了他们尽力为汉代国家服务的自觉性。经学的政治作用也在统治阶级中不断得到重视。汉宣帝后期，由皇帝亲自召开石渠阁会议，这次会议不仅是统治思想进一步以儒家经学为主导的重要标志，也是自汉初以来，特别是汉武帝“独尊儒术”以来事关儒家学说，包括经学前途的重要转折；是汉代统治阶级在其政治思想及社会控制、整合方面的一种新的道路选择。即：当时汉代国家是延续汉武帝时期皇权继续扩张，对内“禁网浸密”，倡导刑治精神，对外继续经营西域，举全国之力打击匈奴的道路；还是对汉武帝的治政方针有所修正、改变，在经学典籍中选择能够与“春秋公羊”思想互补的经书及经学思想，来使汉代中期帝国政治、经济、文化、外交政策得到一种缓释性的变革。因此，无论是从汉代国家正统统治思想的选择，还是从汉代社会发展的道路，或者就儒学本身的发展而言，石渠阁会议都具有重要意义。而刘向的儒家思想则在石渠阁会议中起到了重要的作用。

一　石渠阁会议的政治背景——儒学逐渐成为汉代国家政治文化主体

汉武帝虽然在思想上接受了董仲舒提出的“罢黜百家，独尊儒术”的建议，但武帝之崇儒，并非以儒学政治学说作为全部政策的出发点，而是注重儒术倡导专制政治以维护大一统皇权的一面，以及其欺骗民众，进行社会控制的“文饰”功能。正如司马光所说，武帝“虽好儒，好其名而不知其实，慕其华而废其质”①。也正如余英时在《士与中国文化》中所言：“从文化史的观点看，儒教在汉代确居于主流地位……但是从政治史的观点看，我们却不能轻率地断定自汉武帝‘独尊儒术’以后，中国已变成了一个‘儒教国家’。儒教对汉代国家体制，尤其是中央政府的影响是比较表面的，当时的人已指出是‘以经术润饰吏事’。以制度的实际渊源而言……法家的影响仍然是主要的。”② 武帝时期，由于加强集权政治及战争的需要，武帝任用的是酷吏，即法家人物，正如《盐铁论》说：“当公孙弘之时……公用弥多而为者徇私，上下兼求，百姓不堪抏弊而从法。故憯急之臣进，而见知废格之法起。杜周、咸宣之属以峻文决理贵，而王温舒之徒以鹰隼击杀显。”③ 由于当时政治形势的需要，虽然“公羊”学派具有主流统治思想的地位，并且极力强调君主的大一统政治地位与权力，但是在实际的行政程序中，政治行政权力还是自然地落到了具有实际从政经验的惯于媚上欺下，并且富国强兵有术的桑弘羊等文法吏手中，而在激化了的社会和政治矛盾面前，汉代国家政权则主要依靠张汤、杜周等酷吏，采取严刑和暴力镇压的办法来解决。

在武帝统治后期，形势逼迫汉代统治阶级进行了政策的调整，国家由战争转向和平。随着战时体制的结束，许多社会问题暴露出来，也使一度居于统治地位的文法吏地位削弱，要求改革的儒生和儒学的声音不断高涨。昭帝即位以后，“承孝武奢侈余敝师旅之后，海内虚耗，户口减半，(霍) 光知时务之要，轻徭薄赋，与民休息。至始元、元凤之间，匈奴和亲，百姓充实。举贤良文学，问民所疾苦，议盐铁而罢榷酤，尊号曰‘昭’”④。经过盐铁会议的历史契机，儒家内部主张政策变更的思想重新崛起。

在昭帝统治时期，发生过两件事关经学和当时国家政策的有重要意义的大事。昭帝始元五年，夏阳男子张延年到宫殿，自称武帝卫太子。“诏使公卿将军中二千石杂识视。长安中吏民聚观者数万人。右将军勒兵阙下，以备非常”，面对这种突发的政治事件，臣相御史中二千石，不知所措，“莫敢发言”。唯京兆尹隽不疑援引《春秋》：“叱从吏收缚”，满朝文武大为惊诧，言“是非未可知，且安之”。隽不疑言：“诸君何患于卫太子！昔蒯聩违命出奔，辄距而不纳，《春秋》是之。卫太子得罪先帝，亡

① 司马光：《司马文正公传家集》卷12，商务印书馆1937年版，第218页。

② 余英时：《士与中国文化》，上海人民出版社1987年版，第37页。

③ 《盐铁论校注》卷2，中华书局1992年版，第132页。

④ 《汉书》卷7《昭帝纪》，中华书局1962年版，第233页。

不即死，今来自诣，此罪人也。”遂送诏狱审讯，果然是假，腰斩东市。这使昭帝与霍光不胜感慨，霍光言：“公卿大臣当用经术明于大谊”，隽不疑由是名声大振，“在位者皆自以不及也”。[①] 经学在政治上取得了一次重大胜利。其后，据《汉书》载：“会昭帝崩，昌邑王嗣立，数出。(夏侯)胜当乘舆前谏曰：‘天久阴而不雨，臣下有谋上者，陛下出欲何之?’王怒，谓胜为袄言，缚以属吏。吏白大将军霍光，光不举法。是时，光与车骑将军张安世谋欲废昌邑王。光让安世以为泄语，安世实不言。乃召问胜，胜对言：‘在《洪范传》曰“皇之不极，厥罚常阴，时则下人有伐上者”，恶察察言，故云臣下有谋。’光、安世大惊。”夏侯胜用《洪范》之义“说灾异”，点破霍光密计，霍光以此更加敬重“经术士”[②]。这些事件表明，由于形势的转换，汉武帝时期的执政模式已经不能适应昭帝时期的社会情况。在阶级、阶层的复杂矛盾面前，皇权必须要改变自己的执政思路与方针，以一种能适应统治者需要的儒学完全占领上层建筑并渗透至全社会。

昭帝以后是宣帝，宣帝是以崇尚“霸王道杂之”著称的，他总结汉代统治经验时说：“汉家自有制度，本以霸王道杂之，奈何纯任德教，用周政乎!”他拒绝儿子关于执刑太深，宜用儒生的建议，认为俗儒“不达时宜，好是古非今，使人眩于名实，不知所守，何足委任”![③] 但正如前文所述，宣帝的尚法只是其政治指导思想的一个方面。另一方面，他也崇尚经学，重用经学之士。宣帝“受《诗》于东海澓中翁，高材好学”[④]，“师受《诗》、《论语》、《孝经》，操行节俭，慈仁爱人”[⑤]，深受经文经学的熏陶。即位以后，在崇尚法治的同时，大力提倡经学，实现了由武帝的法治经“王霸道杂之”的过渡，而向儒学思想的全面统治转变。

宣帝即位时，面临着极其复杂的政治局势。在朝廷内部，霍光及其霍氏家族，掌握政治、经济、军事权力，虎视皇权。在朝廷外面，同姓、宗室争夺帝位的威胁依然严重。面对险恶的政治局势，宣帝一方面依靠法治深刑，强化权力；另一方面依靠儒术，缓和矛盾，笼络人心。如本始元年(前73)，“夏四月庚午，地震。诏内郡国举文学高第各一人”[⑥]，本始二年

---

① 《汉书》卷71《隽疏于薛平彭传》，中华书局1962年版，第3037—3038页。

② 《汉书》卷75《眭两夏侯京翼李传》，中华书局1962年版，第3155页。

③ 《汉书》卷9《元帝纪》，中华书局1962年版，第277页。

④ 《汉书》卷8《宣帝纪》，中华书局1962年版，第237页。

⑤ 同上书，第238页。

⑥ 同上书，第241页。

（前72），夏五月，诏书称“符瑞应，宝鼎出，白麟获，功德茂盛”①，本始四年（前70）四月，地震，“山崩水出”，诏书宣扬：“盖灾异者，天地之戒也。……朕甚惧焉。丞相、御史其与列候，中二千石博问经学之士，有以应变。”②

与此同时，从中央到地方，宣帝重用大批经学之士。在中央政府，有一批既明经学又通政事的人掌握行政实权。武昭时期，身居要职，掌握实权的大臣如桑弘羊、张汤、车千秋、上官桀等，除公孙弘外，都非经学之士。而宣帝时期的宰相如魏相、丙吉、韦贤、黄霸、于定国等人，都是以明经著称的。

宣帝朝丞相凡五位，全由上述五人先后担任。御史大夫凡七位，上述五人中除韦贤外，都任过此职，另外三位是萧望之、杜延年、陈万年。以上三人中，萧望之为当朝大儒，杜、陈二人虽与经学没有直接的师承关系，但从他们的言行来看，是倾向于儒家的。

对宣帝时期的这些宰相，《汉书》赞颂说：“近观汉相，高祖开基，萧、曹为冠，孝宣中兴，丙、魏有声。是时黜陟有序，众职修理，公卿多称其位，海内兴于礼让。览其行事，岂虚乎哉！”③从文献来看，这些宰相、大臣，更多的是趋向于改变汉武帝时期政策，主张以“不醇用诛罚”来治理国家、社会的儒学之士。

在地方政府中，宣帝也任用了一批以“经术自辅，其政绩颇杂儒雅，往往表贤显善，不醇用诛罚”④ 的人主持行政，如颍川太守韩延寿、山阳太守张敞、渤海太守龚遂、北海太守朱邑、胶东相王成，等等。或由郡文学入仕，或以明经为官，或治行缘饰儒雅，即使是习文法为吏者，也是廉平不苛，深受当地吏民爱敬。《汉书·循吏传》所录六位太守中，属宣帝朝的就有四位。其中王成得到宣帝最先下诏褒扬政绩。黄霸官至丞相，龚龚遂至水衡都尉，朱邑以“治行第一”为大司农。

宣帝还起用了不少当朝大儒为皇室教师，如疏广、夏侯胜、韦玄成等。这些皇室教官，学有渊源，行有美名，所治经书，都是相对于政治关系比较密切的《春秋》《尚书》《诗》。当然，他们的任务并非仅仅授经，还传授做人的道理、治国的方法。有时，他们也可以直接对朝廷政治提出建议。其中有些人，如萧望之、韦玄成等，还有从政的经历，是当时著名

---

① 《汉书》卷8《宣帝纪》，中华书局1962年版，第243页。

② 同上书，第245页。

③ 《汉书》卷74《魏相丙吉传》，中华书局1962年版，第3151页。

④ 《汉书》卷76《赵尹韩张两王传》，中华书局1962年版，第3222页。

的儒学家兼重臣。

经学之士逐渐在朝廷占据重要位置，既有职务上的优势，也有人数上的优势。“罢黜百家，独尊儒术”在国家政权的组成人员上，首次得到了体现。由此可见，宣帝时期，儒家思想在政治上的统治地位已经确立，这是石渠阁会议的政治背景。

二　石渠阁会议的直接目的——统一“五经同异”

封建统治者把儒家典籍尊奉为“经”，把依据这些“经”文加以发挥的学说视为“经学”，又让掌握了“经”和“经学”的儒家者流登堂入室，为其开辟了仕途，也促进经学传播的繁荣，其目的，当然不仅为了弘扬学术，而是有着更迫切的实际需要——建立适合地主阶级利益的封建统治思想。出于这个目的，对封建统治者来说，他们可以对经学的内容根据具体需要而决定取舍。对儒家学者来说，如果他们想借助经学尽可能地为封建统治提供帮助，或者直接说想通过经学取悦当朝，攫取功名利禄，那么，也可以在发挥经文时根据具体的需要决定取舍乃至更改。封建政治的阴影，始终围绕在儒家经学的周围。武帝册立《五经》博士以后，经学内部逐步呈现的分化状态，正是这种分化的结果，导致同门中出现互相攻击指责的局面。作为一种学术变化的标志，西汉儒家经学内部的分化是围绕着“师法”展开的。

从形式上看，辩“五经同异”是当时儒家学派分化，内部“师法”“家法”相异的结果。在武帝册立《五经》博士以后，儒家作为“通经致仕”之途，内部学派丛生，呈现分化状态。当时，儒家学派的分化，是依据解释经典不同的“师法”“家法”展开的。在汉初儒家复兴、发展的过程中，《易》《书》《诗》《礼》《春秋》均有各自的经学之师与传经之士。这些儒生、士人于齐、鲁、燕、赵等地收徒讲学。在武帝时期“独尊儒术”“通经致仕”的情况下，各经经说为了成为一家之学，而相互辩争。应该看到，当时的经说，不仅是学术之争，也是当时的国家治理政策之争。由于中国古代儒家学术的“通经致用”及希图“兼济天下”的性质，汉儒围绕师法的学派之争，就具有更加浓厚的政治属性，也代表了这一派儒士的政治观念。因此，儒家学派之争，是各个学派对于王朝政治思想的阐释权与话语权的争论。例如《尚书》传授至宣帝时期，出现四派，属于官方学说的有欧阳、夏侯胜、夏侯建二派，属于民间学术的则为孔安国所传的《古文尚书》。但是二夏侯之间，在解经方法上却差异甚大。据《汉书·眭两夏侯京翼李传》记：夏侯建指责夏侯胜“为学疏略，难以应敌”，因为夏侯胜治《尚书》偏重《洪五行传》，又“善说礼服”，虽“为学精孰”，但是所问“非一师”。而夏侯胜指责夏侯建是“章句小儒”，其学是“破碎大道”，因为夏侯建“从五经诸儒问与《尚书》相出入者，牵引以次章句，具文饰说”，其经说有“左右采猎”之嫌。两人中一个热衷章句之学，注重《尚书》的繁复考证；一个注意以阴阳灾异注经，使《尚书》更具备灾异之义。所以在以儒家思想为帝制王朝政治哲学主流的时代，儒家各自学派的争论，已经不仅是一个对于儒家经学义理的辩证问题，同时也是涉及国家治理思想与政策的改革问题。因此宣帝“诏诸儒讲《五经》同异”，无疑是西汉国家政治思想改革的起始点。正因为如此，它才由皇帝亲御的宫廷会议来加以实施。

这样看来，儒家传统师法所发挥的经学思想，有些已经不能适应当时政治的需要，如《鲁诗》《韩诗》《公羊春秋》等宣扬的“禅让”“让贤”，《公羊春秋》的重义少礼。有的则可继续在封建统治中发挥作用，如尊卑有别，内外有序。大部分师法方法单一，内容粗略，难以为统治者提供更为完善丰富的理论依据。师法的分化、演变正好为弥补传统之不足，修正传统之偏差提供了极好的机会。石渠阁会议在经学面临新的形势下召开，采用“论《五经》同类”，“以经处是非”的方法，对汉初以来流传有绪，而所说各类的官方学术作“归于一是”的统一，无疑是西汉统治思想建立过程中很重要的一环。

三 汉代国家指导思想的重要转机——石渠阁会议

据《汉书》记载，甘露元年“（宣帝）召名儒太子太傅萧望之等大议殿中，平《公羊》、《谷梁》同异，各以经处是非。时《公羊》博士严彭祖、侍郎申輓、伊推、宋显，《谷梁》议郎更始、待诏刘向、周庆、丁性并论。《公羊》家多不见从，愿请内侍郎许广，使者亦并内《谷梁》家中郎王亥，各五人，议三十余事。望之等十一人各以经谊对，多从《谷梁》。由是《谷梁》之学大盛”①，这是石渠阁会议的前奏。至宣帝甘露三年（前51）“诏诸儒讲《五经》同异，太子太傅萧望之等平奏其议，上亲称制临决焉。乃立梁丘《易》，大小夏侯《尚书》、谷梁《春秋》博士”②。因此次会议地点在未央宫石渠阁，故史称石渠阁会议。无论是从政治思想还是从学术思想来看，石渠阁会议在历史上都有非常重要的意义。

---

① 《汉书》卷88《儒林传》，中华书局1962年版，第3618页。

② 《汉书》卷8《宣帝纪》，中华书局1962年版，第272页。

(一) 石渠阁会议使儒家思想真正成为汉代国家正统的政治思想

自秦朝至汉宣帝，思想领域中居主导地位的学说经历了曲折的演变。从思想学说演进的全局看，自秦至汉初，儒学始终是一股潜在的力量。战国时代，儒学已成为显学，学派兴盛，在学术上已居特殊的地位，所以李斯的奏语中才将“《诗》、《书》”与“百家语”相对称。至秦实行焚书坑儒，太子扶苏以“诸生皆诵法孔子”[①]为谏。可见，在秦始皇压制儒学之时，人们却在某种程度上视儒学为正统。汉初，思想控制骤弛，在政治上主张清净无为，在学术思想上则呈多元格局，萧何、曹参、窦太后等权势人物先后提倡黄老之学，陆贾著书，则兼有儒家和道家观点，儒生叔孙通为汉制礼仪，率为“汉家儒宗”[②]，贾谊的言论，基本上从儒家立场出发，又糅合了法家观点，晁错则有明显的法家色彩。观其大势，在当时战国子学的余波荡漾之中，儒学势力逐步增强。所以至文、景时，朝廷已先后立儒者辕固生、高堂生、董仲舒为《诗》《礼》《春秋》博士，还有王臧因明《诗》立为太子少傅，并且导致了儒学与黄老之学信奉者双方在朝廷中的直接冲突。

武帝时期的尊儒确有其十分深刻的背景，封建统治集团吸取了秦朝苛法虐民以亡的教训，改用标榜仁义礼乐、重视“教化”的儒学作为思想统治的学说，同时因儒学本身长期存在着由潜伏到明显的发展趋势，至此终于走向舞台中心。而武帝尊儒的特点，则是外儒内法、儒法并用，所谓“内多欲而外施仁义”“杂王霸道而用之”。这既不是对儒学创立的始发点的复归，更不是对前面过程的简单抛弃。在这种背景下确立的“罢黜百家，独尊儒术”的政策，其意义也具有多重性。我们一方面要看到儒学有保守性、维护专制政治统治、提倡森严的政治等级制度等消极面；看到儒学独尊，开始了文化专制主义对思想领域的新控制，在以后中国古代社会中造成种种弊端。但另一方面也要看到，在秦推行极端的法家路线而骤亡、汉初推行清净无为之后，能够代之而起、成为封建社会长期指导思想的，在当时还只能是儒家学说。

汉武帝采用董仲舒建议，把不符合统治者需要的各家学说都作为罢黜压制的对象，“皆绝其道，勿使并进。邪辟之说息灭，然后统纪可一而法度可明，民知所从矣”[③]。这种把儒学作为加强专制统治工具的做法，指明了以后思想文化专制的途径。石渠阁会议标志着儒学与国家行政权力的进

---

① 《史记》卷6《秦始皇本纪》，中华书局1959年版，第258页。

② 《史记》卷99《刘敬叔孙通列传》，中华书局1959年版，第2726页。

③ 《汉书》卷56《董仲舒传》，中华书局1962年版，第2523页。

一步紧密结合，皇帝成为经学的最高评判权威，标志着政权和经学的合一。儒家宗法伦理和纲常名教的统治，向社会政治、生活领域扩大。此后，到元、成时期，儒学取得了全面的统治地位。因此，石渠阁会议是儒家思想成为汉代正统思想的重要一环。

（二）石渠阁会议使《谷梁春秋》与《公羊春秋》并立，也使《谷梁春秋》成为国家政策的重要理论基础

《谷梁春秋》与《公羊春秋》，从今天看，内容和特点实际是大同小异的。与《左传》不同，两本著作都重在阐释《春秋》的义理或宗旨。但从经学家来看，它们的差异，则具有重大的意义。《谷梁》受到重视，与这一时期开始重视宗法礼制的建设有关。

“公羊”学虽也强调宗法等级制度的建设，但《公羊春秋》突出宣传的思想是拨乱世，反诸正，大义灭亲，要求对乱臣贼子毫不留情地进行镇压。其矛头是针对诸侯王的叛乱活动的，目的是强化中央集权的等级制度的权威。这种法治精神盛行的结果，加强了中央的专制集权和大一统，但同时也使宗法伦常、温情脉脉的一面大为削弱，以致不仅淮南狱广事株连，空前残酷，最后连武帝父子之间也以兵戎相见，骨肉情恩扫地以尽。

正如前述，宣帝立《谷梁春秋》的态度是慎重的。《谷梁春秋》从提倡到立学的这段时间，就是宣帝不断把宗法礼治思想用于实践的过程。一方面是统治政策的运用，另一方面是学术力量的扶植。这样经过十余年的努力，终于使“谷梁”家具备了与“公羊”家分庭抗礼的实力。

其具体表现在以下几个方面。

一是并立朝堂，有了传经博士。石渠阁会议后，《谷梁传》从此有了传经博士，可以公开设学，有弟子员。《谷梁传》学者尹更始由议郎升为谏大夫、长乐户将，传学于其子尹咸、翟方进、房凤。尹咸官至大司农，翟方进以“射策甲科为郎”，官至丞相，房凤以“射策乙科为太史掌故”，官至五官中郎将，均是习《谷梁传》而至公卿。而参与论辩的周庆、丁姓“皆为博士”。

二是具有据典权威性。西汉后期，官员们在上书或对策中多引用《谷梁传》文以为典据，加强权威性和说服力。例如汉平帝元始四年（4 年），王莽被授官宰衡，上书请求“印信”，在上书中引用《谷梁传》“天子之宰，通于四海”，以为“宰衡官以正百僚平海内为职，而无印信，名实不副”，被允准给予“宰衡太傅大司马印”。[①]《谷梁传》之说成为王莽揽权

① 《汉书》卷 99《王莽传》，中华书局 1962 年版，第 4068 页。

的经典依据。

三是师法相继。《谷梁传》在汉初由申公下传徐公、许生、瑕丘江公，江公之下分为三支：第一支是江公子传江（公孙）博士，江博士传王亥、刘向、胡常，胡常传萧秉。第二支是江公传皓星公，皓星公又指授蔡千秋。第三支是江公传荣广，荣广传周庆、蔡千秋、丁姓。其下，蔡千秋传尹更始，尹更始传尹咸、房凤，房凤传侯霸、翟方进；丁姓传申章昌，申章昌传梅福。另外，汉武帝卫（戾）太子从江公私受《谷梁传》。因此，《谷梁春秋》“有尹、胡、申章、房氏之学”[①]。可见，这一时期“春秋”“谷梁”学的家法和师法已经逐渐形成。[②]

宣帝以《谷梁春秋》阐发的《春秋》大义为治政之纲，实际上是以《谷梁春秋》思想对汉武帝时期政策的一种修正与变革。这种修正与变革的具体内容，主要是以《谷梁春秋》所倡扬的借事明义、强调礼制、重视宗法、强化教化、振贷困乏等内容，而对于武帝时期的深峻的皇权政治，其“禁网浸密”、大义灭亲、刑治精神政策的一种纠偏。这种以学术之名义，以“平《公羊》、《谷梁》同异，各以经处是非”[③]的评议儒学经籍异同的方法，是当时国家政治上的一件大事。自石渠阁会议以“平《公羊》、《谷梁》同异，各以经处是非”[④]之后，汉代王朝治理思想有了很大转变。

自秦朝至汉宣帝时期，思想领域中由“法”到“儒”，经历了曲折的演变。但是武帝时期尊儒的特点，是外儒内法、儒法并用，仍然是以霹雳手段来维护君主集权，强化阶级与民族关系，所谓“内多欲而外施仁义”，“杂王霸道而用之”。也正如司马光所说，武帝“虽好儒，好其名而不知其实，慕其华而废其质”[⑤]。自盐铁会议后，经学的政治作用不断显现，也在统治阶级中得到进一步重视。宣帝时期，由皇帝亲自召开石渠阁会议，不仅是统治思想进一步以儒家经学为主导的重要标志，也是自汉初以来，特别是汉武帝“独尊儒术”以来汉代经学思想的一种新选择。皮锡瑞《经学通论》说：“《春秋》有大义，有微言。大义在诛乱臣贼子，微言在为后王立法。惟《公羊》兼传大义、微言。《谷梁》不传微言，但传大义。”[⑥]

---

① 《汉书》卷88《儒林传》，中华书局1962年版，第3620页。
② 参见文廷海《学术与政治的内在互动：两汉春秋谷梁学的命运演替》，《求索》2005年第3期。
③ 《汉书》卷88《儒林传》，中华书局1962年版，第3618页。
④ 同上。
⑤ 司马光：《司马文正公传家集》卷12，商务印书馆1937年版，第218页。
⑥ 皮锡瑞：《经学通论·春秋篇》，中华书局1954年版，第63页。

皮锡瑞将"春秋"学说"分为"大义"和"微言"两部分,"微言"是为汉制创新立法,而颇多新义;"大义"则是以"诛乱臣贼子"为其大旨,维护君主权威。用现在的话说,"大义"是申明上下有序的政治等级,而"微言"则是为政权的制度转化立新。应该说,《公羊》是通过"微言"来为汉武帝政策制作理论依据。而《谷梁》却仅仅是希望强化上下政治等级秩序。故此,《谷梁》就没有《公羊》的"三统"之说,而主要以古典经训显示一种理想化的政权模式,以周代分封制下的宗法等级关系来阐释经义,而没有以"今义""为后王立法"等内容。所以,《谷梁》显得更加古朴一些。

石渠阁会议使皇帝不仅成为政治的最高权威,也成了最高的思想主宰与决定经学同异的权威,中国帝制社会进一步形成政教合一的格局。政治的权威变成了经学、思想的权威,经学的学术观点变成了政治的最高法典,其结果不仅极大地提高了经学的地位,也极大地扩大和加强了儒家礼仪制度对社会的控制力量。不仅如此,石渠阁会议的召开和统一《五经》同异,在一定程度上也为"谷梁"学的进一步发展起到了推动作用,同时也为汉宣帝作出社会控制与整合的初步调试提供了政治理论基础。

第二节 "谷梁"学派的社会控制思想

作为"谷梁"学派思想基础的《谷梁传》,虽然长期受到冷落,但是却时隐时现地在汉代儒家诸经中出现,其思想有着自己的特点。皮锡瑞著《经学通论》,其中评论"春秋"诸经时说:"《春秋》有大义,有微言。大义在诛乱臣贼子,微言在为后王立法。惟《公羊》兼传大义、微言。《谷梁》不传微言,但传大义。《左氏》并不传义,特以记事详赡有可以证《春秋》之义者。故'三传'并行不废。"[①] 钟文烝《谷梁补注》中对于《谷梁》之"大义"则注曰:"《谷梁》多特言君臣、父子、兄弟、夫妇,与夫贵礼、贱兵、内夏、外夷之旨,明《春秋》为持世教之书也。《谷梁》又往往以心志为说,以人己为说,桓、文之霸曰信曰仁曰忌,僖、文之于雨曰闵曰喜曰不忧,明《春秋》为正人心之书也。持世教易知也,正人心未易知也,然而人事必本于人心,则谓《春秋》记人事即记人心可也。"指出"谷梁"与"公羊"的区别,主要是在"君臣、父子、兄弟、

① 皮锡瑞:《经学通论·春秋篇》,中华书局1954年版,第63页。

夫妇，与夫贵礼、贱兵、内夏、外夷之旨，明《春秋》为持世教之书也”。这就说明“谷梁”更加重视古代传统文化中的儒家“君臣、父子、夫妇”之说，注重将宗法血缘伦理向社会政治的渗透，强调礼制。而这些正是汉代中期以来儒家学说进一步发展，由“谷梁”作为“春秋”持世教之书。所以，“谷梁”学派的兴起，既是儒家内部经学派别的相互升黜，又是西汉中后期国家社会调控与国家治理政策的转变。它对于西汉中后期的社会调控有着重要意义。具体来说，“谷梁”学中表现出的社会调控思想主要体现在以下几个方面。

一 强调亲亲尊尊，主张宗法秩序

《谷梁传》注重礼制，并且对礼制的解释是以维护君臣、父子、兄弟、夫妻名分等级为主，由此强调宗法伦理与社会政治伦理的一致性。例如春秋时期，周室衰微，诸侯僭越之事不断出现。但《谷梁》传文认为，尽管如此，仍然必须以周为尊，尊周天子，先天子而后诸侯。如传文曰：“朝服虽敝，必加于上；弁冕虽旧，必加于首；周室虽衰，必先诸侯。”① 再如在君位继承问题上，如：“《春秋》之义，诸侯与正而不与贤也。”② 伐同姓国即是灭本，是不合正道的。如：“不正其伐本而灭同姓也。”③ 杀死长子和同母弟，更是有悖于人道。如：“天王杀其弟佞夫，传曰，诸侯且不首恶，况于天子乎。君无忍亲之义，天子诸侯所亲者，唯长子、母弟耳。天王杀其弟佞夫，甚之也。”④《谷梁传》还认为，由于宗法中的祖先崇拜，是宗族里尊始敬祖的血缘崇拜核心，故此宗法血缘礼制中的“贵始”就有着“德之本”的意义。“故德厚者流光，德薄者流卑，是以贵始，德之本也。”⑤《谷梁传》还十分主张为尊者、亲者隐讳，“孝子扬父之美，

① （晋）范宁注，（唐）杨士勋疏：《春秋谷梁传注疏》，《僖公八年》，上海古籍出版社1990年版，第76页。

② （晋）范宁注，（唐）杨士勋疏：《春秋谷梁传注疏》，《隐公四年》，上海古籍出版社1990年版，第18页。

③ （晋）范宁注，（唐）杨士勋疏：《春秋谷梁传注疏》，《僖公二十五年》，上海古籍出版社1990年版，第89页。

④ （晋）范宁注，（唐）杨士勋疏：《春秋谷梁传注疏》，《襄公三十年》，上海古籍出版社1990年版，第160页。

⑤ （晋）范宁注，（唐）杨士勋疏：《春秋谷梁传注疏》，《僖公十五年》，上海古籍出版社1990年版，第81页。

不扬父之恶"[①]，"君子不以亲亲害尊尊，此《春秋》之义也"[②]。

董仲舒"公羊"学说虽然也提倡礼治，但其主要精神却是强调大一统和君主集权，主张"大义灭亲"，贯穿着严法精神。由于战争等特殊情况，除了封禅等礼制外，《公羊春秋》所提出的儒家关于礼制建设的学说并没有受到应有的重视及实际建构。但是由于"公羊"家贯穿着的严法精神，却使礼制中最重要的宗法血缘尊卑等级法则不断削弱。这就和"谷梁"学所主张的提倡礼制，严守宗法等级秩序不同。石渠阁会议后，留下的会议文件有《五经杂议》18 篇，《书议奏》42 篇，《礼仪奏》38 篇，《春秋议奏》39 篇，《论语议奏》19 篇，[③] 包括五经的全部内容。这些文件现已散失，但是从残存篇籍来看，其主要内容正是宗法礼制的建设与纲常的维护问题。

二 慎武重文，以"道"治国

《谷梁传》认为，民众是国家根本，治理国家，不能轻易发动战争，否则就是"无道"，将民众推向死亡深渊。"民者，君之本也。使人以其死，非正也。"[④] 如果以不教之民作战，则非为君之道，如："以其不教民战，则是弃其师也。为人君而弃其师，其民孰以为君哉。"[⑤]因此《谷梁传》反对不义战，主张用兵"有道"："古者，被甲婴胄，非兴国也，则以征无道也，岂曰以报其耻哉。"[⑥] 而且征伐一定要有限度："伐不逾时，战不逐奔，诛不填服。"[⑦]国家备战亦以道义为重："因搜狩以习用武事，礼之大者也。……过防弗逐，不从奔之道也。面伤不献，不成禽不献。禽虽多，天子取三十焉，其余与士众以习射于射宫。射而中田不得禽，则得

---

① （晋）范宁注，（唐）杨士勋疏：《春秋谷梁传注疏》，《隐公元年》，上海古籍出版社 1990 年版，第 9 页。

② （晋）范宁注，（唐）杨士勋疏：《春秋谷梁传注疏》，《文公二年》，上海古籍出版社 1990 年版，第 98 页。

③ 《汉书》卷 30《艺文志》，中华书局 1962 年版，第 1707—1726 页。

④ （晋）范宁注，（唐）杨士勋疏：《春秋谷梁传注疏》，《隐公五年》，上海古籍出版社 1990 年版，第 20 页。

⑤ （晋）范宁注，（唐）杨士勋疏：《春秋谷梁传注疏》，《僖公二十三年》，上海古籍出版社 1990 年版，第 88 页。

⑥ （晋）范宁注，（唐）杨士勋疏：《春秋谷梁传注疏》，《襄公二十五年》，上海古籍出版社 1990 年版，第 157 页。

⑦ （晋）范宁注，（唐）杨士勋疏：《春秋谷梁传注疏》，《僖公二十二年》，上海古籍出版社 1990 年版，第 87 页。

禽，田得禽而射不中，则不得禽。是以知古之贵仁义而贱勇力也。”①《谷梁传》主张会盟，互不侵伐，如：“澶渊之会，中国不侵伐夷狄，夷狄不入中国，无侵伐八年，善之也。”② 而用兵要有正义的目的，如：“古者，被甲婴胄，非兴国也，则以征无道也，岂曰以报其耻哉。”③但是《谷梁传》并不一概反对武力，而主张文事与武备并重，以应付不测。如《谷梁传》就曰：“出曰治兵，习战也。入曰振旅，习战也。治兵而陈蔡不至矣。兵事以严终，故曰：善陈者不战，此之谓也。”④所以，《谷梁传》主张慎武重文，以“道”治国的用意十分明显。

三 注重农业，轻徭薄赋

武帝时期由于长期对外征战，“辟地广境数千里……是以天下奢侈，官乱民贫，盗贼并起，亡命者众”⑤，“征伐四夷，重赋于民”⑥，这引起社会广泛的不满，在盐铁会议上也受到了贤良文学的批评。“谷梁”学在这一点上与当时贤良文学的观念有一致之处。例如《谷梁传》就认为，国家应该做到减轻民众赋税，养民、恤民和富民，“无夺民时”，“遣使恤鳏寡而存孤独”。君王关心农耕才是正道：“山林薮泽之利所以与民共也，虞之非正也。”⑦君王必须经常注意民众的疾苦，随时采取应对的措施：“古之君人者必时视民之所勤，民勤于力，则功筑罕。民勤于财，则贡赋少。民勤于食，则百事废矣。”⑧君主还要关注涝旱，爱护民众，减轻赋税，贮存粮食，以备荒年：“国无三年之畜，曰国非其国。……古者税什一，丰年补败，不外求而上下皆足也。虽累凶年，民弗病也。一年不艾而百姓饥，君

---

① （晋）范宁注，（唐）杨士勋疏：《春秋谷梁传注疏》，《昭公八年》，上海古籍出版社1990年版，第166页。

② （晋）范宁注，（唐）杨士勋疏：《春秋谷梁传注疏》，《襄公三十年》，上海古籍出版社1990年版，第161页。

③ （晋）范宁注，（唐）杨士勋疏：《春秋谷梁传注疏》，《僖公二十二年》，上海古籍出版社1990年版，第87页。

④ （晋）范宁注，（唐）杨士勋疏：《春秋谷梁传注疏》，《庄公八年》，上海古籍出版社1990年版，第47页。

⑤ 《汉书》卷72《王贡两龚鲍传》，中华书局1962年版，第3077页。

⑥ 同上书，第3075页。

⑦ （晋）范宁注，（唐）杨士勋疏：《春秋谷梁传注疏》，《庄公二十八年》，上海古籍出版社1990年版，第61页。

⑧ 同上书，第61—62页。

子非之。”①

“谷梁”学派正是明白了这一点，提出了减轻民众赋税的思想。“谷梁”学者刘向在《新序》中指出，“先王之所以拱揖指挥而四海宾服者，诚德之至，已形于外”②，这就强调以君主自正为手段，以至诚、道德为内涵，不需穷兵黩武，而同样能够达到四海宾服、民众拥护的目的。“人君苟能至诚动于内，万民必应而感移。”③ 因此，《谷梁传》提倡礼制是与天子无为拱揖和“与民休息”联系在一起的，这正是对《公羊春秋》大力倡导君主有为政治的曲笔批评。

四 注重调整社会关系，加强礼制建设

《谷梁传》认为，君臣、父子、兄弟、夫妇之间都有一定的行为道德规范，超越自己的身份等级行事，就是违背礼仪。春秋时期，周室衰微，但传文认为，尽管如此，仍然必须尊周，尊周天子，先天子而后诸侯。所以，《谷梁传》特别注重调整社会关系，注重强化以“德”治国的特色，认为应该按照名分等级来设立一定之规。作为礼制，诸侯必须向周天子进贡，如：古者“诸侯时献于天子以其国之所有，故有辞让而无征求”④。在祭祀中，太子、公卿、大夫的宗庙数量都应该有一定之规。如：天子七庙，诸侯五，大夫三，士二。连庙堂房屋柱子的颜色都有差别。“礼，天子、诸侯黝垩，大夫仓，士黈。丹楹非礼也。”⑤ 君臣各有职分，各有行为准则，如“君不尸小事，臣不专大名，善则称君，过则称己，则民作让矣”⑥；“死君难，臣道也”⑦，否则，“君不君，臣不臣，此天下所以倾也”⑧。同时，《谷梁传》提倡严格的上下贵贱尊卑之别，如：“《春秋》之

---

① （晋）范宁注，（唐）杨士勋疏：《春秋谷梁传注疏》，《庄公二十八年》，上海古籍出版社1990年版，第61—62页。

② 《新序全译》，贵州人民出版社1994年版，第139页。

③ 同上书，第138页。

④ （晋）范宁注，（唐）杨士勋疏：《春秋谷梁传注疏》，《桓公十五年》，上海古籍出版社1990年版，第38页。

⑤ （晋）范宁注，（唐）杨士勋疏：《春秋谷梁传注疏》，《庄公二十三年》，上海古籍出版社1990年版，第57页。

⑥ （晋）范宁注，（唐）杨士勋疏：《春秋谷梁传注疏》，《襄公十九年》，上海古籍出版社1990年版，第155页。

⑦ （晋）范宁注，（唐）杨士勋疏：《春秋谷梁传注疏》，《桓公十一年》，上海古籍出版社1990年版，第36页。

⑧ （晋）范宁注，（唐）杨士勋疏：《春秋谷梁传注疏》，《宣公十五年》，上海古籍出版社1990年版，第120页。

义，用贵治贱，用贤治不肖，不以乱治乱也。”[①] 君王要注意自己的行为，如：“礼，君不使无耻，不近刑人，不狎敌，不迩怨。贱人非所贵也，贵人非所刑也，刑人非所近也。”[②] 显然，《谷梁传》注重维护封建礼制及上下等级秩序的目的十分明显，这正适应了当时统治者调整人际关系的需要。

五　维护中原礼仪，主张尊夏攘夷

《谷梁传》在民族关系上同样持强烈的尊夏攘夷观点，它站在华夏中原的立场上，主张维护中原礼仪文化，对夷狄游牧民族入侵扩张及骚扰行为极为反感。如：“荆者，楚也。何为谓之荆？狄之也。何为狄之？圣人立，必后至。天子弱，必先叛，故曰荆，狄之也。”[③] 它主张以夏礼化夷俗：“何以谓之吴也？狄之也。何谓狄之也？君居其君之寝，而妻其君之妻。大夫居其大夫之寝，而妻其大夫之妻。盖有欲妻楚王之母者，不正乘败人之绩而深为利，居人之国，故反其狄道也。”[④] 但是《谷梁传》并非主张采取征战手段解决民族问题，而是主张通过夷夏之间的会盟、沟通，以和谈等手段达到和平的目的，使各方互不侵伐：“澶渊之会，中国不侵伐夷狄，夷狄不入中国，无侵伐八年，善之也。”[⑤] 这与武帝时期的夷夏观念和《公羊春秋》主张的“开边”学说有着重要区别，是当时难能可贵的民族思想。

钱穆在《中国文化史导论》中曾经对尊夏攘夷的文化认同说过一段话：“在古代观念上，四夷与诸夏实在另有一个分别的标准，这个标准，不是‘血统’而是‘文化’。所谓‘诸侯用夷礼则夷之，夷狄进于中国则中国’，此即是以文化为华、夷分别之明证。所以，诸夏与夷狄的界限划分并非是固定的，而是处于变化之中，诸侯为夷狄之行即为夷狄。吴本为周太王之后，吴国为夷狄之行则夷狄之，学习中原礼仪，尊崇周王室，就受到表彰，如：‘吴，夷狄之国也，祝发文身，欲因鲁之礼，因晋之权，

① （晋）范宁注，（唐）杨士勋疏：《春秋谷梁传注疏》，《昭公四年》，上海古籍出版社1990年版，第164页。

② （晋）范宁注，（唐）杨士勋疏：《春秋谷梁传注疏》，《襄公二十九年》，上海古籍出版社1990年版，第159页。

③ （晋）范宁注，（唐）杨士勋疏：《春秋谷梁传注疏》，《庄公十年》，上海古籍出版社1990年版，第49页。

④ （晋）范宁注，（唐）杨士勋疏：《春秋谷梁传注疏》，《定公四年》，上海古籍出版社1990年版，第188页。

⑤ （晋）范宁注，（唐）杨士勋疏：《春秋谷梁传注疏》，《襄公三十年》，上海古籍出版社1990年版，第161页。

而请冠端而袭，其藉于成周，以尊天王，吴进矣。’吴，东方之大国也，累累致小国以会诸，以合乎中国，吴能为之，则不臣乎，吴进矣。这种观点无疑具有进步意义。”①

第三节 西汉中期以后的政策转变

宣帝扶持“谷梁”学，并使其大盛以后，“谷梁”学派开始分享一部分“公羊”学的最高法典地位，成为当时社会控制与整合思想的一部分，影响着西汉后期的政治、经济、军事、文化等方面的策略。

宣帝一朝，虽坚持“汉家自有制度，本以霸王道杂之”② 的原则，但面对儒生群体对汉武帝政策的激烈抨击，宣帝继承和发扬了“谷梁”学所表现出的宽厚仁慈的统治作风，以矫正吏治苛酷之弊，多次下诏要求官吏“务行宽大”“勿行苛政”③。

“谷梁”学大盛之后，出现了尹更始、刘向、周庆、丁姓等大师，他们虽然没能像董仲舒那样出来掌控学术局面，也没有提出新的政治学说来适应形势的需要。但是他们针对当时的社会现实情况，充分发挥《谷梁》独有的思想内容，主张“以礼为治”，注重宗法家族，发展经济。因此，这一区别于“公羊”家的思想，在“谷梁”之学大盛后，使“谷梁”学派的主张逐渐被士大夫阶层普遍接受。于是，宣元之际，随着“谷梁”学的兴起，礼治的呼声日益高涨。王吉、贡禹、翼奉、萧望之等人，虽然都不是“谷梁”家，却纷纷提出与“谷梁”家相近的政治主张。他们针对当时的形势，对“公羊”家阐述的、已被人们普遍接受的“《春秋》之道”进行修改并提出两种折中方案。

最早对这一方案进行正面阐述的是王吉。《汉书》载当时王吉上疏宣帝时说：“臣闻圣王宣德流化，必自近始。朝廷不备，难以言治；左右不正，难以化远……《春秋》所以大一统者，六合同风，九州共贯也……孔子曰‘安上治民，莫善于礼’，非空言也。王者未制礼之时，引先王礼宜于今者而用之。臣愿陛下承天心，发大业，与公卿大臣延及儒生，述旧礼，明王制，驱一世之民济之仁寿之域，则俗何以不若成康，寿何以不若

---

① 钱穆：《中国文化史导论》，上海三联书店 1988 年版，第 56 页。

② 《汉书》卷 9《元帝纪》，中华书局 1962 年版，第 277 页。

③ 《汉书》卷 8《文帝纪》，中华书局 1962 年版，第 265、273 页。

高宗……古者衣服车马贵贱有章，以褒有德而别尊卑，今上下僭差，人人自制，是以贪财趋利，不畏死亡。周之所以能致治，刑措而不用者，以其禁邪于冥冥，绝恶于未萌也。”[①] 王吉虽然论述了“公羊”家的“《春秋》大一统”思想，但其论证重点却是要说明“宜于今”的“先王礼”是殷周之制，要求宣帝效法成康。这实质上包含了申公一派所述及的“以礼义治之”的主张。由此，我们看到了以“谷梁”“公羊”兴替为背景的政治思想变迁，看到了宣元之际“以礼为治”取代“《春秋》为汉制法”成为现实政治的指导思想的历史痕迹。

为实现“以礼为治”，王吉、萧望之等人提出了一系列政治主张。例如在内政与对外征战方面，他们提出以社会调控为中心的改制思想。汉武帝时代的政策主要由开边和改制两方面构成，而开边则是政策的重点，改制则居于从属地位。“谷梁”学则将改制作为重点，要求宣帝将朝廷政策重心转移到“德教”上来。萧望之在与张敞的一次争论中，曾明确提出这一观点。[②] 萧望之强调教化是为政之本，是通向太平理想的必经之路，对外战争则是次要的。“谷梁”学派还十分强调“德教”，对于武帝时期的“法治”传统则给予淡化。《汉书·王吉传》中，王吉就提出：“今俗吏所以牧民者，非有礼义科指可世世通行者也，独设刑法以守之。其欲治者，不知所繇，以意穿凿，各取一切，权谲自在，故一变之后不可复修也。是以百里不同风，千里不同俗，户异政，人殊服，诈伪萌生，刑罚亡极，质朴日销，恩爱浸薄。”[③] 他认为，“德教”是治理国家的根本，欲“兴太平”，首先需确立“德教”这一“本务”，用“礼义科指”取代严酷的刑治精神。其次，王吉、萧望之等人还希望汉代国家能够效法成王、周公。他们认为，汉武帝时期虽提出“太平世”，但并没能实现，其原因就在于汉武帝没有像成王、周公那样制礼作乐。因此大汉王朝要想实现“太平世”，就必须效仿成王、周公，以“礼”为法。

在宣帝扶持下，虽然“谷梁”学在当时也有重要影响，但宣帝囿于当时情况，在承认“谷梁”学的同时，却也坚持其“霸王道杂之”的汉家制度，这使主张纯粹“以礼义治之”的王吉、萧望之等人受到冷落，使王吉谢病还乡，萧望之被贬为太子太傅。然而，萧望之仍然以太傅的身份，以“谷梁”学思想对皇太子实施影响。《汉书·元帝纪》载：元帝“八岁，

---

① 《汉书》卷72《王贡两龚鲍传》，中华书局1962年版，第3063—3065页。

② 《汉书》卷78《萧望之传》，中华书局1962年版，第3275页。

③ 《汉书》卷72《王贡两龚鲍传》，中华书局1962年版，第3063页。

立为太子。壮大，柔仁好儒。见宣帝多用文法吏，以刑名绳下，大臣杨恽、盖宽饶等坐刺讥辞语为罪而诛，尝侍燕从容言：‘陛下持刑太深，宜用儒生。’……上有意欲用淮阳王代太子，然以少依许氏，俱从微起，故终不背焉。"[①] 汉宣帝的做法，是有其两面性的。一方面是他鉴于当时情势，主张“霸王道杂之”的汉家制度；另一方面他也暗中默许持“谷梁”思想的官僚的活动。例如宣帝明知道萧望之赞同“谷梁”学思想，却让他任太子太傅；明知太子受萧望之等人的影响，柔仁好儒，却仍然不肯背离。而其临终时又命萧望之与外戚史高、太子少傅周堪一起，“受遗诏辅政，领尚书事”[②]，成为托孤之臣。这样无疑为元帝时期萧望之、刘向等人改制变法开了方便之门。因此，宣帝晚年思想无疑具有两面性。即面对当时的朝廷局势，他主张用“霸王道杂之”的汉家制度；而对武帝时期的政策苛酷，刻薄寡恩，他亦默许太子（元帝）和萧望之等人在他以后实施稍显中庸、温和的“谷梁”学思想，从而为西汉后期的改制运动拉开序幕。

在“谷梁”学的影响下，西汉后期的改制运动在元帝时轰轰烈烈地开展起来，成帝、哀帝时继续发展，但由于宦官、外戚势力的阻挠，改制运动困难重重。

《汉书》载：“宣帝崩，元帝初即位，乐陵侯史高以外属为大司马车骑将军，领尚书事，前将军萧望之为副。望之名儒，有师傅旧恩，天子任之，多所贡荐。高充位而已。”[③] “望之、（周）堪本以师傅见尊重，上即位，数宴见，言治乱，陈王事。望之选白宗室明经达学散骑谏大夫刘更生给事中，与侍中金敞并拾遗左右。四人同心谋议，劝道上以古制，多所欲匡正，上甚乡纳之。”[④] 改制便开始了。

元、成、哀时期，一些政论家开始探讨解决社会问题的办法。针对当时群小日进现象，许多人呼吁除奸邪。初元六年（前44），刘向上书讲春秋时期的任何灾异都没有初元以来的六年多，认为“彼月而微，此日而微，今此下民，亦孔之哀”，而“原其所以然者，谗邪并进也”。所以他建议：“放远佞邪之党，坏散险诐之聚，杜闭群枉之门。”[⑤] 其他许多儒家官僚也要求罢黜贪官苛吏，来安定社会局势。其实早在宣帝时期，政府就开始就前代政治、经济、文化、外交等方面进行改革。例如从经济方面看，

---

① 《汉书》卷9《元帝纪》，中华书局1962年版，第277页。

② 《汉书》卷78《萧望之传》，中华书局1962年版，第3283页。

③ 《汉书》卷81《匡张孔马传》，中华书局1962年版，第3332页。

④ 《汉书》卷78《萧望之传》，中华书局1962年版，第3283页。

⑤ 《汉书》卷36《楚元王传》，中华书局1962年版，第1935、1943、1946页。

汉武帝打击富商大贾、高利贷者和不法商人的经济势力，试图通过这些措施来开拓财路，经营疆域，稳定边防。但是由于其经济政策本身属“杀鸡取卵”的短期行为，以及其政策在执行中，由于官吏贪污腐败，犯奸作科，“有令不行，有禁不止”，导致吏治败坏，激化社会矛盾。故此从宣帝及其后元帝、成帝时期，都认真总结汉武帝推行新经济政策的经验教训，采取“与民休息”的良策，收到了显著的效果。例如宣帝地节四年（前66）九月诏曰：“吏或营私烦扰，不顾厥咎，朕甚闵之。……盐，民之食，而贾咸贵，众庶重困。其减天下盐贾。”① 而元帝时期，政府在儒家官僚支持下，罢盐铁官营。史载当时“在位诸儒多言盐铁及比假田官、常平仓可罢，毋与民争利。上从其议，皆罢之”②。虽然汉末因为财政收入问题而再度实行盐铁专营，也可见当时确实有着一些政策性改变。

宣帝亲政期间，还多次下诏损膳省宰，减少乐府乐人，罢戍兵以还本农。为使“耕者有其田”，宣帝在制止土地兼并方面采取了一些可行之策：例如迁移地方豪富，假民公田等。他还通过把国家苑囿或郡国公田借给少地或无地的贫民耕种，使他们尽可能地摆脱地主的控制，重新变为国家的编户。据记载，宣帝曾先后四次“假公田，贷种、食，且勿算事”③，并在灾荒之年实行减免租赋政策。宣帝时期，还有计划地在西北地区进行大规模屯田。地节、元康年间，派郑吉“将免刑罪人田渠犁”④，又屯田车师，并设置慑戊吉校尉以震匈奴。元成时期，这一政策仍然在继续维持，使社会矛盾相对和缓。

宣帝时，对于匈奴的政策也有所改变。宣帝除了采取积极措施打击来犯的匈奴骑兵外，还采取了与匈奴和亲等政策，维护边境地区的和平。例如本始三年（前71），匈奴起兵南下，骚扰西汉边郡。宣帝主动联合乌孙对匈奴实施反击。“获单于父行及嫂、居次、名王、犁汙都尉、千长、将以下三万九千余级，虏马牛羊驴橐佗七赢驰十余万。……然匈奴民众伤而去者，及畜产远移死亡不可胜数。于是匈奴遂衰耗。”⑤ 神爵二年，郑吉奉命经营西域，“破车师，降日逐，威震西域”⑥。其时，匈奴内部爆发了“五单于争位”的内乱。甘露元年，呼韩邪单于听信“引众南近塞，遣子

① 《汉书》卷8《宣帝纪》，中华书局1962年版，第252页。
② 《汉书》卷24《食货志》，中华书局1962年版，第1142页。
③ 同上书，第249页。
④ 《汉书》卷96《西域传》，中华书局1962年版，第3922页。
⑤ 《汉书》卷94《匈奴传》，中华书局1962年版，第3786页。
⑥ 《汉书》卷70《傅常郑甘陈段传》，中华书局1962年版，第3006页。

右贤王铢娄渠堂入侍”，自为藩臣。此前亲附匈奴的西域诸国，包括乌孙以西至安息者，皆因呼韩邪降汉，“咸尊汉矣”。这样，在宣帝时期，汉匈结束了长达百余年的战争状态，实现了边境的和平，出现“边城晏闭，牛马布野，三世无犬吠之警，藜庶无干戈之役”[①] 的情况。元、成、哀时期，这种与匈奴和睦的政策继续施行，对当时北方民族的融和、边境地区的安宁有着重大影响。

“谷梁”学所注重的宗法礼制问题，在元、成、哀帝时也得到重视。汉武帝和昭、宣时期，不断有同姓诸侯王的叛乱，更有甚者，汉武帝与卫太子之间父子相残，带兵相战于长安，最终太子自杀。“公羊”学的大义灭亲使得统治阶级内部宗法问题日益严重，“谷梁”学特别重视这一点。早在宣帝时，就下诏：“导民以孝，则天下大顺。今百姓或遭衰绖凶灾，而吏繇事使不得葬，伤孝子之心，朕甚怜之。自今诸有大父母，父母丧者勿繇事，使得收敛送终，尽其子道。”宣帝大力提倡孝道，把其置于国家法律之上，并亲自实行之。“盖闻象有罪，舜封之，骨肉之亲粲而不殊。其封故昌邑王贺为海昏侯。”[②] 这样，有利于加强宗法情谊，维护统治。汉朝皇帝的谥号除刘邦以外，都在其前加一个孝字，如孝惠、孝文、孝武等。《孝经》在西汉受到特别重视，元帝时有个叫平当的人，向元帝陈述：“人之行莫大于孝”，“圣人之德亡加于孝也”[③]，劝元帝复太上皇庙，企图用这种孝的活动来感化天下。元、成、哀时期，对早先所废弃的一些诸侯、宗族、大臣，也恢复他们的封国和祭祀祖宗的庙宇。

此外，元、成、哀时期，对宗庙、祭祀制度也进行了改制。自汉兴以来，宗庙、祭祀庞杂，财政负担沉重。[④] 永光四年（前 40），元帝下诏“议罢郡国庙”，后又下诏议宗庙迭毁礼，并提出“立亲庙四，祖宗之庙，万世不毁”[⑤] 的制度框架。成帝和哀帝时期，宗庙祭祀继续进行。丞相匡衡和御史大夫张谭奏请成帝言：“帝王之事莫大乎承天之序，承天之序莫重于郊祀，故圣王尽心极虑以建其制。祭天于南郊，就阳之义也。”[⑥] 在“谷梁”学派的推动下，这些改制得以实行，但由于受到外戚与宦官的阻挠，这些改制未能取得很好的效果。

---

① 《汉书》卷 94《匈奴传》，中华书局 1962 年版，第 3797、3382—3833 页。

② 《汉书》卷 8《宣帝纪》，中华书局 1962 年版，第 251、257 页。

③ 《汉书》卷 71《隽疏于薛平彭传》，中华书局 1962 年版，第 3049 页。

④ 《汉书》卷 72《王贡两龚鲍传》，中华书局 1962 年版，第 3079 页。

⑤ 《汉书》卷 73《韦贤传》，中华书局 1962 年版，第 3118 页。

⑥ 《汉书》卷 25《郊祀志》，中华书局 1962 年版，第 1254 页。

到了王莽时期，王莽以《左传》作为理论基础进行了制礼作乐的改制运动，这一“礼”可以说正是“谷梁”学思想中重“礼”的延续。刘歆认为《春秋》本是“制礼”之书，《汉书·律历志》云：刘歆曾“作《三统历》及《谱》以说《春秋》”，其辞曰：“夫历《春秋》者，天时也，列人事而因以天时。《传》曰：‘民受天地之中以生，所谓命也。是故有礼谊动作威仪之则以定命，能者养以之福，不能者败以取祸。’故列十二公二百四十二年之事，以阴阳之中制其礼。”①

王莽为了粉饰太平，大力推行制礼作乐。如“元始二年春，诏曰：‘皇帝二名，通于器物，今更名，合于古制’”。元始三年（3）春，“诏光禄大夫刘歆等杂定婚礼。四辅、公卿、大夫、博士、郎、吏家属皆以礼娶”②。这些改制运动可以说是汉末元、成、哀改制的继续，也是“谷梁”学影响下的以周代古制指导下的改制。

第四节　小结

“谷梁”学社会控制思想的兴起，一方面促进了西汉中后期社会经济的发展，另一方面也使礼教逐渐向社会扩大和深入。如《宋书·礼志》：“至太康九年，改建宗庙，而社稷坛与庙俱徙，乃诏曰：‘社实一神，其并二社之祀。’于是车骑司马傅咸表曰：‘《祭法》二社各有其义，天子尊事郊庙，故冕而躬耕。躬耕也者，所以重孝享之粢盛，致殷荐于上帝也。’《谷梁传》曰：‘天子亲耕以供粢盛。’亲耕，谓自报，自为立社者，为籍而报也。国以人为本，人以谷为命，故又为百姓立社而祈报焉。事异报殊，此社之所以有二也。”③但是，主张“务行宽大”“勿行苛政”宽容政治的“谷梁”学社会控制思想在汉末的大盛，也使得封建国家的中央专制政治集权，以及官僚体制受到了一定程度的削弱，其思想内涵由于缺乏新的养分的输入，也呈现出严重的神鬼设道的趋势。所以，在汉代末期，一方面外戚政治在皇权纵容下，逐渐走向了鼎盛，许多权臣开始出现；另一方面，谶纬神学也开始泛滥。西汉王朝正是在这种“务行宽大”、谶纬神学泛滥的政治潮流中被王莽政权所代替。

---

① 《汉书》卷27《五行志》，中华书局1962年版，第979页。

② 《汉书》卷12《平帝纪》，中华书局1962年版，第352、355页。

③ 《宋书》卷17《礼志》，中华书局1974年版，第479页。

第十二章　两汉之际社会控制与整合思想的演变

两汉之际是一个喧嚣动荡的时代，经学中的一种思潮——谶纬学说于思想界悄然兴起。谶又称“符命”“谶记”“经谶”，它使汉代儒学披上了神学的外衣。西汉哀、平之际，封建统治发生了危机，谶纬作为一种社会思潮，开始在思想界蔓延。

第一节　谶纬神学与社会控制思想

两汉之际，外戚干政，宦官专权，朝政腐败，政治多变，社会矛盾此起彼伏，从王莽代汉到东汉建立短短几十年时间，政治制度纷繁复杂，出现了政治思想与社会思想交互影响的局面，正是在这一复杂多变的社会局面下，统治者在思想上乞求宗教迷信，以摆脱严重的社会危机，谶纬神学作为一种社会控制思想应运而生。

一　谶纬神学的兴起

汉代社会是一个神学迷信思想十分浓厚的时代，虽经过秦汉科学技术的发展，但这个时代的理性精神和科学信仰还不具备战胜神学思想的条件，所以，“从整体上看，汉代社会依然是以‘天人感应’的天人观作为意识形态，各种神话传说和迷信在汉代得到了极大的丰富与发展”①。在西汉社会，宗教观念盛行，秦汉的方士与儒生都积极利用阴阳五行学说来为自己和社会服务。经过汉初无为而治的社会政治之后，汉武帝积极利用儒学，行有为之治，儒家经学开始成为官方的主流政治话语。董仲舒认为：

---

① 刘文英：《中国哲学史》，南开大学出版社2002年版，第265页。

"道之大原于天，天不变，道亦不变。"① 他把王道、三纲与天联系起来，构建了一个天人感应的神道设教体系。然而，随着汉代政治不断经学化，在汉代社会不断走向衰落的社会现实下，汉儒们唯德是辅的观念重新萌生，纷纷对汉代政治发出了改革的呼声，甚至发出改造汉道，要求皇帝下台以顺天的说法。董仲舒构建的天人感应的君权神授体系已经不适应当时的社会形势发展，因而重新建构一套融"礼、法"于其中的新思想体系已成为时代的需要。

儒学在成为西汉政权统治思想的过程中，儒家经学也迅速发展起来。经本来是诸子百家自家学派纲领性的学说或者文献的通称，后来专用于儒家所推崇的以孔子为代表的儒家人物所编纂的书籍。儒学的谶纬化就是对儒学经书的神学解释，并把这种解释托古于孔子。实际上，"谶纬"就是以宗教语言解释社会政治及社会生活，以及对儒家经典的解释。谶纬神学是一种政治神学，它是在特定历史时期下产生的，它的产生有着一定的社会背景与其土壤。然而，过去谶纬神学曾被当作一种民间的神话迷信，没有被列入学术范围和发展的进程之中，许多学者也没有将其纳入学术视野，对谶纬神学知之甚少，由于东汉之后历代王朝对谶纬的禁绝，有关谶纬的资料大都佚失和残缺。目前能找到的最好辑佚本是日本学者安居香山和中林璋入所编辑的《纬书集成》，另在《史记》《汉书》和《后汉书》中也有少许记载。由于资料缺乏，有关谶纬起源问题难以作出明确的解答。

一般认为，谶纬是分开的，谶的含义"诡为隐语，预决吉凶"②，谶含有关于政治性的谣言和对自然灾害的预言，是一种神秘性的预言。谶的起源较早，在商周时期或许已经萌芽，在先秦时期，谶已是有据可查。《史记》载扁鹊与秦穆公谈话时"述上帝之言，公孙支书而藏之，秦谶于是出矣"，清代学者顾炎武说："谶记之兴，实始于秦人。"③

纬的兴起则较晚，纬则在汉代经学昌盛之后才出现，其特点是依傍于经典的确立以及对经典的神学化解释。近人顾颉刚先生说："谶，是预言，纬是结经而立。"④ 经学是国家指导原则的学说，"纬"是对"经"的注解，从这个意义上来说，"纬"发端于汉儒董仲舒，但是纬书出现后，谶、纬逐渐合流，纬书中夹杂着大量的谶语，谶纬也就成了图谶、纬书、符应

---

① 《汉书》卷56《董仲舒传》，中华书局1962年版，第2518—2519页。
② 《四全书总目》卷6，中华书局1965年版，第47页。
③ 《日知录集释》卷30《图谶》，岳麓书社1994年版，第1064页。
④ 顾颉刚：《汉代学术史略·谶纬的造作》，东方出版社1996年版，第116页。

等方面著述的总称。谶纬的兴起比纬的出现更晚，大致出现在西汉末年的哀平之际。古人张衡批判谶纬说：“自汉取秦，用兵力战，功成业遂……至于王莽篡位，汉世大祸，八十篇何为不戒？则知图谶成于哀平之际也。”[①] 从中得知谶纬之学的起源。当代学者任继愈先生亦认为：“谶纬作为一种社会思潮，兴起于西汉哀平之际。”[②] 两汉之际，谶纬在社会上得到极大的发展，这主要得力于西汉后期的改制思潮，以及王莽和光武帝的大力提倡。在王莽伪造谶之后，谶纬在社会上广泛流传起来，它逐渐发展成为主导人们社会行为和思想的一种神学。到光武帝时，统治者也非常相信谶纬。光武帝刘秀于中元年（56）“宣布图谶于天下”[③]，谶纬神学最终被确定下来，公之于众，成为社会信奉的标准，谶纬的发表和解释权源于政府，谶纬成为官方垄断的一种社会控制思想。

二　谶纬神学与社会控制模式

谶纬在本质上是一种神学思潮，是民间原始迷信的集中体现，但其后来作为东汉社会政治思想的主导，它以谶纬迷信来解释和发展传统经学以适应汉代社会政治发展的需要。谶纬的各种争议预言，已发展成东汉社会政治生活的指导，深刻地影响着东汉社会政治、文化、思想的发展。

由于谶纬核心在于关注政治，强调社会控制，但是其糅杂阴阳五行、天人感应、天文地理、历史风俗、占卜算术等思想，使它具有政治上强烈的神道设教色彩。由于董仲舒的“天人三策”深得汉武帝赏识，其天人感应思想亦得到社会各阶层的广泛认可，在天人合一的思想观念作为政治思维前提下形成的谶纬学说，使统治者能够利用谶纬来制定礼法制度，进行有效的社会控制。

谶纬神学在两汉之际十分流行，谶纬的内容也较复杂广泛。有诠释经的，有讲天文的，有讲历法的，有讲神灵的，也有讲典章制度的。从其残存的篇籍来看，主要涉及天官星历、灾异感应、谶语符命、天文地理、风土人情以及文字训诂、神仙方术等，可谓无奇不有，但其社会模式却较简单。这正如近代学者顾颉刚先生所言：“其方面虽广，性质却简单，作者死心眼儿捉住了阴阳五行的主流来说话，所以说的话尽多，方式只有这一个。”[④] 神话或杜撰一些谶纬神学正是运用阴阳五行的这种宇宙图式，结合

---

① 《后汉书》卷59《张衡列传》，中华书局1965年版，第1912页。

② 任继愈：《中国哲学发展史·秦汉卷》，人民出版社1983年版，第416页。

③ 《后汉书》卷1《光武帝纪》，中华书局1965年版，第84页。

④ 顾颉刚：《汉代学术史略·谶纬的造作》，东方出版社1996年版，第118页。

一些图谶、灾异来对社会系统运行、社会整合、社会控制进行说明。它通过利用上古传说中的神话传说，把儒家经学神学化，并以此来达到其对社会发展变迁大势证说的话语权。

谶纬神学用天人关系、阴阳五行系统描述社会现象，它将天描绘成人格神，并编造了一套神话传说，认为天上的主宰是北辰之帝耀魄宝，居于太微宫中，管辖五方上帝。五帝（其名苍帝、赤帝、黄帝、白帝、黑帝）分别代表东南西北和春夏秋冬，主宰二十八宿星辰的运行变化。

五帝不仅主宰宇宙星辰的运行变化，更重要的是其主宰人间社会的变化。《春秋纬》中说："夫太微者，大皓之谓，用以序星辰，揆日月，定岁时，齐土政，开阴阳，审权量，发万物，举兴废，布大小，施长短。故五帝居之以试天地四方之邪正而起灭之。其势强者强之，弱者弱之，强之强之而弱之，弱之弱之而强之。是故危者能安，兴者能亡，皆五帝降精而使之反复其世道焉。"谶纬认为人世间社会朝代的更替皆由五帝所管，社会兴衰治乱是以"天地四方之邪正"为其根源，以"五帝降精而使之反复其世道"。①

谶纬神学的宇宙图式主要反映在《易纬》中，它将阴阳八卦、六十四卦分别与时辰、方位、星宿等结合在一起，用以说明宇宙的结构与变化过程，它的宇宙说归根结底是要对现实社会的政治、道德进行论证。《易纬》中说："八卦之序成立，则五气变形。故人生而应八卦三体，得五气，以为五帝，仁、义、礼、铭、信是也……故道兴于仁，立于礼，理于义，定于信，成于铭。五者的道德之分，无人之际也。"②《易纬》通过对天道的论证，其目的在于通过天道寻求道德的起源，其根本目的在于强化社会控制的人伦思想，加强社会政治的道德教化，以实现其对社会的控制与整合。

谶纬在汉哀帝和汉平帝时期泛滥，汉哀帝时期，由于"阴阳错谬，岁比不登，天下空虚，百姓饥馑，父子分散，流离道路，以十万数。而百官群职旷废，奸轨放纵，盗贼并起，或攻官寺，杀长吏"③。在如此严重的政治危机中，统治阶级内部各种势力争权夺利日趋激烈，都企图利用谶纬来达到各自卑鄙的政治目的，于是谶纬神学中的儒家礼法文化随之得到发展。《礼稽命徵》中说："礼之动摇也，与天地同气，四时合信，阴阳为

---

① 《纬书集成·文曜钩》，上海古籍出版社 1994 年版，第 432 页。

② 《纬书集成·乾凿度》，上海古籍出版社 1994 年版，第 231 页。

③ 《汉书》卷 81《匡张孔马传》，中华书局 1962 年版，第 3358 页。

符，日月为明，上下和洽，则物兽如其性命。”[①]“制礼作乐得天意则景星见。”[②]“王者得礼之宜则宇宙生祥木。”[③]纬书提出了“君为臣纲，父为子纲，夫为妻纲”的教条，反复宣扬，“逆天地，绝人伦，则天汉灭见”[④]，“逆天地，绝人伦，则蚊虻兴”[⑤]，“逆天地，绝人伦，则二日出相争”[⑥]。“逆天地，绝人伦，当夏两雪”[⑦]。强化“伦理纲常”，要求人们履行现实社会的伦常义务，而不能有任何超越现实的幻想。谶纬神学认为道德伦理规范是天地之中客观存在，是人类所特有的，如果社会关系混乱，自然社会的正常秩序也会混乱，这种“天人合一”的神学思想体系，对中国社会控制思想产生了深远影响。

三　谶纬神学与政治秩序

“谶纬书的出现，负有三种使命”，其中一种重要使命就是“把所有的学问，所有的神话都归纳到《六经》的旗帜之下，使得孔子真成个教主，《六经》真成个天书，借此维持皇帝的位子”。[⑧]谶纬神学的内容虽然复杂，但其一个重要作用就是将儒家经籍进一步神圣化、经典化，其思想主旨就是宣传“君权神授”。所以，谶纬神学成为一种社会思潮，是与西汉后期儒家地位的不断提升，成为国家政治文化的主流形态有密切关系的。

众所周知，西汉政权自汉高祖提三尺剑得天下，如何确立汉道、解释汉代政权的合法性问题一直是萦绕在高祖之后的几代皇帝心中的一件大事。文景时关于五德说的争辩，武帝时的封禅和改历，都是汉代皇帝所从事的受天命的象征。到了两汉之际，成帝、哀帝时期的思想变更，以及王莽篡权，渲染自己为新受命的天子，上帝保佑他坐龙廷的奇迹就应有所显示。而谶纬神学恰好符合了这种政治要求，当时的许多儒生以及王莽本人当然也会加以利用。这样，谶纬神学就成为维护王莽专权的政治工具。王莽作为儒家学者，最注重的是尧、舜，就要从尧禅让舜一事看到汉禅新莽的必然性，所以在谶纬里关于尧舜和他们禅让的故事也讲得有声有色。在现实政治中，王莽也不忘利用谶纬，显示其代汉建新莽的合法性，于是武

---

① 转引自刘泽华《中国政治思想史集》第 2 卷，人民出版社 2008 年版，第 138 页。

② 同上。

③ 同上。

④《太平御览》卷 875《咎征部》，中华书局 1960 年版，第 3885 页。

⑤《唐开元占经》卷 120《龙鱼虫虫也占》，四库全书本。

⑥《唐开元占经》卷 6《日占》，四库全书本。

⑦《太平御览》卷 12《天部》，中华书局 1960 年版，第 58 页。

⑧ 顾颉刚：《汉代学术史略・谶纬的造作》，东方出版社 1996 年版，第 118 页。

功白石，铜符帛图，金匮图和金匮书一一具出，这都是象征王莽受命的现实证据。

谶纬神学作为一种主要思想在民间广为传播，对维系两汉之际的政治秩序、麻醉人民、巩固政权也起到了重要作用。

当然，谶纬在哀平之际的泛滥和当时的社会阶级与政治矛盾尖锐也是分不开的。政治的严重危机，外戚、宗室、豪强为夺取政权互相争斗，矛盾尖锐复杂，谶纬也成了被各种势力利用的工具。忠于刘氏王朝的就编造谶语、符命，为神化刘氏王权服务。如《河图·会昌符》中说："赤汉德兴，九州会昌。"《尚书·考灵曜》中说："卯金出转，握命孔符。"反对刘氏政权的，则渲染政治危机，蛊惑人心。如《洛图·圣洽符》中说："岁星入北斗，天下大乱，改政易王，国有大丧，期三年。"《春经·内事图》又说："君臣无道，不以孝德治天下，乌云蔽日，茫茫湟湟，四方凄惶。"这些反对刘氏政权的谶语在社会上传播，对当时的政治秩序的稳定起了较大的负面作用，在民间，人们还对此深信不疑，在朝廷，相信谶语的官僚皇室人数不在少数。在建平二年（前 5），有夏贺良曾向汉哀帝上奏说"赤精子下凡之谶"，言"汉家历运中衰，当再受命，宜改元易号"。[①] 当时，连哀帝也对谶语深信不疑，于是下诏改建平二年为太初元年，改其称号为"陈圣刘太平皇帝"，以应谶语。谶纬神学以其粗俗的神学形式在当时社会盛行，对两汉之际的政治是否稳定、社会能否安宁都起到了重要作用。

王莽利用符命代汉，取得了成功，建立了新朝。但他认识到如果任意制造谶纬，国家政权就会出现较大的危险，必须采取严厉措施，禁止新的谶纬的出现和在社会上流行，但他的努力失败了。由于王莽改制失败，社会危机日益严重，反对王莽的势力也利用谶纬起兵。后来，刘秀即位也用图谶，刘秀"发兵捕不道，卯金修德为天子"[②] 作为其受命的依据。在中元元年，刘秀宣布"图谶于天下"，把谶纬上升为国家法典，享有神圣的地位，谶纬神学与东汉初的政治秩序紧密联系，互相作用。作为思想权威的谶纬，适应了社会政治的需要，谶纬中的各种神秘预言，后来还发展成为东汉社会政治生活的指导，深刻地影响着东汉的社会政治秩序和思想文化的发展。

---

① 《汉书》卷 11《哀帝纪》，中华书局 1962 年版，第 340 页。

② 《后汉书》卷 1《光武帝纪》，中华书局 1965 年版，第 22 页。

第二节　扬雄的社会控制思想

一　生平与著述

扬雄，亦作杨雄，字子云，蜀郡成都人。生于汉宣帝甘露元年（前53），卒于新莽天凤五年（18）。据《汉书》记载："雄少而好学，不为章句，训诂通而已，博览无所不见。为人简易佚荡，口吃不能剧谈，默而好深湛之思，清静亡为，少耆欲，不汲汲于富贵，不戚戚于贫贱，不修廉隅以徼名当世。家产不过十金，乏无儋石之储，晏如也。"[①] 他又作《逐贫赋》云："扬子适居，离俗独处，左邻崇山，右接旷野，邻垣乞儿，终贫且窭。"

但是，他胸怀大志，以圣人之业自任，不以产业为意，"不汲汲于富贵，不戚戚于贫贱"，对"既贫且窭"的家道，处之"晏如也"。他一心研读"圣人之书"，非此无所嗜好。如果说西汉初期的董仲舒是一个"三年不窥园""志在经传"[②]，富而好礼的纯儒的话，那扬雄就是一位"忧道不忧贫"的君子。扬雄年四十到亲师长安寻求发展，得到了时任大司马车骑将军王音的赏识，任命他为掌管文书的门下吏。不久，王又将其推荐给汉成帝，在宫中做了一名郎官。成帝是一个好巡游的皇帝，扬雄跟着他游甘泉，回来呈交了一篇《甘泉赋》，后又游河东，回来上《河东赋》，又从成帝打猎，作《羽猎赋》，向胡人夸耀中国物产丰富，作《长扬赋》。扬雄作赋本意在于讽谏，但由于其赋中描绘了较多山川景物，楼台宫观，成帝看后，竟生出"缥缥有凌云"之感，不但没有起到"讽谏"作用，反而成了颂词。扬雄认识到词赋为"雕虫篆刻，壮夫不为"[③]，转而研究经学。

扬雄的后半生正处在两汉之际刘氏王权与新莽交替时期。当时，先有董贤用事，后有王莽专权，扬雄历经成、哀、平三帝统治，未曾升官，潜心于著述，他以为"经莫大于《易》，故作《太玄》；传莫大于《论语》，作《法言》；史篇莫善于《仓颉》，作《训纂》；箴莫善于《虞箴》，作《州箴》"[④]。公元5年王莽代汉，时扬雄已58岁。王莽篡位以后，"用符

---

① 《汉书》卷87《扬雄传》，中华书局1962年版，第3514页。

② 《太平御览》卷840《百谷部》，中华书局1960年版，第3756页。

③ 《太平御览》卷587《文部》，中华书局1960年版，第2645页。

④ 同上书，第3583页。

命称功德，获封爵者甚众”，扬雄“以耆老久次，转为大夫”，不趋炎附势，清贫自守。始建国二年（10）十二月，甄丰父子与刘歆之子刘芬的谋反案发生。扬雄心中畏惧，一天见治狱来，扬雄恰好在天禄阁校书，就从阁上跳下，几乎摔死。后来，王莽“有诏勿问”，雄以病免官，后又出任大夫，[①] 新莽天凤五年（18），扬雄死。从扬雄的生平来看，他是一个不满于现状而又不敢斗争的人。在两汉之际，扬雄应算一位著名的思想家、文学家。虽寂寞潦倒一生，但毕竟留下了不少传世之作。扬雄的主要著作有《太玄》和《法言》，他的重要著作折中于儒、道之间，其《太玄》专论宇宙现象变化范畴问题，《法言》则是研究社会政治人事方面的实际问题，从其书中，我们可以了解到他的社会控制思想。

二　《法言》中的社会控制思想

扬雄的思想，“一方面摄取周易与老子的理论，并杂以阴阳家的神秘主义，而铸成其二元论的世界观，另一方面又根据儒教的人生哲学，建立其伦理学说”[②]。根据扬雄自述，其为学有两个特点，一是“不为章句，训诂通而已，博览无所不见”[③]，主张读书博览朴实；二是深沉好思，清静无为。自序说：“为人简易佚荡，口吃不能剧谈，默而好深湛之思，清静亡为，少耆欲”；“不汲汲于富贵，不戚戚于贫贱，不修廉隅以徼名当世”。清静无为、少嗜寡欲、简易佚荡，是与道家思想影响有关的。扬雄的思想主要表现在上述两部著作，但其著作“《法言》是成功的，《太玄》都是失败之作”[④]。《太玄》是仿《周易》而作，以“玄”为中心，构建一个体系，内容深奥。虽然扬雄的思想深受道家思想和其他杂家思想的影响，但其思想还是以儒家思想为主，故在《法言》里，在伦理与社会控制问题上，扬雄将老子与其他诸派的思想完全舍弃，显示出其独尊儒教的思想倾向。他认为只有儒家思想堪称论世的楷模，但他也不仅仅恪守儒家之言，他站在儒家的立场上，对其他名家的一些思想也有所吸纳，有取长补短的倾向。

在社会控制思想方面，扬雄首先对古人一直探寻的天人关系作探索，他肯定了人在社会上的决定作用。他曾说：“天不人不因，人不天不成。”[⑤]

---

① 《汉书》卷87《扬雄传》，中华书局1962年版，第3583—3585页。

② 侯外庐：《中国思想通史》，人民出版社1957年版，第209页。

③ 《汉书》卷87《扬雄传》，中华书局1962年版，第3514页。

④ 金春峰：《汉代思想史》，中国社会科学出版社1997年版，第253页。

⑤ 韩敬译注：《法言》卷10《重黎》，中华书局2012年版，第275页。

他宣扬道德对社会的作用，认为道德是人的理性的产物，通过个人修养和努力，可以达到完美的道德的体现。他认为："修身以为弓，矫思以为矢，立义以为的，奠而后发，发必中矣。"[①] 人如同弓箭，经过反复实践道德修养方法，就可以达到目标。扬雄认为，人的后天努力可以改变人的本性，通过修养磨炼，礼乐教化可以内化为人的本质，这样，虽然"人之性也善恶混，修其善则为善人"[②]，天下也就太平了。

其次，扬雄也认为"政者正也"，社会要稳定，需要为政者自己做出决定。他说："或问'何以治国?'曰：'立政'。曰：'何以立政?'曰：'政之本，身也。身立则政立矣!'"扬雄继承了孔孟的政治观，认为国之本在于身。那么怎样实现社会稳定、天下太平呢？他认为为政者应当："老人老，孤人孤，病者养，死者葬，男子亩，妇人桑，之谓思。"[③] 扬雄重新提出了孟子"老吾老以及人之老，幼吾幼以及人之幼"的观点，主张在政治上实现"民为邦本"的政策。

他认为可以通过道德教化运用儒家礼义规范来达到此目的。他说："为政日新……使之利其仁，乐其义……"[④]"君子为国：张其纲纪，谨其教化。……修之以礼义，则下多德让，此君子所当学也。"[⑤] 主张通过温情脉脉的守法情谊，运用儒家礼乐仁义的教化功能来达到缓和社会矛盾，以及对民众的控制目的。

针对其所生活的时代的政治黑暗、生灵涂炭，扬雄深刻地揭露了当时社会现实，并把它概括为"三勤（苦）"。他说："政善而吏恶，一勤也；吏善而政恶，二勤也；政吏骈恶，三勤也。"[⑥] 为了解决当时社会的矛盾，扬雄提出了实行"什一税"，推行"井田制"并减轻刑罚，希望统治者废除残酷的肉刑的主张。

他认为："什一，天下之中正也，多则桀，寡则貉。"并说："井田之田，田也，肉刑之刑，刑也。田也者，与众田之，刑也者，与众弃之"[⑦]，"法无限，则庶人田侯田，处侯宅，食侯食，服侯服。人亦多不足矣"[⑧]。认为井田制适合社会的发展，而法家推行的严刑峻法应该抛弃，他对当时

---

① 韩敬译注：《法言》卷3《修身》，中华书局2012年版，第56页。

② 同上。

③ 韩敬译注：《法言》卷9《先知》，中华书局2012年版，第230—231页。

④ 同上书，第234页。

⑤ 同上书，第241页。

⑥ 同上书，第235页。

⑦ 同上书，第253—254页。

⑧ 同上书，第256页。

社会推行的“恶政”深恶痛绝，极力反对，扬雄自比于孟子，妄图恢复孟子的仁政思想，以实现当时的政治稳定、社会安定，这在两汉之际动荡不安的社会里是难以实现的。

三 人性论与社会整合

扬雄对于人性论的认识是：“人之性也善恶混，修其善则为善人，修其恶则为恶人。”① 扬雄所谓人之性善恶混，司马光解释说：“混者，善恶杂处于身中之谓也。顾人择而修之何如耳。修其善则为善人，修其恶则为恶人，斯理也，岂不晓然明白矣哉！如孟子之言，所谓长善者也；如荀子之言，所谓去恶者也。扬子则兼之矣。”② 扬雄认为人的本性是善恶相混杂的，如果培养其向善的一面，就能使之成为善人，反之，就会成为恶人。但无论是为恶还是为善，它的决定因素是“气”。所以，他说：“气也者，所以适善恶之驰与！”③ 这里的“气”是指人的“血气”与“质材”。他认为人的血气、质材有优劣，故人性有高下。

徐复观先生在《扬雄论究》一文中，曾评论扬氏的人性论思想，颇有见地。他说：“‘善恶混’指善恶同在，其说盖综合孟子性善，荀子性恶之论，直承董仲舒‘人之诚，有贪有仁，仁贪之气，两在于身。天两有阴阳之施，身亦两有贪仁之性，与天道一也’的说法。”“扬雄认为性中的善与恶，都是潜存状态，由潜存状态转而为一念的动机，再将一念动机加以实现，便须靠人由生命发出的力量——气。气的本身是无善无恶的，只是象一匹马那样，载着善或恶念向前走。但问题乃在善恶同在的性，是由什么东西来做善或恶的选择呢？……这是扬雄的性论所不能解答的，也即是他的性论的弱点。”④

基于这种对人性论的认识，扬雄提出了自己的一套社会整合思想与方法。首先，他认为，要使社会符合社会伦理道德规范，就应使人人都遵守社会秩序，修养善性，使人心向善，人人都有善心，这样社会也就能稳定。修养善性的基本标准是什么呢？当然是地主阶级的道德律，儒家的三纲五常等伦理道德。他认为：“仁，宅也，义，路也；礼，服也；智，烛

① 韩敬译注：《法言》卷3《修身》，中华书局2012年版，第56—57页。

② 司马光：《善恶混辨》，《全宋文》，上海辞书出版社、安徽教育出版社2006年版，第56册，第165页。

③ 韩敬译注：《法言》卷3《修身》，中华书局2012年版，第57页。

④ 徐复观：《扬雄论究》，《大陆杂志》1975年第50卷（3期）。

也；信，符也。处宅，由路，正服，明烛，执符，君子不动，动斯得矣。”[①] 意思就是说，要按照五常修养下去，成为“君子”，成为社会上尊崇的高尚之士，是有可能的。这样不仅使自己成为善人，而且能使他人向善，社会也就形成符合伦理道德要求的土壤了。但是，“修炼”不能是容器，因而扬雄提出了成为善人的“四重四轻”标准。“四重”即“言重则有法，行重则有德，貌重则有威，好重则有观”。“四轻”即指“言轻则招忧，行轻则招辜，貌轻则招辱，好轻则招淫”[②]。他要求人在言、行、貌、好四个方面要取“四重”，去“四轻”，这样就符合“礼”的规范和要求，也就可能成为“文质彬彬”的“君子”，社会上人人都遵守这些规范，则社会礼义遍布人心，人民安居乐业的景象就不会再遥远了。

其次，从其人性论的基本观点出发，扬雄认为人性好像玉一样需要经过仔细琢磨，像金一样需要经过不断冶炼才能成善。否则，虽有善质，还不能成为真正的善人，要成为真正的善人，就要坚持不懈地学习“圣人之道”，知行结合，把握住它的“质”，而不是它的“文”。如果光学其文而不学其“质”，就会成为“羊质而虎皮，见草而说，见豺而战，忘其皮之虎矣”[③]。而只有做到“文”“质”相当，才会成为“文质彬彬”的“君子”，才能成为社会要求的人，在社会伦理道德和行为规范中才会做到不逾矩，成为有善心的君子。扬雄认为用儒家的伦理来规范社会上的人，才会使社会规范得到“统一”。在两汉之际“法度废，礼乐亏”[④] 的社会中，扬雄认为人性需要不断培养，就必须采用“用为”之治的策略来达到社会稳定有序发展。

扬雄《法言·君子篇》有下列的一段话：“或问：‘孟子知言之要，知德之奥。’曰：‘苟非知之，亦允蹈之。’或曰：‘子小诸子，孟子非诸子乎？’曰：‘诸子者，以其异于孔子者也。孟子异乎不异？’”[⑤] 扬雄尊崇孟子，他以孟子为法，力辟异端，维护儒学传统。在思想内涵上，扬雄重仁厚义，追孟继孔，并亲身实践，切实履行，将孟子学说发扬光大。扬雄认为孟子与孔子不异，将孟子列入道传序列。其尊孟思想在后世影响广泛。唐君毅对比先秦和秦汉时期的人性论说：“秦汉之时，学者言性之思路与先秦学者不同，在其渐趋向于为成就客观政教之目的而言性，而不同

① 韩敬译注：《法言》卷3《修身》，中华书局2012年版，第64页。
② 同上书，第68页。
③ 韩敬译注：《法言》卷2《吾子》，中华书局2012年版，第45页。
④ 韩敬译注：《法言》卷4《问道》，中华书局2012年版，第99页。
⑤ 韩敬译注：《法言》卷12《君子》，中华书局2012年版，第361—362页。

于先秦学者之多为成就人之德性生活、文化生活、精神生活而言性。”① 扬雄的人性论，在着力为封建统治秩序进行理论论证的同时，有着更多的对人自身的尊重，以及人人平等的成分。其社会整合思想重视心性，认为心灵是人的主宰，所以人生修养的过程，核心在于德性的扩充与完成，《太玄·视》初一：“内其明，自窥深也。”次二：“君子视内，小人视外。”测曰：“小人视外，不能见心也。”君子小人之别，就在操心与否。只要本心已立，心为身主，就能渐修渐进，集义养气进而成圣作贤。人的言行必须符合道德规范，社会稳定在于规范人心和人性，只要不断教化万民，使人人坚持不懈地向善学习，社会就会符合礼义规范。善恶的积累，都与德性的扩充相关。特别是不义累积于心中，习为身主，善恶不分，就会拒斥义行，妨碍进德。《太玄·毅》初一测：“怀威满虚，道德亡也。”《太玄·坚》初一：“磐石固内不化贞。”都表现了扬子对心性失丧与习气居内的担忧。扬雄主张对此要加以排斥，他认为整合社会的最终目的就在于达到“中和”的理想社会，认为统治者通过对民情的了解，抛弃恶政：“禽兽食人之食，土木衣人之帛，谷人不足于昼，丝人不足于夜”，出现一个“中和”之社会，也就会出现社会安定、天下太平的景象了。

第三节　桓谭的社会控制与整合思想

一　生平与著述

桓谭，字君山，沛国相人（今安徽濉溪县人）。约生于汉成帝阳朔元年（前24），卒于东汉光武帝建武中元元年（56），《后汉书》有其传。桓谭的父亲是“成帝时为太乐令。谭以父任为郎，因好音律，善鼓琴。博学多通，遍习五经，皆诂训大义，不为章句。能文章，尤好古学，数从刘歆、扬雄辩析疑异。性嗜倡乐，简易不修威仪，而喜非毁俗儒，由是多见排抵”②。桓谭的一生正处在西汉和东汉之交，作为一个信仰古典儒学的思想家，他虽然对现实社会政治有所建议，但始终未能被统治者采纳。

在两汉之际，桓谭一度与扬雄、刘歆齐名，并且熟知当时的经学、天文、历算、谶纬、辞赋、治水、神仙等各方面的知识，是一个非常重要的学者。桓谭的主要著作有《新论》29 篇，据说是受陆贾《新语》的启发

---

① 唐君毅：《唐君毅全集》第 13 卷，（台湾）学生书局 1989 年版，第 107 页。

② 《后汉书》卷 28《桓谭冯衍列传》，中华书局 1965 年版，第 955 页。

而作，故名为《新论》，在东汉时有很大影响。到唐末宋初《新论》佚失，其文散见于魏征主编的《群书治要》和梁僧祐的《弘明集》等书中。由于桓谭是跨越两汉，历仕汉成、哀、平、刘玄更始、王莽新朝、刘秀光武六朝的著名学者，其生活的时代，正逢古文经学初兴，谶纬与阴阳学说等思想极为盛行之时。因此，研究桓谭，对我们了解两汉之际的社会控制与社会整合思想的变迁，很有意义。

二　图谶批判与社会稳定

桓谭生活的时代正是谶纬迷信盛行的时代，在王莽摄政，许多士人作符命迎合王莽以求一官半职之时，桓谭独身自守，默然无言。在刘秀称帝前后，也曾数次利用符命，桓谭却上书劝说刘秀"屏群小之曲说，述《五经》之正义"，不要信用图谶，以利于社会正常向前发展。经过多次劝谏，刘秀均不听，反怒其"非圣无法"[①]。《资治通鉴》卷四十四中记此事曰："（中元元年）是岁，起明堂、灵台、辟雍，宣布图谶于天下。初，上以《赤伏符》即帝位，由是信用谶文，多以决定嫌疑。给事中桓谭上疏谏曰：'凡人情忽于见事而贵于异闻。观先王之所记述，咸以仁义正道为本，非有奇怪虚诞之事。盖天道性命，圣人所难言也，自子贡以下，不得而闻，况后世浅儒，能通之乎！今诸巧慧小才、伎数之人，增益图书，矫称谶记，以欺惑贪邪，诖误人主，焉可不抑远之哉！臣谭伏闻陛下穷折方士黄白之术，甚为明矣；而乃欲听纳谶记，又何误也！其事虽有时合，譬犹卜数只偶之类。陛下宜垂明听，发圣意，屏君小之曲说，述《五经》之正义。'疏奏，帝不悦。会议灵台所处，帝谓谭曰：'吾以谶决之，何如？'谭默然，良久曰：'臣不读谶。'帝问其故，谭复极言谶之非经。帝大怒曰：'桓谭非圣无法，将下，斩之！'谭叩头流血，良久，乃得解。出为六安郡丞，道病卒。"[②]

桓谭反对谶纬迷信，其中一个重要原因就在两汉之际，一股谶纬玄风弥漫着整个社会。他认为谶纬迷信无助于社会控制，无助于治国，反而扰乱了社会思想文化，不利于社会稳定。他说："谶出河图、洛书，但有兆朕而不可知。后人妄复加增依托，移是孔丘，误之甚也。"[③] 这在一定程度上揭露了图谶的虚妄和欺骗性。桓谭以王莽的倒台为例，对谶纬迷信扰乱

---

① 《后汉书》卷28《桓谭冯衍传》，中华书局1965年版，第960—961页。

② 司马光：《资治通鉴》卷44，中华书局1956年版，第1427—1428页。

③ 《新辑本桓谭新论》卷5《见徵篇》，中华书局2009年版，第18页。

社会政治、破坏社会正常秩序作了阐明，对符命迷信进行了无情的讥讽。他说："及难作兵起，无权策以自救解，乃驰之南效告祷，抟心言冤，号兴流涕，幸天哀助之也。当兵入宫日……尚抱其符命书及所作威斗，可谓蔽惑至甚矣。"① 在桓谭看来，王莽落到如此下场，实是其为政不善，而天下叛之的结果，与符命没有关系。他认为要有利社会稳定，就要有益于政事，要做到"合人心而得事理"②，不能假托荒诞的图谶。编造图谶的人，往往假借孔丘的名义，误引"人主"，对社会正常有序发展没有丝毫的益处。

桓谭对当时社会上流行蕴含所谓"天意"的谶语，提出了尖锐的批判，并认为这与上古三代的社会政治是相违背的。他说："观先王之所记述，咸以仁义正道为本，非有奇怪虚诞之事。盖天道性命，圣人所难言也。……陛下宜垂明听，发圣意，屏群小之曲说，述五经之正义。"③ 大自然的灾异虽然历代都或多或少地存在，但圣王对待天降灾异的态度应是加强德治，而不是崇奉天命迷信。灾异常有，而英明的君主贤臣与智士仁人，则应"修得善政，省职慎行以应之，故咎殃消亡，而祸转为福焉"④。这才是传统的儒家学者对待天命与灾异现象的正确态度。而如果不修"德政"，整顿政治，加强儒家思想道德建设，也不因为灾异而反省自身的过失和错误，那么，就会导致社会的动荡和政治的黑暗。

桓谭对自然灾异的解读与社会政治紧密联系，认为只有通过道德修养才能避免和摆脱自然灾异对社会造成的不利影响，只有依靠自己的道德修养才能实现社会政治稳定，实现封建统治者对社会的有效控制。他主张"国之兴废，在于政事"，认为："圣王治国，崇礼让，显仁义，以尊贤爱民为务。是为卜筮维寡，祭祀用稀。"⑤ 在两汉之际谶纬盛行的时期，桓谭率先站出来公开反对谶纬迷信，公开批判"天人感应"的受命说和"谴告说"，认为政权的得失、国家的兴衰，不由"天意"，而在"人为"，并且进一步从政治上指出了谶纬迷信非论国之道，开了两汉之际批判谶纬神学的先河，这是难能可贵的。

---

① 《新辑本桓谭新论》卷5《见徵篇》，中华书局2009年版，第15—16页。

② 《后汉书》卷28《桓谭冯衍列传》，中华书局1965年版，第959页。

③ 同上书，第959—960页。

④ 《新辑本桓谭新论》，中华书局2009年版，第22页。

⑤ 《新辑本桓谭新论》卷5《见徵篇》，中华书局2009年版，第15页。

三　理想的道德之治与社会治理

桓谭生活在两汉之际动荡不安的社会现实中，他对当时的社会危机、政治腐败、官逼民反的社会现实有着深刻的认识，其社会理想带有鲜明的时代特征。

作为两汉之际社会现实的思考者，同时又是“博学多通，遍习五经”的儒家学者，桓谭能够着眼现实，敢于抨击时政，注意总结王莽新朝覆灭的政治教训。在《新论》中，他说：“余为《新论》，术辨古今，亦欲兴治也”①，他把自己的著作当作为光武帝刘秀提供历史经验与治国之道的政治学著作。

桓谭认为，最理想的政治是以“弗治治之”的道德之治，其次才是仁义，最后则为权智的社会政治。他说：“三皇以道治，而王帝用德化，三王由仁义，五霸以权智。”② 这些社会政治思想的区别在哪里呢？他认为：“无制令刑罚谓之皇；有制令而无刑罚谓之帝；赏善诉恶、诸侯朝事谓之王；兴兵众、约盟誓以信义矫世，谓之伯。”“王道纯粹，其德如彼；伯道驳杂，其功如此。”③ 王道与霸道治理社会的方式是不一样的，然而他的“俱有天下而君万民，垂统子孙，其实一也”④。他认为王道与霸道对社会控制、整合的最终目的是没有区别的，都是为了达到社会的治理，只是这种治理的方式不同。其实，所谓三皇、五帝的“道”“德”之治，三王的“仁义之治”都是将上古三代社会政治制度的理想化，历史上没有全靠仁义治理社会政治的先例，这种认识只能说明扬雄的社会思想是建立在一种理想化的基础上的。

桓谭通过对两汉之际社会现实与政治的思考与关注，提出了自己治理社会的方法。首先，他认为：治理社会应采用王霸并用的方针，“威德更兴，文武迭用”⑤，不能单靠严刑峻法来实现对社会的有效控制。对此，他总结秦二世而亡的教训说：“昔秦王见周室之失统……见万民碌碌，犹群羊聚猪，皆可以竿而驱之……故遂以败也。”⑥ 其次，他认为要有效地对社会实行治理，还需要“举本业而抑末利”。他认为农业是天下之根本，而

① 《新辑本桓谭新论》卷1《本造篇》，中华书局2009年版，第1页。

② 《新辑本桓谭新论》卷2《王霸篇》，中华书局2009年版，第3页。

③ 同上书，第3—4页。

④ 同上书，第4页。

⑤ 《后汉书》卷28《桓谭冯衍列传》，中华书局1965年版，第957页。

⑥ 同上。

社会上的富商大贾，他们通过放高利贷，盘剥人民，大发横财，导致两汉之际土地兼并现象十分严重。只有通过对他们的“抑制”，才能使人民归于农，使天下“谷入多而地力尽”①，为社会富强打下基础，这样也才能使社会稳定发展。再次，他也认识到要实现对社会的良好控制，就一定要珍视贤才。他认为：“得十良马，不如得一伯乐；得十利剑，不如得一欧冶；多得善物，不如少得能知物，知物者之致善珍，珍益广，非特止于十也。”② 他还说：“尧能则天者，贵其能臣舜、禹二圣。”③ 在天、地、人之中，以人为贵，世间一切宝物之中，又以人才是值得珍贵的，得人才者得天下。最后，他结合西汉的社会现实，指出要实施对社会的有效控制，君主还要识大体善于用人，要敢于革故鼎新。他曾说：“大体者，皆是当之事也”，“举网以纲，千目皆张，振裘持领，万毛自整；治大国者，亦当如此”④，治理社会不能靠耍小聪明，要善于把握全部政事的纲领，王莽新朝之失败就因不识“大体”导致的。当然，他也认为君主的最大本领还在于用人。他说：“百足之虫，共举一身，安得不济。”⑤ 前世之例举不胜举，汉家高祖就是善于用人的典型例子。而用人又是困难的，“夫更张难行，而拂众者亡，是故贾谊以才逐，而晁错以智死。世虽有殊能而终莫敢谈者，惧于前事也”⑥。真正有才之人主张革新，但碍于前车之鉴，大都缄口而不言。这就需要君主发挥坚强的用人意志，运用其魄力和胆识，不拘一格地选拔人才，充分发挥人才的作用，改革西汉末年动荡不安的社会现实，并以此实现家给人足、社会稳定的良好局面。

① 《后汉书》卷28《桓谭冯衍列传》，中华书局1965年版，第958页。
② 同上书，第10页。
③ 《新辑本桓谭新论》卷3《求辅篇》，中华书局2009年版，第8页。
④ 《新辑本桓谭新论》卷4《言体篇》，中华书局2009年版，第15页。
⑤ 《新辑本桓谭新论》卷6《谴非篇》，中华书局2009年版，第19页。
⑥ 《后汉书》卷28《桓谭冯衍列传》，中华书局1965年版，第957页。

第十三章 王莽改制与政府权能的失效

第一节 王莽时代面临的严重社会问题

西汉后期，汉王朝在发展过程中出现的机构臃肿问题和社会矛盾日益尖锐、自然灾害则促使这种社会矛盾提早爆发。“元帝即位，天下大水，关东郡十一尤甚。二年，齐地饥，谷石三百余，民多饿死。琅邪郡人相食。”[①] 此时，朝中抱持儒家思想的官员，以传统儒家仁政思想为指导，提出了在天灾人祸之时进行社会应急控制的构想。“在位诸儒多言盐铁官及比假田官、常平仓可罢，毋与民争利。上从其议，皆罢之。”[②] 元帝废除盐铁专营，让百姓在土地无收之外从盐铁等经营上暂时获取一些生存的来源。但没有持续太久，“其后用度不足，独复盐铁官。成帝时，天下亡兵革之事，号为安乐，然俗奢侈，不以畜聚为意。永始二年，梁国、平原郡比年伤水灾。人相食”[③]。儒官的主张不能解决汉末严重的财政困难，只好恢复盐铁专利，平民百姓的生计陷入极其困难之中。

到公元前 15 年，即汉成帝永始二年，“岁比不登，仓廪空虚，百姓饥馑，流离道路，疾疫死者以万数，人至相食，盗贼并兴”[④]。西汉社会经济已经到了崩溃的边缘，大臣们开始不断上疏、进言，表达自己对统治危机的忧虑，提出重建社会秩序，强化社会控制的主张。

元帝刚即位时，贡禹就上奏称：“今民大饥而死，死又不葬，为犬猪所食。人至相食，而厩马食粟，若其大肥，气盛怒至，乃日步作之。王者

① 《汉书》卷 24《食货志》，中华书局 1962 年版，第 1142 页。

② 同上。

③ 同上。

④ 《汉书》卷 83《薛宣朱博传》，中华书局 1962 年版，第 3393 页。

受命于天，为民父母，固当若此乎？"[①] 认为应该"疾其末者，绝其本，宜罢采珠玉、金银、铸钱之官，亡复以为币。市井勿得贩卖，除其租铢之律，租税禄赐皆以布帛及谷，使百姓壹归于农，复古道便。"[②] 提出要以政府权力，重申重农抑商，使百姓有饭吃，社会秩序安宁。

汉成帝时，北地太守谷永回答成帝使者的询问时说："臣闻天生蒸民，不能相治，为立王者以统理之。……王者躬行道德，承顺天地，博爱仁恕，恩及行苇。籍税取民，不过常法。宫室车服，不越制度，事节财足，黎庶和睦。"[③] 希望皇帝行君主之道，施仁者之政，修身养性，遵守各种先王制度。

但成帝并没有改弦更张之意，哀帝时的谏大夫鲍宣上书劝谏："窃见孝成皇帝时，外戚持权，人人牵引所私，以充塞朝廷，妨贤人路，浊乱天下，奢泰亡度，穷困百姓。"[④] 统治政权危机日益严重，百姓已无法在现有的统治下生活，出现"民有七亡""民有七死"的情况，贫民百姓只有逃亡，或者死去。师丹辅政，建言哀帝："古之圣王，莫不设井田，然后治乃可平。"[⑤] 丞相孔光、大司空何武奏请："诸侯王、列侯皆得名田国中，列侯在长安，公主名田县道，及关内侯、吏民名田皆毋过三十顷；诸侯王奴婢二百人……"[⑥] 试图用井田制解决导致平民百姓逃亡或者死亡的根本问题，以限田、限奴婢的方式制约统治阶级的贪婪。

由于中国古代国家固有的结构性矛盾，使统治者很难解决在王朝延续中出现的一系列严重的社会问题，特别是土地兼并和百姓失去土地无从生计的问题。汉武帝时期，已经出现了"富者田连阡陌，贫者无立锥之地"，"邑有人君之尊，里有公侯之富"[⑦] 的情形。历经昭帝、宣帝，到了元帝初年，"关东富人益众，多规良田，役使贫民"[⑧]。这些情况迫使统治者重新思考和选择其他能够有效解决现实困境的理念与方式。所以，修定统治方式、澄清社会控制理念已成为西汉后期最高统治者迫在眉睫的大事。

元帝上台后重用儒生出身的官吏，罢免了盐铁官等，尽可能不与民争利，但没有触及社会问题出现的根本——土地兼并问题。元帝以成、哀帝

---

① 《汉书》卷72《王贡两龚鲍传》，中华书局1962年版，第3070页。

② 同上书，第3075—3076页。

③ 《汉书》卷85《谷永杜邺传》，中华书局1962年版，第3466页。

④ 《汉书》卷72《王贡两龚鲍传》，中华书局1962年版，第3087页。

⑤ 《汉书》卷24《食货志》，中华书局1962年版，第1142页。

⑥ 同上书，第1142—1143页。

⑦ 同上书，第1137页。

⑧ 《汉书》卷70《傅常郑甘陈段传》，中华书局1962年版，第3024页。

等皇帝统治时期的措施，以及大量的辅佐者限田限奴婢的建议，无疑表明：当时的官僚们大都主张以纯正的儒家理念治国。而儒家仁政思想的核心是土地问题。在他们看来，以井田制的方式解决土地问题是统治政治重新强大的必由之路，王莽就生长在这个时代，也是这个时代儒家思潮最重要的代表者。

第二节　王莽改制及其措施

一　王莽在以儒家理想进行社会改革的呼声中上台

西汉面临严重的社会危机之时，王莽以救世主的身份强势出现了。

王莽是汉元帝的皇后、汉成帝的皇太后王政君的侄儿，在汉末幼帝和弱帝时期，政治形势为外戚全面登上政治舞台、充当皇帝的代言人提供了最佳时机。成帝即位后，青春年少，无心政治，皇太后王政君以同母弟王凤为大司马大将军领尚书事，控制朝政。自此，王氏家族成员全面而连续地跻入政坛。刘氏宗室刘向上书成帝，称："今王氏一姓乘朱轮华毂者二十三人，青紫貂蝉充盈幄内，鱼鳞左右。大将军秉事用权，五侯骄奢僭盛，并作威福。击断自恣，行污而寄治，身私而托公，依东宫之尊，假甥舅之亲，以为威重。"[①] 王莽随着外戚专政的大气候，踊跃而上，顺利地进入了西汉政权高层权力圈。

王莽虽然得以外戚的身份进入政权，但其个人的道德和作为也赢得统治集团内的广泛好评。王莽"父曼蚤死，不侯。莽群兄弟皆将军五侯子，乘时侈靡，以舆马声色佚游相高，莽独孤贫，因折节为恭俭。受《礼经》，师事沛郡陈参，勤身博学，被服如儒生"[②]，以一个温和儒生的形象面对社会。汉成帝绥和元年（前8），王莽开始实际掌握统治大权，在此期间，孔子的十四世孙、当代大儒孔光出任丞相。同时王莽将汉元帝时太学内的弟子员人数从一千人增加到三千人；并以才行为标准将名儒、中垒校尉刘歆提升为侍中，迁光禄大夫。刘歆继承其父刘向的事业，领《五经》博士，作《七略》——中国古代首部目录学著作。在王莽的引领下，汉末儒生以群体身份进入各级政权，他们开始活跃在各级政坛上，或者奔走于太

① 《汉书》卷36《楚元王传》，中华书局1962年版，第1960页。
② 《汉书》卷99《王莽传》，中华书局1962年版，第4039页。

学、乡里之间，等待入仕。他们将王莽看作政治救星，为王莽专权大造舆论，是王莽当权的有力支持者和鼓动造势者。

绥和元年（前8），38岁的王莽辅政，“遂克己不倦，聘诸贤良以为掾史，赏赐邑钱悉以享士，愈为俭约。母病，公卿列侯遣夫人问疾，莽妻迎之，衣不曳地，布蔽膝。见之者以为僮使，问知其夫人，皆惊”[①]。官僚士大夫见到了一个与时下贪婪、奢侈不一样的执政者：克己、俭约、清贫。其伯父王凤生病期间，王莽“侍疾，亲尝药，乱首垢面，不解衣带连月”[②]，“事母及寡嫂，养孤兄子，行甚敕备”[③]，充分表现出儒家理想中孝顺谦恭的仁义之士形象。所以，即使在哀帝时丁、傅及董贤专政，王莽受到排斥、打压时，百官大臣仍念念不忘王莽。当哀帝病死，“太后诏公卿举可为大司马者，时群臣皆举莽”[④]。王莽重回汉权力中枢，迅速清理哀帝时的乱政，使宠臣董贤自杀，“丁、傅及董贤亲属皆免官爵，徙远方”[⑤]；他又着手处理困扰着政权稳定的汉末两大社会问题——土地兼并与奴婢众多，史载他“上书，愿出钱百万，献田三十顷，付大司农助给贫民。于是公卿皆慕效焉”[⑥]；“每有水旱，莽辄素食”[⑦]。哀帝时，“莽杜门自守，其中子获杀奴，莽切责获，令自杀”[⑧]。个人形象陡然鲜明高大，赢得社会各个阶层的赞誉，王莽的公众形象与儒家所倡导的“修身养性齐家治国平天下”的德化道路是一致的。

西汉帝国从元、成帝以后开始走下坡路，出现严重政治危机。对于如何挽回颓势，引起了儒家士人群体的思考。在乱世衰世时，广大饱受儒经熏染的官僚士大夫以及那些丧失土地、沦为流民和奴婢的社会下层民众，从王莽的所作所为看到了挽救社会危机、拯救现实苦难的希望。所以，当王莽一步一步地侵夺汉家天下时，不仅没有遭遇包括汉家王侯的强烈反抗，反而受到众多官僚士大夫的摇旗助阵。正是在这种形势下，以儒家理想为生命价值的一部分士人积极主张以儒家的五德始终和三统说为武器进行社会改革，以三代治政来作为改制蓝本，掀起了一股复古主义的浪潮。这实际上是在现实社会状况恶化背景下世人对美好盛世的一种憧憬，在当

① 《汉书》卷99《王莽传》，中华书局1962年版，第4041页。
② 同上书，第4039页。
③ 同上。
④ 《两汉纪》上《汉纪》，中华书局2002年版，第516页。
⑤ 《汉书》卷99《王莽传》，中华书局1962年版，第4045页。
⑥ 同上书，第4050页。
⑦ 同上。
⑧ 同上书，第4043页。

时许多士人的推波助澜下演变成了一股政治浪潮。所以王莽新政有着广泛的社会基础。吕思勉先生曾如是云："先秦之世，仁人志士，以其时之社会组织不为不完善，而思改正者甚多……此等见解，磅礴郁积，汇成洪流，至汉而其势犹甚……此等思想虽因种种阻碍，未之能行，然既磅礴郁积如此，终必有起行之者，则新莽其人也，新莽之所行，盖先秦以来志士仁人之公意。"[①] 至此，我们可以看出，王莽在那个年代是备受拥戴的。

王莽在各社会阶层的期待下，在以儒家经文说教的装饰下，粉墨登场，完成了专权—夺权—改朝换代的艰难使命。为了不辜负社会各阶层的期望，上台伊始，王莽就匆忙推出改制的鸿篇大作。

公元6年汉平帝驾崩，王莽立了仅两岁的子婴为帝，自己以安汉公的身份实际控制着汉政权，开始了改朝换代、夺权改制的实施活动。他下令，王公卿士"其与所部儒生各尽精思，悉陈其义"[②]。在百官大臣和儒生们的出谋划策下，公元9年，王莽废平帝自立，改国号"新"，开始了新王朝治国理政的时期，并且提出了自己的一套革故鼎新的方案。

在政治上，为了取得其政权的合法和正统性，王莽遂从儒家的学说中寻找政治理论依据，这在当时那个年代，要想得到大多数民众与儒生的支持，是必不可少的措施。他说："帝王之道，相因而通；盛德之祚，百世享祀。予惟黄帝、帝少昊、帝颛顼、帝喾、帝尧、帝舜、帝夏禹、皋陶、伊伊咸有圣德，假于皇天，功烈巍巍，光施于远。予甚嘉之，营求其后，将祚厥祀"；又说："惟王氏，虞帝之后也，出自帝喾；刘氏，尧之后也，出自颛顼。"[③] 他企图通过尧、虞的禅让论证其代汉的合法性与正统性。

在王朝的权力分配与取名上，王莽立皇后，封太子，封其子王宇的六子为公等。同时，对汉皇室末代皇帝进行了"宽容"的安置，如："莽乃策命孺子曰：'咨尔婴，昔皇天右乃太祖，历世十二，享国二百一十载，历数在于予躬。《诗》不云乎？"侯服于周，天命靡常。"封尔为定安公，永为新室宾。于戏！敬天之休，往践乃位，毋废予命'。又曰：'其以平原、安德、漯阴、鬲、重丘，凡户万，地方百里，为定安公国。立汉祖宗之庙于其国，与周后并，行其正朔、服色。世世以事其祖宗，永以命德茂功，享历代之祀焉。以孝平皇后为定安太后。'读策毕，莽亲执孺子手，流涕歔欷，曰：'昔周公摄位，终得复子明辟，今予独迫皇天威命，不得

① 吕思勉：《秦汉史》，上海古籍出版社1983年版，第197页。

② 《汉书》卷99《王莽传》，中华书局1962年版，第4093页。

③ 同上书，第4105页。

如意!’哀叹良久。中傅将孺子下殿，北面而称臣。百僚陪位，莫不感动。”① “又按金匮，辅臣皆封拜。以太傅、左辅、骠骑将军安阳侯王舜为太师，封安新公；大司徒就德侯平晏为太傅，就新公；少阿、羲和、京兆尹、红休侯刘歆为国师，嘉新公；广汉梓潼哀章为国将，美新公：是为四辅，位上公。太保、后承承阳侯甄邯为大司马，承新公；丕进侯王寻为大司徒，章新公；步兵将军广阳侯甄丰为更始将军，成新公；京兆王兴为卫将军，奉新公；轻车将军成武侯孙建为立国将军，成新公；京兆王盛为前将军，崇新公：是为四将。凡十一公。”② 可以说，王莽的这些权宜之计无疑是明智的，尤其是在对汉室的妥善安抚上，这些对稳固其王朝的初期统治是有积极意义的，虽然按符匮来安排人事显得有些荒唐。

在政权体制的建构上，王莽企图通过建立一套完整的政治制度以确保其王朝统治的永世长存，这种想法无疑是理智的。正如翦伯赞先生所言："王莽对于他的每一项改革，都附会一圣经贤传上的说教，这不是复古，而是托古改制。王莽为什么要托古，为什么要‘诵六艺以文奸言’，这个问题很容易解释。因为自汉武帝尊儒术，黜百家以后，儒家学说取得了最尊崇的地位；谁要不尊重儒家学说，谁就是离经叛道，就要受到舆论的指责。所以王莽必须把儒家学说这面旗帜抓在手里。抓住了这面旗帜，他就可以把他的反对派放在不合法的地位。如果有人反对，他就可以加他一个非圣无法，离经叛道的罪名而把他肆诸市曹，投诸四裔。王莽托古的目的如此而已。”③

为了迎合儒生们的希望，他还按照儒家三代理想进行改名。他上台后，依照孔子的说法对于政治、经济、文化制度进行了“正名”。他依据“天无二日，土无二王”和儒家“名不正则言不顺”的说法，定出了一批新官名，废除了一批旧官名。他对三公九卿制度进行了改革，依据三代传说和上古典籍，为三公各设一个副手。同时他还按照西周理想盛世的做法改革，凡事从三代、儒家经典中寻求理论依据。他按“三公、九卿、二十七大夫、八十一元士，凡百二十人，而列臣备矣”④ 进行建构。在对地方的设置上，王莽按《禹贡》把天下分为九州，按周制分爵五等。设诸侯、附城各1800员，用于奖赏有功者。“诸公一同，有众万户，土方百里。侯伯一国，众户五千，土方七十里。子男一则，众户二千有五百，土方五十

① 《汉书》卷99《王莽传》，中华书局1962年版，第4039、4100页。

② 同上书，第4100—4101页。

③ 翦伯赞：《秦汉历史上的若干问题》，《历史学》1979年第1期。

④ 《春秋繁露新注》第24《官制象天》，商务印书馆2010年版，第151页。

里。附城大者食邑九成，众户九百，土方三十里。自九以下，降杀以两，至于一城。五差备具，合当一则。今已受茅土者，公十四人、侯九十三人、伯二十一人、子百七十一人、男四百九十七人，凡七百九十六人。附城千五百一十一人。"① 抛开其复古的成分，王莽在根本上无疑是想通过这些举措进行一次官员的大换血，进而扩大其政权的既得利益者与坚定的拥护者，巩固其王朝统治基础。这在一定程度上有其积极意义，然而，其在根本上只不过是用一个政治集团去取代另一个政治集团。随着形势的发展以及改制的深入，官吏与社会各阶层之间的这种矛盾就日益激化，并成其继续改制的巨大障碍。

在官吏的吏禄制度方面，因为国力不足，民人骚动，因此"自公卿以下，一月之禄十緵布二匹，或帛一匹。……四辅公卿大夫士，下至舆僚，凡十五等。僚禄一月之岁六十六斛，稍以差增，上至四辅而为万斛云。……今诸侯各食其同、国、则；辟、任、附城食其邑；公、卿、大夫、元士食其采。多少之差，咸有条品。岁丰穰则充其礼，有灾害则有所损，与百姓同忧喜也。"② 同时，王莽把中央官员与地方实行挂钩，如："东岳太师立国将军保东方三州一部二十五郡；南岳太傅前将军保南方二州一部二十五郡；西岳国师宁始将军保西方一州二部二十五郡；北岳国将卫将军保北方二州一部二十五郡；大司马保纳卿、言卿、仕卿、作卿、京尉、扶尉、兆队、右队、中部左洎前七部；……及六司，六卿，皆随所属之公保其灾害，亦以十率多少而损其禄。郎、从官、中都官吏食禄都内之委者，以太官司膳羞备损而为节。诸侯、辟、任、附城、群吏亦各保其灾害。几上下同心，劝进农业，安元元焉。"③

在用人的问题上，王莽在执政初期除了重用一些善于附会势利、制造符命的士人外，在用人、纳谏方面还是比较清醒的。如在王朝刚建立时他曾说："百官改更，职事分移，律令仪法，未及悉定，且因汉律令仪法以从事。令公卿大夫诸侯二千石举吏民有德行通政事能言语明文学者各一人，诣王路四门。"④ 可见王莽在改革初期还是有所作为的。然而，由于其改制的动作和幅度太快太大，事态并没有朝着他所希望的方向发展，其未能准确地把握形势的发展，在这种情况下他仍一意孤行，改制的目的和方式发生偏差，遂产生了用人与纳谏的失策。如其任用洛阳富贾薛子仲、张

---

① 《汉书》卷99《王莽传》，中华书局1962年版，第4128—4129页。

② 同上书，第4142页。

③ 同上书，第4143页。

④ 同上书，第4125页。

长叔、临菑姓伟等负责“五均、六斡”，然而这些人又“乘传求利，交错天下，因与郡县通奸，多张空簿，府臧不实，百姓俞病”①。对敢于进谏的费兴、田况等却一气之下予以罢免。忠臣被黜，所用非人，改革进入死胡同。到了王朝改革的后期，这种状态导致臣下对他产生了一种信任危机，如其“自揽众事，有司受成苟免。诸宝物名、帑藏、钱谷官，皆宦者领之；吏民上封事，宦官、左右开发，尚书不得知”。虽然其本人常“御灯火至明，犹不能胜”②。

在土地问题上，王莽看到了土地兼并的严重性，但他没能找出现实可行的方案对此加以解决。他依据《诗经》中“普天之下，莫非王土”的说法，希望实行儒家一贯倡导的理想的土地分配制度——井田制来解决土地问题。在五均和税制问题上，他也或多或少地参照《周礼》和《周官》的记载进行。

在学校教育方面，他积极对当时的如“起明堂、辟雍、灵台，为学者筑舍万区，作市、常满仓，制度甚盛。立《乐经》，益博士员，经各五人。征天下通一艺教授十一人以上，及有逸《礼》、古《书》、《毛诗》、《周官》、《尔雅》、天文、图谶、钟律、月令、兵法、《史篇》文字，通知其意者，皆诣公车”③，网罗天下儒家之士，为恢复儒家经学地位做出了努力。

在政治文化方面，王莽极力通过图谶纬书将自己神化，“自以威德遂盛，获天人助，乃谋即真之事”④。公元9年正式称帝后，王莽继续沿用谶纬迷信的手法，沉溺于造神和编神话的活动中，称：“予之皇始祖考虞帝受嬗于唐”，“皇天明威，黄德当兴，隆显大命，属予以天下。今百姓咸言皇天革汉而立新”。⑤ 喋喋不休地编造故事，理顺自己与汉帝同祖同根、一脉相承的脉络，证明新汉更替是天经地义的。同时，借汉家宗室广饶侯刘京的上书，散布天人感应的言论。刘京说：“七月中，齐郡临淄县昌兴亭长辛当一暮数梦，曰：‘吾，天公使也。天公使我告亭长曰：摄皇帝当为真。即不信我，此亭中当有新井。’亭长晨起视亭中，诚有新井，入地且百尺。”⑥ 从京城到乡里，不断地涌现出的图谶纬书记载，大造王莽取代汉

---

① 《汉书》卷24《食货志》，中华书局1962年版，第1183页。

② 《资治通鉴》卷38《王莽天凤二年》，中华书局1956年版，第1206—1207页。

③ 《汉书》卷99《王莽传》，中华书局1962年版，第4069页。

④ 《两汉纪》上《汉纪》，中华书局2002年版，第530页。

⑤ 《汉书》卷99《王莽传》，中华书局1962年版，第4108—4109页。

⑥ 同上书，第4093页。

帝顺应天意的舆论，渲染新汉更替的合法性，巩固刚刚建立起来的新王莽政权。

儒家学说谶纬化是董仲舒神化儒家思想的结果。汉武帝“罢黜百家，独尊儒术”以来，儒家思想已不再是先秦时期的单纯学术思想，而是衍变为与统治政治思想密切结合的指导思想。儒家学术在这个政治化的转变过程中被系统性地神化，孔子、孟子及周公等代表人物也被偶像化，成为君主专制主义中央集权统治的理论基础和指导思想。同时，不断地对儒家学说神化又是儒家思想能够与时俱进、实现独尊的基本路径。然而，神圣化不是神秘化和庸俗迷信化。神化儒家思想使其能够成为一个时期成功指导统治政权有效实现社会控制的指导思想，但是它又是一门精辟、高深的学问，考验着一个时期的最高统治者及其团队是否具有卓越的政治才能和政治智慧去驾驭它。王莽及其辅佐者显然不具备这样的智慧和才能。他的坚持儒家思想继续神化、复古的做法，以及采取庸俗迷信化的方式又决定了其道路完全行不通。

王莽庸俗迷信儒家思想的标志就是以图谶纬书的方式具体地解读儒家经典的具体条文，并将其作为进行社会控制，维护社会稳定的指南。他将图谶纬书中的预言、暗示以及一些妄言故事奉为金科玉律，以证明现实生活中政治人物言行的合法性。而王莽政权的统治意图和行为也完全比照谶纬化以后的儒家经典记载，依经改制。这样，谶纬化的儒家经典构成王莽统治理念的大部，以图谶纬书为思想逻辑的统治手段贯穿着王莽改制的全过程。史载王莽称帝后主要活动之一，就是“遣五威将王奇等十二人班《符命》四十二篇于天下。德祥五事，符命二十五，福应十二，凡四十二篇”[①]。《符命》的基本内容是渲染汉家已衰、天命已降至新朝，新朝皇帝将按照“井石”刻字、“金匮”藏书的预言治世。于是“五威将奉《符命》，赍印绶，王侯以下及吏官名更者，外及匈奴、西域，徼外蛮夷，皆即授新室印绶，因收故汉印绶。……大赦天下”[②]。《符命》四十二篇隆重颁行天下，作为其“奉古改制”的纲领和行为指南。王莽称帝前后所颁布的各种改制方案，都以谶纬后的经学内容作为立意基础和具体指导。在这种状况下，内心矛盾的王莽真正喜欢上了谶纬诡秘之学，笃信天命和神学，伴随其社会经济体制改革的挫折，这两者无疑成为其王朝灭亡的催化剂。

---

① 《汉书》卷99《王莽传》，中华书局1962年版，第4112页。

② 同上书，第4114页。

王莽“奉古改制”，是沿着汉武帝以来神化儒家学说的道路继续发展。然而，同样是走神化儒家学说的道路，王莽与汉武帝的方式方法是截然不同的。汉武帝时期，儒家学说通过董仲舒的演绎、抽象，上升为天道与君道紧密结合在一起的无形无踪但又控制着人们言行的“天”与“道”，君权的言行就是天道的具体表达。在王莽时期，儒家经典及其精神没有进一步从哲学理论的角度变得更加形而上学，却与现实生活中一些简单、偶然的奇谈怪论、奇闻逸事结合在一起，通过统治政权添油加醋的庸俗化传播，非理性的妖言惑众成为图谶纬书的全部内容。儒家入世思想、儒学的社会控制指导原理到了王莽时期堕落为一个个具体的庸俗低下、荒诞离奇的故事和暗示。虽然儒家学说神化是中国中古时期历史发展的趋势，但王莽走的是让儒家学说低级化、庸俗化的道路，这就违背了封建政权造神活动和儒家学说神圣化的根本宗旨。董仲舒通过“天人感应”将君权神圣化，置于至高无上的与“天”并列的位置，儒家学说神化为一种社会控制指导思想，是君主专制主义政权的统治理念，是治世的形而上的道，而不是具体的形而下的器。王莽企图效法汉武帝，在改制的思想学说方面有所作为。但是其所处时代已经不同，其理论根基也大不一样。汉武帝时代，西汉王朝正处于上升时期，儒家学者风华正茂，试图为大一统政权开风气之始，为天地立言，它使儒家学说在不断改造中，与当时的社会现实相结合，逐步升华为君权神授的治世之道，或者说成为一种以“天道”为本体的统治理念，强调维护政权长治久安的普世价值，却忽略具体的因时因人所应该采取的谋略。王莽从小生活在外戚集团的圈子里，又处在权力结构的边缘。当时的儒家学说正在与谶纬神学相结合，并且逐渐低俗化、庸俗化。而王莽为了挤进外戚权力核心圈，煞费心机，玩弄各种手法，包括巫术骗术。对儒家学说倡导的社会控制的大义并没有心领神会，反而对各种具体的治世之“器”兴趣盎然，并成功地运用这些谶纬迷信伎俩登上皇帝宝座。因而当他成功地登上皇帝宝座以后，没有及时在社会政治思想上进行转型，却仍然痴迷曾经为其登基立下汗马功劳的图谶纬书的造神活动，并将其当成儒家学说的主旨，更加肆无忌惮地利用。这样，面对尖锐的汉末社会矛盾，他很难找到正确有效地解决社会问题的方法。

史载王莽刚刚即位，就“按金匮，辅臣皆封拜”①。图谶纬书上记载了什么样的官名爵位，王莽在现实政权中也相应地设置什么样的官名爵位。“金匮”中提到某人某姓该任何职，他就“按符命求得此姓名十余人”，

---

① 《汉书》卷99《王莽传》，中华书局1962年版，第4100页。

全部委以官职。一天之内，“封拜卿大夫、侍中、尚书官凡数百人。诸刘为郡守，皆徙为谏大夫”。[①] 对于汉末尖锐的社会矛盾即土地兼并问题、失去土地的百姓沦为流民和奴隶的问题，王莽却以儒家经典中搜集到的具体的古人理想中的解决方式，下令按照《周礼》中构想的“井田制”重新调整土地占有数量。“今更名天下田曰‘王田’，奴婢曰‘私属’，皆不得买卖。其男口不盈八，而田过一井者，分余田予九族邻里乡党。故无田，今当受田者，如制度。敢有非井田圣制，无法惑众者，投诸四裔，以御魑魅，如皇始祖考虞帝故事。”[②] 实际上，儒家经典中设计的“井田制”非常美好，“设庐井八家，一夫一妇田百亩，什一而税，则国给民富而颂声作。此唐虞之道，三代所遵行也”[③]。但是它是一种理想化的土地制度。“井田制”实施的前提条件是国家必须控制着大量的无主荒地，地多人少，国家可以利用政权的强势，从容分配土地。而当时的形势是“坏圣制，废井田，是以兼并起，贪鄙生，强者规田以千数，弱者曾无立锥之居”[④]。王莽新政重新拾回“井田”之制，必须剥夺当朝权势阶层的最大利益，由政府再次分配土地。这样就引起了新旧权贵的普遍不满，他仍开始抱怨、抵制甚至反抗新政。大臣区博劝谏王莽：“井田虽圣王法，其废久矣。……今欲违民心，追复千载绝迹，虽尧舜复起，而无百年之渐，弗能行也。天下初定，万民新附，诚未可施行。”[⑤] 当年拥护王莽即位的权贵们对王莽的作为也非常失望，“莽知民怨，乃下书曰：‘诸名食王田，皆得卖之，勿拘以法。犯私买卖庶人者，且一切勿治’”[⑥]。以土地兼并为核心的社会问题不仅没有解决，也没有缓和，反而因处理旧的社会矛盾不利而激化了新的内部矛盾，以至于很快引起王莽政权内部阶层的分裂。为了弥补统治政权的裂痕，王莽又效仿周公，大肆分封诸侯，“授诸侯茅土”[⑦]，按照《尧典》《诗经》《禹贡》《周礼》等儒家经典中对诸侯、大夫及百官授田数额的描述，大开封邑授田之风，“诸公一同，有众万户，土方百里。侯伯一国，众户五千，土方七十里”[⑧]，等等。这些举措显然与当时的社会政治状态完全脱离，其结果加速了土地兼并，社会矛盾一触即发。

---

① 《汉书》卷99《王莽传》，中华书局1962年版，第4101页。

② 同上书，第4111页。

③ 同上书，第4110页。

④ 同上。

⑤ 同上书，第4129—4130页。

⑥ 同上书，第4130页。

⑦ 同上书，第4128页。

⑧ 同上。

王莽开始并没有完全意识到这一点，他理想化地希望建成以自己为核心的以《周礼》为蓝本的统治秩序。“莽意以为制定则天下自平，故锐思于地里，制礼作乐，讲合《六经》之说。”① 其所称的“礼”就是从称谓上到实际生活状态中的完全复古。“以《周官》、《王制》之文，置卒正、连率、大尹，职如太守”② 等。每一个职位、每一个官名都必须与古制吻合，折腾得整个衙门中的官吏“公卿旦入暮出，议论连年不决，不暇省狱讼冤结民之急务。县宰缺者，数年守兼，一切贪残日甚”③。这就扰乱了原有政权日常统治秩序，“莽之制度烦碎如此，课计不可理，吏终不得禄，各因官职为奸，受取赇赂以自共给”④，一时吏治大坏，连维持基本运转都很困难。

王莽“奉古改制”几乎是新朝建立十多年来从没有停止过的政治活动，涉及官职名称、等级礼仪、市场钱币、井田制等，几乎囊括了新朝政治、经济、社会的方方面面。“奉古改制”是王莽统治的基本思想，其以古代经典鼓吹的“圣王之治”图式为样本，一步一步地具体模仿、实践，最终导致在每一个“改制”领域都以失败告终。王莽是一个脱离实际政治、以幻想代替治世方略的政治人物，“井田制”失败的同时，他又根据《周书·大聚》中“市有五均，早暮如一”的话语，对自然经济下的有限市场设置“五均官”管理，对盐、铁、酒、铸钱等由政府专营，“于是农商失业，食货俱废，民人至涕泣于市道。及坐卖买田宅奴婢，铸钱，自诸侯卿大夫至于庶民，抵罪者不可胜数”⑤，彻底搅乱了从达官贵人到贫民百姓的日常生产和生活秩序。

在这种情况下，王莽为了转移人们的视线，将社会矛盾转移到民族矛盾上，“更名匈奴单于曰降奴服于”，激起匈奴奋起反抗。为此，他又遣中郎将军苗䜣等“及偏裨以下百八十人，募天下囚徒、丁男、甲卒三十万人”，出兵攻打匈奴，“天下骚动”⑥，结果是惹火烧身，各地农民义军纷纷揭竿而起，王莽则在人民大起义中被杀，新朝政权也迅速垮台。

---

① 《汉书》卷99《王莽传》，中华书局1962年版，第4140页。
② 同上书，第4136页。
③ 同上书，第4140页。
④ 同上书，第4143页。
⑤ 同上书，第4112页。
⑥ 同上书，第4121页。

第三节　王莽改制失败及其原因

关于王莽迅速灭亡原因的探讨，史家一直没有停止过。班固说："昔秦燔《诗》、《书》以立私议，莽诵《六艺》以文奸言，同归殊途，俱用灭亡。"① 他认为秦始皇焚书与王莽高赞儒经的结果是一样的：秦始皇是抛弃儒经，专任法家；而王莽是专任儒典，一味仿古，不知变通，最终他们都是抛弃了儒家经典中治国理政的活生生的核心内容。清人赵翼则称：王莽"但锐意于稽古之事，以为制定则天下自平。乃日夜讲求制礼作乐，附会六经之说，不复省政事"②。王莽只是"附会六经之说"，没有抓住《六经》治世的基本精神。所以，以儒家学说为代表的封建君主专制统治思想虽然是中国古代社会两千多年得以延续的正统思想，但是它是随着政治与社会实践在不断变化以及自我更新的。王莽新朝"奉古改制"短祚的基本原因就是没有领会到儒家学说中社会控制、整合的基本要义及实质。王莽"奉古改制"的迅速破产，教训了后继者，必须重新灵活地、完整地理解儒家"礼""仁"思想，由此使儒家学说适应中国古代社会的具体情形。

具体而言，在两汉之际，王莽在主观上的确想用自己绘制的《六经》治世的理想政治蓝图来解决汉末弊政，成为名垂青史的救世主。然而事与愿违。葛兆光说过："无论王莽是哗众取宠还是故作姿态，但那时他的举措无疑刺激了士人阶层的自信心，鼓励了一种近似苛刻的人格理想与政治理想，使他们能在这种理想立场中坚持他们的信念，凸现他们的存在，而王莽的最终失败，即使不是决定性的，也在一定程度上导致了这种理想的破灭。"③ 所以，王莽的许多改革措施，其主观目的无疑是希望能够进行有效的社会控制与整合。然而，由于时代局限，再加上他的食古不化，没有抓住《六经》治世的基本精神因势利导，随世而变，因而对汉代末期的社会形势缺乏冷静、理性的分析，仅仅希望通过恢复西周时期的政治制度、思想文化，就能够使社会重新回到王朝的控制之中，使官僚、豪强能够返璞归真，达到天下大治。这种思想观念既是儒家回到儒家原典，注重宗法血缘、仁政理想的"谷梁"学在西汉末期盛行的结果，也是儒家学说与社会

① 《汉书》卷99《王莽传》，中华书局1962年版，第4194页。

② （清）赵翼著，王树民校证：《廿二史札记校证》卷3"王莽之败"条，中华书局1984年版，第72页。

③ 葛兆光：《中国思想史》，复旦大学出版社2001年版，第423页。

上流行的谶纬迷信思想泛滥的结果。因为完全按照儒家礼义教化进行社会控制与国家治理，是当时儒家思想不断发展壮大，并且为统治者中人不断渲染儒家思想治世效用的结局，它的神化使当时许多士人完全信任其治世效用，并且为广大士人所认同。因此，王莽新朝是当时社会历史发展的必然，即历史在按否定之否定的规律向前发展的过程中，往往会出现一种矫枉过正的趋势。王莽改制的背景正是君主专制主义在西汉时期，通过汉武帝的作为与董仲舒《公羊春秋》学说的推波助澜，同时也通过西汉宣帝对于“谷梁”学的大力提倡，使《公羊》《谷梁》齐头并进，儒家学说真正成为一时之盛学的时候，也是广大儒生们对其达到迷信程度的时候。所以，王莽改制失败，是一种社会历史的必然，是当时广大儒家官僚和儒生们高扬儒家旗帜，同时又迷信、深陷其中不能自拔的结果。这种主观上的夸大与高扬，在中国的历史中多次出现，结局必然走向其主观愿望的反面。

王莽时期，正是在儒学发展到极点时，其弊病凸显而迅速退缩。它使阶级矛盾激化，统治阶级内部争斗激烈，以皇权为代表的专制政治制度弊病凸显，社会控制日益削弱。在这种情况下，广大官僚、士人希望借助于周代的理想政治体制，来抑制土地兼并、挽救日益垂危的专制政治体制的愿望彻底破灭了。王莽在全社会士人与官僚的期待与拥戴下，在欢呼声中上台，并被作为新圣人、救世主而开始他的改革。他即在发扬儒家“三代”政治理想的舆论中得到士人与民众的拥戴，自然希望通过这种恢复“三代”政治理想的方式来重新建立社会控制机制，使社会重新返归到新的秩序之中。所以，王莽改制是当时人们所期待的“三代”政治理想的一种现实回归。而在实际的改革举措中，他将重点放在分配不公的问题上，对于政治、经济、文化制度进行了符合儒家制度理想的改革。但是王莽改革的失败也在这个时候就被注定了。因为汉代社会已经不是西周时期的诸侯分封制，皇权专制政治与官僚、豪强之间的矛盾已经很尖锐。统治阶级阶层之间的尔虞我诈、相互吞噬，使统治阶级各阶层已经从过去世卿世禄的自我封闭的分封政治体制中超越出来，而作为一种与皇权相互勾结、相互对峙的力量而加大了他们对社会财富的侵吞欲念，并在整个政治、经济活动中疯狂地进行利益的扩张。而王莽本人并不能真正突破这种世人的期望与当时社会思想的局限。所以，中国整个封建社会的发展史，既是一个地主阶级与农民阶级的斗争史，也是一个地主阶级内部各个阶层相互夺取利益的吞噬史。在这样一个社会环境下，要想通过儒家理想的改制，达到社会的相对公平，遏制当时最重要的社会资源——土地的兼并，无疑是与虎谋皮。因此，不从整饬吏治来减少各级官吏及豪强对于庶民的压迫，而想使社会分配公平化，其结果只能是妄想。它不仅不能给社会民众，尤其是农民阶级带来实际的好处，还会触犯那些官僚、豪强的既得利益，因而失败难以避免。钱宾四先生曾言："王莽的政治，完全是一种书生的政治。王莽失败后，变法禅贤的政治理论从此消失，渐变为帝王万世一统的思想。"[①] 王莽改制给了崇信儒术的儒生们一记响亮的耳光，它说明任何思想理论，即使在一个时期行之有效的思想理论，也要随着时势的变化而不断修正。

王莽始起外戚，折节力行、潜心修为，在各种社会矛盾交织的王朝晚年，其以卓越的政治手腕登上了权力塔尖的宝座。他是在众多儒生与儒家官僚的"拥戴"与支持下取得政权的，而这些势力大多期望王莽能给社会带来更多的利益，更加安宁稳定的局面，达到天下大治。我们不能怀疑王莽及广大支持者的诚意，但是在危机四伏的社会形势下，社会的不可控制力量远远超出了中央皇权的实际控制与整合能力，超过了王莽及其支持者对危机的掌控、运作能力，而最终导致改革陷于失败，王莽本人最终也陷入理想与现实的矛盾中不能自拔，伴随着农民起义浪潮的卷来而折戟沉沙。但是王莽的失败也给中国的儒家官僚及儒生们敲了警钟，即在君主专制条件下，任何儒家理想的实施与改革，都只能够在皇权与官僚、豪强的利益平衡中寻求出路，都只能按照社会的实际情况来加以推进。王安石变法违背了这个原则，结果同样因为吏治腐败等原因而给百姓造成了很大的灾难。王安石变法失败的根本原因也不幸被反对新学的理学人物程颐等人言中。

对于王莽代汉以及改制，后人褒贬不一。然而，钱穆先生却认为：王莽代汉是"举世人心之归向，而安移汉祚于庙廊之间……盖莽之所以震动一世之视听，而得时人之信仰者，尤在其对于政治上之主张"。因而对王莽改制，钱穆给予了极高的评价："颂莽此诏，可谓蔼然仁者之言，今世所唱土地国有、均产、废奴诸说，莽已见及，其政治上之理想可称高远。"[②] 然而不幸的是，尽管王莽等人有着极高的社会理想，但是由于与社会现实脱节，这种思想潮流只能够停留在儒家士人拯救世界的美好梦境中。

---

① 钱穆：《国史大纲》（上），商务印书馆 1994 年版，第 153 页。

② 钱穆：《刘向歆父子年谱》，顾颉刚《古史辨》（五），北平朴社 1935 年版，第 208 页。

第十四章　东汉初期的社会控制与整合思想

第一节　思想文化控制的加强

一　东汉初儒学的进一步意识形态化

汉武帝采纳董仲舒“罢黜百家，独尊儒术”后，儒学逐渐取得国家意识形态的主体地位。不过，这是一个漫长的过程。

汉武帝的政策只是进一步提高了儒学的地位，但不意味着国家对儒家的独尊和崇奉已成定局。汉宣帝大力提倡将春秋“谷梁”学与“公羊”学列到同等地位，并且倡导用“谷梁”学的精神治国。但是他的思想承绪，使其仍然“所用多文法吏，以刑名绳下”，他所谓“汉家自有制度，本以王霸道杂之，奈何纯任德教，用周政乎”①，说明儒学作为国家政治思想的独尊地位还没有被真正确立，儒学被社会所认识到的还主要是在所谓“文化、社会的范畴”等方面，即“所以无形重于有形，民间过于朝廷，风俗多于制度”②，对孔子崇拜的仪式还是由孔子后代履行的皇帝与官吏偶尔的谒拜，但不意味着孔子学说已经成为“国教”。王莽片面追求《周礼》治国，改制更新，导致其身败名裂。所以，儒学的发展道路并不平坦，从董仲舒以后差不多经过了两百年时间，在光武、明、章诸帝的大力扶持下，儒家学说的性质与路向才真正发生了根本性的变化。

与西汉政权不同的是，受西汉末儒学倡兴的影响，光武帝刘秀及其追随者大多有儒学背景或渊源，多为尊儒之士人。光武帝刘秀本人“受尚书，略通大义”③，颍阳侯祭遵“取士皆用儒术，对酒设乐，必雅歌投壶。

---

① 《汉书》卷9《元帝纪》，中华书局1962年版，第277页。

② 余英时：《汉代循吏与文化传播》，《士与中国文化》，上海人民出版社1987年版，第151页。

③ 《后汉书》卷1《光武帝纪》，中华书局1965年版，第1页。

又建为孔子立后，奏置《五经》大夫。虽在军旅，不忘俎豆，可谓好礼悦乐，守死善道者也”[①]，鬲侯朱祐“为人质直，尚儒学”[②]，褒德侯卓茂“事博士江生，习《诗》《礼》及历算。究极师法，称为通儒”[③]，大司空杜林“少好学沉深，家既多书，又外氏张竦父子喜文采，林从竦受学，博洽多闻，时称通儒”[④]。

除此之外，在东汉初被重用的南阳宛人张堪、河南开封人郑兴、沛郡龙亢人桓荣等，均是儒学大师。特别是桓荣，光武帝时期拜为少傅，“显宗即位，尊以师礼，甚见亲重”，“荣每疾病，帝辄遣使者存问，太官、太医相望于道。……帝幸其家问起居，入街下车，拥经而前，抚荣垂涕……良久乃去。自是诸侯将军大夫问疾者，不敢复乘车到门，皆拜床下。荣卒，帝亲自变服，临丧送葬，赐冢茔于首山之阳。除兄子二人补四百石，都讲生八人补二百石，其余门徒多至公卿”。而其子桓郁“经授二帝，恩宠甚笃，赏赐前后数百千万，显于当世。门人杨震、朱宠，皆至三公”[⑤]，这很久以来成为通经致仕的典型事例，也成为天下读书人向往的楷模。

光武帝、明帝和章帝均以儒学为传统教育内容，而东汉统治集团也大都具有儒学传统，再加上西汉政权已经确立的“罢黜百家，独尊儒术”的思想理念，因而儒学也理所当然地继续成为东汉政权的统治思想。因此，“及光武中兴，爱好经术，未及下车，而先访儒雅，采求阙文，补缀漏逸。先是四方学士多怀协图书，遁逃林薮。自是莫不抱负坟策，云会京师，范升、陈元、郑兴、杜林、卫宏、刘昆、桓荣之徒，继踵而集。于是立《五经》博士，各以家法教授，《易》有施、孟、梁丘、京氏，《尚书》欧阳、大小夏侯，《诗》齐、鲁、韩，《礼》大小戴，《春秋》严、颜，凡十四博士。”[⑥] 在应诏入京的这七位著名的经学大师中，今文经学家占了四位，古文经学家占了三位。

汉明帝还按照儒家的礼仪制度“始冠通天，衣日月，备法物之驾，盛清道之仪，坐明堂而朝群后，登灵台以望云物”[⑦]，通过儒家所崇奉的仪式与象征来取得嗣位的合法性与权威性，并且自己登场，召集儒生讨论儒家

---

① 《后汉书》卷20《铫期王霸祭遵列传》，中华书局1965年版，第742页。

② 《后汉书》卷22《朱景王杜马刘傅坚马列传》，中华书局1965年版，第770页。

③ 《后汉书》卷25《卓鲁魏刘列传》，中华书局1965年版，第869页。

④ 《后汉书》卷27《宣张二王杜郭吴承郑赵列传》，中华书局1965年版，第934—935页。

⑤ 《后汉书》卷37《桓荣丁鸿列传》，中华书局1965年版，第1252—1253、1256页。

⑥ 《后汉书》卷79《儒林列传》，中华书局1965年版，第2545页。

⑦ 同上。

经典的意蕴，甚至以“通《孝经》章句”作为入仕者最起码的受教育程度与文化标准。[①] 于是，到了汉章帝的建初三年（78），便有了以政府名义会集儒家学者，以政治权力为儒家之学归纳一个毋庸置疑的具有纲目意义的白虎观会议纪要，并且作为东汉国家进行社会治理的方略和社会道德规范的标准，它标志着儒学政治意识形态化的正式完成。围绕儒学政治意识形态化问题，东汉初以来的政府不断大力宣扬儒家伦理道德，并将儒家道德伦理在社会的各个层次普及化。

东汉初，刘秀由于爱好经术，强调气节，便大力主张将儒学伦理施行到社会的方方面面。例如在取士选官方面，光武中兴后，刻意矫正谄媚之风，表彰气节，对于不仕于新朝的隐逸之士，多予褒扬征用——如征高节薛方、杨宝、任永、冯信等。且特礼敬高节，对于有气节者极为标榜与重视，《后汉书》中便有所描述：“光武侧席幽人，求之若不及，旌帛蒲车之所征贲，相望于岩中矣。若薛方、逢萌聘而不肯至，严光、周党、王霸至而不能屈。群方咸遂，志士怀仁，斯固所謂‘举逸民天下归心’者乎！”[②] 南宋张南轩对此大为称道，认为光武中兴，“虽曰举遗逸，然固有召而不能至，至而不能用者，而其流风余韵，犹足以革西京之陋，而起名节之俗，则其为益，固岂浅浅哉！”[③] 这一风气延续下去，成为东汉前、中期的盛举。

取士选官亦体现在士人的伦理道德方面。东汉继承西汉孝廉取士的方式，以社会道德规范和伦理教化为取士之标准。东汉将孝廉一科作为取士之岁举定制。光武时，“始用孝廉为尚书郎”[④]。强调必于孝子之门以求忠臣。其引用之经典即《论语》及《孝经》。《论语·学而》篇：“其为人也孝弟，而好犯上者鲜矣，不好犯上，而好作乱者，未之有也。”《孝经》曰：“以孝事君则忠。”从和帝起，将这种岁举定制加以完善，形成根据人口比例及各个郡的具体情况进行岁举取士之制。尽管东汉的孝廉取士有着各种弊病，但通过孝子廉吏的取士标准，而对当时的吏治及社会风气有着一定的影响。

东汉起始，国家为了强化道德教化，积极推行儒家伦理教化及修身养性之说。东汉设立专职的儒学伦理、礼仪的教化官吏，包括郡文学、郡文

---

① 葛兆光：《七世纪前中国的知识、思想与信仰世界》，复旦大学出版社 1998 年版，第 389 页。

② 《后汉书》卷 83《逸民列传》，中华书局 1965 年版，第 2756—2757 页。

③ 张栻：《张南轩先生文集》卷 7《光武崇隐逸》，商务印书馆 1936 年版，第 89—90 页。

④ 马端临：《文献通考》卷 34《选举》，中华书局 1986 年版，第 319 页。

学史、郡文学率史等。同时，为了加强基层乡村的社会控制，还设三老，专职负责教化工作。三老本是古代负责道德礼仪教化的乡官。战国时期魏国即设有三老，秦时亦置乡三老。《礼记·乐记》："食三老、五更于大学。"郑玄注："三老五更，互言之耳，皆老人更知三德五事者也。"《汉书·高帝纪上》云："举民年五十以上，有修行，能帅众为善，置以为三老，乡一人；择乡三老一人为县三老。"东汉时则设置郡三老，国三老。《后汉书》载："凡有孝子顺孙，贞女义妇，让财救患，及学士为民法式者，皆扁表其门，以兴善行。"① 三老是"有修行，能率众为善"之年长者。通过三老而施行基层社会的教化功能。东汉还设有孝悌、力田，通过其道德伦理的典范作用，建立社会的礼治或德治秩序。这样，东汉的儒家道德教化遍及社会教育的各个方面。据《后汉书》载，汝南太守何敞，平日以宽和为政，"立春日，常召督邮还府，分遣儒术大吏案行属县，显孝悌有义行者。及举冤狱，以《春秋》义断之。是以郡中无怨声，百姓化其恩礼。其出居者，皆归养其父母，追行丧服，推财相让者二百许人。置立礼官，不任文吏"②。而桓帝时官吏刘宽，历任三郡，"每行县止息亭传，辄引学官祭酒及处士诸生执经对讲。见父老慰以农里之言，少年勉以孝悌之训。人感德兴行，日有所化"③。通过这种遍及社会各个方面的道德教化，儒家的伦理道德教育渗透到民间生活之中，使东汉前中期社会形成崇尚儒学礼仪之风气，也有力地推动了儒学的社会化的进程。故牟宗三认为东汉国家"以经学通朝野上下之志，立时代风尚之纲维，故当在构造进程中，能成一代之规模"④。而东汉社会也确实出现了"其服儒衣，称先王，游庠序，聚横塾者，盖布之于邦域矣……所谈者仁义，所传者圣法也。故人识君臣父子之纲，家知违邪归正之路"⑤ 的现象。

正是在刘秀等人的大力提倡下，初步形成了以实现社会整合与控制的东汉伦理道德教化网络。这一套道德教化网络在当时对于稳定社会确实起到了重要的作用。东汉后期不畏权贵，敢于抗命直议的"清流"的出现，应该说与东汉前期的儒学教化有着直接的联系。

---

① 《后汉书》第28《百官五》，中华书局1965年版，第3624页。

② 《后汉书》卷43《朱乐何列传》，中华书局1965年版，第1487页。

③ 《后汉书》卷25《卓鲁魏刘列传》，中华书局1965年版，第887页。

④ 牟宗三：《历史哲学》第5部第2章，台湾学生书局2000年版，第345页。

⑤ 《后汉书》卷79《儒林列传》，中华书局1965年版，第2588—2589页。

二 刘秀治理天下的柔道之术

既然以儒术治国，那么在许多重要措施上刘秀即采取了以“柔”（德）而不以“刚”（刑）的做法，来治理国家与社会。据《后汉书》记载：“建武十七年十月：甲申，幸章陵。修园庙，祠旧宅，观田庐，置酒作乐，赏赐。时宗室诸母因酣悦，相与语曰：‘文叔少时谨信，与人不款曲，唯直柔耳。今乃能如此！’帝闻之，大笑曰：‘吾理天下，亦欲以柔道行之。’”[①] 光武帝治理天下的方式，用他自己的话来解释，实行的是儒家以“仁义”为主的“柔道”之术。

作为古代术语，柔道多指温和安抚的治术或谋略，在当时也指以儒术道德规范征服人心，治理国家。与一身匪气的汉高祖刘邦不同，光武帝刘秀是一身文气，性格温和，加上聚集在他周围的将佐大多是儒学贵族，因此光武帝刘秀的统治方式也就适应这种现实，具有很深的儒学风格，并且治理以“柔道”之术为主，这种“柔道”之术，在处理大多是儒学门第贵族的外戚与功臣的关系上表现得最为典型。

（一）对外戚的控制

外戚与皇权的关系问题是中国古代社会的一个非常重要的问题，也是东汉建立后在国家上层政治中迫切需要解决的问题。自秦始皇以武力统一中国确立皇帝称号、建立中央集权的统治政权到汉高祖刘邦重用叔孙通创立了沿用两千多年的宫廷礼仪制度以来，皇权确立了至高无上的权威和尊贵，外戚也因其与皇权的姻亲关系而获得富贵与荣耀，与皇权一荣俱荣、一损俱损。一方面，皇权必须要利用外戚来掌握要职与军权，加强与巩固统治地位；另一方面，因外戚与皇权的姻亲关系，外戚更易坐大，外戚篡权在合法性问题上也稍具一定的合理性，因此历代皇权又要防止外戚坐大，危害皇权。

西汉王朝因王氏外戚而亡，东汉初期的统治者对此有着非常清醒的认识与理解。东汉在夺取天下的过程中，皇室依靠豪族力量诛伐诸侯，统一全国。因此东汉皇室则以与有功豪强结为婚姻联盟的方式，而形成新的政治结盟。这样，在东汉皇室看来，解决好皇权与外戚的关系，可以进一步强化国家统治，尽快恢复政府的权利效能，达到社会的稳定。因此在汉初，皇室就对外戚颇为优待。如光武帝时期郭氏外戚郭况十六岁拜黄门侍郎，郭贵人封皇后后，郭况被封为绵蛮侯，后“封况大国，为阳安侯”，

---

① 《后汉书》卷1《光武帝纪》，中华书局1965年版，第68—69页。

“帝数幸其第，会公卿诸侯亲家饮燕，赏赐金钱缣帛，丰盛莫比，京师号况家为金穴”，“永平二年，况卒，赠赐甚厚，帝亲自临丧，谥曰节侯，子璜嗣”。[①] 光武时期阴氏外戚阴识封原鹿侯，“以识守执金吾，辅导东宫。帝每巡郡国，识常留镇守京师，委以禁兵”[②]。阴识的弟弟阴兴“赐爵关内侯……十九年，拜卫尉，亦辅导皇太子”[③]。建初四年，章帝“遂封三舅廖、防、光为列侯”[④]。在历代皇帝的隆恩下，东汉初的外戚不论是郭氏还是阴氏，或者是马氏，都能够克制自身，小心翼翼，一方面研习儒术，另一方面对皇帝的封赏大多能够谦虚推辞。如建武二年（26），阴识因为战功受封，但他坚决推辞：“（识）以征伐军功增封，识叩头让曰：‘天下初定，将帅有功者众，臣托属掖廷，仍加爵邑，不可以示天下’”，“入虽极言正议，及与宾客语，未尝及国事。帝敬重之，常指识以敕戒贵戚，激厉左右焉”。[⑤] 阴兴也是如此，建武“九年，迁侍中，赐爵关内侯。帝后召兴，欲封之，置印绶于前，兴固让曰：‘臣未有先登陷阵之功，而一家数人并蒙爵土，令天下觖望，诚为盈溢。臣蒙陛下、贵人恩泽至厚，富贵已极，不可复加，至诚不愿。’帝嘉兴之让，不夺其志”[⑥]。

东汉初期的外戚，之所以出现这种与皇室同心同德、一心一意的和谐相处的局面，其主要原因应有如下几点：

第一，东汉初期的外戚作为地方豪强，与刘秀一起东征西讨，共同建立了东汉王朝。他们既是皇室外亲，也是开国的军功大臣，彼此利益一致，双方基本没有冲突。如外戚郭况“从兄竟，以骑都尉从征伐有功，封为新郪侯，官至东海相”[⑦]，阴识先是“（建武）二年，以征伐军功增封”，后又“以为关都尉，镇函谷”，阴兴也是“从征伐，平定郡国”。[⑧] 因此东汉初期的外戚对皇权而言是一种拱卫力量，维护了皇权的稳定。

第二，东汉初期的历代皇后多系受到儒家道德规范的熏陶与教育，性格温和，较为开明和知书达理，对外戚之家起到了很大的表率作用。光烈阴皇后“在位恭俭，少嗜玩，不喜笑谑。性仁孝，多矜慈”[⑨]，明德马皇后

---

① 《后汉书》卷10《皇后纪》，中华书局1965年版，第403页。

② 《后汉书》卷32《樊宏阴识列传》，中华书局1965年版，第1130页。

③ 同上书，第1131页。

④ 《后汉书》卷10《皇后纪》，中华书局1965年版，第413页。

⑤ 《后汉书》卷32《樊宏阴识列传》，中华书局1965年版，第1130页。

⑥ 同上书，第1131页。

⑦ 《后汉书》卷10《皇后纪》，中华书局1965年版，第403页。

⑧ 《后汉书》卷32《樊宏阴识列传》，中华书局1965年版，第1130页。

⑨ 《后汉书》卷10《皇后纪》，中华书局1965年版，第406页。

“时年十岁，干理家事，敕制僮御，内外咨禀，事同成人”，“常衣大练，裙不加缘”，当肃宗欲封赏外戚时，她坚决拒绝：“昔王氏五侯同日俱封，其时黄雾四塞，不闻澍雨之应。又田蚡、窦婴，宠贵横恣，倾覆之祸，为世所传。故先帝防慎舅氏，不令在枢机之位。……吾岂可上负先帝之旨，下亏先人之德，重袭西京败亡之祸哉！”并且明德马皇后还致力于对本家的教育和制约：对于自家亲戚“有谦素义行者，辄假借温言，赏以财位。如有纤介，则先见严恪之色，然后加谴。其美车服不轨法度者，便绝属籍，遣归田里……于是内外从化，被服如一，诸家惶恐，倍于永平时”[①]。

第三，东汉初期对外戚没有一味地纵容与姑息，而是该打击就打击，毫不手软。光武帝刘秀在其晚年为了确保太子能够顺利登上王位，开始了对外戚的打击，他用一个巧妙之法，即通过改易配食高庙，告诫阴氏外戚，不要重蹈吕、霍之覆辙：“（中元元年十月）甲申，使司空告祠高庙曰：‘高皇帝与群臣约，非刘氏不王。吕太后贼害三赵，专王吕氏，赖社稷之灵，禄、产伏诛，天命几坠，危朝更安。吕太后不宜配食高庙，同祧至尊。薄太后母德慈仁，孝文皇帝贤明临国，子孙赖福，延祚至今。其上薄太后尊号曰高皇后，配食地祇。迁吕太后庙主于园，四时上祭。’”[②] 刘秀以退吕后而以高祖薄夫人代替吕后配食高庙，是极富政治意蕴之举措，在于“告诫后妃和外戚们，如果像吕后那样临朝称制，援引外家专擅朝政，那么死后就不配食汉家地祇”[③]。

此外，东汉初对违反规制的外戚仍然采取了高压政策，如光武帝时期，“二十八年夏六月丁卯，沛太后郭氏薨，因诏郡县捕王侯宾客，坐死者数千人”[④]，而之后的汉明帝，则是对违反法纪的外戚始终保持严打态势，如：“是岁（永平二年），始迎气于五郊。少府阴就子丰杀其妻郦邑公主，就坐自杀”。四年十二月，“陵乡侯梁松下狱死”。“十年春二月，广陵王荆有罪，自杀，国除。”十三年“十一月，楚王英谋反，废，国除，迁于泾县，所连及死徙者数千人”。十四年，“前楚王英自杀”。十五年“三月，征琅邪王京会良成，征东平王苍会阳都，又征广陵侯及其三弟会鲁”。十六年“夏五月，淮阳王延谋反，发觉。癸丑，司徒邢穆、驸马都尉韩光坐事下狱死，所连及诛死者甚众”[⑤]。在皇权的这种高压政策下，东汉初的外戚大都能自觉服从

---

① 《后汉书》卷10《皇后纪》，中华书局1965年版，第407、409、411、413页。

② 《后汉书》卷1《光武帝纪》，中华书局1965年版，第83页。

③ 秦学颀：《东汉前期的皇权与外戚》，《西南师范大学学报》1995年第1期。

④ 《后汉书》卷1《光武帝纪下》，中华书局1965年版，第80页。

⑤ 《后汉书》卷2《明帝纪》，中华书局1965年版，第104、108、112、117—118、120页。

皇权统治，安心做皇权的忠实维护者而没有非分之想。

第四，从社会控制与国家治理的角度考虑，东汉初皇权对外戚赏赐丰厚而任用从严。鉴于西汉以来皇亲国戚对于社会的危害，东汉对于外戚的任用仍然十分慎重。汉明帝曾经对大臣解释说为何不轻易任用外戚为官的原因："郎官上应列宿，出宰百里，有非其人，则民受其殃，是以难之。"① "民受其殃"说明当时帝王皇亲国戚对社会的危害，也担心可能出现西汉末外戚王莽篡权的乱象。因此从巩固统治政权、社会调控的角度出发，东汉初期在对待外戚的任用上非常慎重。例如光武帝时期，对郭家"赏赐金钱缣帛……京师号况家为金穴"②，明帝"元和三年，肃宗（明帝）北巡狩，过真定，会诸郭，朝见上寿，引入倡饮甚欢。以太牢具上郭主冢，赐粟万斛，钱五十万"③，"帝遵奉建武制度，无敢违者。后宫之家，不得封侯与政。馆陶公主为子求郎，不许，而赐钱千万"。④

这种在政治上限制，经济上赏赐的措施，与后来宋太祖的"杯酒释兵权"有着异曲同工之处，既防止了外戚权势坐大，又将外戚荣辱捆绑在了皇权的兴衰上，外戚只有紧紧依附于皇权才能享受荣华富贵，这样就牢牢地控制住了外戚势力。

（二）对功臣的控制

东汉初期，对于功臣的安置也是历朝开国皇帝一个非常难以掌控的问题，它直接关系到社会的稳定与调控。所谓功臣，就是指与开国君主一起东征西讨、打拼天下的"兄弟伙"。新朝建立后，过去"兄弟伙"的关系就变成了等级森严、上尊下卑的君臣关系。而这种君臣关系因为有"一起扛过枪"的缘故，因而又不同于一般的简单明了的上下尊卑关系，《后汉书》曾对此评论说："直绳则亏丧恩旧，桡情则违废禁典。"⑤ 西汉刘邦一统天下后，宴饮群臣，"群臣饮争功，醉或妄呼，拔剑击柱"，刘邦既"患之"又"厌之"⑥，这才有了刘邦后来杀齐王韩信、杀燕王藏荼、杀梁王彭越、杀淮南王英布等事情，也才有了"狡兔死，走狗烹；飞鸟尽，良弓藏；敌国破，谋臣亡"的名言流传于世。

与西汉开国皇帝刘邦大刀阔斧、明目张胆地屠杀功臣相反，东汉开国

① 《后汉书》卷2《明帝纪》，中华书局1965年版，第124页。

② 《后汉书》卷10《皇后纪》，中华书局1965年版，第403页。

③ 同上书，第404页。

④ 《后汉书》卷2《明帝纪》，中华书局1965年版，第124页。

⑤ 《后汉书》卷22《朱景王杜马刘傅坚马列传》，中华书局1965年版，第787页。

⑥ 《汉书》卷43《郦陆硃刘叔孙传》，中华书局1962年版，第2126页。

皇帝刘秀控制功臣的策略要温和得多。与刘邦一样，刘秀也面临着如何处理皇权与开国功臣的关系问题，与刘邦不一样的是，刘秀对待功臣并不是简单的杀戮，而是采取了以软硬两手进行控制的措施：

第一，分封与优待。建武二年正月庚辰，刘秀大封功臣，“大国四县，余各有差”。对此，大臣丁恭强烈反对：“古帝王封诸侯不过百里，故利以建侯，取法于雷，强干弱枝，所以为治也。今封诸侯四县，不合法制。”而刘秀则以“古之亡国，皆以无道，未尝闻功臣地多而灭亡者”[①] 加以反驳，坚持分封功臣。这次分封，其对象主要是跟随刘秀征伐的武将，其主要目的是激励武将奋力作战，早日完成统一大业。

建武十三年（37）二月，刘秀一方面将原封的宗室从“王”改为“侯”，如长沙王兴改为临湘侯、真定王得改为真定侯、河间王邵改为乐成侯、中山王茂改为单父侯，共分封了 137 人。丁巳，又降赵王良为赵公、太原王章为齐公、鲁王兴为鲁公。庚午，以殷绍嘉公孔安为宋公、周承休公姬武为卫公。另一方面，同年四月，当大司马吴汉平定蜀地回师之后，刘秀又一次分封功臣，共分封了 365 人，其中“外戚恩泽封者四十五人”[②]。这次分封，其目的就是天下已经平定，刘秀开始大规模地实施对功臣官职的剥夺，如“罢左右将军官。建威大将军耿弇罢”[③]。在光武政权中，除了高密侯邓禹等少数功臣能够参与军国大事外，“其余并优以宽科，完其封禄，莫不终以功名延庆于后”[④]。这就将功臣排斥出了权力中心之外，对功臣既有爱护之心，也有防范之意，而得以善终，“故皆保其福禄，终无诛谴者”[⑤]。

与此同时，刘秀也给予分封的功臣极高待遇，以示补偿。这种补偿就是“远方贡珍甘，必先遍赐列侯”，“所加特进、朝请”[⑥] 的优待手段，使列侯安心享受荣华富贵，从心理上接受现实，从而与皇权和谐共处。

第二，告诫与惩戒。在大封功臣的同时，刘秀也没有忘记对他的功臣告诫一番，他下诏说：“人情得足，苦于放纵，快须臾之欲，忘慎罚之义。惟诸将业远功大，诚欲传于无穷，宜如临深渊，如履薄冰，战战栗栗，日

---

① 《后汉书》卷 1《光武帝纪》，中华书局 1965 年版，第 26 页。

② 同上书，第 62 页。

③ 同上。

④ 《后汉书》卷 22《朱景王杜马刘傅坚马列传》，中华书局 1965 年版，第 787 页。

⑤ 同上书，第 785 页。

⑥ 同上书，第 787 页。

慎一日。其显效未酬，名籍未立者，大鸿胪趣上，朕将差而录之。”[①] 以后又多次下类似诏书，所以与西汉相比，东汉的开国功臣很少有因居功自傲而致犯法的。

刘秀对大将的告诫方式也显得较为委婉，如大将冯异手握重兵，“人有章言异专制关中，斩长安令，威权至重，百姓归心，号为咸阳王”，刘秀也没有采取任何措施，而是“使以章示异”，并对冯异表示绝对信任：“将军之于国家，义为君臣，恩犹父子。何嫌何疑，而有惧意？”[②] 这种做法就是委婉地提醒和告诫冯异不要坐大。此外，对寇恂、耿弇等也是如此。刘秀既要利用手下将领带兵征伐，又要注意控制将领不能形成专权，因此就采用既猜忌又信任、委婉间接的方式处理此类关系。

同时，刘秀还启用了一批敢于严格执法的将领来约束军队纪律。对于犯法的将领，刘秀坚决支持维护军纪，以达到控制目的。其实在刘秀未统一天下之时，就已经注意到了控制手下大将的问题。更始二年“拜（岑）彭为刺奸大将军，使督察众营，授以常所持节，从平河北”[③]。在大破王寻，到达颍阳之时，刘秀提拔了颍川颍阳人蔡遵，从征河北时将祭遵任命为“军市令”，专门负责军队纪律，当时：“舍中儿犯法，遵格杀之。……光武乃贳之，以为刺奸将军。谓诸将曰：‘当备祭遵！吾舍中儿犯法尚杀之，必不私诸卿也。’”[④] 通过整饬军纪，对手下骄横的将领进行控制，防止将领势力膨胀。

建武元年（25），刘秀将河内汲人杜诗连升三级，升为“侍御史”，“时，将军萧广放纵兵士，暴横民间，百姓惶扰，诗敕晓不改，遂格杀广，还以状闻”[⑤]。刘秀对此大为赞赏，还专门进行赏赐。

除此之外，刘秀还临时派遣亲信作为监军监督将领。建武三年（27），任命其姐夫邓晨为光禄大夫，“使持节监执金吾贾复等击平郡陵、新息贼”[⑥]。建武九年（33），任命表兄来歙“监征西大将军冯异等五将军讨隗纯于天水”[⑦]。

正是在刘秀对功臣的软硬兼施的控制策略实施之下，再加上东汉功臣

---

① 《后汉书》卷1《光武帝纪》，中华书局1965年版，第26页。
② 《后汉书》卷17《冯岑贾列传》，中华书局1965年版，第648—649页。
③ 同上书，第654页。
④ 《后汉书》卷20《铫期王霸祭遵列传》，中华书局1965年版，第738—739页。
⑤ 《后汉书》卷31《郭杜孔张廉王苏羊贾陆列传》，中华书局1965年版，第1094页。
⑥ 《后汉书》卷15《李王邓来列传》，中华书局1965年版，第584页。
⑦ 《后汉书》卷1《光武帝纪》，中华书局1965年版，第55页。

大都具有儒学渊源，对西汉“敌国破，谋臣亡”的典故深为了解，因此在东汉一统天下之后，大都能够审时度势，主动脱离政权核心。如邓禹：“常欲远名势。……修整闺门，教养子孙，皆可以为后世法。资用国邑，不修产利。”① 贾复“知帝欲偃干戈，修文德，不欲功臣拥众京师，乃与高密侯邓禹并剽甲兵，敦儒学。帝深然之，遂罢左右将军”②。耿弇也主动上交大将军印绶，建武“十三年，增弇户邑，上大将军印绶，罢，以列侯奉朝请”③。

刘秀这种柔和渐进的统治方式，避免了历代王朝对于功臣的血腥暴力行为，保持了君臣之间的和谐，这种“柔道”也成为中国历史上皇权实施社会控制、整合的成功典范。

第二节　文化控制的加强——儒学进一步经学化

一　今古文之争及其政治缘由

西汉末年，社会危机日益严重，今文经学已经开不出解决危机的灵丹妙药，今文经学的日趋烦琐和谶纬神学化也腐蚀了自己，使其丧失了继续发展的能力。与此同时，古文经学在社会上已有一定程度的影响。同时，在当时社会危机严重的情况下，古文经学在其新发现的古文经中似乎可以找到解决现实危机的典章制度和改制模式。因此，西汉末期的王莽大力提倡古文经学，特别是提高《周礼》的地位，大讲周公辅佐成王、践祚称王的历史，为其摄政代汉大造舆论；鼓吹井田制，把它当作解决当时土地和奴婢问题的完美无缺的方案。特别是爱好古文经学的刘歆受到重用，封为列侯、国师公，成为王氏新朝的理论大师，古文经学便借着王氏政权的势力迅速发展起来。《毛诗》《逸礼》《古文尚书》《周礼》等古文经先后列为学官，设置博士。古文经学成为王氏新朝的显学。此后，古文经学便以不可遏阻的势头发展起来，其地位越来越重要，到了汉末，终于压倒了今文经学。

今古文经学派的两军对垒，不仅仅是经学学派之间的学理之争。严格来说，部分古文经学家对谶纬神学广泛流行的担忧，对于国家治理和社会

---

① 《后汉书》卷16《邓寇列传》，中华书局1965年版，第605页。

② 《后汉书》卷17《冯岑贾列传》，中华书局1965年版，第667页。

③ 《后汉书》卷19《耿弇列传》，中华书局1965年版，第713页。

问题的解决路径，才是其中争论的核心与焦点。因此，古文经学与今文经学之间的两军对垒，产生于对国家治理与社会调控的争论与异议。古文经学家对今文经学的异议，对谶纬之学的批判，主要出于对政权合法性的忧患，对儒家学术与王朝神道设教之间矛盾的焦虑。因此，在两个学派的争论中，古文经学家主要是以理论形态展开，既没有针对具体的今文经学家及其理论，更没有向今文经学的官学地位提出挑战。所以在斗争中，遭受迫害和打击的也只是个别经学家，而不是古文经学学派，与古文经学本身则更不相涉了。就两汉之际的最高统治者来说，他们对今文经学和古文经学并不偏执。只要对王朝有利，特别是对东汉初期的社会治理有利，他们不论是今文还是古文都予以支持。如果仅从学术而言，他们中有的人似乎对古文经学更感兴趣一些。由于汉宣、元时期的“务为宽大”、崇尚宗法的政策对汉代后期统治者影响较大，因此姑且不论王莽出于政治原因而大力推崇古文经学。就以汉哀帝而言，他亦注重以复古改制为解决社会问题之时务。他在刘歆与今文经学博士们的争斗中，就公开表示支持刘歆，而对今文博士们的态度并不支持。据《汉书·楚元王传》，哀帝就曾下诏“试《左氏》可立不”，并令刘歆与五经博士通过讨论，试图达成共识，以求得统一。他对于龚胜、师丹等执政大臣对于刘歆的态度亦深不以为然：“歆欲广道术，亦何以为非毁哉？”①

自从王莽把古文经学立为学官，设置博士以后，古文经学由于其自身的优势，在短短的十多年时间里便迅速发展起来。到东汉王朝建立时，古文经学已经形成足以同今文经学争锋的态势了。东汉初年刘秀对古文经学的重视，也深刻地影响了整个东汉一代帝王，特别是继承刘秀的后两任皇帝，即明帝和章帝，他们对古文经学更加重视。《后汉书·儒林列传》说：“昔王莽、更始之际，天下散乱，礼乐分崩，典文残落。及光武中兴，爱好经术。未及下车，而先访儒雅，采求阙文，补缀漏逸。先是四方学士多怀协图书，遁逃林薮。自是莫不抱负坟策，云会京师，范升、陈元、郑兴、杜林、卫宏、刘昆、桓荣之徒，继踵而集。”② 在应召入京的这七位著名的经学大师中，古文经学家就占了四位，即治《左传》的陈元、郑兴，治《古文尚书》的杜林和治《毛诗》的卫宏。

古文经学兴盛以后，古文经学家们自然迫切要求朝廷把古文经典列为学官，为其设置博士，成为朝廷认可的官学，由此可以更好地取得国家治

① 《汉书》卷36《楚元王传》，中华书局1962年版，第1970、1972页。

② 《后汉书》卷79《儒林列传》，中华书局1956年版，第2545页。

理的政治话语权。这样一来，今文经学对于国家政治话语权的独尊、垄断地位受到了来自古文经学的挑战。为了捍卫自身的利禄之路与政治话语权，必然同古文经学形成两军对垒之势。于是在东汉王朝建立之初，今古文学派便在朝廷上展开了一场激烈的交锋。

建武四年（28）正月，古文经学家、尚书令韩歆上疏朝廷，欲为《费氏易》《左氏春秋》设置博士。光武帝下诏，令公卿大夫、博士在云台讨论韩歆的建议。光武帝亲临大会，听取各方面的意见。今文博士范升首先表示反对意见，他说："《左氏》不祖孔子，而出于丘明，师徒相传，又无其人，且非先帝所存，无因得立。"[①] 他的论点当即遭到韩歆及太中大夫许淑等古文家的反驳，双方争持论难，直至中午方才休会。会后，范升向光武帝上了一道奏疏，从三个方面进一步阐述了反对设立《费氏易》和《左氏春秋》的意见：其一，如果《左氏春秋》《费氏易》设置博士，那么《高氏易》、邹氏、夹氏《春秋》以及其他五经奇异者就会一哄而上，争立博士。"从之则失道，不从则失人，将恐陛下必有厌倦之听"；其二，公开指责《费氏易》和《左传》"无有本师，而多反异"[②]，属于异端之学，不可立于学官，开启异端竞进之路；其三，目前草创天下，纲纪未定。太学虽然恢复，但学官无弟子，《诗》《书》不讲，礼乐不修，因此立《左氏春秋》《费氏易》，并非政务之所急。并列举了《左传》的十四条谬误，予以批驳。古文经学家则以太史公司马迁在《史记》里多处引用《左传》之文进行辩解。范升又上疏，列举司马迁违背五经和孔子以及《左传》的谬误三十一条。[③] 两家争持，可谓针尖对麦芒，互不相让。

汉光武帝把范升的奏议下发群臣，令博士们继续讨论。《春秋·左传》学家陈元上疏，对范升的奏议予以批驳。他指出，范升所提四十五条，前后矛盾，小题大做，无限上纲，以"掩其弘美"。接着他又针对范升提出的"先帝不以《左氏》为经，故不置博士，后主所宜因袭"的论点，反驳道："若先帝所行而后主必行者，则盘庚不当迁于殷，周公不当营洛邑，陛下不当都山东也。往者，孝武皇帝好《公羊》，卫太子好《谷梁》，有诏诏太子受《公羊》，不得受《谷梁》。孝宣皇帝在人间时，闻卫太子好《谷梁》，于是独学之。及即位，为石渠论而《谷梁》氏兴，至今与《公羊》并存。此先帝后帝各有所立，不必其相因也。"他又进一步指出，当

① 《后汉书》卷36《范升列传》，中华书局1965年版，第1228页。
② 同上。
③ 同上书，第1229页。

今战事稍息，拨乱反正，应当文武并用，留心经艺，眷顾儒雅，以网罗人才。“建立《左氏》，可释先圣之积结，淘汰学者之累惑，使基业垂于万世。”①

光武帝又将陈元的奏疏下发群臣讨论。陈元与范升相互论难，多达十余次。其实，韩歆上奏立《左传》博士，原本是得到光武帝首肯的。经过几番辩论后，光武帝终于下定决心，将《左传》立为学官，设立博士。命太常选博士四人，结果陈元名列第一。光武帝考虑到陈元与今文博士们多次辩论纷争，怨气尤在，乃用名列第二位的李封为《左氏春秋》博士。今文家们得知朝廷的决定，议论哗然，自公卿以下，多次在朝廷上争论。适逢李封病亡，《左氏》博士再也没有补充他人，事情就这样不了了之。第二年，朝廷乃正式确立了今文经十四家博士，古文经博士一个也没有。此种局面直至东汉末一直没有改变。

古文经学虽然未被东汉王朝立为学官，但是人们研习古文经学的热情却日益高涨。今古文经学派之间的纷争也更趋激烈。在章帝时，两派又针对《左传》展开了两汉王朝历史上规模最大的一次辩论。章帝喜爱经学，特好《古文尚书》和《左氏传》。他即位后，即召古文学大师贾逵讲于北宫白虎观、南宫云台。章帝非常欣赏贾逵的经说，便命他阐发《左氏传》长于《公羊》《谷梁》二传的大义。于是，贾逵从《左传》中提出三十条关于“君臣之正义，父子之纪纲”的条目，认为：“《左氏》崇君父，卑臣子，强干弱枝，劝善戒恶，至明至切，至直至顺。”② 从贾逵话语中我们可以看出，今文经学与古文经学争论的实质，就是对于当时统治政策的争议。在贾逵看来，古文经学，尤其是其经典《春秋左氏传》，其长处是“崇君父，卑臣子，强干弱枝，劝善戒恶”。这正是东汉初年国家治理及社会稳定的要务。所谓“崇君父，卑臣子，强干弱枝，劝善戒恶”，就是进一步强化君主专制政权，防止权臣专权，大权旁落。同时，在社会问题上，需要进一步加强国家权威，强化道德伦理教化，以“劝善戒恶”来维持王朝的长治久安。贾逵进一步对两家之优劣阐释道：“《左氏》义深于君父，《公羊》多任于权变，其相殊绝，固以甚远。”③ 意思是，《公羊》虽然为汉制创新立法，而颇多新义，是为有功。但是其学说在强调大一统和君主集权之义时，主张“大义灭亲”，贯穿着严法精神，刻薄寡恩，不能

---

① 《后汉书》卷 36《陈元列传》，中华书局 1965 年版，第 1231 页。

② 《后汉书》卷 36《贾逵列传》，中华书局 1965 年版，第 1237 页。

③ 同上书，第 1236 页。

为社会稳定的持久法理，故谓“多任于权变”；而《左氏》则“深于君父”之情，主张宗法情谊，血缘家族与尊卑等级，强化礼制，以微言大义“诛乱臣贼子”，是为当时国家应该实行之要务。所以，两家虽然同是宗于《春秋》之义，但是“其相殊绝，固以甚远”。这正说明了今文经学与古文经学争论的本质特征。

皮锡瑞的《经学通论》曾经评价《公羊》《谷梁》说：“《春秋》有大义，有微言。大义在诛乱臣贼子，微言在为后王立法。惟《公羊》兼传大义、微言。《谷梁》不传微言，但传大义。”① 皮锡瑞将“春秋”学说分为“大义”和“微言”两部分，“微言”是为汉制创新立法，而颇多新义；“大义”则是以“诛乱臣贼子”为其大旨，维护君主权威。用现在的话说，“大义”是申明上下有序的政治等级，而“微言”则是为政权的制度转化立新。应该说，《公羊》是通过“微言”来为汉武帝政策制作理论依据。而《谷梁》却仅仅是希望强化上下政治等级秩序与强化宗法血缘制度。在东汉初期，对于古文经学的尊崇，实际上是在《谷梁》基础上，对于汉代统治政策及社会调控措施的进一步转化。它以比《谷梁》更加注重儒家伦理道德教化的方式，宣告东汉国家的立国之策。

贾逵在向东汉章帝推崇《左传》时，特别利用了最高统治者迷信谶纬的心理，从《左传》中找了一些与图谶相合的例证。他说：“五经家皆无以证图谶明刘氏为尧后者，而《左氏》独有明文。五经家皆言颛顼代黄帝，而尧不得为火德。《左氏》以为少昊代黄帝，即图谶所谓帝宣也。如令尧不得为火，则汉不得为赤。其所发明，补益实多。”② 关于这一点，从陈元的上疏即可明白，其曰：“陛下拨乱反正，文武并用，深愍经艺谬杂，真伪错乱，每临朝日，辄延群臣讲论圣道。知丘明至贤，亲受孔子，而《公羊》、《谷梁》传闻于后世，故诏立《左氏》，博询可否，示不专己，尽之群下也。”③ 陈元明确提出，光武帝知道左丘明的《左传》亲受于孔子，而《公羊》《谷梁》传闻于后世，不如《左传》可信，因而下诏将《左传》立为学官，置博士，广泛征询意见。如果光武帝并无此意，陈元在奏疏里断不敢做如此表述。当时的谶纬认为，刘汉为帝尧陶唐氏的后裔，据五德终始为火德。贾逵牵强附会引证《左传》之文，以证明刘汉王朝在历史承传中的合法地位，博取最高统治者的欢心，来达到章帝对于古

① 皮锡瑞：《经学通论·春秋篇》，中华书局1954年版，第63页。

② 《后汉书》卷36《贾逵列传》，中华书局1965年版，第1237页。

③ 《后汉书》卷36《陈元列传》，中华书局1965年版，第1230页。

文经学家关于社会调控与国家治理思想的支持。章帝看了贾逵的奏疏，很是高兴，赐贾逵布五百匹，衣一袭，并令贾逵从《公羊》严、颜二家诸生中选二十名高才生，教授《左传》，每人赐一套简、纸、经、传。[①] 当时，《公羊春秋》学博士李育认为《左传》"不得圣人深意"，"于是作《难左氏义》四十一事"。建初四年（79），章帝下诏令诸儒会集白虎观，辩驳五经同异，章帝亲临裁决。会上，李育"以《公羊》义难贾逵，往返皆有理证，最为通儒"[②]。会后，章帝命班固将今古文两家相通的论点撰集成《白虎通德论》。又令贾逵撰欧阳、大小夏侯《尚书》与古文的同异。贾逵集为三卷。章帝很满意，复令贾逵撰论齐、鲁、韩《诗》与《毛诗》异同，并作《周官解诂》。建初八年（83），章帝下诏，诸儒各选高才生受学《左氏》《谷梁春秋》《古文尚书》《毛诗》。从此，古文经学日益兴盛，逐渐压倒了今文经学。

从西汉哀帝时刘歆与今文博士的辩论，到东汉光武帝时陈元与范升，章帝时贾逵与李育之间的辩论，这是汉代三次较为著名的今古文经学的争辩。这三次争论都是围绕着古文经学的地位而展开的。第一次重点在古文经的来源上，今文家认为古文经乃刘歆改乱旧章，无明确的师承关系，因而坚决反对把古文经立为学官。第二次争论则重点在古文经的内容上，今文家认为古文诸经"各有所执，乖戾分争"[③]，并把攻击的矛头集中在《左传》上，摘出其中违背孔教的事实予以批评；古文家则针对今文家的批评进行辩驳，但双方均分散而凌乱，缺乏系统的理论。第三次争论则从封建纲常的高度上分析比较今古文经的异同优劣。这说明两派的斗争在不断深化，层次越来越高。双方斗争的最初动因是争立学官。到后来，由于士人入仕主要通过征辟的途径，所以争立学官的意义已经不重要，而如何用经学来为政治等级尊卑秩序服务，为东汉国家治理与社会调控政策提供经学义理依据，就成为首要问题了。双方都在这方面大做文章，因此在辩论同异中得出了不少能为双方所接受的论点，这就为经学的统一准备了条件，奠定了基础。《白虎通德论》就是今古文经学走向统一的初步成果。同时，在今古文学派斗争的过程中，双方逐渐汲取对方的长处以补自己的不足，比如古文学逐渐由纯粹的训诂之学向义理学发展，并把二者结合起来；今文家也不再守一经，打破师法家法的藩篱，一人兼习数经，既习今

---

① 《后汉书》卷36《贾逵列传》，中华书局1965年版，第1239页。

② 《后汉书》卷79《儒林列传》（下），中华书局1965年版，第2582页。

③ 《后汉书》卷36《范升传》，中华书局1965年版，第1228页。

文，也研古文。这一学风的发展，就为后来郑玄融合今古文、最后统一经学创造了条件。

二　经学的进一步谶纬化

钟肇鹏先生在其所著的《谶纬论略》中简要地叙述了谶纬在东汉的兴盛："由于光武帝刘秀喜好图谶，加以提倡，后汉时研习谶纬形成一股风气。《后汉书·张衡传》说：'初，光武善谶，及显宗、肃宗因祖述焉。自中兴之后，儒者争学图纬，兼复附以妖言'。东汉王朝，谶纬尊为'秘经'，号为'内学'，具有神学正宗的权威性。因之，汉明帝时，'诏东平王苍正《五经》章句，皆命从谶。'（《隋书·经籍志》）樊儵'以谶记正《五经》异说。'（《后汉书·樊鯈传》）自此以后，谶纬如日中天，盛极一时。凡是善于附会图谶的就能加官晋爵，反对图谶的就会贬黜得罪。范蔚宗说：'桓谭以不善谶流亡，郑兴以逊辞仅免；贾逵能附会文致，最差贵显；世主以此论学，悲矣哉！'（《后汉书·郑范陈贾传论》）在白虎观会议上引谶纬以释经，谶纬成为汉王朝的神学正宗。"①

那么，谶纬为什么会成为东汉社会的统治思想，在今文经学和古文经学已经非常丰富和完善的情况下，为什么还会出现谶纬与经学的结合呢？

经学谶纬化最基本的原因用一句话来概括就是学随术变。两汉之际，儒学内部已有内学与外学的区分。内学即是谶纬。在汉人看来，孔子修订六经时已预感到后世之事，于是以纬书来警示后世。由于这种说法是以孔子为源，因此纬书赢得了社会部分人的崇信。而统治者为了神道设教，也利用谶纬的预言，将其改造为一种王权神授的神道设教之术。并且利用这种神道设教的圣人预言，来为自己夺取及掌握政权制造舆论、蛊惑大众。而从当时社会普通百姓的一般知识水准而言，由于中国社会的民间宗教，主要仍然是由原始宗教所遗留下来的多神崇拜及由东部齐地传播的五行崇尚，因此对于民间预言、占卜吉凶，以及山川、河流、树木、土地等神祀有着天然的敬畏，这就为谶纬的普及打下了基础。同时，东汉初期统治者推崇的儒家五经中的王权神授思想，已经为人民提供了信仰和实践追求的价值目标。这种思想将王权神圣化，将政权变迁看成是天之意志，并且有所预示。所以，谶纬作为一种时代思潮，它的存在不是无缘无故的。东汉初期统治者将儒家伦理道德学说与谶纬的联系也是有据可依的。

正是因为如此，所以李学勤先生《〈纬书集成〉序》谈及谶纬的学术

---

① 钟肇鹏：《谶纬论略》，辽宁教育出版社1997年版，第29页。

史意义时说："汉代的纬学实际是经学的一部分，在考察汉代经学的时候，如果摒弃纬学，便无法窥见经学的全貌。近人讲汉代经学史，每每于董仲舒以下没有多少实质性的话可说，就是这个缘故。前人误把当时经、纬隔离开来，讥评汉儒采用纬说，如清代崔述《考信录提要》说：'先儒相传之说往往有出于纬书者，盖汉自成、哀以后，谶纬之学方盛，说经之儒多采之以注经，其后相沿，不复考其所本。而但以为先儒之说如是，遂靡然而从之。'不知纬书的作者其实也是所谓'先儒'，汉代经学许多重要内涵是保存在纬书里面的，经学、纬学密不可分。因而儒者说经引纬书是很自然的。"① 李先生的说法是十分正确的。汉代经学发展到东汉时期，其内涵进一步扩大。它不仅继承了儒家五经六典的内容，也对于纬书中的内容大加承传，将儒家经典与谶纬之学结合。这样就形成了"盖汉自成、哀以后，谶纬之学方盛，说经之儒多采之以注经，其后相沿，不复考其所本"的局面。而统治者也乐得通过谶纬之学的发展，而试图获得进行社会调控的理论依据。

然而，谶纬在理论表现形态上的粗俗荒诞以及内容上的非理性色彩的弊端也是显而易见的。它的宗教神学性质，完全背离了儒学关注社会人生、罕言乱力怪神的传统。所以，就在谶纬最盛行的时候，就有一些正直的儒学之士起而对它进行批判和排斥。例如桓谭，史载其博学多闻，遍习五经，皆诂训大义，不为章句之学。他尤好古文经学，常与刘歆、扬雄一道辨析疑义。王莽篡汉，"天下之士莫不竞褒称德美，作符命以求容媚，谭独自守，默然无言"②。东汉建立之初，光武帝刘秀将图谶颁行天下以为国宪，大小事务也多以谶纬决定取舍。桓谭上疏力陈谶纬之谬："凡人情忽于见事而贵于异闻，观先王之所记述，咸以仁义正道为本，非有奇怪虚诞之事。盖天道性命，圣人所难言也。自子贡以下，不得而闻，况后世浅儒，能通之乎！今诸巧慧小才伎数之人，增益图书，矫称谶记，以欺惑贪邪，诖误人主，焉可不抑远之哉！臣谭伏闻陛下穷折方士黄白之术，甚为明矣；而乃欲听纳谶记，又何误也！其事虽有时合，譬犹卜数只偶之类。陛下宜垂明听，发圣意，屏群小之曲说，述五经之正义，略雷同之俗语，详通人之雅谋。"光武帝看了桓谭的奏疏，很不高兴。不久，光武帝下诏令议灵台。他故意问桓谭："吾欲以谶决之，何如？"桓谭沉默许久，说："臣不读谶。"光武帝问其何故，桓谭又慷慨激昂地抨击谶纬之荒谬不经，

① 安居香山等：《二纬书集成》，河北人民出版社1994年版，第2页。

② 《后汉书》卷28《桓谭列传》，中华书局1965年版，第956页。

使光武帝大怒，道："桓谭非圣无法，将下斩之。"桓谭叩头良久才免于一死。①

除了桓谭外，其时反对谶纬之学的还有郑兴等人。郑兴（生卒年不详），字少赣，与桓谭同时。少学"公羊春秋"，后从博士金子严习《春秋·左传》，遂积精深思，同达其旨，同学者皆以之为师。王莽天凤年间，他率领门人向刘歆问学，质正《左传》义理。刘歆美其才，命他撰著《左传》条例、章句、训诂及自己的《三统历》。东汉建立后，被光武帝征为太中大夫。每有书奏，多所纳用。但却因反对光武帝迷信图谶而逐渐受到冷遇。据记载："帝尝问兴郊祀事，曰：'吾欲以谶断之，何如？'兴对曰：'臣不为谶。'帝怒曰：'卿之不为谶，非之邪？'兴惶恐曰：'臣于书有所未学，而无所非也。'帝意乃解。兴数言政事，依经守义，文章温雅，然以不善谶故不能任。"② 郑兴雅好古文经学，尤明《左传》《周官》，长于历数。杜林、桓谭、卫宏等著名的古文经学家无不服其义理，采纳其说。但是他唯独不学图谶。虽面对权势的高压，也不肯折节献媚，改其本志。后去职，客居闻乡，以授学为业，三公连辟，终不肯应。

尹敏也是当时一位力排谶纬的古文经学家。尹敏字幼季，少为诸生，初习《欧阳尚书》，后受《古文经学》，兼《毛诗》《谷梁传》和《左传》。东汉初为郎中。光武帝以尹敏博通经记，令他校订图谶，删除王莽时所造符命之说。尹敏对曰："谶书非圣人所作，其中多近鄙别字，颇类世俗之辞，恐贻误后生。"光武帝不纳其言，坚持要他校正图谶。尹敏见光武帝崇信谶，便欲以事实感悟光武帝，便在图谶的空缺处增写了几个字："君无口，为汉辅。"光武帝见了，颇感奇怪，便召问尹敏是何缘故。尹敏回答道："臣见前人增损图书，敢不自量，窃幸万一。"③ 光武帝非常生气，虽然没有治他的罪，但从此便疏远了他。

所以，在东汉初年，随着经学的进一步谶纬化，反对谶纬的儒家学者也大有人在。他们从政治哲学与国家治理、社会控制、整合的角度出发，对谶纬展开了全面的批判。为了说明谶纬不是起自孔孟源流，他们否定谶纬与孔子的关系，用大量事实揭露图谶乃后世俗儒的伪造，是汉代衰世的产物；他们贬斥谶纬的神圣性，斥之为歪门邪术，认为其超越了最基本的经验范围的逻辑过程，是"不占"之词。由于谶纬是以古代中国的原始民

① 《后汉书》卷28《桓谭列传》，中华书局1965年版，第959—961页。

② 《后汉书》卷36《郑兴列传》，中华书局1965年版，第1223页。

③ 《后汉书》卷79《儒林列传》（上），中华书局1965年版，第2558页。

间宗教与政治预言为基础，它在表现形态上的粗俗荒诞及其内容上的非理性色彩，因此当统治秩序未建立之时，统治者可以利用它来蛊惑人心；但是当统治秩序建立后，这种谁都可以造作和利用的隐语和政治预言的破坏性就大于建设性，对于社会调控而言，其副作用也是不小的。因此，即使在谶纬大兴的时期，也有诸多儒家学者起而反对。这样，经学的进一步谶纬化有着两面性。一方面，统治者大力宣扬那些有利于自己的图谶，而对于异说则严令禁绝，从王莽到刘秀都是这样。他们一夺得政权，就“宣布图谶于天下”[①]；另一方面又对谶纬进行整理，“正乖谬，壹异说”[②]，颁布统一、标准的符命以为国宪。但是他们又下令不准民间习谶，对民间习谶者给予严厉打击。但是，不可否认，东汉初谶纬神学的发展，以及儒学与谶纬的结合，为儒家学说走上神坛创造了条件，它使儒家学说作为一种社会普遍承认的，以神道设教为中心的社会控制与整合学说打下了基础。

第三节　《白虎通义》与东汉初的社会控制思想

一　白虎观会议召开的历史背景

对于东汉统治集团而言，他们对今古文经学并不偏执，只要对王朝统治有利，均可以为之所用。因此东汉初期从维护社会稳定的角度出发，统治者对今古文经学进行了多次糅合，以统一思想与学说，服务其思想控制。

在两汉历史上，汉代国家曾组织了四次规模较大的今古文经学的辩论，以统一与整合政治思想意识，确立官方正统统治思想。第一次是西汉哀帝时刘歆与今文博士的辩论，第二次是东汉光武帝时期的陈元与范升的辩论，第三次是贾逵与李育的论辩，第四次是郑玄（古）与何休（今）争论《公羊》及左氏的优劣。

汉章帝时，诏贾逵入宫讲论各经，贾逵便分析《左传》的大义长于《公羊》与《谷梁》二传的地方，并作《长义》四十一条，说“《公羊》理短，《左氏》理长”[③]。博士李育常“习公羊春秋”，也涉猎古文经学，认为“左氏传”不得圣人意，乃作《难左氏义》四十一事，以《公羊》

① 《后汉书》卷1《光武帝纪》（下），中华书局1965年版，第84页。
② 《汉书》卷99《王莽传》（上），中华书局1962年版，第4069页。
③ 《玉海》卷40《艺文》，广陵书社2003年版，第745页。

难逵。[①] 贾逵与李育的争论主要是从汉代治国纲常与社会整合的政治高度来分析比较今古文经学的异同与优劣，争论的首要问题则从古文经学争立学官到如何用经学来为汉代的政治等级秩序服务。在这种状况下，东汉统治者倾向于糅合今古文经学异同，各取所长，对双方经学义理进行综合、归纳与统一。建初四年（97），校书郎杨终向章帝建议："宣帝博征群儒，论定五经于石渠阁。方今天下少事，学者得成其业，而章句之徒，破坏大体。宜如石渠故事，永为后世则。"[②] 章帝采纳了他的建议，于冬月下诏，由太常召集大夫、博士、议郎、郎官及儒生于白虎观论定五经异同。会议由中郎将魏应主持，根据章帝的意旨"问难"，侍中淳于恭将评议情况向章帝汇报，最后由章帝"称制临决"[③]。参加白虎议经者共有数十人，其中最著名的经学家有丁鸿、成封、桓郁、楼望、贾逵、李育、鲁恭等，会议长达一月之久。其后，章帝命班固根据诸臣的议奏撰集成《白虎通德论》，又称《白虎通德义》或《白虎通义》。

白虎观会议主要是解决两个问题。第一，是减省章句。从武帝表章六经直至章帝时，经学经过两百年的发展，已达极盛阶段。章句越来越多，"一经说至百余万言，大师众至千余人"[④]。刘歆曾严厉地批评今文经学的这一弊病："因陋就寡，分文析字，烦言碎辞，学者罢老且不能究其一艺。信口说而背传记，是末师而非往古，至于国家将有大事……则幽冥而莫知其原。"[⑤] 由于章句繁杂，支离破碎，不仅众说纷纭，令学者莫衷一是，而且遇到王朝有大事需要经学义理的支持时，反而不知所云了。这样，从上到下都要求削减那些严重脱离实际、废话连篇的章句。王莽时曾把五经的章句分别删节为二十万字。光武帝晚年也提出简省章句，并令钟兴定《春秋》章句，去其重复，以教授皇太子。当时不少的学者已经在删节章句。如《尚书》朱普学章句四十万言，桓荣减为二十三万言，桓郁复删节为十二万言。杨风将《齐诗》章句减省为十五万言。明帝也自制《五家要说章句》，等等。他们都在不同程度上纠正经学烦琐支离的弊病。

第二，"共正经义"。章句之学的繁芜不仅使学人深感冗繁难学，而且也违背了维护大一统皇权统治和封建等级秩序这一经学的根本宗旨。此即

---

① 《后汉书》卷79《儒林传》（下），中华书局1965年版，第258页。

② 《后汉书》卷48《杨李翟应霍爰徐列传》，中华书局1965年版，第1599页。

③ 《后汉书》卷37《桓荣丁鸿列传》，中华书局1965年版，第1264页。

④ 《汉书》卷88《儒林传》，中华书局1962年版，第1599页。

⑤ 《汉书》卷36《楚元王传》，中华书局1962年版，第1970页。

杨终批评的“章句之徒，破坏大体”[①]。这样，经学大义被淹没在烦言碎辞之中，降低了经学的社会功能。另外，东汉政府虽然以法令形式“宣布图谶于天下”，确立了谶纬官方神学的地位，但谶纬的泛滥并不利于统治，其中许多诬妄的东西也背离了儒学传统，走到了经学的反面。对于这些东西必须进行整理，或予以剔除，或是对其粗俗卑劣的说教从义理和哲学上进行论证，披上一层“理性”的外衣。同时，古文经学的兴起和发展，形成与今文经学不同的派别，而且势力越来越大。他们对经学义理的说明在许多方面与今文经学不同，又加上争立官学的斗争，双方矛盾十分尖锐。统治者需要对双方理论进行协调，使它们能够共同为东汉王朝服务。

从留传至今的《白虎通义》来看，上述两个目的基本达到了。它以简明精确的语言集中论述了四十三个专题，几乎包括了封建社会从思想到制度的上层建筑的全部内容，而特别着重于制度方面的阐释和规定，是一部钦定的关于封建政治和意识形态的经学法典。它所正经义的核心内容就是“君臣之正义，父子之纪纲”。董仲舒的“公羊春秋”说，最先从阴阳五行方面对这一问题作了理论阐述。后来的纬书如《礼纬·含文嘉》则明确提出了“君为臣纲，父为子纲，夫为妻纲”的三纲说。东汉的古文经学家贾逵也从《左传》中概括出了“崇君父，卑臣子，强干弱枝，劝善戒恶”[②] 的思想，陈元也认为只有《左传》阐述的才是“孔氏之正道”[③]。《白虎通义》总结了今文经学、谶纬学和古文经学的“君父大义”，作出了具体的解释和严格的规定，从阴阳五行、天人感应、社会伦理和文字训诂等方面论证了三纲学说的神圣性。

在白虎观会议中占支配地位的是今文经学，所以这次会议所形成的结论乃是以今文经学为基础，是今文经学的总结和集成。但是这次会议的代表性也比较广泛，经学各派都有人参加，所以其中不少观点也容纳了古文经学和谶纬学的内容。据清代经学家庄述祖的考证，《白虎通义》杂论经传，六艺并录，传以谶记，其中以今文经学的观点居多，同时也采用了《毛诗》《古文尚书》《周官》等古文经学的说法。[④]《四库全书总目》也把《白虎通义》列为杂家类。这说明《白虎通义》围绕着君臣、父子、夫妻这个封建伦常的核心，对今文经学和谶纬之学进行全面的总结。同时又博采众说，把各家各派能发挥的封建宗法思想提炼成为一部简明扼要的经

① 《后汉书》卷48《杨李翟应霍爰徐列传》，中华书局1965年版，第1599页。

② 《后汉书》卷36《郑范陈贾张列传》，中华书局1965年版，第1237页。

③ 同上书，第1232页。

④ 《白虎通义考序》，《珍艺宧文抄》卷5。

学法典，在一定程度上实现了“共正经义”的目的。

此后，东汉政权的官方意识形态，是以今文经学为基础，容纳了古文经学和谶纬学说的内容，重塑了汉代国家统治思想，也使西汉宣帝、东汉光武帝崇尚儒学作为国家法典和国教的努力更现实化。《后汉书·章帝纪》记曰：之和二年七月“诏曰：春秋于春每月书王者，重三正，慎三微也。律十二月立春，不以报囚。月令冬至之后，有顺阳助生之文，而无鞫狱断刑之政。朕咨访雅儒，稽之典籍，以为王者生杀，宜顺时气。其定律无以十一月、十二月报囚。”注引《礼纬》说：“三微者三正之始，万物皆微，物色不同，故王者取法焉。”① 它说明了《白虎通义》改造与重塑国家政治意识形态的性质。《后汉书·曹褒传》则指出：“孝章永言前王，明发兴作。专命礼臣，撰定‘国宪’，洋洋乎盛德之事焉！”“国宪”二字，可以看出其鲜明的重塑国家意识形态与政治思想的权威性质。正是这种“共正经义”，使白虎观会议初步实现了经学的统一，更好地适应了东汉王朝进行政治思想整合与社会控制的目的，对于东汉王朝的国家治理起到了重要作用。

二 《白虎通义》的伦理教化思想

探讨东汉初的社会控制思想，就需要重视东汉初以伦理道德治国的政治等级秩序观及其礼仪制度。我们挖掘《白虎通义》所蕴含的思想，正是对东汉初以伦理道德治国的政治等级秩序观的说明。

《白虎通义》是东汉前中期统治者为了国家治理与社会调控而形成的一部“国宪”，因此其施“治”的内容远远大于经学家各个学派之间的学理探讨。由于东汉初刘秀是以儒家伦理道德治天下，所以《白虎通义》全书充满伦理教化内容。其目的是建立一种“天人合一”的社会秩序。这种秩序在天则是由宇宙规律决定的，而在人类社会，则是由天所施予的神授王权及道德伦理所决定。因此，在天有着阴阳五行之规律，在地则有着仁义礼智信之伦理道德之性。人类社会正是在这种天的意志下，形成社会的组织有分工，有君臣之序，父子之孝，长幼之别，有男女之分，人人各尽其职，形成一种地上“伦理的秩序”。因此，奠定一种地上的“伦理的秩序”与让人们遵守这种秩序，就是《白虎通义》成书的主要任务。

《白虎通义》是把自然界的秩序拿来象征人事上社会的秩序。详言之，即在自然界，天在上而地在下，于是在人事上便是夫在上妇在下，在社会

---

① 《后汉书》卷3《肃宗孝章帝纪》，中华书局1965年版，第152—153页。

则是君在上臣在下，也就是以社会的秩序与自然的秩序以及神的秩序混合为一。基于上述将人伦社会秩序神圣化、法理化的目的，建初三年（78），汉章帝亲自召开白虎观会议：“于是下太常，将、大夫、博士、议郎、郎官及诸生、诸儒会白虎观，讲议五经同异，使五官中郎将魏应承制问，侍中淳于恭奏，帝亲称制临决，如孝宣甘露石渠故事，作《白虎议奏》。”①《白虎通义》的基本精神即是通过对宇宙与社会秩序的论证，而达到进行社会调控的目的。

《白虎通义》在伦理道德教化方面，主要采用儒家理论思想，其大要如下：

（一）“天人合一”的政治哲学本体论

西汉时代，以董仲舒为代表的官方思想家们从天人合一的宇宙观入手，通过“法天以立道”建立起神圣的宇宙与社会等级秩序的“天人”观。《白虎通义》则完全承袭这一模式，其社会政治思想也是以汉代儒家的天道观为“本”的。因此，《白虎通义》的政治哲学本体论也是以“天人合一”为基础的。其重点首先是在“天人相与”的宇宙观上。

《白虎通义》继承了董仲舒以“天”为自然与人类社会主宰的本体论，把“天”视为宇宙的最高主宰。在《天地》篇中，它说：“天者，何也？天之为言镇也，居高理下，为人镇也。地者，元气之所生，万物之祖也。地者，易也，万物怀任，交易变化。”② 在《白虎通义》书中，“天”实际上是一个充满伦理精神的形而上之本体。“天”无形无象，没有具体的形象、肢体、语言、思想，属于精神范畴。但是，“天”又具有意志，能够分辨善恶，降下人间灾异。所以，“天”又是一种半人格在的形而上之物。郝懿行《尔雅义疏·释文》注引《礼统》说：“天之为言镇也，神也，陈也，珍也。”清人陈立《白虎通疏证》说：“天与镇、颠、神、陈、珍、填皆叠韵为词。”③“天”与镇、神是同源词，与“神”具有相通的因素。对于“天”的生成，《天地》篇说：“始起先有太初，然后有太始，形兆既成，名曰太素。混沌相连，视之不见，听之不闻。然后判清浊，既分，精曜出布，庶物施生，精者为三光，号者为五行。五行生情性，情性生汁中，汁中生神明，神明生道德，道德生文章。故《乾凿度》云：‘太初者，气之始也；太始者，形之始也；太素者，质之始也。’”④

---

① 《后汉书》卷3《肃宗孝章帝纪》，中华书局1965年版，第138页。

② 《白虎通疏证》卷9《天地》，中华书局1994年版，第420页。

③ 同上。

④ 同上书，第421页。

这段论述东汉儒家的宇宙与社会道德起源论。从中可以看出，《白虎通义》是通过引证纬书《乾凿度》，把“气之始”的太初作为宇宙之祖。关键问题是，这里《白虎通义》将“天”作为宇宙间自然万物与社会的根源，是自然物体与人形体的生成者，同时也是万物与人的“性”即本质的来源。所以，“天”在产生万物时，亦化生自然与社会的精神性本质。而这种人类社会的精神本质，就是“天”所赋予人的伦理道德之性，是儒家所强调的仁义礼智信五伦。这样，一方面，《白虎通义》在宇宙起源问题上，把“气”作为构成宇宙本源的基本元素，颇接近老子所说的“万物负阴而抱阳，冲气以为和”；另一方面，《白虎通义》又通过引进纬书理论，以“三运”或“五运”的递进来解释伦理道德即“善”的起源，主张“五行生情性，情性生汁中，汁中生神明，神明生道德，道德生文章”，认为宇宙在形成万物时，又同时产生了人类社会的共同本质即“人之性”。这就使《白虎通义》在宇宙发生论上既有着道家以“气”生化万物的特征，又有着儒家《礼记·中庸》中“天命之谓性，率性之谓道，修道之谓教”，将天命与人类社会的规律，人之“善”的天赋性情加以结合的特点。

（二）宇宙结构模式与三纲五常

在论证宇宙发生论的过程中，《白虎通义》通过论证宇宙万物的动态分类的结构模式，而将人世间的三纲五常加以附会，大力提倡封建专制政治的尊卑等级及宗法内容。早在秦汉时期，《吕氏春秋》《淮南鸿烈》就构建了一个宇宙万物的动态分类的结构模式。在这个模式中，以阴阳、五行为骨架，附会四时、五方、五味、五臭、五音、五色、五帝、五神、五精、十天干、十二地支、十二律吕的天道体系。这个模式当然不是探讨宇宙与自然的产生、发展的，而是一种通过对于自然的论证，而比附人类社会等级制度的学说。例如，它将阴阳、五行比附为三纲、五常，相同于君臣、父子、夫妇关系。《天地篇》称：“天道所以左旋，地道右周何？……右周者，犹君臣阴阳，相对之义也。……君舒臣疾，卑者宜劳，天所以反常行何？以为阳不动无以行其教，阴不静无以成其化。”[1] 可见三纲五常的君臣、父子、夫妇关系是来自上天“行其教”“成其化”的宇宙规律。它还将地上人间的君臣、父子、夫妇、兄弟、朋友的纲常关系与自然界万物相联系，构成阴阳、五行、四时与仁义、五常、五伦相互结合的天人体系。例如天道为阳，地道为阴，这就形成君在上、臣在下的尊卑关系。在父子、夫妇关系中，《白虎通义》主张“阳唱阴和，男行女随”，将父子、

① 《白虎通疏证》卷9《天地》，中华书局1994年版，第422—423页。

夫妇的尊卑关系固定化。《白虎通义》还对三纲神圣性作了阐释：“一阴一阳之谓道，阳得阴而成，阴得阳而序，刚柔相配，故六人为三纲。”三纲六纪的神圣性就在于它是天道阴阳的属性，是宇宙的根本规律，因此，“六纪法六合……六纪者，为三纲之纪者也。师长，君臣之纪也，以其皆成己也；诸父、兄弟，父子之纪也，以其有亲恩连也；诸舅、朋友，夫妇之纪也，以其皆有同志为己助也。”①

《白虎通义》还根据《易纬·乾凿度》之说，将五常与八卦联系起来，指出：“人生而应八卦之体，得五气以为常，仁义礼智信也。”② 它还指出，“周衰道失，纲散纪乱，五教废坏，故五常之经咸失其所，象《易》失理，则阴阳万物失其性而乖……”③

为了构建一个天道与社会的直通理论，《白虎通义》还论证了帝王封建官僚系统的超然性、权威性。例如《白虎通义》就在官僚爵号上作了论证。“天子者，爵称也。爵所以称天子何？王者父天母地，为天之子也。故《援神契》曰：‘天覆地载，谓之天子，上法斗极。’《钩命决》曰：‘天子，爵称也。’帝王之德有优劣，所以俱称天子者何？以其俱命于天，而王治五千里内也。《尚书》曰：‘天子作民父母，以为天下王。’”④ 由于地上的皇权与官僚系统是上天意志的体现，因此爵号亦来自于天。天子是父天母地，为天之子；而官僚则是辅助天子对人类社会的治理者。《白虎通义》还从改正朔来说明君权神授论。《三正》篇说：“王者受命必改朔何？明易姓，示不相袭也。明受之于天，不受之于人，所以变易民心，革其耳目，以助化也。”⑤ 这样，就将帝王及封建国家官僚系统给予了宇宙合法性的论证，将天子与官僚的权力看成是上天天赋神授，是不可违抗的。

《白虎通义》还对于君主专制与三纲五常的关系进行了论证。由于天有天尊地卑、乾坤定位、阴阳刚柔，地上人间便有君尊臣卑、父严子孝。这也引出《白虎通义》的三纲六纪论。“三纲者，何谓也？谓君臣、父子、夫妇也。六纪者，谓诸父、兄弟、族人、诸舅、师长、朋友也。”“君臣、父子、夫妇，六人也。所以称三纲何？一阴一阳谓之道，阳得阴而成，阴

---

① 《白虎通疏证》卷8《三纲六纪》，中华书局1994年版，第374—375页。

② 《白虎通疏证》卷8《性情》，中华书局1994年版，第382页。

③ 《白虎通疏证》卷9《五经》，中华书局1994年版，第445页。

④ 《白虎通疏证》卷1《爵》，中华书局1994年版，第1—4页。

⑤ 《白虎通疏证》卷8《三证》，中华书局1994年版，第360页。

得阳而序，刚柔相配，故六人为三纲。”[①]三纲即君臣、父子、夫妇，六纪则为诸父、兄弟、族人、诸舅、师长、朋友。其中既有着浓厚的宗法血缘的等级尊卑秩序，也有着由宗法血缘的等级秩序向君主专制制度的君尊臣卑的“忠”的转化。而这种转化就是君主专制政治的大纲大纪。《白虎通义·三纲六纪》还写道：“君为臣纲，父为子纲，夫为妻纲。”而对于这种说法，它解释说：“君臣法天，取象日月屈信，归功天也。父子法地，取象五行转相生也。夫妇法人，取象人六合阴阳，有施化端也。”也就是说，三纲六纪是一种天道法则，是人所必须遵循的。《白虎通义·三纲六纪》还引纬书《含文嘉》说：“敬诸父兄……诸舅有义，族人有序，昆弟有亲，师长有尊，朋友有旧。”[②] 所以，人们遵守三纲六纪，就是执行天所赋予的使命。

（三）注重儒家伦理道德的教化

表现在社会调控问题上，《白虎通义》特别注重儒家的伦理道德教化，并将儒家五伦与道德教化作为上天赋予人的生命价值及法则，与儒家经典与五经传播相并列。它说：“经，常也，有五常之道，故曰五经。《乐》仁、《书》义、《礼》礼、《易》智、《诗》信也。人情有五性，怀五常不能自成，是以圣人象天五常之道而明之，以教人成其德也。”[③] 天有五行，人间则有五伦。因此五伦与五行都是天赋予自然与社会的产物。人必须遵从天赋予社会的五伦，服从儒家伦理道德教化，才能实现人之生命价值的尊严。故孔子“追定五经，以行其道”[④]，就是圣人寻求天道与治国之道的具体行为。所以在现实社会中需要不断加强儒家伦理道德教化。

加强伦理道德教化，就必须通晓伦理道德教化的基本方法。《白虎通义》由此规定了伦理道德教化的具体内容，即通过读经、通经，以及日常的言语行为，而达到五伦的普世化。例如《白虎通义》就特别强调“地之承天，犹妻之事夫，臣之事君也。其位卑，卑者亲视事，故自同于一行尊于天也”[⑤]。将君臣、父子、夫妇的上下尊卑作为一种日常的社会行为加以普及。《白虎通义》还主张儒家所谓的“中和”之说，提出“中和”是天道本质，社会的当然属性。国家兴旺，社会和谐，就必须注重“中和”。

---

① 《白虎通疏证》卷8《三纲六纪》，中华书局1994年版，第373—374页。

② 同上书，第373—375页。

③ 《白虎通疏证》卷9《五经》，中华书局1994年版，第447页。

④ 同上书，第445页。

⑤ 《白虎通疏证》卷4《五行》，中华书局1994年版，第166页。

为此，《白虎通义》在分析古代帝王称号时说："黄者，中和之色，自然之性，万世不易。黄帝始作制度，得其中和，万世常存，故称黄帝也。"[①]又："殷者，中也。明当为中和之道也。闻也，见也，谓当道着见中和之为也。"[②] 所以，社会伦理道德，必须依靠"中和"来实现。"君父有节，臣子有义，然后四时和。四时和，然后万物生。"[③]

在加强伦理道德教化的具体实践中，它主张要与中国古代民间宗教崇拜及信仰相联系。例如，《白虎通疏证·阙文》说："王者所以祭天何？缘事父以事天也。"皇帝祭天的原因，是以天子身份而祭祀天父，这是本之于天人的关系。《白虎通义·社稷》篇则说到社稷的祭祀："王者所以有社稷何？为天下求福报功。人非土不立，非谷不食，土地广博，不可遍敬也；五谷众多，不可一一祭也。故封土立社，示有土也。稷，五谷之长，故立稷而祭之也。"天子封土立社，祭祀山川、河流，是为了天下求福报功。土地是人民生活的根本，也是封建国家立国的基础。皇帝祭祀天下土地之神，是为了民众的富足。皇帝所祭的稷，也是为了五谷丰收。所以，祭祀是一种国家行为，也是与社会民生息息相关的。再如，《白虎通疏证·阙文》论证宗庙祭祀说："王者所以立宗庙何？曰：生死殊路，故敬鬼神而远之。缘生以事死，敬亡若事存，故欲立宗庙而祭之，此孝子之心所以追养继孝也。"皇帝之所以立宗庙，目的在于提倡孝道，追寻孝心，由此简朴民情，祭祖归真。这些活动虽然涉及宗教事务，但也同社会的伦理道德教化相关。

《白虎通义》还对具体的纲纪、伦常进行了规定。例如在君臣关系中，它认为："君，群也，群下之所归心也；臣者，厉志自坚固也。"[④] 在父子关系中，它主张："父有诤子，则身不陷于不义。"[⑤] 在夫妇关系中，它提出："妇事夫有四礼焉：鸡初鸣，咸盥漱，栉縰笄总而朝，君臣之道也；恻隐之恩，父子之道也；会计有无，兄弟之道焉；闺阃之内，袵席之上，朋友之道焉。"[⑥] 也就是说，妇女对于丈夫之顺从，是符合天之五常之道的。所谓四礼，就是君臣、父子、夫妇的三纲六纪的具体化。

《白虎通义》的一个重要特点，是将社会生活中的许多事务纳入礼仪

---

① 《白虎通疏证》卷2《号》，中华书局1994年版，第53页。

② 同上书，第57页。

③ 《白虎通疏证》卷3《礼乐》，中华书局1994年版，第125页。

④ 《白虎通疏证》卷8《三纲六纪》，中华书局1994年版，第376页。

⑤ 《白虎通疏证》卷5《谏诤》，中华书局1994年版，第226页。

⑥ 《白虎通疏证》卷10《嫁娶》，中华书局1994年版，第487页。

与道德的范围，如服饰、礼仪等的教化内容占了很大部分。《后汉书·曹褒传》曾经记载白虎观会议前，汉章帝指令曹褒，“次序礼事，依准旧典，杂以五经谶记之文，撰次天子至于庶人冠婚吉凶终始制度，以为百五十篇”。这种“撰次天子至于庶人冠婚吉凶终始制度”，就包括了天子、官僚及庶民百姓的各种社会生活内容。

总之，《白虎通义》在内容上融合了今古文经学，并与谶纬神学融为一体，建立了东汉统治阶级的神道设教的国家意识形态。由于《白虎通义》具有“国宪”的性质，因此在具体的实际政治操作中，以《白虎通义》为指导，东汉政权继承了西汉以来“以孝治天下”的统治政策，存续了西汉以经义决狱和则天行刑的法律传统，使社会再一次得到整合。从内容上看，《白虎通义》所包括的范围十分广泛。它不仅包括了汉代的政治哲学，也包括了经济、文化、道德、法律各个方面，囊括了人们社会生活的许多内容。正因为如此，《白虎通义》问世以来，产生了很大的影响。其在哲学、政治、经济、法律、文化各个方面都为人们规定了思想准则和行为规范，成为东汉初期国家政治哲学的核心元素，也是社会控制、整合的一种规范，以及人们社会生活的思维模式和行为方式。

第十五章　东汉中期现实批判主义的社会控制思想

第一节　王充"学校勉其前，法禁防其后"的社会控制思想

王充是我国东汉时期杰出的唯物主义思想家和无神论者，他从"疾虚妄""求实诚"的立场出发，与兴盛于东汉的谶纬神学思想进行了针锋相对的斗争。他从哲学的高度批判了流行泛滥的天人感应目的论和谶纬符命说，并在具体的问题上一一批驳了当时许多虚妄、荒诞的观点，是东汉时期的无神论思想家。

王充不仅是一个无神论者，还是一个颇有远见的政治评论家和教育家。在他的著作《论衡》中，有不少关于社会、国家、民众等方面的政治评论和教育理论，这些也构成了他独特的社会控制思想。

一　漂泊的"细门孤族"

王充（27—97），字仲任，东汉时期会稽上虞（今浙江上虞县）人。

关于王充的出身及生平，现今可考据的是其《论衡》中的自纪[①]和《后汉书·王充王符仲长统列传》中对王充的记叙，但后者对王充的生平记叙比较简略，仅有四百余字，从中看不出王充完整的生活历程。因此对王充生平的研究主要是依据其在论著中的记叙。

关于王充的出身，按照其自己的说法，是出身"细族孤门"。[②] 目前学术界对王充的出身有两种观点：其一是认为王充出身农民家庭，[③] 执此观

---

① 国学整理社辑：《诸子集成·论衡·自纪》，中华书局 1954 年版，第 282 页。

② 同上书，第 324 页。

③ 蒋祖怡：《王充卷》，中州书画社 1983 年版，第 2 页。

点的学者比较多；其二是认为王充出身破落地主家庭，[①] 执此观点的学者相对而言较少。

按照王充的记叙，其原籍是魏郡元城（今河北大名）。在《论衡·自纪篇》中对他的家世作了详细的记载："王充者……几世尝从军有功，封会稽阳亭……"[②] 王充的祖上因有军功，被西汉王朝封为会稽阳亭侯。但不到一年的时间，由于王莽篡权，改汉为新，王充的祖先失去了阳亭侯的爵位，家道也开始败落。王充的曾祖父王勇性格豪爽，具有江湖侠士风范，在当地得罪了不少权贵。在会稽遭逢灾害那年王勇因"横道伤杀"而结怨太多，此时恰逢王莽末年农民起义，天下大乱，王勇的儿子王汎（王充的祖父）担心仇家乘机报复，便举家搬迁到了钱塘县（今杭州）从事"农桑"。之后，王汎的妻子先后生有两个儿子，长子叫王蒙，次子叫王诵，王诵即是王充的父亲。王充家族都具有豪侠风范，这种风范在王蒙和王诵时期更为明显。按照王充自己的说法，是"祖世任气，至蒙、诵滋甚"[③]，因此又与当地豪族丁伯等结下了仇怨，于是全家不得不再次搬迁，从钱塘县迁到了上虞。

汉建武三年（27），王充出生在上虞。王充小的时候，与同龄人一起玩耍时，从不欺负别人。别的小孩喜好的"掩雀、捕蝉、戏钱"等游戏，王充一律不感兴趣，连其父亲王诵对此都感到十分奇怪。六岁时王充进入书馆接受教育，在书馆学习期间他自我描述为："恭愿仁顺，礼敬具备，矜庄寂寥，有臣人之志。"[④] 才六岁就有这种举止和认知，其中肯定有自我夸大的因素，但其性格已经显现出了和其前辈"任气""凌人"的不同路数，而且自纪还说正因为如此，其父亲（王诵）从未打过他，母亲从未骂过他。在读书期间，书馆有同学百余人，有的因过错遭责骂，有的因字写得丑而遭到鞭打，而王充则成绩优良并从来没有过失。总之，王充一改家族沿袭下来的"勇""势"习俗，成了一个举止恭顺、得体有礼的好孩子。

但是王充从书馆毕业以后做什么去了，在其《自纪篇》中没有记载，而只是说"在县位至掾功曹"[⑤]。按学者分析，王充是有意回避了这段时间。对此《后汉书》中有记载："后到京师，受业太学，师事扶风班

---

① 徐敏：《王充哲学思想探索》，生活·读书·新知三联书店1979年版，第21页。

② 国学整理社辑：《诸子集成·论衡·自纪》，中华书局1954年版，第282页。

③ 同上。

④ 同上。

⑤ 同上书，第283页。

彪。”[①] 由此我们可以得知，王充在书馆毕业后，在十五六岁时，到当时的洛阳入太学学习儒家经典，其老师是班固的父亲班彪。《后汉书》中说他这段时间喜好博览群书而不守章句，并且由于家境贫寒而无钱买书，所以经常到洛阳书肆去博览群书，且过目不忘。王充涉阅了九流百家之言和自然科学知识，这不仅使王充彻底摆脱了儒家思想和经学的羁绊与束缚，而且为以后著书立说奠定了良好的基础。

正因在洛阳广博群书，王充渐渐地形成了自己的思想体系，《自纪篇》中说自己“经明德就”[②]，也就是指这一时期。于是他“谢师”而专门开始了其著述活动。

经过十六七年的学习生涯，大约在 32 岁的时候，王充由洛阳返回故乡，担任了上虞县掾功曹的职务。在汉章帝元和三年（86）当王充 60 岁时，他应扬州刺史董勤征辟先后举家到了扬州部的丹阳（今安徽宣城）、庐江（今安徽庐江），后来又到了九江（今安徽寿春）。九江在当时是扬州刺史府所在地，王充在九江担任了刺史府的治中从事，“职在刺割”，即辅佐刺史割断政事的职务。这段时期王充政务十分繁忙，几乎没有时间从事著述活动，一直到章和二年（88）王充 62 岁，朝廷撤销了扬州部的建制，王充随之离开了九江，返回上虞。汉和帝永元九年（97），王充去世，享年 71 岁，安葬于上虞县城西南十五里的乌石山。

二　时代背景及个人特征

儒学自春秋战国以来，一直徘徊于百家“杂说”之中，仅是当时三个各具特色的区域性的文化之一，即祖述礼制的齐鲁文化、武勇好斗的秦文化和幻想冥思的楚文化。汉高祖刘邦在叔孙通和陆贾的影响下转变了轻视儒学的态度，但儒学的地位并未获得大幅度提高。直到特别笃信黄老之说的窦太后去世之后，儒学复兴运动才开始了紧锣密鼓的进程。

汉武帝元光元年（134），董仲舒以“天人三策”为敲门砖促使汉武帝开始“罢黜百家，独尊儒术”，儒学也就结束了自先秦时期以来流离失所的状况，堂而皇之地登上了意识形态的塔尖，成了“一言堂”。“独尊儒术”固然使儒学思想能够借助国家政权一统天下，唯我独尊，但这也使得儒学开始丧失了其在百家争鸣中显现出的生命力与人文精神，沦落为替汉集权政治摇旗呐喊的鼓吹手和说教者，儒学也就从思想变成了学术，开始

---

① 《后汉书》卷 49《王充王符仲长统列传》，中华书局 1965 年版，第 1629 页。

② 国学整理社辑：《诸子集成·论衡·自纪》，中华书局 1954 年版，第 283 页。

了经学化。儒学的内部分歧也就从先秦时期的思想之争演变成为争抢意识形态正统宝座的政治斗争，今古文之争即其显例。①

汉代经学中今文经与古文经之争发生于西汉末哀帝、平帝之际。大约在刘向、刘歆父子时期，经学的今古文之争开始白热化，古文经学派在今文经学派的压制和打击下一直处于下风，没有立为学官，而篡汉立新的王莽则对古文经学派施以援手，进行“托古改制”，古文经学派在王莽政权时期显赫起来。王莽选择古文经学派是需要对自己这种史无前例的“篡汉”政权提供一种历史的见证，而这正是古文经学派之所长。但好景不长，随着新莽政权的覆灭和东汉王朝建立，古文经学派身价大跌，今文经学派重新兴起，其间古文经学派虽曾几度挣扎，但仍处于下风。后来汉章帝召集今、古文学派儒生于白虎观“讲议五经异同”，今、古文学派开始走向融合，东汉末年，这场纷争才最终结束。

今古文学派之争，其根本是对经典本义的理解、治学态度和思想倾向的不同的反映。今文经学派视孔子为政治家，以《六经》为孔子政治之说，偏重于“微言大义”；古文经学派视孔子为史学家，偏重于“名物训诂”，其特点为“通训诂”“不为章句”，是东汉私学的最大主流。这种争斗最终形成两种不同思想体系，今文经学派在西汉统治集团的扶植与鼓励下，对儒家经典肆意曲解发挥，以投合其政治需要；而古文经学派则把儒家经典看作古代的历史资料，他们按字义客观地解释经文，训诂简明通达，不用阴阳五行天变灾异之类非理性说法，而是从实际上阐述儒家义理，发扬并提倡儒家本真的道德观念。王充所处时期正是今古文学派逐渐走向融合的时期。这两种学派的辩驳诘难，对年轻的王充影响甚大，他在洛阳博览群书，既进一步理解了先秦各家各派的思想，又更深入地剖析了今古文学派的不同思想和各自特色，结果是对儒学理会更深，因而其对儒家思想的批判也更精辟。

在汉代儒学经学化的同时，儒学也被神化，其明显特征即是谶纬学在汉代，特别是在东汉的泛滥与流行。谶纬合流是汉代思想界天人感应、阴阳灾异泛滥的结果，极盛于王莽新政权及东汉时期。东汉王朝谶纬学说的盛行，对社会生活与思想学术均产生了十分重大的影响，在当时被尊称为“秘经”，如日中天，盛极一时。一方面，谶纬在政治上被一些人用来制造夺取政权或巩固政权的舆论，以论证君权神授的天然合理性，成为东汉王朝新的社会控制思想；另一方面，在学术上被儒生经师大量征引，给当时

① 何平：《儒脉兴衰》，河南人民出版社 1988 年版，第 64 页。

的统治思想添加了神圣的光环。

与朱熹、王阳明、陆九渊等思想家不同，王充并没有显赫的家世背景，也没有富裕的物质条件为其从事思想活动提供坚实保障。王充出身贫贱，其祖上虽曾担任过地方亭长，但不久就因乱世而家道败落，只能“以农桑为业”，经济状况顶多属于中农。后其祖父举家迁移到钱塘县，转为“以贾贩为事”，靠做点小生意以艰难度日，后又因与地方结怨而又举家迁移上虞。在王充 12 岁时，其父亲王诵去世，守孝三年后，王充赴洛阳入太学求学。出身社会生活下层、少年丧父又离家求学，王充生活之艰辛可以想象，《后汉书》中说他贫困到无钱买书而只能流连于书肆以博览群书。正是由于家世贫寒，王充才被排斥于封建统治阶级之外，没有接受封建正统教育，也没有成为封建统治阶级中的一员，这使得王充游离于封建官方意识形态之外，在思想上摆脱了封建儒学的束缚。王充之所以成为一位无神论者，与其身世密不可分。正是在这种“贫贱不能移”的思想境界中，王充一方面广博群书，批判吸收百家之言；另一方面又在平淡恬静的生活之中形成了自己特有的世界观、人生观等看法和思想，并潜心著书立说，成为历史上有名的思想家。

王充祖辈、父辈都具有侠士风范，这种“侠士”风格使得王家具有不为世情和封建礼教所束缚的家族积淀，韩非曾说“儒以文乱法，侠以武犯禁”[①]。也许正是出生于“以武犯禁”的家庭，使得王充的血液中也流淌着“乱法”的因子，才写下了《论衡》这部为封建政权和封建礼教所不容的传世之作。

三　文化控制与制度控制

（一）王充社会控制思想基础：注重“自然”的天道观

中国古代封建专制集权下的一种主要的控制手段就是利用精神文化对社会主体及其各类社会关系进行控制，着重以文化控制为主，这就是信仰信念控制。

在董仲舒开创的封建神学体系中，“天”不是自然意义上的天，而是宇宙间万事万物的创造者，是封建政权实施社会控制的最高权威与来源。这样一来，“天”也就被神化和人格化了，天的四季循环、日出日落、刮风下雨等自然现象也就随之附上了封建伦理的意义，即“天人合一”“天

① 高华平、王齐洲、张三夕译注：《韩非子·五蠹》，中华书局 2010 年版，第 709 页。

人感应”论。万事万物均是由“天”而来，代表了封建等级与权威的“天”也实施社会控制、统治万民也就是“理所当然”的了。董仲舒曾对此解释说：

> 春，爱志也；夏，乐志也；秋，严志也；冬，哀志也。故爱而有言，乐而有哀，四时之则也。喜怒之祸，哀乐之义，不独在人，义在于天。而春夏之阳，秋冬之阴，不独在天，亦在于人。人无春气，何以博爱而容众？人无秋气，何以立言而成功？……天无怒气，亦何以清而秋杀就？天无乐气，亦何以疏阳而夏养长？天无哀气，亦何以激阴而冬闭藏？故曰：天乃有喜怒哀乐之行，人亦有春秋冬夏之气者，合类之谓也。①

汉代名儒董仲舒通过阴阳五行的天人感应论，建立起了一套专制主义中央集权国家的信仰体系，依靠信仰信念最终开创和建立起了一套封建社会行之有效的封建思想控制体系。

针对儒学以“天人感应”来将“天”神学话和人格化，作为实施社会控制的思想源流和理论基础，王充首先提出自然意义的“天”来批驳封建神学的“天人合一”，否定封建社会实施社会控制的基础和源流。

对于“天”，王充认为它与“地”一样，是一种物质，而不是像官方所宣传的那样，是神圣的、人格化了的神。他说：

> 夫天，体也，与地无异。诸有体者，耳咸附于首。体与耳殊，未之有也。天之去人，高数万里，使耳附天，听数万里之语，弗能闻也。……况天与人异体，音与人殊乎？②
>
> 夫天，体也，与地同。天有列宿，地有宅舍。宅舍附地之体，列宿著天之形。……③

封建儒学的神学化是把“天”作为三纲五常神圣化的依据和最终解释，以此来作为控制世人的精神手段，作为实施控制的思想权威。王充也正是以此来作为他批判、破除汉代封建神学的对象和起点。在王充看来，

---

① 曾振宇、傅永聚注：《春秋繁露新注·天辨人在》第46，商务印书馆2010年版，第242—243页。

② 国学整理社辑：《诸子集成·论衡·变虚》，中华书局1954年版，第42页。

③ 国学整理社辑：《诸子集成·论衡·祀义》，中华书局1954年版，第247页。

天和地一样，是物质性的，不具有感情色彩和人格化特点，这就把神学化和人格化了的“天”还原成了自然的天，从而否定了天的神性，天与地既然同为“体”，也就没有了尊卑上下的等级差别，从这个角度出发，也就没有了君尊臣卑、父尊子卑、夫尊妇卑等“天定”的等级观念和封建礼教了。

在董仲舒的政治神学中，“天”与宇宙万物（包括人类）有血缘伦理关系，它是宇宙万物的母体和缔造者。董仲舒说：“天者，万物之祖。万物非天不生。”[①] 那么万物又是怎样产生的呢？董仲舒认为：“天地之气，合而为一，分为阴阳，判为四时，列为五行。行者行也，其行不同，故谓之五行。五行者五官也，比相生而更相胜也。”[②] 为维护东汉统治阶级的既得利益和统治秩序，统治者宣扬“天”是神圣的，是万物的创造者，是神圣不可亵渎的。神圣的“天”将天地之气分为阴阳，阴阳运动产生春、夏、秋、冬四时，四时产生金、木、水、火、土五行，五行产生万物。他们通过将儒家经义与阴阳五行说的结合，最终要世人相信万物是上帝创造的，贫苦大众的劳动成果也是“天”恩赐的，封建统治阶级对民众的剥削、苛捐杂税等也就是天经地义的。而劳动民众就必须心甘情愿地接受这种奴役和剥削，而不能违抗“天命”。

针对当时封建政权“天生万物”的神学观念，王充从自然的天道观出发，批判了“天生万物以养人”的观点。他说：

> 天地合气，万物自生，犹夫妇合气，子自生矣。万物之气，含血之类，知饥知寒，见五谷可食，取而食之，见丝麻可衣，取而衣之。或说以为天生五谷以食人，生丝麻以衣人，此谓天为人作农夫桑女之徒也，不合自然，故其义疑；未可从也。[③]

王充用自然主义观点解释说，五谷丝麻并不是“天”有意识、有目的地为人而生、恩赐给世人的，而是因天地间阴阳之气聚合而自然而然产生万物。天下生物自然而然、无意识地能够感觉因饥而饿、因寒而冷。譬如人类，感觉饿了就知道去采集五谷作为粮食，感觉冷了就知道用丝和麻织

① 高华平、王齐洲、张三夕译注：《春秋繁露新注·顺命》第70，商务印书馆2010年版，第308页。

② 高华平、王齐洲、张三夕译注：《春秋繁露新注·五行相生》第58，商务印书馆2010年版，第272页。

③ 国学整理社辑：《诸子集成·论衡·自然》，中华书局1954年版，第177页。

成衣服以御寒，所以王充说："阳气自出，物自生长；阴气自起，物自成藏。"①

关于人类的起源和产生，以董仲舒为代表的封建神学理论解释是创物主"天"创造了人。他认为：

> 人之为人本于天，天亦人之曾祖父也。此人之所以乃上类天也。人之形体，化天数而成；人之血气，化天志而仁；人之德行，化天理而义；人之好恶，化天之暖清；人之喜怒，化天之寒暑；人之受命，化天之四时；人生有喜怒哀乐之答，春秋冬夏之类也。②

在董仲舒的神学思想体系中，人类是"天"有目的的创造者，人的形体和骨骼是按照天数创造的，人的血气是天"志"创造的，人的道德和礼教是天"理"创造的，等等。既然人起源于天，是"天"创造出来的，那么人就应该服从于天，接受代表"天"的君主的统治，遵循"天"所制定的三纲五常等封建伦理和礼教，从而制约和指导百姓的社会行为，促进封建社会的良性运行与协调发展。

王充从自己的世界观出发，否定了封建神学的"天亦人之曾祖父也"的天故生人论。他认为人与世间万物一样，只是作为一种自然形式的存在。他指出：

> 天之动行也，施气也；体动气乃出，物乃生矣。犹人动气也，体动气乃出，子亦生矣。夫人之施气，非欲以生子，气施而子自生矣。③
>
> 人，禽皆物也，俱为万物。④
>
> 儒者论曰"天地故生人。"此妄言也。夫天地合气，人偶自生也；犹夫妇合气，子则自生也。夫妇合气，非当时欲得生子，情欲动而合，合而生子矣。⑤

王充提出天地与人、人与万物一样，是因为"气"的相互运动而产

① 国学整理社辑：《诸子集成·论衡·自然》，中华书局1954年版，第179页。

② 高华平、王齐洲、张三夕译注：《春秋繁露新注·为人者天》第41，商务印书馆2010年版，第223页。

③ 国学整理社辑：《诸子集成·论衡·自然》，中华书局1954年版，第177页。

④ 国学整理社辑：《诸子集成·论衡·寒温》，中华书局1954年版，第141页。

⑤ 国学整理社辑：《诸子集成·论衡·物势》，中华书局1954年版，第31页。

生；人和动物一样，都是客观世界的产物，在这一点上两者并没有特殊性，都是因为天地间“气”的运动而产生的。王充还以人的出生为例说，这就譬如夫与妇两种“气”相合，其初衷并不是特意地以生“子”为目的而“合气”的，而是因为夫妇两情相悦而“合气”，“合气”则自然生“子”了。同样的话还有：

> 夫人，物也；虽贵为王侯，性不异于物。①
> 夫人在天地之间，物也；物，亦物也。②

按照封建政权所宣扬的“礼治”观点，遵循封建礼教必须贯穿以下几条原则，即：“亲亲也，尊尊也，长长也，男女有别，此其不可得与民变革者也。”③“亲亲”是宗法原则，是以“父”为首，维护的是宗法制度；“尊尊”是等级原则，是以“君”为首，维护的是等级制度。这种封建礼教原则其基础正是建立在“天地故生人”的观点之上的。王充的“人与物同性”的思想，在客观上起到了冲击封建伦理纲常、瓦解封建社会控制的基础的作用。既然人不是“天”生的，而是天地间阴阳两气“合气”而生，那么人就是生而平等的，也就不必遵守“亲亲”“尊尊”的封建礼教了。

（二）“文武张设”的社会控制理念

王充认为，治理国家，有两个主要的方面。一个是对内，一个是对外。他说：“治国之道，所养有二：一曰养德，二曰养力。养德者，养名高之人，以示能敬贤；养力者，养气力之士，以明能用兵。此所谓文武张设，德力具足也。”④养德，就是培育一批品德高尚的人，即贤人。养力，即保持一支具有较强战斗力、能够抵御入侵的军队，也就是说国家要具有威慑力。王充还进一步解释说：“事或可以德怀，或可以力摧。外以德自立，内以力自备。慕德者不战而服，犯德者畏兵而却。”⑤王充认为德与力相辅相成，才能很好地治理国家，如果缺乏某一方面，则国家就会失控。他举例说：

---

① 国学整理社辑：《诸子集成·论衡·道虚》，中华书局1954年版，第69页。

② 国学整理社辑：《诸子集成·论衡·雷虚》，中华书局1954年版，第63页。

③ （汉）郑玄注，（唐）孔颖达正义，吕友仁整理：《礼记正义》卷44《大传》第16，上海古籍出版社2008年版，第1354页。

④ 国学整理社辑：《诸子集成·论衡·非韩》，中华书局1954年版，第96页。

⑤ 同上。

徐偃王修行仁义，陆地朝者三十二国，强楚闻之，举兵而灭之。此有德守，无力备者也。夫德不可独任以治国，力不可直任以御敌也。韩子之术不养德，偃王之操不任力。二者偏驳，各有不足。①

徐偃王只注重仁义道德，虽然朝者达32国之多，但是缺乏武备，面对强楚的入侵，很快就灭国了。秦始皇以韩非法家理论为治国指导思想，在战国末期以狂风扫落叶之势灭掉了其他王国，很快统一全国，但不修行道德，以严刑酷法治理国家，最终导致陈胜、吴广揭竿而起，仅历经短短二世就灭亡了，成为中国历史上第一个短命王朝。因此王充认为，对于治理国家而言，不管是对内统治民众，还是对外远交近攻，养德与养力缺一不可。对内来讲，讲德可以提倡正气，维护社会的和谐性；讲力则可以惩治恶人，威慑和控制违法之人。对外来讲，讲德可以获得良好的国与国关系，讲力则可以防御外国的入侵，保证国家的独立性，起到威慑他国的作用。王充这种“文武张设”“德力兼备”的国家治理理念，无疑承袭了儒家一贯主张的“王霸相杂”的治国思想，这是王充治理国家的理念，也是对他自己文化控制与制度控制相结合的社会控制思想的最好阐释。

(三)“教导以学，渐渍以德”的文化控制手段

教化是对心灵的培育，是按个体心灵的内在本性对心灵品质的提升。对于统治阶级而言，教化的目标就是要培养出一个“文化的人”、培养出一个服从社会主流思想和正统意识形态的人。这种依靠教化来灌输伦理道德、风俗习惯和信仰信念的文化控制，是一种非直接强制性的、自觉性与广泛性的控制手段，是农业社会中“家长制”管理方式的主要控制手段。

儒家经世思想的核心是德治思想，源于自夏至周逐步形成的“以德配天”“敬德保民”等礼治思想，也吸收了春秋战国时期各家之精义。《大学》中提出的“修身、齐家、治国、平天下”，既是儒家德治思想的出发点，又是其主要内容。儒家学派认为，只有这样才能实现“天下为公”的“大同世界”。在统治方法上，儒家重视民心的向背，提倡“为政以德”的“德治”或“以德服人”的“仁政”，主张减轻刑罚和赋税，反对苛政、暴政和严峻刑罚。基于这种“德治”“仁政”思想，儒家认为统治民众主要不应依靠严峻的刑罚，而应该进行教化。孔子曾经讲过：“道之以

① 国学整理社辑：《诸子集成·论衡·非韩》，中华书局1954年版，第96页。

政，齐之以刑，民免而无耻；道之以德，齐之以礼，有耻且格。”① 因而孔子主张教化治国，反对“不教而杀”。性善论者孟子主张：“教以人伦：父子有亲，君臣有义，夫妇有别，长幼有叙，朋友有信。”② 性恶论者荀子则认为要“化性起伪”、去恶为善，则必须刑法和教化兼重。其效果也正如孔子的弟子有若所总结的：“其为人也孝弟，而好犯上者，鲜矣；不好犯上，而好作乱者，未之有也。”③ 在儒家看来，进行教化可以培养出“孝弟”之人，而“孝弟”之人一般都不会犯上作乱，不会做出违背封建伦理道德的行为，从而也就达到了实施社会控制的目的。

王充并不是儒家思想的坚定追随者，但作为现实社会中的一分子，他并不能脱离汉代社会这个具体的现实世界去反对甚至主张推翻其国家制度，因此他并不反对汉代社会制度和封建礼教。从总体上来说，他也维护汉代国家制度、维护封建礼教和伦理道德体系。从传统人性论出发，他主张以教化治国，以教化措施来统治民众，将教化作为实施社会控制与整合的重要手段。

在人性论上，王充与儒家孟派、荀派不同。他认为人性并不是如孟子、荀子所认为的纯粹的善或恶，也不是告子所认为的“性无善无不善”，而是有善有恶的。他说：“论人之性，定有善有恶。”④ 王充的人性论是有善有恶论，他曾用土地有肥沃贫瘠、高低不平一样来比喻人性天生就有善恶之分：“夫肥沃墝埆，土地之本性也。……使人之性有善有恶，彼地有高有下……”⑤ 至于为什么人性有善有恶，他并没有刻意去解释和阐述。

王充认为，人性的善或恶不是一成不变的，而是可以通过教化和引导实现相互影响、相互转化的：“其善者，固自善矣；其恶者，故可教告率勉，使之为善。凡人君父，审观臣子之性，善则养育劝率，无令近恶；近恶则辅保禁防，令渐于善。善渐于恶，恶化于善，成为性行。”⑥ 在王充看来，人性是有善有恶，性善的人，自然不需要改变，性恶的人，则可以通过教化、告诫、以身作则、劝勉等方法和措施引导其转化为善人。他还总结说世间的人，不论是君主还是父母，要善于观察臣子、儿女的性情，如果他们的人性是“善”的，则继续培育鼓励他们的这种善性，使他们远离

---

① 傅佩荣：《解读论语》，《为政篇》第2，上海三联书店2007年版，第15页。
② 王常则译注：《孟子·滕文公上》，山西古籍出版社2003年版，第77页。
③ 傅佩荣：《解读论语》，《学而篇》第1，上海三联书店2007年版，第2页。
④ 国学整理社辑：《诸子集成·论衡·率性》，中华书局1954年版，第15页。
⑤ 同上书，第16页。
⑥ 同上书，第15页。

恶的性情；如果认为臣子或子女的性情是“恶”的，则要采取教化等措施促使他们转化为“善”性之人。他将这种转化比喻为“练丝”，他说：

> 譬犹练丝，染之蓝则青，染之丹则赤。……其有所渐化为善恶，犹蓝丹之染练丝，使之为青赤也。……人之性，善可变为恶，恶可变为善，犹此类也。蓬生麻间，不扶自直；白纱入缁，不染自黑。彼蓬之性不直，纱之质不黑；麻扶缁染，使之直黑；夫人之性，犹蓬纱也，在所渐染而善恶变矣。①

既然人性是可以相互转化的，这也就为恶性转化为善性提供了可能。那么如何转化呢？王充提出了自己的认识：“教导以学，渐渍以德。”

王充认为，要使社会稳定，使性恶之人转为性善之人，最好的方式是通过教化来完成。王充以黄帝、炎帝之战为例：“黄帝与炎帝争为天子，教熊、罴、貔、虎以战于阪泉之野，三战得志，炎帝败绩。……夫禽兽与人殊形，犹可命战，况人同类乎！推此以论，百兽率舞，潭鱼出听，六马仰秣，不复疑矣。”“三苗之民，或贤或不肖；尧、舜齐之，恩教加也。”②相传在黄帝、炎帝时期两帝为争夺天下，双方展开了一场大战，势均力敌。为打败炎帝，黄帝训练了熊、虎等猛兽以攻击炎帝，结果取胜。连野性难驯、凶猛成性的猛兽都可以通过训练、教授而为人所控制，何况有思想、有意识的人？王充由此推论，性恶之人是完全可以通过教化、学习、言传身教使之转化为性善之人。又如尧时期长江中游以南、洞庭湖与鄱阳湖之间的“有苗”“有苗氏”和“苗民”作乱，尧发兵征讨，在丹水（今湖北丹江）打败了“三苗”，但由于未真心归顺，后又多次为乱，尧遂将他们的部分人流放到西北的三危山，将其首领流放到崇山。舜成为部落联盟首领以后，“三苗”又有不服，于是舜改变武力镇压的方式，对“三苗”采取“先教化，后分流”的策略，使得他们彻底归顺。王充对此总结说：“凡含血气者，教之所以异化也。”③ 在社会控制问题上，王充清醒地认识到要把封建道德教化作为主要的社会控制手段，通过长期的封建教化使得百姓逐渐接受甚至内化封建的价值标准和行为准则，自觉自愿接受和遵从封建道德和规范，利用道德的内在约束力来达到稳定社会的目的。这

① 国学整理社辑：《诸子集成·论衡·率性》，中华书局1954年版，第15页。
② 同上书，第17页。
③ 同上。

就将封建道德与政治生活紧密地联系在一起，使得封建道德规范同时又成为人们的政治信条，在客观上将道德置于了上位，成为维系社会稳定、实行有效控制的工具。

（四）“学校勉其前，法禁防其后”的德、刑交织的社会控制思想

在社会控制手段上，虽然王充力主以教化为其主要实施手段，但他并不仅仅主张依靠教化来控制社会大众。对于少数“顽劣”的性恶之徒，王充有其自己的一套控制思想：

> 夫性恶者，心比木石。……有痴狂之疾，歌啼于路，不晓东西，不睹燥湿，不觉疾病，不知饥饱，性已毁伤，不可如何。前无所观，却无所畏也。是故王法不废学校之官，不除狱理之吏，故令凡众见礼义之教。学校勉其前，法禁防其后，使丹朱之志亦将可勉也。①

道德教化有一个非常重要的特征，即重视“心理—情感”因素对人们行为的决定作用。要以教化来规范人们的行为和心理活动，其前提是被教化对象必须具有遵守社会基本伦理规范所必需的心理稳定状态。如果被教化对象“性已毁伤”，内心不具有转为善性的潜质和可能性，那么教化效果无疑只能是苍白的和徒劳的，这也正是教化手段的不足之处。王充也正是认识到了这一点，因此他提出既要采取教化这种软性的控制手段，又要采用法律、军队、监狱等国家机器这种制度控制手段来实施强制控制：“学校勉其前，法禁防于后。”

“学校勉其前”是指实施社会控制要先利用学校教育等思想控制方式对世人从小进行封建道德和规范的教育和感化，这种手段是首要的。因为对世人进行封建教化，可以培养他们对封建纲常和伦理的认同感，由于这种认同感是被教化对象自觉自愿的，因而也是最有效的控制手段，其效果也是最好的。“法禁防于后”则是指由于教化措施的缺陷性，为此对于教化不起作用的“性恶”之人，则要采用“法禁”这种对社会成员具有最强约束力的控制手段来实施强制性控制。这样，一方面可以对不遵守封建道德和规范的“顽劣”之徒施以强制惩戒，强迫其认同和遵守封建纲常，甚至从肉体上加以消灭，消除不利于封建统治政权稳定的因子；另一方面也可以形成威慑效应，以警示那些对封建道德心存疑虑的不稳定因素，从而最大限度地把世人的行为规范调整到与封建统治阶级的期望价值目标一致

① 国学整理社辑：《诸子集成·论衡·率性》，中华书局 1954 年版，第 17 页。

的状态，从而形成一种内在的社会凝聚力，达成社会控制之目的。

第二节 王符：政治、经济与文化并重的社会控制思想

王符是东汉著名的政论家、思想家和文学家，也是一位富有经济兴国卓见的旷世英才，与当时的马融、张衡等著名学者交往甚好。他持以“自然”为本的宇宙生成论，在天人关系上强调人强力而为的重要性，在认识论上反对圣人先知说。他强调“国以民为基”，主张德政教化，但也重视法治。他在经济方面主张富民说，对经济领域历来存在的农本商末之说，提出了不同的划分标准，形成了他政治经济与思想文化并重的社会控制思想。历代进步的政治家、思想家对王符及其《潜夫论》中的治国安民之术极为推崇。唐宋八大家之一的韩愈曾将王符与王充、仲长统誉为“后汉三贤”，并为之作赞。[①]

一 时代背景及个人特征

王符，字节信，东汉凉州安定郡临泾（今甘肃省镇远县）人。关于王符的生卒年代，《后汉书》中并没有明确的记载，史学家也没有寻找到确切史料加以推论。侯外庐、冯契、冯友兰诸先生都曾推测过其生卒年代，我们采取刘文英先生《王符评传》的研究，即王符大约生于东汉章帝建初七年（82），卒于桓帝、灵帝之际（167 年左右）[②]，历经了东汉和帝、安帝、顺帝、桓帝。

安定郡当时的风俗是以强凌弱、以富凌贫，而王符出身贫贱，加之性情耿介，又不愿为谋一官半职而趋炎附势，因此在当地很受歧视。王符一生默默无闻，终身不仕，过着隐士般的生活，但他对世道政治、民生疾苦非常关心，对政治和学术、经济都有很深的见解。其著作《潜夫论》共三十六篇，分为十卷，其中《叙录》一篇是总述各篇要旨，《本训》是其宇宙论，其余各篇分别论述了社会风气、世俗迷信、教化策略、统治政策、经济措施等问题，是研究王符社会控制思想的主要参考。

刘秀建国后，鉴于经历长期的战乱和饥荒疫疾，社会生产遭到了严重

---

① （唐）韩愈撰，马其昶校注：《韩昌黎文集校注》第 1 卷《后汉三贤赞》，上海古籍出版社 1986 年版，第 59 页。

② 刘文英：《王符评传》，南京大学出版社 1993 年版，第 2 页。

破坏，经济凋敝，人口锐减，东汉政权通过释放奴婢和囚徒、组织军队屯田、精兵简政和安辑流民等措施，使得社会经济开始发展起来，在和帝永兴元年（105）全国垦田已达732.0170顷，有户923.7112万，人口达到5325.6229万[①]，农业、手工业都得到迅速发展。

东汉从光武帝到汉献帝，共经历了十四帝（侯、王）一百九十余年。自章帝开始，东汉已是“平徭简赋，而人赖其庆”[②]，但在这种“盛世”的背后，东汉政权已开始显露出失控与衰微的征兆。而在安帝、顺帝时期，正值王符中年，他亲眼目睹了东汉政权由盛转衰的历史画卷，社会的运行已经转入了恶性运行与畸形发展，东汉政权的运行已经发生严重障碍、离轨。

第一，外戚宦官交替掌权，朝廷内乱不断。东汉政权有一个显著的特点，东汉前后经历了14位皇帝，共计196年，中后期的皇帝多是幼小继位、年少在位，即除汉明帝、汉章帝以外，其皇帝几乎都是年幼继位，因而屡次发生皇太后“垂帘听政”的现象。而皇太后要主持朝政，则必须依靠两类人：外戚和宦官。如汉章帝死后，年仅十岁的和帝即位，其母窦太后掌权，窦家权势遮天，和帝联合宦官郑众等灭掉了窦氏势力，宦官势力开始膨胀；和帝死后，邓太后立13岁的安帝即位，其乳母王圣、宦官李闰等除掉了邓氏势力；在顺帝时期，皇帝已成为外戚与宦官势力的傀儡；质帝时期，外戚势力达到了顶峰，汉质帝因说了外戚梁冀一句“跋扈将军”便被其毒死……自章帝窦宪兄弟开始，外戚涉政，和帝利用宦官郑众诛灭窦家，开始了宦官专权。于是在东汉时期便连绵不断地上演了皇权、外戚、宦官争夺朝政大权的争斗。

第二，“党锢之祸”。外戚、宦官的交替争权、相互残杀与“一人得道、鸡犬升天”的官僚升迁体制在封建统治集团内部产生了两个后果：其一是东汉政权统治黑暗，国家政权面临混乱局面，这激起了统治集团中一部分具有正义感和责任心的官僚的愤慨和反对，他们逐渐开始团结起来与外戚、宦官抗争；其二是由于外戚、宦官控制了从中央到地方的官僚选拔和任免，使得太学生和郡国生徒们不能按正常途径进入政治舞台，也激发了他们的强烈不满。他们开始议论时政，品评人物，与开明官僚一起互为呼应，与外戚、宦官展开了坚决斗争。当时最有名的当属司隶校尉李膺、太尉陈蕃和南阳太守王畅。公元166年，宦官爪牙牢脩诬告李膺等人与太

---

① 许海山主编：《中国历史》，线装书局2006年版，第99页。

② 《后汉书》卷3《肃宗孝章帝纪》，中华书局1965年版，第159页。

学生和郡国生徒“共为部党，诽讪朝廷，疑乱风俗”，汉桓帝遂诏令全国，搜捕“党人”，“其辞所连及陈寔之徒二百余人，或有逃遁不获，皆悬金购募。使者四出，相望于道”。第二年尚书霍谞、城门校尉窦武上书为其求情，桓帝才下令赦免“党人”，但同时将他们禁锢终身，不得做官。[①] 直到中平元年（184）黄巾大起义，中常侍吕强上书说“党锢久积，人情多怨。若久不赦宥，轻与张角合谋，为变滋大，悔之无救”[②]，东汉政府才宣布赦免“党人”，“党锢之祸”才宣告结束。

第三，阶级矛盾进一步激化。东汉中期以后，由于豪强地主势力壮大、土地兼并严重，再加上统治集图骄奢淫逸、内部纷争不断，国家政治生活秩序混乱，阶级矛盾进一步激化起来，流民和农民起义不断爆发，例如：

> 建康元年……三月……南郡、江夏盗贼寇掠城邑，州郡讨平之。……八月，扬、徐盗贼范容、周生等寇掠城邑。……十一月，九江盗贼徐凤、马勉等称“无上将军”，攻烧城邑。……十二月，九江贼黄虎等攻合肥。……[③]
>
> 永嘉元年春正月……广陵贼张婴等复反，攻杀堂邑、江都长。九江贼徐凤等攻杀曲阳、东城长。……三月，九江贼马勉称“皇帝”。……夏四月……丹阳贼陆官等围城，烧亭寺。……十一月……历阳贼华孟自称黑帝，攻杀九江太守杨岑。[④]

这些起义，对东汉统治构成了极大的威胁，不仅在政治上震撼了汉代国家统治的基础，而且也标志着东汉王朝意识形态上的危机和失控。这在一定程度上可以说是一种武器的批判，是东汉农民对抗东汉政治等级秩序和纲常伦理的最直接表现。

王符出生于东汉王朝鼎盛时期，其成长过程则伴随着东汉王朝一步一步地走向衰落。种种亲身经历，使王符对现实黑暗世界有着直观的感受和理解，他以一个思想家冷静的头脑和理性的分析，对社会现实作了入木三分的分析和批判，并形成了自己的社会控制与整合思想。

关于王符家世，在史料中没有明确的记载。虽然其著述《潜夫论》论

---

① 《后汉书》卷67《党锢列传》，中华书局1965年版，第2187页。

② 同上书，第2189页。

③ 同上书，第274—276页。

④ 同上书，第277—279页。

及许多社会问题和思想，但与王充、王阳明等思想家不同，王充的《论衡》中有《自纪篇》对自己身世作了详细记载，明代大儒王阳明也有其自身专门的自述。而王符可能认为自己生平没有特别之处，所以没有专门论及自己的生平。《后汉书》中对王符家世也没有记载。关于他的身世，范晔只说“安定俗鄙庶孽，而符无外家，为乡人所贱”①。从这句话中，我们可以对王符的生平状况作一番推测。

“庶”，是与“嫡”相对而言。封建宗法制度以母亲的身份和子女出生的先后为标准，将子女（不含女儿）划分为“嫡”和“庶”两类。“嫡”是指正妻，正妻所生的儿子谓“嫡子”；“庶”是指妾，妾所生的儿子谓“庶子”。在封建社会传统中，嫡长子有权继承父亲的爵位和财产，其他嫡子也有权获得一定的财产，而庶长子和众庶子则没有这种权利，他们的地位十分卑贱。如西汉骠骑将军卫青是当时平阳侯一卫姓小妾所生，所以被其父当成家奴分派去放羊，当有人给卫青相面说他是贵人，今后要封侯时，卫青笑着回答说：“人奴之生，得毋笞骂即足矣，安得封侯事乎！”②可见在封建社会中庶子地位之卑贱。

“外家”，旧时是对母之父母、妻之父母及女之子的称谓，因其为异姓，故称外，如母之父母称外祖和外婆；妻之父母称外父或外舅、外姑；外祖父母家和舅家称外家或外氏。中国古代社会承认的是一夫一妻，但礼法所坚持的只是名分而已，纳妾是被允许的。但是，妾无论如何是不能加入家长之宗的。由于妾或是被掠夺来的或是用钱买来的，按照古代宗法制度的规定，妾只是主人的一种财产，“妾言买者，以其贱同之于众物也”③。

范晔说王符无“外家”，也就是暗示王符其母亲处于“妾”一类的地位，王符本人也就是某人的“庶子”了，因此范晔说王符是属于“庶孽”，而且没有外家。处于庶子地位的王符生长于封建宗法制度的阴影笼罩下，地位卑贱如家奴，这种低人一等的命运在王符的心灵，深深地打上了令人心痛的烙印，再加上东汉官僚选拔制度是“选举”制度，要成为官吏候选人必须先要得到乡里士绅、豪强和乡亭部吏的认可，而且这种官吏选拔制度还非常讲究世族门第，所以作为出身卑贱、性情“耿介不同于俗”的庶族子弟很难成为统治集团中的一分子。这就注定了王符布衣一生，也使得王符将自身的思想潜心于著述中，所以其著作名曰《潜夫论》。

① 《后汉书》卷49《王充王符仲长统列传》，中华书局1965年版，第1630页。

② 《史记》卷111《卫将军骠骑列传》，中华书局1959年版，第2922页。

③ （汉）郑玄注，（唐）孔颖达正义，吕友仁整理：《礼记正义》卷59《坊记》第30，上海古籍出版社2008年版，第1980页。

二　王符的社会控制思想

（一）“务本”思想

王符继承了先秦以来孔子、孟子、墨子等诸子的民本思想，他认为国家要富强、社会要稳定，必须重视民生，以民为本。他说：“夫为国者，以富民为本。”① 在王符看来，统治者要治理好国家，必须以民为本，实施富民政策，将此作为治国之道，才能达到封建社会的良性运行。

儒家历来有“重民”“富民”的思想传承，《尚书·盘庚》中曾说“重我民”“施实得于民”；孔子则主张“富民”，以富民为本，也就是要求统治者轻徭役、薄赋敛，也就是孔子所说的“节用而爱民，使民以时”。② 那么要怎样才能达到“富民”的目的呢？王符提出“以农桑为本”，即要求统治者重视农业生产，发展农业。从产业结构上来看，封建社会是一种“男耕女织、自给自足”的农业社会，农业生产活动是人们最主要的生产方式。这种自然经济是中国封建统治者理想社会的经济基础，孟子曾这样描绘儒家的社会经济主张：

> 五亩之宅，树墙下以桑，匹妇蚕之，则老者足以衣帛矣。五母鸡，二母彘，无失其时，老者足以无失肉矣。百亩之田，匹夫耕之，八口之家足以无饥矣。③

王符将“以农桑为本”作为富民的主要手段，不仅仅是因为东汉中后期豪强贵族大肆兼并土地、农业生产遭到破坏而提出的，而是将其提高到社会控制的高度来认识的。在他看来，“农桑为本”的富民政策是社会稳定的基础，是“太平之基”。民众应该有一定的经济基础，有着一定的生存之本，这样汉代社会才能有效地得到控制。

在强调“农桑为本”的富民思想的同时，王符还提出农、工、商“皆本”的观点，这是他对封建社会“以农为本”的突破和创新。

以封建统治者“重农抑商”的政策为基础，封建社会一向有“士农工商”的排序传统。古代中国有两大特点，即政治上的大一统与经济上的小农经济，这是古代中国集权统治稳定和延续的基础，其高明之处就在于它

---

① （汉）王符著，（清）汪继培笺，彭铎校正：《潜夫论笺校正》卷1《务本》，中华书局1985年版，第14页。

② 傅佩荣：《解读论语》，《学而篇》第1，上海三联书店2007年版，第5页。

③ 王常则译注：《孟子·尽心上》，山西古籍出版社2003年版，第216页。

以稳定的经济控制来达到政治统治稳固的目的。由于小农经济的个体性和分散性适宜于君主专制国家政权的控制，而民间工商业流动性强，其高速发展会催生大批游离于汉代国家统治政权之外的社会阶层，进而干扰封建统治秩序。所以，从稳定统治政权出发，汉代国家政权极力推行“重农抑商”“农本商末”的经济政策，保证和维护大一统政治下的小农经济。而王符并不认同这种汉代国家的经济措施，与传统经济思想相反，王符提出农工商并重的观点，指出农工商三者均是国家经济的重要组成部分，三者的地位是相当的：

> 力田所以富国也……百工者，所使备器也……商贾者，所以通物也……三者，守本离末则民富，离本守末则民贫。①

在王符看来，农业生产可以为国家提供税收财政、增强国家财力；手工业可以为社会提供日常生活所用的器物；商业则可以“商其远近，度其有亡，通四方之物”②，促进各地物质和文化的流通与交流。由于农工商地位相当、等量齐观，也就不存在孰本孰末的问题。对于整体社会经济而言，三者都是“本”，是国家经济之本。王符的这种观点在汉代社会历史中是有着代表性的，它突破了当时思想界对农工商的认识局限。也正因为如此，他与王充、仲长统一道被唐宋八大家之一的韩愈誉为“后汉三贤”。

既然农工商三者都是本，是不可或缺的，那么王符的“本末观”又是什么呢？他说：“夫富民者，以农桑为本，以游业为末；百工者，以致用为本，以巧饰为末；商贾者，以通货为本，以鬻奇为末；……”③ 王符既正确地表述了三者在国民经济中的不同功能，又指出了三者畸形发展带来的消极作用。他提出农者要以农桑为本、手工业者要以致用为本、商者要以通货为本，“三者守本离末则民富”，既然民众富裕了，则会知礼节、守规范，这是国家兴旺发达和盛世太平的基础，也就是管子所说的：“凡治国之道，必先富民，民富则易治也，民贫则难治也。”④ 因此王符的“富

---

① （汉）王符著，（清）汪继培笺，彭铎校正：《潜夫论笺校正》卷1《务本》，中华书局1985年版，第17页。

② （清）陈立撰，吴则虞点校：《白虎通疏证》卷7《商贾篇》，中华书局1994年版，第346页。

③ （汉）王符著，（清）汪继培笺，彭铎校正：《潜夫论笺校正》卷1《务本》，中华书局1985年版，第15页。

④ 姜涛：《管子新注·治国》第48，齐鲁书社2006年版，第350页。

民”思想，是主张汉代国家经济协调发展的思想，是希望通过发展经济、百姓富足来调适汉代政权与普通民众的关系，增强汉代国家的凝聚力。

（二）重教化思想

教化思想历来是儒家的传统思想之一。其创始人孔子认为以“礼”来教化、引导民众是实施社会控制与整合的最有效方法之一。他说：“道之以政，齐之以刑，民免而无耻。道之以德，齐之以礼，有耻且格。”[①] 稍后的孟子、荀子虽然有不同的人性论，但在教化思想上是持同一主张的，都肯定道德教化的必要。与历代儒家一样，王符也充分认识到道德教化在社会控制中的有效作用，看到了东汉社会思想文化系统协调运行的重要性。由此他将道德教化提高到了治国之道的高度来认识。他说：

> 夫为国者，以富民为本，以正学为（基）。民富乃可教，学正乃得义，民贫则背善，学淫则诈伪，入学则不乱，得义则忠孝。故明君之法，务此两者，以为成太平之基，致休徵之祥。[②]

他认为，教化和富民措施是成就太平盛世的两块基石，犹如车之两轮、鸟之两翼缺一不可。在王符看来，民富才能安心接受国家的道德、礼义教化，接受了道德、礼义教化才能做到心中有“礼”有“义”，从内心中认同社会道德规范，有着主动的道德欲求，这样才能很好地外化为对父孝、对君忠的行为规范。因此王符非常重视道德、礼义的教化作用。而在教化内容上，王符并不能脱离汉代社会这个历史大环境，他所提倡的教化内容主要是以儒家礼教为中心的“仁义”“礼义”学说，他反对学习关于自然知识的一些雕虫小技，认为这是不学正道的“淫学”。

在人性论上，汉儒董仲舒将人性划分为圣人之性、中民之性和斗筲之性三类人，“是故王者上谨于承天意，以顺命也，下务明教化民，以成性也；正法度之宜，别上下之序，以防欲也”[③]。王符继承了董仲舒的这一观点，将人划分为“上智”“中庸”和“下愚”三类人，中庸之民在王符看来是指上自非圣人的公卿，下至庶民的社会绝大多数成员，中庸之民在社会上占绝大多数，是实施道德教化的主要对象。

对于道德教化的性质，王符是这样解释的：“教者，所以知之也；化

---

① 傅佩荣：《解读论语》，《为政篇》第2，上海三联书店2007年版，第15页。

② （汉）王符著，（清）汪继培笺，彭铎校正：《潜夫论笺校正》卷1《务本》，中华书局1985年版，第14页。

③ 《汉书》卷56《董仲舒传》，中华书局1962年版，第2515页。

者，所以致之也。”[①] 在他看来，“教”就是“传道、授业、解惑”，使世人知道礼教的各种规范，知道什么该做、什么不该做；“化”就是“感化”，潜移默化，即以崇高的形象和人格魅力影响、教育世人，通过“身正为范”使世人的思想、行为逐渐向符合礼教的方面转化。在王符看来，这是因为人都有被教化为遵守社会纲常伦理的可能性。他说：

> 民有性、有情，有化、有俗。情、性者，心也，本也；化、俗者，行也，末也。末生于本，行起于心。是以上君抚世，先其本而后其末，顺其心而理其行。心精苟正，则奸匿无所生，邪意无所载矣。[②]

世人都具有性与情，这是潜在的人性的本质，也决定了一个人外在表现出的情感欲望及行为模式。王符指出，人的情感欲望和行为模式是受其内在人性（性、心）所支配的，即“行起于心”，因此人就具有天生接受伦理教化的可能性，具有通过教化而产生内在的主动欲求伦理道德的可能性。而要将这种可能性变成现实性，就需要国家大力开展对民众的伦理道德教育（化）。所以，虽然“末生于本，行起于心”，但是教化有着对于人改造自己“性”“情”的极大的主观能动性，能够反作用于人之“性”“情”，因此教化是移风易俗，重塑人们的道德价值观，进行社会控制中最重要的工作。在具体对人的教化中，要“先其本而后其末”，“顺其心而理其行”，注重对内在于人的“心”进行“正心诚意”的修养。这样，本末兼及，就会达到“奸匿无所生，邪意无所载”的社会控制的效能，使世人思想、行为都与封建礼教和纲常一致，也就没有背离封建纲常、危及封建统治政权的行为和现象了。这是王符关于“性”“情”与教化本末关系的认识，也是他对于儒家伦理道德教化的倡导。

王符还将对世人教化比喻为园林中的小种苗：“故民有心也，犹为种之有园也。遭和气，则秀茂而成实；遇水旱，则枯槁而生孽。民蒙善化，则人有士君子之心；被恶政，则人有怀奸乱之虑。”[③]民众虽然“性”“情”本善，但是可以随着环境而改变自己的思想、行为，这好比园中的小草，秀茂而成实。因此尽管天赋善性，但是对于国家的社会控制而言，后天的教育、修养仍然是十分重要的政治举措。如此就能够避免人之怀奸乱之

① （汉）王符著，（清）汪继培笺，彭铎校正：《潜夫论笺校正》卷 8《德化》，中华书局 1985 年版，第 371 页。

② 同上。

③ 同上。

虑，而达到社会安宁。

儒家历来认为，封建官吏风气的好坏，直接影响着民风、民德，孔子曾说："君子之德风，小人之德草。草上之风，必偃。"[①] 意思是说，为政者的道德好比是风，老百姓的道德好比是草。风往哪边吹，草就往哪边倒。因此，"上行下效，捷于影响"[②]，为政者的道德及其风气，对老百姓的道德和风气有很大的影响。正因为如此，王符在强调以教化作为封建政权进行主要控制手段的同时，也十分注重统治者自身的道德修养与教化。他认为在君主专制政治中，君主有在国家层面无可比拟的核心作用，君主的言行是百姓的指南，官吏的言行是百姓的仪范，所以君主要率先垂范，修身养性，在教化中起到带头作用。他继承儒家"修身为本"的思想，积极主张君主和统治者通过良好的道德修养提升道德境界，以达到正百官化万民、治国平天下的目的，达到"天下望风成俗，昭然化之"[③] 的效果。他将君主的表率作用分为几个层次加以说明：

> 是故，世之善否，俗之薄厚，皆在于君。上圣和德气以化民心，正表仪以率群下，故能使民比屋可封，尧舜是也。其次躬道德而敦慈爱，美教训而崇礼让，故能使民无争心，而致刑错，文武是也。其次明好恶而显法禁，平赏罚而无阿私，故能使民辟奸邪而趋公正，理弱乱以致治疆，中兴是也。治天下，身处污而放情，怠民事而急酒乐，近顽童而远贤才，亲谄谀而疏正直，重赋税以赏无功，妄加喜怒以伤无辜，故能乱其政以败其民，弊其身以丧其国者，幽厉是也。[④]

在王符看来，历史上君主的道德垂范作用有三个层次：首先是上圣以尧舜为榜样，和德气以化民心，正表仪以率群下，故能使民相继率道而行。其次是周代的文王、武王，自己能够躬道德而敦慈爱，美教训而崇礼让，故能使民无争心，而致刑错。最后是君主能够明好恶而显法禁，平赏罚而无阿私，故能使民辟奸邪而趋公正，理弱乱以致治疆。王符还用尧舜、周文、武王和周幽王、厉王等加以对比，来说明君主个人道德修养与国治天下平的因果关系，由此强调君主加强自身道德修养、以身作则来表

---

① 傅佩荣：《解读论语》，《颜渊篇》第 12，上海三联书店 2007 年版，第 187 页。

② （宋）朱熹撰：《四书章句集注 · 大学章句》，中华书局 1983 年版，第 10 页。

③ 《汉书》卷 65《东方朔传》，中华书局 1962 年版，第 2858 页。

④ （汉）王符著，（清）汪继培笺，彭铎校正：《潜夫论笺校正》卷 8《德化》，中华书局 1985 年版，第 380 页。

率百官和民众的重要性，以达到社会稳定、百姓安居乐业的目的。

（三）君明与臣忠的政治关系

中国人的伦理关系以儒家主张的五伦为主，标示每一个人在家族、社会、国家的地位，以及德行上的要求。君臣关系在人伦中占有重要地位，古代思想家对君臣关系的论述颇多，如孟子强调国君应重视臣下，认为君臣相处的关系是相对的，臣下对国君并非绝对的牺牲与服从：

孟子告齐宣王曰："君之视臣如手足，则臣视君如腹心；君之视臣如犬马，则臣视君如国人；君之视臣如土芥，则臣视君如寇仇。"①

在对待君主的态度上，先秦儒者有着明确的"道统"意识以与君主所代表的"政统"形成两个相涉而又分立的系统。以政统言，王侯是主体；以道统言，则师儒是主体。

但是先秦儒家理想与后世政治现实差异最大之处也正是君臣关系，孔子、孟子认为君臣之道是上下主从关系，但并不是绝对的服从。其理想状态是"君使臣以礼，臣事君以忠"②，君臣之道并非臣下单向为国君效命，而是相对的上下相善。特别是孟子诛独夫的政治观，否定了无德君主权力的至高无上性，进而说明君权与"道"之间的不可割裂性。难怪明太祖朱元璋对孟子讨厌有加且对《孟子》一书大加讨伐。

如上所述，王符生活在东汉朝廷自身内乱不断，外戚、宦官相互残杀的恶性循环时期，社会处于混乱状况，君与臣之间相互欺诈屠戮，致使政治黑暗，民不聊生。王符对此十分痛心，他看到了东汉社会中重振政治系统的重要性，并从君臣关系的角度提出了自己关于君臣关系的看法，希望能够引起统治集团的重视，扭转时局，促进朝政清明、社会稳定。

王符提出君与臣应该是"君明臣忠"的和谐共处关系。他说：

人君之称，莫大于明；人臣之誉，莫美于忠。此二德者，古来君臣所共愿也。③

夫明据下起，忠依上成。二人同心，则利断金。④

---

① 王常则译注：《孟子·离娄下》，山西古籍出版社2003年版，第122—123页。

② 傅佩荣：《解读论语》，《八佾篇》第3，上海三联书店2007年版，第40页。

③ （汉）王符著，（清）汪继培笺，彭铎校正：《潜夫论笺校正》卷8《明忠》，中华书局1985年版，第356页。

④ 同上书，第357页。

朝政稳定是社会稳定的重要因素。王符认为要做到朝政稳定，首先就要做到君臣关系的融洽，君主作为主要矛盾方面，要做一个“辨忠奸、明是非”的开明君主，大臣则要做一个不阿权贵、勇于直谏的忠臣。明君与忠臣之间的关系是一种相互依存、相互作用的关系。而君主要想做明君，希望能够天下太平，国家大治，就必须依靠朝廷文武百官，如果百官均是碌碌无为而“尸位素餐”，君主再有雄才大略也不会有所胜算；反之，百官想做一个忠臣，也必须要得到君主的支持与理解。一个抱持忠心的大臣，如果不幸碰上一位昏庸的君主，则满怀的精忠报国之志就会付之东流，效忠无门。王符将社会控制思想在内涵上从普通的社会政治、经济层面延伸到君臣关系方面，这不能不说是一种颇具新意的看法。王符也正是从东汉朝廷内乱不断、朝政黑暗的局面中看到了社会的失控危机，因而将稳定、和谐的君臣关系视为社会控制的最重要因素。

另外，站在君主专制立场上，王符还特别提到君主在自身修养的同时，需要对三公九卿等文武百官进行思想、行为“明操法术”的控制，他说：

> ……（人君）要在于明操法术，自握权柄而已矣。所谓术者，使下不得欺也；所谓权者，使势不得乱也。术诚明，则虽离万里之外、幽冥之内，不得不求效；权诚用，则远近、亲疏、贵贱、贤愚，无不归心矣。①

“术”是法家所讲的在君主专制条件下君主驾驭百官和统治民众的策略，实际上它就是一种权略、权术、阴谋，其功能在于以封建君主的主观活动控制群臣，以求达到治国目标的实现。韩非子曾对此解释说：“术者，藏于胸中，以偶众端，而潜御群臣者也。”② 在王符所处的东汉时期，朝政混乱，外戚、宦官轮流把持朝廷，社会已经处于基本失控的状态，君主既无可用之“术”，又无可依之“势”，成为外戚宦官争权夺利的工具和傀儡。面对此种状况，王符深为忧虑。为重新树立君主至高无上的统治权威，理顺君臣关系，王符提出君主要善于运用统治策略，树立至上权威，用“术”这种软性控制手段使得百官不敢欺上；用具有赏罚性质的“权”

---

① （汉）王符著，（清）汪继培笺，彭铎校正：《潜夫论笺校正》卷8《明忠》，中华书局1985年版，第357页。

② 高华平、王齐洲、张三夕译注：《韩非子·难三》，中华书局2010年版，第587页。

这种硬性控制手段，使得百官体会到朝廷的威严和君主的权势而不敢冒犯，从而君臣各守其分，以达到朝政清明，维护统治秩序的目的。

王符有一种强烈的忧患意识，他认识到当时东汉政权所处的危机，由此把批判的矛头指向了东汉政治、经济、法律、道德、边防等现世中的诸多弊端，以平民思想家特有的情怀对以天人感应为核心的官方正统学说进行剖析和批判。他以独到的政治家眼光看到了社会失控的核心问题，对东汉国家统治秩序的重建和社会控制问题提出了自己的观点和主张，并且大力开展对现世社会的理性批判。所以，王符是一个充满了古典士大夫浓厚治道情怀的现实批判的思想家，他的社会控制与整合思想也是有着一定意义的。

第十六章　仲长统社会控制与整合思想

第一节　仲长统与汉末社会批判思潮

一　仲长统与《昌言》

仲长统复姓仲长，名统，字公理，今山东邹县人。他生活的年代是东汉灵帝光和三年至东汉献帝延康元年（180—220）。他的一生主要在汉献帝时期度过。这一时期社会矛盾异常尖锐，仲长统游学四方，入仕做官，亲身经历了东汉社会控制由危机渐萌到逐步走向失效的整个过程，因此仲长统社会控制、整合思想较之同时代的思想家更具有广阔的历史眼界和深刻的思想内涵。

灵帝中平元年（184），仲长统四岁的时候，爆发了黄巾起义，遍布青、徐、幽、冀、荆、扬、豫等八州，经过这场沉重的打击，腐朽透顶的东汉王朝，实际上已经奄奄一息。

中平六年（189），仲长统九岁，灵帝亡，外戚与宦官在宫廷内外互相残杀。西凉军阀董卓入京，废新帝，扶持东汉最后一个皇帝汉献帝即位。此时皇帝只是一个空头招牌而已，朝廷中董卓专权，引起各地豪强的反对和武力反抗，兼并战争由此四起。

建安元年（196），曹操初步控制了北方局势，迎汉献帝迁都许昌，取得优于其他割据势力的政治优势。而这时20岁的仲长统开始了自己的游学生涯，其游学地点主要在今天的山东、安徽、江苏、河南、河北、辽宁一带，这也是当时军阀混战最频繁的地区。

汉代游学之风可以追溯至西汉中期，随着儒学的发展，士人游学日益频繁，以至于后来渐渐演变为青年学子进入仕途的重要步骤。正是在游学的过程中，仲长统亲眼目睹东汉政治危机与政府权能的失效，国家对于社会控制力量的消解，于是积极思考如何重振与恢复东汉政治整合与社会控制的方法。

史称仲长统“性俶傥，敢直言、不矜小节，默语无常，时人或谓之狂生。每州郡命召，辄称疾不就”[①]。可见仲长统是位极具个性，不趋炎附势的青年俊才。

高干是北方豪强袁绍的外甥。为了扩大自身影响，招募游学的有为之士，很多人也纷纷依附于他。仲长统遇到高干的时候，高干十分器重仲长统的才能，向他征求对时局的看法，仲长统直言不讳地指出了高干的弱点，“君有雄志而无雄才，好士而不能择人”。但是高干并没有采纳仲长统的意见，也不改正自己的作为，最终落得兵败而身死的下场。仲长统准确预言了高干叛乱而覆灭的结果，成就了自己的名声。[②]

仲长统 27 岁时，由汉献帝的尚书令荀彧举荐，出任尚书郎一职。荀彧是曹操的谋士，曹操任丞相，荀彧以尚书令的身份参与军政大事。仲长统 29 岁时，也开始参与朝廷的军事活动，可见仲长统是一位能文能武的全才。

《昌言》是仲长统写的一部重要著作。仲长统《昌言》的写作时间，现在已经无据可考，可能写于仲长统游学期间或者他在朝廷任职的时候。关于《昌言》书名的意义，在《后汉书》本传中有注曰：“昌，当也。”[③]意思是说，“昌言”即当理之言。在《说文解字》中对“昌”的解释本义为“美言”。这样看来《昌言》的题意应具有美言、当言、忠言、直言多层含义，一如仲长统敢于直言的性格。

据仲长统的友人缪袭所撰写的《昌言表》记录，《昌言》原书共有 24 篇。据刘文英《王符评传（附崔寔、仲长统评传）》记：“在《隋书·经籍志》中著录‘仲长子《昌言》十二卷，录一卷’。新旧《唐志》著录均为十卷，较前已少两卷。宋代《崇文总目》曾称‘今所存十五篇，分为两卷’，从篇数看，已佚九篇，其中很多也可能是残篇。到南宋《郡斋读书志》和《直斋书录解题》，连著录也看不到了。现在所存的佚文，除《后汉书》本传中节录的《理乱》《损益》《法诫》三篇，《群书治要》卷四十五摘录了九条，《意林》卷五也摘录了二十一条，《齐民要术》则摘录了四条，《抱朴子·至理》引用了两条，均无篇名标题，很多也都上下缺

---

① 《后汉书》卷 49《王充王符仲长统列传》，中华书局 1965 年版，第 1644 页。

② 同上。

③ 同上书，第 1646 页。

失。”[①] 刘文英还认为，在《北堂书钞》《艺文类聚》《太平御览》和《文选注》中都存有《昌言》的只言片语。清代马国翰在《玉函山房辑佚书续篇》一书中把《昌言》佚文辑成一卷，严可均《全后汉文》则将《昌言》辑成两卷，总共不到两万字，因此《昌言》所存者可能只有十之一二。现今我们看到的只是其中一小部分。[②]

《昌言》的性质属于政论性的著作，主旨是揭露当时社会弊端，论证仲长统自己的国家治理与社会整合和控制思想。就《昌言》的思想特征来看，除了受到儒家正统思想的影响外，又更多地吸收了其他各家学派的某些学说，比如仲长统在文中表现出的追求老庄精神世界的洒脱与逍遥，以及他对法律在社会控制、整合过程的作用进行了详细论证。

在《昌言》中仲长统已经很少像其他思想家那样动辄引用“子曰”“诗云”来分析和论证问题，他总是直抒胸臆，高谈阔论，表现出了独立的人格和品性，也表现出离经叛道的狂气，因此《昌言》同魏晋玄学的思想特征比较接近。

二　仲长统的历史地位与精神归宿

仲长统是经学向玄学转化过程中的重要过渡人物，经学与玄学在两汉至魏晋南北朝前后衔接，但是内容却有明显不同，目前学术界的许多学者认为仲长统在此阶段承前启后中起着重要作用，但是具体转折过程则鲜有人论及。由于仲长统的思想非常驳杂，我们从社会整合与控制角度去研究仲长统思想，必须厘清这个问题的来龙去脉，才能更好地理解他社会思想的真正内涵。应该看到，仲长统从怀疑经学开始，虽然并没有完全摆脱传统的经学思维模式，但是却提出了许多新的政治与哲学问题，为玄学的理论形成做了准备。

玄学的理论基石是其本末观，但是随着东汉末年经学的解释系统发生危机，乃至最后破裂，出现了大量本末颠倒的社会问题，随着弃本逐末风气日盛，仲长统等知识分子自觉地拿起批判的武器强烈批判现实社会的政治、经济等系列问题，后文将对批判的内容做具体分析。

仲长统作为承前启后的重要人物，在其现实的政治、社会思想中，他为了提供理论准备，而强烈主张反对当时盛行的神学目的论，并鲜明提出

---

① 刘文英：《王符评传（附崔寔、仲长统评传）》，南京大学出版社 2011 年版，第 299—300 页。

② 同上。

了“人事为本，天道为末”的哲学命题。但他也未能最终摆脱神学的纠缠，在现实与理想的矛盾中，他一脚踏入神仙道教的泥潭，这样的例子在《昌言》中比比皆是。例如他说：“河南密县有卜成者，学道经久，乃与家人辞去，其始步稍高，遂入云中不复见。此所谓举形清飞，白日升天，仙之上者也。”① 仲长统思想之驳杂由此可见一斑。

经学思想的本体论核心是天命论，即天人感应的思想体系。就此问题各路思想家自汉末社会的现实批判思潮兴起，都纷纷展开批判，但是都没有彻底摆脱天命论的窠臼。仲长统虽然高喊出“人事为本，天道为末”的语句，但是仍然没有完全否定天命论，他相信冥冥之中有一种天道力量在支配着社会与人的吉凶祸福，“招致乖叛，乱离斯瘼。怨气并作。阴阳失和，三光亏缺，怪异数至”②。

除了本末问题，仲长统也对名实问题展开讨论，然而仲长统讨论的名实问题是与社会现实问题更加直接地联系在一起，但是也是一个哲学理论问题。仲长统对名实问题展开讨论的用意，是直指当时选举失实、官员尸位素餐、社会风气浮夸等现实政治问题，如“天下之士有三可贱：慕名而不知实，一可贱”，等等。③

任何新的思想体系的产生都不是一蹴而就的，都有一个逐渐清晰凝练的过程，仲长统思想之驳杂恰恰反映了东汉末年社会上现实主义批判思潮后期，新旧观念杂陈交错并存的时代特点。一方面，仲长统为后来的玄学思想家提供了丰富的哲学理论；另一方面，他也通过这种哲学化的推理而阐述其国家治理和社会整合与控制思想。

建安十七年（212），提拔仲长统的荀彧因为不赞成曹操晋爵“魏公”而被迫自杀，由于仲长统与荀彧的特殊关系，他也不再做尚书郎。从他后期的诗文可以看出，仲长统这时已经表现出了强烈的出世情结。延康元年（220）曹丕称帝，就在这一年，仲长统去世，享年四十多岁。

仲长统在青年时代是一个以天下为己任的有志青年，然而在其人生的最后阶段却开始“思老氏之玄虚”④。这期间他的思想变化是有一个过程的，在其中交织着个人与时代的双重悲哀。

在早期《昌言》中我们可以看出他所公开宣称和维护的社会控制、整合思想无疑都是站在儒家正统的立场上，为统治阶级服务的。但是他的思

① （清）严可均：《全后汉文》卷89《仲长统》，商务印书馆1999年版，第903页。
② （清）严可均：《全后汉文》卷88《仲长统》，商务印书馆1999年版，第894页。
③ （清）严可均：《全后汉文》卷89《仲长统》，商务印书馆1999年版，第900页。
④ 《后汉书》卷49《王充王符仲长统列传》，中华书局1965年版，第1644页。

想是充满矛盾的。当他审视自己内心之时曾经发出这样的议论，“清洁之士，徒自苦于茨棘之间，无所益损于风俗”①；他认为“谓薄屋者为高，藿食者为清”② 的儒家所主张的人生清高价值不值得欣赏。即使是在《理乱篇》这种政论内容中，他也认为王朝更迭，乃“天道常然之大数”③，人为已经不能够起到关键作用。比《昌言》写作时间稍晚的《乐志文》则充分体现仲长统对自由生活的向往之情：“逍遥一世之上，睥睨天地之间。不受当时之责，永保性命之期。如是，则可以陵霄汉。出宇宙之外矣。岂羡夫入帝王之门哉!”仲长统晚年的诗作中则完全是：“飞鸟遗迹，蝉蜕亡壳。腾蛇弃鳞，神龙丧角。至人能变，达士拔俗。乘云无辔，骋风无足。垂露成帏，张霄成幄。沆瀣当餐，九阳代烛。恒星艳珠，朝霞润玉。六合之内，恣心所欲。人事可遗，何为局促?”④ 这首诗表示此时的仲长统像动物迁徙与蜕变之后一样，获得一种人生的解脱，达到了精神无拘无束，任我逍遥，腾游宇宙的状态。到此无论是乐志文还是乐志诗都有与老庄思想的契合之处，反映了仲长统的思想已经产生了很大的变化。所以此时的仲长统已经没有早期的儒风，而是更生动地表现出魏晋名士的飘逸与放达。对于仲长统前后思想的转化，不仅仅是因为他的文人气质，更与他身处的客观环境和个人性格有很大关系，在荀彧死后仲长统因为与荀彧的特殊关系，遭到曹操的猜忌，不再被委以重任而被调回原职，加之东汉末年如社会飓风过境似的破败让仲长统疲惫不堪。可以说仲长统早期的强烈的批判现实的意识以及奋发图强的社会控制思想与他身处的客观现实相对照，引发了他的理想幻灭之感。

三 仲长统社会批判思想

东汉后期，随着政府权能的逐渐失效与社会控制危机的出现，引发黄巾农民大起义，社会面临分崩离析。在这种时代背景下，仍然有一部分具备社会责任感和良知的知识分子摆脱了经学权威影响，直面现实，抨击社会黑暗政治，批判社会腐朽势力。仲长统就是其中具有代表性的一位。

(一) 对天道迷信与天命循环的批判

针对当时王朝的“天命”合法性理论，仲长统从历史的角度批判了天人感应的思想传统。“昔高祖诛秦、项而陟天子之位，光武讨篡臣，而复

① (清) 严可均:《全后汉文》卷88《仲长统》，商务印书馆1999年版，第890页。
② 同上书，第893页。
③《后汉书》卷49《王充王符仲长统列传》，中华书局1965年版，第1647页。
④ 同上书，第1645页。

已亡之汉，皆受命之圣主也。萧、曹、丙、魏、平、勃、霍光之等，夷诸吕、尊大宗、废昌邑而立孝宣，经纬国家、镇安社稷，一代名臣也。二主数子之所以震威四海，布德生民，建功立业，流芳百世者，唯人事之尽耳，无天道之学焉。"① 照传统说法"二主数子"之所以能建功立业，是因为他们都是受命的圣主。而仲长统则认为刘邦、刘秀以及萧何、曹参等明主名臣能建立一番伟业、流芳百世并不是什么上天的意志，而是人事、人道，与天人感应的天道没有什么关系。

仲长统通过亲身经历的东汉王朝的衰落，痛心之余，分析了封建社会历史发展，提出了"乱—治—乱"的专制政制循环论。他认为，新王朝建立实际上是各种社会集团和社会力量角逐的结果，"豪杰之当天命者，未始有天下之分者也"②，所谓"天命"，只是"伪假天威"罢了，新的王朝一旦建立，"虽下愚之才居之，犹能使恩同天地，威侔鬼神"。③ 因为依靠祖宗留下的江山，即使是平庸之辈也能坐稳宝座。但是"彼后嗣之愚主，见天下莫敢与之违，自谓若天地之不可亡也"④，至于末世则"君臣宣淫，上下同恶。目极角觝之观，耳穷郑、卫之声。入则耽于妇人而不反。出则驰于田猎而不还。荒废庶政，弃亡人物，澶漫弥流，无所底极。信任亲爱者，尽佞谄容说之人也；宠贵隆丰者，尽后妃姬妾之家也"⑤。于是"怨毒无聊，祸乱并起，中国扰攘，四夷侵叛，土崩瓦解，一朝而去"⑥。

回顾春秋、战国至秦汉的历史，仲长统认为历史越往后发展，祸乱越加频繁，对社会的破坏程度也就越大。

> 昔者春秋之时，周氏之乱世也。逮乎战国，则又甚矣。秦政乘并兼之势，放虎狼之心，屠裂天下，吞食生人，暴虐不已，以招楚、汉用兵之苦，甚于战国之时也。汉二百年而遭王莽之乱，计其残夷灭亡之数，又复倍乎秦项矣。以及今日，名都空而不居，百里绝而无民者，不可胜数，此则又甚于亡新之时也。悲夫！不及五百年，大难三起，中间之乱，尚不数焉。变而弥猜，下而加酷，推此以往，可及于尽矣。嗟乎！不知来世圣人，救此之道将何用也！又不知天若穷此之

---

① （清）严可均：《全后汉文》卷89《仲长统》，商务印书馆1999年版，第901页。
② （清）严可均：《全后汉文》卷88《仲长统》，商务印书馆1999年版，第889页。
③ 同上书，第890页。
④ 同上。
⑤ 同上。
⑥ 同上。

数，欲何至邪？[①]

为此仲长统认为，“乱—治—乱”是客观的历史现象，是“天道常然之大数”。应该注意的是这里的“天道”“大数”不是指天命，而是人事、人道的自然规律。他认为以君主为首的统治集团，一般在统治后期都将出现人怠政息的情况，所以由治到乱也是一个王朝的宿命。仲长统以“人事为本”对抗“天人之道”的传统，但最后却悲观地陷入了历史命定论，以至于后期思想转入了老氏玄虚的思维中。

（二）对社会问题的批判

仲长统生活的时代东汉王朝已经名存实亡，社会乱象丛生，吏治腐败，君臣昏聩，“权移外戚之家，宠被近习之竖”，“颠倒贤愚，贸易选举，疲驽守境，贪残牧民，挠扰百姓”。[②] 为此仲长统对当时的政治进行了尖锐的批判。对于外戚专权他指出：“汉兴以来，皆引母妻之党为上将，谓之辅政，而所赖以治理者甚少，而所坐以危亡者甚众。妙采于万夫之望，其良犹未可得而遇也。况欲求之妃妾之党，取之于矫盈之家，徼天幸以自获其人者哉！”[③] 即汉建立以来，纷纷吸纳外戚在政府当中担任要职，名曰辅佐皇帝处理朝政，但实际上起到辅政作用的很少，对政权造成的危害反而更多。

仲长统所批判的第二个问题是宦官参政，他对宦官参政进行批判说：“景帝显位刺史者，皆是宦臣子弟，犹如豺狼守肉，鬼魅侍疾。”[④] 对于孝宣帝时期的石显以及桓帝时期的侯览、张让等，更是尖锐地指出他们“迷荒帝主，浊乱海内……贪淫放纵，僭凌横恣”[⑤]。仲长统认为外戚与宦官参政引发了各种天灾人祸，“招致乖叛，乱离斯瘼，怨气并作，阴阳失和，三光亏缺，怪异数至，虫螟食稼，水旱为灾”[⑥]，引起社会的动荡不安。仲长统接着批判了当时依靠工商业发家致富的地主豪强，描述这批人在田庄中奢靡的生活：“豪人之室，连栋数百，膏田满野，奴婢千群，徒附万计。船车贾贩，周于四方；废居积贮，满于都城。琦赂宝货，巨室不能容；马牛羊豕，山谷不能受。妖童美妾，填乎绮室；倡讴妓乐，列乎深堂。宾客

---

① （清）严可均：《全后汉文》卷88《仲长统》，商务印书馆1999年版，第891页。
② 同上书，第894页。
③ （清）严可均：《全后汉文》卷89《仲长统》，商务印书馆1999年版，第896页。
④ 同上。
⑤ （清）严可均：《全后汉文》卷88《仲长统》，商务印书馆1999年版，第897页。
⑥ 同上书，第894页。

待见而不敢去，车骑交错而不敢进。三牲之肉，臭而不可食；清醇之酎败而不可饮。睇盼则人从其目之所视，喜怒则人随其心之所虑。此皆公侯之广乐。君长之厚实也。苟能运智诈者，则得之焉；苟能得之者，人不以为罪焉。源发而横流，路开而四通矣。”① 田野千亩，奴婢成群，富甲四方，这些都是只有公侯才能享受的生活，而经营民间工商业发财的人却享受到了这种生活，仲长统鄙夷称为“诈”得。

仲长统认为，造成地方豪强势力膨胀的一个关键因素，就是井田制的废除，“井田之变，豪人货殖，馆舍布于州郡，田亩连于方国。身无半通青纶之命，而窃三辰龙章之服；不为编户一伍之长，而有千室名邑之役。荣乐过于封君，势力侔于守令。财赂自营，犯法不坐。刺客死士，为之投命。至使弱力少智之子，被穿帷败，寄死不敛。冤枉穷困，不敢自理。虽亦由网禁疏阔，盖分田无限使之然也”②。

（三）同时代其他思想家的社会批判思想

随着东汉末年社会控制的失效涌现出许许多多的社会问题，除了仲长统之外，一些思想家也提出了自己的社会批判思想。例如与王符生活的年代相同的崔寔，也是一位现实批判主义思想家。崔寔主要生活在东汉晚期，仲长统主要生活在建安时期，前者所生活时期的东汉王朝虽然岌岌可危，但是国家机器仍然在运转，社会控制虽然千疮百孔但还没有失效。仲长统之时社会控制全面失效，割据战争频繁，政权早已分崩离析，只是名义上统一而已。所以崔寔对他所生活的时代力主批判的是社会政治的腐败和风俗的淫弊。他提出当时存在的三患：一是奢僭；二是弃农经商；三是厚葬之风。这三点的确比较集中地反映了汉末风俗的败坏和社会控制的危机。

崔寔的《政论》一书体现了他的政治与社会思想，对仲长统的影响很大，他的思想在仲长统的著作中都得到了延展和发挥。

仲长统的社会批判思想与同时代的思想家比较则喜采历史观点，这是由于《昌言》写作之时，东汉社会已经达到崩溃的边缘，因此有利于他对两汉四百余年的兴亡做出更深刻的总结。如果说其他思想家仅仅是停留在现实批判主义方面，对于社会现实表达了深刻的不满，并且仍旧怀着满腔热情，希望拯救社会，把已经倾颓的汉室扶正。而仲长统则不然，他在批判政治黑暗的过程中，开始对封建制度本身产生了极大的疑问。

---

① （清）严可均：《全后汉文》卷88《仲长统》，商务印书馆1999年版，第890页。

② 同上书，第891—892页。

第二节 仲长统社会控制思想

一 仲长统以道德教化为主的内在控制思想

东汉王朝一开始就蕴藏着社会矛盾，到了和帝、安帝以后逐渐暴露出来，而发展到仲长统所处的时代，几乎各种纷争与冲突都在不停地发生。旧的政治秩序与社会规范被搞乱了，新的规范却迟迟不能建立，因此东汉中后期面临着严峻的社会危机。

由于仲长统看到朝廷上下官吏损公肥私，鱼肉百姓，导致民不聊生的情形，于是认为要解决当前的社会危机，首先要从改造人心入手，改造官吏与民众的价值观，树立正确的道德信念，使之弃私返公。于是他十分强调道德教化的力量，主张通过道德教化把儒家提倡的社会道德规范内植于人们的心中，这样一来规范变成了人之所欲，动力发自人们内心，就会出现人们主动追求善的积极效果。他进一步认为，这是实现社会力量与社会成员自我控制的最有效最长久的办法。这些思想构成了仲长统的社会内在控制思想。

仲长统十分提倡加强道德教化与个人修养，将伦理道德教育作为国家政教的主要方面。他指出："德教者人君之常任也，而刑罚为之佐助焉。古之圣帝明王，所以能亲百姓、训五品、和万邦、蕃黎民，召天地之嘉应，降鬼神之吉灵者，实德是为，而非刑之攸致也。"[①] 意思是说，实施道德教化是君主的首要任务，也是治国的根本，古代圣明的君主能够同官吏和百姓建立一种亲密和谐的关系；能够建立一个上下有序、左右协调的社会；就在于道德教化力量的使然。它的特点是教化道德内植于人心中，靠社会舆论、传统习惯和内心信念来控制人的思想、行为和关系，从而达到对全社会的控制。

关于道德教化的具体内容仲长统并没有明确地提出以经学为内容的教育模式，相反他提出了："叛散《五经》、灭弃《风》、《雅》"，以及"百家存杂，请用从火"[②] 的口号，倡导教化的内容应该火炼，其目的在于去粗取精。

仲长统接受了孟子的思想，认为人们有一种与生俱来的善性，但是受

---

① （清）严可均：《全后汉文》卷88《仲长统》，商务印书馆1999年版，第888页。

② 《后汉书》卷49《王充王符仲长统列传》，中华书局1965年版，第1646页。

到后天影响难免产生这样或那样的偏颇，他指出：“人之性，有山峙渊停者，患在不通；严纲贬绝者，患在伤士；广大阔荡者，患在无检；和顺恭慎者，患在少断；端悫清洁者，患在拘狭；辩通有辞者，患在多言；安舒沉重者，患在后时；好古守经者，患在不变。”① 既然人们因为后天的环境习染、事业特点和生活经历，出现了“不通”“伤士”“无检”“少断”“拘狭”“多言”“后时”“不变”等道德上的缺陷，因此后天的道德修养就十分必要了。仲长统说：“道德仁义，天性也。织之以成其物，练之以致其精，莹之以发其光。”② 意思是说，道德仁义这些是人的天性，但是并不是自然而然就形成人的品德。人必须要经过实践和历练将其内心的道德本性升华，才能成为人的优秀品德。

仲长统关于道德论的论述与前人无异，但是他的一个显著特点是突破了传统的“性三品”论和士君子的界限，把修养向上扩大到了王公层面，又向下扩大到了普通百姓，希望通过道德教化实现作为“社会人”的自我控制。

在君主修养的层次上，仲长统要求君主要“至公”“至仁”，并且要为士民做出表率。“我有公心焉，则士民不敢念其私矣；我有平心焉，则士民不敢放其险矣；我有俭心焉，则士民不敢行其奢矣，此躬行之所征者也。”③ 仲长统从正面指出“至公”“至仁”的基本要求就是，“王者官人无私，唯贤是亲。勤恤政事，屡省功臣，赏锡期于功劳，刑罚归乎罪恶。政平民安，各得其所”④。

仲长统还认为，在君主专制的制度中，皇帝如果私欲膨胀，昏聩不明，再好的政治、社会思想也不能起到作用。因此作为君主，理应抑制其不正当的欲望与私利欲求，以国家利益为重。为此仲长统指出君主达到“至公”“至仁”所要面临的挑战：“一曰废后黜正，二曰不节情欲，三曰专爱一人，四曰宠幸佞谄，五曰骄贵外戚……此为疾痛在于膏肓，此为倾危比于累卵者也。”⑤ 除此之外，在许多细节上，他也不忘对君主详加要求。例如在调节君臣上下关系方面，“古者君之于臣，无不答拜也。虽王者有变，不必相因，犹宜存其大者。御史大夫，三公之列也，今不为起，非也。为太子时太傅，即位之后，宜常答其拜。少傅可比三公，为之起。

---

① （清）严可均：《全后汉文》卷88《仲长统》，商务印书馆1999年版，第900页。

② 同上。

③ 同上书，第889页。

④ （清）严可均：《全后汉文》卷89《仲长统》，商务印书馆1999年版，第901—902页。

⑤ 同上书，第899页。

《周礼》：‘王为三公六卿锡衰，为诸侯缌衰，为大夫疑衰。’及于其病时，皆自问焉。”① 大意是说，古代的礼节规定，君主对臣子要起身答拜，虽然因为时间关系不必全部继承，但是这种精神还是应该传承下去的。此外，君主还应该采取适当的形式吊唁去世的三公六卿等人。君主不应该恃其地位的尊荣而怠慢臣工。

仲长统还非常关注王侯子弟的教育与修养问题，由于当时东汉王室极为混乱和腐化，使这些皇室子弟从小“生长于骄溢之处，自恣于色乐之中。不闻典籍之法言，不因师傅之良教，故使其心同于夷狄，其行比于禽兽也。长幼相效，子孙相袭，家以为风，世以为俗”②。仲长统认为要解决这个问题，必须使王侯子弟都进入太学学习，在太学中广交朋友，来修养自己的心性，学会用礼、义规范来约束自己的行为。这样的话就可以去除王侯子弟的浮夸风气了。

至于士大夫这一层面，针对当时士人虚伪做作的浮华风气，仲长统认为君子最可贵的品德是正直，这是士大夫在人际交往中的正直人格，而玩弄小聪明或假清高都是士大夫所不齿的行为。他尖锐地指出：“天下学士，有三奸焉：实不知，不言，一也；窃他人之记，以成己说，二也；受无名者，移知者，三也。”③

二 仲长统利用风俗习惯进行基层社会控制的观点

习俗是人类生活中最早产生的一种社会行为规范，是调整人们社会行为的规范体系，因为它内化到了人们社会生活的各个领域，因此又是最普遍的社会控制形式。仲长统积极主张用礼义教化来移风易俗，提高百姓的道德修养和道德水平。他说：“廉隅贞洁者，德之令也；流逸奔随者，行之污也。风有所有从来，俗有所由起。病其末者刈其本，恶其流者塞其源。”④ 他以当时婚礼上的陋习举例说明习俗对社会风气的影响：“今娶嫁之会，捶杖以督之戏谑，酒醴以趣之情欲，宣淫佚于广众之中，显阴私于族亲之间，污风诡俗，生淫长奸，莫此之甚，不可不断者也。”⑤ 大意是说，当今婚礼上的种种玩笑低俗不堪，如果助长此类习俗，那么社会必然会产生更多轻浮淫靡的风气，而这是一个良性运行的社会所不应该出现的

---

① （清）严可均：《全后汉文》卷89《仲长统》，商务印书馆1999年版，第899页。

② 同上书，第898页。

③ 同上书，第900页。

④ 同上书，第895页。

⑤ 同上。

现象。

东汉中后期，谶纬迷信渗透至人们社会生活的方方面面，严重影响了正常的生产、生活。对于当时社会盛行的巫祝风气，仲长统也提出了自己的想法，即“和神气，惩思虑，避风湿，节饮食，适嗜欲，此寿考之方也。不幸而有疾，则碱石汤药之所去也。肃礼容，居中正，康道德，履仁义，敬天地，恪宗庙，此吉祥之术也。不幸而有灾，则克己责躬之所复也”①。他认为，追求长寿安康是人们普遍存在的美好愿望，但是实现长寿安康的正确方法是加强自我修养，坚持健康的生活方式和生活规律。而“逆时令，背大顺，反求福祐于不祥之物，取信诚于愚惑之人，不亦误乎?”② 因此对于不属于礼法祭祀的厌胜之术，他主张务在除去。

由于改变陈规陋习不是一朝一夕的事情，所以仲长统认为必须长此以往，从根本上进行根除。同时他也指出上层社会王公士大夫的言行举止对改变习俗有着非常重要的作用，所谓上行下效，只有坚持统治者良好的生活习俗，隔除奢侈靡费的陋习才能使社会习俗变化，起到积极的社会控制作用。

仲长统还强调培养理想型社会角色，以实现社会的长治久安。什么是理想型社会角色呢?由于人的一生是不断完成社会化的过程，社会化的目的就是培养合格的社会成员，使其在社会生活中担当一定的角色。怎样判断人是否符合社会角色的认定呢?如果一个人在有所行动之时，符合了某一个角色的扮演规范，那么他就符合了社会对他的角色认定。在中国这个小农社会中，家庭是最重要的社会细胞，它不仅是生产单位，还要承担起教育的任务。为了维护传统宗法的父权家长制，孝成为儒家伦理体系中最重要的条目。但是随着社会的动乱，这些规范在不断打破。因此，这一时期的思想家对人的理想型社会角色倾注了更多期待，如仲长统就从三个方面即忠、孝、信义出发来阐述自己心目中的角色期望。

（一）“孝”与“义”

仲长统对孝道的诠释并没有突破传统观念，应该注意的是，仲长统将孝同样看成是社会进行规范管理的必要条件，只是在一些方面有所变异。例如他提出，在有些情况下，父母之命或父母之意不但“可违”，而且只有“违”才是孝。他说:“父母怨咎人不以正，已审其不然，可违而不报也；父母欲与人以官位爵禄，而才实不可，可违而不从也；父母欲为奢泰

① （清）严可均:《全后汉文》卷89《仲长统》，商务印书馆1999年版，第897页。

② 同上。

侈靡，以适心快意，可违而不许也；父母不好学问，疾子孙之为之，可违而学也；父母不好善士，恶子孙交之，可违而友也；士友有患故待己而济，父母不欲其行，可违而往也。故不可违而违，非孝也；可违而不违，亦非孝也；好不违，非孝也；好违，亦非孝也。其得义而已有也。”①

由此我们可以看出仲长统认为孝与不孝，可违与不可违的定义关键在于“义”。如果父母言行合“义”，子女应该遵从。在此情况下，顺从是“孝”，违之则“不孝”。如果父母言行不合“义”，子女不应该遵从。在此情况下，顺从是“不孝”，违之则“孝”。

仲长统还把这种理解推广到继体之君与前代君父的身上，认为如果前代君父行之不道，继体之君完全可以改变前人规定的内容，这并不违背孝道。他举例说：“今为宫室者，崇台数十层，长阶十百仞……不见夫之女子，成市于宫中；未曾御之妇人，生幽于山陵。继体之君诚欲行道，虽父之所兴，可有所坏者也；虽父之美人，可有所嫁者也……”② 在这里仲长统并没有遵循传统意义的孝道的含义，他认为即使在皇室，孝道也必须经过“义”的检验，而这个“义”，就是一种普遍意义的符合公义的道德标准，君主即使违背了君父的意愿也不能破坏道德准则，只有所有社会成员都遵守这种道德准则，才能够达到社会整合的效果，才能够使社会良性运行。

（二）“忠君”与“忠道”

中国封建社会是以伦理为本位的宗法血缘制社会，这个特点在政治体制构造中，将国君比作大宗子，将地方官比作父母，国与家的概念混合为一。因此儒家对宗族、家族的孝的要求，上升到国家层面就是对君主的忠。作为深受儒家思想影响的知识分子，仲长统对忠的理解也认为是臣子对君王单方面、无条件的义务。他这样说道：“人之事君也，言无大小，无所愆也；事无劳逸，无所避也；其见识知也，则不恃恩宠而加敬；其见遗忘也，则不怀怨恨而加勤；安危不贰其志，险易不革其心，孜孜为此，以没其身，恶有为此人君长而憎之者也？故……事君而不为君所知，是忠未至者也。”③ 然而在忠的问题上，仲长统的认识在这里并没有结束，他依然提出了辩证性的忠的义理。即在服从君主的意志的同时，君主的行为也同样要受到“道”的约束，君臣上下必须以礼相待。如果君主无道，那么

---

① （清）严可均：《全后汉文》卷89《仲长统》，商务印书馆1999年版，第901页。

② 同上书，第898页。

③ 同上书，第900—901页。

臣子可以违命而不忠。从国家的长远利益来考虑，臣子对无道之君的拂逆才是真切的忠的体现，即忠于王道、天道。

在这里有必要指出仲长统所说的道的含义，道是中国传统思想文化中理性的最高范畴和最高境界，在仲长统之前的众多思想流派都或多或少地从不同理论、不同价值取向、不同角度出发阐述道的议题。“得道者多助，失道者寡助”，“得道者得天下，失道者失天下”，“道高于君，道不从君”。中国儒家知识分子在有意无意之间一直保留着独立于统治阶级的“道”的自觉，行走于“政统”与“道统”之间，即使穷途末路，也仍然怀揣匡扶社稷的理想。而仲长统对忠孝与道义的所设条件，以及两者的分异，可以看到他心目中传统“道统”思想的影响。

（三）坚持“信义”的儒家气节

在仲长统的社会整合理想中，理想的社会角色所必备的内涵是“信义”，对此仲长统指出：“人之交士也，仁爱笃恕，谦逊敬让；忠诚发乎内，信效著乎外；流言无所受，爱憎无所偏；幽暗则攻己之所短，会同则述人之所长；有负于我者，我又加厚焉；有疑我者，我又加信焉；患难必相恤，利必相及；行潜德而不有，立潜功而不名。孜孜为此，以没其身，恶有与此人交而憎之者也。故……与人交而不为人所知，是信义未至者也。”[①] 仲长统这些观点表明了“信义”在各种情形下应有的态度，其中贯穿了一个基本内涵，就是诚实、宽厚、信任而力戒虚伪。在仲长统看来，“信义”所表现的不仅是对他人的态度，也是一种自我人格的提升和自我完善的追求，无论外界是什么样的场合，也许是“幽暗”也许是“会同”，无论对方如何待我，也许“有负于我”也许“有疑于我”，无论遭遇灾难还是谋得福利，首先都要用“信义”这个原则来勉励自己，孜孜以求而达到圣人的境界。

针对当时市侩小人趋炎附势的恶劣作风，他批判说：“天下之士有三可贱：慕名而不知实，一可贱；不敢正是非于富贵，二可贱；向盛背衰，三可贱。”[②]“慕名而不知实”者没有独立的判断力，只能人云亦云，盲从于人。“不敢正是非于富贵者”，屈服于对方权势，也没有原则和骨气。“向盛背衰”者，随人之盛衰而改变态度，更是势利小人。这三种人之所以“可贱”，就是因为他们在人际交往中没有独立的人格，所以也没有“信义”。仲长统认为只有把对人格的要求纳入“义”的内容，在朋友之

① （清）严可均：《全后汉文》卷 89《仲长统》，商务印书馆 1999 年版，第 900—901 页。
② 同上。

间的交往中，才能真正体现互相尊重，建立深厚的友谊。

道德控制是仲长统的社会内在控制的核心思想内容。其方法主要是通过道德修养与道德实践体现、提升人的本性，达到圣贤境界。这与儒家看重道德价值如同生命自我实现价值是一样的。仲长统看到了人们在社会中相安共处必须存在的一种途径，这种途径通过道德修养，取得公认与公信，长期而行，便会成为社会礼俗，人们行事合乎礼俗就会被社会所称赞；相反，因为不道德就会受到社会的排斥。所以仲长统在主张运用道德教化手段的同时，还大力提倡应用社会风俗的方法，通过舆论来约束社会成员，达到社会成员对社会道德规范价值的主动服从与欲求，形成人们共同的价值信念，这样就会形成无形的社会力量，达到社会控制的目的。

三　仲长统的外在社会控制思想

东汉末期，面对社会失序的挑战，必须有相应的进行社会控制的制度机制加以回应、弥补。仲长统正是看到这一点，因此在社会控制方面，他除了要求建立一套系统的社会道德伦理规范以外，还积极主张建立一套以制度化措施为特征的，包括应用各种国家机器职能的外在的社会控制与整合手段，来解决社会失序的问题。这种以国家机器职能为主的外在社会控制与整合手段，其内容包括具体的社会政治、经济、法律等具有强制约束力的社会规则，以保障社会的良性运转。

“从社会控制的角度来看，只讲教化是不行的。理由很简单，教化不可能百分之一百成功，而且规范内植并不表示个人已经完全社会化，他还会有种种欲望。当这些欲望与代表社会要求的规范有抵触时，后者未必能将之牢牢驾驭。因此，任何社会均会采用某些外逼手段，促使成员就范。”①

仲长统的社会外在控制思想正是希望通过某些国家机器的外逼手段，来促使社会成员就范。仲长统在这个方面的思想是受到法家影响的。正如前文所述，道德教化固然是达到社会控制的根本措施，然而道德教化是一种隐性的手段，发挥作用需要相当长的时间和相对稳定的环境加以培植。然而东汉末年社会急症迸发，整个大环境正在经历着急剧的变迁，道德教化的力量诚然有治本的疗效，但是乱世需用重典，用快药。法家的律治措施与刑治精神正好适应了东汉末期这种混乱世道必须依靠重典，靠快药的社会需求，所以仲长统吸收了法家学说，主张治理东汉后期国家必须依靠

---

① 张德胜：《儒家伦理与社会秩序：社会学的诠释》，上海人民出版社2008年版，第96页。

强有力的律治措施与刑治精神，通过外在的社会控制手段来强力保障社会秩序的稳定。

仲长统十分注重社会制度在治乱世中的作用。他看到，社会制度是一种显性和即时的社会控制手段，对于铸造社会规范，是一种必要的手段，只有通过外部强制的国家机器的约束力量，才能克服当时社会的弊病，建立起新的有效的社会规范。因此建立具有正功能形态的社会机制，是当时的当务之急。为此，仲长统提出了他关于建立新的社会机制的设想。

（一）进行有效社会控制的十六条构想

仲长统在其政论中明确提出了经济、政治以及法律、军队这些国家具有强制力的制度、政策，来进行社会调控，其具体举措有："明版籍以相数阅，审什伍以相连持，限夫田以断并兼，定五刑以救死亡，益君长以兴政理，急农桑以丰委积，去末作以一本业，敦教学以移情性，表德行以厉风俗，核才艺以叙官宜，简精悍以习师田，修武器以存守战，严禁令以防僭差，信赏罚以验惩劝，纠游戏以杜奸邪，察苛刻以绝烦暴。审此十六者以为政务，操之有常，课之有限，安宁勿懈堕，有事不迫遽，圣人复起，不能易也。"①

这些政论内容十分具体、明确，体现了仲长统熟悉社会治理，务实求实的思想特点。这其中第一条、第二条讲户籍管理与治安问题，即从乡村基层入手维持社会的安定。所谓"明版籍以相数阅"，即政府需要对全国的土地、人口数量有着清楚的统计及登录；"什伍连持"，类似先秦法家的刑治、连坐制度和后来北宋时实行的保甲法，即将基础社会中的农民按照村社邻里为单位组织起来，奖惩互带。第三条、第六条、第七条是农业经济问题，所谓"限夫田以断并兼"，"急农桑以丰委积"，"去末作以一本业"，主旨仍是传统的农业本位思想，目的一方面是希望发展农业生产；另一方面则是维持小农生产方式，将农民束缚在土地上限制自由流动，杜绝豪强兼并，限制民间工商业的发展，由此稳定君主专制政治及国家政治秩序；第四条、第十三条、第十四条、第十五条属于法律问题。例如"定五刑以救死亡"，"严禁令以防差僭"，"信赏罚以验惩劝"，"纠游戏以杜奸邪"，以商、韩法家的严刑酷法来以刑去刑，通过国家的律法的赏罚手段，来限制民众从事末业，是对民众进行刑律控制的举措；第十条、第十六条则务在整饬吏治，例如"察苛刻以绝烦暴"，"核才艺以叙官宜"，是整顿吏治，禁绝官吏烦暴与民，以其政绩、才能给予升黜的思想；第十一

---

① （清）严可均：《全后汉文》卷88《仲长统》，商务印书馆1999年版，第892页。

条、第十二条主张“简精悍以习师田，修武器以存守战”，讲的是国家军事机器的修复以及军事战备问题。这些条文是仲长统对于国家治理与社会控制的思想大纲，从中我们可以看到他的社会思想已形成体系。但是，“尽管这十六条纲领有其合理之处，但其要旨是将儒家经济消解论与法家经济干涉主义相结合，向往一个寓封建政治等级秩序与小生产自然经济相合一的宗法性农业社会。这是漫长的中国封建社会意识形态中对经济、土地问题的一种权威性的经学阐释”①。

（二）经济控制方式

1. 抑制土地兼并

中国古代社会的经济模式是以一家一户为单个生产单位的，男耕女织的小农自然经济，最重要的生产资料就是土地，最重要的生产关系就是人与土地的关系，因此土地问题是思想家历来讨论得最为热烈的话题。仲长统的外在社会控制思想中，其以经济中的分配、消费为契机而进行的社会秩序的重整是有其特色的。而他的经济控制思想最先探讨的也是土地问题。

仲长统对土地问题的阐述具有明显的儒家知识分子的特点，即倡导重农抑商，土地平均，抑制兼并。首先，他希望全社会都要重视农业、农民及土地问题，从君主开始就要关心农业生产与农民生活。他说：“丛林之下，为仓庾之坻，鱼鳖之堀，为稼之场者，此君长所用心也。是以太公封而斥卤播嘉谷，郑白成而关中无饥年。”② 其次，对于当时复杂而尖锐的土地问题，仲长统认为根源在于井田制的废除。由于井田制的废除，豪民货殖，可以通过强取豪夺或者货币方式兼并农民土地，以至于“馆舍布于州郡，田亩连于方国”。这种通过兼并土地发财的豪强地主没有通过国家政治等级或者军功的渠道获得赏赐致富。所以虽然他们“身无半通青纶之命”，无官无爵，政治等级低下，但是却因为从事工商业等末业而财力雄厚，使得他们能够“窃三辰龙章之服”，享受殊于王公，“荣乐过于封君，势力侔于守令”。除此之外，由于财力壮大，他们藐视王法，“财赂自营，犯法不坐”，豢养“刺客死士”，“致使弱力少智之子，被穿帷败，寄死不敛。冤枉穷困，不敢自理”，而国家法令在他们眼中只是一纸空文。③ 这样，这些地主豪强就成为扰乱社会秩序，与国家对峙的无序社会力量，必

① 李禹阶、冀伯祥：《“重农”与“困农”——评魁奈对中国古代重农思想的认识》，《重庆师范大学学报》2007 年第 3 期。

② （清）严可均：《全后汉文》卷 89《仲长统》，商务印书馆 1999 年版，第 904 页。

③ （清）严可均：《全后汉文》卷 88《仲长统》，商务印书馆 1999 年版，第 891—892 页。

须对其加以严厉打击。仲长统对“豪人货殖”的观点反映了法家与儒家的经济伦理思想，即用政治稳定和道德评价来代替经济价值的评判。

井田制废除之后，还严重影响了社会资源的分配流向，土地兼并风气甚嚣尘上，大批农民丧失赖以为生的土地，成为一种游离于体制之外的社会力量，失地的农民处于绝对贫困状态，产生了极大的不稳定性，对于社会稳定运行也构成一定威胁。而这一时期豪强势力却在不断发展。许多失地农民沦为豪强地主庄园中的奴隶，这种庄园规模的扩大，徒附的增加，使国家赋税流失，庄园经济却吸纳了大量人力、物力，成为富甲一方的自然经济体。另外，土地的兼并与不断集中，造就出一个个庞大的豪族经济实体，它涵盖了各个生产门类，形成了独立于国家经济秩序之外的自给自足的坞堡。这种情况使仲长统忧心如焚，究其根源，仲长统认为是由于井田制的废除，导致国家对土地的失控，农民失去耕地，从而出现社会上的两极分化的现象，而这种情况断然不利于社会的稳定和发展。为此仲长统提出“复井田”，“非井田实莫由也”[①] 的主张，认为只有恢复井田制，使所有的国家编户齐民都在政府的控制中，都局限在土地上，而不能囤积居奇，兼并土地，出现“富者田连阡陌，贫者无立锥之地”[②] 的情况，这样才能够更好地控制社会在良性轨道运行。

为了实现这一理想，仲长统认为其具体的做法是“限夫田以断兼并”[③]，即按照人口多少来规定占有土地的数量，同时要制止富人兼并、收购穷人土地。仲长统生活的时代还有很多生土没有被开垦，但是即便如此，仲长统从维护君主专制国家政治等级制度出发，提出开垦、收买土地亦“勿令过制”[④]。如果地主占有土地过多，其名下的土地没有及时耕作，也要收回国有，用于国家的再次分配。由此我们可看出，其实仲长统所倡导的恢复井田制，并不是要恢复到殷周时代的形制，他的井田制更加注重从政治与经济关系的层面去考虑问题，更加注重以土地制度维护帝制国家的稳定，也更像是后来西晋、北魏时代所提出的“占田法”或“均田制”。

论及土地问题，一般儒者对问题的解决都会寄希望于井田制的恢复，由此杜绝土地兼并问题。仲长统关于土地问题看法的新意，在于他并没有机械地提倡恢复古时的井田制。因为井田制行至仲长统时代，事实上已经不宜采用，而“耕公田”性质的劳役地租已经不太现实。所以仲长统基于

---

① 《后汉书》卷49《王充王符仲长统列传》，中华书局1965年版，第1651页。

② 《通典》卷1《食货·田制上》，中华书局1988年版，第9页。

③ （清）严可均：《全后汉文》卷88《仲长统》，商务印书馆1999年版，第892页。

④ 《后汉书》卷49《王充王符仲长统列传》，中华书局1965年版，第1656页。

社会的具体情况提出了他认为更加切合实际的办法，这种办法虽然不能治本，但在一定程度上可以缓和豪强地主大量兼并土地的矛盾，可以消解国家与农民的紧张关系，也符合他以经济手段进行外在控制的思想原则。但是关于土地问题诚如钱穆先生所说："中国历史上的土地政策，一面常欣羡古代井田制度之土地平均占有，但一面又主张耕者有其田，承认耕地应归属民间之私产。在这两观念之冲突下，终使得土地租税问题得不到一个妥适的解决。"①

2. 限制民间工商业的发展

民间工商业发展，直接促进了社会生活的多元化和财富两极分化。所以仲长统是反对民间工商业发展的。他说："船车贾贩，周于四方；废居积贮，满于都城。琦赂宝货，巨室不能容；马牛羊豚，山谷不能受。"② 于是仲长统主张提高民间工商业者及大农业主的税率，采取各种措施来消解民间工商业的发展，由此防止上述情况的出现。

提高民间工商、农业税率，是仲长统经济控制思想的一个重要内容，"今通肥饶之率，计稼穑之入，令亩收三斛，斛取一斗，未为甚多。一岁之间，则有数年之储。虽兴非法之役，恣奢侈之欲，广爱幸之赐，犹未能尽也"③。税收是古代社会主要的财政命脉，是左右社会运行的重要因素。仲长统认为，东汉王朝对于民间工商业者收取的税率过低，应该提高税率，增加国家的经济收入。否则，不仅使得国家在面对自然灾害和人为破坏的时候无力自救，只能"坐视战士之蔬食，立望饿殍之满道"，而且税率过低，国家只有减少官吏的俸禄来补充军备，官吏们"禄不足供养"，可能会产生"营私门"等腐败问题。因此他建议恢复古法，"租税十一，更赋如旧"，这样国库可以充盈，遇到"兵寇水旱之灾不足苦"。即使是遇到天灾，政府也可以开仓放贷，"不亦仁乎"④！

仲长统提出的税率出发点，从主观来看，是为了国家能够掌握更多的财力，以便在天灾人祸的情况下赈济百姓，优抚军队、官吏，使社会能够良性运行。但是在他所处的时代，即使恢复十税一，也只能给农民带来更大的负担，增加更多痛苦。东汉末年的经济格局，是以小生产农业经济为主。但是当时耕者无田的情况日益严重，土地所有权如前文中所讲已经大部分被豪强地主所占有，形成了庞大的豪强地主阶层，而作为自耕农的小

---

① 钱穆：《中国历代政治得失》，生活·读书·新知三联书店2001年版，第16页。

② （清）严可均：《全后汉文》卷88《仲长统》，商务印书馆1999年版，第890页。

③ 同上书，第893页。

④ 同上书，第893—894页。

土地所有者为数越来越少。“在汉末正常年景，每亩以收入三斛（合41.2—42.0公斤）计，每户收入在2898—2940公斤左右，约和今市秤5800斤。……根据汉代人几乎一致的意见，地主拿走收获的一半当租金，每户农民余下的原粮只有1645市斤、2272市斤或2900市斤。汉代军人口粮以每人每月51市斤，每年600斤。农民口粮以每年500斤计算，全家2500市斤，吃粮还不足855斤或228斤或只余400市斤，而种子饲料还不在内，荒年歉收还未计算，算赋、口赋、更赋的货币税全在这里面出。”① 所以如果推行十税一，对饿着肚子纳税的农民来说，无疑把他们逼上绝境。

仲长统强调限制土地私有以及提高税率的出发点就是限制民间工商业的发展，也就是说“限田”与“收税”都是他进行社会控制的手段。仲长统为什么要这样设计呢？因为在两汉社会中，民间工商渔牧业者，是汉代豪族的一个重要组成部分。这部分人集聚大量财力，引起传统国家对于社会政治、经济、文化道德思想的不可控性：首先，城市由于打破了传统宗法制基础，宗法文化与价值观念也十分薄弱。个体道德行为缺乏传统道德规范的约束，各色人等对于道德评价的接受度降低，人们对于其他人关于道德评价的舆论大多比较淡化，有些人则置之不理，使道德约束的基础被破坏了，这与由宗法文化所影响的中国古代小农社会的农民们的传统观念是有着矛盾的。因此，由于工商业的发展，使城市的工商业发展，大批商人阶层的兴起，实际上破坏了传统的宗法制关系及其道德价值观念，打破国家对于基层社会以文化与道德规范进行控制的模式；其次，城市工商业发展，大批商人阶层的兴起，由无数各色人等组成的城市社会能够很好地隐藏个体身份，即使做了坏事，例如偷盗、杀人等也不易被察觉。而生活在小农社会熟人圈子中，坏事无从遁形，它使地缘与血缘交织的宗族社会，无形中成为政府对于社会控制最基础的手段。但是工商业发展后，这种情况打破了政府对于社会控制的传统而有效的手段；再次，诚如刘泽华先生所指出的：“工商业的发展破坏了国家赋税、徭役来源的稳定性，私人工商业者通过市场利用经济手段与国家争利。破坏了君主专制的绝对权威，工商业的发展会使国家失掉农民这个最广大的兵源，商品经济的发展会使人变得聪明而有才智，不再像过去那样愚昧无知而被任意摆布。”② 最

① 马大英：《汉代财政史》，中国财政经济出版社1983年版，第8页。

② 刘泽华、汪茂和、王兰仲：《专制权力与中国社会》，吉林文史出版社1988年版，第317页。

后，工商业的发展会导致国家利用政治等级这一渠道进行财富的分配、消费的手段失去其最大化效用，而工商业者的大量出现，其分配、消费另开拓了一条途径，容易使官吏对于以政治等级渠道占有财富的心态失衡，将导致进一步的权钱交易行为，导致国家政治的腐败。

从仲长统社会控制与整合思想的角度看，限制民间工商业发展，表面上来看是针对工商业对小农经济的破坏，其实质则是国家进行政治整合与维稳，进行社会控制的需要。民间工商业的发展造成大批劳动力游离土地之外，脱离国家传统的户籍控制渠道，增加了人口的流动性，这在仲长统这样的思想家看来是危险而不易控制的。并且经营工商业发家的豪富凭借经济势力，富比王侯，交易官僚，易于形成社会政治秩序之外的另一经济分配、消费渠道，形成与国家政治相抵触的不易控制的政治、经济力量。这是与仲长统社会控制与整合思想相违背的，因此仲长统十分注重从经济角度加以社会调控。

（三）制度的控制举措

政治制度从一个宽泛的角度看，是指社会政治领域中要求政治实体遵行的各类准则或规范，是维持一定的公共秩序和分配方式的目的，对各种政治关系所作的一系列规定。因此，政治制度对国家的管理和社会秩序的维护有着重要的作用。但是如果政治制度出现功能性失调，那么国家的稳定和社会的运行都将遭遇很大的风险。仲长统正是看到东汉后期外戚宦官交替专权，官僚宰辅系统腐败懦弱无能的情况，十分担忧东汉王朝政治制度的失能引起的社会动荡，因而根据损益和变复的社会发展理论，主张改革当时政治制度的一部分，由此使国家政治制度继续维持社会系统的良性运行与协调发展。

东汉中期以后，出现了皇权旁落，外戚宦官交替专权的现象。仲长统在激烈地批判了这个问题的同时，还指出了外戚、宦官与专制王权的关系，指出了当时在官僚体制上的惰性与问题。

1. 关于三公职能

仲长统认为外戚、宦官专权在制度上的根源在于太尉、司徒、司空“三公”的大权旁落。为了论证自己的观点，他考察了春秋以来中国政权体制的历史演变，指出但凡治理好的朝代，都有贤能的卿相辅佐治政。汉承秦制，西汉一代一直采用了丞相（大司徒）总理政务，太尉（大司马）、御史大夫（大司空）协助丞相，各理其事的制度。在他看来，西汉王朝的兴盛与“三公”政治制度的作用密不可分，“夫任一人则政专，任数人则相倚。政专则和谐，相倚则违戾。和谐则太平之所兴也，违戾则荒乱之所起也”[1]。如果由丞相一个人总理国家事务，责任明确，便于集中统一领导，有利于各部门之间的协调。同时授权给几个人管理政务，必然会相互掣肘。因此“政专一人”的体制，要比多人管理优越许多。

东汉光武帝建立政权以后，鉴于西汉末期几位皇帝大权旁落以及王莽等强臣篡谋夺权的教训，对传统的三公制度进行了改革，削弱三公权力，“事归台阁”。此后三公变成了一种荣誉，不再掌握国家实权，国家的具体政务完全交付于尚书台。但是尚书台只是皇帝身边秘书处一样的办事机构，关于国家政务的具体决策则由皇帝亲自裁决。如果皇帝英明睿智且年富力强自然不成问题，但是如果皇帝幼小、愚钝或身体虚弱，那政事只可能依赖太后或者常在身边的外戚、宦官和宠臣。

三公虽然没有实权，但是一旦政务上出现了问题，仍然会承担责任，于是有的三公被免官，有的甚至被赐死。“三公”在东汉初期多由一些开国功臣担任，仍然具有一定话语权。而东汉后期在太后专权，或者外戚宦官交替专制时期，为了独揽大权，“三公”多选择胆小怕事、懦弱无能的老臣任职，因此政权落入外戚、宦官等手里只是个时机问题，和帝以后东汉的皇帝大都短命而亡，或者幼冲即位，这时候一般是太后听政，而外戚和宦官轮番把持朝政的时期就开始了。

总结东汉王朝日益衰弱的教训，仲长统认为势必整合已经呈现负功能的政权体制，已经成为当务之急了。他说：“若委三公，则宜分任责成。”[2]接着又进一步指出要保证“三公”执政的公平，排除干扰，就要采用婚姻回避制度，皇室不要与“三公”结亲：“夫使为政者，不当与之婚姻”[3]，这样才能避免外戚专权。但是将权力下放给一个人，会不会权力太重，而出现权臣呢？仲长统又回答了这个问题。他认为丞相这种高级人才本来就很难得，用人不疑，找到了就应该委以重任，何况如果出了纰漏，主要责任在丞相一个人，那么追索责任的问题就很好解决。仲长统试图以一种和谐的君相关系来维护东汉王朝的稳定，达到社会的整合与控制。其实这只是他的一种幻想。在君主专制集权制度下，君相关系始终是一种矛盾关系，皇帝要独揽大权，就势必排斥其他官僚势力。而作为一人之下，万人之上的宰相，首先是皇帝专制集权所怀疑、排斥的对象，因此绝不可能让皇帝将国家权力交由宰相来处理。中国官僚政治制度的变迁，正是这么一

---

① （清）严可均：《全后汉文》卷88《仲长统》，商务印书馆1999年版，第894页。

② 同上书，第895页。

③ 同上。

个不断将外朝权力缩小，交由皇帝身边由其亲信组成的内朝；内朝权力不断扩大，并且逐渐外朝化的过程。所以，东汉王朝权力归于内朝，外戚宦官交替专权的过程，正是中国古代君主专制政治的一个缩影。仲长统的这种试图扩大三公权力，加强外朝官僚宰辅地位的看法，实在是十分幼稚的。

2. 改革官吏选拔机制

东汉的官僚阶层作为一个庞大的社会政治组织，在东汉政权内发挥着重要的作用。而东汉政权的瓦解在某种程度上来说与吏治腐败有很大关系。仲长统正是看到了这个重要问题，因此在其外在的控制思想中特别提及了对官吏组织进行改革，从而加强控制的内容。

面对当时“阀阅取士”的风气，仲长统认为选择官吏必须以真才实学为依据。他主张从低级官吏到国家宰相，甚至一国之君都应该照此办理：“一伍之长，才足以长一伍者也；一国之君，才足以君一国者也；天下之王，才足以王天下者也。愚役于智，犹枝之附干，此理天下之常法也。”[①]除此之外，仲长统还提出了更具体的要求：“使通治乱之大体者，总纲纪而为辅佐；知稼穑之艰难者，亲民事而布惠利。政不分于外戚之家，权不入于宦竖之门，下无侵民之吏，京师无佞邪之臣。”[②] 在他看来，朝廷中央官吏，要直接参与政事，必须具有杰出的才能，善于把握全局。地方官员因为直接同百姓打交道，要能够体察民情，对底层人民的生产、生活有所了解，才能够为民谋福。只有具备了这样一批德才兼备的官员，各尽其用，那么百姓才能够安居乐业，社会自然才能够良性运行，而将外戚与宦官的干扰也就自然排除在外了。仲长统所作《损益篇》正包含了他从制度方面进行社会控制的基本思想。他的社会控制思想，着眼于整合某些不合理的政治制度，去除某些不合理的政策或措施，充实他认为合理的制度与政策。在这个过程中，仲长统认为朝廷既可以创造新的有效的政治制度来维护社会的稳定，也可以恢复一些旧的有效的制度。“作有利于时，制有便于物者，可为也。事有乖于数，法有玩于时者，可改也。故行于古有其迹，用于今无其功者，不可不变。变而不如前，易而多所败者，亦不可不复也。”[③] 但是仲长统从制度角度进行社会控制与整合的思想，无疑是十分天真而脱离现实的。他希望并且提出的制度建设，正是与日益发展的君主

---

① （清）严可均：《全后汉文》卷88《仲长统》，商务印书馆1999年版，第892页。

② 同上书，第889页。

③ 同上书，第891页。

专制政治相违背的。仲长统所提出的扩大三公权力，加强官僚宰辅的理政职权，缩小宦官、外戚参与政治的机会，尤其是皇帝也需要有真才实学治国，其基本点是与皇帝独享权力的愿望不相容的。所以，仲长统的外在控制思想，尤其从制度层面上通过改革官僚体制来恢复国家对于社会的有效控制思想，是不可能为统治者所采纳的。但是，仲长统的这种思想，反映了他已经看到东汉后期政治的衰落，其根源在于皇权，在于君主专制政治的黑暗性。所以他才大力主张从制度上入手改革东汉官僚体制，建立有效的社会控制与整合系统。

（四）仲长统的法律控制方式

1. 因时制宜的立法原则

法律的主要任务是调节人与人之间、人与社会之间的关系，是由国家强制执行的社会行为规范。因此法律对社会的越轨行为的干预是直接产生效果的。仲长统的社会控制思想中，强调法律的重要性，并且将法律控制与他的制度控制相呼应，来达到上下一致的社会控制与整合效果。与同时代的其他思想家相似，他的基本立场也是主张以德为主，以刑为辅，德先刑后。但是仲长统又认为如果遭遇乱世，那么就要依据严刑峻法来保持社会的稳定，因此他的法律思想的一个重要特点就是因时制宜，因时行法。“至于革命之期运，非征伐用兵，则不能定其业。奸宄之成群，非严刑峻法，则不能破其党。时势不同，所用之数，亦宜异也。”① 在这种情况下，必须应用严刑峻法，才能够稳定社会秩序。因此仲长统主张在东汉后期社会失控的条件下，应该施行重刑政策，以严刑峻法来控制基层社会，防止暴民作乱。

2. 科条有序的执法原则

在乱世用重刑思想的基础上，仲长统又主张罪刑相称，轻重有数，科条有序。其主要内容是建议恢复肉刑作为一种中间刑，介于生刑与死刑之间。

所谓“肉刑”，就是残害人身体的刑罚。西汉《九章之律》记录了五种比较常用的肉刑，即黥（在面部刺字，染以墨汁）、劓（割掉鼻子）、斩趾、断舌、枭首（斩首示众）。但是从汉文帝开始，废除肉刑，改黥刑为髡钳（剔除头发，在脖后钳以金属枷）、城旦舂（男犯筑城、女犯舂米），改劓为笞（用竹板或荆条抽打）三百下，改斩左趾为笞五百下，斩右趾为弃市（处死后曝尸街头）。肉刑制度的废除是西汉初为了恢复社会

① （清）严可均：《全后汉文》卷88《仲长统》，商务印书馆1999年版，第888页。

元气和发展社会生产，汉初的统治者在黄老思想“无为而治”的影响下，采取的“与民休息”的政策。在这样的背景下，改革的最初目的在于减轻刑罚，用来显示政令的平和。同时文帝的这一改革也体现于当时国家的社会控制与整合思想中，对刑罚的解读偏重于刑罚对于民众的教育属性，由此为罪犯开辟悔过自新的机会，也显示了当时统治者在刑法方面的思路。但是，文帝时期的改革，本身也存在缺陷，比如将原来的斩右趾改成了死刑，而且被笞者也往往因为伤势过重不治身亡。所以在改革之初就存在争议，有很多人认为还是不改为好，主张恢复古代肉刑。到了汉末魏晋之际针对肉刑存废的争议，仍然十分激烈，当时参与争议的人数很多，肉刑存废成为当时很重要的法律问题。

仲长统生活的时代，社会处于失序的状态，因此仲长统的社会控制思想必然要适应时代的变化。正如前文中所提，仲长统的社会控制思想仍然深受法家刑治精神的影响，而肉刑制度正是先秦法家比较青睐的救世良方。所以仲长统是主张恢复肉刑以强化社会秩序的。

仲长统从历史演变角度对于肉刑存废进行了考察，提出肉刑废除之后，轻刑（髡、笞）与重刑（死刑）的悬殊太大，不符合轻重有数、科条有序的法律原则：“肉刑之废，轻重无品，下死则得髡钳，下髡钳则得鞭笞。死者不可复生，而髡者无伤于人。髡笞不足以惩中罪，安得不至于死哉！”[①] 因为肉刑的废除，使得生刑与死刑之间没有中间刑，从而量刑差距过大，很可能产生两种后果：一是对中罪缺乏震慑，在客观上助长了此类犯罪的发生；二是对中罪判以重刑，刑罚超出了其罪过。于是在断案过程中，出现了很多用法律之外手段处死犯人的情形。有些官员感到轻微的刑罚不能够很好地惩罚罪犯，便捏造犯罪事实对囚犯从重发落，或者让罪犯老死于监狱。仲长统认为这样会导致“科条无所准，名实不相应”[②]，绝非“良制”、良法。因此他极力强调恢复肉刑为中间刑的必要。

仲长统恢复肉刑的提议，出发点在于汉末的法律条文处于科条无序、刑罚轻重失当的状态，不易达到社会控制的效果，于是他希望借助于肉刑的惩罚属性对危害社会稳定的不安因素加以震慑。这是仲长统法律控制思想的基本特点。但是肉刑的废除实际上消除了先秦时期苛暴的刑法制度在法律方面的影响，这毕竟是中国法制史上的一大进步。所以，仲长统提倡恢复肉刑的观点，虽然在东汉末期有其必要性，但是总的来看是不可

---

① （清）严可均：《全后汉文》卷 88《仲长统》，商务印书馆 1999 年版，第 892 页。

② 同上。

取的。

由于东汉末年社会问题的复杂性，导致仲长统外在社会控制思想层面的内容有许多属于空想和不切实际的地方。但是，仲长统主张从制度和法律层面，通过有效的体制改革来解决由于社会变迁所造成的诸多社会问题，从而满足社会良性运行的条件，其主观动机是良好的，是希望能够通过政治与法律改革达到社会控制的效果。

仲长统，一个历史轮廓并不十分清晰的人物，在中国古代绵延数千年的社会控制思想中却有着不可忽视的地位。东汉末年社会矛盾尖锐而复杂，本末问题凸显，豪族势力大发展，政治平衡被打破，原有的君权至上观念开始发生动摇。面对这一切，既有的经学解释系统濒临瘫痪，不能够有效解决失序社会中的种种问题。伴随经学的衰落而兴起的现实主义批判思潮，是具有独立性的知识分子对于自身和社会矛盾产生的自觉反思，仲长统就是其中具有代表性的人物。

仲长统深受儒家文化浸染，因此他的早期思想无不体现着积极进取、经世致用的儒者风格，其强烈的现实主义批判锋芒，指向了东汉末年社会的种种流弊，体现了他根深蒂固的忧国忧民的情怀。他希望从国家与社会日益衰落的根源出发，来寻找解决社会问题的方法，并且运用潜移默化的道德伦理的力量，通过道德教化重构社会秩序，从而使社会主体步入良性运行的轨道。他反复强调宗法道德的社会控制的作用，强烈批判民间工商业发展所带来的小农社会生活的变化，其目的是希望能够有一个稳定安宁的社会环境。除此之外，仲长统还希望运用显性的、外在的社会控制手法，即从制度上考量与改革，通过对于官僚政治体制损益方法达到社会控制的效果，扩大三公权力，择优选拔官吏，唯才是举，杜绝外戚、宦官参政。可以说仲长统对社会控制与整合的思考涵盖了制度、法律与文化建设方方面面。然而，由于其思想带有太多空想性，不符合当时的社会状况，因此不能付诸实践是必然的。历史不会为任何人的执着而停下脚步，东汉王朝已经积重难返，不可救药。公元 212 年，十分赏识仲长统的伯乐荀彧因为不满曹操进爵“魏公”而被杀，而因为荀彧的关系，曹操不再重用仲长统，使仲长统在政治上不得志。公元 220 年曹丕称帝，就在这一年，仲长统去世，享年四十岁，而东汉政权也寿终正寝。但是仲长统的社会控制与整合思想，由于其鲜明的特点与比较深刻的内涵，在历史上仍然留有不可磨灭的印迹。

第十七章　东汉中后期的思想冲突与社会危机

东汉光武帝以儒学名教兴国，而东汉末期的国家又以名教败落、思想失控而分崩离析，这是很有意思的，也是东汉国家治理与思想发展的一个重要特点。过去学术界对于东汉国家衰落的深层次原因有所探讨，但是总的来看其研究还较为薄弱。其实，从东汉中后期开始，由于帝王大多幼年即位，太后垂帘听政，皇权衰落，加上外戚、宦官交替执政，官僚士大夫处于边缘化的地位。随之而起的是，作为东汉王朝赖以立国的思想意识形态即儒家道德伦理价值观逐渐被淡化、漠视，社会价值观开始趋向多元化。传统的统治思想处于危机，士大夫与社会上广大士子开始出现与皇权的离心倾向。这种情况使以儒家学说为价值规范的东汉社会逐渐处于失控状态。同时，从政治实践方面来看，由于各种政治军事派系的兴起及不断分化组合，政权屡被权臣把持，国家与社会秩序也进入矛盾和冲突时期。而在两汉日益成熟并自诩承载文化使命的儒家士人及受到儒家思想影响的一批官僚士大夫，为挽救东汉帝国的政治和社会危机，与他们称之为浊流的宫廷外戚、宦官及其依附势力进行了激烈的权力斗争和思想争鸣，一批社会文化精英在理想与现实的两难困境中也掀起政治与文化的批判。这种复杂的政治与思想争鸣局面，使东汉国家的政治思想与社会控制策略在不断地演变、发展，其社会也在不断地变化之中。

第一节　儒家伦理价值的庸俗化

两汉之际，儒学不断进行的自我神化，其结果是儒学开始向庸俗的谶纬神学演变。东汉初期，谶纬和经学合流，国家政治哲学的基础由董仲舒“天人合一”论逐渐向谶纬神学的“神人合一”“神礼合一”趋势转化。这种以谶纬为主的礼教思想在主题上仍然强调封建三纲五常，以此来保证君权至高及东汉国家政治等级的尊卑地位；同时在论证方式上，这种“神礼合一”的礼教思想借助谶纬的神学思维方式，通过神化君主，宣传祥瑞、灾异的方式论证君权与封建政治等级的合法性。谶纬神学在维护社会秩序的稳定，论证刘姓统治的合法性和巩固皇权统治等方面起到了重要的作用，其方式是通过一些碎片式的神秘预言，演绎刘秀称帝的合法性以及君主行为的正当性。但是它对于正统儒家学说的政治理性却有着从内部破坏、腐蚀的作用。因此，进入东汉中后期以后，随着谶纬神学的发展，传统儒学价值观开始全面动摇，以“仁”“礼”为中心的正宗儒家思想内涵逐渐淡化，国家上层官僚政治机构处于激烈的权力争夺中。

自汉光武后，统治者不仅在政治层面以谶断事，以谶用人，以谶纳谏，更在理论层面用符谶证明得天下的合理性，宣扬君权神授，从而为忠君观念提供理论依据。神学和经学、神学和礼学的合流，让汉代经学与名教也走向神学的极端，它们对世间万物以及日常生活的解释，都套用谶纬神学教条，用阴阳五行来进行比附，使西汉时期的具有适应当时社会、立新改旧的经学完全沦为神学与政治的工具，失去原有的学术活力，而以儒学为内涵的名教也堕落为统治者的附庸与欺世盗名的政治工具。

但是，思想发展的轨迹又是复杂的。在儒学神学化繁荣的表面背后，却隐藏着儒学价值观念体系内涵与形式的巨大变异。儒学以道德伦理为基、教化为本的政治与社会学说逐渐演变为官僚和士大夫的晋身之阶和利禄之途，被统治者工具化和教条化了。尤其在东汉时期，儒生墨守章句，一生研经以求闻达；诸家儒生相互攻击，为争立博士而明争暗斗，社会上儒生欺世盗名，以求进身等，都反映了东汉儒学在观念与形式的变异。光武、明帝、章帝大倡儒学，虽使儒学繁荣一时，“所谈者仁义，所传者圣法”①。但是作为一种统治思想，变味为以利禄相召；且儒生多死守章句，缺乏创新。于是社会上多有官僚及士人，以欺世盗名博取名利，严重损害了儒学的道德精神。这种风气绵延至东汉中期以后，不仅未见收敛，反而更加盛行于世，儒学真正成为熙熙攘攘的利禄之门。这些情况主要表现在以下几个方面：

其一，皇帝昏庸，君权旁落，致使政治混乱，传统的读书—举荐—做官的仕进渠道被堵塞，“逮桓灵之间，主荒政缪，国命委于阉寺，士子羞于为伍”②。靠苦读经书入仕的广大士人们失去了正常的做官发达之路，他

---

① （清）严可均：《全后汉文》卷88《仲长统》，商务印书馆1999年版，第2589页。

② 《后汉书》卷67《党锢列传》，中华书局1965年版，第2185页。

们抱成一团，抨击时政，发泄不满，形成一个以读书诵经为标志的反对集团，致使统治阶级分裂，政治秩序混乱。

其二，儒家经生们于朝堂上“分争王庭”，于朝堂下树朋私里，设帐授徒，以人数众多为尚，开东汉中叶以下朋党盛行、私相授引之风。“初，桓帝为蠡吾侯，受学于甘陵周福，及即帝位，擢福为尚书。时同郡河南尹房植有名当朝，乡人为之谣曰：‘天下规矩房伯武，因师获印周仲进。’二家宾客，互相讥揣，遂各树朋徒，渐成仇隙，由是甘陵有南北部，党人之议，由此始矣。”① 观周福、房植结怨始末，为“二家宾客，互相讥揣，遂各树朋徒，渐成仇隙”，可知与前期儒生们的“分争王廷，树朋私里”实有一脉相承的关系。光武帝以利禄劝学经术，士大夫则以利害相交。直道者阻滞，阿附者贵显，儒学成为熙熙攘攘的利禄之门，失去了独立的批判精神。

其三，墨守家法使儒学失去了传统的经世致用精神。儒生以章句相祖述，言议迂阔，不切实用，多致“俗儒”“腐儒”之讥。又，光武、明、章诸帝深信谶纬，往往于诸家之说中择其合意者而从之，这使得儒生们往往或求避祸、或求利禄而望风希旨。所谓“自中兴之后，儒者争学图纬，兼复附以妖言”②。士人攀缘而上，推波助澜，各异其说，各神其技，把自己的学说视为唯一“真理”。一本经书往往解说成百万余言，同治一种经典的人也互不相容。此时，儒学不但成了谋求荣华富贵的阶梯，而且成了打击学术异己的利器。

其四，谶纬的流行导致了东汉经学师法的混乱。注重师法、家法是两汉经学极为重要的特点，是其得以确立和存在的依据。谶纬流行使得经师用谶纬解释经典，为了自身的利益而对儒家经典进行断章取义，作符合自己需要的解释。这在客观上导致了经学经义的混乱，从而阻碍了儒学的进一步发展。

经学是汉代统治意识形态的核心，遍及社会领域的各个方面，是当时社会控制与整合的理论主线。西汉时期，儒家经学力图树立儒家经典的绝对权威，以圣人之行和圣人之言作为解决一切问题的标准。但是，东汉谶纬的流行导致了经学的信仰危机。用谶纬解释经学，只能在短期内达到一定的政治目的，满足一时的需要，但这种功利化的做法，由于其解经的随意性与不可测性，极大地损害了儒家道德本体及圣贤之言的权威以及儒学

---

① 《后汉书》卷67《党锢列传》，中华书局1965年版，第2185—2186页。

② 《后汉书》卷59《张衡列传》，中华书局1965年版，第1911页。

本身的哲学义理和价值观。东汉中后期的众多士大夫、儒学官僚都精通内学，不论是向皇帝提出建议还是攻击政敌，都援用谶纬迷信加以论证。这种千篇一律、以神学解经、自欺欺人的办法自然让儒学沦为政治斗争的工具，顺帝阳嘉元年（132）“望都、蒲阴狼杀女子九十七人”。对于这样的自然灾害，各地官员组织军队等消灭狼群即可，但皇帝却认为这是“不祠北岳所致”。下诏“政失阙中，狼灾为应，至乃残食孤幼”。[①] 将自然灾害与祭祀北岳统治不当联系在一起，而不是制定措施，寻根索据，这在很大程度上阻止了儒家学术的进一步发展。谶纬对经学的渗透，带给人们的是对谶纬的日益不信任而引发的对经学的怀疑，使人们对谶纬的信仰怀疑发展为对儒学道德伦理精神的价值观的疑虑与动摇。这样，东汉初期“神礼合一”的儒家礼教因为神学化的拔高，而在发展中逐渐失去自我调节和创新的活力，并最终走向其思想信念的衰微。这种思想信念的衰微导致东汉中后期官僚与民众在政治信仰方面的失衡，其结果是直接或者间接破坏了东汉中后期国家意识形态和政治思想对于社会的稳定功能。

在阶级社会中，占主导地位的国家意识形态和社会控制、整合思想，虽然往往是代表统治阶级利益的思想形态，以及与之相关的政治、经济、法律、文化等表现形式。但是，由于国家治理与社会整合、控制的目的是避免各个阶级、阶层的大规模对抗性冲突，因此它在表面上也必须是得到社会各个阶级、阶层、社会群体基本认同的，具有共识的社会规范与准则。而在具体的实施中，它将对于社会整体的，包括各个阶级、阶层以及社会群体、团体的思想及行为进行约束、规范，不管它具有什么具体阶级内容和采取什么具体政策、手段，但它总是以某种社会名义，代表社会组织施行对整个社会的控制。正是它的这种超越阶级、阶层，超越个人的权威力量（尽管有时这种超越是表面上的），它才能够真正有力地控制社会和个人，并成为社会控制与整合的合理性原则。从某种角度说，这也是符合作为既得利益群体的统治阶级的需求的。因此，思想与文化的控制不是某个阶级单方面的出于主观性的控制，而应该铸成（即使从表面上看来）有着能够自圆其说的理论，有广泛的传播渠道的令各个阶层群体信服的思想理论体系。如果当该思想体系成为一种大众都认为是欺世盗名的学说，那么它就会丧失其理论的社会控制功能、作用，社会的思想控制就失去了其效能。因此，当东汉儒学逐渐神学化的时候，它的思想控制的功能也就

---

① （东汉）刘珍等撰，吴树平校注：《东观汉记校注》（上），中华书局2008年版，第112页。

在这种神学化的过程中一步步削弱。

东汉中后期儒学思想文化控制的功能，正是处于这种情况。由于统治者以利禄劝学经术，士大夫以利害相交；儒者争学图纬，兼附以妖言；经学师法混乱，以谶纬解释经典，使它逐渐失去了官僚与大众的信任，逐渐丧失了其社会控制理论的功能、作用，儒学的信任危机不断加大。

首先，东汉末年，儒学的价值观念、行为准则对于士大夫的影响力已经大大减弱。当时，儒家学者已经不能按照儒学价值观去行为、做事。为重利禄、图仕进而于儒学传统大节有亏者，胡广、马融等都是显例。李固因直道不阿，多忤权臣梁冀而见诛。临刑前，他作书与胡广、赵戒，深责之曰："'固受国厚恩，是以竭其股肱，不顾死亡，志欲扶持王室，比隆文、宣，何图一朝梁氏迷谬，公等曲从，以吉为凶，成事为败乎？汉家衰微，从此始矣。公等受主厚禄，颠而不扶，倾覆大事，后之良史，岂有所私？固身已矣，于义得矣，夫复何言！'广、戒得书悲惭，皆长叹流涕。"①马融也曾因为梁冀草奏李固而为后世所短。吴祐曾面责马融说："李公之罪，成于卿手。李公即诛，卿何面目见天下之人乎？"② 身为士大夫并居高位的胡广、马融等并非不知道自己的所为有悖儒学精神，但仍以存身为计，说明了传统儒学精神对其影响力已经是微乎其微了。

其次，许多儒家学者对儒学的治国救世已然失去了信心。儒家学者中附会儒学教义的姑且不论，更加重要的是当时许多正直、严肃的经学家也对儒学价值观念失去了崇敬之意。著名儒学大师郑玄无意于官场仕进而着意学术，"念述先圣之元意，思整百家之不齐"，门徒千百，注经甚多。党锢之祸后，大将军何进逼他为官，他坚决不从。他在给儿子的信中表示："末所愤愤者……所好群书率皆腐敝，不得于礼堂写定，传与其人。"③ 对经学的堕落愤愤不平。后来，他在袁绍席间，大谈"异端""百家"之说，表示他与庸俗化经学的分离。郑玄的老师马融也是经学大师，在遭遇了郑玄同样的困惑后，最终也放弃了儒学，投靠外戚，混迹官场。这些著名经学大师的易节，表明儒学的信任危机不断加剧。

最后，社会大众开始对儒家学说及伦理道德失去崇敬之意。儒学倡名教，为道德立名，因名立教。"驯至东汉，其风益盛，盖当时荐举征辟，

---

① 《后汉书》卷63《李杜列传》，中华书局1965年版，第2087页。

② 《后汉书》卷64《吴延史卢赵列传》，中华书局1965年版，第2102页。

③ 《后汉书》卷35《张曹郑列传》，中华书局1965年版，第1210页。

必采名誉，故凡可以得名者必全力以赴之”①，“以名高相求”的做法走入“窃名伪服，浸以流竞”② 之中。这种人才选拔方式在实际内容和表面形式之间存在巨大反差。由于儒家学说演变为官僚和士大夫的晋身之阶和利禄之途，诸家儒生相互攻击，或者死守章句，缺乏效用；或者欺世盗名，缺乏廉耻，损害了儒学的真正精神。这就使儒学的伦理教化走向形式与表面，衍生出各种为获名节而造作的虚伪的道德姿态，而非真正把道德的修养融入承担天下是非的责任中去。两汉最重要的德行名目“孝”“廉”，尤其是“孝”的作为各具风雅。后汉末假孝的经典论据于文献中多见，例如，“民有赵宣葬亲而不闭埏隧，因居其中，行服二十余年，乡里称孝，州郡数礼请之。……问及妻子，而宣五子皆服中所生”③，由此可透视弄虚之风，可见儒学信仰在普通士人身上也被消耗得所剩无几了。

在这种情况下，即使从儒学表面的形式来看，也缺乏自圆其说的理论与实践的统一，缺乏令人信服的论说体系。儒学的真理性、思辨性被完全庸俗化。当东汉国家所依赖的这种社会控制的中心理论开始成为一种社会大众都认为不能自圆其说、欺世盗名的学说时，儒学丧失其“真理性”即思想文化控制的作用就不言而喻了。因此，东汉末年儒学的衰弱，使它的人生观、价值观在当时不再有大众信赖的真正的信仰意义，其思想、文化控制作用也大大削弱。这种情况使得东汉中后期以儒家学说为主线的官方意识形态也逐渐失去了它的思想控制效能，使东汉中后期的思想控制逐渐削弱。

第二节　“道统”与“政统”的分野

东汉初期，刘秀就极力倡扬君主专制政治制度，强调君尊臣卑的理论学说，以神学解经来倡扬东汉国家政治等级制的合法性。《白虎通·天地篇》中说道：“天道所以左旋，地道右周者何？以为天地动而不别，行而不离；所以左旋右周者，犹君臣阴阳相对之义也。”《五行篇》中说：“地之承天，犹妻之事夫，臣之事君也。其位卑，卑者亲视事，故自同于一，行尊于天。”把君臣之间的尊卑关系比作天地关系，不可动摇和改变，从

① （清）赵翼撰，曹光甫校点：《廿二史札记》卷5《后汉书》《东汉尚名节》，上海古籍出版社2011年版，第88页。

② 《后汉书》卷61《左周黄列传》，中华书局1965年版，第2042页。

③ 《后汉书》卷66《陈王列传》，中华书局1965年版，第2159—2160页。

而为皇权至上和忠君思想提供理论基础。

东汉中后期，儒家伦理价值观的庸俗化与天命论的式微，给君权至上带来直接的影响。早在西汉末东汉初，一些有识之士对天人感应说及谶纬神学的批判，就使传统天命论受到打击。例如桓谭认为万物自生不是“天”之所为；东汉中期的王充更明确地提出了“天道自然”论，认为“天”不是有知觉的神灵，而是自然之物。王充还通过批驳五行相胜来反驳“天志”论。东汉后期的思想家王符也不谈天的意志性，认为万物自化。各位思想家对天自然性的还原，虽然未将矛头直接指向“君权神授”学说，然而，怀疑天的意志性与至上性，其实也就是怀疑了君背后的“天道”这么一个神秘力量是否真实，而以天命为支撑的神圣君权就还原为世俗化权力，这使得人们对于其君权的合法性依据发生了动摇，对于“忠诚”君权的原则有了疑问。例如仲长统就对君权本质作了最为彻底的阐述：“豪杰之当天命者，未始有天下之分者也。无天下之分，故战争者竞起焉。于斯之时，并伪假天威，矫据方国，拥甲兵与我角才智，程勇力与我竞雌雄，不知去就，疑误天下，盖不可数也；角知者皆穷，角力者皆负，形不堪复伉，势不足复校，乃始羁首系颈就我之衔绁耳。夫或曾为我之尊长矣，或曾与我为等侪矣，或曾臣虏我矣，或曾执囚我矣，彼之蔚蔚皆匈詈腹诅，幸我之不成，而以奋其前志，讵肯用此为终死之分邪？”① 仲长统亲身经历了东汉末年天下大乱的时代，并一度接近权力中心，亲眼目睹了皇帝任人摆布的命运，所谓天子有天庇佑的神话被现实政治摧毁得一干二净。所以仲长统对于君权的认识是，“豪杰之当天命者，未始有天下之分者也”，“于斯之时，并伪假天威，矫据方国，拥甲兵与我角才智，程勇力与我竞雌雄”，因此皇权的取得，是诸位雄豪以力相胜，以伪相欺，而高才捷足者竞胜的结果。这反映了当时思想界对于皇权本质的认识。而汉末是一个充满枭雄竞争和宫廷阴谋的时期，太后执政，外戚、宦官交替掌权，相互争夺权力，使皇室尊严被公然践踏至微。在这种情况下，皇权观念的淡化和天命论的式微呈现不可避免的趋势。

而在现实政治实践的层面，皇权旁落，导致对君尊臣卑思想的挑战。东汉末年，君主幼冲，太后执政，而朝廷大权则受到不同政治集团的分解。当时活跃在政治舞台上的有三大政治权势集团——官僚士大夫集团、外戚集团和宦官势力，并且形成了以皇权为中心的三大集团此消彼长的政治均势和相互制衡的政治体系。三大政治集团分分合合，轮流掌权，架空

① （清）严可均辑：《全后汉文》卷 88《仲长统》，商务印书馆 1999 年版，第 889 页。

皇室，极大地削弱了皇帝的权威。因此，尊显皇权权威，独立自主地运作皇权进行对于国家的统治，成为当时帝王们十分紧迫的任务。皇权利用三大政治集团为自己服务的同时，又要防范他们分解中央权力，于是力图在三大集团之间形成某种动态的政治均势，使其相互制衡。但由于三大政治集团的利益趋向不同，以及他们对中央政治、经济权力的争夺，对皇权构成很大的威胁。因此，在东汉后期，不仅发生了党锢之祸，也发生了皇权与外戚、宦官、官僚集团的相互利用、防范和相互遏制，君权成为权力纷争的中心。这种残酷的政治现实不仅是对现实君主权力的挑战，而且也是对思想上的君权至上观念的挑战，它使得许多长期受到儒家思想影响的官僚、士人们开始重新思考“道”的意义。

这种思考导致部分掌握了精神领导权与政治、军事实权的儒学官僚队伍和士人阶层的分离。东汉以来，儒家士人的不断官僚化、世袭化，使他们有着较强的政治、经济、文化地位外，还通过察举征辟，大量产生出依附于他们的门生故吏和官员、名士。这些门生故吏、官员、名士主持乡里清议，操纵选举，形成左右郡县，控制各级政权的强大政治势力。例如汝南“袁氏树恩四世，门生故吏遍于天下”，“世布恩德，天下家受其惠”。[①] 而“四世五公”“四世太尉”的强宗大族与思想文化主流的经学相联系，又使他们享有巨大的社会声誉，成为政治资源、社会资源的占有者与社会精神力量的代表。而这些拥有社会资源并且具有精神代表形象的官僚士大夫，一方面固守传统理念，忠于皇权，并以社会公利的代表者和监督者自居；另一方面，由于皇权执政所依赖的不是具有正义感的儒家官僚、士大夫，而是朝廷中相继掌握政权的外戚、宦官之流。而外戚、宦官之流，特别是宦官，在掌握国家大权后，一方面排斥不与他们合流的官僚士大夫集团；另一方面他们的执政本身又是儒家义理所抨击并不能容忍的。这种情况决定了这些儒家精英们必然会对当时的皇权执政方式产生不同看法，并且由于其形成在治理国家和执政思想的不同认识，由此引起儒家官僚集群内部的思想与人格分化。在这种分化中，一部分投靠了执政的宦官、外戚之流的儒家官僚主张随浊就流；而另一部分儒家官僚、士大夫则以清流自命，并与社会上的儒家士人相应和，展开对于外戚、宦官之流的斗争。这种情况形成了东汉末期纷繁复杂的以思想文化为初期表现形式的政治斗争。

从过程上看，当这种思想观念的矛盾、冲突扩散出去，就会刺激广大

---

① 《后汉书》卷74《袁绍刘表列传》，中华书局1965年版，第2377页。

社会士人对当时朝廷政治的不满。本身外戚、宦官的交替专权，尤其宦者掌握国家大权，就引起了广大饱读经书的士人不满。现在由高层政治斗争引发的思想意识之争，又涉及对儒家学说价值观评价，于是这种不满就开始表现为对于儒家价值观庸俗化和经学沦落化的讥刺、嘲讽，并因此激发了他们利天下的“卫道”情结。由此，一部分坚守儒学风范和价值观的士人对于国家政治的沉沦开始形成新的价值观与正义感。他们对于儒学的堕落不满，在皇权衰弱、天下沦丧的历史背景下，开始积极主张恢复先秦儒家士人那种以天下为己任的道德正义感，试图转变这颓丧的风气。于是，天下、国家的性质与价值观争辩，就成为儒家学者的日常话题。

东汉末年，“天下”一词在士林中广泛流行。“李元礼风格秀整，高自标持，欲以天下名教是非为己任。”[①]“陈仲举言为士则，行当世范，登车揽辔，有澄清天下之志。”[②]“范滂……乃以滂为清诏使，案察之。滂登车揽辔，慨然有澄清天下之志。”[③]党人活动的特殊领域已从“国家”扩大到“天下”，与朝廷政府的对立性质十分明确。如陈蕃强调士对天下的责任，并身体力行之，“以遁世为非义，故屡退而不去；以仁心为己任，虽道远而弥厉”[④]。士人的最高价值是经世济民，皇帝无道，就要“扫除天下”污垢，为民兴利。所以个人的得失和生命，在天下观面前都不重要，一切社会问题、利益问题都被概括为道义上的是和非，于是人生价值取向再次提上了儒家士子们的舆论中心，所谓“人无是非之心，非人也”。在这种思想论争中，最显著的特点即是对于“天下”和“国家”的外延、内涵的争辩。在这些激进的儒生们看来，“天下”和“朝廷”并不是完全一致的，汉代黑暗的朝廷并不能代表儒家以德化成天下的“天下”观，只有有德行，顺应人心的帝王及其朝廷才能代表并且主宰天下。所以，天下不仅是皇帝私人的家天下，皇帝无德行时，也可能成为天下的对立物。

因此，东汉末期士人对于国家、天下的观念与过去相比而有所转变。在他们看来，国家即是指汉室、汉廷，而天下则超越了这一狭窄的范畴，有着更广泛的政治、文化、民族的意义与蕴含。从国家到天下的价值关注，反映了汉末士大夫政治情感的复杂心路历程。东汉前期至中期，许多士人把国家看作天下人共有的国家，汉代朝廷即天下合法的中心构成，而

---

① （南朝宋）刘义庆著，（南朝梁）刘孝标注，余嘉锡笺疏：《世说新语笺疏》《德行》第1，中华书局2011年版，第5页。

② 同上书，第1页。

③ 《后汉书》卷67《党锢列传》，中华书局1965年版，第2203页。

④ 《后汉书》卷66《陈王列传》，中华书局1965年版，第2171页。

天下的含义则是儒家文化浸润的天下。而现在皇帝把国家看成自己刘姓私人国家，为所欲为，让儒家最不耻的阉割之人主宰朝廷，这就违背了儒学的基本精神；同时，儒学真义及倡行也在发生变化，由于政权的不断推移，使过去关注天下的忧患意识也为许多人取得功名的欲念所取代。信守儒家精神与价值观的士人，认为可以以王天下的“道统”做帝王精神之师，而帝王常视士人为利禄的依附者。面对与理想中的帝王、朝廷迥然不同的现实，士人到底应该怎么办？就汉末士人来看，他们对君主单纯、盲目、忠诚的政治热情在逐渐消弭。所以在相当长的时期内，儒家士人对皇权及国家的政治情感通常徘徊在反感和维护的矛盾纠结之中。

于是，儒家士大夫的忠君观念开始消解，以天下为己任的汉末党人日渐与朝廷疏离，这种疏离的最严重后果就是使汉代国家治理和社会整合、控制的基本要素即儒家伦理精神开始淡化与分解。由于中国古代统治者政治、军事资源的不足，一般国家统治主要局限在县这个环节中，国家委派官吏也主要安排在县这一级，而县以下的行政治理则主要是依靠基层社会，即乡村与宗法组织的自治。这种自治最重要的内容即依靠儒家伦理道德思想的教化，“在家孝父，出门见忠”等儒家伦理成为当时宗法家族与国家政治伦理联系的中介点。在这种自治中，国家法律与自然法，即宗族法、乡规民约往往相互渗透，国家法律正是通过这些宗族法、乡规民约而贯彻到基层社会组织。所以中国在国家治理上有着国家法与自然法相互交织的特征。而儒家士人在这种伦理教化与基层社会组织中起到了重要作用，是国家法与自然法相互认同的中介人。特别是东汉末期，开始出现大量豪强把持州郡、建立庄园、聚集人众的情况，国家与基层社会的裂隙扩大。豪强子弟或任太学生、士子，或游学京师，遍走州郡，他们的价值观，往往对国家与社会之间产生重要影响，他们对于中央朝廷政治的非议，是使东汉中央朝廷与地方基层社会在思想意识上出现裂隙的重要力量。有意味的是，东汉政权的建立、巩固和壮大、兴盛，本身即是依赖于士大夫与天下士人的支持，刘秀的“怀柔”政策便是典范。而东汉帝国后期的逐渐衰落，也是失去了士大夫、天下士人的支持所致。因此，当以“忠君”为核心的儒家伦理道德价值体系及其教化学说开始受到质疑，士人开始动摇其“国家”、朝廷观念时，朝廷所依赖的儒家伦理对基层社会的控制也开始松弛。由此我们可以看出思想意识形态在东汉国家与社会整合和控制中的极其重要的作用。

士人的质疑，以及士人与士大夫的联结，在东汉末期达到空前程度。举例而言，“先是京师游士汝南范滂等非讦朝政，自公卿以下皆折节下之。

太学生争慕其风，以为文学将兴，处士复用”[①]。朝廷不满于宦官政治的公卿大夫对于“非讦朝政”的士人采取了“皆折节下之”的做法，表现出朝廷内部官僚的对抗已经十分尖锐，以致到了这些官僚士大夫需要公开其上层矛盾冲突，而“折节”向下，依靠社会上广大儒家士子支持的程度。于是朝廷的分化导致部分官僚士大夫们开始对君权与宦官主宰的朝廷政治的疏离，以及这种行为所遭致朝廷当权者的镇压。其结果有二：一是部分时代精英被朝廷禁锢、流放、杀害。例如东汉末两次党锢之祸的不幸发生，显示出清流士人与国家的矛盾已经到了不可调和的程度以及朝廷对于他们的压制。在这种镇压中，有部分幸存者积极广集雄豪，成立秘密组织与朝廷对抗。太学生符融曰：“今京师英雄四集，志士交结之秋。”[②] 二是部分士人逃离政治，走向山林，开始思考与建构另外的儒家思想学说。如太学名士郭林宗就意识到汉代大厦将倾：“天之所废，不可支也。”[③] 便优游不仕，热衷论道。他们之所以对汉室失去信心，与汉室对名士群体的疯狂迫害密不可分。

士人在对皇权、朝廷的疏离上，却体现出其个体人格的新的确立。史载樊英不应诏，不礼屈。帝怒，谓英曰：“朕能生君，能杀君；能贵君，能贱君；能富君，能贫君。君何以慢朕命？”英曰：“臣受命于天。生尽其命，天也；死不得其命，亦天也。陛下焉能生臣，焉能杀臣！臣见暴君如见仇雠，立其朝犹不肯，可得而贵乎？虽在布衣之列，环堵之中，晏然自得，不易万乘之尊，又可得而贱乎？陛下焉能贵臣，焉能贱臣！臣非礼之禄，虽万钟不受；若申其志，虽箪食不厌也。陛下焉能富臣，焉能贫臣！”帝竟不能屈。[④] 这种对皇权的傲视和不信任在士人阶层中绝非个例。李固曾致书黄琼劝其出仕，认为“若当辅政济民，今其时也。自生民以来，善政少而乱俗多，必待尧舜之君，此为志士终无时矣”[⑤]，李固之言是士人对自我价值的充分肯定。东汉末这种对皇权的淡漠，对名教的反对，对人生束缚的破除，都源于他们对现实政治的绝望、无可奈何乃至颓废，出现了过去所持有的传统价值观念的崩溃，使得士人不得不脱离对皇权的依附，重新寻找心灵的归宿。

应该说，当时士大夫的政治情感经历了一个从“国家”到“天下”，

① 《后汉书》卷53《周黄徐姜申屠列传》，中华书局1965年版，第1752页。
② 《后汉书》卷76《循吏列传》，中华书局1965年版，第2481页。
③ 《后汉书》卷68《郭符许列传》，中华书局1965年版，第2225页。
④ 《后汉书》卷82《方术列传》，中华书局1965年版，第2723页。
⑤ 《后汉书》卷61《左周黄列传》，中华书局1965年版，第2032页。

从观望、支持到徘徊、疏离，再到对立、决裂的动态过程。尤其不幸的是，许多士人的“国家”“天下”观被无情的政治斗争瓦解，由对现实政治的不满，对朝廷邪恶势力的反对，到批判“国家”的精神价值，怀疑“国家”的公平正义，疏离国家的掌权阶层。这就使东汉末士人所把持的伦理教化与精神世界的代言人的权力，即他们秉承的儒家“道统”，与国家当权者所垄断、把持的政治思想权力，即“政统”相分离。这种分离使广大士人不信任朝廷的宦者群体的执政方式，也使士子在联系国家与基层社会的思想文化控制的主体行为发生异变。于是国家阶层之间政治思想与社会文化上的歧异，导致这个由意识形态控制为主的国家开始走下坡路，汉王朝的合法性受到质疑。

所以，在东汉这个特殊的时代，儒家伦理精神与朝廷当权者的矛盾，使社会走向不稳定，这应该是东汉国家分裂最隐秘而基本的原因。在这种情况下，遵循儒家价值观的儒林、个体的尊崇“自我”的自觉意识在逐渐觉醒，新的儒学精神在兴起。新、旧儒学精神的衰微与兴起，在桓、灵之前已十分明显，至灵帝时大兴党人之狱，更是将微弱之极的传统儒学精神从根本上摧毁。儒学精神本强调以群体融化、隐蔽个体，个体在国家、社会的强大力量中才能找到精神寄托和安身立命的归宿。但是，党锢发生后，党人领袖李膺“免归乡里，居阳城山中，天下士大夫皆高尚其道，而污秽朝廷”[①]。又范滂初陷党事被逮，后被释放，及其南归。“始发京师，汝南、南阳士大夫迎之者数千两。”[②] 秽恶归于朝廷，而令名集于敢于抗争的士大夫，可见儒学传统之忠君观念及以国家、朝廷为重的价值观在当时士大夫心目中所存无几。这导致士人朋党相援、名倾天下，使朝廷舆论相形见绌，大大削弱了朝廷的权威，加强了士大夫对朝廷的离心倾向。这些士大夫与士人相互结合，“激扬名声，互相题拂，品核公卿，裁量执政”，虽然目的在于匡世济俗，为儒学精神之体现，但儒学的君臣纲常和个体服从群体的统一局面，则被他们破坏了。

汉中后期的士人交接之风很盛。朝廷失道，宦竖擅政，李膺等党人以儒学大义相召，登高一呼应者如云，所谓“海内希风之流，遂共相摽搒”[③]，而与朝廷分庭抗礼之势。这种局势，更进一步促进了士人个体意识的觉醒。党锢之祸后，饱含儒学济世精神的士人，把自己的行为解释为仁

① 《后汉书》卷67《党锢列传》，中华书局1965年版，第2195页。

② 同上书，第2206页。

③ 同上书，第2187页。

义之举，不仅宦竖祸国，皇帝的昏庸也是需要批判的。党祸淡化了一部分士人的参政意识，由于受迫害党人或身首异处，或放逐海隅，或隐迹山林。有的则党祸后回到家乡，或者将政治活动转移到地下，著述讲学，纵论天下；或者不问政治，追慕老庄，崇尚虚无，缄口不言，不再虚言放诞，而是自在逍遥，谈玄自修，以求自保。这种种情形，显示了当时国家思想意识形态的没落。

儒家士人的个体自觉具有深刻的社会基础。对他们来说，由于大多数人失去了对朝廷的希冀和对入仕之途的向往，蕴含着儒家精神的修身、治国、平天下的人生理想，也变得虚无缥缈起来。在这种状况下，士人们的儒学信仰不断发生变化，由为天下计变而为身家计。他们的人生价值、处世态度、精神寄托乃至审美情趣，都朝着个体精神“自由”的方向发展。至于重利禄、图全身而于儒学精神有亏者，则不耻为之。因为残酷的事实让沉醉在儒学道义中的士人猛醒：忠而见疑，信而遭谤，忧国忧民，得到的却是身死族灭的下场，神圣的经学带给积极参与政治的士人只有无尽的痛苦，不如远离政治，沉浸在显示个人学识、智慧的谈论竞技游戏中，在富足、闲适、悠游的岁月中享受个体生命的乐趣。于是他们以自我为中心来反思自我与外界社会、事务和他人的关系，他们的自我认同意识是很高、很超越的，不以现时名利为重。一部分儒家士子则变化更大，他们将自己的生命存在看得高于一切，以自己的生存祸福作为价值判断的中心，吸收老庄思想的全身养生精神，体现了个体意识的自觉。于是，一部分士人借助道家思想来对名教之治的再思考，并以“自然”之论重新论证社会秩序的合理性，让社会的焦点从对皇权的关注转到了对文化个体的关注。士大夫普遍的离心状态，在汉末已呈不可挽回之势，这是汉代士人个体自觉之深刻的精神根源，也是东汉王朝即将没落的因素所在。

第三节 思想控制失效的表现
——论无定检、处士横议

一 思想迷歧，论无定检

儒学伦理价值体系的淡化与沉沦，使士人们的修身立德失去了精神支柱的支撑，在重新建立起一种社会秩序的价值体系之前，多元道德价值评判的并立是不可避免的。大一统专制政权的衰落带来现实政治生活中君臣之义的错乱，以及国家和社会的脱节。而由儒家思想建立起来的人伦关系、行为准则、是非标准，已经不适应变化了的现实生活。失去了传统的正义性和道德感，儒家价值体系的权威地位下降。同时，在汉末持久而残酷的政治角逐中，士大夫的政治道路和精神世界遭受重创，为天下奔走的理想不仅与皇权产生了巨大的分歧，甚至受到重压，士大夫由此陷入了价值真空的巨大的痛苦和迷惘之中。加上东汉中后期各种社会矛盾激化，政治危机不断加重，导致现实主义的社会批判思潮也逐渐兴起。于是与汉末儒学衰微同步，被压制已久的诸子思想重新活跃，如老庄思想、名家思想、法家思想等，反映了当时的士人们已经不再拘泥于在儒家思想中寻找治世的良方，而把视野放到了更加广阔的思想与理论天地中，通过传统的思想资源去重新寻找社会秩序和人生理想的价值支撑。

正因为作为古代社会联系上下各个阶层的儒家士人们的价值失衡，导致东汉末期朝廷对于社会的控制进一步无力，社会整合则更加松弛。儒家士人们的价值失衡充分表现在他们开始寄希望在儒家之外的思想学说中去寻求价值、信仰，或者在对当时政治现实的社会批判思潮中，开始追随其他理论学说。所以东汉末期出现了各种类型的人物。例如有接受道家思想，而主张追随思想自由、个性发展的士人。这些人在政治上试图寻求新的出路，而认为大可不必寄望于国家和帝王之下“立身扬名”。既然“名不常存，人生易灭”，不如“优游偃仰，可以自娱”。在他们看来，人生追求的是“安神闺房，思老氏之玄虚；呼吸精和，求至人之仿佛”，“消摇一世之上，睥睨天地之间。不受当时之责，永保性命之期。如是，则可以陵霄汉，出宇宙之外矣。岂羡夫入帝王之门哉”。[①] 这种心志在汉末动乱时代的知识分子群中有相当的代表性和普遍性，它是当时政治黑暗、官场险恶的现实在知识分子思想中的明显反应。除了对现实进行深刻揭露和批判之外，还有一部分士人开始追求逸民隐士文人之乐，追求超然拔俗的志趣和浪漫主义情怀，其自身所寄托的心灵境界不仅超越了世俗之情，而且超越了社会伦理，把现实中一切违反人性的东西，例如“礼乐”都看成“俗”物，主张超越现实的“俗”，而回归到真正的、自然的人性，不受任何国家与政治的约束和压制，崇尚绝对自由的精神境界，在这些人看来，“人事为本，天道为末”，所谓“人事”，即人们现实中需要关心的问题，而非不可捉摸的官场之“术”。

东汉后期还有不少士人开始接近法家思想。他们主张采用法家刑治主义，乱世用重典，依靠严刑峻法来整治秩序，达到社会的有效控制。“则

① 《后汉书》卷 49《王充王符仲长统列传》，中华书局 1965 年版，第 1644 页。

宜重赏深罚以御之，明著法令以检之。自非上德，严之则理，宽之则乱。”“夫刑罚者，治乱之药石也；德教者，兴平之粱肉也。夫以德教除残，是以粱肉理疾也；以刑罚理平，是以药石供养也。”① 法家思想的抬头，反映了儒学衰落与社会失序条件下儒家士人对整顿社会秩序的另一种思考。这种思考使法家刑治精神重新抬头，成为社会控制的一种与“德”并立的国家治理手段。法家思想重新受到士人的重视，反映了东汉后期传统政治思想意识形态已经不能满足于社会整合、控制的需要，人们要求冲破传统经学的束缚，另外寻找拯救社会的良方。正是这种思想在其后的曹操身上得到完美的实现。

东汉末期社会控制、整合的失能，还表现在当时的思想迷歧、论无定检。汉末是一个政治实践与理论学说多元化的时代。政治实践的多元化表现是士大夫主宰国家政治的局面被打破，宦官、外戚、官僚宰辅及门生故吏、州郡势力、地方豪强等权势阶层多端兴起，并且相互勾结，纵横捭阖，覆雨翻云，使政治局面更加复杂多变。而理论学说与文化价值的多元化则表现为汉末学术的自由发挥，各家学术开始以儒学为中心而相互竞争，儒学体系内也打破严守师法、家法而开始崇尚包容与兼收。特别是当时的许多官僚宰辅及门生故吏、州郡势力、地方豪强都起自传世经书之家，其儒宗传统让他们十分注重思想文化的精神价值功能。因此，政治实践的多样化与思想学说的多元化又相互贯通、渗透，成为一时之风气。例如颇具政治与军事实力的袁绍，总兵冀州时曾大会宾客，“绍客多豪俊，并有才说，见玄‘儒者’，未以‘通人’许之（仅通一经者为儒生，博览古今为通人），竞设异端，百家互起。玄依方辩对，咸出问表，皆得所未闻，莫不嗟服”②。

学术的多元化带来思想的交叉融合，也导致思想迷歧、论无定检的状况出现。各种思潮兴起，使国家思想统治陷入茫然。例如当时的儒家士子们，许多弃经典之论而另立其品鉴人物，重树衡量执政的标准。《后汉书》卷六十七《刘儒传》注云：“珪璋，玉也。半珪曰璋。谢承书曰：‘林宗叹儒有珪璋之质，终必为令德之士。’《诗》曰：‘如珪如璋，令闻令望。’”清议中此类以经典做鉴识才性的话语，有丰富的内容。延笃“博通经传及百家之言”③，他赞刘佑：“吾子怀蘧氏之可卷，体宁子之如愚。微

① 《后汉书》卷52《崔骃列传》，中华书局1965年版，第1728页。

② 《后汉书》卷35《张曹郑列传》，中华书局1965年版，第1211页。

③ 《后汉书》卷64《吴延史卢赵列传》，中华书局1965年版，第2103页。

妙玄通，冲而不盈，蔑三光之明，未暇以天下为事，何其劭与！”[①] 其中就涵盖了孔老两家的见解，其注云：“蘧瑗字伯玉，宁子名俞，并卫大夫。《论语》孔子曰：‘君子哉蘧伯玉，邦有道则仕，邦无道则可卷而怀之。’又曰：‘宁武子邦无道则愚。’《老子》曰‘古之善为道者，微妙玄通，深不可识’也。又曰‘道冲而用之或不盈。’《庄子》曰：‘舜让天下于子州支伯，子州支伯曰：‘予适有幽忧之病，方且理之，未暇理天下也。’’”汉末很多士人作愚与深不可测的才性特征，就是儒道杂糅的产物。这种价值观念的不同，必然会使国家统治思想与社会的思想调控处于莫衷一是的困局与迷茫中。

二　政治领域：处士横议

士与政权的关系，常常被理解为君臣关系。汉武帝定儒学于一尊后，君权被极大地高扬了。两汉士人，是在儒家正统思想的哺育之下成长起来的，君臣之义是他们立身的基本准则。外戚与宦官专权，向来为儒家士人所不齿。但东汉中后期，外戚和宦官窃取政权，淆乱君臣之义的事实，使维护大一统国家政权的士人们痛心疾首。在他们眼中，外戚专权、宦官干政是国家祸乱的根源。儒学阶层把批评焦点集中在宦寺身上，因为从理论上说，这些人的专权是对儒士价值观念及正义理想的极大亵渎。同时，宦官“父兄子弟皆为公卿列校、牧守令长，布满天下”[②]，“枝叶宾客布列职署，或年少庸人，典据守宰”[③] 的实际，也阻碍和剥夺了“凡学仕者，高则望宰相，下则希牧守”[④] 的儒者向上流社会上升的可能性。因此，儒家学者及士人们作为社会的神经，不管于公于私，都强烈地感受到政治的剧变和时代的震荡，这种变化使他们传统的“忠孝”“廉洁”的价值体系和与之相关的政治生命受到挑战并濒临危机，这种危机使他们义愤填膺，耻于朝廷阉竖为伍，并且站在了朝廷的对立面。这些情况都使朝廷失去了思想社会文化群体和统率言论的能力，“国命委于阉寺，士子羞与为伍，故匹夫抗愤，处士横议”[⑤]。

处士横议，通过新的价值观念来对吏治清浊以及官吏人品优劣进行评议，实际上是对朝廷施政的臧否，是针对当时国家政治的一种舆论反击方

---

① 《后汉书》卷67《党锢列传》，中华书局1965年版，第2200页。
② 《后汉书》卷78《宦者列传》，中华书局1965年版，第2525页。
③ 《后汉书》卷54《杨震列传》，中华书局1965年版，第1772页。
④ 《后汉书》卷45《袁张韩周列传》，中华书局1965年版，第1518页。
⑤ 《后汉书》卷67《党锢列传》，中华书局1965年版，第2185页。

式，也是一种在野的社会贤达及士人具体的抵抗行为。他们对同志大加赞扬，对政敌百般贬斥，并最终由中央而地方，形成了一股巨大的社会力量，对皇权用人制度及执政方式提出尖锐的讽刺和批评。具有共同志向的儒家学者把早已流行于朝野的舆论评价引入知识阶层私人交游生活场所中，并且以讨论学问为中心，将士大夫及士人的消遣性、娱乐性集会遽变为抨击朝政的畸形谈论，在思想界对用人制度和社会政治理想展开清议，对“无是能而处是位，无是德而居是贵”[①] 的社会现实进行激烈批判。在这种批判中，他们继承儒家道德主义以道德为中心评价人物以挽救儒家文化价值，“激素行以耻威权，立廉尚以振贵势”[②]。在政治上他们对社会理想实施的最大障碍宦官发动舆论的政治抗议，“天下之士奋讯感慨，波荡而从之”[③]，这种对宦官思想上和政治上的双重夹击使社会冲突爆发。出身贫寒小族的宦寺阶层成为社会的权势者，既体现了非儒家簪缨之寒族家庭子弟对权力的期望，又体现了对这些人沦落为奴的潜在权力补偿，这些最底层的边缘阉竖政治地位的剧烈上升必然引发儒学阶层的反抗和阻拦。于是双方在国家政治体制内的斗争展开，党祸随之而生，“坑儒烧书之祸，今之谓也”[④]，“州郡更考党人门生故吏父子兄弟，其在位者，免官禁锢，爰及五属”[⑤]，儒学阶层“其死徙废禁者，六七百人”[⑥]，社会冲突以宦官得势暂时停息。党锢是宦寺阶层对儒学阶层利益的分割和对儒学士大夫以舆论为反抗手段的一种回击，但是这种回击却遭到了更大的抵抗，这是他们事先未曾想到的结果。所以，在东汉末期以党锢为形式的政治斗争中，士人们以舆论为手段对于执政者的抵抗，是当时一种政治行为方式。这种方式看起来不能立即达到士人们的政治理想，但是它对于消解东汉政府统率言论的能力，衰减东汉国家的诚信度以及降低其社会控制功能，削弱政府在士人和民众中的执政合法性，都起着极其重要的作用。

---

① （汉）王符著，（清）汪继培笺，彭铎校正：《潜夫论笺校正》卷 1《论荣》，中华书局 1985 年版，第 38 页。

② 《后汉书》卷 67《党锢列传》，中华书局 1965 年版，第 2207 页。

③ 同上。

④ 《后汉书》卷 53《周黄徐姜申屠列传》，中华书局 1965 年版，第 1752 页。

⑤ 《后汉书》卷 67《党锢列传》，中华书局 1965 年版，第 2189 页。

⑥ 同上书，第 2188 页。

第四节　从清议到清谈
——新的士人价值观的冲击

东汉国家执政的阉竖及外戚群体，与社会逐渐脱离，其社会整合机制也逐渐沉沦。在豪强势力占主导的基层社会中，这是十分危险的。东汉国家社会整合的失败，以及其社会控制的逐渐削弱，在很大程度上是由儒家士人的背离所引起的。这种背离是一种社会价值观念的变异所致。更加要命的是，在旧的、传统的价值体系逐渐淡化的过程中，新的价值体系在不断生出、发展，加速了执政者与士人群体、国家与社会的背离。清议运动就是这样一种新的，具有社会价值评价效用的舆论运动。

清议的本义是士族中形成的关于评价士人的舆论，把清议理解为正论是赵翼的说法，此后多被沿袭。汉末清议思潮，反映了汉末时代价值体系的走势和汉末人丰富细腻的内心世界。朝堂清议是清议的特殊形态，其发展是由于汉末儒学阶层统治地位的丧失而带来的紧迫感。他们幻想通过清议、上疏、请愿等方式感召皇帝，企图通过舆情控制、社会风气的制约来扼制破坏社会秩序的力量，企图以统治阶级内部的调和来实现社会秩序的和谐，通过自身的反省达到社会整合与控制的实现。但是由于封建中央政权的腐朽黑暗，执政者的顽固守成，促使清议思潮从桓帝时期扩大化，并最终向蔑视儒学名教的清谈转化，这是东汉末期国家丧失舆论主导权，致使社会控制失调的一个非常重要的因素。

一　朝堂清议：激进、承担是非、破家为国的社会理想

汉儒思想中，以道德作为立身根本的阶层“履正清平，贞高绝俗”，而最有理由作为帝国“中兴之良佐，国家之柱臣”①。以清议形式出现的政治抗议，以道德为内容对政治体制进行批判，“古之进者，有德有命；今之进者，唯财与力”②，是儒学阶层利用阉竖等浊流非正常晋升而从事的追逐本阶层利益的活动，是儒学士大夫为增强本阶层势力、缓解社会压力进行的学理化讨论。儒学士人以道德标准作为批判的突破口，为在政治运作中角逐利益提供精神武器，论证自我群体上升的合理性。所以，东汉末期

---

① 《后汉书》卷57《杜栾刘李刘谢列传》，中华书局1965年版，第1844页。

② 《后汉书》卷63《李杜列传》，中华书局1965年版，第2074页。

的清流运动正是士大夫及士人为了理想与政治前途而进行的“激扬名声，互相题拂，品核公卿，裁量执政”[①] 的社会活动，阶层利益的捍卫在体制内找到了道德底线，并且作为政治人物的价值依托。

正是出于对理想与政治前途考虑，清流党人将人物的资格、品德、才貌、知识作为评鉴标准，而这些正是累积着自西汉以来的儒宗地主、豪强的身份、资历，累积着当时党人对于传统权力即知识权力、政治权力、经济权力、舆情领导者的渴望。他们利用这些评鉴标准来对抗浊流，因此具有与社会士人意志契合的群体性。“夫党人者，或耆年渊德，或衣冠英贤，皆宜股肱王室，左右大猷者也。”[②] 故“天下士大夫皆高尚其道，而污秽朝廷”[③]。由追逐自己最大利益的本性所决定，每个人都希望从有限的社会资源中获取比别人更大的份额，因而引导社会实现恰当的分配关系是对政府能力的考验。所以，也有部分党人对皇权的怀疑，是皇权无法调和分配政治蛋糕的结果。

党人具有以天下为忧的宏大气魄，把阉竖等执政者代表的国家和士人代表的天下截然对立起来，岑晊“慨然有董正天下之志”[④]，李膺“欲以天下名教是非为己任”[⑤]。党人有扶危济难、不畏强暴的道德勇气，“是时党事起，天下多离其难，颙常私入洛阳，从绍计议。其穷困闭厄者，为求救援，以济其患”[⑥]。党人具备清流用以区分浊流的“清”的品质。朱零曾慨叹说：“范滂清裁，犹以利刃齿腐朽。”范滂是“其有行违孝悌，不轨仁义者，皆埽迹斥逐，不与共朝”[⑦] 的具备很高道德素质的政治人物。“清”的标榜是对宦寺、外戚以及其他通过钱财买官的暴发户等不具备传统仕进标准又跻身统治阶层的其他社会力量的抗议。“（刘）陶既清贫，而耻以钱买职，称疾不听政。”[⑧] 由此，“清”又从仕进方式的清浊之别扩大为社会上的知识分子个体人格廉洁自守，不为物欲所动的寡欲之心。“清”的最高层次，上升为较为抽象的超越性的含义，意指高洁脱俗，与儒学阶

---

① 《后汉书》卷67《党锢列传》，中华书局1965年版，第2185页。

② （清）严可均辑：《全后汉文》卷81《曹鸾》《上书讼党人》，商务印书馆1999年版，第812页。

③ 《后汉书》卷67《党锢列传》，中华书局1965年版，第2195页。

④ 同上书，第2212页。

⑤ （南朝宋）刘义庆著，（南朝梁）刘孝标注，余嘉锡笺疏：《世说新语笺疏》《德行》第1，中华书局2011年版，第5页。

⑥ 《后汉书》卷67《党锢列传》，中华书局1965年版，第2217页。

⑦ 同上书，第2205页。

⑧ 《后汉书》卷57《杜栾刘李刘谢列传》，中华书局1965年版，第1849页。

层的理想人物贤人等同。从道德品行的清廉和为政的清正无私转而用来形容评价人的精神气质，这是汉魏士人对个人、社会乃至人生参悟的一个侧面的过程。

清流党人在与浊流的阶层利益争夺中，为了以自身的优势完成社会的重新整合，表明自己是帝国政治人物的真正代表，逐渐养成了极端化的行为趋势和心理特点。许多党人被体制内的利益所蒙蔽，失去了宽宏大量的耐性，关闭与浊流沟通的门户，把本阶层舆论调控的优势孤立化为高洁脱俗，由此造成儒学阶层的孤芳自赏。儒学阶层选择了“经明行修”，不等于每个阶层都有条件这样选择和必须这样选择。但是这种选择又大大削弱了政府的声誉及社会的礼教，体制外的草野清议呈现巨大的破坏性，出现“所以声教废于上，而风俗清乎下也”[①] 的情况。而清议运动的发展使中国古代国家和君主明白一个道理，即士大夫和士人的政治人格建构是一个重大问题。以自治为主的中国古代乡村社会必须依靠乡规族约，依靠基层社会儒家舆论的领导，使国家法律与乡村规约能相互渗透、融合，才能实行有效整合与控制。中国古代的儒家士人是参与国家政治生活的一支强大的力量，它具有舆论导向和政治监督的作用。

二　草野清议：温恭、作愚、志在保家的小康品德

在儒学精神指导下，政治人物的道德实践应“出身以效时”还是“藏宝以迷国”[②] 是仁智两分的，这是儒学清流内部天下观与小康品性的对立。所以，东汉末期的清议运动，士人情操的变异，使朝廷执政言论与基层社会舆论导向分离。汉末在政治体制内以道德价值为依托的理想、利益之争波及体制之外，对朝廷中的清流行为反思并题拂士人，对人物才德高低的品鉴、争论成为时代风尚。“陈元方子长文有英才。与季方子孝先，各论其父功德，争之不能决。”[③] 乡里社会举荐人才的民间清议，借助于儒学阶层与浊流进行权力争夺、裁量时政的朝堂清议而被激烈化。“今之所以为黜陟者，近颇以州郡之毁誉，听往来之浮言耳”[④]，“清论所加，必成伟器，

① 《后汉书》卷62《荀韩钟陈列传》，中华书局1965年版，第2069页。

② 《后汉书》卷53《周黄徐姜申屠列传》，中华书局1965年版，第1739页。

③ （南朝宋）刘义庆著，（南朝梁）刘孝标注，余嘉锡笺疏：《世说新语笺疏》《德行》第1，中华书局2011年版，第10页。

④ （晋）陈寿撰，（南朝宋）裴松之注：《三国志》卷21《魏书》21《王卫二刘傅传》，浙江古籍出版社2000年版，第389页。

丑议所指，没齿无怨”[①]。清议在作为抵抗浊流势力的武器同时，也成了士人生活中最关键的受到社会尊崇和进行社会流动的通行证，它使汉末对社会理想人物素质的标准之争达到了空前热烈的程度。

在朝堂清议中，儒学阶层的使命感，促使其把本应在体制外批判治统的道德精神带入政治运作而开始与帝国体制紧密相连了。刘佑晚年“杜门绝迹”，延笃贻之书曰：“昔太伯三让，人无德而称焉。延陵高揖，华夏仰风。吾子怀蘧氏之可卷，体宁子之如愚，微妙玄通，冲而不盈，蔑三光之明，未暇以天下为事，何其劭与？”[②] 党人把道德生命与体制结合在一起，虽被指斥为虚伪的道德活动，党人对自己的正当性却从不怀疑。范滂曾说：“臣闻仲尼之言，‘见善如不及，见恶如探汤’。欲使善善同其清，恶恶同其污。”[③] 对社会权力结构重新调整，只需明确善恶之分。杜密认为“刘胜位为大夫，见礼上宾，而知善不荐，闻恶不言，隐情惜己，自同寒蝉，此罪人也。今志义力行之贤而密达之，违道失节之士而密纠之，使明府赏刑得中，令问休扬”[④]。主张德行应用于实践社会，并不主张作愚。

草野清议对社会公众人物的理解完全不同，这是由其不同的社会身份决定的。草野清议派也反对浊流，但走的是“群而不党”的路线，能对党人代表的儒学精神反思。草野清议者没有朝堂清议者现实的政治权力被剥夺的切身之痛，因世俗职务的不同具有微妙的差别。体制外的人没有把道德修养与逐利活动直接联系在一起，所以更具有独立精神。周燮屡聘不仕，宗族更劝之曰：“夫修德立行，所以为国。”周燮却认为：“夫修道者，度其时而动。”[⑤] 权衡利弊的关注个人和家族利益的小康品德完全失去了清流党人血性勇敢的气魄，它是草野清议对朝堂清议批判改造的结果。钟瑾“好学慕古，有退让风”。表兄李膺认为：“孟子以为‘人无是非之心，非人也’。弟何期不与孟轲同邪？”钟皓反驳道：“昔国武子好昭人过，以致怨本。卒保身全家，尔道为贵。”[⑥] 钟李二人对公众人物道德的具体要求不同，而李膺对钟皓极为赞赏，认为“钟君至德可师”[⑦]。钟皓所遵循的道德

---

① 《后汉书》卷64《吴延史卢赵列传》注引《先贤行状》，中华书局1965年版，第2112页。

② 《后汉书》卷67《党锢列传》，中华书局1965年版，第2200页。

③ 同上书，第2205页。

④ 同上书，第2198页。

⑤ 《后汉书》卷53《周黄徐姜申屠列传》，中华书局1965年版，第1742页。

⑥ 《后汉书》卷62《荀韩钟陈列传》，中华书局1965年版，第2064页。

⑦ 同上书，第2064页。

标准是“懿性贞实，文[illegible]笃诚，保家之主也”[1]。草野清议者与朝堂清议者从文化身份、学理身份来说同属儒学阶层，对公众领袖人物的界定却大相径庭。但是有一点是一致的，即他们都在逐渐摆脱执政者的思想而呈现独立自由思考的趋势。

东汉中后期社会理想人物中有两位人间典范——郭太和黄宪。他们从时人对他们彼此的品评中，可以看出汉末士人对于理想人物的评价标准：其一，德行渊深不可测。郭太评价黄宪“叔度汪汪如千顷陂，澄之不清，淆之不浊，不可量也”[2]。蔡邕评价郭太“器量弘深，姿度广大，浩浩焉，汪汪焉。奥乎不可测已”[3]，德行渊深宽广没有界限，在汉末被美化到玄妙的境界。陈季方评价其父“吾家君譬如桂树生泰山之阿，上有万仞之高，下有不测之深”[4]；其二，德行的外现是温良恭俭的作风，温文尔雅的道德表现完全迥于党人激进的道德特征；其三，对时势有敏锐的洞察力表面却能作愚，这是德行修养最高的境界。德行内敛，虚怀若谷，谦恭自守，智不外现就是作愚的最好表现。故郭太赞刘儒“口讷心辩，有珪璋之质”[5]。人物的才智获得容易，能够作愚却很难，个人在获得才智的前提下仍能进退有度，不张扬着实难能可贵。

清议中对理想人物的界定比较抽象。各个阶层在遵循主流的社会理想时，总会根据自身的优势和情势将自我化、特殊化为我所用。在政府体制内外儒学阶层的两种含义和指向不同的清议风格中，不同类别之间的界限是分明的。基于不同的存在方式的意义系统有各自的分野和标准，其中的人们据此去组织行为并维持各自系统的方式。不同的意义系统之间不能兼容，因为生活在不同意义系统中的人们视对方的行动无意义或赋予其不同的意义，这表现了两种文化意义系统的不协调与不相容。这种对社会秩序和谐的不同界定中，反映了不同的社会控制与整合理想。

温恭还是激进，作愚还是辨别是非，志在保家还是破家为国，都是以社会精神领袖作为一般特征和最高信仰的。两种清议虽然在将其具体化过程中产生分歧，但他们都坚守儒学阶层对理想人物界定的共同规范，角度多样，

① （晋）陈寿撰，（南朝宋）裴松之注：《三国志》卷 10《魏书》10《荀彧荀攸贾诩传》，浙江古籍出版社 2000 年版，第 202 页。

② 《后汉书》卷 53《周黄徐姜申屠列传》，中华书局 1965 年版，第 1744 页。

③ （清）严可均辑：《全后汉文》卷 76《蔡邕》《郭泰碑》，商务印书馆 1999 年版，第 765 页。

④ （南朝宋）刘义庆著，（南朝梁）刘孝标注，余嘉锡笺疏：《世说新语笺疏》《德行》第 1，中华书局 2011 年版，第 9—10 页。

⑤ 《后汉书》卷 67《党锢列传》，中华书局 1965 年版，第 2215 页。

内涵饱满，并在清议的两种风格的争执中强化了这一影响。不过，这场儒学内部的分歧是儒学阶层社会理想的回光返照，它在为儒学阶层利益最强有力地论证的同时，已被时代变迁所带来的社会变动对理想人物要求的转变毫不留情地抛在了后面。清流和清议共同造就了儒学形象在魏晋转型前的繁荣。

三　清议的回归——清谈

清议思潮从桓帝时期扩大化，并最终向蔑视儒学名教的清谈转化，这是东汉末期社会思想与社会政治中一个重要的思想变化，也是东汉国家在思想和舆论领导权上的更加失衡的表现。党锢之祸后，朝堂清议回归到了它谈论的本来面目，复位为地方知识分子相互激励、斗智的娱乐游戏，并与民间乡饮酒礼结合，转变为清谈形式。当然，即便是在党人进行轰轰烈烈的斗争之时，这种不涉及时事，纯以斗智斗识、展现自我为目标的谈论也一直存在着。孔融 12 岁时与当时的大名士李膺见面，得到李膺的充分肯定，当时是桓帝延熹七年（164），正是第一次党锢事件（延熹九年，166）将临之际。以李膺、陈蕃为首的清流人士对朝廷的激烈批判已达到白热化，然而在这次政治活动之策划者李膺的私邸中，主人与孔融进行了一番与当时局势了无关系的研讨诸子百家与经典史籍的学术性谈论，并且这种谈论显然是伴随着胜负的交织展开。双方不拘主客之礼，不拘于长幼之别，交谈在愉快和谐的气氛中不断延续。

桓帝时代的这种谈论与其时达到白热化状态的朝堂清议具有完全不同的内容和性质，这种智力性、娱乐性的谈论是在当时知识人士们的个人生活中进行，他们的中心人物基本上皆为当时与党锢事件的关系密切的清流人士，当时的知识人士时而站在士人的立场上在政治评论方面热情洋溢，时而又在自己或友人中轻松愉快地享受符合个人好尚的谈论乐趣。

灵帝到献帝时代，对于有文化的士人阶层，包括趁着黄巾之乱而企图扩张自己势力的有识士族，以及仰赖于这些新权贵的知识人士，这种智力性、娱乐性的谈论曾经是他们最佳的消遣和交游方式，在朝堂清议遭遇挫折之后，很容易回归到它本来的位置。如汉末大文学家蔡邕“朝夕游谈，从学宴引……”游谈是被当作娱乐游戏的。又如当时的大名士袁绍家中：“时大将军袁绍总兵冀州，遣使要玄，大会宾客。玄最后至，乃延升上坐。……绍客多豪俊，并有才说，见玄儒者，未以通人许之，竞设异端，百家互起。玄依方辩对，咸出问表，皆得所未闻，莫不嗟服。”① 这种众多

① 《后汉书》卷 35《张曹郑列传》，中华书局 1965 年版，第 1211 页。

学者共同聚集在一起，进行学术的讨论，其形式预示着稍后的魏晋清谈的发展路径，鲜明地勾勒出后者的发展方向。作为士人交游生活中形成的主智性谈论，至建安魏初，掌握谈论主导权的士族，将自己超脱俗尘的自由谈论称为“清谈”。这种“清谈”，其最大的作用便是将地方士族、豪强中的儒宗人物的治天下的雄心和潜在能力激发出来。通过评鉴人物及自我标榜，这些地方士族、豪强中的颇具儒家风采的人物，得到了广大士人的期许与拥戴，也逐渐形成对自己有利的舆论氛围，埋下了国家分裂的种子。至正始之后，这些士族、豪强基于他们学问和志趣上的特权观和优越性，将一般国家官吏、民众蔑视为流俗，同时视自己的言谈、行为为清高，形成两种价值观的分野。这种以贵族思想为基础，以玄学为中心而盛行的消遣性、娱乐性清谈，为魏晋玄学的形成、发展开辟了道路。

第五节　东汉末思想控制失效分析

一　权势集团与清流官僚、士人的对立使政治价值观分离

东汉社会控制体系的失效，在政治层面上表现为帝国儒家意识形态与皇权维护的权力平衡之间产生了严重的冲突。据《后汉书》各帝本纪，安帝以后的皇帝均幼年继位，始则受制于外戚，继而受摆布于宦竖，成为政治舞台上的傀儡，不能树立封建最高统治者的威严。无论是外戚、宦官，还是儒生官僚集团，都不具备真正的皇帝的那种名正言顺、统治天下的力量。东汉中后期社会控制的衰落除了表现在思想文化领域内部以外，还重点表现在统治者内部权力的激烈争夺，皇权衰落以及由其带来的政治生活的黑暗，包括吏治腐败、选举制度被破坏等。东汉末年，政统与道统之外的无序力量多端兴起，各阶层都打造出了对自己阶层有利的社会调和标准。尤其是外戚宦官势力发展为一种无组织力量，激起士人、太学生的抨击，严重破坏了政统与道统之间的平衡。东汉统治集团内部权益再分配的斗争，最后集中表现为外戚集团与宦官集团的对峙。汉末宦官势力极盛，以致“大臣欲诛宦官，必藉宦官之力；宦官欲诛大臣，则不藉朝臣力矣”①。这股在东汉末最有力的政治势力完全不符合清流士大夫心目中对理想政治人物素质的界定。宦官集团多次凭借有利条件在权益角逐中得势，

① （清）赵翼撰，曹光甫校点：《廿二史札记》卷5《后汉书》《东汉宦官》，上海古籍出版社2011年版，第95页。

但最终还是败北。这种过于激烈的角逐严重破坏了封建国家机器的正常运转，触发了社会矛盾的激化，使得东汉王朝的政治越来越黑暗。

汉代中国行使权力的基本原则是政治、军事权力的分割，汉代政府依靠一个互相制衡的体系来防止任何集团独掌大权。当儒学阶层破坏了这个平衡的时候，非儒家之寒族出身的宦官就被引进其中了。面对经过四百年充分发展的儒家学养阶层的庞大力量，统治阶层最顶端的君主最关注的是如何才能将他们变成可控制的社会角色。在皇权的选择下，借以平衡制约士大夫的宦官势力发展为政治组织力量，许多最具德行和学问的士大夫从统治阶层被排斥出去。“宦寺之祸，弥延于东汉，至于灵帝而蔑以加矣。党人力拒之而死，窦武欲诛之而死，阳球力击之而死，后孰敢以身蹈水火而姑为尝试者！”①

皇权以忠诚、信赖为基础重新建构政治组织力量，而他们对政治人物的选择必须考虑两个因素：其一，新选择的阶层的优势和特点不同于儒学阶层。符合这个条件的是以土豪为代表的财富阶层和以宦寺为代表的来自社会最底层的非儒家之寒族。其二，新的信赖阶层必须是君主亲近、信赖的政治阶层。符合这个条件的阶层有三：宗室、外戚、宦官。西汉初因信赖宗室而有“吴楚七王之乱”，西汉末因信赖外戚王莽而亡国。综合的结果，是宦寺阶层最值得君主信赖而得以突然跃入统治阶层的顶端以掣肘精神高昂的士大夫力量。“置西园八校尉，以小黄门蹇硕为上军校尉……帝以蹇硕壮健而有武略，特亲任之，以为元帅，督司隶校尉以下，虽大将军亦领属焉。”② 皇室选择政治人物的结果，让乡党社会孕育出的文化、德行精英被关闭在共享政权之外。权力结构上的缺点，造就了汉末的社会危机。

在儒学的价值观中，普通的社会民众尤其是不通经地上升为政治人物的机会是极少的。尤其是最底层的平民，绝大多数没有接近政治权力的机会。正如班固所言：“自孝武兴学，公孙弘以儒相，其后蔡义、韦贤、玄成、匡衡、张禹、翟方进、孔光、平当、马宫及当子晏咸以儒宗居宰相位，服儒衣冠，传先王语，其酝藉可也。”③ 非儒学阶层沿正常渠道无法晋升到高位，社会权力结构中最边缘化的宦官指望从这一制度中得到公平的待遇。宦官生活在社会最底层，是游离于社会体制外的个体，是生活在主

① （清）王夫之著，舒士彦点校：《读通鉴论》卷8《灵帝》，中华书局2013年版，第263页。

② 《后汉书》卷69《窦何列传》，中华书局1965年版，第2247页。

③ 《汉书》卷81《匡张孔马传》，中华书局1962年版，第3366页。

流历史之外的尴尬人，他们寄生在历史中，依靠对体制的阿谀、背叛、剽窃、威胁，在缝隙中寻求生存空间。他们没有“经明行修”的入仕条件，便以身体和尊严换取生存空间，在儒学阶层的主流话语权力属于离社会中心最远的边缘人。汉代“学行为先”的精英政治，让儒学阶层远远地超越了无德无学的贫贱寒族，社会下层无法参与社会资源的竞争，儒学阶层失去君主的信赖成了地位最卑贱的宦寺获得权力的契机。儒学学养贵族虽较血缘贵族更具作为政治人物的合理性，但毕竟消解了皇权。政治组织力量中儒学阶层的膨大对君主形成威胁，“党成于下，君孤于上”①，必然失去君主的信赖。只有在君主欲清算儒学阶层时，非儒家之寒族才能抓住这偶尔出现的机会攫取权力。只有在社会无序状态下才会给无权无势的宦官带来获得权力的契机。

统治阶层内部权力与利益再分配的斗争中呈现的，是儒学上层力量的膨胀与人均权力比例恶化，道德普遍堕落的社会遭遇到的一种自作自受式的道德报应。把儒学阶层当作政治组织力量重新改造中的替罪羊是汉末权力稀缺的君主和权力稀缺的社会下层共同的得意之作。皇权在混乱时期代表着秩序，东汉中晚期社会大动荡的根源在很大程度上就是因为缺乏一种代表着秩序的皇权存在。由于士人对于中央朝廷邪恶势力的势不两立，使统治阶级内部矛盾进一步激化，处士横议，褒贬执政，抨击邪恶，相互标榜成为一时之风气。由此，儒家士人与皇权的距离拉得更远了。

二　儒家士人新圣贤理想人物内涵的设定

儒家圣贤理想人物的特点通常被概括为“内圣外王”，以圣人、君子为典范。从内涵上看，孔孟理想人物都是以仁为中心的仁、智、志的统一。“仁且智，夫子既圣矣”②，“仁者必有勇”③。两汉时代，董仲舒在政治和意识形态中价值权威主义影响下，强调理想人物仁且智而抛弃意志品格特征，“莫近于仁，莫急于智”④，但智是被仁涵盖的，注重运用“才”的人品，认为“不仁之人，亡所施用；不仁而多材，国之患

① （清）严可均辑：《全后汉文》卷46《崔寔》《意林》，商务印书馆1999年版，第471页。
② 王常则译注：《孟子·公孙丑上》，山西古籍出版社2003年版，第40页。
③ 傅佩荣：《解读论语·宪问》，上海三联书店2007年版，第213页。
④ 曾振宇、傅永聚注：《春秋繁露新注》《必仁且知》第30，商务印书馆2010年版，第183页。

也"[①]，"人诚乡正，虽愚为用；若乃怀邪，知益为害"[②]，理想人物重经学熏陶下的德行。"五经无双许叔重""五经纵横周宣光""道德彬彬冯仲文""德行恂恂召伯春"，这些赞语体现了两汉"经明行修"的圣贤理想人物的标准。

东汉末社会的蜕变和学风的萎靡使学问的多样化逸出传统的藩篱，对理想人物的界定突破以儒家道德为标准的单一思路，变得更为细致，角度更为多样。由于对现实政治黑暗与学术庸俗的无奈与失望，许多士人另辟蹊径，在传统的儒家德性之外，对理想人物内涵的评价，特别突出其才、志、美。许劭"称（刘）晔有佐世之才"[③]。反映人们对禀赋才能的期望。对个人之志的推崇上，因汉末多难时代的动荡令人触目惊心，先秦强调的独立自主的意志品格更多地被对社会的责任感、牺牲精神和坚强性格所替代。理想人物要有"幽深牢破室族而不顾"[④] 的正义感，"知善不荐，闻恶无言……此罪人也"[⑤] 的责任感。是否经历过某种困难以及困难的程度、需要的勇气成为评价理想人物的尺度。人们赞誉"天下模楷李元礼，不畏强御陈仲举"[⑥]，范滂"慨然有澄清天下之志"[⑦]。同时，人物外在风格也被融入理想人物"美"的一面，"叔度汪汪如万顷之陂"[⑧]，陈寔"譬如桂树生泰山之阿"[⑨]，"汝南陈仲举，轩轩如千里马。南阳朱公叔，飂飂如行松柏之下"[⑩]。个人的超凡气质被勾勒为理想人物独特的风采。可见，汉末的理想人物形象是一种相对全面的、有血有肉的、多层价值界定，而不是偏执一端，是真正真、善、美的统一，是对先秦理想人物饱满内涵的复归和修定。日本学者冈村繁先生指出："这种理想与前此一直流行的时代风尚不同，它强调的不再仅仅是'名节''清廉'之类，而涵盖了品格、才能、言行等；质言之，合乎这种理想的人物，其人格丰满，其魅力充溢，

---

① 《汉书》卷 84《翟方进传》，中华书局 1962 年版，第 3420 页。

② 《汉书》卷 75《眭两夏侯京翼李传》，中华书局 1962 年版，第 3167 页。

③ （晋）陈寿撰，（南朝宋）裴松之注：《三国志》卷 14《魏书》14《程郭董刘蒋刘传》，浙江古籍出版社 2000 年版，第 284 页。

④ 《后汉书》卷 67《党锢列传》，中华书局 1965 年版，第 2207 页。

⑤ 同上书，第 2198 页。

⑥ 同上书，第 2186 页。

⑦ 同上书，第 2203 页。

⑧ （南朝宋）刘义庆著，（南朝梁）刘孝标注，余嘉锡笺疏：《世说新语笺疏》《德行》第 1，中华书局 2011 年版，第 4 页。

⑨ 同上书，第 9 页。

⑩ （南朝宋）刘义庆著，（南朝梁）刘孝标注，余嘉锡笺疏：《世说新语笺疏》《赏誉》第 8 注引《李氏家传》，中华书局 2011 年版，第 367 页。

其器度之深广为常人所难以测量。"[①]

建安时期寻求各类政治人物已成当务之急，理想人物的标准亦随之改观。以往那种严格要求须有才识德行的理想主义人物观，开始让位于较为现实的公众人物尺度。这种尺度承认人们各有不同才性，并力图对其灵活使用。理想人物的才、志、美特征对德仍有依赖，但较以前独立性增强，其中一种素质杰出者，就可作为理想人物。曹操就是"贪残虐烈无道"之最，却因"汉家将亡，安天下者必此人也"[②] 而成为理想人物之一种。李膺儿子李瓒称许"天下英雄无过曹操"[③]，对英雄的赞美一定程度上取代了对贤良孝廉的赞美。与曹操才性特点反差最大的孔融"才疏意广，迄无成功"，却因"负其高气，志在靖难"[④] 而成为理想人物的另一典范。可见，个体对理想人物的选择保留了充分的自由，这是学术多元化时代所呈现出的开放、博大的姿态。

汉末理想人物素质在对德、才、志、美肯定的同时，也表示了对外在权势、财物标准的否定。所以"君子不患位之不尊，而患德之不崇；不耻禄之不多，而耻智之不博"[⑤]。汉末国家观与个人观逐渐分离，评价理想人物脱离公事目的，不是看其官做得多大，而是看个人品质有多出色。理想人物所重视的与其说是门第、官位这些社会的表面装饰方面，不如说是更为本质的人的品格才识方面，重视人的价值。

三　个人与社会的价值在清谈思潮中异化与重新整合

儒家期望的"内圣外王"型的理想人物是入世型的典范，必然涉及现实自我如何与理想自我达到统一。先秦传统儒家人性思想，把伦理道德素质看作人天生的永恒本质，"君子所性，仁义礼智根于心"[⑥]，把现实与理想的统一归结为内省的方法，"尽其心者，知其性也。知其性，则知天矣"[⑦]，认为尽心知性就可进入理想之境而成为圣人。贤与能并无矛盾。在董仲舒的人性论中，"性情相与为一暝"[⑧]，有善有恶，有道德有人欲，所

---

① 〔日〕岡村繁：《汉魏六朝的思想和文学》，陆晓光译，上海古籍出版社 2002 年版，第 104 页。

② 《后汉书》卷 67《党锢列传》，中华书局 1965 年版，第 2218 页。

③ 同上书，第 2197 页。

④ 《后汉书》卷 70《郑孔荀列》，中华书局 1965 年版，第 2264 页。

⑤ （清）严可均辑：《全后汉文》卷 54 张衡《应间》，商务印书馆 1999 年版，第 559 页。

⑥ 王常则译注：《孟子·尽心上》，山西古籍出版社 2003 年版，第 216 页。

⑦ 同上书，第 207 页。

⑧ 曾振宇、傅永聚注：《春秋繁露新注》《深察名号》第 35，商务印书馆 2010 年版，第 214 页。

以不能靠内省而更依赖外在的作用，“王教在性外，而性不得不遂”①。把教化看成沟通个人与社会的桥梁。但归结于天意、圣人的教化的这种外在的教化最终在端正人心方面遭到失败。外在的教化有德之名无德才之实，教化无法真正实现个人目标与社会标准的统一，是汉末社会控制失效的重要原因。要改变这种矛盾，实现个人与社会的和谐，就不能从外在教化入手。要使才德之实符合德之名，要改才性人格而为纯正的德性人格，这种德性人格，是本于真心的。

东汉末的思想家在儒家价值观念的失落，无道的君主，以及外戚、宦官交替专制的混乱局面中，利用处士横议，褒贬执政，抨击邪恶，相互标榜来作为自己的斗争武器。但是这种不惜以牺牲生命为代价的群体斗争和群体牺牲精神，并没有扭转政治黑暗的形势，却反而使盘踞中央政权的阉宦之流更加得势。于是许多清流知识分子与儒家士人开始逾越儒家规范，重新审视社会的政治与伦理准则。他们在重视外在教化的同时，逐渐从内在的自觉发掘人的真正的本质，从人内心去寻求个人社会理想目标与社会公正标准达于统一的趋向，于是在外界无法得到个体理想与社会目标统一的前提下，注重个体性情，于是，将自然之性情当作儒家伦理规范的源流的观念开始出现并逐渐发展。王符认为：“性情者，心也，本也。俗化者，行也，末也。末生于本，行起于心。”② 荀悦也认为仁义是根本，是真实之心，也就是性。“性”能成就功业，也能成就理想人格。这些论点，都是把关注的目光从外在转向内在。所以，个人的入世原则和社会适应性的统一，德之名与才之实的呼应，最终不是由教化而是通过发掘心性而实现的。真正的品德不是造作仿效，而是主张由外在的因名教化转向内在心性的挖掘，从而完成向魏晋文化的转型。魏晋玄学的社会控制思想的出发点，是探究究竟是由上天发出灾异谴告等外在的约束形式还是主张内在的人心向善，是外在约束影响行动还是以内心对道德的主动欲求来最终实现社会的良性控制并达到社会稳定和长治久安，这就形成了对于汉代儒家思想的最终疏离，开始向着名教与人之自然性情相互统一的方向发展，汉代儒家社会思想最终被赋予新的认识。由此，魏晋玄学替代了儒学，这标志着两汉儒学在社会控制功能上的彻底失能。

---

① 曾振宇、傅永聚注：《春秋繁露新注》《实性》第 36，商务印书馆 2010 年版，第 217 页。

② （汉）王符著，（清）汪继培笺，彭铎校正：《潜夫论笺校正》卷 8《德化》，中华书局 1985 年版，第 371 页。

第十八章　东汉末期政府权能的失效及国家分裂

第一节　官僚阶层的衍变与士大夫的边缘化

一　外戚、宦官轮流执政——封闭性政治局面的形成

东汉中后期“大将军定策禁中”，“中常侍在日月之侧，声势振天下”[①]，造成“阉竖弄权，忠臣不进”[②]的局面，统治权力核心位置几乎被外戚、宦官垄断，外戚、宦官轮流把持内朝，决策天下。当外戚专权时，担任大将军、骠骑将军、车骑将军、卫将军等将军职位的基本都是皇帝的娘舅及戚属，他们“典禁兵”，控制中枢，形成外戚垄断兵权，操持国家军队的格局。诸将军非但权“比三公”，有时甚至“位在公上”，真正的“位尊权重”，更重要的是有“出入禁中”之权，从而让外戚“禁省起居，纤微必知”，取得亲近皇权之便，对后妃、天子有重大的影响力，导致“机事大小，莫不咨决之”。而宫廷中的中常侍、小黄门均为宦者，他们的职责分别为“掌侍左右，从入内宫，赞导内众事，顾问应对给事”[③]和“掌侍左右，受尚书事。上在内宫，关通中外，及中宫以下众事”[④]。宦官集团占尽紧伴君主左右料理天子生活起居的优势，挟持幼帝，加之深谙察言观色之道，深获幼主信任。在他们替代外戚，把持政权后，得以把权力无限膨胀甚至凌驾于君主之上，是以左右君主对政事的决定或操持皇帝对百官谏议抉择，如“雄之所言，皆明达政体，而宦竖擅权，终不能用”[⑤]。

---

① 《后汉书》卷63《李杜列传》，中华书局1965年版，第2076页。

② 《后汉书》卷58《虞傅盖臧列传》，中华书局1965年版，第1874页。

③ 《后汉书》卷90《百官三》，中华书局1965年版，第3593页。

④ 同上书，第3594页。

⑤ 《后汉书》卷61《左周黄列传》，中华书局1965年版，第2019页。

自汉和帝即位后，东汉君主大权，更是操纵在外戚、宦官两大群体手中，并在二者之间争夺不休。这一时期，常规的职官系统对外戚、宦官势力集团的专权无能为力。所以，自东汉和帝起，官僚宰辅集团已经失去对于国家大权的掌握，加之君权旁落，宦竖擅权，使光武以来注重以儒学“礼义”治国的社会控制手段逐渐失效。同时，外戚、宦官轮流把持内朝，决策天下，官僚宰辅集团失去以往的统治权力，也使统治政权内部开始出现政治阶层之间的分裂。外戚、宦官轮流把持内朝的一个重要结果是，使政权主要围绕在这些宫廷政治集团中转换，权力运作主要在这些政治集群中进行。这样，东汉政权开始失去其权力运作所必需的开放性、宽泛性，权力成为少数人谋取政治利益的工具。由此就使东汉国家政权逐渐丧失其统治基础，尤其是东汉以儒治国，以儒家思想意识形态进行社会整合的统治基础，阶层整合、社会治理的功能则不断弱化。

二 当政阶层恣意排挤诛杀通过正道仕进的官僚士大夫

官僚士大夫阶层在外戚、宦官“相继为蕃辅”① 的黑暗政治环境中，努力到处奔走呼唤，他们既是反对外戚、宦官专权的思想倡导者，又是身体力行的实行者，他们企图以儒学之道统来扶正危而即颠的东汉政府，力求解救陷于万难的天下苍生。但是他们奔走呼号、建言献策的努力遭到了外戚、宦官集团的竭力反对，也受到被忠臣“裁黜者”的奸邪官僚必“皆侧目思报”的“睚眦必报”。② 外戚、宦官集团为了巩固权力，或“以喜怒驱逐长吏，恩阿所私，罚枉仇隙”③；或“排陷忠良，共相阿媚”④，千方百计排除不能阿谀奉承的异己，极尽诬陷之能事，致使有志“恶绝宦官，不与交通”⑤ 的官僚士大夫有的“挂冠而去”，有的受迫害“饮药死”或“下狱死”。对于坚贞不屈的忠直君子，几次三番加以谋害，穷追不舍，“诩好刺举，无所回容，数以此忤权威，遂九见谴考，三遭刑罚，而刚正之性，终老不屈”⑥；对于不配合苟且的仁人君子，则陷“以为阿党，请收下诏狱……免官禁锢”⑦，令“在朝者为之寒心”，满朝官员莫不害怕“以

① 《后汉书》卷78《宦者列传》，中华书局1965年版，第2528页。
② 《后汉纪》《孝章皇帝纪》，中华书局1965年版，第242页。
③ 《后汉书》卷6《孝顺孝冲孝质帝纪》，中华书局1965年版，第280页。
④ 《后汉书》卷66《陈王列传》，中华书局1965年版，第2163页。
⑤ 《后汉书》卷65《皇甫张段列传》，中华书局1965年版，第2133页。
⑥ 《后汉书》卷58《虞傅盖臧列传》，中华书局1965年版，第1873页。
⑦ 《后汉书》卷37《桓荣丁鸿列传》，中华书局1965年版，第1261页。

忠正得罪”，“是以时俗为忠者少，而习谀者多”[①]，使得相当官僚士大夫“噤若寒蝉”，颓废不振，力求自保。

外戚、宦官集团借着打压的时机，仗着统治者的袒护，乘机发展自己的势力，通过不正常手段提拔自己的亲信填补要位，垄断和控制中央和地方的官阶。外戚、宦官的排斥，一方面使很多刚正不阿为国为民的忠臣士子相继凋零，本来在高层为数就不甚多的官僚士大夫阶层力量就显得更加薄弱了，正义的声音也不再激扬，正直之风凋敝，恶俗之气泛滥。另一方面，官僚士大夫也不甘心长期处于被压抑状态。他们既要为天下黎民做主，又要为自己的群体寻找出路，就要想方设法摆脱被排挤禁锢的境况，努力争取和创造机会发展本阶层的势力。但是在处于弱势的情况下，他们就只能通过传统的舆论手段，争取朝野的官僚士大夫和士人的支持，由此掀起了抨击外戚、宦官专权的舆论风暴。

三 君主对宫廷势力的偏袒加剧了王朝的政治封闭

除了外戚、宦官联合起来，共同排挤构陷忠正官僚士大夫、大肆培植提拔亲信、竭力垄断官僚机构之外，君主对外戚、宦官的信任和重视也导致官僚系统严重失衡，由此加剧了王朝政治的封闭。君主对外戚、宦官的偏袒主要表现在以下三方面。首先，后妃、君主对外戚、宦官的高度信任和依赖，对外戚、宦官多纵容、袒护。东汉后期多为幼君，君主幼年即位，政事多由太后掌握。由于外戚的后妃父兄身份，以及宦者多在后宫活动，因此这些人往往得到太后、君主的信任。《后汉书》记当时后妃、君主“信任亲爱者，尽佞谄容说之人也；宠贵隆丰者，尽后妃姬妾之家也”[②]，甚至当外戚、宦官犯了罪应该处罚，统治者竟采用能免则免的态度，“上虽信纲言，然卒不罪冀”[③]，或者在铁证如山时才对宦官“不得已”免官削国，也不降死罪。正所谓“正士怀怨结而不见信，猾吏崇奸轨而不被坐”[④]。

其次，君主荒政殆政，使得忠正士大夫的劝谏被置之不理，反而听信奸佞谗言，置忠臣于死地。幼君贪图玩乐，对朝政漠不关心，对百姓水深火热的生活现实视而不见。文献记（恢）上疏曰：“‘君臣失序则万民受殃，政失不救其弊不测，当今所急，上宜以义自割，下宜以谦自别。’书

---

① 《后汉书》卷 61《左周黄列传》，中华书局 1965 年版，第 2021 页。

② 《后汉书》卷 49《王充王符仲长统列传》，中华书局 1965 年版，第 1647 页。

③ 《后汉纪》《孝顺皇帝纪》，中华书局 1965 年版，第 374 页。

④ 《后汉书》卷 49《王充王符仲长统列传》，中华书局 1965 年版，第 1641 页。

御不省。"[1] 甚至视忠言警语如鲠在喉，感到厌烦，"奏书，上不悦，愈以疾（陈）蕃"[2]，"尚书陈忠以直言为名，而人主不能容"[3]，更有甚者，忠臣在奸佞的谗言中几乎都未能幸免于难，相继"坐直言，下狱死"，最具讽刺色彩的是张均谏议"悉斩"把灵帝出卖给黄巾军的张让等"十常侍"而致自己下狱死，正是"奸人擅无穷之福利，而善士挂不赦之罪辜"[4] 也。

再次，对忠正的功臣当封不封，对敢于担当，为东汉王朝出生入死的士大夫及士人远而厌之，而对外戚、宦官则大肆封赏，过于"品制"。"及破张角，（傅）燮功多当封，忠诉谮之，灵帝犹识燮言，得不加罪，竟亦不封，以为安定都尉。"[5] 而反观对外戚、宦官的态度，则是频频封侯赐爵。正是"乱世则小人贵宠，君子困贱"[6]。这样，终使士大夫阶层逐渐淡漠、脱离乃至抛弃皇权，使东汉后期的小朝廷变成了缺乏拥戴基础的真正的孤家寡人。

最后，外戚、宦官的势盛也使得君主对官僚士大夫的力谏，纵然觉得有理，也无能为力，无可奈何。"天子深纳（张）奂言，以问诸黄门常侍，左右皆恶之，帝不得自从"[7]，这就是典型的外戚、宦官"权倾天下，宠逼人主"[8]。

这些情况使东汉后期小朝廷实际上处于孤立的政治封闭中，最高权力和一大批官僚宰辅、地方势力逐渐疏远权力中心，中央权力始终在几股宫廷势力中轮回。而当时的皇权并没有认识到事情的危险性，反而继续其荒政殆政，这从桓帝与大臣爰延的对话可见一斑。（爰延）对曰："尚书令陈蕃任事则化，中常侍黄门豫政则乱，是以陛下可与为善，可与为非。"[9] 遗憾的是，帝王并未采纳爰延的意见，仍然"所亲幸，以贱为贵，以卑为尊"。君主亲小人远君子的态度严重地打击了士大夫阶层的积极性，以致部分官僚士大夫见风使舵，甘当墙头草以"附从者升进"为真理，而忠臣仁人君子则被当成"忤逆者"加以"中伤"。统治者成为奸佞小人的保护伞，从而外戚、宦官集团只手遮天，"百官迁召，皆先到冀门笺檄谢恩，

---

① 《后汉纪》《孝和皇帝纪》，中华书局 1965 年版，第 253 页。
② 《后汉纪》《孝桓皇帝纪》，中华书局 1965 年版，第 427 页。
③ 《后汉纪》《孝安皇帝纪》，中华书局 1965 年版，第 328 页。
④ 《后汉书》卷 49《王充王符仲长统列传》，中华书局 1965 年版，第 1649 页。
⑤ 《后汉书》卷 58《虞傅盖臧列传》，中华书局 1965 年版，第 1874 页。
⑥ 《后汉书》卷 49《王充王符仲长统列传》，中华书局 1965 年版，第 1649 页。
⑦ 《后汉书》卷 65《皇甫张段列传》，中华书局 1965 年版，第 2141 页。
⑧ 《后汉纪》《孝桓皇帝纪》，中华书局 1965 年版，第 421 页。
⑨ 《后汉书》卷 48《杨李翟应霍爰徐列传》，中华书局 1965 年版，第 1618 页。

然后敢诣尚书"[①]，牢牢把持官员晋升的职权，察举选拔官吏的秩序混乱。而皇帝明确地站在宦官外戚一边，支持宦官外戚打击士大夫和士人阶层，成为迫使官僚士大夫阶层衍变的一个重要原因，它使统治层面政治阶层分裂加剧，皇权开始失去广大的士大夫和士人的广泛拥戴，也使社会危机迫在眉睫。

四 官吏选拔秩序被打乱——才路堵塞，仕途封闭

东汉官吏、人才选拔制度在继承西汉察举制度的基础上做了进一步的改善，但到了东汉中后期，察举辟召的选人方式就开始暴露出其存在的弊端，察举科目没有统一的标准，比较容易受人操纵。事实上，中后期的察举权就操纵在外戚、宦官的手中，他们根据亲疏喜恶大开"请托之门"，察举提拔亲信，门人宾客遍及天下。权贵小人也借机弄虚作假，沽名钓誉，"荣路既广，觖望难裁，自是窃名伪服，浸以流竞。权门贵仕，请谒繁兴"[②]，"凶狡无行之徒"也纷纷"媚以求官"，造成统治阶层内部出现"朱紫同色，清浊不分"[③]情形，同时也导致真正的孝廉、贤良方正等有政治抱负的士人"进仕路狭"，"时权富子弟多以人事得举，而贫约守志者以穷退见遗"[④]，也致使官僚士大夫不满"货赂"之行为"遂弃官去"。刚开始，受贿请托只是偏门左道，黑暗勾当，到了灵帝时期，甚至公开"卖官鬻爵"，更为豪门权贵开了方便之门，穷人名士更是进仕无门了，就连在任的官吏也会因没钱且"耻以钱买职"而"称疾不听政"。[⑤]不仅如此，统治者甚至还"（灵帝）改平准为中准，使宦者为令，列于内署。自是诸署悉以阉人为丞、令"[⑥]，扩大宦官集团的势力范围，使士人、太学生的仕进之途更加狭窄。东汉中后期"衰国危君，继踵不绝者，岂时无忠信正直之士哉，诚苦其道不得行耳"[⑦]。

作为士人、太学生寄予希望的比较有章可循有法可依，相对还算公开的察举辟召这唯一晋升的通道完全被堵塞，士人和太学生失去上迁的空间，人才丧失了或水平或垂直流动的机会和可能性。在外戚和宦官的围追堵截

---

① 《后汉书》卷34《梁统列传》，中华书局1965年版，第1183页。

② 《后汉书》卷61《左周黄列传》，中华书局1965年版，第2042页。

③ 同上书，第2016页

④ 同上书，第2040页。

⑤ 《后汉书》卷57《杜栾刘李刘谢列传》，中华书局1965年版，第1849页

⑥ 《后汉书》卷8《孝灵帝纪》，中华书局1965年版，第337页

⑦ 《后汉书》卷49《王充王符仲长统列传》，中华书局1965年版，第1638页。

中，部分知识分子在对现实极度不满和失望之余唯有纷纷走进山林避世，并发出“大树将颠，非一绳所维，何为栖栖不遑宁处”① 的呼声。若不是对社会和当政者失望至极，深受“济世”思想浸润的士大夫何至出此言？不过，知识分子一向把“口诛笔伐”当成职责，部分士大夫发起声势浩大的“清议”运动，为社会注入了一股清流，十分迫切地发起对宦官、外戚的反抗反攻，实现本阶层的衍变，取得最终对外戚、宦官斗争的胜利。

这样，部分官僚士大夫和太学生被排斥到统治阶层的边缘，成为游离于统治阶层之外的一个特殊群体。这个群体本来是东汉皇权与基层社会和地方势力相互连接的桥梁和中介，尤其在东汉后期豪强势力逐渐强大起来的时候，许多本身就出生于州郡豪强宗族家庭的士大夫及士人，更是国家政权与州郡地方势力、基层社会相互联系的桥梁。这些人过去受到儒家思想的熏陶，崇尚“达者兼济天下”，努力以济时艰。但汉末他们被外戚、宦官掌握的政权边缘化了，失去了寄托生活目标、实现人生追求的传统理想、信念。并且在官场争斗中，积累了太多的对当时政权、既得利益阶层的怨恨，从而将自己置身于统治政权之外，由原来的统治集团候补势力，以及社会控制的中坚力量转化为统治政权的反对派。随着这部分士人对于当时宦竖擅权国家政治的自我边际化与离心化，统治集团开始分裂、解体，宫廷政治势力与基层社会的豪强势力开始分裂，由此导致统一的东汉社会面临被撕裂的局面。

第二节　官僚士大夫阶层的分化

东汉中后期官僚士大夫阶层虽称不上社会的中流砥柱，但至少在延缓东汉王朝的倾覆方面还是产生一定作用的，正如范晔所说：“幸汉德未衰，大臣方忠，袁、任二公正色立朝，乐、何之徒抗议柱下，故能挟幼主［之］断，剿奸回之逼。不然，国家危矣。”② 在外戚、宦官轮流专权的情形中，相当一部分官僚士大夫担负起扫除时弊的责任，为东汉政坛注入清流，与外戚、宦官的结党营私构成鲜明的对比。他们即使付出生命的代价也在所不惜，前赴后继，“虽知言必夷灭，而冒死自尽者，诚不忍目见其祸而怀默苟全”。直到危乱的东汉末年，士大夫阶层仍然忧国忧民，既抨击黑暗现实，

① 《后汉书》卷53《周黄徐姜申屠列传》，中华书局1965年版，第1747页。

② 《后汉书》卷43《朱乐何列传》，中华书局1965年版，第1487—1488页。

与宦官、外戚作坚决的斗争，又建言献策，挽救岌岌可危的王朝，论曰："桓、灵之世，若陈蕃之徒，咸能树立风声，抗论惛俗。……汉世乱而不亡，百余年间，数公之力也。"[①] 这里的"数公"泛指所有倾力纠奸查猾的官僚士大夫。不过，东汉的士大夫基本是受压制的，常常是郁郁不得志，无法充分地施展"治国平天下"的政治抱负，应该说，士大夫阶层不满当时的政治环境，一直为本阶层的崛起和势力的壮大不懈努力。

在"宦竖得志""奸臣专政"的东汉中后期，"官位错乱，小人谄进"[②]，在"言之者辄族灭，称之者必［显］荣（显）。忠臣惧死而杜口，万夫畏祸而括囊"[③] 的日下世风中，不乏选择缄默其口的贪生怕死之徒，所以官僚士大夫阶层的成分比较复杂，加之太学的兴起，作为官僚的后备力量，几万太学生的庞大队伍与分布朝野的传统士大夫共同构成官僚士大夫阶层。来自各州郡的太学生是东汉统治阶级中的一股重要势力，也是东汉地方各州郡中豪强与士人阶层的喉舌与代表。在东汉后期特殊的政治环境下，他们具有强大的潜在政治动能。太学生与反对宫廷的势力的结盟，标志着东汉朝廷的进一步孤立化及统治阶级内部的进一步分化、对立，这种矛盾斗争，是最终促使东汉政权瓦解的极其重要的因素。

传统士大夫具有悲天悯人的情怀，"天下兴亡，匹夫有责""达则兼济天下"[④] 是他们亘古不变的信条。在东汉中后期，官僚士大夫阶层中同样存在这样一股思想潮流，士大夫们"同心尽力，征用名贤，共参政事"[⑤]。这里面既有像袁氏"四世五公"、杨氏"四世三公"等世代传承的望族，又有"父子兄弟代作帝师"[⑥] 的历世为帝师的桓氏等显族；既有"深竟党与，数月不休沐"[⑦] 的鞠躬尽瘁、不辞辛劳的士大夫，又有"九见谴考，三遭刑罚，而刚正之性，终老不屈"[⑧] 等深为宦竖嫉恨的视死如归的铮铮官吏；既有深切同情和关怀体恤国内百姓疾苦，"天下寇贼云起，岂不以黄门常侍无道之故乎？……以次翦除中官，解天下之倒县，报海内之怨毒，然后显用隐逸忠正之士"[⑨]，为民请命的父母官，又有关心边境及少数

---

① 《后汉书》卷66《陈王列传》，中华书局1965年版，第2171页。
② 《后汉书》卷57《杜栾刘李刘谢列传》，中华书局1965年版，1852页。
③ 《后汉纪》《孝桓皇帝纪》，中华书局1965年版，第412页。
④ 王常则译注：《孟子》《尽心上》，山西古籍出版社2003年版，第210页。
⑤ 《后汉书》卷66《陈王列传》，中华书局1965年版，第2169页。
⑥ 《后汉书》卷37《桓荣丁鸿列传》，中华书局1965年版，第2171页。
⑦ 《后汉书》卷45《袁张韩周列传》，中华书局1965年版，第1535页。
⑧ 《后汉书》卷58《虞傅盖臧列传》，中华书局1965年版，第1873页。
⑨ 《后汉书》卷36《郑范陈贾张列传》，中华书局1965年版，第1244页。

民族的郎吏。“今凉州天下之冲要，国家之蕃卫也。……（崔）烈为宰相，不念思所以缉之之策，乃欲弃一方万里之士，臣窃惑之。……且无凉州，则三辅危，三辅危则京城薄矣。”[①] 他们既致力于“每朝廷有得失，辄尽忠规谏”[②]，劝导君主为善，“亲贤臣，远小人”[③]，时刻为天子敲警钟，劝其启用良吏，释放“鸾凤”，励精图治，又以“纠正中官外戚宾客”[④] 为己任，针砭时弊，力图捕捉政治蛀虫，囚禁“鸱枭”，驱逐“豺狼”，创造清明的政治，让老百姓能过上安居乐业的生活。不过尽管士大夫阶层殚精竭虑，但其势力终究抵不住跟后妃有血亲的外戚集团和陪伴照顾小皇帝生活成长的身边红人宦官集团，毕竟像李固这样深受太后倚重至“政之大小，悉委冢宰”[⑤] 的程度的士大夫太少，并且正直的士大夫相继凋零，屡遭陷害排挤，势力相对单薄。无奈当时“恶人昌而善人伤”[⑥]，“豺狼当道”，忧国忧民的士大夫阶层最终无法改变东汉政权江河日下的局面。于是在政治荣耀面前官僚士大夫集团也出现了分化。

一 与外戚、宦官交构的官僚士大夫

外戚、宦官凭借着和统治者的特殊关系顺利爬上权力的最高点之后，着力培植和扩大势力范围，以便实现本集团的专权统治，借着有利的地位大肆提拔亲信和爪牙，使得“邪伪请托”[⑦]，以致出现“奸臣交构”“上威损，下权盛”[⑧] 的局面。在与外戚、宦官集团勾结的官僚中，主要可分为两部分。一部分是其父兄子弟宾客宗亲或“椒房之亲”。这一拨可谓外戚、宦官天然的爪牙，本着血亲关系是其最先和最愿意提拔任用的，于是“是时宦官方炽，任人及子弟为官，布满天下竞为贪淫，朝野嗟怨”[⑨]，“任其子弟、宾客以为州郡要职”[⑩]，严重违背了“中官子弟不得为牧人职”[⑪] 的典训，屡屡遭到正直之士的弹劾。另一部分是由于威慑于外戚、宦官的势

① 《后汉纪》《孝灵皇帝纪》，中华书局 1965 年版，第 484 页。
② 《后汉书》卷 54《杨震列传》，中华书局 1965 年版，第 1774 页。
③ （晋）陈寿撰，（南朝宋）裴松之注：《三国志》卷 35《蜀书》5《诸葛亮传》，浙江古籍出版社 2000 年版，第 570 页。
④ 《后汉书》卷 46《郭陈列传》，中华书局 1965 年版，第 1566 页。
⑤ 《后汉纪》《孝质皇帝纪》，中华书局 1965 年版，第 385 页。
⑥ 《后汉书》卷 49《郭陈列传》，中华书局 1965 年版，第 1642 页。
⑦ 《后汉书》卷 7《孝桓帝纪》，中华书局 1965 年版，第 288 页。
⑧ 《后汉书》卷 37《桓荣丁鸿列传》，中华书局 1965 年版，第 1266 页。
⑨ 《后汉书》卷 54《杨震列传》，中华书局 1965 年版，第 1772 页。
⑩ 《后汉书》卷 43《朱乐何列传》，中华书局 1965 年版，第 1469 页。
⑪ 《后汉书》卷 38《张法滕冯度杨列传》，中华书局 1965 年版，第 1284 页。

力，趋炎附势，见风使舵主动投靠的士大夫。外戚、宦官在朝中翻手为云，覆手为雨，迫于自身的安危，朝臣“内外莫不阿附”、就连沙场上铁血汉了也难免落入俗套，“（段）颎曲意宦官，故得保其富贵”[①]，其中也不乏朝中大臣名士，如宋由、崔瑗、马融……之辈，为了晋升阿谀奉承，曲意巧迎，“公卿以下及郡国无不遣吏子弟奉献遗者”[②]，对外戚、宦官的亲信丑恶行径“皆不敢问”。他们也成为世人讥讽和批判责问的对象，李固曰：“‘何图一朝梁氏迷谬，公等曲从……公等受主厚禄，颠而不扶，倾覆大事，后之良吏，岂有所私？’……广、戒得书悲惭，皆长叹流涕。”[③]虽然这些亲信曾显赫一时，但最终都逃不脱与外戚、宦官一起覆没的下场，“大将军梁冀诛，广与司徒韩缜、司空孙朗坐不卫宫，皆减死一等，夺爵土，免为庶人”[④]。三公尽沦为外戚的“私官”，难怪谢弼发出“今之四公，唯司空刘宠断断守善，余皆素餐致寇之人”[⑤]的强烈不满。这个群体与外戚、宦官集团一同不断地腐蚀东汉政权，掏空国库，压迫、残害百姓，合力把东汉王朝推倾。

二　为外戚、宦官举辟但又能划清界限的忠正官僚士大夫

受到外戚、宦官举辟的小部分官僚故吏在大是大非面前黑白分明，坚持士人本色。他们在外戚、宦官周围做力所能及的劝谏：“梁冀骄暴不悛，朝野嗟毒，穆以故吏，惧其衅积招祸，复奏记谏曰：‘……各言官无见财，皆当出民，搒掠割剥，强令充足。公赋既重，私敛又深。牧守长吏，多非德选，贪聚无厌，遇人如虏，或绝命于箠楚之下，或自贼于迫切之求。又掠夺百姓，皆托之尊府。遂令将军结怨天下，吏人酸毒，道路叹嗟。……冀不纳，而纵放日滋，遂复赂遗左右，交通宦者，任其子弟、宾客以为州郡要职。穆又奏记极谏，冀终不悟’”[⑥]，经常非但劝谏无效，反为其所忌讳，便被挤出身边，如“杨赐后辟大将军梁冀府，非其好也。出除陈仓令，因病不行”[⑦]。但是他们不改忧国忧民的情怀，坚决不与外戚、宦官势力同流合污，真正做到“出淤泥而不染”，顽强铲除邪恶力量，“穆既深疾

① 《后汉书》卷65《皇甫张段列传》，中华书局1965年版，第2153页。
② 《后汉书》卷46《郭陈列传》，中华书局1965年版，第1554页。
③ 《后汉书》卷63《李杜列传》，中华书局1965年版，第2087页。
④ 《后汉书》卷44《邓张徐张胡列传》，中华书局1965年版，第1509页。
⑤ 《后汉书》卷57《杜栾刘李刘谢列传》，中华书局1965年版，第1860页。
⑥ 《后汉书》卷43《朱乐何列传》，中华书局1965年版，第1468—1469页。
⑦ 《后汉书》卷54《杨震列传》，中华书局1965年版，第1775—1776页。

宦官，及在台阁，旦夕共事，志欲除之”①，铲除邪恶力量志向终生不改。他们试图澄清统治集团内的腐朽阶层和恶霸势力，在采取一定的政治行为的同时，著书立说，摇旗呐喊，成了一个时代的希望。

三 明哲保身的官僚士大夫

外戚、宦官专权的东汉，世风日下，多数朝臣都力求自保，《资治通鉴》卷五十六中曰“天下无道，君子囊括不言以避小人之祸，而犹或不免”②，“群臣杜口，鉴畏前害，互相瞻顾，莫肯正言”③，他们缄默其口，明哲保身。部分官僚士大夫为官时不求有功，但求无过，“在位奉法而已”，对专权势力的为非作歹现象视而不见，任其蔓延，更别说有何扶正建树，“窦氏专权骄纵，朝廷多有谏争，而彪在位修身而已，不能有所匡正”④。三公在外戚、宦官的压制下，也成了缩头乌龟，害怕灾祸临头，史书记载“今三公在位，皆博达道艺，而各正诸己，莫或匡益者，非不智也，畏死罚也”⑤，甚至托病逃脱责任，“寻而五侯擅权，倾动内外，自度力不能匡正，乃称疾不起”⑥，“诸尚书畏惧权官，托病不朝”⑦，当时还出现传诵的谚语“万事不理问伯始，天下中庸有胡公”⑧，深刻地讽刺了官僚士大夫在其位不谋其政的怪象。

官僚士大夫阶层在整个东汉中后期，基本都处于被外戚、宦官压制的状态，无法顺利地通过察举等途径登上权力塔顶，实现“治国平天下”的远大抱负，加之后妃、君主对外戚、宦官的依赖和偏袒，使“忠谏”多不被采纳。因此东汉中后期统治阶层的衍变颇具特色。

四 太学生——后备官吏的态度与行为

正如前述，太学生也是东汉统治阶级中的一股重要势力，是东汉地方各州郡中豪强与士人阶层的喉舌与代表。在东汉后期特殊的政治环境下，他们具有强大的潜在政治动能。太学作为东汉最高的学府，为国家培养了大批高

---

① 《后汉书》卷43《朱乐何列传》，中华书局1965年版，第1472页。

② （宋）司马光编著，（元）胡三省音注：《资治通鉴》卷第56《汉纪四十八》，中华书局1956年版，第1823页。

③ 《后汉书》卷65《皇甫张段列传》，中华书局1965年版，第2136页。

④ 《后汉书》卷44《邓张徐张胡列传》，中华书局1965年版，第1496页。

⑤ 《后汉书》卷57《杜栾刘李刘谢列传》，中华书局1965年版，第1857页。

⑥ 《后汉书》卷61《左周黄列传》，中华书局1965年版，第2036页。

⑦ 《后汉书》卷66《陈王列传》，中华书局1965年版，第2168页。

⑧ 《后汉书》卷44《邓张徐张胡列传》，中华书局1965年版，第1510页。

品质、具有儒家价值观的人才，并且本着“学而优则仕”[①] 的原则，为政府输送了不少“循吏”“廉吏”。太学采取养士与选才相结合的方式，官宦子弟也把进入太学作为晋升的途径，“自大将军至六百石，皆遣子受业，岁满课试，以高第五人补郎中，次五人太子舍人”[②]。因为太学是政府官吏来源途径之一，成为官吏的后备军，尤其受到历代君主的重视，多次“幸太学”巡视教学效果，从中选取人才补郎吏，“丙辰，以太学新成，试明经下第者补弟子，增甲、乙科员各十人，除郡国耆儒九十人补郎、舍人”[③]。随着天子、太后的重视，太学不断发展壮大，慢慢由单纯的教学和培养人才而逐渐增加政治功能，太学生人数快速增长，到桓灵帝时到达三万多人，他们积极关注时政、参与政治，到后期成为官僚士大夫阶层中的活跃分子，尤其成为清流的士大夫官吏的后备军。在东汉后期官僚士大夫与外戚、宦官矛盾激化，仕途堵塞时，他们奔走相告，相互串联，以激烈语言表达自己对皇权、外戚和宦官的不满，以极端的舆论方式抨击在位的统治势力。这样，依靠社会舆论及道德规范维持社会稳定的东汉政权逐步失却了其统治基础，社会整合与控制的失效不可避免地首先从统治阶层的分裂和敌对开始了。皇权及宫廷势力的所作所为，使传统的儒家所倡导的纲常礼教失去了以往的道德权威，已不能成为约束人们的内心、整合人们行为的思想意识形态。国家统治的改朝换代就从统治集团内部的分裂开始了。

第三节　统治阶层分裂及暴力杀戮
——社会政府权能的失效

向来“欲以天下名教是非为己任”[④] 的官僚士大夫阶层不甘于一直被挤压，身系百姓和社会重任，他们和太学生不断努力大声疾呼，力图壮大本阶层势力，恢复知识分子昔日所秉持的“道统”的辉煌，并且采取各种实际行动与外戚、宦官专权集团做不懈的斗争。首先，官僚士大夫直接向君主忠谏，纠察涂炭生灵的外戚、宦官集团。毋庸置疑，这种方式是最直接最重要的，一直贯穿于东汉整个中后期，对外戚、宦官集团起到较大震

① 钱逊：《论语读本》，中华书局2007年版，第230页。

② 《后汉书》卷6《孝顺孝冲孝质帝纪》，中华书局1965年版，第281页。

③ 同上书，第260页。

④ （南朝宋）刘义庆著，（南朝梁）刘孝标注，余嘉锡笺疏：《世说新语笺疏》《德行》第1，中华书局2011年版，第5页。

慑的作用。史载，大臣乐恢谏曰："诸舅不宜干正王室，以示天下之私"①，他"诸所刺举，无所回避"以至"贵戚恶之"；又如张玄有"以次翦除中官，解天下之倒县，报海内之怨毒，然后显用隐逸忠正之士"② 的谏议，还有"（周）景初视事，与太尉杨秉举奏诸奸猾，自将军牧守以下，免者五十余人。遂连及中常侍防东侯览、东武阳侯具瑗，皆坐黜。朝廷莫不称之"③，"天下莫不肃然"，"考诸与（张）角连及官省左右，死者数千人"。④ 严厉地打击了奸佞之辈。但专权的外戚、宦官集团势力太强大，以致官僚士大夫阶层用这种方式无法从根本上撼动这两个集团，反而都遭到外戚、宦官集团的构陷绞杀，但他们始终毫不气馁地对为非作歹的外戚、宦官集团进行弹劾纠察，前赴后继不言放弃。

其次，官僚士大夫领导太学生发起清议运动，评议时政，针砭人物，反对外戚、宦官集团。在与外戚、宦官集团斗争的过程中，官僚士大夫阶层一直处于下风，他们意识到势力的单薄，于是陈蕃、李膺等领导太学生"同声竞为高论"⑤，制造宣传效果。《后汉书》云"匹夫抗愤，处士横议，遂乃激扬名声，互相题拂，品核公卿，裁量执政，婞直之风，于斯行矣"⑥，大造舆论，与其他社会力量相联合，发起全社会的反宦官、外戚的攻势，造成"自公卿以下，莫不畏其贬议，屣履到门"⑦ 的巨大影响。当政府无法为知识分子提供施展抱负的舞台的时候，他们开始自谋出路，如许邵、许靖、郭太等发起了"月旦评"等针砭时弊的激流，冲击着宦官的防线，曾使得宦官集团胆战心惊。但随着宦官集团凶猛的反扑，两次党锢之祸，使天下士人凋零殆尽。尽管官僚士大夫和太学生在斗争中暂时败给占优势地位的宦官集团，但却由此吹响了向外戚、宦官集团进攻的号角，扩大了士人的影响力，把正直的知识分子都团结起来了，使得官僚士大夫阶层阵营开始壮大。

太学生以政治请愿的方式配合、支持官僚士大夫。太学在西汉和东汉的前中期都只是一个教学机构，直到东汉桓灵帝时期才逐渐为政治所渗透，太学生在东汉后期积极投身政治运动，与官僚士大夫团结一致对抗宦

---

① 《后汉书》卷43《朱乐何列传》，中华书局1965年版，第1478页。

② 《后汉书》卷36《郑范陈贾张列传》，中华书局1965年版，第1244页。

③ 《后汉书》卷45《袁张韩周列传》，中华书局1965年版，第1538页。

④ 《后汉纪》《孝灵皇帝纪》，中华书局1965年版，第474页。

⑤ 《后汉纪》《孝桓皇帝纪》，中华书局1965年版，第432页。

⑥ 《后汉书》卷67《党锢列传》，中华书局1965年版，第2185页。

⑦ 同上书，第2186页。

官集团。发起了两次集体请愿解救官僚士大夫的行动，“太学书生刘陶等数千人诣阙上书讼穆曰：‘……诚以常侍贵宠，父兄子弟布在州郡，竞为虎狼，噬食小人，故穆张理天网，补缀漏目，罗取残祸，以塞天意。由是内官咸共恚疾，谤讟烦兴，谗隙仍作，极其刑谪，输作左校。……当今中官近习，窃持国柄，手握王爵，口含天宪，运赏则使饿隶富于季孙，呼噏则令伊、颜化为桀、跖。而穆独亢然不顾身害。……’帝览其奏，乃赦之。”① “论功当封。而中常侍徐璜、左悺欲从求货，数遣宾客就问功状，规终不答。璜等忿怒，陷以前事，下之于吏。……诸公及太学生张凤等三百余人诣阙讼之。会赦，归家。”② 两次请愿活动都取得了理想的效果，有力地打击了宦官集团的嚣张气焰。

最后，士大夫耻于同宵小同朝为官，或挂冠而去，或察举辟召不应，成为在野的反抗统治阶层恶势力的骨干力量。刘陶“恨不与伊、吕同畴，而以三仁为辈”③，便是当时官僚士大夫阶层的共同心声，符融“少为都官吏，耻之，委去”④ 的行为也是当时很多士大夫的共同选择，也有很多士大夫“举方正、敦朴，征，皆不就”⑤，这些态度充分表现了士大夫对专权的阉宦的深恶痛绝，以及对东汉政府的绝望。“天之所废”“王室将乱”是士大夫们极不愿见到的，但又是他们无法回避的现实。

以上行动都只是官僚士大夫阶层停留在“口诛笔伐”和纠奸察邪的阶段，他们把所有的希望都寄托在统治者身上，期望君主能幡然醒悟，励精图治，清除身边的奸佞小人，恢复往昔中兴时的繁荣昌盛。无奈统治者屡屡爽约，贪图享乐，无限度地宠信外戚、宦官，任凭官僚士大夫付出多少努力，都无法借助皇权撼动外戚，尤其是宦官集团。正所谓“舆论再强大，若没有具体的措施和行动与之配合，也不能从根本上解决政治腐败和社会危机”⑥，接下来，官僚士大夫阶层唯有以暴力的方式结束宦官集团的专权了。

东汉中后期皇帝、后妃轮番执政，外戚、宦官轮流专权，君权频频受到侵犯，政府各机构无法正常运作，处于半瘫痪状态。统治阶层各股势力为一己私利纷争不断，统治阶层内部四分五裂。从以下几方面可看出

① 《后汉书》卷43《朱乐何列传》，中华书局1965年版，第1470—1471页。
② 《后汉书》卷65《皇甫张段列传》，中华书局1965年版，第2135页。
③ 《后汉书》卷57《杜栾刘李刘谢列传》，中华书局1965年版，第1850页。
④ 《后汉书》卷68《郭符许列传》，中华书局1965年版，第2232页。
⑤ 同上书，第2235页。
⑥ 刘泽华主编：《士人与社会》，天津人民出版社1992年版，第258页。

端倪。

宦官对皇帝的利用与出卖。宦官集团在未能控制政权的时候，充分利用皇帝以达到攫取权势，敛聚财富，荫庇宗族宾客的目的。到了灵帝时期，天子只是宦官的傀儡，灵帝完全成了宦官专权的工具。宦官甚至弃皇帝的江山不顾，在黄巾起义时，居然为了利益充当黄巾军的内应。“而让等实多与张角交通。后中常侍封谞、徐（奏）［奉］事独发觉坐诛，帝因怒诘让等曰：‘汝曹常言党人欲为不轨，皆令禁锢，或有伏诛。今党人更为国用，汝曹反与张角通，为可斩未？’皆叩头云：‘故中常侍王甫、侯览所为。’帝乃止。”① 张让等人用灵帝的信任作资本，与黄巾军里应外合，真是讽刺之极，可叹灵帝竟还常说：“张常侍是我公，赵常侍是我母。”②皇帝昏庸至此，佞宦猖狂如斯，东汉君权安能复存？

宦官与外戚彻底决裂。外戚窦武、何进的两次策划谋诛诸宦行动而均遭到宦官集团的成功反击，意味着外戚集团和宦官集团两股势力最终开始正面冲突。外戚与后妃的利益出现分歧，他们对宦官的需求和宦官对两者的影响和作用不同，他们之间的裂缝日益扩大，实际上后妃对宦官的驾驭也渐渐乏力。《后汉书》记载：“武既辅朝政，常有诛翦宦官之意，太傅陈蕃亦素有谋”③，窦武不断地向窦太后进言，但无奈“太后冘豫未忍，故事久不发”④。后妃与外戚之间的关系在政治斗争中是以利益作为前提的，尽管血浓于水，双方还是各自以利益为重，如何太后秉政时对其兄何进也将信将疑。后妃出于自己的需求和利益的追逐对外戚集团和宦官集团的态度发生了转变，皇帝、后妃具有双重效应的举措和态度，压制外戚的同时培植了宦官集团，外戚、宦官势力此消彼长，对宦官势力的培植却造成了养虎为患的局面。

外戚大多数都是非正途出身，缺乏深厚的政治基础，不能得到官僚士大夫阶层广泛的拥护。东汉中后期的外戚凭借女主的任人唯亲，得以跻身权力中心，其缺乏法定性的特点使得外戚集团政治基础比较薄弱。在家长制政治中，大部分传统大臣骨子里遵循忠君思想，皇权的权威性是不容挑战的，对外戚窃取皇权终究是不满的，官僚士大夫阶层不信任外戚集团。而且外戚集团凭着后妃和皇帝的恩宠，其姻戚宾客凡是沾亲带故的都勾结在一起，经常从事鱼肉百姓的非法勾当，更是引起那些刚正不阿的官僚士

---

① 《后汉书》卷78《宦者列传》，中华书局1965年版，第2535页。

② 同上书，第2536页。

③ 《后汉书》卷69《窦何列传》，中华书局1965年版，第2241页。

④ 同上书，第2242页。

大夫的反感。如“今车骑将军骘等虽怀敬顺之志，而宗门广大，姻戚不少，宾客奸猾，多干禁宪。其明加检敕，勿相容护”①，这则史料虽然并不是直接针对外戚邓骘的，但从侧面敲击了外戚集团，起到警示的作用。外戚邓氏在所有外戚集团中已经是比较小心谨慎，自我约束能力比较好的一族，可以想象其他骄横跋扈的外戚集团该是怎样地激起大臣士人的反感，失去大臣士人的拥护，其政治基础是多么薄弱。

官僚士大夫阶层、太学生与外戚政治集团的貌合神离导致矛盾的激化。官僚士大夫阶层、太学生与外戚集团虽然在诛宦行动上一致，但认识却不同。外戚诛宦是为了夺回专权的机会，扩大势力；士大夫、太学生则存在传统的忠君思想，为了扫除朝中黑暗势力，尤其是为己所不齿的宦官势力，与外戚暂时联合只是互相利用而已，意图不尽相同。从窦武与陈蕃、何进与袁绍前后两次的联合诛宦行动，可以看出后来士大夫、太学生对外戚的依赖程度有所下降。陈蕃处于相对次要的从属地位，没有采取主动的行动；而袁绍则不同，几次矫诏迫使犹豫不前的何进硬着头皮往前进，使何进的态度弥加坚决，誓与宦官斗争到底。这也与他们的身份或身世不同有关系。窦武比起何进家世更加显赫，西汉、东汉均已出现皇后，可谓再世外戚大族，本身也是儒士之家，在士大夫、太学生中有强大的号召力；而何进只是普通屠夫家庭出身，凭借外戚身份耀武扬威，影响不深。陈蕃身世自是比不上三代位列三公的袁绍，袁氏家族世代儒士之家，门生故吏遍布朝野，其号召力和得到的拥护更加广泛，是以何进被宦者斩杀后，仍然能矫诏成功，“袁绍与叔父隗矫诏召樊陵、许相，斩之。苗、绍乃引兵屯朱雀阙下，捕得赵忠等，斩之。……绍遂闭北宫门，勒兵捕宦者，无少长皆杀之。或有无须而误死者，至自发露然后得免。［死］者二千余人。”② 从两次的谋宦行动，可以看出外戚、士人的联合是貌合神离的，外戚为窃权，心存顾忌，比较在意保护伞——后妃的兴衰存亡，而官僚士大夫阶层则志在诛灭阉党。这就使东汉后期政治矛盾更加复杂化，也逐渐倾向于暴力效应。

士大夫、太学生以暴力形式与宦官集团的斗争，使统治集团内部的阶层分裂、仇恨的裂痕更加扩大，这时的君权实际上已丧失了整合、协调的作用，社会控制进一步虚弱。当时的统治阶层分裂已经公开化，“士子羞

---

① 《后汉书》卷10《皇后纪》，中华书局1965年版，第423页。

② 《后汉书》卷69《窦何列传》，中华书局1965年版，第2252页。

与为伍”[①]，并且发起清议，评论时弊，抨击宦者，蔚然成风，力争铲除宦官集团的根系。《廿二史札记》卷五曰：“盖其时宦官之为民害最烈，天下无不欲食其肉，而东汉士大夫以气节相尚，故各奋死与之搘拄，虽湛宗灭族有不顾焉。”[②]“膺与廷尉冯绲、大司农刘祐等共同心志，纠罚奸幸。”[③]“自此诸黄门常侍皆鞠躬屏气，休沐不敢复出宫省。帝怪问其故，并叩头泣曰：‘畏李校尉。’”[④]被世人评价为“谡谡如劲松下风”[⑤]的李膺等的威严曾令宦官们闻风丧胆。虽然两次党锢之祸，令“士大夫皆丧其气矣”[⑥]，但士大夫还是不甘失败，继续反对宦官集团，终于“捕宦官无少长悉斩之”[⑦]。后妃外戚和宦官在斗争拼杀中同归于尽，同时败下阵，退出东汉的历史舞台，士大夫阶层在名存实亡的东汉乱世中各寻明主，施展抱负，最终中央和地方的士大夫与豪强势力合流，使东汉政权名存实亡。

所以，东汉政权的灭亡是统治阶级内在分裂、矛盾、斗争的结果。它使东汉皇权与士大夫的力量分离，使中央宫廷势力与地方豪强、官僚势力分离，统治阶层各股政治势力在对君权的追逐中分崩离析，使社会整合处于彻底失效、社会控制完全崩溃的地步。与之相适应的是，政府权能也出现失能的状态，不能有效进行社会驾驭。它导致东汉后期政治更加黑暗，社会秩序更加混乱。在这种情况下，生活在水深火热中的普通百姓也终于不能忍耐，纷纷起义，成为对东汉政权的最后一击，而东汉政权也在此起彼伏的农民起义声中，在地方州郡政治军事势力的反抗、打击下濒临覆灭。

第四节　东汉国家覆灭的历史检讨

东汉国家的覆灭意味着其政治统治方式的崩溃。其中包括几个方面的教训。它既表明东汉赖以进行社会控制的儒家思想及道德规范的崩溃，也

① 《后汉书》卷67《党锢列传》，中华书局1965年版，第2185页。

② （清）赵翼撰，曹光甫校点：《廿二史札记》卷5《后汉书》《汉末诸臣劾治宦官》，上海古籍出版社2011年版，第101页。

③ 《后汉书》卷67《党锢列传》，中华书局1965年版，第2192页。

④ 同上书，第2194页。

⑤ （南朝宋）刘义庆著，（南朝梁）刘孝标注，余嘉锡笺疏：《世说新语笺疏》《赏誉》第8，中华书局2011年版，第367页。

⑥ 《后汉书》卷69《窦何列传》，中华书局1965年版，第2244页。

⑦ 《后汉书》卷78《宦者列传》，中华书局1965年版，第2537页。

标志着东汉中后期皇权、宫廷势力与官僚士大夫集团，包括士人、太学生、地方豪强之间的矛盾和分裂。最终导致东汉政权的社会整合与控制基本失效，统治阶层政治势力在衍变中的分化、对抗，使当时政治环境异常险恶，至此，由此打乱了原有的社会秩序，东汉政权从国家思想到政府权能的对于社会的控制已全面分崩离析，而中国社会从这个时候开始，不论是在思想上（由儒学到玄学）还是体制上（由中央集权到地方豪强势力分权）都走向了新的转折。仔细分析，东汉社会的失控与崩溃主要有以下几个方面的原因。

一　士人价值观变异导致国家统治基础的衰弱

在对官僚士大夫阶层、太学生的迫害中，宦官集团玩弄朝政于股掌，朝廷上下严重失序。建宁二年十月至熹平五年两次党锢之祸，更使天下士人凋零，权力高度集中在宦官集团手中。“冬十月丁亥，中常侍侯览讽有司奏前司空虞放、太仆杜密、长乐少府李膺、司隶校尉朱（瑀）［寓］、颍川太守巴肃、沛相荀（翌）［昱］、河内太守魏朗、山阳太守翟超皆为钩党，下狱，死者百余人，妻子徙边，诸附从者锢及五属。制诏州郡大举钩党，于是天下豪杰及儒学行义者，一切结为党人”①，“捕系太学诸生千余人”②，“诏党人门生故吏父兄子弟在位者，皆免官禁锢”③，士人举步维艰，更谈不上参政建言献策了，而宦官小人得势，子弟宾客宗族布满朝廷内外，“于是旧故恩私，多受封爵”④。一帮不学无术的市井之徒摇身一变，穿红披绿，到处鱼肉百姓，当时“朝廷日乱，纲纪颓陁”⑤，百姓处于水深火热中，社会失去控制，东汉政府处在风雨飘摇中，正所谓“士类歼灭而国随以亡，不亦悲乎”！⑥

于是许多清流知识分子与官僚士大夫开始逾越儒家规范，重新审视社会的政治与伦理准则。他们在绝望与无奈中，在重新审视儒家道德伦理与名教的同时，开始从内在发掘人生的目的与人的生命本质，从内心去寻求个人社会理想与社会公正目标一致的整合标准。既然国家和帝王统治下

---

① 《后汉书》卷8《孝灵帝纪》，中华书局1965年版，第330—331页。

② 同上书，第333页。

③ 同上书，第338页。

④ 《后汉书》卷7《孝桓帝纪》，中华书局1965年版，第305页。

⑤ 《后汉书》卷67《党锢列传》，中华书局1965年版，第2194页。

⑥ （宋）司马光编著，（元）胡三省音注：《资治通鉴》卷56《汉纪第48》，中华书局1956年版，第1823页。

"立身扬名"的道路不能走通，既然人生"名不常存，人生易灭"，就不如"优游偃仰，可以自娱"。在当时的许多官僚士大夫和士人心目中，新的人生理想、人生追求就是个人的精神自由，隐逸求存，而道家的"安神闺房，思老氏之玄虚；呼吸精和，求至人之仿佛"，"消摇一世之上，睥睨天地之间。不受当时之责，永保性命之期。如是，则可以陵霄汉，出宇宙之外矣。岂羡夫入帝王之门哉"①，就成为当时的士人们新的安身立命的寄托。这种心志在汉末动乱时代的知识分子群中相当有代表性和普遍性，它是当时政治黑暗、官场险恶的现实在士大夫和知识分子思想情绪中的反应。当士人们开始追求逸民隐士文人之乐，追求超然拔俗的志趣和浪漫主义情怀时，其自身所寄托的心灵境界不仅超越了世俗之情，而且超越了社会伦理，把现实中一切能够实施社会控制的道德规范的礼教的东西，例如"礼乐"等都看成是"俗"物，主张超越现实的"俗"，而回归到真正的、自然的人性，追求不受国家与政治约束、崇尚绝对自由的精神境界，

佛教的传入也为士大夫和士人安身立命提供了新的寄托，造成了士大夫对于汉代以来儒家思想的怀疑及最终离异。于是他们开始向名教与人之自然性情相互统一的方向发展。由此开始，魏晋玄学思潮逐渐登上思想史的舞台，替代了两汉儒学。当这种交替完成时，标志着两汉儒学在社会控制功能上的彻底失能。

二 "大一统"思想破灭与官僚士大夫"忠君"思想的淡化

大一统思想是儒家经典一以贯之的主要思想。《诗经·小雅·北山》就有所谓"普天之下，莫非王土；率土之滨，莫非王臣"的说法。不过，儒家大一统思想的实施、贯彻是以董仲舒政治哲学起始，并且以儒家三纲五常为基石，以君主专制中央集权的强化为保障。在大一统思想中，君主专制的中央集权是其核心组成要素，而君君、臣臣、父父、子子，以及仁、义、礼、智、信的纲常伦理则作为社会政治等级秩序的规范保障，贯穿于整个封建思想文化的思想统治中。但是在东汉中后期"君臣失序，万人受殃"②，外戚宦官把持政权，士大夫及士人人心离散，中央皇权与地方豪强处于涣散之时，传统的君臣观失去原本的神圣意义，整个国家"纲纪颓陈"，社会上下处于失序之中。另外，由于作为有生理缺陷的阉人——宦官在封建伦理纲常中的尴尬地位，于是在他们一旦掌握政权后，便常常

① 《后汉书》卷49《王充王符仲长统列传》，中华书局1965年版，第1644页。

② 《后汉书》卷43《朱乐何列传》，中华书局1965年版，第1478页。

弃之而不顾，“不修理德，而专权骄恣”，儒家的道德行为标准在上层社会受到随意践踏，五常遭漠视，行为规范被抛弃。政治处于极其封闭之中，社会上的人才流动与晋升途径堵塞，“古之进者，有德有命；今之进者，唯财与力”①。儒家所提倡的社会公平正义诚信平等的原则受到毁弃，“夫有功不赏，为善失其望；奸回不诘，为恶肆其凶”②。就这样，因为士大夫和士人对政权的失望，西汉中期以来的维护大一统的政治哲学和伦理道德规范等逐步消解，而“忠”的观念以及隐藏其后的忠于君权的诸般因素也都逐步消失。这种政治观念的演变，导致魏晋时期司马氏集团的倡“孝”政治哲学的出现。

汉末忠君观念的淡化源于桓灵时期神礼合一思想的式微以及皇权对士大夫官僚集团的无情打击，它所造成的对士人忠君信念的严重摧残是巨大的。东汉中后期出现了一大批前赴后继、为挽救东汉王朝统治不惜牺牲生命的忠臣，尤其以党人的群体斗争和群体牺牲精神为最高表现形式，对东汉政权起到了强有力的支撑作用。

两次党祸的血腥杀戮后，官僚士大夫对汉室的失望导致忠君观念开始淡薄。郭林宗哭陈、窦于郊野，叹曰：“‘人之云亡，邦国殄瘁。’‘瞻乌爰止，不知于谁之屋’耳。”范滂死时对他儿子说：“吾欲使汝为恶，则恶不可为；使汝为善，则我不为恶。”③ 党锢之祸是统治阶级内部由皇权主刀的一次有秩序的自杀，把社会秩序带进了一个从未有过的混乱局面，使东汉社会元气大伤。在传统的价值观中，士人只有忠君为国、建功立业才是最高的价值体现。但是，残酷的现实使得这一理论在现实中全无对证。人的社会价值究竟何在，坚守传统儒学道德的人不能有好下场，传统的价值观念在维系社会稳定上是否仍然管用，儒学士人也无法回答。党锢之祸作为政府行为主导下的迫害士人的惨烈事件，抓捕人数之多，牵连范围之广，历史上极为罕见。党祸牵连者，大多数为联系民众和皇权的枢纽——士大夫，“天下豪杰及儒学行义者，一切结为党人”④。所谓“海内涂炭，二十余年，诸所蔓延，皆天下善士”。“士大夫皆丧其气。”⑤ 皇权的无道和对党人的压制一定程度上动摇了士人的皇权至上的理想，他们对皇帝失望，对依附君权之上有所作为的价值趋向完全否定。

---

① 《后汉书》卷63《李杜列传》，中华书局1965年版，第2074页。
② 同上书，第2092页。
③ 《后汉书》卷67《党锢列传》，中华书局1965年版，第2207页。
④ 《后汉书》卷8《灵帝纪》，中华书局1965年版，第331页。
⑤ 《后汉书》卷69《窦何列传》，中华书局1965年版，第2244页。

在无道的君主面前，对政治抱有批判意识的士人都认为社会之所以存在这么多的问题，是因为缺少一个贤明的君主，甚至缺乏一个清明的政体。东汉中后期相当一部分士人因不屑与外戚同朝或耻于与宦官为伍，纷纷逃隐山林。这样就导致忠君忠国思想的淡化，并极大地削弱了皇权有效进行社会控制的力度。于是与之相应的事情出现了，有的官僚士大夫把皇帝放在一边，自行其是，杀死宦官，彻底肃清其势力。有的官僚士大夫发动政变，行废立之事。中平元年（184）阎忠劝皇甫嵩起事；中平四年（187），汉阳之战中，原酒泉太守黄衍劝说傅燮起兵造反；中平五年（188），陈蕃的儿子陈逸、南阳许攸、沛国周俊和术士襄楷，劝说冀州刺史王芬，乘汉灵帝到河间重游故宅之机，发动政变，废掉灵帝。东汉末年官僚士大夫阶层和士人们不惜采用各种非常手段，在忠君问题上持新的态度，使忠君观念更迅速地衰弱下去，权力斗争手段已开始逾越儒家规范而向霸道力政发展。

三　官场失序使国家缺乏有效的社会控制与整合手段

东汉后期统治阶层的腐败黑暗，后妃、外戚与宦官集团剧烈争夺角逐君权，使其时的君权实际上在幼弱君主、后妃与外戚、宦官间轮番执掌，四者都没有良好的政治理念和统治对策，都处于疯狂的短视和短期行为中。他们聚敛财物，追求骄奢淫逸，力求控制政权，使王朝上下局势很不稳定。在桓帝、灵帝年间，统治者疯狂追求享乐的腐糜生活，政权动荡加剧。尤其是灵帝时期，生活穷奢极欲，大肆建造宫殿，财政出现严重危机。于是就以卖官鬻爵来解决财政问题，“刺史、二千石及茂才孝廉迁除，皆责助军修宫钱，大郡至二三千万，余各有差。当之官者，皆先至西园谐价，然后得去。有钱不毕者，或至自杀。其守清者，乞不之官，皆迫遣之”①，这些措施为投机牟利之徒提供了仕进的捷径，堵塞了士人正常升迁途径，无形中也使政权失去了社会的认同感与合法性。文献记载，有为官清廉者不愿割剥百姓，只得挂冠逃避。而社会缺乏公正的结果，是政府缺失勤政能政的良吏，百姓生活无望，怨言四起，边疆、郡县军祸连连，东汉政府四面楚歌。

社会政治等级秩序的渐渐失常，部分文武官僚的忠君思想悄然发生了质的变化，使东汉后期的政治出现上下离异、君臣异途的现象。外戚、宦官轮流专权，专事权利争夺，加上地方豪强与宗族势力的崛起，经济上地

---

① 《后汉书》卷78《宦者列传》，中华书局1965年版，第2535—2536页。

方豪强所拥有的庄园的自主效应，导致在人才的正常晋升渠道受到封闭、察举孝廉的选拔人才的途径受到堵塞情况下，大批士人转而投靠地方豪强门下或者接受地方强宗的荫庇，于是人才之途发生了新的变化，有识之士由群聚中央而改向地方去追随豪强势力，东汉政治力量出现分散的状态。这样，一方面东汉赖以立国的儒家名教和道德伦理失去其社会整合、控制的功能；另一方面，士人们对于中央王朝的失望，转而奔走四方，投靠地方豪强和强宗大族，东汉的大一统政治局面岌岌可危。而在宫廷中，不少官僚视歧途为正途，投身外戚、宦官集团，打击、迫害正直的官僚士大夫以及士人。由于人才出路的堵塞，贤良人才大量流失，当政者多为趋炎附势不学无术的外戚、宦官的宗族姻戚宾客，正所谓："举秀才，不知书；察孝廉，父别居；寒素清白浊如泥，高第良将怯如鸡。"道德伦理的沦丧，使东汉中后期相当一部分士人因不屑与浊流同朝或耻于与宦官外戚为伍，纷纷逃隐山林。朝堂上礼崩乐坏，"王纲纵弛于上，智士郁伊于下"①，"上以残暗失君道"②。君臣之道的缺失，使上层社会对于国家治理与社会整合处于无可奈何状态。上行下效，统治阶层所倡导的儒家纲常礼义对普通百姓也渐渐失去原有的维护社会秩序的基本功能，缺乏社会控制的力度和有效性，而只能凭严刑峻法对百姓进行残酷的控制，正所谓"虽繁刑重禁，何能有益"③？国家的凝聚力和向心力大打折扣，民意涣散，民心思变，"朝野崩离，纲纪文章荡然"。这种情况无疑使大一统皇权逐渐失去统治根基。这样，东汉王朝行政执政能力低下，贤良人才流失，酷吏当道，社会秩序失去控制，人心思乱，社会动荡。

四 政府对社会底层控制的失败

中央朝廷的腐败黑暗蔓延到地方，东汉基层社会受到莫大打击。社会吏治黑暗，民众没有生活出路，于是各种信仰、宗教学说开始蔓延，成为民众的精神寄托。从顺帝时全国各地就陆陆续续出现了人民起义，桓帝时起义次数渐多，终于在灵帝时期爆发了黄巾大起义。"黄巾军"的领袖张角，太平道的创始人。他因得到道士于吉等人所传《太平清领书》，遂以宗教救世为己任，以宗教观念和其中的社会政治思想传道，将"苍天当死，黄天当立"作为挽救社会的精神信仰，四处建立宗教组织。"中平元

---

① 《后汉书》卷52《崔骃列传》，中华书局1965年版，第1725页。

② 同上。

③ 《后汉书》卷63《李杜列传》，中华书局1965年版，第2074页。

年春二月，钜鹿人张角自称‘黄天’，其部（师）［帅］有三十六（万）［方］，皆著黄巾，同日反叛。安平、甘陵人各执其王以应之。”① 张角自称“天公将军”，率领群众发动起义，史称“黄巾起义”。当时的黄巾军组织声势浩大，遍布全国。如张角弟子马元义，作为黄巾大方首领，起义前，召集荆、扬地区道众数万人到邺（今河北临漳），与冀州道徒会合。而中央朝廷的衰朽，使宫廷中的官吏也与黄巾军秘密往来。宫廷中的宦官中常侍封谞、徐奉等人与黄巾军相约为内应，“期三月五日起兵、同时俱发”。由于叛徒向朝廷告密，泄露了起义计划，使张角失去了在朝廷内应，仓促起事。但由于东汉中央政府的无能，组织不起有效的军事行动，还是连吃败战，东汉政权岌岌可危，摇摇欲坠，终至“朝野崩离，纲纪文章荡然矣”②。以黄巾起义为突破口，使整个社会从底层平民百姓，到高居官位的官僚军阀彻底四分五裂，东汉国家的社会整合机制逐渐崩溃，中央政权名存实亡。

五 官僚、将领拥兵自重，形成地方割据，加速东汉政权瓦解

黄巾大起义虽然仅仅是使东汉政权岌岌可危的导火线，但是它点燃了使整个东汉政权分崩离析的导火索。本来，由于传统儒家思想的逐步消解，从统治阶层到边关将领的“忠君”观念的变化，虽然有部分官僚依然坚守忠于东汉王朝的君臣观，但毋庸置疑，一些官僚、将领、谋士随着东汉政权的日益动荡，纷纷弃君与国家而不顾，开始争取自己政治军事集团的利益。而东汉统治者的昏庸统治，使得中央宫廷中的官僚集群内部也对皇权丧失信心，拥有兵力的将领或者其身边的亲人、谋士纷纷劝其抓住时机扩大势力，寻机自立门户。

东汉末的社会结构由黄巾大起义做了最痛一击，其后董卓乱京，封建政权更是四分五裂，山河破碎。当时，部分失败的黄巾起义将领和原来的部分边将另起炉灶，试图从中央分裂出去；鱼龙混杂的统治阶层内部的官僚阶层也各怀心思，浑水摸鱼，试图从统治阶层内部分裂封建中央集权，也寻机自立门户。傅幹对其父傅燮进谏：“国家昏乱，遂令大人不容于朝。今天下已叛，而兵不足自守……徐至乡里，率厉义徒，见有道而辅之，以济天下。”③ 又阎忠劝说皇甫嵩：“昏主之下，难以久居，不赏之功，谗人

① 《后汉书》卷8《孝灵帝纪》，中华书局1965年版，第348页。
② 《后汉书》卷67《党锢列传》，中华书局1965年版，第2189页。
③ 《后汉书》卷58《虞傅盖臧列传》，中华书局1965年版，第1878页。

侧目，如不早图，后悔无及。”[①] 在“竖宦群居，同恶如市，上命不行，权归近习”[②] 的东汉后期，虽然傅燮、皇甫嵩等人依然保持高洁的忠君思想，但人们早就看穿东汉政权的病入膏肓，无须再为外戚宦官所把持的东汉君主卖力，得及早谋思而动，以求自保。而中央统治政权的昏暗，又使得中央集权实力受到极大削弱，无力顾及沿边的军阀，使边关的势力得到充分的发展，边将借机扩大军事力量，甚至与少数民族军阀势力联合对抗中央。中平元年十一月，“湟中义从湖北宫伯玉与先零羌叛，以金城人边章，韩遂为军师，攻杀校尉伶徵、金城太守陈懿”[③]，紧接着中平四年四月马腾、王国“并叛，寇三辅”[④]，同年六月张纯与张举“举兵叛，攻杀右北平太守刘政、辽东太守杨终、护乌桓校尉公綦稠等举（兵）自称天子，寇幽、冀二州。”……边章、韩遂等一系列的叛乱，给东汉的统治造成更大的不稳定，朝廷多次派遣皇甫嵩、张温、周慎、董卓等讨伐，一并无功而返，他们与被迫起义的黄巾军诸首领内外遥相呼应，加剧东汉政权的分崩离析，瓜分东汉的地盘，圈占势力范围，形成北方重要的军事力量，其中韩遂、马超等军团后来对东汉末北方的政局有很大的影响，与袁绍集团、曹操集团相抗衡，迫使东汉末期逐步完成社会转型。

另外，缺乏传统价值观自律的官僚、将领，以起兵勤王的口号，进迫中央皇权，或者割据一方，加速了东汉政权瓦解。缺乏儒家社会价值观约束的官僚、将领借着兴义军、讨奸佞扩大势力，拥兵自重，由世代儒家名门或者官僚士族蜕变为地方军阀，从内部加速瓦解东汉政权，并逐渐完成汉代社会的转型。例如，董卓军团就是借着诛灭宦官的机会逼近京师，并忤逆犯上，废辩立献，大乱东京，造成不可收拾的局面。一些具备领袖气质的官僚士大夫在混乱的战局中乘机打着“保汉”的旗号迅速发展军事力量，努力确立起领袖地位，力求在瓜分东汉过程中分得一杯羹。诸如两袁、曹操、刘备、孙坚父子在角逐势力中，通过故恩泽、谋略、仁义、诚信、武力等各种手段蚕食城邑，扩大地盘，并且最终出现禅让丑剧，形成魏、蜀、吴三国鼎立的政治局面。不具备领袖气质的官僚士大夫则在这个乱世中择林而栖，根据时局和个人的判断选择“主公”“明公”，希图展露个人政治才能，施展政治抱负，缓解长期备受打压的情绪，展现知识分子的风采和政治作用。混乱的局势，造就了诸葛亮、荀彧、陈群、周瑜等

① 《后汉书》卷71《皇甫嵩朱儁列传》，中华书局1965年版，第2303页。

② 同上。

③ 《后汉书》卷8《灵帝纪》，中华书局1965年版，第350页。

④ 同上书，第354页。

大批名士儒将，汉末魏初完全成为这些活跃的士人阶层的政治舞台，官僚士大夫阶层完成了其华丽转身。所以，东汉末期诸侯并立，群雄并起，视东汉刘姓皇权为儿戏，“挟天子以令诸侯”的局面，并不是一日铸成，而是有其深刻的政治与社会根源的。正是在这种国家意识形态毁弃，官民在对中央皇权的极度失望之际，东汉社会结构的分裂更加严重，社会变迁速度加快，而东汉王朝也就此分崩离析。

第十九章　东汉晚期的道教与社会控制

第一节　东汉道家思想流变和黄老道的出现

汉初道家思想与君主专制集权的发展出现诸多不适应性，因此在与儒家国家治理和社会控制理念的矛盾冲突中，其主导地位也逐渐丧失，在汉武帝时期被儒家思想所取代。西汉武帝“罢黜百家，独尊儒术”之后，道家思想基本失去了在国家层面的话语权，在政治上被边缘化，远离了具体的政治实践。由于道家理论不再是国家政治的指导理念，这也促使道家思想摆脱作为“君人南面之术”的理论束缚，走向比较自由的思想发展道路。

一　东汉道家流变

道家思想在东汉虽然游离于政权之外，但由于思想发展的惯性，即曾经作为显学对中国古代民间社会产生影响，因此它作为一种重要的思想资源，其思想影响仍然存在着。但是此时的道家思想已经开始演变为一种具有强烈的民间宗教意义的学说，而失去了参与国家政治实践的机会。西汉后期的严君平作《老子指归》，指出：“尊天敬地，不敢亡先，修身正法，坐己任人，审实定名，顺物和神，参伍左右，前后相连，随日循理，曲因其当，万物并作，归之自然，此治国之无为也。”① 仍倡导“无为而治”的国家治理与社会控制理念。《后汉书》也说到，矫慎“盖闻黄老之言，乘虚入冥，藏身远遁，亦有理国养人，施于为政”②，坚持黄老“乘虚入

---

① （汉）严遵著，王德有点校：《老子指归》卷3《出生入死篇》，中华书局1994年版，第42页。

② 《后汉书》卷83《逸民列传》，中华书局1965年版，第2771页。

冥，藏身远遁”的隐士思想与“理国养人，施于为政”的无为治国理论。这些都是道家的社会思想的进一步延续。应该说，东汉道家思想虽然没有为朝廷所用，但它所设计的宗教理想与社会理念，为东汉末期一些农民起义的地方政权的政教合一实践做了思想与理论的准备。

两汉时期，道家思想中讲求学术，探讨理论的成分还很多，这也是其主要的思想形态。《隋书》指出："汉时诸子道书之流，有三十七家，大旨皆去健羡，处冲虚而已。无上天官符箓之事，其黄帝四篇，老子二篇，最得深旨。"[①] 也就是说，这些道家学术思想的著作，政治、社会、修身的因素甚多，宗教因素还是很少的。两汉一些学者在道家哲学上还有很高的造诣。如扬雄提出了“玄”的本体论。“玄生神象二，神象二生规，规生三摹，三摹生九据……”[②]，“玄有二道，一以三起，一以三生”[③]，这是对“道生一，一生二，二生三，三生万物”[④] 的发展。王充的《论衡》中阐述了自然主义的天道观："天动不欲以生物，而物自生，此则自然也。施气不欲为物，而物自为，此则无为也。谓天自然无为者何？气也。恬淡无欲，无为无事者也，老聃得以寿矣。老聃禀之于天，使天无此气，老聃安所禀受此性！"[⑤] “自然之道，非或为之也。"[⑥] 这些都是道家自然主义的天道观的表现。探讨道家哲理的这些人基本都是从政受挫的士大夫阶层，他们一方面崇尚儒家思想，本着“达者兼济天下”的雄心壮志；但另一方面，在从政受挫后，尤其是东汉末期王朝的腐朽，又使他们把道家看成一种退隐的生命哲学来看待，不再单纯地迷信儒家礼教思想。这种处境也使他们获得了多种思想价值取向的选择，为道教神学社会思想的发展准备了条件。

道家所倡导的养生治身之道是其思想存在的又一形态，东汉时期养生思想的发展逐渐与道家宗教化紧密联系在一起。道家养生、治身之道兴起的明显表现，就是庄子的养生思想此时得以实践和发展。《庄子·刻意》有曰："刻意尚行，离世异俗，高论怨诽，为亢而已矣。此山谷之士，非世之人，枯槁赴渊者之所好也。……就薮泽，处闲旷，钓鱼闲处，无为而

---

① 《隋书》卷35《经籍志》，中华书局2006年版，第728页。

② （汉）扬雄撰，（宋）司马光集注：《太玄集注》卷10《玄告》，中华书局1998年版，第215页。

③ 同上书，第212页。

④ （春秋）李耳著，（魏）王弼注：《老子》第42章，浙江古籍出版社2011年版，第48页。

⑤ 国学整理社辑：《诸子集成·论衡·自然》，中华书局1954年版，第177页。

⑥ 同上。

已矣。此江海之士，避世之人，闲暇者之所好也。”① 在《后汉书》的《独行传》和《逸民传》记载了这种养生之道的实践。在庄子的思想中有明显的养生成仙的思想，例如《庄子·刻意》曰：“吹呴呼吸，吐故纳新，能经鸟申，为寿而已矣。此道引之士，养形之人，彭祖寿考者之所好也。”② 这些都为不满于东汉政治的官僚和士人所汲取，作为思想自由和养生实践的理论。这说明在东汉之初，道家的养生之道已经很兴盛了。道家思想虽不见容于统治阶级，但却被当时的统治阶层中人作为一种修身脱俗的生活方式而津津乐道，这就决定了道家的存在方式正在发生变异并衍化出新的理论与实践形式。

养生的终极目标是长生和不死，但是长生不死是非现实、非理性的。解决这一矛盾的途径就是道家治身之道与神仙思想的结合。养生、长生、成仙的结合，就易于完成一个在古代人看来是完整的人生终极目标的实现方式。而黄老道的出现便是这一终极观念的产物和适时体现，它也是道家宗教化和道教社会思想形成的重要步骤。

黄老道具有一些宗教的特质，但是还不是真正意义上的宗教，可以说是一种超越世俗的准宗教形式，其宗教控制手段也还未成体系。黄老道以及其宗教的社会控制手段的出现是一个较为漫长的历史过程。首先是对黄帝和老子的神化。黄帝的形象在战国时期已经出现神化的趋势。战国中期的《黄帝四经》说：“昔者黄宗质始好信，作自为象，方四面，傅一心，四达自中……是以能为天下宗。”③ 这里的黄帝形象已经与一般人很不同了，一个头上有四个面孔，显然不是正常人的形象，而是一种神的化身。战国之后直至两汉，黄帝的神化趋势不断加强，其形象也逐渐丰满和充实。司马迁说：“百家言黄帝，其文不雅训。”④ 说明当时对黄帝的重视程度。《史记·封禅书》有曰：“黄帝采首山铜，铸鼎于荆山下。鼎既成，有龙垂胡髯下迎黄帝。黄帝上骑，群臣后宫从上者七十余人。”⑤ 黄帝及群臣皆飞天成仙，这正是后来道教奉黄帝为始祖的重要原因之一。

东汉中期以前，对老子的神化还不是非常明显，但也已经有了这个趋势。《史记》：“盖老子百有六十余岁，或言二百余岁，以其修道而养寿

① 方勇译注：《庄子·刻意》，中华书局2010年版，第246页。

② 同上书，第247页。

③ 余明光：《黄帝四经与黄老思想》，黑龙江人民出版社1989年版，第278页。

④ 《史记》卷1《五帝本纪》，中华书局2006年版，第5页。

⑤ 《史记》卷28《封禅书》，中华书局2006年版，第174页。

也。"[①] 这句对老子年龄的论述，已经有一半近乎神话了。东汉末年的《老子想尔注》则说："一散形为气，聚形为太上老君，常治昆仑。"[②] 这样就基本完成了对老子形象的神化，超越世俗的形而上学的老子也就正式成为道教的教主了。

二 东汉道教崇拜

在黄帝和老子神化的基础上，黄老道逐渐完善了一系列的膜拜和祭祀的宗教修持方式。东汉明帝时期，黄老道就已经在统治阶层上层出现，以后从上而下逐渐普及到士人和百姓当中，形成了人们对黄老道的崇拜。《后汉书》说："闻宫中立黄老、浮屠之祠。此道清虚，贵尚无为，好生恶杀，省欲去奢。今陛下嗜欲不去，杀罚过理，既乖其道，岂获其祚哉！或言老子入夷狄为浮屠。"[③] 同书《孝桓帝纪》亦曰："（延熹九年）庚午，祠黄、老于濯龙宫。"[④]这说明在东汉宫廷和官僚士大夫中，黄老道作为一种与浮屠并立的"清虚"之道，已经得到统治者的崇拜与祭祀。

然而，同样是对黄老的崇拜，但是统治阶层和民间的信仰方式、传播方式和组织方式却都有所不同。黄老道在统治阶层内部主要提倡成仙和炼丹，在民间的民众中则主要提倡符咒、治病、禁咒、科仪，这样就逐渐形成了不同的宗教传播和组织方式。统治阶层以个人的修持方式为主，并未形成比较成型的宗教组织。而下层的符咒、治病、禁咒、科仪，则具有很强的煽动性、宣传性、组织性、信仰性，一些受这些传教方式恩惠的群众逐渐形成一个追随黄老道的群体，这样就形成了初步的道教的宗教组织。

黄老道神化老子，提倡得道成仙。这些宗教意识的出现，给原始道教信徒带来的是超脱于严酷社会现实的完美的精神自由和满足感，这是一切世俗生活所无法提供的。包括士大夫阶层中的有些人也清楚这种宗教意识的非理性情结。但是从某种程度上讲，宗教情感和宗教经验是超越理性经验的范围的，是理性主义所无法去解释的一种精神自足，所以仍然有许多士大夫和士人崇信其教。我们在考察道家思想的发展状态时会发现，一个崇尚儒家思想的士大夫，他的个人思想构建中，既有儒家的政治理念，也有道家的哲学思考，并且蕴含了道家的养生治身之道。这使他们对道家宗

① 《史记》卷63《老子韩非列传》，中华书局2006年版，第394页。
② 饶宗颐：《老子想尔注校正》，上海古籍出版社1991年版，第12页。
③ 《后汉书》卷30《郎顗襄楷列传》，中华书局1965年版，第1082页。
④ 《后汉书》卷7《孝桓帝纪》，中华书局1965年版，第317页。

教的人生态度持基本肯定的态度。也就是说，在一个人的思想中可以看到当时社会思想的几种精神状态，严君平的《老子指归》和扬雄的《太玄》中就能体现出这一点。[①]

东汉时期，道家思想虽然没有像儒家思想那样发展成为君主专制主义中央集权的统治服务的主导性国家治理与社会控制思想，但它以养生治身之道一直存在于统治阶层的不同身份的人的生活中，并按照他们的精神生活和物质生活的需要发生变异，成为指导上层人士宗教信仰的新的思想满足和精神控制手段。可以说，道家在其诸多思想分野中，最重要的转向就是道家的宗教化和黄老道宗教社会控制理论的出现，且这一转向成为诸多思想分野中真正使道家理论走向进一步发展的重要道路。这也为东汉末年以太平道、五斗米道为代表的早期道教走向宗教的质变，以及道教社会控制理论的具体实践提供了理论基础和思想铺垫。

第二节　太平道与五斗米道

一　太平道

太平道正是这种具有很强的煽动性、宣传性、组织性、信仰性的宗教，它适应了东汉末年百姓对于未来美好生活的愿望，成为发动农民起义的现实政治口号，由此把自己的宗教化过程和组织百姓起义的过程融为一体，通过系列的宣传方式和组织方式，成功地组织了一个带有神秘色彩的军教合一的民间秘密团体，形成了完整的宗教社会控制模式。并且在这一过程中，太平道逐渐完成了宗教因素的积累。虽然其领导的黄巾起义最终失败，但是其宗教社会控制手段和方式，对后世道教理论与实践的发展影响深远。太平道所具备的宗教应该具有的各种因素，是道教发展过程中的重要质变。

太平道是因政治腐败、穷苦百姓起义的现实需要而产生和发展的，同时也是西汉以来以民间宗教作为号召的“妖贼”起义的一种延续，这两方面是太平道传播方式和组织方式独具特色的主要原因。

太平道是在东汉末年国家分裂的非常时期逐渐发展起来的。史载太平道“十余年间，众徒数十万，连结郡国，自青、徐、幽、冀、荆、扬、

① 熊铁基：《秦汉新道家》，上海人民出版社 2001 年版，第 386—432 页。

兖、豫八州之人，莫不毕应”①。太平道在这样广大的地域内将数十万的民众在秘密状态下组织起来是相当不容易的，其过程也经过了十余年的时间，可见道教思想在民间影响的程度和组织的渐进性。正是因为太平道的宣传方式带有浓厚的民间宗教所主张的天下平等的内容，所以使得百姓在情感上也认同太平道，并且对太平道坚信不疑。其实太平道的传播与西方早期的基督教产生的过程很相似，两者都具有相似的社会背景。

张角的太平道采取了带有宗教性的宣传方式和组织方式，把百姓起义的强烈愿望和太平道的宗教理想结合了起来，又适应了当时社会流行的神学气氛，使得太平道的发展非常迅速和成功。史载，太平道领导黄巾起义之时，“所在燔烧官府，劫略聚邑，州郡失据，长吏多逃亡。旬日之间，天下响应，京师震动”，使得东汉王朝“朝廷日乱，海内虚困”②，太平道之所以能够成功，正是因为它适应了中古时代百姓选择起义方式的思想组织需要，并且在其宣传和组织过程中逐渐显示出宗教性，使得百姓不但从观念上而且在情感上认同了太平道，把太平道作为百姓脱离苦难获得自由的主要途径，这也是太平道乃至五斗米道宣传方式和组织手段独具特色的重要原因。

太平道作为一种带有神秘色彩的民间秘密组织，在宣传和组织过程中为了自身的强大、保密和发展，日益将传统道家思想发展和演变为一种民间宗教。太平道通过其传播和组织方式，成功地实现了其组织在秘密状态下发展壮大而为起义做准备的战略目的。

太平道“奉事黄老道，畜养弟子，跪拜首过，符水咒说以疗病，病者颇愈，百姓信向之”③。《三国志》注引《典略》也说：“太平道者，师持九节杖为符祝，教病人叩头思过，因以符水饮之，得病或日浅而愈者，则云此人信道，其或不愈，则为不信道。”④ 从中我们可以看到太平道传播方式的作用和意义。太平道“奉事黄老道”，通过“符水治病”“叩头思过”来吸引百姓加入到太平道的组织当中来。太平道“师持九节杖为符祝，教病人叩头思过，因以符水饮之”⑤，这些都说明了医学和巫术相结合的方法是太平道主要的传道方式。这些方式既使人们摆脱了现实生活中的疾病痛

---

① 《后汉书》卷71《皇甫嵩朱俊列传》，中华书局1965年版，第2299页。

② 同上书，第2302页。

③ 同上书，第2299页。

④ （晋）陈寿撰，（宋）裴松之注：《三国志》卷8《魏书》8《二公孙陶四张传》，浙江古籍出版社2000年版，第172页。

⑤ 同上。

苦的折磨，又使入道者与太平道组织有了感情上的认同。

太平道的领导者张角还通过神化自己来达到传道和扩大组织影响的目的，由此进一步促进了太平道组织的宗教性。太平道张角开始“布道”之时，“先是，黄巾帅张角等执左道，称大贤，以诳耀百姓，天下襁负归之”①。“时钜鹿张角伪托大道，妖惑小民。”② 依托当时人们所认为的绝对真理“大道”和“大贤”进行布道，并且通过民间的“符水治病”“叩头思过”，对其进行了一种宗教性阐释和转化。《老子想尔注》指出：“吾，道也，吾，我，道也。一者，道也。一散形为气，聚形为太上老君，常治昆仑。”③ 这里都把“吾”“我”即“大道”，作为老子本人的自称。④ 入道者对张角的这些小的“伎俩”都信以为真，那对大的长生之道、解脱之道就更深信不疑了。从中可以看出，张角在努力神化自己，树立宗教权威的过程中是成功的。

二 五斗米道

道家思想在“独尊儒术”后摆脱了作为“君人南面之术”的理论束缚，走向浸入民间的多元化发展道路。其养生、治身、修身之道与神仙思想结合，为早期道教的产生了做了思想准备。东汉末年社会动荡，客观上促进了五斗米道的产生。在张鲁对五斗米道进行了宗教化改造之后，其宗教社会控制模式的轮廓基本形成。可以说，五斗米道构建了道教的基本框架，是道教形成过程中的质变。

五斗米道是原始道教，与其他宗教如基督教、伊斯兰教的诞生过程相似，它的产生与社会群体心理的变化和社会结构的变化密切相关。东汉末期，自然灾害频发，政治上宦官和外戚专权，社会矛盾不断激化，百姓的生存得不到基本的保障。“比年收敛，十伤五六，万人饥寒，不聊生活”⑤，甚至“京师大饥，民相食”⑥。在这个现实世界里，生命的弱小和无助被深刻地体现了出来。当人的安全和生存的需要得不到满足的时候，他是无法去关注社会价值和社会归属的需要的。而此时，五斗米道依托割据政权，

---

① 《后汉书》卷54《杨震列传》，中华书局1965年版，第1784页。

② 《后汉书》卷57《杜栾刘李刘谢列传》，中华书局1965年版，第1849页。

③ 饶宗颐：《老子想尔注校证》，上海古籍出版社1991年版，第12页。

④ 唐长孺：《魏晋期间北方天师道的传播》，《魏晋南北朝史论拾遗》，中华书局1983年版，第248—264页。

⑤ 《后汉书》卷66《陈王列传》，中华书局1965年版，第2161页。

⑥ 《后汉书》卷5《孝安帝纪》，中华书局1965年版，第212页。

为百姓提供了物质上和精神上的生存空间，得到了百姓的认同和拥护。

首先，五斗米道依托割据势力而得以产生和发展。其次，五斗米道既为广大百姓提供了一个物质生活保障，又为张鲁割据政权进行有效的社会整合与控制提供了精神与思想基础。最后，五斗米道平等观念满足了广大饥民的心理需求。五斗米道就在这样的背景下，完成了宗教化的使命。

西汉后期至东汉，道家思想中的养生治身之道受到重视，得以发挥。道家宣扬清静无为，养生顾命，有强烈的厌世情绪和神秘化倾向。《老子》曰："生之徒，十有三；死之徒，十有三；人之生，动之于死地，亦十之有三。夫何故？以其生生之厚。"① 《庄子》曰："千岁厌世，去而上仙；乘彼白云，至于帝乡。"② "无劳女形，无摇女精，乃可以长生。目无所见，耳无所闻，心无所知，女神将守形，形乃长生。"③ 这些思想在东汉末年尤其盛行。在当时动荡复杂的社会环境中，采取什么样的安身立命的自我实现方式，是苦难中人们追寻的重要精神寄托和价值取向。因此道家这种养生顾命的生命哲学适应了人们的需求而逐渐凸显，成为早期道教的重要思想来源。

张鲁延续了张修的宗教政策。"置义米肉，县于义舍"④，这些为人们提供了战乱中的实际避难所和疾病中的解决方式，人们在惴惴不安中看到了希望，认为寻找到了生命的安乐土，而疗病、共济等主张也逐渐成为原始道教的重要教义和传教方式，为五斗米道的发展壮大提供了基本的条件。

神秘主义启迪人们，在危乱之中自容易产生一股力量、一种方式来解救百姓，给人们提供精神上的希望和心灵上的慰藉。《隶续》卷三《米巫祭酒张普题字》载："熹平二年三月一日，天卒鬼兵胡九□□，仙历道成，玄施延命，道正一元，布于伯气，定召祭酒张普，盟生赵广、王盛、黄长、杨奉等，诣受微经十二卷，祭酒约施天师道，法无极才。"⑤ "米巫"是五斗米道的早期传教人物。这个碑文说明五斗米道的宗教化的进程起步

---

① （春秋）李耳著，（三国魏）王弼注：《老子》第 50 章，浙江古籍出版社 2011 年版，第 56 页。

② 方勇译注：《庄子·天地》，中华书局 2010 年版，第 185 页。

③ 方勇译注：《庄子·在宥》，中华书局 2010 年版，第 166 页。

④ （晋）陈寿撰，（南朝宋）裴松之注：《三国志》卷 8《魏书》8《二公孙陶四张传》，浙江古籍出版社 2000 年版，第 171 页。

⑤ 龙显昭：《巴蜀道教碑文集成》，四川大学出版社 1997 年版，第 1 页。

较早，也说明了五斗米道与米巫的神秘主义宗教活动关系密切。巴蜀地区鬼神崇拜思潮浓厚。“汉初，犍为张君为太守，忽得仙道，从此升度”[①]，“民失在征巫，好鬼妖”[②]，此外巴蜀地区少数民族的鬼神崇拜也有很大影响。[③] 这些都是五斗米道宗教因素的重要渊源。因此东汉末五斗米道出现在巴蜀地区，“张鲁居汉中，以鬼道教百姓，賨人敬信巫觋，多往奉之”[④]也就实属必然。

二　五斗米道的社会思想

五斗米道在张鲁时期，完成了道教化的质变。史书对于张鲁为何杀张修没有详尽的记载。但关于张鲁对五斗米道进行宗教化改造的记述比较详尽，《后汉书》《三国志》《华阳国志》都有关于五斗米道的描述，通过这些史料我们可以比较清晰地了解五斗米道的宗教活动。

五斗米道依托割据政权，以“五斗米”为初始入教方式，逐渐建立了以张鲁为教主的宗教政权组织。五斗米道在发展中，逐步完善了其经典、教义、教规等宗教特质，使其宗教实践走向繁荣。

在五斗米道中，教主在宗教建构中处于核心地位。张鲁“自号师君”[⑤]，既是政治领袖，也是宗教领袖。他把教权和政权集于一身，有利地维护了自己的权威和宗教政权的稳定团结。五斗米道把老子尊为至上神和救世主，以此来教化信徒。从宗教学的角度来讲，并不是每一种宗教都有救世主，但是每一种宗教都有彼岸世界的信仰。五斗米道主张养生治身之道，提倡清静思过的终极目的还是为了能够得道成仙，脱离现实的苦难。从这个角度讲，五斗米道是有类似于救世主的彼岸世界的，只不过这种彼岸在五斗米道之前就已经产生了。东汉上层人士奉黄老道，祠老子，并且形成一种神仙思潮，这些都为五斗米道彼岸的形成作了铺垫，而且神仙思想和道家养生治身之道在先秦就已经产生。因此，也可以说，五斗米道的彼岸也是“舶来品”，是当时社会流行思潮的迎合。这种迎合使信徒的宗教情感得以强化，也巩固了张鲁的教主地位。

五斗米道是在战乱中出现的宗教，是民众自发形成的民间宗教，这也

① （晋）常璩撰，严茜子点校：《华阳国志·巴志》，齐鲁书社2000年版，第10页。
② 同上书，第39页。
③ 卿希泰：《中国道教思想史纲》，四川人民出版社1981年版，第147—148页。
④ 《晋书》卷120《李特载记》，中华书局2005年版，第2030页。
⑤ （晋）陈寿撰，（南朝宋）裴松之注：《三国志》卷8《魏书》8《二公孙陶四张传》，浙江古籍出版社2000年版，第171页。

是宗教产生的基本规律。作为始出的宗教，其传播方式最基本的就是要能保全信徒的性命，为之提供生命安全之道。五斗米道“加施静室，使病者处其中思过”；“请祷之法，书病人姓名，说服罪之意”①，即通过为人治病、为人提供食物的方式传教。五斗米道以“五斗米”入教，入教的条件很简单，这就解决了五斗米道作为组织所需要的经济来源。这种传教方式对于当时人数最多的饥民阶层来说是非常具有诱惑力的。它既增强了信徒对宗教组织的依赖感，加强了五斗米道内部的凝聚力，也促进了其吸引力的扩大，吸引更多的信徒加入到五斗米道当中来。信徒群体的形成，为宗教组织的建立准备了条件。

张鲁“自号师君”，而且“其来学道者，初皆名‘鬼卒’。受本道已信，号‘祭酒’。各领部众，多者为治头大祭酒”②。这样就形成了“师君—大祭酒—祭酒—信徒”的教阶体系。五斗米道是政教合一的组织。“不置长吏，皆以祭酒为治。”③ 祭酒是神职人员，也是基层政权的官员。这样，五斗米道既使宗教政权有了最原始的经济来源，也有了宗教政权的政治基础。应该说其宗教政权组织系统是比较完整、成功的，起到了政权巩固和群体整合的作用。五斗米道这种政教合一的组织形式，把信徒的个人信仰统一到宗教群体中来，强化了教徒的宗教意识。作为当时反传统礼法的代表，面对复杂的政治形势，五斗米道成为一种中介力量，它把宗教意识转换成了社会政治势力，其实行的社会控制政策使其成为躲避战乱的理想空间，因此其发展也是必然。

五斗米道“诚信不欺诈”④，提倡诚信、不欺骗，实行共济。五斗米道还为“病者请祷”，“请祷之法，书病人姓名，说服罪之意，作三道，其一上之天，著山上；其一埋之地；其一沉之水。谓之三官手书”，即提倡清静、寡欲、沉思、静心的宗教教义。而且“以老子五千文使都习”，“加施静室，使病者处其中思过”，以《老子》中修身养性、顺从自然为基本教旨，宣扬只要顺从自然，服奉天地，就能保全性命。五斗米道的诚信、共济、重生、归朴等的宗教教义通俗易懂，容易理解和接受，具有很强的开放性，没有民族歧视的观念。因此对于广大的流民具有很大的吸引力，其

① （晋）陈寿撰，（南朝宋）裴松之注：《三国志》卷 8《魏书》8《二公孙陶四张传》，浙江古籍出版社 2000 年版，第 172 页。

② 同上书，第 171 页。

③ 同上。

④ 同上。

发展也非常迅速。史载“韩遂、马超之乱，关西民从子午谷奔之者数万家”[①]，足见其发展的状况和影响。

教规是教义的体现，有什么样的教义就应该有什么样的教规。五斗米道“行路者，量腹取足。若过多，鬼道辄病之。犯法者，三原，然后乃行刑”[②]，“教使作义舍，以米肉置其中以止行人；又教使自隐，有小过者，当治道百岁，则罪除；又依月令，春夏禁杀；又禁酒。流移寄在其地者，不敢不奉”[③]。“量腹取足”、禁酒、禁杀等规定起到了行为规范和道德教化的功能，其目的就是增加宗教组织的凝聚力，促进内部的稳定，以应付复杂的政治形势。为了克制人性中多拿多占的贪欲，五斗米道利用了鬼神思想来控制民众，这是使其能够实施的重要方法。但是五斗米道的教义由于其民间巫蛊因素较多，因此也缺少宗教形而上学的神圣性的因素，教义中的宗教神学因素的层次较低，只能停留在短期的笼络人心和情感消解的阶段，并不能真正使大多数人能够得到长期的宗教情感的共鸣和认同。

五斗米道已经具备了宗教的雏形，并且作为一个地方政权的统治思想，已经完成了宗教性社会整合与控制模式的构建：共济、重生的修行方式；为人治病、提供米肉的传教方式；禁酒、禁杀、不贪的伦理性教规，以及教主和经典都已经出现了。这些都说明五斗米道作为道教的一支，出现了符合宗教产生的基本特征。在历史上，往往是世间的苦难产生了宗教，而早期的古典宗教最直接的行教方式就是作为普通百姓的避难所而存在的。五斗米道为乱世中的百姓提供了安身藏命的场所，成为原始道教的滥觞。

五斗米道社会整合与控制模式的基本内容决定其发展的基本方向。五斗米道以养生保命为基本前提，提倡诚信、共济、重生、归朴、清静等宗教教义，这些成了正统道教的基本教义，以后历次的道教清规都没有偏离这些核心内容。

张鲁以五斗米道作为地方政权社会控制思想的政治决断，使五斗米道摆脱了宗教异端的悲剧命运，为其走向国家正统的宗教地位做了准备。当五斗米道遭遇生存危机时，即“太祖乃自散关出武都征之”，“左右欲悉烧宝货仓库，鲁曰：‘本欲归命国家，而意未达。今之走，避锐锋，非有恶意。宝货仓库，国家之有。’遂封藏而去。太祖入南郑，甚嘉之。又以鲁

---

① （晋）陈寿撰，（南朝宋）裴松之注：《三国志》卷8《魏书》8《二公孙陶四张传》，浙江古籍出版社2000年版，第171页。

② 同上。

③ 同上书，第172页。

本有善意，遣人慰喻。鲁尽将家出……”这正是五斗米道从民众的宗教走向统治者宗教，从非法走向合法的渠道的契机，张鲁自己也“拜镇南将军”，“封阆中侯，邑万户”。[①] 这都归功于他的政治远见和胆识。张鲁对五斗米道的政教合一的改造和理智的政治决断，使其得以从民间走向正统，避免了像太平道一样的厄运。从此，道教走上了正统宗教的发展道路。

统治者对五斗米道的态度和方式决定了五斗米道的发展和趋势。曹魏时期淫祀遭受打击。曹操“禁断淫祀，奸宄逃窜，郡界肃然”[②]，“皆毁坏祠屋，止绝官吏民不得祠祀。及至秉政，遂除奸邪鬼神之事，世之淫祀由此遂绝”[③]。五斗米道本能地要迎合统治政权，因此其要主动改造其民间淫祀内容，不断完善自身的宗教性社会理论，使其适应时代发展成为必然。五斗米道其后的形态天师道逐渐由民间宗教向上层正统的社会控制思想靠拢，并最终形成了葛洪对道教的清整。

第三节 太平道和五斗米道不同的命运

太平道和五斗米道同属于早期道教，宗教社会整合和控制理论与宗教传教方式也基本一样，但是为何两者走向了不同命运呢？究其原因，在于两者宗教性社会整合与控制的目的不同，最终导致了他们不同的命运。

早期道教的教徒首先是潜在的皈依者。东汉末年，严重的自然灾害和社会危机给广大百姓带来的是对生命弱小、脆弱、无助的紧张心理和悲观情绪，这是这些百姓融入原始道教教团组织之前的重要群体特点。另外，这些潜在的皈依者无法通过世俗的方法来摆脱这种残酷而又绝望的现实，他们找不到比较先进的社会政治手段来拯救自己。因此，“他们就在传统的宗教组织中和在阅读关于自救的书籍与其他宗教文献中寻求宗教的解释办法……”[④] 社会活动的途径太曲折，社会统治的技巧也太复杂，这就使

① （晋）陈寿撰，（南朝宋）裴松之注：《三国志》卷8《魏书》8《二公孙陶四张传》，浙江古籍出版社2000年版，第172页。

② （晋）陈寿撰，（南朝宋）裴松之注：《三国志》卷1《魏书》1《武帝纪》，浙江古籍出版社2000年版，第3页。

③ 同上。

④ 〔美〕罗纳德·L. 约翰斯通：《社会中的宗教》，尹今黎、张蕾译，四川人民出版社1991年版，第86页。

一般人不可能认清真面目。如果人们一开始就认识到这个残酷的现实世界是社会本身造成的话，那么作为超越世俗的宗教可能就不会有这么大的作用了。

早期道教的两个主要代表太平道和五斗米道都通过独特的传道方式完成百姓从“潜在皈依者”到“教徒”的转变。

早期道教的开创者首要的传道方式便是要满足基本的群体形成的需要，寻求安全、寻求保护、寻求援助。因为宗教从社会学的角度来说，“它也是一种群体现象”①。而群体形成的必要条件便是共同的利益和需要。太平道开始传教时，“教病人叩头思过，因以符水饮之”②。五斗米道也是如此，“置义米肉，县于义舍”③。早期道教的这种方式在一定程度上满足了这些乞求皈依的群众基本的生存需要。

早期道教感化教徒的方法可以分为结构性和非结构性的。首先是结构性的。五斗米道“以老子五千文使都习”，张鲁“自号师君”，而且“其来学道者，初皆名‘鬼卒’。受本道已信，号‘祭酒’。各领部众，多者为治头大祭酒”④，这样就形成了“师君—大祭酒—祭酒—信徒”的感化教徒的体系。太平道也是这样，“蓄养弟子”，然后“托有神灵，遣八使以善道教化天下，而潜相连结……”⑤ 早期道教通过这种结构性的教育体系来达到感化教徒的目的。另外就是非结构性的方法，这种方法是通过宗教群体成员之间的互动产生的。早期道教都大力提倡教众参加教主崇拜和宗教礼仪性活动。“太平道者，师持九节杖为符祝，教病人叩头思过，因以符水饮之，得病或日浅而愈者，则云此人信道，其或不愈，则为不信道。”五斗米道则“请祷之法，书病人姓名，说服罪之意”，“加施静室，使病者处其中思过”，而且还“加施静室，使病者处其中思过”。另外，原始道教还建立一套自己的符号和行为系统。太平道崇尚“黄巾”，自称“黄天泰平”“中黄太一”。皆著“黄巾”；五斗米道“行路者量腹取足；若过多，

---

① 〔美〕罗纳德·L. 约翰斯通：《社会中的宗教》，尹今黎、张蕾译，四川人民出版社 1991 年版，第 13 页。

② （晋）陈寿撰，（南朝宋）裴松之注：《三国志》卷 8《魏书》8《二公孙陶四张传》，浙江古籍出版社 2000 年版，第 172 页。

③ 同上书，第 171 页。

④ 同上。

⑤ （晋）陈寿撰，（南朝宋）裴松之注：《三国志》卷 46《吴书》1《孙破虏讨逆传》，浙江古籍出版社 2000 年版，第 668 页。

鬼道辄病之。犯法者，三原，然后乃行刑"①，"教使作义舍，以米肉置其中以止行人。又教使自隐，有小过者，当治道百步，则罪除；又依月令，春夏禁杀，又禁酒。流移寄在其地者，不敢不奉"②，这些都增加了教众对宗教教团的认同感。

早期道教两大道派太平道和五斗米道感化教徒的方式很相似。但是他们的目的根本不同。

太平道是为了建立军教合一的农民起义组织，推翻东汉政权。而五斗米道是为了实现教会组织和割据政权的合二为一。太平道在十余年间弟子数十万人，周遍天下，其目的就是推翻汉王朝的统治，实现"天下大吉"的政治理想。而五斗米道从一开始就是割据政权和宗教的紧密结合，以宗教为手段达到社会整合和控制的目的。"鲁遂袭修杀之，夺其众"，"遂据汉中，以鬼道教民"，然后"韩遂马超之乱，关西民鲁者数万家"。之后，张鲁政权出现了"户出十万，财富土沃……不失富贵"的景象，③ "朝廷……遂就拜鲁镇夷中郎将，领汉宁太守"④，五斗米道通过割据政权加强了自己的内部凝聚力和外部震慑力。

正因为太平道和五斗米道感化教众的目的不同，形成了两者不同的宗教命运。东汉政权与太平道作为势不两立的两股政治武装力量，进行了激烈的对抗、冲突。汉王朝"发天下精兵，博选将帅"，"至中平元年，黄巾贼起，上遗中郎将皇甫嵩朱卷等征之，斩首十余万级。大破之，斩首数万级"。"又进击东郡黄巾卜已于仓亭，生擒卜已，斩首七千余级。""焚烧车重三万余辆，悉虏其妇子，击获甚众。"⑤ 而五斗米道则接受了曹操对其的清整，归顺中原王朝并向中原发展，拓展了自己传教的地域和空间，最终成为道教正统天师道的来源。

当然，两者命运的不同也与两个道派的领导人的政治远见有密切关系。五斗米道的领导人张鲁有很好的政治判断力。当曹操率领大军自散关出武都征张鲁时，"左右欲悉烧宝货仓库，鲁曰：'本欲归命国家，而意未达。今之走，避锐锋，非有恶意。宝货仓库，国家之有。'遂封藏而去。

① （晋）陈寿撰，（南朝宋）裴松之注：《三国志》卷8《魏书》8《二公孙陶四张传》，浙江古籍出版社2000年版，第171页。

② 同上书，第172页。

③ 同上书，第171页。

④ 《后汉书》卷75《刘焉袁术吕布列传》，中华书局1965年版，第2436页。

⑤ 《后汉书》卷71《皇甫嵩朱俊列传》，中华书局1965年版，第2302页。

太祖入南郑，甚嘉之。又以鲁本有善意，遣人慰喻。鲁尽将家出……"①这正是五斗米道从民众的宗教走向统治者宗教、从非法走向合法的历史契机。张鲁自己也"拜镇南将军"，"封关中侯，邑万户"。② 而太平道的"三张"与张鲁相比则差异很大，"三张"虽然有很好的军事指挥才能，组织了如此浩大的农民起义，但是政治目的不同使其走向失败和衰落。

值得一提的是，太平道和五斗米道不同的宗教命运影响了魏晋时期道教的流布。道教并没有因为黄巾起义的失败而绝迹。相反，在魏、吴、蜀三国均有一定的发展。只不过传播的方式和广度有所不同。吴国于君道之后开始公开推崇道教，曹魏政权对太平道徒实施限制的政策，使其与五斗米道合流。魏末司马氏集团对道教徒的镇压，使道徒们做出新的选择，一部分道徒攀附新朝，逐渐走向上层社会，向着官方化的方向发展。而巴蜀地区五斗米道民众大部北迁，其余部则传于民间，声势相对较小，且被统治者视为左道异端。最终，道教发展形成了不平衡性和多样化的局面。③

---

① 《后汉书》卷71《皇甫嵩朱俊列传》，中华书局1965年版，第2302页。

② 同上。

③ 汤其领：《三国时期道教流布探论》，《史学月刊》2004年第12期。